WESTEND

David Talbot, Gründer des bekannten Internetmagazins Salon.com, arbeitete als Redakteur beim *San Francisco Examiner*, war Herausgeber von *Mother Jones* und schrieb unter anderem für *The New Yorker*, *Rolling Stone*, *Time*, *The Guardian* und andere Zeitungen. 2008 erschien von ihm der *New York Times* Bestseller *Brothers: The Hidden History of the Kennedy Years*. David Talbot hat zwei Kinder und lebt mit seiner Frau, der Autorin Camille Peri, in San Francisco, Kalifornien.

DAVID TALBOT

DAS SCHACHBRETT DES TEUFELS

Die CIA, Allen Dulles und der Aufstieg Amerikas heimlicher Regierung

Übersetzt von Andreas Simon dos Santos

WESTEND

Die amerikanische Originalausgabe ist 2015 unter dem Titel THE DEVIL'S CHESSBOARD: Allen Dulles, the CIA, and the Rise of America's Secret Government erschienen.

Mehr über unsere Autoren und Bücher:
www.westendverlag.de

Die Deutsche Nationalbibliothek verzeichnet diese Publikation in der Deutschen Nationalbibliografie; detaillierte bibliografische Daten sind im Internet über http://dnb.d-nb.de abrufbar.

MIX
Papier | Fördert gute Waldnutzung
FSC® C083411

ISBN 978-3-86489-214-1

5. Auflage 2024

Umschlaggestaltung: pleasant_net, Büro für strategische Beeinflussung
Satz: Publikations Atelier, Dreieich
Druck und Bindung: CPI – Clausen & Bosse, Leck
Printed in Germany

Inhalt

Für Karen Croft,
die es wagte, zu wissen

Und [ihr] werdet die Wahrheit erkennen und die Wahrheit wird euch frei machen.

Von Allen Dulles ausgewählte Inschrift für die Lobby
des CIA-Hauptquartiers, Johannesevangelium, 8:31–32

Der Oberst lachte unangenehm. »Mein lieber Freund, Dimitrios würde bei der eigentlichen Schießerei nie in Erscheinung treten. Niemals! Typen wie er würden nie ihre Haut riskieren. Sie bewegen sich am Rand des Geschehens. Sie sind Profis, sie vermitteln zwischen den Geschäftsleuten, den Politikern, die das Ergebnis wollen, aber vor der Tat zurückschrecken, und den Fanatikern, den Idealisten, die bereit sind, für ihre Überzeugungen zu sterben. Bei einem Attentat oder Attentatsversuch kommt es weniger darauf an, wer den Schuss abgegeben hat. Man muss herausfinden, wer für die Kugel bezahlt hat.«

Eric Ambler, *Die Maske des Dimitrios*

Dank

Wenn Bücher Filme wären, würde Karen Croft an erster Stelle des Abspanns als Produktionsleiterin aufgeführt. Dieses Buch hätte ohne ihre entscheidenden Beiträge nicht verwirklicht werden können. Es wurde geboren aus unserem beiderseitigen Wunsch, zum Grund dieser beklemmend faszinierenden Geschichte vorzudringen und den Akteuren eine Art von Gerechtigkeit widerfahren zu lassen, jenen, die ihr damals entgingen, und jenen, denen sie vorenthalten blieb. Während der Arbeit führten Karen und ich endlose Gespräche und Diskussionen. Gemeinsam mit mir recherchierte sie Quellen und Dokumente rund um die Welt. Sie war die erste Leserin meiner Texte, sobald sie aus dem Drucker kamen. Ihr bedingungsloser Einsatz und ihre unermüdliche Unterstützung ermöglichten es mir, weiter Seite um Seite zu schreiben. Dieses Buch ist die Frucht unserer Zusammenarbeit.

Karen und ich haben der großzügigen Hilfe und geistigen Verbundenheit vieler Menschen, die ebenso engagiert dafür arbeiteten, die Öffentlichkeit über die Verbrechen und das Leid der Vergangenheit aufzuklären, viel zu verdanken. Wir haben insbesondere unserem Mentor Peter Dale Scott zu danken. Die Idee zu diesem Buch wurde aus einer der vielen anregenden Unterhaltungen mit Peter geboren. Für ihre Hilfe und Kameradschaft sind wir außerdem besonders verbunden Jefferson Morley, James Lesar, Gary Aguilar, Vincent Salandria, Gerry Percy, Lawrence Meli, Adam Walinsky, Paul Schrade, Lisa Pease, Rex Bradford, James DiEugenio, Dick Russell, Marie Fonzi, Daniel Alcorn, Bill Simpich, Jerry Policoff, William Kelly und Cyril und Ben Wecht. Sehr zugute kamen uns ferner die Einsichten, Anregungen und zu Verfügung gestellten Dokumente von William Gowen, Dan Hardway, Eve Pell, John Loftus, Fabrizio Calvi, David Lifton, John Kelin, Leo Sisti, Carlo Mastelloni, Malcolm Blunt, Joan Mellen, John Simkin und Brenda Brody. Des Weiteren danken wir den großzügigen Spendern der Open-America-Kampagne auf Indiegogo.

Wir danken außerdem der versierten Unterstützung bei der Recherche durch Francoise Sorgen-Goldschmidt, Rhoda Newman, Margot Williams, Cliff Callahan, Antony Shugaar, Norma Tennis und Ron Basich. Dank geht auch an das Personal der Seeley Mudd Library der Universität von Princeton, die das Allen-Dulles-Archiv beherbergt; an die Schlesinger Library der

Universität Harvard, Heimstatt der Archive von Martha Clover Dulles und Mary Bancroft, sowie das Personal der John F. Kennedy Library, Dwight D. Eisenhower Library, der Archivabteilung der New York Public Library, der Hoover Institution, der Abteilung für Sondersammlungen der University of California–Santa Barbara und der George C. Marshall Foundation.

Wir gehören zu jenen Historikern, denen beim Ausloten der Abgründe der amerikanischen Geheimdienste und Sicherheitspolitik seit dem Zweiten Weltkrieg dank der Offenlegungsgesetze wie dem John F. Kennedy Assassination Records Collection Act und dem Nazi War Crimes Disclosure Act, die der Öffentlichkeit einen Schatz von Dokumenten zugänglich machten, entscheidende Entdeckungen gelangen. (Viele Dokumente im Zusammenhang mit John F. Kennedy finden sich auf der unentbehrlichen Webseite der Mary Ferrell Foundation.) Das amerikanische Volk hat nur durch konzertierten politischen Druck Zugang zu dieser verborgenen Geschichte erhalten, und Behörden wie die CIA wehren sich noch immer trotzig gegen die vollständige Offenlegung von Informationen, zu der sie laut Bundesgesetz verpflichtet sind. »Wer die Vergangenheit kontrolliert«, so verstand schon das tyrannische Regime in Orwells Roman *1984*, »kontrolliert die Zukunft.« Es ist eminent wichtig, dass wir weiter für das Recht auf unsere eigene Geschichte kämpfen.

Neben dem Archivmaterial erfuhren wir auch viel aus Gesprächen mit den Söhnen und Töchtern sowie mit ehemaligen Kollegen der verschwiegenen Männer, die Gegenstand dieses Buches sind. Wir sind besonders Joan Talley, der Tochter von Allen Dulles, dankbar, wenn sie auch keine Verantwortung für unsere Auffassungen trägt.

Autoren, die das Ergebnis ihrer harten Arbeit in die Hände von Lektoren legen, tun dies häufig mit dem bangen Herzen von Eltern, die ihren Sprössling einem Chirurgen überantworten. Nachdem wir dieses Buch Jennifer Barth bei HaperCollins anvertraut hatten, war es daher eine enorme Freude und Erleichterung zu erleben, mit welcher feinfühligen Präzision sie zu Werke ging. Seite um Seite verdiente sie sich mein Vertrauen und meinen Respekt.

Ich bin außerdem meinem langjährigen Agenten Sloan Harris von ICM zu Dank verpflichtet für sein solides Urteil, seine überlegte Herangehensweise, sein feines literarisches Gespür und seinen wachen Geschäftssinn.

Abermals vielen Dank an die unerschütterliche Kelly Frankeny für die Hexerei ihrer Umschlaggestaltung sowie an Robert Newman.

Nicht unter »ferner liefen«, sondern zu guter Letzt preise ich meine Frau Camille Peri. Nur ein Mensch von ihrer unverwüstlichen Charakterstärke – und ihrem literarischen Talent und besonderen Schicksal – konnte es fertigbringen, in diesen letzten Jahren, während ich mich zur Ziellinie voranschleppte, emphatisch an meiner Seite bleiben.

Prolog

»Dieser kleine Kennedy ... der hat gedacht, er ist ein Gott.«[1]

Die Worte zischten scharf und ungehörig wie ein Fluch durch die Wohlanständigkeit der milden Abendluft. Sie wirkten umso seltsamer, als sie aus dem Mund des leutseligen älteren Herrn kamen, der an der Seite von Willie Morris schritt. Tatsächlich waren es die einzigen schrillen Worte, die Morris in den letzten Tagen von ihm gehört hatte, während der ergraute frühere Geheimdienstchef seinen jungen Besucher mit Agentenabenteuern aus seinem Leben ergötzte.

Dann war der Sturm vorüber. Der Mann war wieder er selbst: der gesprächige, liebenswerte Allen Welsh Dulles, ein Mann, dessen gesellige Umgangsformen eine Welt finsterer Geheimnisse maskierten. Die beiden setzten ihren Spaziergang an jenem Altweibersommerabend des Jahres 1965 fort, schlenderten weiter über die rostfarbenen Backsteinwege, während die Laternen ihr gelbes Licht auf das malerische Georgetown zu werfen begannen – Heimat der Gastgeberinnen der feinen Washingtoner Gesellschaft, der Martini schlürfenden Spione, der einflussreichen Zeitungsleute und aller möglichen Eingeweihten, die sich vom sprudelnden Gerüchtequell der amerikanischen Hauptstadt nährten. Um die Ecke des zweistöckigen, prunklosen Backsteinhauses an der Q-Street biegend, das Dulles gemietet hatte, flanierten sie bald auf der R-Street zum weitläufigen Dumbarton Oaks Park.

Dulles, der Schöpfer von Amerikas wucherndem Geheimdienstimperium, hatte Morris zu sich bestellt, um die bitterste Demütigung seiner Karriere ins rechte Licht zu rücken. Mit Hilfe des aufstrebenden jungen Redakteurs vom *Harper's*-Magazin wollte er seine Version der Geschichte von der gescheiterten CIA-Operation in der Schweinebucht zu Papier zu bringen. Schon allein das Wort jagte ein schmerzliches und wütendes Zucken über Dulles' Gesicht. Die Schweinebucht, das war nur ein Sandstreifen mit kümmerlichen Palmen an der kubanischen Südküste. Doch im April 1961 war sie der Schauplatz des größten Debakels in der Geschichte der CIA: eine zusammengewürfelte Invasionstruppe, die schmachvoll daran scheiterte, Kubas gefährlich charismatischen Führer Fidel Castro zu stürzen. Die gescheiterte Invasion, sagte Dulles, »war der schwärzeste Tag meines Lebens«.[2]

In der Öffentlichkeit übernahm John F. Kennedy, der frischgewählte Präsident, die Verantwortung für das Fiasko und bedachte Dulles mit gnädigen Worten, während er die Entlassung des alternden Geheimdienstlers nach einem halben Jahrhundert im öffentlichen Dienst unter acht verschiedenen Präsidenten in die Wege leitete. Doch im Verborgenen tobte zwischen dem Kennedy- und dem Dulles-Lager ein erbitterter Kampf, in dem die beiden Männer und ihre Fürsprecher die Presse bearbeiteten und nicht nur über die stümperhafte Durchführung der Invasion stritten, sondern über die Vergangenheit und Zukunft der amerikanischen Außenpolitik.

Das Desaster der Schweinebucht folgte einer langen Kette von Siegen, die Dulles errungen hatte. Nachdem ihm Präsident Eisenhower freie Hand gelassen hatte, als Weltpolizist jedes Aufbegehren, das die amerikanische Vorherrschaft bedrohte, niederzuschlagen, stürzte Dulles' CIA national gesinnte Regierungen in Afrika, Lateinamerika und im Nahen Osten und nahm sogar lästige Staatsführer verbündeter europäischer Länder ins Visier. Dulles nannte sich den »Außenminister für unfreundliche Länder«[3] – was nichts Gutes verhieß, wenn man sich anschaute, was im amerikanischen Jahrhundert mit unfreundlichen Ländern geschah. Unterdessen übte sein Bruder John Foster Dulles – Eisenhowers offizieller Außenminister – mit seinen häufigen Predigten über die Niedertracht der Kommunisten und seinen ständigen Drohungen mit atomarer Auslöschung sein Amt mit der unheildräuenden Düsterkeit eines vom Weltgericht besessenen Pfarrers aus. John Foster Dulles brauchte den Kommunismus so sehr wie die Puritaner die Sünde, bemerkte der berühmt-berüchtigte britische Doppelagent Kim Philby einmal. Mit seinem langen, mürrischen Gesicht und seinem Bankiers-Homburg auf dem Kopf wirkte der ältere Dulles stets so, als stünde er kurz vor der Zwangsversteigerung allen menschlichen Sehnens und Glücks.

1959 erlag John Foster Dulles rasch einem Magenkrebs. Es war, als hätte ihn die giftige Galle über den gefallenen Zustand der Welt, die sich all die Jahre in ihm aufgestaut hatte, am Ende selbst verzehrt. Mittlerweile war Eisenhower selbst von Herzproblemen geplagt und seines Amtes müde. Nur Allen Dulles, obwohl schon über das Pensionsalter hinaus, stand noch fest an der Spitze, entschlossen, das Ancien Régime nicht untergehen zu lassen.

Als Präsident Kennedy 1961 seine energische neue Präsidentschaft antrat, beschloss er, Allen Dulles als CIA-Chef zu behalten, trotz der offenkundigen Differenzen ihrer Weltsichten. Mit seinem Pinselschnäuzer, seiner Nickelbrille, seinen Tweedanzügen und der geliebten Pfeife hätte Dulles einer der älteren Professoren sein können, unter denen der junge Jack Kennedy in Harvard studiert hatte. Als junger Senator war Kennedy zu Eisenhower und Dulles auf Distanz gegangen, weil er das riskante Spiel mit der Atomschlagsdrohung, das die älteren Herren trieben, für einen Tanz auf dem Vulkan hielt. Kennedy hatte außerdem seine Bereitwilligkeit signalisiert, Amerikas feindselige Beziehung zur unterentwickelten Welt dramatisch zu ändern, und drückte Sympathie für die nationalen Freiheitsbewegungen in Algerien, im Kongo, in Vietnam und anderswo aus, die er historisch für unvermeidlich hielt. Während Präsident Eisenhower den Ansturm der antikolonialen Unabhängigkeitsbewegungen in der Dritten Welt als »zerstörerischen Hurrikan« betrachtete, erkannte Kennedy darin die Zukunft.

Obwohl ihre Vorstellungen vom besten Kurs der Vereinigten Staaten in der Weltpolitik so enorm weit auseinanderlagen, wollte Kennedy die alte herrschende Ordnung, über die ein gefeierter Held des Zweiten Weltkriegs präsidiert hatte, nicht vollkommen umstoßen. Kennedy behielt Eisenhower-Leute wie Dulles und andere republikanische Stützen der Macht wie den Wall-Street-Banker und Politiker C. Douglas Dillon, den er zum Finanzminister ernannte. Das war die Art des neuen Präsidenten, der Nation zu versichern, dass er einen geordneten Übergang zur Bewältigung der neuen Herausforderungen anstrebte – der »New Frontier«, die seiner Präsidentschaft das Motto gab. Aber Kennedy erkannte bald, dass dieses politische Kalkül bei Männern wie Dulles ein schwerer Fehler war.

Allen Dulles war einer der durchtriebensten Meister verborgener Machtausübung, die Amerika je hervorgebracht hat, und seine ehrgeizigsten Geheimmanöver richteten sich nicht gegen feindliche Regierungen, sondern gegen seine eigene. In Diensten zahlreicher US-Regierungen lernte er, diese zu manipulieren und ihre Ziele mitunter auch zu hintertreiben.

Aus Sicht der Dulles-Brüder war die Demokratie ein Unternehmen, das sorgfältig von den richtigen Männern gesteuert werden musste, nicht etwas, das einfach gewählten Amtsträgern überlassen bleiben durfte, denen die Öffentlichkeit ihr Vertrauen geschenkt hatte. Seit ihren frühesten Tagen an der Wall Street – wo sie Sullivan & Cromwell führten, die mächtigste Wirtschaftskanzlei der Nation – fühlten sie sich stets an erster Stelle dem Kreis arrivierter, privilegierter Männer verpflichtet, den sie als wahren Hort der Macht in Amerika ansahen. Obwohl Foster und Allen selbst nicht aus einer jener reichen Familien stammten, die diesen elitären Klub beherrschten, sicherten sie sich durch ihre Gewieftheit, ihren missionarischen Eifer und ihre mächtigen Beziehungen einen festen Platz als Führungskräfte dieser exklusiven Welt.

Als jüngere Männer waren die Dulles-Brüder besessene Schachspieler. Wenn sie eine Partie miteinander spielten, verblasste alles um sie herum. Selbst während seines stürmischen Werbens um Martha Clover Todd, eine freigeistige Schönheit aus einer prominenten Familie, der er nach drei Tagen einen Heiratsantrag machte, ließ sich Allen nicht von einem langen Schachturnier mit seinem Bruder abhalten. Die gleiche Strategiefixierung übertrugen die Dulles-Brüder später auf die Weltpolitik.

John Foster Dulles stieg zum politischen Chefberater Amerikas auf, ein Mann mit der Bestimmung, leise mit Königen, Premierministern und Despoten zu konferieren. Er sah sich selbst gern als Schachmeister der freien Welt.[4] Sein jüngerer Bruder errang eine noch mächtigere Position: als fahrender Ritter, der den imperialen Willen Amerikas durchsetzte. Als Direktor der CIA sah sich Allen Dulles gern als Hand des Königs, jedoch als die linke, die sinistere Hand. Er war der Meister der finsteren Taten, nach denen Imperien verlangen.

Die Dulles-Brüder ließen sich von bloßen Präsidenten nicht einschüchtern. Als Präsident Franklin D. Roosevelt im Rahmen seiner umfassenden Wirtschafts- und Sozialreformen, des New Deal, Gesetze zur Zügelung der hemmungslosen Gier und Spekulation durchbrachte, die das Land in den wirtschaftlichen Ruin getrieben hatten, scharte John Foster Dulles seine Firmenkunden in den Büros seiner Wall-Street-Kanzlei um sich und ermunterte sie, sich dem Präsidenten schlicht zu widersetzen. »Fügen Sie sich nicht«, riet er ihnen. »Sträuben Sie sich mit aller Kraft gegen das Gesetz, und bald kommt alles in Ordnung.«[5]

Später, als Bruder Allen Dulles während des Zweiten Weltkriegs auf dem europäischen Kontinent als oberster Geheimdienstler der USA operierte, ignorierte er unverfroren Präsident Roosevelts Politik der bedingungslosen Kapitulation der Achsenmächte und verfolgte seine eigene Strategie von Geheimverhandlungen mit SS und deutscher Wehrmacht. Die gewaltigen Opfer, die das russische Volk im Krieg gegen Hitler brachte, bedeuteten Dulles wenig. Ihm war mehr daran gelegen, den Sicherheitsapparat des Dritten Reiches zu retten und ihn gegen die Sowjetunion zu wenden – die für ihn immer der wahre Feind Amerikas war. Nach dem Krieg verhalf Dulles einer Reihe berüchtigter Kriegsverbrecher zur Flucht auf der sogenannten Rattinlinie, auf der Nazis von Deutschland nach Italien und von dort weiter in Zufluchtsorte in Lateinamerika, im Nahen Osten und sogar in den Vereinigten Staaten flohen.

Allen Dulles hintertrieb Franklin D. Roosevelts Politik und überlebte ihn. Er schockte dessen Nachfolger im Präsidentenamt, Harry S. Truman, der 1947 die Gründungsurkunde der CIA unterschrieb, indem er den Geheimdienst in einen Koloss des Kalten Kriegs verwandelte, der weit mächtiger und tödlicher war als alles, was sich Truman vorgestellt hatte. Eisenhower räumte Dulles enormen Freiraum ein, um den Schattenkrieg der US-Administration gegen den Kommunismus zu führen, kam aber am Ende seiner Amtszeit zu dem Schluss, dass Dulles ihm seinen Platz in der

Geschichte als Friedensstifter geraubt und ihm nichts als »einen Scherbenhaufen«[6] hinterlassen habe. Jeden Präsidenten, dem Dulles in hohen Ämtern diente, hinterging oder verriet er.

Dulles diente John F. Kennedy weniger als ein Jahr, aber diese kurze Kreuzung ihrer Lebenswege sollte ungeheure Folgen haben. Eindeutig im Hintertreffen gegenüber dem listigen Geheimdienstchef, von dem er sich in das Debakel der Schweinebucht locken ließ, erwies sich Kennedy als gelehriger Schüler der Washingtoner Machtspiele. Er war der erste und einzige Präsident, der es wagte, Dulles seiner furchterregenden Macht zu entheben. Doch Dulles' erzwungene Pensionierung dauerte nicht lange, nachdem Kennedy sich im November 1961 von ihm getrennt hatte. Statt sich gemächlich in den Ruhestand zu fügen, verhielt sich Dulles weiter so, als wäre er immer noch der Geheimdienstchef der USA, und es war der Mann, der seine glanzvolle Karriere beendet hatte, der Präsident selbst, den er jetzt ins Visier nahm. Das verborgene Ringen dieser beiden Ikonen der Macht ist nichts weniger als die Geschichte des Kampfes um die amerikanische Demokratie.

Auf dem Spaziergang durch Georgetown an jenem warmen Septemberabend des Jahres 1965 war Willie Morris verblüfft über den Zornesausbruch, den die bloße Erwähnung des Namens Kennedy bei Dulles ausgelöst hatte. Beinahe zwei Jahre nach dem blutigen Ende des Präsidenten war die Macht, mit der Kennedy weiterhin die Vorstellungkraft der Öffentlichkeit gefangen nahm, ein Stachel in seinem Fleisch, und das hatte einen Grund. Er wusste, wer der wahre »Gott« war – es war nicht Jack Kennedy.

Nach ihrem Bummel kehrten die beiden Männer zu Drinks und Dinner in Dulles' Haus zurück, um später mit der Arbeit an dem Artikel des Ex-CIA-Direktors fortzufahren, der den Titel »Meine Antwort auf die Schweinebucht« tragen sollte.[7] Das Haus der Dulles' war von trauriger Stille erfüllt: Dulles' Frau Clover weilte im Sommerhäuschen der Familie am Ontariosee; ihr Sohn Allen jr., ein brillanter junger Mann, der im Koreakrieg eine schlimme Kopfverletzung erlitten hatte, verbrachte wieder einmal einen Aufenthalt in einem Sanatorium; ihre erwachsenen Töchter Joan und Toddie hatten ihre eigenen Sorgen und Nöte. Es gab nichts, was Morris und Dulles, abgesehen von der flüchtigen Anwesenheit von ein oder zwei Hausangestellten, hätte ablenken können. Morris erwies sich als guter Gesellschafter, ein Sohn Mississippis, der mithalten konnte, wenn der Bourbon floss und die Zunge löste. Und er war der höchstgepriesene junge Zeitungsmann seiner Generation, auf dem Weg, mit zweiunddreißig zum jüngsten Herausgeber des ehrwürdigen *Harper's*-Magazin aufzusteigen. Unter seiner Führung glänzte *Harper's* in den sechziger

Jahren mit der pulsierenden Prosa von Autoren wie Norman Mailer, William Styron und David Halberstam.

Am Ende jedoch gelang es Dulles selbst mit Hilfe der geübten Hand des jungen Morris nicht, das Manuskript in eine publizierbare Form zu bringen, daher nahm der alte Geheimdienstler letzten Endes von der Idee einer Veröffentlichung Abstand. Als Dulles schließlich aufgab, nach monatelangen Mühen, hatte der Artikel zahlreiche Entwürfe durchlaufen und war mehrere hundert kaffeebefleckte Seiten lang. Die Rohfassungen, heute in Kisten in der Bibliothek von Princeton verstaut, wo das Dulles-Archiv lagert, sind ein Fenster in Allen Dulles' gequälte Beziehung zu dem jungen Präsidenten. Als er schließlich das umfängliche Projekt aufgab, das ein Historiker einmal als »die ›Beichte‹ von Allen Dulles« bezeichnete,[8] war der alte Oberagent offenbar zu dem Schluss gekommen, dass er darin zugleich zu viel und zu wenig darüber verriet, was er mit Kennedy durchgemacht hatte.

Beim Schreiben des Artikels war Dulles zunächst bemüht, die Vorwürfe von Kennedy-Loyalisten wie Theodore Sorensen und Arthur Schlesinger jr. zurückzuweisen, Kennedy sei von seinen Geheimdienstberatern mit List und Tücke in das desaströse Kubaabenteuer gelockt worden. Doch dann offenbarte das Gekritzel des ehemaligen Geheimdienstchefs – inmitten wütender Ausbrüche über Kennedy und seinen Machtzirkel aus »ungläubigen Thomassen« und »Castro-Bewunderern« – in tausendfacher Weise doch, dass es Dulles' CIA gelungen war, den jungen Präsidenten in die kubanische Sandfalle zu locken.

Als die Schweinebucht-Operation angelaufen war und »die Sache haarig wurde«, schrieb Dulles, sei er zuversichtlich gewesen, dass Kennedy gezwungen sein würde, das Richtige zu tun und die furchteinflößende Macht des US-Militärs aufzubieten, um die Invasion doch noch zu einem glücklichen Ende zu bringen. So lief das Spiel der CIA: Man tischte dem Weißen Haus ein paar Schwindeleien auf, um die Ängste des Staatsoberhaupts und seines Stabs wachzukitzeln, schon war der Präsident wieder auf Linie. Aber dieses Mal blieb der Präsident trotz seiner Jugend und der kollektiven Einschüchterung durch seine grauhaarigen Sicherheitsberater standhaft. Kennedy verweigerte die Ausweitung einer Operation, die er die ganze Zeit für schäbig gehalten hatte. So kam die lange Regentschaft von CIA-Direktor Allen Dulles krachend zu Fall.

So zumindest wird Dulles' Geschichte in Biografien und historischen Darstellungen der CIA erzählt. Die Wahrheit aber ist, dass Dulles' Herrschaft, tief verhüllt, weiterging und zu einem noch katastrophaleren Ende strebte.

In den ersten Tagen und Wochen nach seiner Amtsenthebung brach für Dulles eine Welt zusammen. Plötzlich losgelöst von der täglichen Routine der Macht, die er kannte, seit er als blutjunger Spion in die Dienste Woodrow Wilsons getreten war, machte Dulles den Eindruck »eines sehr tragischen Mannes«, bemerkte ein CIA-Kollege.[9] Die gichtgeplagten Füße in Pantoffeln eingesargt, schlurfte er durch sein Haus in Georgetown. Aber Dulles' »tragische Phase« währte nicht lange. Er begann bald, sich mit einer erstaunlichen Zahl von CIA-Mitarbeitern aller möglichen Ränge zu treffen, Männern aus der Führungsetage des Geheimdienstes ebenso wie Feldagenten.[10] Sie gaben sich in seinem Haus in der Q-Street die Klinke in die Hand, steckten zwischen den Bücherregalen seines Arbeitszimmers die Köpfe mit ihm zusammen, führten an Sonnentagen auf der ummauerten Terrasse gedämpfte Gespräche mit ihm. Sein Kalender war angefüllt mit weiteren Verabredungen an seinen bevorzugten Washingtoner Rückzugsorten, dem Alibi Club und dem Metropolitan Club, wo er mit denselben Generälen und nationalen Sicherheitsberatern dinierte, mit denen er bei der CIA zusammengearbeitet hatte. Es war tatsächlich so, als hätte er den Geheimdienst nie verlassen.

Dulles verwandelte sein Haus in Georgetown in eine Anti-Kennedy-Regierung im Exil. Immer mehr wuchs im Dulles-Kreis die Enttäuschung über Kennedys Außenpolitik, die man als Appeasement, als Beschwichtigung des kommunistischen Feindes betrachtete. Dulles wurde in seiner Opposition kühner. Er traf sich mit einem umstrittenen kubanischen Exilpolitiker namens Paulino Sierra Martinez, einem ehemaligen Erfüllungsgehilfen des abgesetzten Diktators Fulgencio Batista.[11] Sierra, dessen Kampf gegen Castro von der Mafia und US-Unternehmen gesponsert wurde, geriet beim Secret Service, dem amerikanischen Inlandsgeheimdienst, später unter Verdacht, an einer Verschwörung gegen Präsident Kennedy beteiligt gewesen zu sein. Der Gegenstand von Sierras Treffen mit Dulles im April 1963 bleibt dunkel.

Im Oktober 1963 fühlte sich Dulles selbstsicher genug, um öffentlich gegen Kennedys Außenpolitik Stellung zu beziehen, ein Bruch der Washingtoner Etikette, wo es als schlechter Stil gilt, den Präsidenten zu kritisieren, dem man bis vor kurzem noch gedient hat. Dulles erklärte, die Kennedy-Präsidentschaft leide unter einer »Sehnsucht, von der Welt geliebt zu werden«. Diese »Schwäche« sei nicht das Kennzeichen einer Weltmacht, monierte er. »Ich würde es weit eher vorziehen, wenn uns die Leute respektierten, statt um ihre Liebe zu buhlen.«[12]

In den Wochen vor der Ermordung Präsident Kennedys am 22. November 1963 erhöhte sich die Frequenz der Treffen in Dulles' Haus. Unter den Männern, die in der Q-Street ein- und ausgingen, waren mehrere, gegen die später vom House Select Committee on Assassinations und anderen Untersuchungsausschüssen des US-Kongresses wegen ihrer möglichen Verbindung zur Ermordung des Präsidenten ermittelt wurde. Und am

Wochenende des Attentats hielt sich Dulles aus unerklärten Gründen in einer geheimen CIA-Einrichtung in Nordvirgina versteckt, die als »die Farm« bekannt war – ungeachtet der Tatsache, dass er zwei Jahre zuvor aus dem Geheimdienst entfernt worden war. Von solcher Art war der geschäftige Wirbel, der sich um den »pensionierten« Allen Dulles entspann.

Nach dem Mord an Kennedy drängte sich Dulles wieder ins Washingtoner Rampenlicht und nahm Einfluss auf Präsident Lyndon Johnson, damit dieser ihn in die Warren-Kommission berief. Dort schaltete sich Dulles mit solchem Nachdruck in die offizielle Untersuchung des Kennedy-Mordes ein, dass ein Beobachter bemerkte, sie wäre wohl besser »Dulles-Kommission« genannt worden. Sorgsam wirkte er hinter den Kulissen mit ehemaligen CIA-Kollegen zusammen, um die Untersuchung vom Geheimdienst weg und hin zum »einsamen Schützen« Lee Harvey Oswald zu lenken.

Wie kam es dazu, dass ein erbitterter politischer Feind Präsident Kennedys eine führende Rolle bei der offiziellen Untersuchung seines Todes übernahm? Das war nur ein weiteres Rätsel in einem Leben voller enigmatischer Drehungen und Wendungen. Ebenso rätselhaft ist, warum die amerikanische Presse sich nie die Mühe machte, diese faszinierende Frage zu ergründen.

Über ein halbes Jahrhundert später bleiben viele Fragen über John F. Kennedys gewaltsames Ende »unaussprechlich«, wie es der Kennedy-Biograf James W. Douglass formuliert – zumindest in der sorgfältig kontrollierten Arena des medialen Diskurses. Es ist in diesen Kreisen sogar weniger denkbar, dem Verdacht nachzugehen, dass Allen Dulles selbst – ein überragender Pfeiler des amerikanischen Establishments – eine Rolle in dem ungeheuerlichen Verbrechen gegen die amerikanische Demokratie, das in Dallas geschah, gespielt haben könnte. Doch genau dies ist eines der vielen Tabus und einer der streng geheimen Bereiche von Dulles' Leben, denen dieses Buch nachspürt.

Die Geschichte von Allen Dulles hört nicht auf, Amerika zu verfolgen. Viele jener Praktiken, die bei den Amerikanern bis heute anfallartige Schübe der Gewissensprüfung auslösen, haben ihren Ursprung in der Zeit von Dulles' prägender Herrschaft über die CIA. Experimente mit Gedankenkontrolle, Folter, politischer Mord, außergesetzliche Auslieferungen, die massenhafte Überwachung von US-Bürgern und ausländischen Verbündeten: All das waren zu Zeiten von Dulles' Herrschaft weithin eingesetzte Mittel.

Dulles war zu großer persönlicher Grausamkeit fähig, gegenüber seinen Vertrauten ebenso wie gegenüber seinen Feinden. Hinter seiner augenzwinkernden Art verbarg sich eine eisige Amoralität. »Schuldgefühle lösten unsere Fehler selten aus«, bemerkte Eleanor Dulles, die ihren beiden Brüdern auf die politische Bühne in Washington folgte.[13] Von Schuldgefühlen oder Selbstzweifeln war Allen noch weniger geplagt als seine Geschwister. Er erzählte gerne – und es war fast Prahlerei –, dass er zu den wenigen Leuten in Washington gehöre, die Menschen in den Tod schicken konnten.

Aber Dulles war kein unbedachter Mensch, sondern kühl und kalkulierend. Als höchster Geheimdienstler der amerikanischen Nachrichtendienste nahm er nie ein Unternehmen in Angriff, bei dem ein hoher Einsatz auf dem Spiel stand, wenn er dafür nicht die Unterstützung der wichtigsten Mitglieder seines »Aufsichtsrats« besaß – der einflussreichen Männer in Washington und an der Wall Street, die still und leise die Entscheidungen der Nation lenkten.

Was folgt, ist ein Geheimdienstabenteuer, das weit rasanter und folgenschwerer ist als jede Agentengeschichte, mit denen die Leser vertraut sind. Es ist eine Geschichte über geheime Machtausübung in Amerika.

Häufig vergessen wir, was für ein zerbrechliches Geschöpf die Demokratie ist – ein dünnwandiges Gefäß in den Wirren der Geschichte. Selbst in der Wiege der Demokratie, dem antiken Athen, konnte sich die Volksherrschaft kaum ein paar Jahrhunderte halten. Und während der gesamten kurzen Geschichte der attischen Demokratie zerrten die Kräfte der Oligarchie und Tyrannei von innen an ihr, Generäle führten Komplotte, um eine Militärherrschaft zu errichten; aristokratische Geheimbünde heuerten Mordbanden an, um die Führer des Volkes aus dem Weg zu räumen. Terror herrschte während solcher Aufstände, und die Angst der Zivilgesellschaft war zu groß, um die Mörder zur Rechenschaft zu ziehen. Das Volk, so berichtet Thukydides, war »dermaßen eingeschüchtert, dass man es für ein Glück hielt, wenn einem nichts Gewaltsames widerfuhr«.[14]

Die Jubelamerikaner klammern sich gern an die Idee des amerikanischen Exzeptionalismus. Aber wo es um die Machenschaften der Mächtigen geht, sind wir anderen und früheren Gesellschaften nur allzu ähnlich. Es gibt eine unerbittliche Brutalität der Macht, die auf der ganzen Welt und in der ganzen Geschichte vertraut ist. Und wo sich schiere Macht durchsetzt, ganz gleich wo, halten die Mächtigen ihr Tun mit der gleichen Entschlossenheit geheim.

Das Schachbrett des Teufels möchte ein Licht werfen in die Dunkelheit der »Tiefenpolitik«, wie Peter Dale Scott – ein bedeutsamer Erforscher der amerikanischen Machtpolitik – diese Unterwelt der Machtausübung jenseits jeglicher Rechenschaftspflicht nennt. Denn solange wir uns nicht vollständig Rechenschaft über die Dulles-Ära und ihre schweren Verbrechen abgelegt haben, kann das Land seinen Weg in eine bessere Zukunft nicht finden.

Im Lauf der Recherchen zu diesem Buch lernte ich Joan Talley kennen, eins der drei Kinder von Allen Dulles. Joan ging schon auf die neunzig zu, als wir uns in ihrem mit Büchern und Kunstwerken überladenen Landhaus in Santa Fe trafen und ins Gespräch kamen. Nach einer langen Karriere als jungianische Therapeutin widmete sie sich gerade der Herausgabe der quälend intimen Tagebücher ihrer Mutter. Die Unterhaltungen, die ich in der Folge mit ihr führte, nahmen – während wir mit dem schmerzlichen Erbe ihres Vaters rangen, und, allgemeiner, mit der amerikanischen Seele – zuweilen einen durchaus therapeutischen Charakter an. In dem Bestreben, ihre Familie und ihr eigenes Leben zu verstehen, war Joan tief in die historische Literatur über den Kalten Krieg und die CIA eingetaucht, hatte alles über Staatsstreiche und das Unheil gelesen, das Geheimdienstleute anrichten können.

»Wir waren anscheinend einfach außer Rand und Band geraten«, sagte sie an einer Stelle. »Und die CIA ging allen voran.«

Bei der Beschäftigung mit den Tagebüchern ihrer Mutter ging es Joan auch um ein tieferes Verständnis ihres Vaters über das bloß Historische hinaus. Eines Nachmittags zitierte sie das *Rote Buch* von C. G. Jung, die nächtliche Reise des Meisters in seine eigene gemarterte Seele, die ihn zu dem Fazit geführt hatte, dass man zum Verständnis des eigenen Lebens das Dunkle darin ebenso annehmen müsse wie das Licht.

Am nächsten Morgen war Joan immer noch ganz aufgewühlt von unserem Gespräch über ihren Vater. Sie begriff nicht, wie sie als junge Frau angesichts der gewaltsamen historischen Ereignisse der damaligen Zeit nur so blind hatte sein können, obwohl das Geschehen doch praktisch durch ihr eigenes Wohnzimmer gefegt war.

»Das Leben reißt uns mit sich fort – man sieht die Menschen nur vorbeiziehen, wir sind so beschäftigt und dem Augenblick verhaftet. Erst später wird einem klar, was geschehen ist und wie alarmierend das alles war. Man liest Bücher und versucht, sich endlich einen Reim auf alles zu machen – und weiß doch nicht, was man glauben soll. Aber es ist sehr wichtig, alles zu verstehen: die Dunkelheit und das Licht.«

Teil I

1 Der Doppelagent

Am 9. November 1942 zog Allen Dulles in den Krieg, als er von Vichy-Frankreich die Grenze zur neutralen Schweiz überquerte, nur wenige Minuten bevor sie von den Nazis geschlossen wurde. Später erzählte er die Geschichte dieses Grenzübertritts mit pulsbeschleunigender Dramatik.[1] In Wirklichkeit lief alles erstaunlich glatt, besonders in Anbetracht des hohen internationalen Profils des neunundvierzigjährigen Wall-Street-Anwalts. Nachdem er dem französischen Gendarm an der Grenzstation nahe Genf seinen Pass vorgezeigt hatte, ging Dulles den Zugbahnsteig auf und ab, während der Beamte einen Anruf bei der Vichy-Behörde tätigte. Dann, nachdem sich ein herumschnüffelnder Gestapomann passenderweise entfernt hatte, winkte der Gendarm Dulles zuvorkommend durch. Es schien fast, als wäre Dulles erwartet worden.

Es gab nichts Heimliches an Allen Dulles' Aktivitäten in der Schweiz der Kriegsjahre, auch wenn er seine Spionageabenteuer hinterher zu verlockenden Geschichten aufbauschte, die von einer wohlwollenden Presse und damals ebenso leichtgläubigen Biografen pflichtschuldig nachgebetet wurden. In Wahrheit war für seine Arbeit wenig Wagemut vonnöten – aus einem sehr einfachen Grund: Mit seiner Haltung stand Dulles vielen Naziführern näher als Präsident Roosevelt. Dulles war aus der Vorkriegszeit nicht nur beruflich und gesellschaftlich mit vielen Mitgliedern der Elite des Dritten Reichs vertraut; er teilte auch viele ihrer Nachkriegsziele. Während er auf seinem Schweizer Außenposten diente, mochte Dulles von Nazis umzingelt sein, aber er war auch von alten Freunden umgeben.

Nach dem Grenzübertritt verlor Dulles keine Zeit, sich in der malerisch gelegenen Schweizer Hauptstadt Bern, wo er während des Ersten Weltkriegs als junger Mann ein Vierteljahrhundert zuvor seine Geheimdienstkarriere bei der US-Gesandtschaft begonnen hatte, häuslich niederzulassen. Mit der mittelalterlichen Stadt mit Blick auf die schneebedeckten Alpen, aus denen die gletschergrüne Aare zu Tal fließt, verbanden sich für ihn ein Fülle von Erinnerungen – an Botschaftspartys während des Ersten Weltkriegs, an Tennisspiele mit Bällen, die (mit bester Empfehlung seines Bruders Forster) im Diplomatengepäck ankamen, an die umworbenen jungen Sekretärinnen aus den Konsulaten, die ebenso wie die freigeistigen Damen aus der örtlichen Künstlerkolonie das Diplomatenviertel der Stadt belebten. Seine Eroberungen traf er zu Drinks und Vergnügungen im Bellevue Palace Hotel, der eleganten, über der Silhouette der Altstadt thronenden Jugendstilfestung. Dulles staffierte sich in jenen Jahren wie ein fescher kontinentaler Kavallerieoffizier aus, mit gewachstem Schnäuzer, tailliertem Jackett und Vatermörder.

Eine seiner Affären während des Ersten Weltkriegs nahm ein brutales Ende.[2] Sie war eine junge tschechische Patriotin, die an Dulles' Seite in den Büros der US-Gesandtschaft arbeitete. Britische Agenten kamen zu dem Schluss, dass sie ihre Stellung dazu benutzte, Informationen an den tschechischen Exilpolitiker Tomáš Garrigue Masaryk und auch an die Deutschen weiterzugeben. Als die Briten Dulles mit ihrem Verdacht konfrontierten, erkannte der ehrgeizige junge Diplomat seine missliche Lage und fügte sich dem Plan der Agenten. Eines Abends führte Dulles die Frau zum Abendessen aus und schlenderte hinterher mit ihr über das Kopfsteinpflaster zu einem vereinbarten Ort, wo er sie den beiden britischen Agenten aushändigte. Sie verschwand für immer.

Als Dulles 1942 im Dienst des Office of Strategic Services (OSS), dem amerikanischen Spionagedienst während des Zweiten Weltkriegs, nach Bern zurückkehrte, schlug er seine Operationsbasis in seiner Wohnung im Erdgeschoss eines schön renovierten herrschaftlichen Stadthauses aus dem 14. Jahrhundert in der Herrengasse 23 in der Nähe des majestätischen Berner Münsters auf. Dulles beharrte später darauf, er habe den Ort unter Sicherheitsgesichtspunkten sorgfältig ausgewählt, da die Straße eine Sackgasse war. Er setzte bei der Stadtverwaltung durch, die Laterne vor seinem Haus zu löschen, um spätabendlichen Besuchern ein gewisses Maß an Anonymität zu geben, wenn sie in seine Wohnung huschten. Gäste, die noch größere Vertraulichkeit wahren wollten, konnten von hinten von der dunklen Seite des Flusses her durch Weinlauben auf einer steilen, alten Steintreppe über die Gartenterrasse zu ihm gelangen.

Doch all diese Geheimnistuerei war ein bisschen aufgesetzt. Kaum war Dulles in Bern aufgetaucht, berichtete eine der führenden Schweizer Zeitungen über seine Ankunft und nannte ihn – zur Freude des Spions –»den Sonderbeauftragten von Präsident Roosevelt«.[3] Das verlieh Dulles einen Status, der sich bei der Verfolgung verschiedener Intrigen als sehr nützlich erweisen sollte.

Nachdem er mit solchem Tamtam in der Herrengasse 23 eingetroffen war, wurde Dulles von der Konkurrenz genauestens beäugt. Der frisch eingetroffene amerikanische Spion pflegte zwar lange Freundschaften mit vielen Leuten aus dem Lager des Feindes, doch kein Seite traute der anderen so ganz über den Weg. Von der gegenüberliegenden Straßenseite aus hielten deutsche Agenten vierundzwanzig Stunden am Tag ein wachsames Auge auf Dulles' Residenz. Die Deutschen infiltrierten auch sein Personal: Sein Koch erwies sich als Spion, sein Hausmeister stahl Durchschläge aus seinem Abfall. Unterdessen hörten Schweizer Geheimdienstler, die eng mit ihren Nazikollegen zusammenarbeiteten, Dulles' Telefongespräche ab. Es gab wenig, was am Leben des amerikanischen Spions in Bern geheim war.

Nichts davon schien Dulles zu stören, der in einem zerknitterten Regenmantel und einem sorglos in den Nacken geschobenen Fedora auf dem Kopf offen durch die Berner Straßen spazierte. Er hatte keinen Leibwächter und trug keine Waffe. Er traf sich offen mit Informanten und Doppelagenten in Cafés und auf den Straßen der Stadt. »Mit zu viel Geheimhaltung erreicht man leicht das Gegenteil«, befand er.[4]

Diese Vorgehensweise, sich im hellen Tageslicht zu verbergen, machte aus geheimdienstlicher Sicht wenig Sinn und verwirrte und ärgerte Dulles' Kollegen im örtlichen Büro des britischen Geheimdienstes MI6, die den Amerikaner als grässlichen Amateur betrachteten. Aber Dulles war mit etwas weit Ehrgeizigerem beschäftigt als bloßen Spionagespielchen. Er betrieb seine eigene Außenpolitik.

William »Wild Bill« Donovan, Direktor des OSS, wollte Dulles ursprünglich nach London schicken.[5] Doch Dulles beharrte auf Bern und setzte sich durch. Donovan war eine Legende – ein kampferprobter Held des Ersten Weltkriegs, Wall-Street-Anwalt und Selfmade-Millionär, der Roosevelt umgarnt und mächtige Rivalen wie J. Edgar Hoover ausgestochen hatte, um den Auftrag für den Aufbau des ersten amerikanischen Auslandsgeheimdienstes zu erhalten. Der Washingtoner Bürokratie unerschrocken die Stirn bietend, hatte Donovan ein beeindruckend eklektisches Spektrum von Talenten für den neuen Geheimdienst rekrutiert, das von Abenteurern aus Eliteuniversitäten über Gesellschaftsdamen bis hin zu Tresorknackern und Profikillern reichte. Aber Dulles, der in denselben gesellschaftlichen Kreisen verkehrte wie Donovan und mit ihm auf dem Tennisplatz verbissen wetteiferte, blickte nicht ehrfürchtig zu seinem Chef auf, im Gegenteil: Er war der Meinung, bessere Arbeit leisten zu können als Donovan.[6] Dulles wusste, dass er in der isolierten Pracht der Schweizer Hauptstadt nach Belieben schalten und walten konnte und kaum Aufsicht von daheim zu befürchten hatte.

Dulles positionierte sich auch deshalb in Bern, weil die Schweizer Hauptstadt im Krieg das Zentrum illegaler Finanzoperationen und politischer Intrigen war. Bern war ein Spionagebasar, der von Agenten, Doppelagenten, Informanten und Geheimnisverkäufern wimmelte. Und Dulles wusste, dass die Nazis das Geld für ihre Kriegsmaschine in der Schweiz horteten.[7]

Die Schweizer stellten während des Kriegs unter Beweis, dass sie Meister des doppelten Spiels waren. Banken in Zürich und Basel erlaubten den Nazis, die Schätze aus der Plünderung Europas auf geheimen Konten zu bunkern, mit denen Deutschland dann lebenswichtige Produkte für das Dritte Reich von neutralen Ländern einkaufte: Wolfram aus Spanien, Öl aus Rumänien, Stahl aus Schweden, Rindfleisch aus Argentinien. Schweizer Bankiers versprachen den Alliierten, dass sie von den Deutschen gestohlenes Vermögen einfrieren würden, doch währenddessen schlugen sie aus ihren Hinterzimmergeschäften mit der deutschen Reichsbank gewaltige Profite.

Dulles kannte viele der zentralen Akteure im verschwiegenen Schweizer Bankenmilieu, weil er und sein Bruder vor dem Krieg mit ihnen als Klienten oder Geschäftspartner zu tun gehabt hatten. Sullivan & Cromwell, die Wall-Street-Kanzlei der Dulles-Brüder, stand im Zentrum eines verästelten internationalen Netzes von Banken, Investmentfirmen und Industriekonglomeraten, das am Wiederaufbau Deutschlands nach dem Ersten Weltkrieg beteiligt war.[8] Foster, der Kanzleivorstand, entwickelte großes Geschick bei der Strukturierung des Transaktionenkarussells, das massive US-Investitionen zu Industriegiganten wie I. G. Farben und Krupp schleuste. Die Profite, die diese Investitionen abwarfen, flossen dann nach Frankreich und Großbritannien in Form von Kriegsreparationen und dann zurück in die Vereinigten Staaten zur Tilgung der Kriegskredite.

So innig verschrieb sich Foster Dulles der lukrativen ökonomischen Wiederbelebung Deutschlands, dass es ihm kaum gelingen wollte, die Interessen seiner Firma von jenen der aufstrebenden Wirtschafts- und Militärmacht zu trennen – selbst nachdem Hitler in den 1930er Jahren seine Macht gefestigt hatte. Foster vertrat weiterhin deutsche Kartelle wie I. G. Farben, während sie in die wachsende Nazikriegsmaschine eingespannt wurden, und half deutschen Industriekonzernen, Zugang zu entscheidenden Rohstoffen zu erhalten. Er spendete Geld für America First, eine Initiative, die dafür warb, die Vereinigten Staaten aus dem sich zusammenbrauenden Sturm über Europa herauszuhalten, und finanzierte eine Versammlung zu Ehren von Charles Lindbergh, dem blonden Helden der Luftfahrt, der sich für den wundersamen deutschen Aufschwung unter Hitler begeisterte. Foster weigerte sich, das Berliner Büro von Sullivan & Cromwell zu schließen – dessen Anwälte gezwungen wurden, ihre Korrespondenz mit »Heil Hitler« zu unterzeichnen –, bis seine Partner (einschließlich Allen) aus Angst um den guten Ruf der Kanzlei darauf bestanden. Als Foster schließlich nachgab – auf einer äußerst angespannten Versammlung der Partner in den luxuriösen Büros der Firma an der 48 Wall Street –, brach er in Tränen aus.[9]

Foster brachte es nicht über sich, die Verbindung zu seinem ehemaligen Berliner Anwaltspartner Gerhardt Westrick abzubrechen, selbst dann nicht, als dieser 1940 in New York auftauchte, um für das Dritte Reich zu werben.[10] Westrick bezog Quartier in einem opulenten Gut in Westchester County, lud einflussreiche Mitglieder der New Yorker Gesellschaft zu Wochenendpartys ein und nutzte diese Gelegenheiten für eine Charmeoffensive zugunsten Hitler-Deutschlands. Auf Westricks Gästeliste fanden sich besonders viele Ölmanager, denn ihm war besonders daran gelegen, unter Umgehung des britischen Embargos Deutschlands Treibstoffnachschub zu sichern. Selbst für die großzügigen Standards der New Yorker Gesellschaft überspannte der Lobbyist allerdings schließlich die Gastfreundschaft, als er so unverfroren war, am 26. Juni 1940 im Waldorf-Astoria eine Gala zur Feier des Siegs von Nazideutschland über Frankreich zu geben.[11] Westricks Dreistigkeit löste in der New Yorker Presse einen Aufschrei aus, aber Foster eilte zur Verteidigung des Nazifürsprechers; er habe »hohe Achtung« vor dessen »Integrität«.

Noch lange hegte Foster Sympathie für den Teufel persönlich, Adolf Hitler. Selbst nachdem das Naziregime 1936 die Nürnberger Rassengesetze durchgepaukt hatte und eine Welle des Terrors gegen Deutschlands jüdische Bevölkerung lostrat, klammerte sich Foster an eine verständnisvolle Sicht des Führers. Er könne nicht umhin, von dem Mann beeindruckt zu sein, der sich »aus kleinen Verhältnissen … zum unangefochtenen Führer einer großen Nation aufgeschwungen hat«,[12] gestand er einem Freund 1937. 1939 hatte Eustace Seligman – ein jüdischer Seniorpartner von Sullivan & Cromwell – die Nase so gestrichen voll von Fosters Haltung zu Nazideutschland, dass er seinen Chef zur Rede stellte und Foster vorhielt, er schade der Reputation der Firma, indem er öffentlich bekunde, »dass Deutschlands Position derjenigen der Alliierten moralisch überlegen« sei.[13]

Wie sein Bruder brauchte Allen Dulles lange, um die Bösartigkeit der Herrschaft Hitlers zu begreifen. Dulles lernte im März 1933 Hitler persönlich in dessen Berliner Amtssitz kennen. Vordergründig für Präsident Roosevelt auf einer Reise zur Informationsbeschaffung in Europa, interessierte sich Dulles besonders dafür, was der Aufstieg Hitlers für die Firmenklienten der Kanzlei in Deutschland und den Vereinigten Staaten bedeutete. Wie Allen Dulles später seinem Bruder Foster mitteilte, fand er Hitler nicht sonderlich beängstigend. Und er war »ziemlich beeindruckt« von Joseph Goebbels und hob die »Aufrichtigkeit und Offenheit« des nationalsozialistischen Propagandachefs hervor.[14] Nachdem Dulles und der ihn begleitende Emissär Norman Davis ins Luxushotel Adlon gegenüber dem Brandenburger Tor zurückgekehrt waren, stellte Davis entnervt fest, dass auf seine Zimmertür in groben Lettern das Wort »Juden« gekritzelt worden war, obwohl er gar kein Jude war. Dessen ungeachtet schrieb Dulles aus Deutschland an Foster, entgegen den besorgten Berichten über Hitler seien »die Bedingungen hier gar nicht so schlecht«.[15]

Doch Ende der 1930er Jahre änderten sich Dulles' Ansichten nach und nach und er betrachtete die Naziführer schließlich als »diese verrückten Leute, die in Deutschland am Ruder sind«.[16] Er war sich zunehmend gewiss, dass sich die Vereinigten Staaten auf eine Machtprobe mit Hitler vorbereiten mussten. Aus Rücksicht auf Foster allerdings zögerte er, diese Meinung öffentlich zu äußern. Er machte auch weiter Geschäfte mit dem unter dem Einfluss der Nazis stehenden deutschen Finanz- und Industrienetzwerk der Kanzlei und trat in den Aufsichtsrat der J. Henry Schroder Bank ein, Tochtergesellschaft einer Londoner Bank, die das Magazin *Time* 1939 »eine Förderin der Achse Rom – Berlin« nannte. Und Allen und seine Frau Clover pflegten weiterhin gesellschaftlichen Umgang mit den Lindberghs, ihre Nachbarn an der Gold Coast von Long Island. (Lindbergh, von Hitler fasziniert, notierte in sein Tagebuch, er und Dulles hätten bei einer Reihe von Dingen recht ähnliche Ansichten.)[17]

Selbst nachdem Dulles im Oktober 1941 von Donovan für das OSS rekrutiert worden war, wurde seine Loyalität von einigen in der Administration, darunter Präsident Roosevelt selbst, noch immer in Zweifel gezogen. Dulles' verschiedene finanzielle Verbindungen zum Naziregime veranlassten den Präsidenten zu der Anweisung, den Wall-Street-Anwalt genau im Auge zu behalten, als er seine Arbeit in der Büroetage des OSS im sechsunddreißigsten Stock des Rockefeller Center aufnahm. Die Überwachung von Dulles erwies sich als leichte Übung, da er sich das Büro mit einer britischen Geheimdienstoperation von riesigen Ausmaßen unter dem legendären kanadischen Geheimagenten William Stephenson teilte, der unter seinem Decknamen »Intrepid« berühmt werden sollte.[18] Zeitweilig schwoll die Mannschaft von Stephensons Operation im Rockefeller Center – die sich unter dem farblosen Namen British Security Coordination verbarg – auf bis zu dreitausend Mitarbeiter an. Es war ein bemerkenswert ambitioniertes Geheimunternehmen, besonders in Anbetracht der Tatsache, dass die Briten es auf dem Boden eines befreundeten Landes betrieben.

Stephenson war 1940 von seinem enthusiastischen Förderer Winston Churchill – Großbritanniens neu gewähltem Premierminister – nach der Evakuierung britischer Verbände vom Strand in Dünkirchen in die USA geschickt worden. Als Hitlers Armeen Europa überrannten und ihren Blick auf das zunehmend isolierte England richteten, wusste Churchill, dass die einzige Hoffnung der Nation darin bestand, die Vereinigten Staaten in den Krieg zu ziehen. Roosevelt stand fest hinter Großbritannien, aber angesichts des Umstands, dass bis zu achtzig Prozent der amerikanischen Öffentlichkeit gegen einen Eintritt in den europäischen Krieg waren und im Kongress eine ebenso große Abneigung dagegen herrschte, erkannten sowohl Roosevelt wie auch Churchill, dass es einer großen Propagandaoffensive bedurfte, um die Amerikaner umzustimmen.

Die britische Regierung und das Weiße Haus Roosevelts standen nicht nur einer misstrauischen amerikanischen Öffentlichkeit gegenüber, die verständliche Sorgen über die Kosten des Krieges hegte, sondern auch einer gut finanzierten Lobby, die für eine Beschwichtigungspolitik eintrat und starke Verbindungen zu Nazideutschland unterhielt. Das Schicksal ganzer Länder stand auf dem Spiel, und so wurde der Schattenkrieg in Amerika immer rabiater. Churchill gab unmissverständlich seine Bereitschaft zu erkennen, sich einer »wenig ritterlichen Kriegführung« zu bedienen, um sein Land zu retten, wie er es euphemistisch ausdrückte – und er hatte Roosevelts festen Rückhalt.

Stephenson – Großbritanniens Speerspitze im Krieg gegen Nazideutschland auf amerikanischem Boden – war ein gewandter Agent, der in seiner Penthouse-Suite im Dorset Hotel in Midtown Manhattan gerne lebhafte Cocktailpartys schmiss. Doch wie James Bond – der fiktive Geheimagent, den sein Kollege Ian Fleming zum Teil nach Stephenson modellierte – zierte sich Stephenson auch nicht, den schmutzigen Teil der Geheimdienstarbeit zu erledigen.[19] Der schlanke, schmächtige Stephenson, der im Alter von vierundvierzig in New York eintraf, hatte den federnden Schritt des Boxers, der er einst war – und die lässige Selbstsicherheit des Millionärs, der es aus eigener Kraft geschafft hatte. Er erwies sich als Meister in der schwarzen Kunst der Geheimdienstarbeit und sorgte dafür, dass seine weitgespannten Pressekontakte in den USA über Tarnfirmen der Nazis berichteten – darunter einige der Firmenklienten der Dulles-Brüder – und Druck auf Washington ausübten, um Nazilobbyisten zu deportieren. Stephensons Agenten unternahmen auch verschiedene Einbrüche, etwa in die spanische Botschaft in Washington, wo sie Geheimcodes für die Übermittlung diplomatischer Depeschen stahlen, die zwischen General Francos faschistischer Regierung und Berlin ausgetauscht wurden.

Stephenson war sogar autorisiert, Mitglieder des Nazinetzwerks in den Vereinigten Staaten – darunter deutsche Agenten und Hitler wohlgesinnte amerikanische Geschäftsleute – mit Hilfe britischer Mordkommandos zu töten.[20] Einer der Männer, deren Eliminierung erwogen wurde, war kein Geringerer als der damalige Dulles-Geschäftspartner Gerhardt Westrick. (Der reichlich mit Geld um sich werfende Hitler-Lobbyist wurde schließlich einfach des Landes verwiesen.) Es war diese entschieden unritterliche Stephenson-Taktik, die Fleming inspirierte, seinen Romanhelden mit einer »Lizenz zum Töten« auszustatten.

Fleming war ein großer Bewunderer von Stephenson, den er »eine magnetische Persönlichkeit« nannte und »einen der großen Geheimagenten« des Zweiten Weltkriegs. Der Romanautor, der als Agent der britischen Marineaufklärung bei Stephensons Unternehmen mitarbeitete, pries auch die Martinis des Topagenten – die er in Quartgläsern servieren ließ – als »die stärksten Amerikas«. Doch wie Fleming selbst bemerkte, war auch sein fiktiver Held James Bond »tatsächlich kein Held – sondern ein effizientes, nicht sehr anziehendes grobes Werkzeug in den Händen der Regierung«.[21]

Jahre später, als James Jesus Angleton und William K. Harvey – zwei Legenden der US-Gegenspionage – nach Attentätern suchten, um den kubanischen Führer Fidel Castro zu töten, holten sie sich Rat bei einem britischen Kollegen namens Peter Wright. »Haben Sie daran gedacht, an Stephenson heranzutreten?«, fragte Wright. »Viele der alten Hasen sagen, er habe solche Sachen während des Kriegs in New York gemacht.«[22]

Präsident Roosevelt war sich bewusst, dass die Dulles-Brüder im Zentrum der Opposition der Wall Street und der Republikanischen Partei gegen seine Präsidentschaft standen. Als führende Rechtsberater der amerikanischen Wirtschaftselite waren die Brüder die personifizierten Symbole der »Plutokratie«, gegen die der Präsident wetterte, wenn sich seine populistische Ader Bahn brach. Die Tatsache, dass sie auch mit Finanzinteressen der Nazis verbunden waren, vertiefte Roosevelts Argwohn nur noch mehr.

Während Roosevelt selbst seine wahren politischen Gefühle geschickt hinter einer Maske des Charmes verbarg, gab es einige loyale Anhänger des New Deal, die der tiefen Feindschaft zwischen dem Roosevelt- und dem Dulles-Lager offen Ausdruck gaben. Ein solcher Heißsporn war William O. Douglas, der progressive junge Anwalt, dem Präsident Roosevelt die Leitung der Securities and Exchange Commission übertrug, der neu gegründeten Börsenaufsicht, und der später zum Richter des Obersten Gerichtshof ernannt wurde. Als Roosevelts oberster Wall-Street-Regulierer bot sich Douglas mehr als eine Gelegenheit, das Schwert mit Foster Dulles zu kreuzen. Noch Jahre später hallte Douglas' Verachtung für den »salbungsvollen und selbstgerechten« älteren Dulles-Bruder in seinen Memoiren nach. Foster Dulles führe sich auf wie ein »hoher Kirchenmann«, lästerte Douglas, sei in Wirklichkeit aber die Art von »räuberischem« Anreißer für die Wall Street, »die gegen Bezahlung beinahe alles vertreten«. Wenn Amerikaner wie John Foster Dulles in den Himmel kämen – wovon Leute seines Schlag stets felsenfest überzeugt seien –, dann würde Douglas die Hölle vorziehen. »Ich könnte [Männer wie Foster] vielleicht einen Abend ertragen. Aber in alle Ewigkeit auf einer Wolke [mit ihnen] zu sitzen, das wäre denn doch ein zu hoher Preis für mich.«[23]

Obwohl Roosevelt den privilegierten Hintergrund der Dulles-Schar teilte, fühlte sich der Präsident weit stärker Männern wie Douglas verbunden, Produkt einer ärmlichen Kindheit im Yakima Valley im Bundesstaat Washington, wo er zur Unterstützung seiner Familie Obst pflücken musste. Brillant und äußerst ehrgeizig, arbeitete sich Douglas seinen Weg durch die Jurafakultät der Columbia University. Eines der ersten Vorstellungsgespräche des talentierten jungen Juristen war bei Foster Dulles in der Anwaltskanzlei von Sullivan & Cromwell. Aber Foster sei so »oberpriesterlich« gewesen, dass Douglas sich gegen einen Eintritt in die Kanzlei entschied. »Tatsächlich«, erinnerte er sich, »machte mich seine [Fosters] Wichtigtuerei so sprachlos, dass ich mich, als er mir beim Verlassen seines Büros in den Mantel half, unwillkürlich umwandte und ihm einen Vierteldollar Trinkgeld in die Hand drückte.«[24]

Roosevelt schloss Douglas so sehr ins Herz, dass er bei seiner vierten Präsidentschaftsbewerbung den jungen Chef der Börsenaufsicht kurzzeitig als Kandidat für die Vizepräsidentschaft erwog.[25] Doch die Parteibosse waren nicht ganz so begeistert von Douglas wie der Präsident. Ihnen war wohl allzu bewusst, dass ein Kandidatengespann Roosevelt/Douglas an der Wall Street wie eine Bombe einschlagen würde.

Als Chef der Börsenaufsicht mauserte sich Douglas zum Schrecken der Finanzindustrie. Bankiers und Anwälte, die an die gedämpfte Verschwiegenheit holzgetäfelter Suiten und geschlossener Speisezimmer gewöhnt waren, wurden vor öffentliche Anhörungen unter Vorsitz von Douglas mit seinen aufgeweckten Mitarbeitern gezerrt und gezwungen, zu ihren Geschäftspraktiken Rede und Antwort zu stehen. Selbst Robert Swaine von der renommierten Wirtschaftskanzlei Cravath – der einmal Douglas' Chef gewesen war – bekam das volle Programm. »Sie sind mir aufs Haupt gestiegen und haben mir sämtliche Füllungen aus den Zähnen geschüttelt«, beklagte er sich später bei Douglas.[26]

Mit dem markant guten Aussehen, das an einen wettergegerbten Cowboy erinnerte, und seiner schlanken Naturburschengestalt schien Douglas wie zum Volkshelden geboren – ein Jedermann-Gary-Cooper, der sich die hohen Tiere vorknöpfte, wie sie Edward Arnold in Frank Capras Filmen mimte. Und der aufgeblasene John Foster Dulles war sein perfekter Kontrahent. Douglas zitierte Foster Dulles einmal zwei volle Tage in den Zeugenstand und grillte ihn über das Vermögen, das er für seine Kanzlei durch ein lückenhaftes Insolvenzverfahren herausschlug, bei dem eine Vielzahl von Gläubigern übervorteilt wurde. Der arrogante Foster habe sich im Zeugenstand gewunden wie ein Pontifex, der zu »Geschäften mit der Unterwelt« gezwungen war, erinnerte sich Douglas.

Indem er Leuten wie John Foster Dulles Männer wie William Douglas auf den Hals hetzte, brachte Präsident Roosevelt die Plutokratie zur Raserei. Der Bankier J. P. Morgan jr. war derart aufgebracht von dem »Klassenverräter« Roosevelt, dass seine Diener das Gesicht des Präsidenten aus der Morgenzeitung des Wall-Street-Giganten herausschneiden mussten, aus Angst, sein Blutdruck könnte nach oben schießen. Der Klassenhass gegen Roosevelt führte sogar zu mindestens zwei gescheiterten Putschversuchen gegen seine Präsidentschaft.[27] 1934 versuchte eine Gruppe von Wall-Street-Verschwörern – finanziert von reichen Roosevelt-Feinden (und Dulles-Klienten) wie den DuPonts –, den Marinekriegshelden General Smedley Butler für einen bewaffneten Marsch auf Washington zu gewinnen. 1940 warnte der Zeitungsmann und Gesellschaftslöwe Cornelius Vanderbilt jr. – einer der wenigen Roosevelt-Freunde in der feinen New Yorker Gesellschaft – Eleanor Roosevelt vor einem weiteren Komplott gegen ihren Gatten, der in Kreisen der New Yorker Fifth Avenue, unter Beteiligung von Tycoons und Armeeoffizieren, ausgebrütet würde.[28]

Die First Lady gehörte zu jenen, die an der Klugheit zweifelten, während des Kriegs jemand wie Allen Dulles mit Geheimdienstoperationen in Europa zu betrauen, wo er gewiss geschäftliche Verbindungen zu Nazis knüpfen würde. Aber Dulles war nicht der einzige Schachmeister in diesem Spiel mit hohem Einsatz. Roosevelt hatte anscheinend seine eigenen Gründe, Dulles zu erlauben, sich in Bern einzurichten. »Er war ein Köder«, glaubt John Loftus, ehemaliger Ermittler von Naziverbrechen beim US-Justizministerium. »Das Weiße Haus wollte den offenen Umgang von Dulles mit seinen Naziklienten, damit sie leicht zu identifizieren wären.«[29]

Einer der wichtigsten Kontakte von Dulles in Europa war Thomas McKittrick, ein alter Freund von der Wall Street und Präsident der Bank für Internationalen Zahlungsausgleich (BIZ). Die BIZ war von den führenden Zentralbanken der Welt nach dem Ersten Weltkrieg geschaffen worden, um die deutschen Reparationszahlungen abzuwickeln, aber bald entfaltete sie ein Eigenleben und wurde zu einer Stütze des sich herausschälenden globalen Finanzsystems. Untergebracht in einem ehemaligen Hotel neben einem Schokoladengeschäft in Basel, war die BIZ so geheimniskrämerisch, dass es niemand erlaubt war, in ihren Sitzungssaal zu blicken, selbst wenn er leer war. 1940, als McKittrick in die Schweiz kam, um die Bank zu beaufsichtigen, wurde sie praktisch vom Hitler-Regime kontrolliert. Fünf ihrer Direktoren wurden später wegen Kriegsverbrechen angeklagt, darunter Hermann Schmitz, Vorstandsvorsitzender von I. G. Farben, dem Chemiekonglomerat, das berüchtigt wurde wegen seines umfangreichen Einsatzes von Zwangsarbeitern und für die Produktion von Zyklon B, dem Gas von Hitlers Todeslagern.

Schmitz war einer von vielen Kanzleiklienten und Geschäftspartnern der Dulles-Brüder, die mit der BIZ zu tun hatten, ein eng geknüpfter Zirkel von Männern, deren Beziehungen den Sturm des Kriegs unbeschadet überdauerten. Noch als sich in seinem Unternehmen das Gift für Hitlers Massenmorde stapelte, schickte Schmitz heitere Weihnachts- und Geburtstagsgrüße an seine amerikanischen Geschäftsfreunde.

Die verschwiegene BIZ wurde zu einem entscheidenden Finanzpartner der Nazis.[30] Emil Puhl – Vizepräsident der deutschen Notenbank und enger Vertrauter von McKittrick – nannte die BIZ einmal die einzige »Auslandsniederlassung« der Reichsbank. Die BIZ wusch Gold im Wert von Hunderten von Millionen Dollar, das die Nazis aus besetzten Ländern geraubt hatten. Ein Teil des Goldes stammte aus den Zähnen der Opfer der Konzentrationslager oder war aus Kandelabern, Zigarettenetuis und anderer persönlicher Habe jüdischer Familien eingeschmolzen worden.

Dulles nahm Verbindung zu McKittrick auf, noch bevor er in der Schweiz eintraf. Kaum hatte der BIZ-Präsident europäischen Boden betreten, traf sich Dulles mit ihm in Lissabon. McKittrick, ein elegant gekleideter Herr mit rosafarbenen Wangen, hoher Stirn und vorzeitig ergrautem Haar, beschrieb das Treffen später als glücklichen Zufall, doch war es beiden Männern eindeutig ein dringliches Anliegen, miteinander übers Geschäft zu sprechen. Kaum hatte er die Lobby seines Lissaboner Hotels betreten, erinnerte sich der Bankier, »packte mich jemand von hinten und sagte: ›Bist du das, Tom McKittrick? Mensch, Junge, wir müssen uns treffen. Du bist der Erste, mit dem ich in der Schweiz sprechen wollte.‹ Und es war Allen Dulles auf seinem Weg herüber [zur OSS-Station in Bern].« Die ganze Nacht hindurch unterhielten sich die beiden Männer im Hotel, bis McKittrick aufbrechen musste, um seine Fünf-Uhr-Maschine zu erreichen.[31]

Dulles brannte darauf, von McKittrick vertrauliche Informationen über das Dritte Reich abzuschöpfen, da der Bankier gute Verbindungen nach Berlin unterhielt. Aber die beiden Männer wollten auch ein anderes Thema bereden, das für beide von ebenso großer Bedeutung war: Wie ließ sich das Vermögen ihrer deutschen und amerikanischen Unternehmenskunden in den Kriegswirren schützen?

Wie Dulles war McKittrick bei Roosevelt und seinem inneren Kreis nicht beliebt. Roosevelts Finanzminister Henry Morgenthau jr. entwickelte einen tiefen Abscheu vor McKittrick, den Morgenthaus Berater Harry Dexter White als »einen amerikanischen [Bank-]Präsidenten« bezeichnete, »der mit den Deutschen Geschäfte macht, während unsere amerikanischen Jungs gegen die Deutschen kämpfen«.[32] Die Roosevelt-Administration machte sich daran, die BIZ-Gelder in den USA einzufrieren, aber McKittrick heuerte Foster Dulles als Rechtsbeistand an, der erfolgreich zugunsten der Bank intervenierte.

Morgenthau war außer sich, als McKittrick im Winter 1942 auf Geschäftsreise in die Vereinigten Staaten kam und von der Wall Street mit einem warmherzigen Empfang geehrt wurde: Dutzende mächtiger Finanziers und Industrieller – darunter die Manager mehrerer Konzerne wie General Motors und Standard Oil, die mit ihren Geschäften mit Nazideutschland ansehnliche Profite gemacht hatten – kamen am 17. Dezember zu einem Bankett zu McKittricks Ehren im New Yorker University Club zusammen.

Morgenthau versuchte, McKittricks Rückkehr ins BIZ-Hauptquartier in der Schweiz zu verhindern, mit der Begründung, dass die Bank eindeutig den Kriegsanstrengungen der Nazis helfe. Der Bankier mokierte sich später über die »fiese Bande damals im US-Finanzministerium. … Ich war hoch verdächtig, weil ich mit Italienern und mit Deutschen sprach – und ich berichtete, dass sie sich sehr gut benommen hatten. Ich [weigerte mich, sie als] Schurken der übelsten Sorte zu [denunzieren].«[33] Zu McKittrick's Rettung eilte Allen Dulles, der geschickt die Strippen zog, damit der Bankier im April 1943 schließlich einen Transatlantikflug nach Europa besteigen konnte.

Dulles und McKittrick arbeiteten den Rest des Kriegs über weiter eng zusammen. In den letzten Monaten des Konflikts hintertrieben sie eine Initiative von Roosevelt namens Projekt Safehaven, die darauf zielte, Vermögen von Nazis aufzuspüren und zu konfiszieren, das in neutralen Ländern deponiert worden war.[34] In Roosevelts Administration ging die Befürchtung, dass nach dem Krieg Angehörige der deutschen Elite mit Hilfe ihres unrechtmäßig erworbenen Reichtums ihre Zeit abwarten würden, um irgendwann die Macht zurückzuerobern. Das Team aus Morgenthaus Finanzministerium, das das Projekt Safehaven leitete, wandte sich an das OSS und die BIZ mit der Bitte um Unterstützung. Aber Dulles und KcKittrick ging es vorrangig darum, die Interessen ihrer Klienten zu schützen. Im Übrigen war Dulles, wie viele andere aus der Führungsriege der Finanzwelt und dem nationalen Sicherheitsapparat der USA, der Meinung, dass eine ansehnliche Zahl dieser mächtigen Deutschen in der Nachkriegszeit wieder in Machtpositionen gelangen sollte, um Deutschland als starkes Bollwerk gegen die Sowjetunion zu erhalten. Später, während des Kalten Kriegs, war Dulles mehr daran gelegen, mit Raubgut der Nazis verdeckte Operationen gegen die Sowjetunion zu finanzieren, als es den Familien der Naziopfer zurückzuerstatten.

Dulles war klar, dass keines seiner Argumente gegen das Projekt Safehaven bei Morgenthau Beifall finden würde. Daher griff er auf die altbewährten bürokratischen Methoden des Hinhaltens und der Sabotage zurück, um das Vorhaben zu vereiteln. Im Dezember 1944 schrieb er in einem Memo an seine OSS-Vorgesetzten, seinem Berner Büro fehle »eine angemessene Personalausstattung, um auf diesem Gebiet wirkungsvolle Arbeit zu leisten und anderweitigen Erfordernissen gerecht zu werden«.[35]

Ebenso groß war McKittricks Verachtung für das Projekt. Seine Verweigerungshaltung fügte dem Vorhaben besonders großen Schaden zu, da die BIZ der Hauptkanal war, durch den das Nazigold geschleust wurde. »Das [US-]Finanzministerium schickte ständig Spürhunde in die Schweiz«, klagte er Jahre später. »Das Einzige, wofür die sich interessierten, war, wo Hitler, Göring, Himmler und all die anderen hohen Tiere in Deutschland ihr Geld versteckt hatten. Aber ich selbst bin überzeugt, dass diese Burschen gar keine Geldberge für die Zukunft anhäuften.«[36]

Während Allen Dulles seinen OSS-Posten in der Schweiz dazu benutzte, die Interessen der deutschen Klienten von Sullivan & Cromwell zu schützen, tat sein Bruder Foster das Gleiche in New York. Mit einem verwickelten Konstrukt von Briefkastenfirmen gelang es ihm, das US-Vermögen großer deutscher Kartelle wie dem Chemiegiganten I. G. Farben und dem Pharmariesen Merck KGaA zu verstecken und ihre Tochterunternehmen vor der Beschlagnahmung als feindliches Eigentum durch die US-Regierung zu schützen.[37] Einige der juristischen Winkelzüge Fosters erlaubten es dem Naziregime, in den Vereinigten Staaten bei kriegswichtigen Gütern Engpässe zu verursachen, zum Beispiel bei Dieseleinspritzmotoren, die das US-Militär für Lastwagen, U-Boote und Flugzeuge benötigte. Am Ende des Kriegs ermittelte die Kartellabteilung des Justizministeriums gegen viele von Fosters Klienten; gegen ihn selbst wurden Vorermittlungen wegen Kollaboration mit dem Feind eingeleitet.

Doch Rückendeckung für Foster kam von seinem Bruder aus der Schweiz. Auf seiner vorgeschobenen Position in Europa war Allen Dulles gut aufgestellt, um belastende Beweise zu vernichten und jede Untersuchung zu blockieren, die die beiden Brüder und ihre Anwaltskanzlei bedrohte. »Das Schreddern eroberter Naziakten war eine bevorzugte Taktik von Dulles und seinen [Partnern], die nach dem Krieg zurückblieben, um bei der Besatzungsverwaltung Deutschlands mitzuarbeiten«, schrieb Nazijäger John Loftus, der als Staatsanwalt im Justizministerium unter Präsident Jimmy Carter viele Dokumente mit Bezug zu den Dulles-Brüdern sichtete.[38]

Hätte Roosevelt, ihr mächtiger Feind im Weißen Haus, den Krieg überlebt, dann hätten die Dulles-Brüder wegen ihrer Aktivitäten während des Kriegs wohl mit einem Strafverfahren rechnen müssen. Arthur Goldberg, Richter am Obersten Gerichtshof, der als junger Anwalt mit Allen Dulles beim OSS diente, erklärte später, beide Dulles-Brüder seien des Landesverrats schuldig.

Ende April 1945 jedoch war Franklin D. Roosevelt tot, und der nötige politische Wille fehlte, zwei so imposante Stützen des amerikanischen Establishments herauszufordern. Allen wusste nur zu gut, dass Wissen Macht bedeutet, und nutzte seine Stellung an der Spitze des rasch expandierenden Geheimdienstapparats, um den Informationsfluss über sich und seinen Bruder sorgsam zu kontrollieren.

Im Januar 1943 verkündete Franklin D. Roosevelt auf der Casablanca-Konferenz mit dem britischen Premierminister Winston Churchill die Doktrin der »bedingungslosen Kapitulation«. Der dritte große Führer der Allianz, der sowjetische Staatschef Joseph Stalin, war wegen der grauenvollen Belagerung Stalingrads nicht abkömmlich. Die Rote Armee entschied die Schlacht um Stalingrad mit einem epischen Sieg schließlich für sich, ein Wendepunkt im Krieg gegen das Dritte Reich. Die Sowjetunion verlor im Kampf um die Stadt über eine Million Soldaten – mehr als die Vereinigten Staaten während des gesamten Kriegs.

Die Casablanca-Konferenz im Januar 1943 in einem mit Stacheldraht umzäunten Hotel in Marokko war für den abwesenden russischen Führer eine herbe Enttäuschung, da die Eröffnung einer zweiten Front in Frankreich wieder vertagt wurde. Doch mit seiner für Churchill überraschenden Forderung einer bedingungslosen Kapitulation Deutschlands wollte Roosevelt Stalin versichern, dass die Amerikaner und Briten die Sowjetunion nicht durch Abschluss eines Separatfriedens mit Deutschland verraten würden.

Die Casablanca-Konferenz war ein bedeutender Wendepunkt des Kriegs und besiegelte das Schicksal Hitlers und seines Führungszirkels. Wie Roosevelt dem amerikanischen Volk in einer Radioansprache nach der Konferenz mitteilte, machten die Alliierten mit ihrer kompromisslosen Haltung gegenüber dem Dritten Reich klar, dass sie dem Hitler-Regime nicht erlauben würden, einen Keil in die antifaschistische Allianz zu treiben oder der Strafe für seine ungeheuerlichen Verbrechen zu entgehen. »Unsere kompromisslose Politik ist nicht als Angriff auf die einfachen Bürger der Achsenmächte zu verstehen«, erklärte Roosevelt. »Sie ist zu verstehen als das Streben nach einer vollständigen und umfassenden Bestrafung ihrer schuldigen und barbarischen Führer …«[39]

Mit seinen engen Banden in deutsche Führungskreise betrachtete Dulles die Forderung nach bedingungsloser Kapitulation als Desaster und teilte seinen Nazikontakten unverzüglich mit, wie er darüber dachte. Kurz nach der Casablanca-Konferenz hatte Dulles eines späten Winterabends in der Herrengasse 23 eine Unterredung mit einem Agenten von Reichsführer SS Heinrich Himmler, einem geschmeidigen böhmischen Adligen, der seit vielen Jahren immer wieder in Dulles' gesellschaftlichem Zirkel auftauchte und als »Naziprinz« bekannt war. Dulles bewirtete seinen Gast in seinem Salon vor loderndem Kaminfeuer mit einem guten Scotch. Die Casablanca-Erklärung hatte Himmlers Kreis eindeutig verunsichert, gab sie doch deutlich zu verstehen, dass es für die »barbarischen Führer« des Dritten Reichs kein Entkommen geben würde. Aber Dulles war darauf bedacht, seinen Gast zu beruhigen. Die Erklärung der Alliierten, versicherte ihm Dulles, sei »nur ein Stück Papier, das ohne viel Aufhebens im Papierkorb landen würde, sobald Deutschland um Frieden bittet«.[40]

So begann Allen Dulles' Herrschaft des Verrats als Amerikas oberster Geheimagent im nationalsozialistisch besetzten Europa.

Prinz Maximilian Egon von Hohenlohe-Langenburg, der Naziprinz, gehörte zu jenem Teil der europäischen Aristokratie, der im Krieg Federn gelassen hatte. Hohenlohe und seine Frau, eine baskische Marquise, hatten einst über ein Imperium von Ländereien geherrscht, das sich von Böhmen bis Mexiko erstreckte. Aber zwei Weltkriege und die Weltwirtschaftskrise hatten Hohenlohe arg gerupft und ihn auf die Rolle eines Nazikuriers reduziert. Der Prinz und Dulles hatten sich 1916 als aufstrebende Jungdiplomaten in Wien kennengelernt. Während der 1930er Jahre, als er in die weniger gesittete Gesellschaft der SS-Schläger geriet, die Deutschland übernommen hatten, war Hohenlohe gelegentlich bei Allen und Clover in New York zu Gast.

Hohenlohe war eines von vielen Mitgliedern der Adelskaste, die sich von Hitlers Aufstieg Vorteile versprachen, durchaus bereit, über die unangenehmen Seiten des Hitlerismus hinwegzusehen, die er als Exzesse der unteren Ränge der Nazipartei abtat, die unweigerlich behoben würden. Die Familie der Hohenloher war eine Keimzelle glühender Nazibewunderer. Die vielleicht bizarrste war Stéphanie zu Hohenlohe-Waldenburg-Schillingfürst, die als »Hitlers Prinzessin« bekannt wurde.[41] Eine geborene Jüdin, gelangte Stéphanie durch ihre Heirat mit einem weiteren Prinzen der Hohenloher in eine herausgehobene gesellschaftliche Position. In den Jahren vor dem Krieg wurde sie Hitlers unermüdlichste Fürsprecherin und tat das Ihre, um den britischen Zeitungsmagnaten Lord Rothermere in die Nazigemeinde zu holen. Stéphanie nahm sich Hitlers gutaussehenden Adjutanten Fritz Wiedemann zum Liebhaber und schmiedete große Pläne für ihren Aufstieg in die Spitze der Nazihierarchie. Doch es sollte nicht sein. Eifersüchtig auf ihre bevorzugte Position bei Hitler, intrigierten Rivalen in der SS gegen sie und verbreiteten die Geschichte ihrer jüdischen Abstammung. Ihre Tante starb in einem Konzentrationslager, Stéphanie selbst musste aus Deutschland fliehen.

Prinz Hohenlohe erlitt keinen solchen Fall in Ungnade. Er reiste kreuz und quer durch Europa und sondierte bei britischen und amerikanischen Diplomaten mögliche Abmachungen mit den Alliierten, Hitler zu opfern, aber das Reich zu retten, wobei er häufig eine schroffe Abfuhr erlebte. Der britische Außenminister Anthony Eden warnte davor, mit dem Prinzen auch nur zu sprechen: »Wenn die Nachricht über ein solches Treffen publik würde … wäre der Schaden weit größer als alles, was der Prinz mitteilen könnte.«[42] Amerikanische Diplomaten in Madrid, an die Hohenlohe ebenfalls herantrat, taten ihn als »offenkundigen« Lügner und »völlig skrupellosen« Intriganten ab, dessen oberste Sorge »der Schutz seines beträchtlichen Vermögens« sei.[43]

Dulles wischte solche Bedenken beiseite; Treffen mit seinem alten Freund bereiteten ihm keine Gewissenbisse. Tatsächlich fühlte er sich in Gesellschaft solcher Leute ausgesprochen wohl. Vor dem Krieg war Dulles gelegentlich Gast von Lord und Lady Astor in Cliveden gewesen, dem Landsitz des eleganten Paars an der Themse, ein berüchtigtes Wochenenddomizil des nazifreundlichen Adels. (Man kommt um die Erkenntnis nicht herum, dass Hitler in den gesellschaftlichen Kreisen, in denen Männer wie Dulles sowohl in England wie in den USA verkehrten, weit populärer war, als man später gerne zugeben wollte.)

Royall Tyler, der Gewährsmann, der die Berner Zusammenkunft von Dulles und Hohenlohe arrangiert hatte, war aus ähnlichem Holz geschnitzt.[44] Geboren in eine reiche Bostoner Familie, bummelte Tyler die meiste Zeit seines Lebens durch Europa, sammelte byzantinische Kunst, heiratete eine florentinische Komtesse und spekulierte an der Börse. Der vielsprachige Tyler und seine adlige Frau führten ein ausgesprochen kultiviertes Leben; Tyler klapperte Antiquitätenläden und Privatsammlungen auf der Suche nach byzantinischen Schätzen ab und restaurierte ein Château in Burgund, wo er seine seltenen Bücher und Kunstschätze zur Schau stellte. »Mit Tyler zu reisen«, bemerkte der Londoner OSS-Leiter David Bruce, »ist wie mit einem geistreichen, kultivierten, menschlichen Baedeker als Reiseführer unterwegs zu sein.« Die nicht minder kultivierte Komtesse bewegte sich in Künstler- und Literatenkreisen. 1937 wachte sie am Sterbebett der Romanautorin Edith Wharton in deren Villa bei Paris.

Tyler war ein weiterer jener gebildeten Männer, die reibungslos über Grenzen glitten und nicht das geringste Problem damit hatten, Geschäfte mit Nazigrößen zu machen. Während des Kriegs zog er nach Genf, um sich bei der Bank für Internationalen Zahlungsausgleich ein wenig in Bankgeschäften zu versuchen. Tylers giftiger Antisemitismus machte ihn zu einem kongenialen Ansprechpartner, wenn das Deutsche Reich Geschäfte mit der Schweiz abwickeln musste. Wegen seiner guten Beziehungen zum Lager des Feindes gehörte Tyler zu den Ersten, mit denen Dulles in der Schweiz Kontakt aufnahm.

Nun saßen Dulles und Hohenlohe und ihr gemeinsamer Freund Royall Tyler freundschaftlich am Kamin des OSS-Manns in der Herrengasse 23. Dulles brach das Eis, indem er von den alten Zeiten mit Hohenlohe in Wien und New York schwärmte. Dann gingen die Männer rasch zum Geschäftlichen über und besprachen die Möglichkeit eines realpolitischen

Handels zwischen Deutschland und den Vereinigten Staaten, bei dem Hitler aus der Gleichung gestrichen, das Reich aber weitgehend intakt bleiben würde. Ihre Vorstellungen der Nachkriegsordnung in Europa deckten sich in vielen Punkten. Dulles und Hohenlohe sahen eindeutig die Sowjetunion als Feind und setzten auf ein starkes Deutschland als Bastion gegen die bolschewistische und slawische Bedrohung. Die beiden alten Freunde stimmten auch darin überein, dass es im Nachkriegseuropa wahrscheinlich keinen Platz für das jüdische Volk geben würde, ganz gewiss aber sollten Juden nicht in Machtpositionen zurückkehren. Dulles erwähnte, dass einige Leute in Amerika der Ansicht seien, die Juden sollten nach Afrika umgesiedelt werden – ein alter Traum Hitlers: der Führer hatte einmal darüber fantasiert, die »Pariabevölkerung« nach Madagaskar zu verschleppen.[45]

Die beiden Männer waren zu abgeklärt, um eine emotionale Diskussion über den Holocaust zu führen. Dulles beruhigte den Prinzen und versicherte ihm, er habe »die Nase voll … von all den altmodischen Politikern, Immigranten und voreingenommenen Juden zu hören«. Er sei fest davon überzeugt, dass »in Europa ein Friede geschlossen werden müsse, an dem alle Parteien ein Interesse hätten – wir können es nicht erlauben, dass ein Frieden auf einer Politik mit Gewinnern oder Verlierern gründet«.[46]

Statt Roosevelts »bedingungslose Kapitulation«, bei der die Naziführung für ihre Verbrechen gegen die Menschheit[47] zur Verantwortung gezogen würde, schlug Dulles eine Art Kapitulation ohne Schuldzuweisung vor. Es war ein erstaunlich zynischer, gegen die Weisungen seiner Vorgesetzten gerichteter Schachzug. Der Pakt, den Dulles im Sinn hatte, wischte nicht nur den Völkermord an den Juden als irrelevante Frage beiseite, er missachtete auch die klar bekundete Politik des amerikanischen Präsidenten gegen eine geheime Abmachung mit dem Feind. Der Mann im Weißen Haus, der an seinen antifaschistischen Prinzipien festhielt, war eindeutig einer der »altmodischen Politiker«, die Dulles im Sinn hatte. Und während er den Absichten seines Präsidenten so unverfroren in den Rücken fiel, hatte Dulles noch die Nerven, Hohenlohe gegenüber zu beteuern, dass er »die volle Unterstützung« von Roosevelt besäße.[48]

Das Kamintreffen war ein doppelter Verrat: der von Dulles an Präsident Roosevelt und der des Naziprinzen an Adolf Hitler. Über dem Tête-à-Tête in der Herrengasse 23 schwebte der Geist Heinrich Himmlers. Er war der zweitmächtigste Mann des Reiches und nährte die kühne Hoffnung, zur Nummer eins aufsteigen zu können. Mit seinem fliehenden Kinn, dem dünnen Oberlippenbart und der Nickelbrille wirkte Himmler eher wie ein dienstbeflissener Bankangestellter als eine Ikone der Herrenrasse. Der ehemalige Hühnerzüchter und Düngermittelverkäufer plusterte sich mit einer erdichteten adligen Abstammung auf, neigte zu Okkultismus und anderen Fantastereien. Dennoch hatte der beinharte Opportunist seine Rivalen skrupellos ausmanövriert und war zu Hitlers unverzichtbarem Stellvertreter und zum höchstem Sicherheitschef des Nazireichs aufgestiegen.

Es war Himmler, dem der Führer die »Endlösung« anvertraut hatte, den unerhörten Plan, das ganze jüdische Volk vom Antlitz der Erde zu vertilgen. Es war Himmler, der die Nerven hatte, diesen Plan zu rechtfertigen, indem er im Oktober 1943 vor die Gruppenführer der SS trat und versicherte, sie hätten das Recht, Leichenberge als Fanale der Macht des Reiches aufzutürmen: »Wir hatten das moralische Recht, wir hatten die Pflicht gegenüber unserem Volk, dieses Volk, das uns umbringen wollte, umzubringen.«[49] Wie Hannah Arendt später bemerkte, besaß gerade Himmler unter den Naziführern großes Talent zur »Lösung der Gewissensfrage«, mit der sich die Henker des Reichs zuweilen plagten. Mit seinen »geflügelten Worten«, wie Adolf Eichmann, sein beflissener Verwalter des Todes, es ausdrückte, verwandelte Himmler das entsetzliche Tun seiner Männer in eine großartige Geheimmission, zu deren Erfüllung nur die SS-Elite fähig sei. »Für die Organisation, die den Auftrag durchführen musste, war [der Befehl zur ›Lösung der Judenfrage‹] der schwerste, den wir bisher hatten«, schwadronierte er vor den Führern seiner Mordkommandos.[50] Himmler verstand es, das Ehrgefühl und die Eitelkeit seiner Männer anzusprechen: »Dies durchgehalten zu haben, und dabei – abgesehen von Ausnahmen menschlicher Schwächen – anständig geblieben zu sein, das hat uns hart gemacht. Dies ist ein niemals geschriebenes und niemals zu schreibendes Ruhmesblatt unserer Geschichte …«[51]

Und doch war es am Ende Himmler, der trotz seiner langen Begeisterung für den Hitlerkult den Gedanken wagte, sich an die Stelle des Führers zu setzen, als ihm klar wurde, dass der Krieg militärisch nicht zu gewinnen war. Hohenlohe war nur einer der Emissäre, die Himmler durch Europa schickte, um einen Separatfrieden mit den Vereinigten Staaten und England auszuhandeln. An einem Punkt spannte er sogar die Modeschöpferin Coco Chanel ein und ließ sie nach Berlin holen, um mit ihr eine Strategie besprechen zu lassen.[52]

Himmler wusste, dass er ein brandgefährliches Spiel trieb, und ließ Hitler nur das Nötigste über seine verschiedenen Friedenssondierungen wissen, aber nicht genug, um Argwohn zu wecken. Auch Dulles wusste, dass er mit dem Feuer spielte, da er sich der Anordnung des Präsidenten widersetzte. Eine Warnung aus Washington, sich vor einer Fraternisierung mit Prinz Hohenlohe zu hüten, parierte Dulles mit einer geschickten Erwiderung. Ihm sei klar, telegrafierte er zurück, dass der Prinz ein »schwieriger Kunde und extreme Vorsicht vonnöten« sei, er könne sich aber als »nützlich« erweisen.[53] Dulles hielt es nicht für notwendig, seine

Vorgesetzten darüber zu informieren, wie stark er sich wirklich mit Himmlers Gesandtem eingelassen hatte.

In den folgenden Wochen von Februar bis in den April trafen sich Dulles und Tyler mit Hohenlohe mehrere Male. Und sogar noch im November 1943 leitete Dulles Hohenlohes Berichte über Himmlers Gemütsverfassung weiter. Der Prinz war für ihn ein Kollaborateur, der ernst genug zu nehmen war, um ihm eine eigene geheime OSS-Nummer zu geben.

Am Ende führte Dulles' Intrigenspiel mit Hohenlohe zu nichts. Präsident Roosevelt hatte die US-Regierung sehr gut im Griff, und seine kompromisslose Position zur Kapitulation hatte unvermindert Bestand. Als OSS-Chef »Wild Bill« Donovan den Präsidenten über die Himmler-Friedensinitiative informierte, machte Roosevelt unmissverständlich seine eiserne Ablehnung eines Handels mit der Naziführung klar. Solange der Präsident an dieser Politik festhielt, blieb Dulles nichts anderes übrig, als seine Geheimkontakte zum Feind zu pflegen und abzuwarten.

Obwohl Himmlers Bemühungen um einen Handel mit den Alliierten keine greifbaren Ergebnisse erbrachten, verlor er nie den Glauben an Dulles.[54] Am 10. Mai 1945, nur wenige Tage nach Kriegsende, machte sich der Reichsführer SS mit einer Entourage SS-Getreuer – und dem Schutz eines amerikanischen Agenten – von Norddeutschland Richtung Schweiz auf. Er war mit einem abgetragenen blauen Regenmantel verkleidet und trug eine Augenklappe, während die Nickelbrille, sein Markenzeichen, in der Tasche steckte. Aber Himmler schaffte es nicht zu seinem Rendezvous mit Dulles. Der SS-Chef wurde mit seinem Gefolge von britischen Soldaten gefangen genommen, als er über die Oste setzen wollte. In britischem Gewahrsam schlug Himmler dem Henker ein Schnippchen, indem er auf eine Glaskapsel Zyanid biss.

Doch selbst wenn Himmler bis in die Schweiz gelangt wäre, hätte er dort keine Zuflucht gefunden. Er war ein zu prominentes Gesicht der Nazigräuel, als dass selbst Dulles ihn hätte retten können. Dafür bewahrte der amerikanische Geheimagent viele andere Naziverbrecher vor der gerechten Strafe.

2 Menschenrauch

Weder Allen noch Foster Dulles noch ihre drei Geschwister waren je so fromm wie ihr Vater Allen Macy Dulles, Pastor einer kleinen presbyterianischen Gemeinde in Watertown im Staat New York, ein schläfriges, bei New Yorker Millionären beliebtes Ausflugsnest am nahen Ontariosee. Aber für die Geschwister waren die Sommerferien der Familie am Henderson Harbor das Paradies. Die Jungs standen frühmorgens auf und stachen in Begleitung eines schlanken, lakonischen Angelführers mit einem Segelboot in See, um dem köstlichen, in diesen Gewässern heimischen Schwarzbarsch nachzustellen. Mittags landeten sie ihr kleines Segelboot an einer der kleinen Inseln und kochten ihren Fang über einem Feuer aus Treibholz. Der Fisch wurde in brutzelndem Schweinefett gebraten, mit Mais und Kartoffeln serviert und mit schwarzem Kaffee heruntergespült. Jahre später zählten sie diese Schmausereien zu den besten Festmahlen ihres Lebens.[1]

Pfarrer Dulles war kein begüterter Mann und hatte Mühe, vom bescheidenen Gehalt eines Kirchenmannes seine Familie zu ernähren. Eine segensreiche Präsenz in seiner Familie war sein illustrer, mit einem üppigen Backenbart gesegneter Schwiegervater John Watson Dulles. Er war unter Präsident Benjamin Harrison kurzzeitig Außenminister gewesen und dann zu einem der ersten Anwälte in Washington geworden, die diplomatische Vermittlungsdienste im Auftrag des eigenen Landes und ausländischer Staaten übernahmen. Pastor Dulles ärgerte zuweilen seine Abhängigkeit von der Großzügigkeit des alten Mannes, doch der ganzen Familie ging es gut in der Sommeridylle am Ontariosee, wo sie es sich in einem großen, roten, schindelgedeckten Ferienhaus gemütlich machte, das Großvater Foster gebaut hatte. Ihr Leben am See war rustikal – das Haus hatte keine Elektrizität, das Wasser kam aus der Pumpe. Aber für die Kinder hatte alles einen eigenen Zauber.

Es gab Picknicks und Segeltörns bei Mondlicht, und am 4. Juli setzten die Kinder kleine Kerzen in Papierballons, ließen sie in die Luft steigen und sahen zu, wie sie über das Wasser Richtung Kanada trieben.[2] An frühen Abenden saß Eleanor – das nächstältere Kind nach Allen – gerne auf dem Bootssteg der Familie und beobachtete, wie sich die Wolken über dem See zusammenzogen und rote und rosafarbene Strahlen über die sich verdunkelnde Wasserfläche warfen. »Ich hatte nie Angst vor der Hölle und dachte, dass der Himmel wie Henderson wäre, nur intensiver«, erinnerte sie sich Jahre später.[3]

Eleanor war blitzgescheit und neugierig. Sie hatte nicht die Absicht, sich in die prüde Welt der Heimchen am Herd mit züchtigen Unterröcken zu fügen, wie es von Mädchen ihrer Generation erwartet wurde. Wenn die Jungs und Männer angeln fuhren, ließ sie sich manchmal mitten ins Boot plumpsen und fuhr mit. Wenn traditionell gewandete chinesische Würdenträger und andere exotische Gestalten der diplomatischen Vermittlungen ihres Großvaters nach Henderson Harbor zu Besuch kamen, lauschte sie stets den Unterhaltungen. Eleanors Intelligenz und Entschlossenheit brachte sie weit, sie folgte ihren Brüdern in das diplomatische Corps, wo sie schließlich während der kritischen Jahre nach dem Zweiten Weltkrieg das Referat Deutschland leitete. Doch als kluge Frau in einem durch und durch männlichen Gebiet blieb sie in gewisser Weise immer eine Außenseiterin. Selbst ihre Brüder waren häufig ratlos, wie sie mit ihr umgehen sollten. Mit ihrem dunklen, drahtigen Haar und ihren dicken Brillengläsern betrachtete sie sich als hässliches Entlein der Familie. Ihre etwas randständige Position in der Dulles-Familie schärfte ihre Beobachtungsgabe. Eleanor hatte oft die klarste Sicht, wenn es um die Einschätzung ihrer Familie ging, besonders was ihre beiden Brüder anging.

Allen warf einen langen Schatten auf ihr Leben. Sie suchte in jungen Jahren seine Nähe, aber sie lernte auch, vor seinen plötzlichen, explosiven Stimmungsumschwüngen auf der Hut zu sein. Die meisten Menschen sahen nur Allens Charme und seine Leutseligkeit, aber Eleanor wurde zuweilen zum Ziel seiner unerklärlichen Wutausbrüche. Die Anlässe dafür waren oft belanglos. Einmal bekam Allen einen Wutanfall, weil sie das Auto zu nahe am Haus der Familie geparkt hatte. Seine Launen waren wie die dunklen Wolken, die ohne Vorwarnung über dem Ontariosee aufzogen. Später ging ihm Eleanor schlicht »aus dem Weg, einfach um die nervliche Anspannung und innere Erregung zu vermeiden, die er in ihr auslöste«.[4]

Allen war dunkler und vielschichtiger als sein älterer Bruder, und sein Verhalten gab seiner Schwester zuweilen Rätsel auf. Ein Vorfall eines Sommers blieb Eleanor zeit ihres Lebens im Gedächtnis. Der damals fast zehnjährige Allen und die zwei Jahre jüngere Eleanor sollten auf ihre fünfjährige Schwester Nataline aufpassen. Mit ihren blonden Löckchen und ihrer zauberhaften Art zog Nataline, das Nesthäkchen der Familie, gewöhnlich alle Aufmerksamkeit auf sich. Aber an jenem Tag waren die älteren Kinder abgelenkt, weil sie vom Bootssteg der Familie Steine über das Wasser hüpfen ließen. Plötzlich strauchelte Nataline unter der Last eines großen Steins, den sie herbeigeschleppt hatte, und stürzte ins Wasser. Als sie ihr Schwesterchen mit aufgeblähtem rosafarbenem Kleidchen aufs tiefe, kalte Wasser zutreiben sah, begann Eleanor verzweifelt zu schreien. Doch Allen, der zu dieser Zeit schon ein guter Schwimmer war, blieb seltsam passiv. Der Junge stand nur auf dem Steg und sah zu, wie seine kleine Schwester abtrieb. Schließlich, von Eleanors Schreien angesteckt, begann auch er zu schreien. Vom Aufruhr alarmiert, kam ihre Mutter – die sich im Bett von einem ihrer periodisch wiederkehrenden schweren Migräneanfälle erholte – zum Anleger gerannt, sprang ins Wasser und rettete ihre kleine Tochter.[5]

Zeit seines Lebens bereitete es Allen Dulles Mühe, die Not anderer nachzuempfinden. Als Vater, erinnerte sich seine Tochter Joan, schien Dulles seine Kinder mit eigenartiger Entrücktheit zu betrachten, als wären sie in seinem Haus nur zu Besuch. Selbst sein gleichnamiger Sohn Allen jr. beeindruckte ihn wenig, als er sich in der Schule und in Oxford und später im Koreakrieg auszeichnete, wo der junge Mann von einem Granatensplitter am Kopf getroffen wurde und eine Gehirnverletzung erlitt. Clover Dulles hatte einen Spitznamen für ihren kalten, ehrgeizigen Ehemann: »der Hai«.

Allen schlug nicht nach seinem Vater. Pastor Dulles, Absolvent der Universitäten von Princeton und Göttingen, war ein gelehrtenhafter, kontemplativer Typ. Während seine Kinder die Wildnis des Ontariosees erkundeten, blieb er meist für sich in seinem Arbeitszimmer und arbeitete an seiner Sonntagspredigt. Der Geistliche war ein mitfühlender Mann. Als er eines frostigen Tags nach Hause ging und einen zitternden Mann auf der Straße erblickte, zog er seinen Mantel aus und schenkte ihn dem Frierenden. Bei einer anderen Gelegenheit riskierte er mit der Trauung einer geschiedenen Frau den Ausschluss aus der Presbyterianischen Kirche.[6]

Es war ihre Mutter, wie sich Eleanor erinnerte, die sich um die Familie kümmerte. Edith Foster Dulles war eine »Macherin«, die Art von Frau, die »ans Zupacken glaubt«. Eleanor erinnerte sich, wie sie ihrem Ehemann Beine machte. »Also, Allen«, sagte sie, »du schaust jetzt seit fünf oder sechs Jahren auf dieses Buch. Meinst du nicht, dass es gut genug ist? Bringen wir es doch raus!«[7]

Der nachdenkliche Pastor hatte keinen so großen Einfluss auf seine Söhne wie ihre Mutter und ihr Großvater. Die Dulles-Jungen wurden von Männern angezogen, die so waren wie die Besucher von Großvater Foster, die über Krieg und große Diplomatie sprachen, Männer der Tat. Foster und Allen fehlte das sensible Temperament ihres Vaters. Wie Allen empfand Foster wenig Empathie mit jenen, die schwach oder verwundbar waren. Er begriff, dass es Unglück auf der Welt gab, aber er erwartete, dass die Menschen ihr eigenes Haus in Ordnung brachten.

Fosters Gefühlskälte trat krass zutage, als er 1932, während Hitler sich anschickte, die deutsche Regierung zu übernehmen, drei jüdische Freunde, prominente Bankiers, in Deutschland in ihrer Berliner Filiale besuchte. Die Männer waren in einem Zustand höchster Besorgnis. An einem Punkt zeigte einer der Bankiers – zu verängstigt, um zu sprechen – auf einen vor dem Haus abgestellten Lastwagen, um anzudeuten, dass ihre Unterhaltung überwacht würde. »Sie gaben ihm zu verstehen, dass sie sich schon wie Gefangene fühlten«, erinnerte sich Eleanor.

Fosters Reaktion auf das schreckliche Dilemma seiner Freunde entnervte seine Schwester. »Es gibt nichts, was ein Mensch wie ich für Leute wie diese tun kann, außer vielleicht, ihnen fernzubleiben«, sagte er Eleanor später. »Sie sind sicherer, wenn ich mich von ihnen fernhalte.« Tatsächlich gab es viel, was ein einflussreicher Wall-Street-Anwalt wie Foster Dulles für seine gefährdeten Freunde hätte tun können, angefangen damit, seinen Einfluss geltend zu machen, damit sie ihre Familien und einen Teil ihres Vermögens aus dem Land schaffen konnten, bevor es zu spät war.[8]

Ihr Leben lang hatte Eleanor mit dem kaltherzigen, wenn nicht grausamen Verhalten ihrer Brüder zu kämpfen. Ihrer Familie gegenüber loyal bis zum Ende, war sie meist bestrebt, diese Gefühlskälte in ein möglichst mildes Licht zu rücken. Aber manchmal überspannten die Brüder selbst ihre große Nachsicht. Im selben Jahr, in dem Foster den drängenden Sorgen seiner jüdischen Freunde in Berlin auswich, teilte ihm Eleanor ihre Heiratspläne mit David Blondheim mit, den Mann, den sie liebte, seit sie ihn 1925 in Paris kennengelernt hatte. Blondheim war ein kahl werdender Sprachwissenschaftler mittleren Alters, der an der Johns-Hopkins-Universität lehrte – mit einem, wie Eleanor fand, »sehr sinnlichen Mund und klaren, braunen Augen«. Er war außerdem Jude. Eleanors Eltern hatten Blondheim ihre Zustimmung gegeben und bezeichneten ihn, nachdem sie ihn beim Abendessen während eines Besuchs in Paris kennengelernt hatten, als »charmant«. Aber 1932 war Pastor Dulles tot und Foster das Familienoberhaupt. Und er hatte eine andere Sicht auf die Mischheirat, die seine Schwester und ihr Verlobter endlich wagen wollten.[9]

Foster schrieb Eleanor einen Brief, indem er sie bat, »die Komplikationen der Heirat mit einem Juden« zu erwägen – und wies hilfreich gleich auf ein Dutzend solcher Probleme hin. Der Brief ihres Bruders schockierte und erzürnte Eleanor, die mittlerweile Mitte dreißig war und den Rat ihres Bruders in solchen Angelegenheiten nicht nötig hatte. Sie antwortete prompt, schickte den Brief aber, da sie eine offene Konfrontation mit ihrem Bruder vermeiden wollte, seiner Frau Janet. Darin stellte sie klar, dass sich Foster nicht mit den »Komplikationen« ihres Lebens zu belasten brauche und dass sie in Zukunft schlicht ihren eigenen Weg gehen werde.[10]

Jahre später war Eleanor bestrebt, das Verhalten ihres Bruders in ein günstigeres Licht zu rücken. Er sei nicht von Antisemitismus geleitet gewesen, beharrte sie, sondern nur ein Produkt seines gesellschaftlichen und beruflichen Milieus. In seinen Kreisen sage man Dinge wie »Wir dürfen nicht zu viele Juden in diesem Club zulassen« oder »Wir dürfen nicht zu viele Juden in dieser Firma beschäftigen«. Foster betrachte diese Haltung schlicht als eine Tatsache des Lebens, bemerkte Eleanor – »einfach wie das Klima«.[11]

1934 versank der zartbesaitete Blondheim, verzweifelt über das sich zusammenbrauende Unheil in Europa und von privaten Dämonen gequält, in Depression und beging Selbstmord, indem er seinen Kopf in die Röhre des Gasherds steckte. Foster machte seine Autorität als Paterfamilias wieder geltend, drängte in das Leben der tief erschütterten Eleanor zurück und übernahm das Kommando. Der Selbstmord müsse, natürlich, verschwiegen werden. Und Eleanor müsse sofort den Namen des toten Ehemannes ablegen, sonst würde der sie in späteren Jahren verfolgen. Eleanor folgte pflichtschuldig Fosters Anweisungen, und der Name Blondheim wurde aus der Geschichte der Dulles-Familie getilgt, als hätte der brillante Mann mit dem sinnlichen Mund und den hellen, braunen Augen nie existiert.[12] Die Tatsache, dass sie kurz davorstand, Blondheims Sohn zu gebären, war allerdings ein Band zu ihm, das Foster nicht mehr auslöschen konnte.

Anfang Juni 1939 kreuzte das deutsche Transatlantikpassagierschiff »St. Louis« vor der Küste Floridas. An Bord befanden sich über neunhundert jüdische Flüchtlinge aus Europa, denen auch nach tagelangen, immer hektischeren Verhandlungen mit der kubanischen Regierung nicht erlaubt wurde, an ihrem ursprünglichen Bestimmungsort Havanna an Land zu gehen.[13] Nun war der schwarz-weiße, acht Decks hoch aufragende Ozeandampfer mit wehender Hakenkreuzfahne zu einem Geisterschiff geworden, mit schwindender Hoffnung, einen sicheren Hafen zu finden.

Kapitän Gustav Schröder steuerte die »St. Louis« so nahe vor die Küste Floridas, dass seine Passagiere die funkelnden Lichter Miamis sehen konnten. Schröder hatte seiner Besatzung befohlen, die Flüchtlinge genau wie andere Passagiere zu behandeln und auf der Überfahrt von Hamburg über den Atlantik Eis für die Kinder servieren und abends Filme vorführen lassen. Doch nachdem der Dampfer von Havanna abgewiesen worden war – wo Agenten der Nazis unter der einheimischen Bevölkerung antisemitische Ressentiments aufgestachelt und Demagogen in der Bevölkerung die Angst geschürt hatten, die Juden würden ihnen die in der schwierigen Wirtschaftslage immer rareren Arbeitsplätze wegnehmen –, war die festliche Stimmung an Bord rasch verflogen. Nun klammerte sich Kapitän Schröder an die US-Küste in der schwachen Hoffnung, dass die Regierung Roosevelt seinen Passagieren Zuflucht gewähren würde.

Die Unglücksreise der »St. Louis« sollte zu einem Symbol für die schreckliche Notlage des jüdischen Volkes werden. Während das Schiff durch die Wellen stampfte, konferierten die Regierungen der Welt von Washington bis London und Buenos Aires über sein Schicksal. In Washington legte sich Finanzminister Henry Morgenthau jr. ins Zeug, um dem Dampfer zu erlauben, einen amerikanischen Hafen anzusteuern. Morgenthau wurde in der jüdischen Flüchtlingskrise zum Gewissen der Regierung und entsandte Boote der US-Küstenwache zum Geleit für die »St. Louis«. Sie sollten ihrer Reise nach Norden entlang der Ostküste folgen, um das Geisterschiff nicht aus den Augen zu verlieren, falls die Regierung ihm die Genehmigung erteilte, in einen US-Hafen einzulaufen.

Morgenthau war ein so gewichtiges Mitglied des inneren Roosevelt-Zirkels, dass man ihn den »Hilfspräsidenten« nannte.[14] Er war deutsch-jüdischer Abstammung und gehörte zum alten Adel der Demokratischen Partei. Sein Vater, der New Yorker Immobilienmogul Henry Morgenthau sen., war einer der maßgeblichen Finanziers von Präsident Woodrow Wilson gewesen und hatte als Wilsons Botschafter beim Osmanischen Reich gedient. Henry jr., der eine Farm im Hudson Valley in der Nähe des Hyde-Park-Anwesens der Roosevelt-Familie betrieb, entwickelte eine lange private und politische Freundschaft zu Franklin D. Roosevelt. Als dessen privilegiertes Leben durch seine Polioerkrankung durcheinandergeriet, war Morgenthau einer der wenigen politischen Berater, die ihm eng verbunden blieben und ihn mit Parcheesi-Partien aufmunterte.

Nachdem Roosevelt 1932 ins Weiße Haus gewählt worden war – er war der erste Präsidentschaftskandidat, der einen Wahlkampf gegen Antisemitismus führte –[15], berief er Morgenthau und mehrere andere Juden auf wichtige Posten in seiner Regierung. Roosevelt besetzte fünfzehn Prozent der höchsten Regierungsämter mit Juden – zu einer Zeit, als sie weniger als drei Prozent der Bevölkerung ausmachten. Bigotte Feinde des New Deal ergötzten sich an einem Spottreim über den Präsidenten und seine First Lady Eleanor – die als Verfechterin der Bürgerrechte der Afroamerikaner bekannt war –, der so ging: »You kiss the niggers / And I'll kiss the Jews / And we'll stay in the White House / As long as we choose.« (Du küsst die Nigger / Ich küss die Juden / Und wir bleiben im Weißen Haus / So lange wie's uns beliebt.«) Es gab sogar Gerüchte, Roosevelt selbst sei Jude.

Morgenthau war sich der weitverbreiteten antijüdischen Ressentiments im Land nur allzu bewusst, nicht zuletzt in der Hauptstadt, wo bis in die 1960er Jahre hinein Privatclubs die Mitgliedschaft auf weiße Christen beschränkten. Und trotz seines Reichtums, seines politischen Gewichts und ihrer langen gemeinsamen Geschichte blieb er bei Roosevelt, der gegen die Vorurteile seiner Zeit nicht immun war, immer etwas unsicher. »Er gab niemandem um ihn herum die völlige Gewissheit, auch morgen noch einen Job zu haben«, sagte Morgenthau später im Rückblick auf seinen langen Dienst für den Präsidenten.[16]

Einer der unglücklichsten Aspekte von Roosevelts Präsidentschaft war der bittere interne Kampf um die Notlage der europäischen Juden. Roosevelt war ein Mann des Gewissens, aber auch ein gewiefter Realpolitiker. Der Präsident – der sich im Weißen Haus von Zeit zu Zeit von langjährigen Unterstützern wie Rabbi Stephen Wise aus New York und anderen jüdischen Führern berichten ließ –, war sich der unmittelbar drohenden Gefahr für die jüdische Bevölkerung in Hitlers immer feindseligerem Herrschaftsgebiet höchst bewusst. Im Frühjahr 1938, ein Jahr vor der Fahrt der »St. Louis«, nahm Roosevelt Gespräche über einen Rettungsplan für Millionen deutscher Juden und ihre Ansiedlung in zehn aufnahmebereiten Ländern auf. Er versprach, vom Kongress 150 Millionen Dollar für die Umsetzung des Plans zu fordern.[17]

Doch die politische Gemengelage war kompliziert. Im Kongress sah sich Roosevelt mächtigen nativistischen, einwanderungsfeindlichen Ressentiments gegenüber, in denen sich die Stimmung im Land spiegelte – Gefühle, die sich während der Großen Depression im brutalen Konkurrenzkampf um Arbeitsplätze nur noch verhärtet hatten. Der Präsident, der wusste, dass er weithin als Judenfreund wahrgenommen wurde, wollte den Eindruck vermeiden, dass er ihnen allzu sehr verpflichtet war. Dies wurde umso dringlicher angesichts der nahenden Präsidentschaftswahl von 1940, bei der Roosevelt eine beispiellose dritte Amtszeit anvisierte. Letztlich war der Präsident überzeugt, dass die durch die Nazis verfolgten Menschen nur durch eine amerikanische Militärintervention gegen Hitler gerettet werden konnten. Die Popularität prominenter isolationistischer Kreuzfahrer wie Charles Lindbergh, der den drohenden europäischen Konflikt als jüdischen Krieg bezeichnete, führte Roosevelt einen weiteren Grund vor Augen, bei der Flüchtlingskrise nicht allzu leidenschaftlich aufzutreten.

Während der Streit innerhalb der Roosevelt-Administration heftig weiterging, hingen Millionen von Menschenleben in der Schwebe, darunter jene an Bord der »St. Louis«. Wenn Henry Morgenthau die Stimme des moralischen Imperativs in der Roosevelt-Regierung war, so war Breckinridge Long, der Staatssekretär im Außenministerium für Immigration, ihr Avatar des Zynismus. Long bot seine ganze bürokratische Findigkeit auf, um Roosevelts Bemühungen, die strenge Einwanderungspolitik der Depressionsära zu lockern, zu torpedieren. Im Juni 1940 ließ er unter seinen Beamten im Außenministerium ein Memo zirkulieren, in dem er vorschlug, »auf unbestimmte Zeit« das von der Regierung vorgesehene Kontingent von Immigranten nicht einreisen zu lassen, und gab ihnen entsprechende praktische Tipps: »Wir können dies erreichen, indem wir unsere Konsuln einfach anweisen, ihnen [den Immigranten] jedes erdenkliche Hindernis in den Weg zu legen, zusätzliche Belege von ihnen zu verlangen und mit Hilfe verschiedener bürokratischer Mittel die Erteilung von Visa aufzuschieben, aufzuschieben und nochmals aufzuschieben.«[18]

Als Folge von Breckinridge Longs Verzögerungstaktiken wurden neunzig Prozent der Quotenplätze, die für Flüchtlinge aus Hitlers und Mussolinis finsteren Machtsphären reserviert waren, nicht besetzt. Das bedeutete, dass weitere 190 000 Seelen, die hätten fliehen können, im brennenden Haus Europas gefangen saßen.

Ein Mitarbeiter Morgenthaus nannte die Intrigen von Long innerhalb des Außenministeriums später »eine Untergrundbewegung …, um zuzulassen, dass die Juden umgebracht wurden«.[19] An einer Stelle sah sich Morgenthau – der in diesen Debatten immer um Zurückzuhaltung bemüht war, um nicht als »Sonderbittsteller« für die Juden zu erscheinen – doch genötigt, Long direkt anzugreifen. »Breck, wir sind womöglich etwas zu offen«, begann der Finanzminister höflich. »Aber der Eindruck ist allenthalben, dass Sie besonders antisemitisch sind.«[20]

Long war überzeugt, dass er von »den Kommunisten, extremen Radikalen, professionellen jüdischen Agitatoren [und] Flüchtlingsenthusiasten« verfolgt würde.[21] Er war Teil einer tief im Außenministerium verwurzelten elitären Kultur weißer, angelsächsischer Protestanten (WASP), die Immigranten, besonders nicht-christliche Neuankömmlinge aus Mittel- und Osteuropa, als sozial abstoßend und potenziell subversiv betrachteten. Antijüdische Einstellungen waren in diesem abgeschotteten Milieu so tief verankert, dass sie zu schieren Reflexen geworden waren.

Es war daher wohl nicht überraschend, dass Allen Dulles, als er nach dem Ersten Weltkrieg in die amerikanische Botschaft in der Türkei versetzt wurde, auf die berüchtigtste antijüdische Fälschung der Geschichte hereinfiel.[22] Eines Tages erhielt der junge amerikanische Diplomat eine Ausgabe der *Protokolle der Weisen von Zion* von einem britischen Reporter, der die verunglimpfende Lügengeschichte aus einem Antiquariat in Istanbuls altem europäischem Viertel gefischt hatte. Die *Protokolle* offenbarten vorgeblich einen geheimen jüdischen Plan zur Erlangung der Weltherrschaft, inklusive Geschichten über die rituelle Opferung christlicher Kinder beim Passahfest und andere gruselige Hirngespinste. Als Dulles an das Buch gelangte, ein Machwerk der antisemitischen Geheimpolizei des russischen Zaren, war das Dokument schon weithin diskreditiert. Doch Dulles nahm es ernst genug, um eine Kopie des Berichts über das geheime jüdische »Komplott« an seine Vorgesetzten in Washington zu schicken.

Atavistische Vorstellungen über jüdische »Fremdlinge« waren im Juni 1939 im US-Außenministerium immer noch gang und gäbe, als die »St. Louis« vor der amerikanischen Ostküste kreuzte, während ihre Lebensmittel- und Wasservorräte langsam zur Neige gingen. Am Ende setzte sich in der Regierung Roosevelt beim Streit um das Schiff die Long-Fraktion durch. Kapitän Schröder war gezwungen, mit seinem Ozeandampfer zu wenden und wieder Kurs auf Europa zu nehmen, wo er am 17. Juni nach einem Monat auf See in Antwerpen eintraf und die Frauen, Männer und Kinder an Bord ihrem Schicksal überlassen musste. Weniger als drei Monate später marschierte Hitler in Polen ein, Europa befand sich im Krieg. Über 250 Passagiere der »St. Louis« wurden am Ende vom Holocaust verschlungen.

Als der Krieg begann, war der Kampf um die Rettung der europäischen Juden noch lange nicht vorüber. Präsident Roosevelt war hin- und hergerissen zwischen beiden Seiten der immer heftiger geführten Flüchtlingsdebatte. Erste Berichte über Massenverschleppungen von Juden in Todeslager in Deutschland und Polen blieben vage. Die Bürokratie des US-Außenministeriums hielt solche Meldungen weitgehend unter Verschluss, deshalb gab es viele Schreckensmeldungen, die Roosevelt nie zu Gesicht bekam. Verfechter einer humanitären Politik wie Rabbi Wise waren verzweifelt um harte Beweise für die Ausrottungsmaschinerie der Nazis bemüht, die, wie sie wussten, unabdingbar waren, um Roosevelt zum energischen Handeln zu bewegen.

Das war die verzweifelte Situation, als Dulles begann, die Entwicklungen in Europa zu beobachten – zuerst von seinem Büro im Rockefeller Center aus, später auf seinem Posten in Bern. Zu Dulles' vertraulichen Quellen gehörte ein deutscher Industrieller, die erste prominente Figur aus dem Inneren des Herrschaftsbereichs der Nazis, die glaubwürdige Informationen über das Frühstadium der »Endlösung« lieferte. Die Berichte, die er über die Schweizer Grenze brachte, waren so ungeheuerlich, dass man sie kaum glauben konnte. In die neutrale Schweiz, dem Horchposten im kriegszerrissenen Europa, sickerten immer mehr Nachrichten, die ihren Teil dazu hätten beitragen müssen, die Alliierten zum drastischen Einschreiten zu zwingen. Aber das taten sie nicht.

Am 17. Juli 1942 lief Heinrich Himmlers luxuriöser Privatzug – ausgestattet mit einem Speisewagen, Dusche und sogar einem Filmvorführraum – in Auschwitz ein, einem verschlafenen Städtchen im sumpfigen Flachland Südpolens. Die sich schnell verbreitende Kunde vom ungewöhnlichen Besuch des Reichsführers SS kam auch Eduard Schulte zu Ohren, Generaldirektor einer großen deutschen Bergwerksgesellschaft in der Region. Was hatte Himmler an diesen verlassenen Ort verschlagen? Schulte nahm an, dass es etwas mit dem rasch erweiterten Gefangenenlager vor den Toren der Stadt zu tun hatte, wo I. G. Farben eine Fabrik errichtete, um die Lagerinsassen als Sklavenarbeiter auszubeuten.[23]

Vielfach wird übersehen, dass die Terrorherrschaft der Nazis, aus elementarer ökonomischer Sicht, ein lukratives Raubgeschäft war – ein ausgedehntes kriminelles Unternehmen, errichtet, um das Vermögen jüdischer Opfer zu plündern und ihre Arbeitskraft auszubeuten. Der Chemiegigant I. G. Farben stand an vorderster Front bei der Integration von Zwangsarbeitern aus Konzentrationslagern in seinen industriellen Produktionsprozess; andere große deutsche Unternehmen wie Volkswagen, Siemens und Krupp folgten auf dem Fuße. Himmlers SS-Imperium schöpfte aggressiv seinen Anteil an den Gewinnen ab und forderte von diesen Unternehmen als Gegenleistung erhebliche Summen, um sie weiterhin mit einem steten Fluss von Arbeitskräften zu versorgen. Schulte, der befürchtete, dass der rasch expandierende Auschwitz-Komplex bald auch auf das Bergbaugeschäft seines eigenen Unternehmens übergreifen könnte, erfüllte Himmlers Besuch sofort mit Sorge.

Schulte selbst war kein Nazi, unterhielt aber gute Kontakte in Nazikreise. Sein Stellvertreter in der Bergbaufirma war Parteimitglied und kannte Himmler persönlich. Um sich bei der Partei beliebt zu machen, hatte der Verwaltungsrat der Bergbaugesellschaft dem örtlichen Nazichef eine firmeneigene Villa in einem nahen Waldgebiet zur Nutzung überlassen. Das war der Ort, an dem Himmler und sein Gefolge an jenem Abend bewirtet wurden.

Als Himmler auf dem Empfang in der Firmenvilla eintraf, kannte Schulte den entsetzlichen Grund für seinen Auschwitz-Besuch noch nicht. Der Reichsführer SS war gekommen, um sich vom reibungslosen Funktionieren einer der neuen Gaskammern des Lagers, ein als »Bunker 2« bezeichnetes weißes Backsteingebäude, zu überzeugen. An jenem Nachmittag sah Himmler dabei zu, wie 449 jüdische Gefangene, die kurz zuvor aus den Niederlanden verschleppt worden waren, in Bunker 2 getrieben und mit Zyklon B, dem von I. G. Farben produzierten Schädlingsbekämpfungsmittel, vergast wurden. Der Exekutionsprozess dauerte volle zwanzig Minuten, die verzweifelten Todesschreie der Opfer drangen selbst durch die dicken Wände der Kammer nach außen. Hinterher wurden die Leichen von Gefangenen mit Gasmasken aus dem Gebäude geschleift und in nahe gelegene Verbrennungsöfen geworfen. Einer der Triumphe deutscher Ingenieurskunst war eine Apparatur, bei der die Verbrennung der Leichen zusätzliche Hitze für die Verbrennungsanlage lieferte. Fritz Sander, der das Verfahren entwickelt hatte, klagte später, dass er sich die Erfindung nicht patentieren lassen könne, weil sie ein Staatsgeheimnis war.

Himmler verfolgte die entsetzliche Prozedur, die sich an jenem Nachmittag abspielte, laut Auschwitz-Kommandant Rudolf Höß in völligem Schweigen. Später, in der Villa, zeigte er sich kaum ermüdet von den Pflichten des Tages. Der Reichsführer wich allerdings von seiner strengen Routine ab und gönnte sich eine Zigarre und ein Glas Rotwein. Aus Rücksicht auf die weiblichen Gäste blieben die Einzelheiten seiner Lagertour unerwähnt.

Eduard Schulte war angewidert, als er anderthalb Wochen nach Himmlers Besuch endlich erfuhr, was während des Auschwitz-Besuchs des Reichsführers SS geschehen war. Es war eine Bestätigung seiner dunkelsten Befürchtungen über das Dritte Reich, ein Regime, das er seit seinen ersten Anfängen mit einem wachsenden Gefühl der Angst beobachtet hatte. Schulte hatte Hitler bereits im Februar 1933 in Berlin bei einer Versammlung von Industriellen erlebt, bei denen die Nazis mit Nachdruck um Spenden für ihre Partei warben. Nachdem er Hitlers ausschweifende Hasstirade mit angehört hatte, kam Schulte zu dem Schluss, dass der Mann ein gefährlicher Irrer war, der Deutschland in den Untergang führen würde.

Schulte hatte nichts Außergewöhnliches oder gar Rebellisches an sich. Er war in fast jeder Hinsicht ein typischer Vertreter des deutschen Bürgertums – ein hart arbeitender, konservativer Familienmensch, dessen einzige Schwäche seine Jagdleidenschaft war. Aber er war die Art von Mensch, die das stete Vordringen des Naziregimes in sein Privatleben verabscheute. Um seine Position in der Bergbaugesellschaft zu halten, hatte er in die Deutsche Arbeitsfront eintreten müssen. Selbst um seinem Jagdhobby weiter zu frönen, musste er Mitglied im Reichsbund Deutsche Jägerschaft sein. Er war außer sich, als seine beiden Söhne eines Tages in der Uniform der Hitlerjugend nach Hause kamen, auch wenn ihn seine Frau daran erinnerte, dass es Pflicht sei und er aus einer Mücke einen Elefanten mache. Aber aus Schultes Sicht sickerte das »braune Gift«, wie er es nannte, überall ein.

Es schmerzte Schulte, der in seiner Jugend einen engen jüdischen Freund gehabt hatte, mit anzusehen, wie die Juden zu Sündenböcken gemacht wurden. Ein hochgewachsener, durchsetzungsstarker Geschäftsmann, hegte er dennoch Mitgefühl für die Schwachen, vielleicht verstärkt durch seine eigene körperliche Behinderung. Im Alter von achtzehn, als er Arbeitern beim Gleisbau half, war Schultes Bein vom Rad eines Frachtwaggons zerquetscht worden und musste amputiert werden. Ausgerüstet mit einer Beinprothese, schritt er, wenn auch hinkend, für den Rest seines Lebens mit energischer Entschlossenheit durchs Leben.

Als Schulte von den Gräueln hörte, die sich in Auschwitz abspielten, wusste er, dass er handeln musste. Nach dem, was er sich zusammenreimen konnte, war die makabre Vorführung deutscher Gründlichkeit, der Himmler an jenem Tag zugesehen hatte, Teil einer offiziellen Politik der Massenausrottung, die nun im Nazireich begonnen hatte. Diese Ausrottungspolitik war Anfang jenes Jahres, am 20. Januar 1942, im Gästehaus der SS in Berlin-Wannsee von hochrangigen Vertretern der nationalsozialistischen Reichsregierung und der SS formell beschlossen worden. Die Wannseekonferenz unter Leitung des ehrgeizigen Himmler-Stellvertreters Reinhard Heydrich entwarf einen Plan zur Vernichtung der europäischen Juden durch ein Netz von Todesfabriken. Indem Heydrich dem Vorhaben einen legalen Anstrich gab, sorgte er für die vorbehaltlose Kooperation der deutschen Bürokratie. Selbst der Titel dieses Programms zur Massenabschlachtung von Menschen – die »Endlösung der Judenfrage« – beschwor den Beamtentraum von einer ordentlich erledigten Aufgabe.

Heydrich, der sich selbst als obersten »Müllkipper«[24] des Dritten Reiches bezeichnete, betrachtete seine Gaskammern als humane Lösung des »jüdischen Problems«. Er hielt sich für einen kultivierten Menschen. Am Abend vor seiner Ermordung durch tschechische Partisanen, die eine Bombe in seinen offenen Wagen warfen, als dieser in einer Haarnadelkurve langsamer fahren musste, besuchte er die Aufführung eines Violinkonzerts, das sein Vater komponiert hatte, Richard Bruno Heydrich, ein hoch angesehener deutscher Opernsänger und Komponist.

Die »Endlösung« sollte geheim bleiben, die meisten Todeslager wurden in entfernten Außenposten des Nazireiches eingerichtet. Aber als das systematische Morden begann, erfuhren viele Leute von den sich auftürmenden barbarischen Mordtaten. Eines Tages Anfang 1942 fuhr ein leitender Angestellter von I. G. Farben namens Ernst Struß im Zug nach Hause, nachdem er die an Auschwitz angeschlossene Fabrik der Firma inspiziert hatte. Ein deutscher Arbeiter im Zug begann laut über den Albtraum im Lager zu reden. Eine große Zahl von Menschen würde im Krematorium des Lagers eingeäschert, berichtete er. Der Geruch verbrannten Fleisches sei überall. Struß sprang wütend auf: »Das sind doch Lügen! Sie sollten keine Lügen verbreiten!« Aber der Arbeiter korrigierte ihn ruhig: »Nein, das sind keine Lügen.« Es gebe Tausende von Arbeitern wie ihn in Auschwitz, »und alle wissen es«.[25]

Eduard Schulte war keiner jener Menschen, die fähig sind, eine solche Wahrheit zu leugnen oder zu verbergen. Am 29. Juli 1942 – binnen vierundzwanzig Stunden, nachdem er von dem fabrikmäßigen Morden in Auschwitz gehört hatte – saß der Bergbaudirektor im Zug nach Zürich, entschlossen, die Nachricht an die Alliierten weiterzugeben. Die Reise über die Grenze barg ein großes Risiko – Schulte, ein wohlhabender einundfünfzigjähriger Geschäftsmann mit Frau und Kindern in Breslau, hatte viel zu verlieren. Aber die Wahrheit über Auschwitz und die »Endlösung«, die Schulte mit sich nach Zürich trug, erfüllte ihn mit einem Gefühl allerhöchster Dringlichkeit.[26]

In Zürich eingetroffen, hielt sich Schulte an seine übliche Routine bei Geschäften in der Schweiz und stieg im Hotel Baur-au-Lac ab, eine Luxusherberge am See, wo er ein geschätzter Gast war. Von dort aus rief er Isidor Koppelmann an, einen jüdischen Anlageberater, dessen Dienste der Bergwerksdirektor schon in Anspruch genommen hatte. Schulte war entschlossen, seine Informationen in die Hände internationaler jüdischer Organisationen zu legen, die, wie er glaubte, die Regierungen der Alliierten zum Handeln bewegen konnten. Am nächsten Tag berichtete Schulte in seinem Hotelzimmer Koppelmann die entsetzlichen Neuigkeiten. Der Anlageberater saß schweigend da und hörte sich alles an. Schulte erklärte, er sei sich bewusst, dass der Bericht unglaublich klinge, aber er sei absolut wahr, und wenn die Alliierten nicht einschritten, würden bis zum Ende des Jahres keine Juden in Europa mehr übrig sein. Schulte erörterte die nächsten Schritte, die Koppelmann seiner Meinung nach zur Weitergabe des Berichts unternehmen sollte, dann kehrte er nach Deutschland zurück.

Der umschweifige und hindernisreiche Weg, den Schultes so wichtige Botschaft in den folgenden Wochen durch die verworrenen diplomatischen und politischen Kanäle nahm, sagt viel über das Scheitern dieses bürokratischen Labyrinths, der wachsenden humanitären Krise des Kriegs zu begegnen. Und wieder stand im Zentrum dieses Versagens die vergiftete Kultur des amerikanischen Außenministeriums.

Durch Koppelmanns Bemühungen wurde Schultes Nachricht an Gerhart Riegner weitergeleitet, den jungen Residenten des Jüdischen Weltkongresses in Genf. Riegner seinerseits wollte die Information so schnell wie möglich an den Präsidenten des Jüdischen Weltkongresses in New York weitergeben – kein Geringerer als Rabbi Stephen Wise, der Vertraute Roosevelts und in den Vereinigten Staaten ein führender Mahner vor den Gefahren, die der jüdischen Bevölkerung Europas drohten. Riegners Problem bestand darin, dass er, um ein vertrauliches Telex an Wise zu kabeln, gezwungen war, die Dienste der amerikanischen Gesandtschaft in der Schweiz in Anspruch zu nehmen. Riegner war, so fanden die US-Diplomaten in der Schweiz, in einem Zustand »großer Erregung«, als er die Geschichte von Schulte berichtete. Der US-Gesandte vor Ort, Leland Harrison, ein alter Kollege von Dulles, der bald mit ihm in Bern vereint sein würde, gelangte zu einer entschieden skeptischen Einschätzung des Berichts. Für Harrison waren das nichts weiter als »Kriegsgerüchte, entstanden aus Furcht«, wie er in seiner Depesche an Washington schrieb – wenn er auch einräumte, dass einige Juden aufgrund »physischer Misshandlung … Unterernährung und Krankheit« starben.[27]

Das Außenministerium schickte später dem CIA-Vorläufer OSS eine Zusammenfassung des Berichts, der auf Schultes Aussage fußte. Allen Dulles, der zu dieser Zeit noch immer vom Büro des OSS in New York aus arbeitete, vermutete dahinter ein »wildes, von jüdischen Ängsten inspiriertes Gerücht«. Selbst Harrisons Eingeständnis, dass einige Juden als Folge von »Entbehrungen« umkamen, wurde aus dem Memo des Außenministeriums getilgt.

Das US-Außenministerium beschloss, Rabbi Wise – der den Ministerialen ein Dorn im Auge war – nicht über den Versuch seines Vertreters in Genf zu verständigen, Kontakt zu ihm aufzunehmen. Es dauerte einen ganzen Monat, bis Rabbi Wise den Bericht Riegners erhielt. Als er schließlich am 28. August in New York eintraf, war er dorthin nicht auf dem diplomatischen Dienstweg der USA gelangt, sondern auf dem der Briten. Das amerikanische Außenministerium hielt es nicht für angebracht, die Enthüllungen Schultes Präsident Roosevelt mitzuteilen.

Frustriert über den spärlichen Informationsfluss, hielt Rabbi Wise schließlich zwei Tage vor Thanksgiving eine Pressekonferenz ab, in der er bekanntgab, dass Hitler bereits zwei Millionen europäische Juden ermordet habe und plane, auch die übrigen zu vernichten. Die *New York Times* verbarg die Story auf Seite 10, die *Washington Post* auf Seite 6. Die Presse sträubte sich, eine derart brisante Geschichte hervorzuheben, da sie von regierungsamtlichen Quellen nicht gestützt wurde.

Dulles, der sich bald darauf in die Schweiz aufmachte, hätte für die amerikanische Presse eine dieser Quellen sein können. Noch von New York aus begann er, altgediente Reporter unter diplomatischer Tarnung zu entsenden, um in verschiedenen Vorposten des europäischen Kriegsgebiets Informationen zu sammeln. Einer dieser Berichterstatter, ein siebenunddreißigjähriger, in Berlin geborener, vielsprachiger ehemaliger NBC-Korrespondent namens Gerald Mayer, wurde im April 1942 nach Bern geschickt. Bald nachdem Schultes Bericht in Umlauf gekommen war, begann auch Mayer, Meldungen über die »Endlösung« an das New Yorker OSS-Büro zu übermitteln. »Deutschland verfolgt die Juden nicht länger«, begann Mayers erste drastische Depesche. »Es rottet sie systematisch aus.«[28]

Doch Dulles unternahm nichts, um Mayers Berichte an die Öffentlichkeit zu tragen, auch sie blieben in den Akten der Bürokratie begraben. Zusammen mit Schultes explosivem Bericht hätten diese Warnungen, besonders im politischen Resonanzraum New Yorks, großes Aufsehen erregt. Sie hätten die Washingtoner Institutionen endlich auf einen Schlag aus ihrer Trägheit in der Flüchtlingsfrage reißen können. Aber das gehörte nicht zu Allen Dulles' Agenda.

Die Geschichte sollte Dulles noch eine weitere Chance verschaffen, die Welt über den laufenden Völkermord zu alarmieren. In der Schweiz erfuhr er unmittelbar von Menschen wie Schulte und anderen, die ihr Leben riskierten hatten, um Juden zu retten. In Bern war das Böse nicht weit weg – es war ringsum sichtbar.

In der Schweiz eingetroffen, ließ sich Dulles Zeit, ein Treffen mit Eduard Schulte zu arrangieren. Als sich die beiden Männer im Frühjahr 1943 tatsächlich zu einer geheimen Unterredung trafen, war ihre Begegnung freundschaftlich genug; die beiden hatten sich, wie ihnen auffiel, bereits fünfzehn Jahre zuvor in der New Yorker Kanzlei von Sullivan & Cromwell kennengelernt, die Anaconda Copper vertrat, einen Geschäftspartner von Schultes Bergbaugesellschaft.

Das Schicksal des jüdischen Volkes brannte Schulte weiterhin auf der Seele – nun wohl umso mehr, als er sich bei einer seiner Reisen in die Schweiz in eine jüngere, in Zürich lebende Jüdin verliebt hatte. Aber Dulles zeigte wenig Interesse an Schultes Informationen über die »Endlösung«. Er war mehr an der politischen und seelischen Verfassung des deutschen Volkes interessiert und daran, wie man es auf die Seite der Alliierten ziehen könnte, daher bat er Schulte, ein Memo über die Stimmungslage der deutschen Nation zu verfassen. Der Geheimdienstler erachtete es als wichtig, Hitlers Gefolgschaft zu verstehen – nicht seine Opfer.

Das war charakteristisch für Dulles' Begegnungen mit deutschen Informanten während seiner Stationierung in Bern. Fritz Kolbe, ein tüchtiger Konsulatssekretär, der trotz seiner hartnäckigen Weigerung, in die NSDAP einzutreten, im Auswärtigen Amt befördert wurde, war ein weiterer Maulwurf, der sein Leben riskierte, um den Vereinigten Staaten Einsicht in die Machenschaften des Deutschen Reichs zu verschaffen. Eines Abends überquerte Kolbe mit Dokumenten, die er unter der Hose an seinen Schenkel geschnürt hatte, die Grenze zur Schweiz und begab sich zu Dulles' Berner Residenz. Wie Schulte war sich Kolbe der Gefahr, in die er sich begab, sehr bewusst. Nach dem Treffen mit dem amerikanischen Spion schrieb Kolbe sein Testament. Er hinterließ bei Dulles auch einen Brief an seinen kleinen Sohn, falls er gefangen und hingerichtet würde. Dulles blieb von Kolbes Bitte ungerührt. Der OSS-Agent schätzte ihn als »etwas naiven und romantischen Idealisten« ein, aus Sicht von Dulles keine Empfehlung, da er Leute dieses Schlags immer für entbehrlich hielt.[29]

Doch Kolbe hatte wichtige Informationen mitzuteilen und riskierte weiterhin sein Leben, um Dokumente über die Grenze zu schmuggeln. Bei einem anderen Treffen im April 1944 übergab er Dulles ein dickes Bündel von Fernschreiben, die offenbarten, dass die ungarischen Juden, die bis spät in den Krieg hinein verschont geblieben waren, kurz davorstanden, zusammengetrieben und in Todeslager deportiert zu werden. Dulles' Bericht über dieses Treffen war einer der wenigen aus Bern, die schließlich auf dem Tisch des Präsidenten im Weißen Haus landeten. Nur enthielt das Kommuniqué nichts, was auf das unmittelbar drohende Schicksal der ungarischen Juden deutete, geschweige denn einen Hinweis auf die Möglichkeit, die Eisenbahnstrecken zu den Todeslagern – oder sogar die Lager selbst – zu bombardieren, wozu Informanten wie Schulte die Alliierten drängten.

Stattdessen entschied sich Dulles, die Aufmerksamkeit des Präsidenten auf ein anderes Thema zu lenken, das er mit Kolbe bei einigen Gläsern Scotch in seinem Wohnzimmer erörtert hatte. Während die Kriegsanstrengungen der Nazis ins Wanken gerieten, schien sich in Deutschland der kommunistische Untergrund stärker zu organisieren. Das war der Ernstfall, über den das Weiße Haus nach Dulles' Auffassung unterrichtet werden musste.

Über die folgenden sieben Monate erhielt Dulles von Kolbe weiterhin Dokumente über das Schicksal der ungarischen Juden. Ein deutsches Telex berichtete, dass 120000 Juden in Budapest, darunter nicht arbeitstaugliche Kinder, bald »ins Reich geführt werden, um dort als Arbeitskräfte eingesetzt zu werden«.[30] Die Nazis achteten stets sorgsam darauf, in ihren Mitteilungen Euphemismen wie »Arbeitsdienst« zu verwenden. Zu diesem Zeitpunkt war Washington bekannt, dass die ungarischen Juden nach Auschwitz abtransportiert wurden. Und doch verwendeten Dulles' Kommuniqués an das OSS-Hauptquartier die gleiche banale Sprache wie die Nazis und bezogen sich vage auf die »Einziehung« der ungarischen Juden.

Als Dulles' Berichte an Washington Jahrzehnte später von der Geheimhaltung befreit wurden, offenbarte sich den Historikern, was ihn während des Kriegs wirklich umtrieb. Dulles' vorrangiges Interesse galt Tricks der psychologischen Kriegsführung wie die Verteilung von gefälschten Briefmarken hinter den feindlichen Linien, die Hitlers Profil als Totenkopf darstellten, und anderen Nacht-und-Nebel-Aktionen. Er beschäftigte sich außerdem intensiv damit, großartige Nachkriegsstrategien für Europa zu entwerfen. Aber nur wenige seiner über 300 Kommuniqués erwähnten die Ermordung der Juden – und keines vermittelte angesichts der drohenden »Endlösung« den Eindruck, dass dringend gehandelt werden müsse.

Dieser eklatante blinde Fleck in Dulles' Tätigkeitsbilanz während des Kriegs gibt Historikern bis heute Rätsel auf, auch wenn sie vor einem harschen Urteil über den legendären Geheimdienstmann zurückscheuen. »Warum entschied sich Dulles, den Holocaust in seinen Berichten an Washington nicht hervorzuheben?«, wundert sich der Historiker Neal H. Petersen, Herausgeber von Dulles' OSS-Geheimdienstberichten. Petersen ringt merklich mit einer Antwort auf seine Frage. »Was immer der Grund«, so sein vorsichtiger Schluss, »seine Zurückhaltung bei diesem Thema gehört zu den umstrittensten und unverständlichsten Aspekten seiner Leistung in Bern.«[31]

Im April 1944 glückte dem neunzehnjährigen Rudolf Vrba, der aus einem Dorf in der Tschechoslowakei stammte, nach fast zwei Jahren in Auschwitz zusammen mit Alfred Wetzler, einem Freund aus Kindheitstagen, die Flucht aus dem Konzentrationslager, nachdem sich beide drei Tage und Nächte lang ohne Essen und Wasser unter einem Holzstoß versteckt gehalten hatten.[32] Sie hatten sich Lumpen um den Mund gewickelt, um das Husten zu ersticken, durch das sie sich den SS-Posten, die systematisch das Lager nach ihnen durchkämmten, verraten hätten. In der dritten Nacht wagten es Rudi und Fred schließlich, unter dem Holzstoß hervorzukriechen und unter einem mondlosen Himmel durch ein matschiges Feld zu einer Gruppe von Birken in der Ferne zu robben. Die beiden Freunde waren entschlossen, heimzukehren, nicht nur, um ihr eigenes Leben zu retten, sondern um vor der Welt Zeugnis abzulegen, was ihnen in Auschwitz geschehen war.

Ihre Flucht gelang nur unter größten Gefahren. An einem Punkt wurden sie von einer deutschen Patrouille beschossen, während ihnen Zähne fletschende Hunde einen Berg hinauf nachsetzten. Auf dem Weg halfen ihnen polnische Bauern, die den ausgehungerten Jugendlichen Kartoffeln und Kaffee gaben und sie zur slowakischen Grenze führten. Zwei Wochen nachdem sie unter dem Holzstoß in Auschwitz hervorgekrochen waren, trafen sie zu Hause ein, nahmen Kontakt zum Vorsitzenden des örtlichen Judenrats, Oskar Neumann, auf und erzählten ihre grauenvolle Geschichte. Die grundlegenden Fakten über die Todeslager waren zwar mittlerweile weithin bekannt, aber Rudis und Freds vierzigseitiger Bericht war der gründlichste und detaillierteste, der bis dahin aus Auschwitz nach außen gedrungen war. Er beschrieb die Leitung und tägliche Routine des Lagers und schilderte in quälenden Einzelheiten, wie die Gefangenen ermordet wurden: »Die Vergasung wird nun so vorgenommen, dass die Unglücklichen in die Halle B gebracht werden, wo ihnen gesagt wird, dass sie in das Bad geführt werden. Dort müssen sie sich auskleiden und um sie in der Meinung, wonach sie tatsächlich in das Bad geführt werden, zu bekräftigen, erhält ein jeder von zwei in weißen Mänteln gekleideten Männern ein Handtuch und ein Stückchen Seife.«[33]

Mitte Juni, beinahe zwei Monate nachdem die beiden Flüchtlinge ihre Geschichte aufgeschrieben hatten, wurde der Vrba-Wetzler-Bericht schließlich in die Schweiz geschmuggelt. Ein britischer Korrespondent namens Walter Garrett bekam eine Kopie in die Hände, die er am 22. Juni Allen Dulles brachte. Im Beisein des Journalisten las Dulles in seiner Wohnung in der Herrengasse den gesamten Bericht. »Er war tief erschüttert und so außer Fassung wie ich«, erinnerte sich Garrett später, »und sagte: ›Man muss sofort etwas unternehmen.‹«[34]

Dulles' Betroffenheitsvorstellung wirkte auf den britischen Journalisten absolut überzeugend, doch tatsächlich hatte Dulles Berichte über die

Massenvernichtung von Juden bereits zwei Jahre früher erhalten, noch bevor er aus den Vereinigten Staaten in die Schweiz gekommen war. Nach seiner Ankunft in Bern waren seither immer wieder weitere glaubwürdige Berichte über den Holocaust in seine Hand gelangt, von Informanten wie Schulte und Kolbe.

»Man« hätte in der Tat endlich drastische Schritte unternehmen sollen. Zu diesem Zeitpunkt hätten viele der ungarischen Juden noch gerettet werden können, wenn die Anstrengungen der Alliierten in entsprechende Bahnen gelenkt worden wären. Doch stattdessen schickte Dulles ein Routinefernschreiben über den Vrba-Wetzler-Bericht an Außenminister Cordell Hull, einen Mann, von dem Dulles wusste, dass er keinen Finger für die Juden krümmen würde, obwohl er selbst mit einer Jüdin verheiratet war. Es war Hull gewesen, der Roosevelt davon abgeraten hatte, die unglücklichen Passagiere der »St. Louis« aufzunehmen. Und es war Hull, der verhindert hatte, dass Schultes Bericht auf dem Dienstweg des amerikanischen Außenministeriums zu Rabbi Wise gelangte.

Auf Initiative eines in Genf im Exil lebenden jüdischen Geschäftsmanns und einer Gruppe von Studenten, mit deren Unterstützung er auf einem Vervielfältigungsapparat fünfzig Kopien herstellen ließ, gelangte der Vrba-Wetzler-Bericht schließlich an die Schweizer Presse und wurde von *New York Times* und BBC aufgegriffen. Aufgrund des öffentlichen Aufschreis, den der Bericht auslöste, wurden Präsident Roosevelt und andere Staatsführer aktiv und übten Druck auf die ungarische Regierung aus, die Deportation ihrer jüdischen Bürger zu stoppen. Allerdings währte die Atempause für sie nicht lange: Im Oktober 1944 ordnete Hitler die Machtübernahme durch die ungarischen Faschisten in Budapest an, und die Todeszüge setzten sich bald von Neuem in Bewegung.

In den letzten Kriegsmonaten, als die Amerikaner und Briten endlich eine zweite Front öffneten und Hitlers Streitkräfte von der Roten Armee im Osten und der angloamerikanischen Militärmaschine im Westen unerbittlich in die Zange genommen wurden, begannen Roosevelt und seine engsten Berater wie Morgenthau, über das Schicksal Deutschlands nach dem Naziregime nachzudenken. Der Ruhm der europäischen Zivilisation war laut einem Wort von Nicholson Baker in »Menschenrauch« aufgegangen. Doch Roosevelt war entschlossen, den Schwur zu halten, den er während des Kriegs wiederholt geleistet hatte. Er wollte die Schuldigen dieser beispiellosen Herabsetzung des menschlichen Lebens zur Rechenschaft ziehen. Man würde dem Dritten Reich den Prozess machen und seine Herrschaft in den Staub treten.

Abermals jedoch hegten Allen Dulles und seine Verbündeten andere Pläne.

3 Die Geister von Nürnberg

Nürnberg war eine Geisterstadt, als sich im November 1945 in ihren ausgebombten Ruinen die Delegationen der Ankläger und die Weltpresse zum ersten einer Reihe von historischen Kriegsverbrecherprozessen einfanden. Die Alliierten hatten Nürnberg als Tagungsort gewählt, um hier dem Dritten Reich wegen Verbrechen gegen die Menschheit und Führung eines Angriffskriegs den Prozess zu machen, weil die Stadt die Hauptbühne der Hitlerschen Prunkentfaltung gewesen war, Schauplatz der aufwändigen Propagandaspektakel der Reichsparteitage mit ihrem hochgradig choreographierten Militarismus, den Leni Riefenstahl 1934 in *Triumph des Willens* verklärte. In Riefenstahls Film verwandelte sich die mittelalterliche Stadt mit ihren Türmen und ihrem Kopfsteinpflaster in ein faschistisches Märchenland. Jedes Haus war mit gediegener Akkuratesse mit Naziwimpeln drapiert, jeder Jugendliche in der Menge strahlte vor Bewunderung, als Hitler aufrecht stehend in seinem offenen Wagen in die Arena fuhr und den tosenden Jubel mit seinem eher schlaffen Gruß erwiderte.

Doch nun, 1945, war Nürnberg nur noch Schutt und Asche. Am 2. Januar waren Bomber der britischen und amerikanischen Luftwaffe über die Stadt geschwärmt und hatten die Pracht ihres mittelalterlichen Zentrums in nur einer Stunde zerstört. Weitere Bombenangriffe folgten im Februar. Dann, im April, griffen amerikanische Infanteriedivisionen die stark verteidigte Stadt an und nahmen sie schließlich nach heftigen Häuserkämpfen ein.

Als Rebecca West im Herbst in Nürnberg eintraf, um für den *New Yorker* über die Kriegsverbrecherprozesse zu berichten, traf sie nur eine Ruinenlandschaft und Horden von Plünderern an. Als sie sich den Weg durch den Schutt bahnte, musste sie den Atem anhalten wegen »des doppelten Gestanks von Desinfektionsmitteln und dem unrettbar Infizierten, denn es verbarg 30000 Tote«.[1] Es gab nur wenig Nahrung oder Treibstoff – und kein Geld, sondern nur Zigaretten als Währung. Nachts senkte sich eine stygische Schwärze auf die Geisterstadt, gemildert nur durch eine unheimliche Konstellation von flackernden Kerzen in zerborstenen Fenstern.

Im November sahen einundzwanzig Vertreter des Naziregimes, das Europa in solchen Ruin gestürzt hatte, auf der Anklagebank im Nürnberger

Justizpalast, eines der wenigen öffentlichen Gebäude in Deutschland, die stehen geblieben waren, der Stunde ihrer Bestrafung entgegen. Hitler und Himmler waren bereits vorausgegangen ebenso wie der Meisterpropagandist des Reiches, Joseph Goebbels – alle drei hatten sich durch Selbstmord dem Henker entzogen. Trotzdem hatten es die Ankläger von Nürnberg geschafft, ein repräsentatives Spektrum aus Hitlers glorreichen Tagen zu versammeln, darunter Reichsmarschall Hermann Göring, einst zweithöchstes Mitglied der NSDAP und Hitlers designierter Nachfolger. Zu Göring auf die Anklagebank gesellten sich solche Würdenträger wie Rudolf Hess, Hitlers halbverrückter Stellvertreter, der 1941 nach Schottland geflogen war, um Großbritannien eigenmächtig ein Friedensangebot zu unterbreiten; Ernst Kaltenbrunner, Himmlers grimmiger, narbengesichtiger Henker, der höchste SS-Offizier, dem in Nürnberg der Prozess gemacht wurde; Hjalmar Schacht, der ebenso brillante wie arrogante internationale Bankier, der die Finanzierung von Hitlers militärischer Aufrüstung gesichert hatte; Albert Speer, der Architekt von Hitlers imperialen Träumen und Rüstungsminister, sowie Julius Streicher, der wirrköpfige Politiker und Publizist, der mit seinem bösartigen Antisemitismus ein blühendes, in Nürnberg ansässiges Medienimperium aufgebaut hatte.

Die Nürnberger Kriegsverbrecherprozesse, die das Prinzip der persönlichen Verantwortung für die eigenen Handlungen selbst im Krieg verankerten, waren ein Paradebeispiel nationalsozialistischer Schuldverleugnung. Als Hitlers hinterlistiger Außenminister Joachim von Ribbentrop gefragt wurde, ob er davon gewusst habe, dass in den Todeslagern der SS Millionen von Menschen ermordet wurden, besaß er die Unverfrorenheit, zu entgegnen: »Ganz gewiss nicht … Das kann ich mir nicht vorstellen.«[2] Es war, als erwachte er plötzlich aus dem Albtraum seines eigenen Lebens. Die Angeklagten hatten lange zuvor ihren eigenen Willen an den Führer abgetreten. Wie der Gouverneur des von Deutschland besetzten Teils Polens, Hans Frank, 1935 erklärte: »Ich habe kein Gewissen; Adolf Hitler ist mein Gewissen.«[3]

Die selbstgefälligsten Angeklagten wie Göring und Schacht warfen sich in trotzige Posen. Zuweilen schnitt Reichsmarschall Göring dem Gericht Grimassen, lachte, wenn die Ankläger deutsche Namen falsch aussprachen, und blähte indigniert die Backen, wenn sie die Befehlskette der Nazis durcheinanderbrachten.

Der Reichsmarschall hatte sich nicht einmal die Mühe gemacht, in den letzten Kriegstagen vor den vorrückenden amerikanischen Truppen zu fliehen, überzeugt, dass er wie ein bedeutender Vertreter eines besiegten, aber edlen Volkes behandelt würde. Seine ersten Stunden in Gefangenschaft nährten zweifellos seinen Optimismus, denn die Soldaten der 36. US-Infanteriedivision, die zu seinem Quartier in Südbayern vorstießen, plauderten freundlich mit ihm und gaben dem wohlgenährten Nazi eine ihrer Reishühnchenmahlzeiten aus der Dose. Göring ahnte nicht, dass man ihn als Kriegsverbrecher vor Gericht stellen würde. An einem Punkt fragte er seinen Übersetzer unbeschwert, ob er seine Pistole oder seinen zeremoniellen Dolch tragen solle, wenn er vor General Eisenhower trete.[4]

Aber die Verbrechen des Nazistaats wurden in Nürnberg nicht so leicht abgetan. Schon der Name der Stadt beschwor nicht nur den Triumphalismus der Nazis herauf, sondern auch die Rassengesetze, deren Abfassung Hitler 1935 angeordnet hatte – Gesetze, die mit ihrer Ächtung und Kriminalisierung des Jüdischseins schon die Weichen für den späteren Völkermord stellten. Die Stadt und ihr Justizpalast waren seit langem mit Blut besudelt.

Neun Tage nach Beginn seines Prozesses hatten die Toten einen dramatischen Auftritt im Gerichtssaal, heraufbeschworen durch einen zweiundzwanzigminütigen Dokumentarfilm mit dem Titel *Die Todesmühlen* (*Death Mills*). Der Film entstand unter Leitung des Hollywoodregisseurs Billy Wilder, einem aus Österreich gebürtigen Juden, der vor Hitler geflohen war und der seinen Film aus Material zusammenschnitt, das ein Kameramann des US-Fernmeldecorps bei der Befreiung mehrerer Konzentrationslager gedreht hatte. In seiner Einleitung warnte Robert Jackson, der amerikanische Chefankläger in Nürnberg, die Anwesenden: »Unser Beweismaterial wird widerwärtig sein, und Sie werden sagen, ich hätte Ihnen den Schlaf geraubt.«[5]

Doch nichts konnte die wartenden Zuschauer an jenem Tag darauf vorbereiten, was sie kurz darauf sehen sollten: Berge von ausgemergelten Leichen und wandelnde Skelette, die die fassungslosen und angewiderten amerikanischen Befreier begrüßen; die zerfleischten menschlichen Überreste eines Experiments von Naziärzten (»Dies war einmal eine kräftige, lebensfrohe Frau«, kommentierte der Sprecher); Hügel aus menschlicher Asche, die als landwirtschaftlicher Dünger Verwendung finden sollte; Pyramiden menschlicher Haare zur Herstellung von Perücken, Kisten mit Goldzahnfüllungen zur Herstellung von Schmuck – der verkäufliche materielle Restwert, der aus den Opfern des Dritten Reichs herausgeschlagen wurde. Eines der quälendsten Bilder war von unscheinbarer Grausigkeit, weil es sich unauslöschlich einprägte: eine Nahaufnahme abgetragener Kinderschuhe.[6]

Während der Film im abgedunkelten Gerichtssaal lief, waren schwache Lampen auf die Angeklagten gerichtet, damit die übrigen Anwesenden ihre Reaktionen sehen konnten. Von diesem Moment an gab es nichts mehr zu verbergen. »Plötzlich verstummte die Heiterkeit«, bemerkte ein Zeuge.[7] Während die entsetzlichen Bilder über die Leinwand flimmerten, rieb sich einer der Verbrecher die Stirn, ein anderer schluckte und kämpfte mit den Tränen. Einer vergrub das Gesicht in den Händen, während ein anderer offen weinte. (»Das sind nur Krokodilstränen. Sie haben um sich selbst geweint, nicht um die Toten«, bemerkte ein britischer Ankläger.)[8] Nur die arrogantesten Beschuldigten blieben ungerührt. Schacht, Hitlers Bankier, wandte der Leinwand den Rücken zu, Göring »versuchte die Vorführung schamlos unberührt durchzustehen«, wie ein Mitarbeiter des US-Anklägers Telford Taylor sagte.[9]

Hinterher klagte Göring, der Film habe die Atmosphäre ruiniert, für die er im Gerichtssaal gesorgt habe: »Es war so ein angenehmer Nachmittag, bis man diesen Film zeigte. Mein Telefongespräch über die Österreich-Affäre [das heißt Annexion] wurde vorgelesen und alle lachten mit mir darüber. Und dann kam dieser grauenhafte Film und verdarb einfach alles.«[10]

Die Nürnberger Prozesse waren ein moralischer Meilenstein, das erste Mal, dass hohe Regierungsvertreter für Verbrechen gegen die Menschheit verantwortlich gemacht wurden, die in früheren Tagen wohl als natürliche Kriegshandlungen abgetan worden wären. Während des Kriegs hatten die alliierten Staatsführer in der Moskauer Erklärung eine »klare Warnung« ausgesprochen, dass Nazi-Kriegsverbrecher »bis ans Ende der Welt« verfolgt würden, um »sie ihrer gerechten Strafe zuzuführen«. Doch erst nach einer hitzigen Debatte in alliierten Diplomatenkreisen gelang schließlich die Einrichtung des Nürnberger Tribunals. Und selbst nachdem es etabliert war und seine Arbeit aufgenommen hatte, wurde der Prozess von politischen Manövern belastet.

Präsident Roosevelt und Premierminister Winston Churchill war so sehr an einer angemessenen Bestrafung gelegen, dass sie ursprünglich befürworteten, das Gesetz in die eigene Hand zu nehmen und Hitlers Führungsebene in Militär, Ministerien und Partei standrechtlich erschießen zu lassen – Churchill ging von einer Zahl von etwa fünfzig bis hundert Leuten aus.[11] Der Premierminister vermutete, dass nach ordentlicher Klärung der Identitäten die Hinrichtungen in sechs Stunden über die Bühne gehen konnten. Es war eine der tieferen Ironien der Geschichte, dass es ausgerechnet Joseph Stalin war, der darauf bestand, die Naziführer vor Gericht zu stellen und die westlichen Alliierten über die Vorzüge eines ordentlichen Verfahrens zu belehren. »Hinsichtlich der Hauptkriegsverbrecher hat O[nkel] J[oe] eine unerwartet ultra-anständige Haltung eingenommen«, schrieb Churchill im Oktober 1944 an Roosevelt, nachdem er Stalin in Moskau getroffen hatte. Der sowjetische Regierungschef habe Churchill mitgeteilt, dass es »keine Exekutionen ohne vorausgehende Verfahren geben [dürfe]; sonst würde die Welt sagen, wir fürchteten uns, die Verbrecher vor Gericht zu stellen …«[12]

Roosevelt ließ sich schließlich auf die Idee eines internationalen Kriegsverbrechertribunals ein. Aber wieder schlug ihm aus seinem eigenen Außenministerium kräftiger Widerstand entgegen. George Kennan, später eine Legende der amerikanischen Außenpolitik, arbeitete als junger Diplomat bei Ausbruch des Kriegs in der US-Botschaft in Berlin und war einer derjenigen, die sich vehement gegen eine Bestrafung von Nazikriegsverbrechern aussprachen. Diese Führer aus der deutschen Gesellschaft zu beseitigen wäre nicht nur beim deutschen Volk sehr unpopulär, argumentierte Kennan, es würde auch zu starken Störungen führen. »Wir würden keine andere Gruppe von Leuten finden, die kompetent wäre, die Bürde [der Führung Nachkriegsdeutschlands] auf sich zu nehmen«, insistierte er. »Ob es uns nun gefällt oder nicht, neun Zehntel von dem, was in Deutschland stark, fähig und angesehen ist«, trage den Makel des Nationalsozialismus.[13]

Erst Ende 1943 begann eine kleine, unterfinanzierte internationale Kommission die dringliche Aufgabe in Angriff zu nehmen, die barbarischen neuen Verbrechen des Zweiten Weltkriegs zu definieren und eine Liste von Kriegsverbrechern zusammenzustellen, die zur Verantwortung gezogen werden sollten, sobald ein Friedensschluss den Weg dafür ebnete. Roosevelt ernannte einen alten Freund namens Herbert Pell zum amerikanischen Vertreter in dem Gremium, das den Namen der Kommission zur Bestrafung von Kriegsverbrechen der Vereinten Nationen erhielt. (Die formelle Gründung der Vereinten Nationen stand zwar noch aus, sie war jedoch mit der Atlantik-Charta und der Deklaration der Vereinten Nationen von 1942 bereits in die Wege geleitet.) Pell, ein Angehöriger der feinsten New Yorker Gesellschaft und glühender Unterstützer des New Deal, verhedderte sich bald in politischen Fallstricken, ausgelegt vom US-Außenministerium, das ein internationales Tribunal nicht für notwendig hielt und entschlossen war, Pells Bemühungen zu sabotieren.

Mit seinen 1,95 Meter Größe und 113 Kilo Gewicht war Pell ein Baum von einem Mann, und da er in der exklusiven Gesellschaft von Tuxedo Park und Newport Beach aufgewachsen war, besaß er mehr als genug Selbstvertrauen, um sich unter seinen Feinden in Washington zu behaupten. Die Pells hatten ein Tabakvermögen geerbt, ihren Vorfahren war von der britischen Krone Land zugeteilt worden, aus dem später die Bronx und Westchester County wurden. So bestand für »Bertie« Pell keine Veranlassung, in seinem Leben auch nur einen Finger zu krümmen, wenn es ihm nicht beliebt hätte. Tatsächlich erschien er mit seinem gewachsten Schnäuzer und seinem Kneifer wie ein Relikt aus dem Gilded Age, den Aufschwungjahren in den Vereinigten Staaten am Ausgang des 19. Jahrhunderts. Doch inspiriert vom ungestümen Reformeifer Teddy Roosevelts stürzte er sich ins schmutzige Kampfgetümmel der amerikanischen Politik und errang im »Seidenstrumpfbezirk«, der reichen Upper East Side von Manhattan, trotz dessen langer Aversion gegen die Demokratische Partei kurzzeitig einen Sitz im Kongress. Als sich 1932 sein alter Kommilitone aus Harvard Franklin Roosevelt um die Präsidentschaft bewarb, war Bertie Pell ein radikaler Renegat seiner eigenen Klasse – in der er nichts weiter sah als einen genusssüchtigen und egoistischen Haufen, dessen »schweinische Profitgier« zum Börsenkrach von 1929 geführt und das Land in den Ruin geführt hatte.[14]

Die feinen Herrschaften, die sich im Clubhaus von Tuxedo Park – einer wogenden Landschaft aus Wäldern, Seen und Zitadellen der amerikanischen Oberschicht in Orange County im Bundesstaat New York etwa sechzig Kilometer vor den Toren der Stadt – über ihn mokierten, waren, nach Pells nicht sehr bescheidener Meinung, zu dumm, um zu erkennen, dass Franklin Roosevelt versuchte, ihren Speck zu retten vor einer Revolution, deren Grollen schon bis direkt vor ihre Tore gelangt war. »Ich bin beinahe der letzte Kapitalist, der gewillt ist, sich von dir retten zu lassen«, schrieb Pell 1936 an Roosevelt in einem Brief, in dem er den Präsidenten inständig bat, ihn für die Sache des New Deal einzuspannen.[15] Im folgenden Jahr schrieb Pell dem Präsidenten wieder und pries Roosevelts Leistungen: »Deine Regierung hat die Fortdauer der amerikanischen Institutionen für mindestens fünfzig Jahre ermöglicht. Du hast für den Staat das getan, was der heilige Franziskus für die katholische Kirche tat. Du hast ihn dem Volk zurückgegegeben.«[16]

Schließlich nahm Roosevelt Pell beim Wort und schickte ihn Ende der 1930er Jahre als US-Botschafter erst nach Portugal und dann nach Ungarn, wo er mit wachsender Besorgnis den Aufstieg des Faschismus verfolgte. Als Pell im Juni 1943 für die Kommission zur Bestrafung von Kriegsverbrechen ausgewählt wurde, kannte er das ganze Ausmaß des Bösen, das sich Europas bemächtigt hatte. Er brannte darauf, nach London zu reisen, wo andere Kommissionsmitglieder bereits mit ihren Beratungen begonnen hatten, aber Pell musste feststellen, dass ihn die Bürokratie des Außenministeriums ausgetrickst hatte. Sein Hauptfeind war der Justiziar des Außenministeriums, ein pingeliger Mann von aufdringlicher Beflissenheit namens Green Hackworth.

Die beiden Männer gerieten sofort aneinander, auf persönlicher wie politischer Ebene. »Hackworth hatte einen passenden Namen«, schrieb Pell später. »Er war ein kleiner juristischer Erfüllungsgehilfe ohne besondere Leistungen. Er war offenkundig nicht aus gutem Hause und hatte sich auf seinem Weg nach oben nur wenig gutes Betragen angeeignet. Seine Manieren waren schlecht, seine Finger schmutzig [und] er war eindeutig nicht an gute Gesellschaft gewöhnt.«

Vor allem war Hackworth, der die Frage der Kriegsverbrechen aus einer engen, legalistischen Perspektive betrachtete, vehement gegen Pells

Auslandsmission. In den Augen von Beamten des US-Außenministeriums wie Hackworth, der schon die bloße Vorstellung ablehnte, dass Staatsoberhäupter wegen Gräuel gegen ihr eigenes Volk zur Verantwortung gezogen werden sollten, war der Krieg nicht Gegenstand moralischer Erwägungen. Diese traditionelle Sicht war durch das Inferno, das die Nazis in Europa angerichtet hatten, obsolet, aber Leute wie Hackworth schienen die neue Welt um sie herum nicht wahrzunehmen.[17]

Im Gegensatz dazu war Pell entschlossen, nicht nur die hohen Parteifunktionäre der NSDAP, sondern auch die deutsche Wirtschaftselite, die von Hitlers Herrschaft profitiert hatte, zur Rechenschaft zu ziehen. Er wollte nicht zuletzt auch die gewöhnlichen Gestapo-Männer belangen, die, wie er befürchtete, in ihre Heimatorte zurückkehren und sich damit brüsten würden, womit sie alles davongekommen waren, wenn man sie nicht hart bestrafte. »An erster Stelle steht, auch noch dem letzten Deutschen auf der Welt klar zu machen, dass Krieg kein profitables Geschäft ist«, schrieb Pell 1943 an Außenminister Hull.[18] Pells Gerechtigkeitsliebe – und seine breite Definition der deutschen Schuld – ließen im US-Außenministerium und in Wall-Street-Kreisen, deren Hauptsorge der Stabilität Nachkriegsdeutschlands galt, die Alarmglocken schrillen.

Green Hackworth und seine Kollegen konspirierten erfolgreich gegen Pell und verzögeren seine Abreise monatelang. Schließlich, nachdem Roosevelt zu seinen Gunsten bei Außenminister Hull interveniert hatte, durfte er im Dezember 1943 auf der »Queen Mary« nach London in See stechen – volle sechs Monate nach seiner Ernennung in die Kommission zur Bestrafung von Kriegsverbrechen. Pell kam in ein eisig kaltes, vom Krieg gebeuteltes London, wo Heizbrennstoff Mangelware war. Glücklicherweise hatte er seinem englischen Schneider rechtzeitig Bescheid geben können, sodass er nach seiner Ankunft wenigstens mit wollener Unterwäsche in Übergröße versorgt war.[19]

Pell war schockiert von den vielen Kriegszerstörungen: In jedem Häuserblock schien mindestens ein Gebäude beschädigt. Drei seiner Freunde in seinem kleinen Londoner Bekanntenkreis starben durch deutsche Bomben. Einer wurde beim Besuch der Sonntagsmesse zusammen mit seiner Gemeinde in Stücke gerissen – nur der Priester überlebte. Pell stand die Bombenangriffe lieber oberirdisch durch, statt in die überfüllten, schlecht belüfteten Luftschutzkeller hinabzusteigen. Mit seinen neunundfünfzig Jahren hielt er es für wahrscheinlicher, an einer Grippe zu sterben, als an einer deutschen Bombe oder einem »Doodlebug«, wie die Briten die fliegenden V1-Bomben nannten, die über ihre Köpfe hinwegpfiffen. Wenn die Bomber der deutschen Luftwaffe über London dröhnten, warfen sie riesige Leuchtfackeln ab, um ihre Ziele zu sehen, und ein gespenstisches Leuchten erhellte die Stadt, kurz bevor die Explosionen begannen. Als

Mann des Präsidenten in London legte Pell Wert darauf, den Briten an Tapferkeit nicht nachzustehen. Eines Nachmittags führte er einen Cousin auf Besuch zum Tee in den exklusiven Athenaeum Club. Sämtliche Fenster des Clubs waren zerborsten, doch die Kellner machten noch immer mit derselben zackigen Reserviertheit ihre Runden wie vor dem Krieg.

Als Pell 1944 zur Londoner Kommission zur Bestrafung von Kriegsverbrechen stieß, übernahm er trotz seines Mangels an juristischer Erfahrung eine Führungsrolle bei der Ausarbeitung der Richtlinien für die Anklage des Tribunals, vor das die deutschen Kriegsverbrecher nach dem Krieg gestellt werden sollten. Während einige Kommissionsmitglieder unsicher waren, wie die Nazigräuel gegen die Juden eingestuft werden sollten, trat Pell energisch dafür ein, diese Gewalt, selbst wenn sie abseits des Schlachtfelds stattgefunden hatte, als strafbares Kriegsverbrechen zu betrachten, und die Kommission stimmte ihm schließlich darin zu.

Doch Pell konnte seine Arbeit bei der Kommission nicht zu Ende bringen. Im Dezember 1944 kehrte er zur Hochzeit seines einzigen Sohnes – dem späteren US-Senator Claiborne Pell – und zu Beratungen mit dem Außenministerium nach Amerika zurück. Nun, wo sie ihn einmal zurück in Washington hatten, waren seine politischen Feinde entschlossen, ihn nie mehr zurückkehren zu lassen.[20] Wieder wandte sich Pell an seinen alten Freund im Weißen Haus mit der Bitte um Unterstützung gegen die Blockierer im Außenministerium. Doch dieses Mal war Roosevelts Gesundheit so angeschlagen, dass er nicht mehr die Kraft aufbrachte, Bertie zu Hilfe zu eilen. Am 1. Februar gab das Außenministerium Pells Entlassung bekannt.

Anfang April 1945 fuhr Henry Morgenthau zum Ferienhaus des Präsidenten in Warm Springs, Georgia, wo sich Roosevelt erholte, um ihn zu drängen, selbst der Kabale im Außenministerium entgegenzutreten, die wild entschlossen zu sein schien, den deutschen Feind zu beschwichtigen und den sowjetischen Alliierten gegen die USA aufzubringen. Beim Cocktail mit dem Präsidenten war Morgenthau über die »sehr abgezehrte« Erscheinung des Präsidenten erschüttert. »Seine Hände zitterten, sodass er die Gläser umwarf. … Ich fand sein Erinnerungsvermögen schlecht, und ständig brachte er Namen durcheinander.« Nach Drinks und Dinner schien Roosevelt wieder etwas mehr bei Kräften und fragte Morgenthau, was er auf dem Herzen habe. Der Finanzminister erwiderte, es sei an der Zeit, »das Außenministerium zu brechen« und die alte Garde durch loyale Anhänger des New Deal zu ersetzen. Roosevelt versicherte Morgenthau, dass er »hundertprozentig« auf seiner Seite sei. Am nächsten Nachmittag, dem 12. April, starb Roosevelt an einer schweren Hirnblutung.[21]

Am selben Tag hatte Pell eine Verabredung mit dem neuen Außenminister Edward Stettinius jr., um über seine erneute Ernennung in die

Kommission zur Bestrafung von Kriegsverbrechen zu sprechen – ein Treffen, das von Roosevelt arrangiert worden war. Nach seinem Rauswurf hatte sich Pell zur Wehr gesetzt, sich an die Washingtoner Presse gewandt und Empörung über seine Behandlung durch das Außenministerium ausgelöst. Die öffentliche Kontroverse brachte Pells Feinde in die Defensive. Aber nach Roosevelts Tod war Pell politisch isoliert und räumte schließlich im September 1945 seine Niederlage ein.

Pell erkannte zwei Gründe, warum man ihn politisch kaltstellen wollte, wie er einer Gruppe wohlwollender Anwälte sagte, die ihn unterstützten: »Der eine ist der Antisemitismus, der in weiten Teilen des Außenministeriums vorherrscht.« Außerdem habe er den Zorn seiner mächtigen Feinde erregt, weil er »deutsche Industrielle« aufs Korn genommen habe, »deren Notlage die Klassenloyalität ihrer Pendants in Großbritannien und den USA weckt. Wir dürfen [zum Beispiel] nicht vergessen, dass die Muttergesellschaft und Kapitalgeberin der Opelwerke, eine der großen Kriegsfabriken in Deutschland, die General Motors Corporation war, ein [amerikanisches] Unternehmen, an dem Minister Stettinius ein großes Aktienpaket hält. Die General Electric Company aus New York war am größten Elektrokonzern Deutschlands [AEG] beteiligt. Wir haben hier sehr starke Gründe, warum eine große und wichtige Gruppe in diesem Land bestrebt ist, eine ernsthafte Untersuchung [der Kollaboration deutscher Unternehmen mit den Nazis] mundtot zu machen.«[22]

Am Ende sollte Pell doch noch triumphieren. Nach dem Aufschrei der Presse über seine Entlassung sah sich das Außenministerium schließlich gezwungen, die Unumgänglichkeit eines Kriegsverbrecherprozesses anzuerkennen. In einer Stellungnahme inmitten des Händels mit Pell räumte das Außenministerium ein, dass Präsident Roosevelt seine diesbezüglichen Absichten wiederholt klar zum Ausdruck gebracht habe. Als der erste Kriegsverbrecherprozess 1945 in Nürnberg begann, schwebte der Geist Roosevelts und seiner Vorkämpfer für Gerechtigkeit – Männer wie Pell und Morgenthau – über dem Gericht.

Aber die politischen Feinde, die sich gegen Roosevelts Tag der Abrechnung mit den Nazis gestellt hatten, gaben nicht klein bei. Sie blieben entschlossen, die Verfahren in Nürnberg zu kontrollieren und die als wertvoll betrachteten Mitglieder von Hitlers Machtapparat zu schützen.

Im Mai 1945 trafen sich Allen Dulles und OSS-Chef Bill Donovan in Frankfurt am Main mit Robert Jackson, Richter am Obersten Gerichtshofs der USA, der vom neuen Präsidenten Harry S. Truman kurz zuvor zum amerikanischen Chefankläger in Nürnberg ernannt worden war. Bei der Unterredung hob Dulles hervor, wie er der Anklage etwa durch Beschaffung deutscher Zeugen und von Geheimdokumenten des Feindes behilflich sein könne. Jackson war erfreut, Dulles' Hilfsofferte kam ihm, wie er in sein Tagebuch notierte, wie ein »Gottesgeschenk« vor.[23] Dulles' Chef Donovan sorgte für eine enge Verbindung des Geheimdienstes mit Jacksons Team, indem er eine Reihe von OSS-Agenten in seinem Stab unterbrachte. Doch nach einigen Wochen beschlich Jackson das bange Gefühl, in eine »Falle« des OSS getappt zu sein.[24] Dem Nürnberger Ankläger wurde klar, dass Donovan und Dulles noch andere Motive und Pläne hegten, die nicht immer mit den Interessen der Gerechtigkeit in Nürnberg zusammenpassten.

Im Juli nahmen die Spannungen zwischen Donovan und Jackson zu, als sich der OSS-Chef daranmachte, den von der Anklage so genannten »Wirtschaftsfall« des Prozesses an sich zu ziehen. Als Wall-Street-Anwälte sahen sich Donovan und Dulles bestens gerüstet, das Verfahren gegen die Industriellen und Bankiers zu übernehmen, die Hitler finanziert hatten. Aber eine solche Rolle hätte die beiden OSS-Leute in die Lage versetzt, über das Schicksal von deutschen Wirtschaftsführern zu bestimmen, die enge Bande zu ihren eigenen Wall-Street-Kreisen unterhielten – darunter berüchtigte ehemalige Klienten der Dulles-Brüder.

Robert Jackson war ein energischer Verfechter des New Deal, der in Roosevelts Justizministerium Karriere gemacht hatte, wo er sich mit mächtigen Konzerninteressen wie der Mellon-Familie angelegt und gegen Steuerflucht und Kartelle gekämpft hatte. Der amerikanische Chefankläger war sich der wirtschaftlichen Interessenkonflikte wohl bewusst, die Donovan und Dulles in den Nürnberger Fall trugen, und verblüffte den OSS-Chef, als er ihm eröffnete, dass er ihm die Anklage gegen Hitlers Finanziers in Nürnberg nicht überlassen würde.[25]

Jackson entdeckte bald, wie begründet seine Sorge war. Als im Herbst 1945 der Prozessbeginn nahte, nahm Donovan Kontakt zu Göring und Schacht auf, die aus seiner Sicht die bestinformierten Finanzfachleute unter den Angeklagten waren. Göring hatte unter Hitlers Regime eine gewaltige wirtschaftliche Macht angehäuft, staatliche Bergwerke, Stahlproduktion und Waffenfabriken betrieben und die Kontrolle der Schwerindustrie in Ländern übernommen, die von den Nazis überrollt worden waren. Und Schacht war in New York, London und Schweizer Bankkreisen eine respektierte Persönlichkeit geblieben, selbst nachdem er Hitler seine Seele verkauft hatte. (Schacht überwarf sich später mit ihm und verbrachte die letzten Kriegstage als einer der Sonderhäftlinge in Dachau, die relativ mild behandelt wurden.) Der Bankier wusste, wo große Teile des Nazivermögens versteckt waren, was ihn in internationalen Finanzkreisen weiterhin zu einem geschätzten Mann machte.

Hinter den Kulissen unternahm OSS-Chef Donovan den schamlosen Schritt, diesen beiden prominenten Gefangenen einen Handel anzubieten: Wenn sie gegen mitangeklagte Hitler-Komplizen aussagten, könnten sie im Tausch mit Milde rechnen. Als er Ankläger Jackson und seinem Team mitteilte, dass er einen vorläufigen Handel mit Schacht und – ausgerechnet – Göring eingefädelt habe, waren die Staatsanwälte fassungslos. Telford Taylor, Jacksons beigeordneter Ankläger, nannte Donovans Initiative später »unüberlegt und gefährlich … Göring [war] der überlebende Führer und der symbolische Repräsentant des Nationalsozialismus. Ihn als den Mann hinzustellen, der die Wahrheit über das Dritte Reich erzählen und die Schuld ihrer Führer offenlegen könnte, wie Donovan das offenbar erwartete, war geradezu grotesk.«[26]

Am 26. November, ein paar Tage nach Prozessbeginn, schrieb Jackson einen Brief an Donovan, in dem er klarmachte, dass ihre Auffassungen »weit auseinanderliegen« und es im Nürnberger Stab keine Rolle für den OSS-Chef mehr gebe. Ende des Monats war Donovan gegangen.

Aber Allen Dulles war ein subtilerer Meister der Macht als »Wild Bill« Donovan. Er spielte weiter eine listige Rolle in Nürnberg, um der Gerechtigkeit – oder ihrem Gegenteil – zum Sieg zu verhelfen, nicht nur beim ersten Prozess, sondern auch bei den elf folgenden Verfahren, die sich von 1946 bis 1949 hinzogen. Insgesamt wurden in Nürnberg zweihundert Deutsche wegen Kriegsverbrechen angeklagt, Hunderte weitere wurden in den folgenden Jahrzehnten vor Militär- und Zivilgerichte gestellt. Aber dank Dulles' sorgfältig dosierten Interventionen entging eine Reihe der berüchtigsten Kriegsverbrecher Europas einem Gerichtsverfahren – Männer, die auf die Nürnberger Anklagebank gehört hätten, wo sie nahezu sicher wegen Kapitalverbrechen verurteilt worden wären. Einigen verhalf der US-Geheimdienst auf der »Rattenlinie« zur Flucht ins faschistische Spanien, in den Nahen Osten, nach Südamerika und sogar in die Vereinigten Staaten. Anderen, die später zu wichtigen Verbündeten in Dulles' rasch wachsendem Geheimdienstkomplex wurden, ermöglichte man im Westdeutschland der Nachkriegszeit ein neues Leben in Macht und Wohlstand.

Gegen Ende 1945 kehrte Dulles nach New York zurück, wo er am 3. Dezember – wenige Tage vor seinem kurzzeitigen Ausscheiden aus dem Staatsdienst – gebeten wurde, vor dem Council on Foreign Relations einen Vortrag über die Lage in Nachkriegsdeutschland zu halten. Im historischen Harold Pratt House des Council an der Park Avenue fühlte sich Dulles zu Hause, und seine Bemerkungen an jenem Tag waren offen und ungefiltert. Der erste Prozess in Nürnberg hatte gerade erst begonnen und Winston Churchills Rede zum »Eisernen Vorhang« lag noch Monate in der Zukunft, doch Dulles schlug bereits die Themen des kommenden Kalten Krieges an.

Die USA sollten in ihren Bemühungen zur Säuberung Deutschlands von seiner Nazivergangenheit nicht zu weit gehen, riet Dulles der Versammlung. »Die meisten Menschen von dem erforderlichen Kaliber [um

Deutschland zu regieren] sind politisch belastet. Wir haben bereits festgestellt, dass man keine Eisenbahn betreiben kann, ohne ein paar Parteimitglieder [der NSDAP] einzubeziehen.«[27]

Dulles erläuterte weiter, warum es von wesentlicher Bedeutung sei, für ein starkes Westdeutschland zu sorgen. Anzeichen sowjetischer Arglist seien bereits eklatant offenkundig. In Polen, warnte er, verhielten »sich die Russen kaum besser als Verbrecher. …. Im Gegensatz zu den Versprechungen [der alliierten Führer] von [der Konferenz in] Jalta werden wahrscheinlich acht bis zehn Millionen Menschen versklavt.«

Für Dulles war die Kriegsallianz, die Hitler besiegt hatte, bereits erledigt. Tatsächlich hatte er während des Kriegs für die Zeit vorausgeplant, in der sich die Westmächte – einschließlich Elemente des Dritten Reichs – gegen den wahren Feind in Moskau vereinen würden.

Am 1. Oktober 1946, nach fast einjähriger Prozessdauer, erging im stickigen Gerichtssaal schließlich das Urteil gegen die einundzwanzig Nürnberger Angeklagten. Drei wurden freigesprochen, darunter der gut vernetzte Schacht, sieben erhielten Gefängnisstrafen von zehn Jahren bis lebenslänglich. Wie viele verurteilte Nazi-Verbrecher in den frühen Jahren des Kalten Kriegs kam eine Reihe der in Nürnberg zu Gefängnisstrafen verurteilten Angeklagten später in den Genuss politisch motivierter Begnadigungen; nur wenige der etwa fünftausend verurteilten Nazis saßen nach 1953 noch in Haft. Hinter einigen der Interventionen zugunsten glücklicher Kriegsverbrecher standen die stillen Strategeme von Allen Dulles.[28]

Elf der Angeklagten im ersten Nürnberger Verfahren wurden tatsächlich schnell und endgültig abgestraft und zum Tod durch Erhängen verurteilt. Unter ihnen war Göring, den nicht einmal Bill Donovan hatte retten können. Der Reichsmarschall beteuerte erwartungsgemäß bis zum Ende seine Unschuld. »Das einzigste [*sic*] Motiv, das mich leitete, war heiße Liebe zu meinem Volk, sein Glück, seine Freiheit und sein Leben«, verkündete er in seinem pompösen Schlussplädoyer vor dem Gericht.[29] Das war selbst einem der Mitangeklagten, Hitlers ehemaligem Vizekanzler Franz von Papen, zu viel, der Göring später in der Mittagspause wütend anging: »›Wer in aller Welt *ist* denn für all diese Zerstörung verantwortlich, wenn nicht *Sie*! Sie haben nicht die geringste Verantwortung für irgendetwas übernommen!‹ … Göring lachte ihn nur aus …«.[30]

Göring hatte Angst vor dem Tod durch Erhängen und verlangte den ehrenhaften Soldatentod durch Erschießen. Als ihm diese letzte Bitte abgeschlagen wurde, nahm er zum bevorzugten Selbsttötungsmittel der Nazis Zuflucht und biss auf eine Zyanidkapsel. (Für Männer, die so kaltblütig Millionen in den Tod geschickt hatten, waren die hohen Amtsträger des Reichs ausnehmend dünnhäutig, was ihre eigene Art des Sterbens anging.)

Görings Flucht vor dem Galgen erwies sich als weise. Der Henker, ein untersetzter, trinkfester Stabsfeldwebel namens John C. Woods, war ein erfahrener Scharfrichter, aber aus Schlampigkeit oder bösem Willen wurden die Nürnberger Hinrichtungen nicht professionell ausgeführt. Die Fallhöhe war zu gering, sodass einige der Verurteilten vor dem Ableben noch längere Zeit lebend am Strick baumelten. Als alles vorbei war, äußerte sich Woods dennoch höchst zufrieden. »Hab nie eine Hinrichtung gesehen, die besser gelaufen wäre«, erklärte er.[31]

Der Henker ließ nie einen Zweifel an seiner historischen Rolle in Nürnberg. »Ich hab diese zehn Nazis gehenkt … und ich bin stolz darauf«, sagte er nach den Exekutionen. Ein paar Jahre später, bei der Reparatur einer defekten Maschine auf einem Militärstützpunkt auf den Marshallinseln, tötete sich Woods durch einen Stromschlag versehentlich selbst.

Die von den Vereinigten Staaten und ihren Alliierten besetzten Sektoren Deutschlands waren bestrebt, den Krieg schnell zu vergessen. Hollywoodmusicals und Cowboyabenteuer – und ihre eskapitischen deutschen Äquivalente – fluteten in Westdeutschland die Kinos. Aber im sowjetisch besetzten Osten gab es eine kineastische Anstrengung, wenngleich im Allgemeinen parteigesteuert und grobschlächtig, das deutsche Volk zur Auseinandersetzung mit dem Albtraum des Nationalsozialismus und seinen Folgen zu zwingen. In der frühen Nachkriegszeit gab es einen Schwall solcher düsterer »Trümmerfilme«, darunter die künstlerisch anspruchsvollere DEFA-Produktion *Die Mörder sind unter uns*, die sich mit den beunruhigenden Geistern der Nazizeit auseinandersetzte. Der Film von Regisseur Wolfgang Staudte, der während der Hitler-Herrschaft seine eigenen Kompromisse geschlossen hatte, ist vom Gefühl der Schuld durchdrungen.

In *Die Mörder sind unter uns* kehrt der deutsche Militärarzt Dr. Hans Mertens ins kriegszerstörte Berlin zurück. Mertens, der seinen Kriegserlebnissen entfliehen möchte, wandert betrunken durch die Trümmerlandschaft, doch die Vergangenheit lässt ihn nicht los. Da begegnet er seinem alten Kommandeur, Hauptmann Brückner, ein Mann von unbeschwerter Oberflächlichkeit, der trotz der Gräueltaten, die er im Krieg befahl, als Fabrikbesitzer in Berlin wieder ein wohlhabendes Leben führt.

»Menschenskind, machen Sie doch nicht so ein unglückliches Gesicht«, sagt Brückner zum Doktor, als die beiden Männer ihren Weg durch die Trümmer zu einem versteckten Varieté suchen. »Sehn Se mal, Mertens, jede Zeit hat ihre Chancen, man muss sie nur verstehen. Ob man aus Kochtöpfen Stahlhelme macht oder aus Stahlhelmen Kochtöpfe, das ist egal. Nur zurechtkommen muss man dabei – darauf kommt es an.«

Dr. Mertens verbittert zusehends, als er sieht, wie Berlin von denselben

Männern, die es zerstört haben, mit Profit wiederaufgebaut wird. Eines Tages sieht er auf seinen betrunkenen Wanderungen umherspringende Ratten. Die Stadt war wieder zum Leben erwacht. Am Ende des Films muss sich Mertens nicht mehr mit Alkohol betäuben und überlegt, was er tun kann. Wie schafft man nach einer Gewaltherrschaft wie dem Hitler-Regime eine bessere Welt? Sollte man einen Kerl wie Brückner umbringen? Sollte man versuchen, ihn vor Gericht zu stellen?

Das Ende von *Die Mörder sind unter uns* hat eine hoffnungsvolle Note, wenn es auch nur ein Traumbild ist. Mertens stellt sich Brückner hinter Gittern vor – nicht mehr geschniegelt, sondern entsetzt. »Was wollen Sie denn von mir?«, schreit er, während Bilder seiner Opfer an seine Untaten gemahnen.[32]

Als der Film gedreht wurde, war der erste Nürnberger Prozess noch nicht zu Ende, und es sah für die Welt so aus, als würde tatsächlich die Gerechtigkeit siegen. Doch mit den Jahren entging eine erstaunlich große Zahl von Tätern wie Brückner nicht nur ihrer gerechten Strafe, sondern sie machten im neuen Deutschland auch noch Karriere. Dank offizieller Deckung durch Leute wie Dulles wanden sich viele der Brückners aus ihren Käfigen. Die Ratten sprangen wieder umher.

4 Operation Sunrise

Allen Dulles' gewagteste Intervention zugunsten eines großen Nazikriegsverbrechers ereignete sich in den letzten Kriegstagen. Die Beziehung zwischen Dulles und SS-General Karl Wolff – dem Stabschef Himmlers, später höchster SS- und Polizeiführer Italiens – ist eine lange und verwickelte Geschichte. Den besten Einstieg bietet vielleicht ein für Wolff äußerst brenzliger Moment in den noch dunklen Morgenstunden des 26. April 1945 weniger als zwei Wochen vor dem Ende des Kriegs in Europa.

An jenem Morgen kurz nach seiner Ankunft im SS-Kommandoposten in Cernobbio, einem malerischen Städtchen in den italienischen Voralpen am Ufer des Comer Sees, wurde Wolff von einer gut bewaffneten Einheit italienischer Widerstandskämpfer umzingelt. Die Partisanen hatten Positionen rund um das gesamte SS-Hauptquartier bezogen, ein luxuriöses Anwesen, dass die Nazis von der Locatelli-Familie requiriert hatten, einer wohlhabenden Dynastie von Käsefabrikanten. Mit nur einer Handvoll SS-Soldaten als Wachen vor der Villa blieb Wolff keine Fluchtmöglichkeit aus dem Belagerungsring, seine drohende Gefangennahme schien unausweichlich. Als oberster SS- und Polizeichef von Italien war Wolff dem italienischen Widerstand bekannt und verhasst, da er die Verantwortung für Vergeltungsmorde an vielen Zivilisten in Reaktion auf Partisanenangriffe sowie für Folter und Ermordung zahlreicher Widerstandskämpfer trug. Einmal in der Hand der Partisanen, konnte der SS-Kommandeur kaum auf Milde hoffen.

Im Alter von vierundvierzig Jahren trat der große, blonde, blauäugige Wolff mit dem überlegenen Selbstbewusstsein eines Mannes auf, den das Naziobeṙkommando gerne als idealen Arier vorführte. Er kam aus der Werbung und kannte die Macht des Äußeren. Sein soldatisches Auftreten, sein imperiales Hakennasenprofil und seine aufrechte Haltung in SS-Uniform waren seinem Aufstieg in der NSDAP zuträglich gewesen. Himmler nannte ihn liebevoll »Wölfchen« und machte ihn zum Verbindungsmann der SS in Hitlers Hauptquartier, wo er ebenfalls rasch zum Günstling aufstieg.

Hitler genoss es, mit Wolff bei seinen Diners zu renommieren, und sorgte dafür, den SS-Obergruppenführer zu Beginn des Kriegs, als deutsche Truppen in Polen einfielen und Hitler sich auf einen Frontbesuch bei den Soldaten vorbereitete, an seiner Seite zu haben. »Zu meiner großen und, wie ich gestehe, freudigen Überraschung wurde ich in das engste Führerhauptquartier berufen«, erinnerte sich Wolff mit Stolz als alter Mann. »Hitler wollte mich in seiner Nähe haben, weil er wusste, dass er sich auf mich absolut verlassen konnte. Er kannte mich schon lange und gut.«[1]

Aber im April 1945 in der Villa Locatelli, umringt von seinen Feinden, war Wolff diesen glorreichen Tagen weit entrückt. Wie verzweifelt seine Lage war, zeigte sich am folgenden Tag, als Benito Mussolini, Italiens einst allmächtiger Duce, dessen Status nun auf den eines Schutzbefohlenen Wolffs herabgesunken war, auf der Flucht mit seiner Entourage in die Schweiz an einer Straßensperre der Partisanen an der Nordspitze des Comer Sees gefangen wurde. Mussolini fand keine Gnade. Er und seine Geliebte, Claretta Petacci, die darauf bestand, sein Schicksal zu teilen, wurden mit Maschinengewehren erschossen, ihre Leichen später in Mailand auf dem Piazzale Loreto öffentlich zur Schau gestellt. Mussolinis Kadaver wurde von der rasenden Menge auf dem Platz besonders geschändet; eine Frau feuerte fünf Schüsse in seinen Kopf – einen für jeden ihrer toten Söhne. Als er von Mussolinis groteskem Ende hörte, befahl Hitler – der, dem Ende nahe, dem Duce versichert hatte, dieser sei vielleicht sein einziger Freund auf der Welt[2] –, seine Leiche zu verbrennen, nachdem er sich umgebracht hatte.

General Wolff wusste, dass auch er einem gnadenlosen Ende entgegensah, wenn er in der Villa Locatelli in Gefangenschaft geriete. Aber anders als Mussolini besaß der SS-Kommandeur im Lager des Feindes einen sehr engagierten und mächtigen Freund.

Am 26. April um elf Uhr morgens erhielt Allen Dulles einen dringenden Anruf in seinem Berner Büro von Max Waibel, seinem Verbindungsmann beim Schweizer Geheimdienst. Waibel berichtete, dass Karl Wolff in der Villa Locatelli von Partisanen eingeschlossen sei und die Gefahr bestehe, »dass die Villa gestürmt und Wolff … getötet« werde.[3]

Der SS-General war der Schlüssel zu Dulles' ehrgeizigstem Plan während des Kriegs: die Aushandlung eines Separatfriedens mit den deutschen Besatzern in Italien, bevor die Sowjetunion in Österreich einfallen und bis Triest vorstoßen konnte. Da die Kommunisten im italienischen Widerstand eine beherrschende Rolle spielten, war Dulles klar, dass er dem Vorrücken der Roten Armee nach Norditalien zuvorkommen musste, wenn er verhindern wollte, dass Italien nach dem Krieg in die sowjetische Einflusssphäre fiele. Dulles und seine Kollegen hatten sich Ende Februar geheim mit Wolff und seinem Stab getroffen, um eine separate Kapitulation der deutschen Streitkräfte in Italien auszuhandeln. Die Nazioffiziere würden damit ihren Hals retten, der Agentenführer des OSS versprach sich davon den Ruhm, der ihm bislang im Krieg versagt geblieben war.

»Operation Sunrise«, wie Dulles die verdeckten Friedensverhandlungen nannte, war ein äußerst heikles Unterfangen. Wäre es ans Licht gekommen, hätte das für beide Männer in einem Desaster enden können. Laut Wolff gab sich Dulles bei ihrem diplomatischen Techtelmechtel als »Sonderbeauftragter« und »persönlicher Freund« von Präsident Roosevelt aus – was beides nicht der Wahrheit entsprach.[4] Tatsächlich unterlief Dulles durch seine Verhandlungen mit dem SS-General eindeutig Roosevelts rigorose Politik der bedingungslosen deutschen Kapitulation. Nur wenige Tage bevor Wolff in der Villa Locatelli in die Falle tappte, war Dulles von Washington ausdrücklich verboten worden, seine Kontakte zu Wolff fortzusetzen.

Die Geheimdiplomatie des SS-Kommandeurs fügte sich in die zahlreichen anderen Friedensinitiativen, die von den Nazis an Dulles herangetragen wurden, und konkurrierte mit ihnen. Auch Wolffs Chef Heinrich Himmler war schlau genug, um zu erkennen, dass die deutsche Kriegsanstrengung zum Untergang verurteilt war und er mit ihr, falls es ihm nicht gelänge, seinen eigenen Handel mit den Alliierten zu schließen. Selbst Hitler spielte mit der Idee, das Reich zu retten, indem er die Alliierten spaltete und eine günstige Friedensvereinbarung mit dem Westen erreichte. Bei seinen Hinterzimmerverhandlungen mit Dulles war Wolff einmal Emissär der Naziführung, dann wieder ein Verräter, der nur seine eigene Haut retten wollte.

Doch nun, als Wolff in der Villa Locatelli von italienischen Widerstandskämpfern umzingelt war, schien sein Ende nah – und mit ihm die mühevollen und doppelzüngigen Bemühungen der beiden Männer in den vorangehenden beiden Monaten, Operation Sunrise auszuhandeln. Für Dulles stand zu viel auf dem Spiel, um das zu erlauben. Von Wolffs Notlage verständigt, wurde er blitzschnell aktiv und stellte einen Rettungstrupp zusammen, der die Grenze überqueren und zur Villa eilen sollte, bevor es zu spät war.

Das Leben tapferer Männer zur Rettung eines Nazikriegsverbrechers aufs Spiel zu setzen und das im Interesse seiner eigenen, ungenehmigten Friedensmission, das war, wie Dulles wusste, ein Akt dreister Insubordination, die ihn seine Karriere beim Geheimdienst kosten konnte. Um sich den Rücken freizuhalten, vertraute Dulles die Leitung der Aktion daher seinem treuen Untergebenen Gero von Schulze-Gaevernitz an.

Dulles erzählte die Episode später mit typischer Jovialität – doch wie häufig bei ihm verschleierte der gewandte Vortrag eine dunklere Geschichte. »Ich erwiderte [Gaevernitz], dass es gemäß den strikten Befehlen aus Washington für uns ausgeschlossen sei, mit Wolff in Verbindung zu treten. … Gaevernitz dachte einen Augenblick nach und erklärte dann, da die Angelegenheit abgeschlossen sei, wolle er für ein paar Tage verreisen. Ich bemerkte, wie er leicht mit dem Auge zwinkerte, und er behauptete später, etwas Ähnliches bei mir wahrgenommen zu haben. Selbstverständlich hatte ich eine Vorstellung von dem, was er zu tun beabsichtigte. Aber alles, was er von jetzt ab unternahm, tat er auf eigene Verantwortung.«[5]

Was die Rettung Wolffs anging, teilte Gaevernitz den Eifer seines Bosses. Gaevernitz war der gutaussehende Spross einer illustren europäischen Adelsfamilie und mit der Familie Stinnes verschwägert, die mit ihrem Vermögen den politischen Aufstieg Hitlers mitfinanziert hatte. Die Gaevernitz hatten früh mit den Nazis gebrochen, und Dulles half ihnen, ihr Geld in sichere Häfen außerhalb von Deutschland zu lenken, wie er es bei vielen reichen Deutschen tat, darunter auch solchen, die dem Naziregime vor und während des Kriegs treu blieben. Dulles und Gaevernitz waren politisch in vielem einer Meinung – beide glaubten, dass »moderate« Vertreter des Hitlerregimes aus den Trümmern des Kriegs gerettet werden und in Nachkriegsdeutschland wieder eine Rolle spielen sollten. Nach den äußerst großzügigen Maßstäben von Dulles und Gaevernitz galt das sogar für SS-General Karl Wolff.

Nachdem er von Dulles losgeschickt worden war, sprang Gaevernitz in Begleitung des Schweizer Agenten Waibel in einen Zug Richtung Italien und kam am späten Abend in der Schweizer Grenzstadt Chiasso an. Dort trafen sie einen von Dulles' Topagenten, Don Jones, der den italienischen Widerstandskämpfern im Grenzgebiet unter dem Spitznamen »Scotti« gut bekannt war. Gaevernitz machte sich Sorgen, dass Scotti, ein Mann, der jeden Tag sein Leben im Kampf gegen SS-Soldaten riskierte, vor der Idee zurückscheuen würde, ihren Befehlshaber zu retten, doch Scotti erklärte sich tapfer bereit, die Mission anzuführen.

So setzte sich bei Anbruch der Nacht ein Konvoi von drei Autos in Richtung Westufer des Comer Sees in Bewegung. In einem der Wagen saßen Scotti und drei Schweizer Geheimagenten, im zweiten italienische Partisanen, im dritten zwei SS-Offiziere, die Dulles bestellt hatte, um die Durchfahrt des Konvois durch die von Deutschen kontrollierten Gebiete zu erleichtern. Es war eine der bizarrsten Missionen des Zweiten Weltkriegs in Europa: eine amerikanisch-deutsche Gemeinschaftsaktion zugunsten eines hochrangigen Nazigenerals.

Als sich die Wagenkolonne durch die Dunkelheit langsam dem See näherte, eröffneten Partisanen das Feuer auf die Autos. Scotti sprang mutig aus seinem Wagen, stellte sich ins Scheinwerferlicht und betete, dass ihn die Widerstandskämpfer erkennen und das Feuer einstellen würden. Zum Glück erkannte ihn einer. Nach der Weiterfahrt fielen noch weitere

Schüsse, sogar eine Handgranate detonierte, doch schließlich traf das seltsame Rettungsteam an der Villa Locatelli ein. Nachdem sie an der Partisanensperre und am SS-Wachposten die Durchfahrt ausgehandelt hatten, betraten sie die Villa und fanden General Wolff in voller SS-Montur, als hätte er sie die ganze Zeit erwartet. Er bot dem Rettungstrupp einen alten Scotch an, den er für besondere Anlässe aufbewahrte und der, wie er freimütig zugab, bei Rommels Nordafrikafeldzug den Briten abgenommen worden war.

Es war zwei Uhr morgens, als die Karawane sicher zurück in Chiasso eintraf, mit ihrem speziellen Fahrgast, der sich für die Fahrt in Zivil gekleidet hatte und tief in den Rücksitz des mittleren Wagens drückte. Im schäbigen Bahnhofsrestaurant erwartete Gaevernitz bange die Rückkehr des Rettungstrupps. Er hatte nicht die Absicht, Wolff in der Öffentlichkeit zu begrüßen. Aber als der SS-General erfuhr, dass Dulles rechte Hand dort war, sprang er zu ihm hinüber und schüttelte ihm die Hand. »Ich werde niemals vergessen, was Sie für mich getan haben«, sagte Wolff.[6]

Dulles und Gaevernitz sollten den eigenartigen Sinn für Dankbarkeit des SS-Manns noch kennenlernen, der sich in den folgenden Jahren als wahrer Mühlstein um ihren Hals erwies. »Das hätte eine schöne Schlagzeile in den Zeitungen gegeben«, schrieb Gaevernitz später in sein Tagebuch. »›Deutscher SS-General vor italienischen Patrioten durch amerikanischen Konsul gerettet‹!!! Armer Allen!! Ich hatte wirklich das Gefühl, dass ich ihm das [die Peinlichkeit] ersparen musste.«[7] Gaevernitz war entschlossen, den Namen seines Chefs aus der Geschichte herauszuhalten.

Wolff benötigte noch einige weitere Tage heiklen diplomatischen Lavierens, bis er schließlich am 2. Mai 1945 die Kapitulation der deutschen Streitkräfte an der italienischen Front erreicht hatte. Bis dahin war Hitler tot, die deutsche Militärmaschine stand kurz vor dem Zusammenbruch, und es waren nur noch sechs Tage bis zur Kapitulation aller Achsenstreitkräfte in Europa. Am Ende rettete Operation Sunrise nur wenigen Menschen das Leben und hatte kaum Auswirkungen auf den Kriegsverlauf. Wohl aber gelang es der Operation, neue internationale Spannungen auszulösen, in denen einige Historiker »das erste Glatteis des Kalten Krieges« erkannten.[8]

Die Manöver von Dulles und Wolff gaben Stalins paranoider Veranlagung Futter. Zu seinen Lebzeiten konnte Roosevelt, den Stalin mochte und dem er vertraute, dem sowjetischen Führer versichern, dass die Vereinigten Staaten keine Absicht hegten, eine mit Blut geschmiedete Allianz zu verraten. Doch nach Roosevelts Tod wurde mit Caserta – wo die Kapitulation an der italienischen Front von deutschen und amerikanischen

Militärkommandeuren unterzeichnet wurde – Stalins Furcht vor einem Dolchstoß in den Rücken nur noch größer. Sein Argwohn war nicht unbegründet. Nachdem der Separatfrieden von Caserta verkündet worden war, erhielten einige deutsche Divisionen in Italien Anweisung, ihre Waffen nicht niederzulegen, sondern sich darauf vorzubereiten, an der Seite der Amerikaner und Briten gegen die Rote Armee zu kämpfen.[9]

Selbst Roosevelts Nachfolger, Harry S. Truman, der sich zu einem engagierten Kalten Krieger entwickelte, missbilligte Operation Sunrise und versuchte, sie zu stoppen. Truman schrieb später in seinen Memoiren, dass Dulles' ungenehmigte Diplomatie in den ersten Tagen seiner Präsidentschaft einen Sturm von Schwierigkeiten entfachte.[10]

Operation Sunrise sollte zu Allen Dulles' Schöpfungsmythos werden, zu der Legende, die seine gesamte Geheimdienstkarriere überragte. Den Rest seines Lebens zog der Agentenchef energisch die Register des Medienapparats, um das Thema der »Geheimkapitulation« ins beste Licht zu rücken. So erschienen Zeitschriftenartikel und mehr als nur ein Buch darüber – es war sogar im Gespräch, die Geschichte zu einem spannenden Hollywood-Film zu verarbeiten. Laut der Legende, an der Dulles den Rest seines Lebens beharrlich feilte, war die Episode ein Glanzstück kühner persönlicher Diplomatie. Das Magazin *Time* – auf das unter Führung seines engen Freundes Henry Luce immer Verlass war, Dulles eine gute Presse zu verschaffen – feierte Operation Sunrise als »einen der erstaunlichsten Triumphe in der Geschichte der geheimen Kriegsdiplomatie«.[11] In Wirklichkeit war es alles andere als ein Triumph.

Karl Wolff war ein Nazi nach Allen Dulles' Geschmack. Wie Hitler und Himmler bewunderte Dulles Wolffs geschliffene Umgangsformen und sein gutes Aussehen. Er erschien Dulles wie ein Mann mit der richtigen Art von Stammbaum, der Typ des vertrauenswürdigen Burschen, mit dem man ins Geschäft kommen konnte.

Wolff präsentierte sich gerne als Administrator der Führungsebene, der von den unmenschlicheren Taten seiner Regierung nicht besudelt war. Er war keiner der vulgären Antisemiten der NSDAP, wie er später insistierte. Er war stolz darauf, hin und wieder einmal einen prominenten jüdischen Gefangenen aus den Gestapo-Verließen gerettet zu haben – einen Bankier oder eine Tennisberühmtheit zum Beispiel. Eichmann nannte Wolff höhnisch einen der »Salonoffiziere der SS«.[12]

Wolff war ein in Finanzdingen gewiefter Problemlöser, ein Mann, auf den sich die Nazihierarchie verlassen konnte, wenn etwas erledigt werden musste. Nachdem er als junger Armeeoffizier im Ersten Weltkrieg an der Westfront mit Auszeichnung gedient hatte, schlug Wolff zunächst eine Banklaufbahn ein, bevor er ins Anzeigengeschäft wechselte. Doch sein Ehrgeiz in beiden Gebieten wurde durch Deutschlands wirtschaftlichen Zusammenbruch nach dem Krieg vereitelt. Sein Entschluss, sich Hitlers rasch wachsender Bewegung anzuschließen, in deren Reihen er schnell aufstieg, war eher eine professionelle Entscheidung als eine ideologische. Für einen kultivierten blonden Soldaten wie Wolff gab es in der Nazibewegung unbegrenzte Möglichkeiten.

Sein kaufmännischer Hintergrund verlieh Wolff in der SS, wo solche Fähigkeiten dünn gesät waren, Prestige. Es war Wolff, der mit Himmlers wichtigem »Freundeskreis Reichsführer SS« betraut wurde, eine ausgesuchte Gruppe von drei Dutzend deutschen Industriellen und Bankiers, die die SS mit einem Strom von Schmiergeld versorgte. »Himmler war ja kein Kaufmann, und die bankmäßigen Sachen machte ich für ihn«, erinnerte sich Wolff später.[13] Im Gegenzug für ihre Großzügigkeit erhielten die Firmenspender Zugang zu einem Reservoir von Sklavenarbeitern. Sie wurden außerdem eingeladen, an hochrangigen Regierungstreffen und Zeremonien der NSDAP teilzunehmen. Wolff soll sich beim Nürnberger Reichsparteitag 1933 so gut um die reichen Spender gekümmert haben, dass sie besser umsorgt wurden als selbst Adolf Hitler. Bei anderen Gelegenheiten wurde der privilegierte Freundeskreis sogar zu privaten Führungen in die Konzentrationslager Dachau und Sachsenhausen eingeladen, eskortiert von Himmler und Wolff. Vermutlich schloss die SS während der Besuche die Krematorien, um den Gästen den unangenehmen Gestank zu ersparen.

Beim Abschluss des Sunrise-Friedenspakts hegten Dulles und Wolff ähnliche politische Motive. Beide betrachteten das Vorrücken der Sowjetarmee nach Westeuropa als Katastrophe. Aber sie hatten auch gemeinsame Geschäftsinteressen. Während des Kriegs hatte Dulles seinen OSS-Posten in der Schweiz dazu genutzt, um für Sullivan & Cromwell in Europa nach Firmenkunden Ausschau zu halten. Beiden Männern war vordringlich daran gelegen, den Krieg zu beenden, bevor die Produktions- und Kraftwerke im industriellen Norditalien zerstört wären.

Unter den Bedingungen von Operation Sunrise stimmte Wolff insbesondere zu, nicht die vielen Wasserkraftwerke der Region zu sprengen, die aus den Abflüssen der Alpen Elektrizität gewannen. Die meisten dieser Werke gehörten einer internationalen Holding namens Italian Superpower Corporation. Im US-Bundesstaat Delaware 1928 ins Handelsregister eingetragen, waren die Vorstandssitze der Italien Superpower Corporation zu gleichen Teilen unter amerikanischen und italienischen Vorständen aufgeteilt, und binnen eines Jahres wurde die Kraftwerksgesellschaft von einem größeren, von J. P. Morgan finanzierten Kartell geschluckt. Die Bande zwischen der Italian Superpower Corporation und Dulles' Finanzzirkel wurden gestärkt, als gegen Ende des Kriegs ein guter

Freund des Geheimdienstlers – der New Yorker Bankier Russell Forgan – sein OSS-Vorgesetzter in London wurde. Forgan war einer der Direktoren des italienischen Energieunternehmens.[14]

Dulles kam zu dem Schluss, dass Wolff letztlich ein Mitglied seines internationalen Clubs war – ein Mann mit ähnlichen Ansichten, guten Beziehungen und einem wachen Geschäftssinn. Keiner der beiden Männer war sonderlich am Streit der Ideen oder den mit dem Krieg verbundenen menschlichen Tragödien interessiert. Sie waren auf das Kalkül der Macht fixiert; jeder erkannte den starken Ehrgeiz des anderen. Operation Sunrise war für beide ein kühner Karriereschritt auf dem Hochdrahtseil.

Nachdem er zu dem Schluss gekommen war, dass Wolff ein verlässlicher Partner war, bemühte sich Dulles sehr, das Bild des SS-Kommandeurs reinzuwaschen. In seinen Berichten an das OSS-Hauptquartier stellte er Wolff im bestmöglichen Licht dar: Er sei ein »Moderater« und »wahrscheinlich die dynamischste [deutsche] Persönlichkeit in Norditalien«. Zwar hegten einige amerikanische und britische Geheimdienstler den Verdacht, dass Wolff als Agent Hitlers und Himmlers arbeitete und es in Wahrheit darauf abgesehen hatte, einen Keil zwischen die Alliierten zu treiben, doch Dulles beharrte darauf, dass der deutsche General heldenhaft selbstlos handle, um Italien Frieden zu bringen und dem Land, den Menschen und den Kunstschätzen einen letzten, nur verbrannte Erde zurücklassenden Feuersturm zu ersparen.

Dulles wusste von Anfang an, dass die Arbeit mit Wolff ein höchst riskantes Unternehmen war – nicht nur wegen des strengen Verbots der Alliierten, einen Separatfrieden auszuhandeln, sondern weil Himmlers rechte Hand mit Sicherheit ganz oben auf die Liste der Nazikriegsverbrecher gesetzt werden würde. Noch viele Jahre später, als die Beweise gegen Wolff erdrückend geworden waren, weigerte sich der alte Geheimagent, ihn zu verurteilen. »Die letzten Schlussfolgerungen [über Wolff] müssen der Geschichtsschreibung überlassen bleiben«, schrieb Dulles in seinen sorgsam austarierten Erinnerungen an Operation Sunrise.[15] Er schob ein Urteil auf, dass für viele seit langem auf der Hand lag.

Als Wolff später mit der Ungeheuerlichkeit der Naziverbrechen konfrontiert wurde, berief er sich unweigerlich darauf, davon nichts gewusst zu haben, und behauptete, einen derart hohen Rang in der Nazihierarchie eingenommen zu haben, dass er von den von ihm weit entfernten Todeslagern bis zu den letzten Tagen des Kriegs nichts erfahren habe. Als diese Taktik scheiterte, behauptete er, nicht die Macht besessen zu haben, das Massenabschlachten zu beenden, dann wieder flüchtete er sich in legalistische Argumente oder andere technische Ausreden. Doch der Makel, mit dem Wolff behaftet war, ließ sich nicht so leicht auslöschen.

Karl Wolff ging in die Geschichte ein als »eine jener unbekannten Größen« in Hitlers Reich, »die aus dem Hintergrund wirken«.[16] Er war zwar in der Öffentlichkeit kaum bekannt, spielte jedoch eine wichtige administrative Rolle in Hitlers System der Todesfabriken. Er war, wie ihn das Magazin *Time* später betitelte, der »Bürokrat des Todes«.[17]

In den Nürnberger Prozessen wurde das Prinzip verankert, dass auch Schreibtischtäter – nicht nur die eigentlichen Henker – an Kriegsverbrechen schuldig werden konnten. Obwohl er kein zentrales Rädchen im täglichen Vollzug des Holocaust war wie Adolf Eichmann, griff Wolff, Himmlers oberster Problemlöser, häufig ein, um die reibungslose Effizienz des Vernichtungsprozesses zu gewährleisten.

In den Nürnberger Prozessen tauchte ein hochgradig belastender Brief von Wolff auf, der veranschaulichte, wie wichtig seine Intervention sein konnte, damit die Züge in die Todeslager weiterrollten. Im Juli 1942, als die Zugtransporte, die polnische Juden in die Gaskammern von Treblinka beförderten, zeitweilig eingestellt worden waren, weil das deutsche Militär Eisenbahnwaggons benötigte, bat Wolff einen Staatsekretär im Reichsverkehrsministerium um mehr Transportraum für die SS. Nachdem der Engpass erfolgreich beseitigt worden war, schrieb ihm Wolff einen herzlichen Dankesbrief.

»Mit besonderer Freude«, schrieb Wolff an den Staatssekretär in einem grausig bürokratischen Ton, »habe ich von Ihrer Mitteilung Kenntnis genommen, dass nun schon seit 14 Tagen täglich ein Zug mit je 5 000 Angehörigen des auserwählten Volkes nach Treblinka fährt und wir doch auf diese Weise in die Lage versetzt sind, diese Bevölkerungsbewegung in einem beschleunigten Tempo durchzuführen.«[18]

Wolff spielte auch eine administrative Schlüsselrolle bei einer Serie medizinischer Experimente an menschlichen Versuchspersonen im berüchtigten Konzentrationslager Dachau von 1942 bis 1943.[19] Die Forschung wurde von Ärzten der Luftwaffe durchgeführt, die nach Wegen suchten, die Überlebensrate deutscher Piloten zu erhöhen, und wurde stark von Himmler gefördert, der sich für einen Mann der Wissenschaft hielt. Für die ersten beiden Versuchsreihen suchte die SS aus dem Heer der Verdammten menschliche Versuchskaninchen aus und zwang sie in spezielle Kammern mit niedrigem Sauerstoffgehalt, um zu ermitteln, wie lange Luftwaffenpiloten in großer Höhe fliegen konnten, ohne ohnmächtig zu werden. In den Kammern rangen die Opfer nach Luft, schrien verzweifelt und brachen zusammen. Es war der verantwortliche Luftwaffenarzt, ein Sadist namens Sigmund Rascher, der bestimmte, ob die Opfer rechtzeitig wiederbelebt wurden oder ob man sie sterben ließ. Rascher überwachte 150 solcher Höhenflugversuchsexperimente, von denen mindestens die Hälfte tödlich endete.

Mit einer anschließenden Versuchsreihe in Dachau wollte man die besten Methoden zur Wiederbelebung deutscher Flieger nach einem Absturz in die kalte Nordsee herausfinden. Lagerinsassen wurden gezwungen, bis zu vierzehn Stunden bei eisigen Außentemperaturen zu stehen. Andere wurden für jeweils drei Stunden in Tanks mit Eiswasser getaucht. Die Probanden der ersten Kälteexperimente starben alle. Aber dann fügten die Ärzte ihren Experimenten eine neue Komponente hinzu. In einem heißen Bad »wärmten« sie ihre Opfer »wieder auf« und belebten sie dann weiter mit »animalischer Wärme«. Das Opfer, das fast zu Tode erfroren wäre, fand sich plötzlich in der Umarmung von vier Zigeunerinnen wieder, die seinen Körper wieder zum Leben erweckten.

Wolff hätte auf der Anklagebank von Nürnberg unter den Hauptkriegsverbrechern sitzen müssen. Aber es war der gröbere und nicht so gut vernetzte Henker Ernst Kaltenbrunner, der für die Sünden der SS hängen sollte. Auch im folgenden Jahr, als der Ärzteprozess begann, befand sich Wolff nicht unter den Angeklagten, obwohl er von den Anklägern als einer der »Planer« der Dachauer Experimente bezeichnet wurde. Während der Nürnberger Verfahren und den Anklagen, die in späteren Jahren gegen ihn erhoben wurden, wachten über Wolff seine beiden Schutzengel: Dulles und Gero von Schulze-Gaevernitz. Sie sorgten dafür, dass das Schwert der Gerechtigkeit nie mit voller Wucht auf den SS-Obergruppenführer Karl Wolff niederfuhr. Unter den wenigen Menschenleben, die durch den Schachzug des Separatfriedens von Operation Sunrise gerettet wurden, war, wie sich herausstellte, das von Wolff selbst und jener SS-Offiziere, die sich mit ihm verschworen.

Am 13. Mai 1945, kurz nach der Kapitulation von Operation Sunrise, feierte Karl Wolff seinen fünfundvierzigsten Geburtstag im Palais der Herzöge von Pistoia in Bozen, dem königlichen Anwesen, das er als letzten SS-Kommandoposten requiriert hatte. Vor seinem Mittagessen entspannte sich Wolff auf der Terrasse des herrschaftlichen Hauses mit seinem SS-Adjutanten und seinem Unterhändler SS-Standartenführer Eugen Dollmann, als sie plötzlich Panzer heranrattern hörten. »Die Amerikaner«, sagte Wolff mit ernüchterter Stimme, als er durchs Fenster sah. Soldaten mit den weißen Helmen der Militärpolizei platzten, Maschinengewehre im Anschlag, zur Tür herein und trieben Wolffs Kinder vor sich her. Einer der Offiziere trat ohne Umschweife vor den SS-Kommandeur und erklärte ihn für verhaftet.[20]

Wolff war entsetzt und protestierte empört, dass Allen Dulles, der Sonderbeauftragte des US-Präsidenten in der Schweiz, ihm eine »ritterliche Behandlung« versprochen habe, doch davon ließ sich der Kaugummi kauende Militärpolizist nicht beeindrucken.[21]

Während der Obergruppenführer Frau und Kindern Lebewohl sagte, scharte sich draußen ein Mob von Italienern, um Wolff und seinen Unterhändler mit Steinen und faulen Eiern zu verabschieden. Die beiden Nazi-VIPs wurden in einen amerikanischen Jeep verfrachtet und fortgeschafft – zuerst in ein finsteres Verließ in Bozen, dann nach Cinecittà, dem weitläufigen Filmstudio in Rom, das die Alliierten in ein gastfreundlicheres Kriegsgefangenenlager umgewandelt hatten.

Kaum hinter Gittern, nannte Wolff jedem, der es hören wollte, den Namen Allen Dulles. Die Frage, ob dieser Wolff Immunität vor der Verfolgung von Kriegsverbrechen versprochen hatte, sollte dem Geheimdienstchef noch viele Jahre lang zusetzen. Dulles beharrte wiederholt darauf, dass Wolff nie um Schutz gebeten und er auch nie einen solchen angeboten habe. Der SS-Kommandeur »stehe zu seinen früheren Taten und fühle sich in keiner Weise als Kriegsverbrecher«, daran, so Dulles, habe Wolff stets festgehalten.[22]

In Wahrheit speiste sich Wolffs wachsende Zuversicht, einer Anklage entgehen zu können, in den folgenden Jahren daraus, dass Dulles ihm tatsächlich Immunität zugesichert hatte. Zwei der Schweizer Mittelsleute, die an den Verhandlungen von Operation Sunrise beteiligt waren, bestätigten später, dass es eine solche Vereinbarung gab. Dulles' Verhandler gingen so weit, Wolff das Versprechen zu geben, er und andere »anständige« und »idealistische« Mitglieder des Nazioberkommandos würden Gelegenheit erhalten, sich an der Führung Nachkriegsdeutschlands zu beteiligen. Wolff wurde sogar glauben gemacht, er könne eventuell den Posten eines Bildungsministers übernehmen.[23]

Dulles hielt von Beginn an seine schützende Hand über den SS-General. Wolff verbrachte die ersten Tage seiner Gefangenschaft als privilegierter Gast des US-Militärs. Gaevernitz hatte ihn bereits darauf vorbereitet, dass er einige Zeit hinter Gittern verbringen müsse, um jeglichem Eindruck einer Sonderbehandlung zuvorzukommen. Aber Wolff genoss tatsächlich eine Vorzugsbehandlung, erhielt besseres Essen als andere Gefangene und durfte sogar seine volle Uniform komplett mit Seitenwaffe tragen. Im August wurde er in ein kleines amerikanisches Kriegsgefangenenlager am Gmundner See nach Österreich verlegt – einem Urlaubsort mit Kuranwendungen wie Tannenzapfen- und Salzbädern. Ein für die Besatzer peinlicher Artikel in der *New York Herald Tribune* berichtete, dass Wolff gemeinsam mit seiner Familie einen idyllischen Sommeraufenthalt am See genieße und sogar darum gebeten habe, seine eigene Jacht an den See bringen zu lassen.[24]

In jenem Sommer schwebte Wolff in der größten Gefahr, als Kriegsverbrecher belangt zu werden, da die Nürnberger Ankläger ihre Verdächtigenlisten zusammenstellten und weltweit die Empörung über die deutschen Gräueltaten hochbrandete. Richter Robert Jackson und die Anwälte der Alliierten betrachteten Wolff als einen der »Hauptkriegsverbrecher«. Da Hitler und Himmler tot waren, gehörte Wolff zu den höchsten Amtsträgern der Nazihierarchie, die den Krieg überlebt hatten, eindeutig ranghöher als die meisten der Angeklagten, die später in Nürnberg vor Gericht standen.

Entschlossen, Wolff vor der Anklagebank zu bewahren, ging Dulles jedoch so weit, inkriminierende Beweise unter den Tisch zu kehren, darunter einen besonders belastenden OSS-Bericht, der den Nazigeneral nicht nur für die »umfassende[n] Gemetzel an der Bevölkerung« und die »Kollektivvergeltung« gegen die italienische Bevölkerung verantwortlich machte, sondern auch für Folter und Ermordung von OSS-Agenten in seinem SS-Hauptquartier in Bozen.[25] OSS-Mitarbeiter, die den SS-General in Verdacht hatten, persönlich Verhöre von amerikanischen Geheimagenten durchgeführt zu haben, waren verständlicherweise gegen Wolff aufgebracht. Aber Dulles betrog seine eigenen Leute, indem er verhinderte, dass der OSS-Bericht über Wolff je die Nürnberger Ankläger erreichte. Stattdessen war es Dulles' Porträt von Wolff als eines »Gemäßigten« und »Ehrenmanns«, das den Nürnberger Anklagevertretern zusammen mit der Empfehlung zugeschickt wurde, ihn nicht wegen der Verbrechen der SS zu verfolgen.

Dulles erreichte, dass Wolff nicht auf die Liste der Nürnberger Angeklagten kam. Der General trat bei dem Prozess nur als Zeuge zugunsten seines Mitkriegsverbrechers Hermann Göring in Erscheinung. Aber die Nürnberger Ankläger bereiteten weitere Prozesse vor, und als sich auch Tribunale in Italien und anderen Ländern ankündigten, die unter den Stiefel der Nazibesatzung geraten waren, blieb Wolff in Haft. Als ihm klar wurde, dass Wolff noch immer nicht vor Strafverfolgung geschützt war, sorgte Dulles dafür, dass bei Wolff ein Nervenleiden diagnostiziert wurde, und im Frühjahr 1946 wurde er in eine Nervenheilanstalt in Augsburg verlegt.

Wolff wusste, dass Dulles seine psychiatrische Diagnose eingefädelt hatte, um ihn vor Strafverfolgung zu bewahren, hegte aber zugleich den Verdacht, dies sei ein Weg, ihn »von einer Aussage abzuhalten«.[26] Der General wusste, dass er weiterhin großen Druck auf Dulles ausüben konnte: Wenn er den Immunitätshandel aufdeckte, den die beiden Männer ausgeheckt hatten, war die Geheimdienstkarriere des Agentenführers in Gefahr. Wolff kannte noch ein weiteres schmutziges Geheimnis von Operation Sunrise: wie sehr nämlich der Separatfrieden in Italien ein kaltblütiger Verrat am sowjetischen Verbündeten der USA und Großbritanniens gewesen war. Tatsächlich war Dulles so besorgt darüber, was Wolff den Vernehmungsbeamten hinter Gittern sagen mochte, dass er anfing, seine Gespräche heimlich aufzunehmen.[27]

Je länger sich Wolffs Inhaftierung hinzog, desto mehr wuchs seine Frustration und desto freier sprach er über das »beiderseitige Übereinkommen«, das er und Dulles getroffen hätten, und darüber wie man ihn aufs Kreuz gelegt habe. Wolfs zunehmende Redseligkeit entging Dulles und anderen amerikanischen und britischen Stellen, die an Operation Sunrise beteiligt gewesen waren, nicht. An einem Punkt boten ihm seine Kerkermeister an, ihm die Tür in die Freiheit zu öffnen. Doch Wolff wollte kein Leben einer flüchtende »Ratte« führen, die sich in Argentinien oder Chile versteckte. Er war entschlossen, bei den Beteiligten an der Sunrise-Kabale auf die Einhaltung ihrer Abmachung zu pochen; er wollte vollständig entlastet werden und im neuen Deutschland wieder in eine prominente Stellung aufsteigen dürfen.

Im Februar 1947 spielte Wolff seine Trumpfkarte aus und schrieb einen Brief an Präsident Truman, in dem er die Abmachungen von Operation Sunrise offenlegte. Wolff informierte Truman, dass er beim Sunrise-Handel im Tausch gegen seine Zusammenarbeit bei der Kapitulation »von Mr. Dulles und seinem Sekretär, Herrn Gaevernitz, das ausdrückliche Versprechen« der Freiheit für sich und seine »verdienstvollen« SS-Kameraden erhalten habe. Es sei nun für die Vereinigten Staaten an der Zeit, teilte Wolff dem Präsidenten mit, die von Dulles gegebene Zusicherung einzuhalten.[28]

Der deutsche Kriegsgefangene schickte seinem Brief an Truman eine ebenso nachdrückliche Note an Dulles hinterher, in der er geschickt einen zugleich höflichen wie drohenden Ton anschlug. Wolff insistierte, dass Dulles ihm und seinem »gesamten [Sunrise]-Gefolge« zu Hilfe kommen müsse, um ihre »ehrenhafte Entlassung aus der Gefangenschaft« zu erreichen. Sich direkt an Dulles zu wenden, schrieb Wolff, »ist nicht nur mein Recht, sondern meine ritterliche Pflicht«; durch die Geheimverhandlungen mit dem US-Agenten, erinnerte Wolff ihn, habe er »Ihre Ehre und Ihren Ruf … auf unsere Lebensgefahr hin gerettet«.[29]

Wolff klopfte noch stärker auf den Busch, indem er einen ähnlichen Brief an Generalmajor Lyman Lemnitzer schickte, der als Verbindungsmann der US-Armee bei den Sunrise-Verhandlungen eng mit Dulles zusammengearbeitet hatte. Lemnitzer teilte Dulles' starke antisowjetischen Gefühle und sorgte heimlich zusammen mit dem OSS-Agenten dafür, die Gespräche mit Wolff voranzubringen, auch nachdem Präsident Roosevelt und das alliierte Kommando Operation Sunrise für begraben hielten. Nach der deutschen Kapitulation hatte sich der ehrgeizige Lemnitzer mit Dulles auch ins Zeug gelegt, um Sunrise bei der Presse als Spionagetriumph anzupreisen. Als Wolffs Brief Lemnitzer erreichte, war dieser im Pentagon stationiert, wo er auf eine prestigeträchtige Position bei den Vereinigten Stabschefs befördert worden war. Lemnitzer sollte schließlich unter Präsident Kennedy bis zum Stabschef der Armee aufsteigen, wo sich seine Karriere abermals schicksalhaft mit der von Dulles kreuzte.

Nach der Lektüre von Wolffs Schreiben »von General zu General«, das Sunrise-Abkommen einzuhalten, witterte Lemnitzer Ärger. Wie bei seinem Brief an Dulles mischte sich in Wolffs Appell an Lemnitzer servile deutsche Höflichkeit mit kalt aufblitzender Drohung. Wolff schloss mit der deutlichen Warnung, er hoffe, die Sache »unter Kameraden« bereinigen zu können, bevor er gezwungen sei, seinen Kummer »öffentlich« zu äußern. Lemnitzer schickte eilends Nachricht an Dulles in die Schweiz, er müsse nach dessen Rückkehr »unbedingt mit Ihnen über die Sache sprechen«.

Es folgten ein bedachtsam formulierter Briefwechsel und private Unterredungen zwischen den beiden prominentesten am Sunrise-Handel beteiligten Amerikanern. Dulles, der schlau genug war, seine Vereinbarung mit Wolff nie schriftlich zu äußern, warnte Lemnitzer, sich bei der Korrespondenz mit Wolff »sehr in Acht zu nehmen«, da dieser sich als »schlauer, gewiefter und listiger Bursche erwiesen« habe. Zwischen den Zeilen war ein gewisser professioneller Respekt für die Schachzüge des Nazimilitärs gegen ihn zu spüren.

Der Briefwechsel zwischen Dulles und Lemnitzer setzte eifrige Bemühungen hinter den Kulissen zugunsten Wolffs in Gang. Das Letzte, was irgendjemand wollte, war ein »Sensationsprozess«, wie Dulles es formulierte, bei dem Wolff unzweifelhaft die ganze Geschichte von Operation Sunrise ausplaudern würde.

Im März 1948 wurde Wolff in ein Internierungslager in Hamburg verlegt. Statt wegen Kriegsverbrechen angeklagt zu werden, wurde er vor einem deutschen Gericht einem weit weniger bedrohlichen »Entnazifizierungs«-Verfahren unterworfen. Dulles schickte Wolffs Verteidiger eine eidesstaatliche Erklärung, die laut im Gerichtssaal vorgelesen wurde und Wolff in den höchsten Tönen lobte. »Nach meiner Auffassung«, schloss Dulles das Schreiben, »trug General Wolffs Handeln … maßgeblich dazu bei, das Ende des Kriegs in Italien herbeizuführen.« Der stets loyale Gaevernitz trat als Leumund auf, bezeugte in einer mehr als einstündigen Aussage Wolffs heldenhaftes Verhalten und beharrte – wahrheitswidrig – darauf, der SS-General habe nie »irgendeine Sonderbehandlung nach dem Krieg verlangt«.

Das deutsche Gericht war von den einflussreichen Freunden des Angeklagten beeindruckt. Wolff wurde des relativ geringfügigen Anklagepunktes schuldig befunden, »Mitglied der SS mit Wissen von deren kriminellen Taten« gewesen zu sein, und erhielt eine vierjährige Haftstrafe. Durch Dulles' Lobbyarbeit wurde das Strafmaß auf die bereits abgesessene Zeit reduziert, und im Juni 1949 schritt Wolff als freier Mann aus dem Männergefängnis Hamburg-Bergedorf. Gaevernitz und andere Vermittler der Operation Sunrise feierten die Freilassung des Kriegsverbrechers. »Es war wie in alten Zeiten und wir haben Sie sehr vermisst«, schrieb er Dulles.[30]

Eine der ersten Maßnahmen des frisch befreiten Wolff bestand, wieder einmal, darin, eine Sonderbehandlung zu fordern. Er bestand darauf, dass ihm die US-amerikanische Regierung mindestens 45 000 Dollar für einzeln aufgelistete Kleidungsstücke und andere Familienhabe schulde, die, wie er behauptete, von der US-Militärpolizei nach seiner Verhaftung aus seinem SS-Palais in Bozen geplündert worden seien. Die Reparationsforderung von Himmlers ehemaliger rechter Hand war schließlich sogar für Dulles zu viel. »Unter uns«, schrieb er im folgenden Jahr entnervt seinem Schweizer Geheimdienstkollegen Max Waibel, »KW begreift nicht, wie glücklich er sich schätzen kann, nicht den Rest seiner Tage im Gefängnis zu verbringen, und das Klügste wäre es für ihn, wenn er über den Verlust von ein bisschen Unterwäsche etc. recht still bliebe. Er hätte leicht mehr als sein Hemd verlieren können.«[31]

Für den SS-Veteranen mittleren Alters schloss sich der Kreis, als er schlussendlich ins Anzeigengeschäft zurückkehrte, das er zwei Jahrzehnte zuvor für seine Karriere unter Hitler aufgegeben hatte. Er bekam eine Stelle als Anzeigenverkäufer bei einem Wochenmagazin in Köln – wieder dank Dulles, der den Weg für eine Rückkehr ins Zivilleben geebnet hatte, indem er dafür sorgte, dass Wolff kein Beschäftigungsverbot erhielt. Wolff bewies rasch, dass er ein Mann auf dem Weg nach oben war. Mit seinem »Freundeskreis«, den er als Himmlers Bankier erworben hatte, fand es Wolff leicht, Kontakte in die Werbeabteilungen der führenden deutschen Unternehmen herzustellen. Zusammen mit seinen Verkäufen schnellten seine Provisionen in die Höhe. Bis 1953 war er wohlhabend genug, um seiner Familie ein Haus am Starnberger See komplett mit Bootsanleger und Badehaus zu kaufen.

Wolffs Erfolg ließ ihn mutiger werden. Er fing an, gegenüber Freunden und sogar Journalisten offener über seine Vergangenheit zu sprechen. Er offenbarte, dass ihn Hitler zehn Tage vor seinem Selbstmord in einem Berliner Bunker noch in den Rang eines Generaloberst der Waffen-SS befördert habe.

Der General wollte beides: Er wollte als einer der sauberen und ehrbaren Deutschen gesehen werden und sich gleichzeitig stolz seiner großartigen und loyalen Dienste für Hitlers Reich brüsten. Diese Ambivalenz Wolffs trat auch zutage, als er der Postille eines Veteranenvereins der Waffen-SS sagte, Hitler habe seine Manöver im Rahmen von Operation Sunrise »vollauf gebilligt«, vermutlich als Taktik, um Zeit zu kaufen und die Alliierten zu spalten.[32] Wolff, der bei seinen ehemaligen SS-Kameraden wegen seiner Rolle bei der Operation schlecht angesehen war, wollte sich damit womöglich bei ihnen einschmeicheln. Aber es war eine fragwürdige Behauptung. Sein Unterhändler, SS-Standartenführer Eugen Dollmann, kam der Wahrheit zweifellos näher, als er in seinen Erinnerungen anmerkte, dass ein stark nachlassender – bei ihrem letzten Treffen im Bunker mit Drogen vollgepumpter – Hitler dem SS-General nur eine vage Erlaubnis erteilt hatte, die zu den Amerikanern aufgenommene Fühlung aufrechtzuerhalten.

Mitte der 1950er Jahre wurde der zunehmend selbstsichere Wolff, überzeugt, dass Deutschland wieder seiner Führung bedürfe, politisch aktiv. 1953 übernahm er eine führende Rolle beim Reichsreferat, einer neofaschistischen Partei, und organisierte 1956 einen Verein ehemaliger SS-Offiziere. Alte Ideen rutschten ihm wieder heraus: die Dämonisierung nichtgermanischer Rassen und der bolschewistischen Gefahr, die Glorifizierung der Macht.

Karl Wolff drängte es zurück ins Rampenlicht, und wer konnte ihm da besser behilflich sein als sein mächtiger amerikanischer Schutzpatron? Wolff war über die US-Besatzungsbehörden in Deutschland mit Dulles in Kontakt geblieben und hatte ihm Anmerkungen und Bücher in Zusammenhang mit Operation Sunrise geschickt, die der Agentenführer interessant finden könnte. Nach seiner Freilassung aus dem Gefängnis hatte Wolff eine Nebenbeschäftigung bei US-Geheimdiensten aufgebaut und verkaufte Informationen an einen berüchtigten Spionagefreibeuter namens John »Frenchy« Grombach, der für den US-Militärgeheimdienst gearbeitet hatte. Grombach sammelte Informationen aus einem weitgespannten Netz alter SS-Seilschaften und anderer Ex-Nazis in Europa, die er an die CIA, das US-Außenministerium und Firmenkunden verkaufte. Aber Wolff wusste, dass sein bester Kontakt in amerikanische Geheimdienstkreise Allen Dulles selbst war, der 1953 zum Chef der CIA ernannt worden war.[33]

Am 20. Mai 1958 marschierte Wolff zuversichtlich in die US-Botschaft in Bonn und bat um eine Unterredung mit zwei ihm bekannten CIA-Agenten. Da diese nicht länger in Bonn stationiert waren, wurde Wolff zum CIA-Stationschef geleitet. Wie gewöhnlich nahm Wolff seinen Gastgeber sofort für sich ein, der später berichtete, dass er »sehr höflich, beinahe zu einschmeichelnd für einen ehemaligen General« gewesen sei. Wolff, fügte der Stationschef hinzu, habe »eine Bräune zur Schau getragen, die aussah, als habe er sie südlich der Alpen erworben, und Wohlstand ausgestrahlt«.[34] Wolff teilte dem CIA-Mann seinen Wunsch mit, in die Vereinigten Staaten zu reisen, um seine Familie zu besuchen: seine Tochter, die mit einem Amerikaner verheiratet war, und seinen Sohn, der ebenfalls dort wohnte. Er erwähnte keine weitere Person, doch dem Stationschef wie jedem anderen in den höheren Rängen des Geheimdienstes war wohlbekannt, dass Wolff ein alter Bekannter des CIA-Direktors war und die beiden eine lange, verwickelte Beziehung verband.

Beim Plaudern mit dem Bonner CIA-Stationschef kam Wolff bald auf den Punkt: Er bat um die Zusicherung, dass die US-Botschaft der Erteilung eines Besuchsvisums für die USA keine Hindernisse in den Weg legen würde. Über die Wünsche seines alten Kriegskollaborateurs informiert, zog Dulles in Washington die Fäden. Doch die beiden Männer sollten nie ein Wiedersehen in Amerika feiern, zu groß war das Unbehagen in der Washingtoner Bürokratie über den ehemaligen SS-General. Einige Beamte des Außenministeriums begannen, unangenehme Fragen darüber stellen, was er im Krieg getan hatte. Manche Gespenster der Vergangenheit, so wurde Dulles klar, ließ man besser ruhen und beschwor sie allenfalls noch in sorgsam zurechtgelegten Memoiren herauf.

5 Rattenlinien

Karl Wolff war nicht der einzige prominente SS-Offizier, der stark von Dulles' Operation Sunrise profitierte. Im Herbst 1945 saß SS-Standartenführer Eugen Dollmann, Wolffs wichtigster Mittelsmann bei den Sunrise-Verhandlungen, in einer Wohnung in der römischen Via Archimede wie in einem goldenen Käfig.

Bevor ihn die Strategic Services Unit, nach dem Krieg Nachfolger des aufgelösten OSS, im Herzen Roms verschwinden ließ, war Nazidiplomat Dollmann kurzzeitig in einer provisorischen Zelle in den Filmstudios Cinecittà im Süden der Stadt untergebracht. Verwöhnt von Jahren bester italienischer Küche, fand Dollmann die Rationen in Cinecittà so ekelhaft, dass er erwog, sich einem Hungerstreik der Mitgefangenen Gudrun Himmler anzuschließen, Tochter des toten Reichsführers. Dann kam er in ein Kriegsgefangenenlager in Ascona am malerischen Lago Maggiore, wo die tägliche Kost noch abstoßender war und die Insassen in Zelten schlafen mussten, die bei schwerem Regen unterspült wurden. Dollmann hatte später die Stirn, Ascona mit Dachau zu vergleichen. »Wenigstens gab es in Dachau Holzhütten«, bemerkte er.[1]

Dollmanns Situation besserte sich, als er in ein Gefangenenlager des britischen Militärs in Rimini an der Adria mit niedriger Sicherheitsstufe verlegt wurde. Eines Nachts fand er es bemerkenswert einfach – ein amerikanischer Geheimdienstagent nannte es »verdächtig« einfach –, den Drahtzaun des Lagers zu zerschneiden und nach Mailand zu fliehen, wo er, wie er wusste, Zuflucht finden würde. Hier wandte er sich an Kardinal Alfredo Ildefonso Schuster, ein Mann mit besten Beziehungen, der im Palazzo des Prälaten neben der gewaltigen gotischen Kathedrale residierte. Dollmann war während seiner glorreichen SS-Tage als einer der eleganteren Pfauen Roms bekannt, doch nun, nach seiner hektischen Flucht aus Rimini, saß er in einem schmutzigen Regenmantel vor dem hohen Kirchenmann, nurmehr eine abgerissene Gestalt.[2]

Der Kardinal gehörte zu jenem Teil der Vatikanelite, der mit Mussolinis faschistischem Regime paktiert hatte. Wenn er nun bereit war, Dollmann zu helfen, so aus Eigeninteresse, um einen peinlichen Kriegsverbrecherprozess zu vermeiden. Außerdem glaubte Schuster, dass Männer wie Dollmann im Italien der Nachkriegszeit noch von Nutzem sein konnten, und gab sich alle Mühe, den ehemaligen SS-Offizier für den Kampf der Kirche gegen ihre Erzfeinde einzuspannen, die italienischen Kommunisten, die aus dem Krieg als mächtige politische Kraft hervorgegangen waren.

Dollmann, von Natur aus intrigant, aber nicht politisch, war an der Mission des Kardinals nicht interessiert, doch er war in keiner Lage für kleinliche Einwände. Er willigte ein, sich in einer kirchlichen Heilanstalt für reiche Drogensüchtige verstecken zu lassen, wo zu seinen Mitinsassen eine welkende italienische Filmdiva und eine Herzogin mit dünnem Nervenkostüm gehörten. Während er unter den Edel-Junkies weilte, kostete er von der verbotenen Frucht aus dem Versteck der Leinwandgöttin und schnupfte Heroin in rauen Mengen. Eine Zeitlang schien Dollmann – der viel zu verdrängen hatte, aber unter einem allzu genauen Gedächtnis litt – Gefahr zu laufen, sich unter den Lotosessern zu verlieren.

Die Rettung kam in Form von James Jesus Angleton, ein aufstrebender junger Star der US-Geheimdienstwelt, der in Italien während des Kriegs die Abteilung X-2 geführt hatte, die Spionageabwehr des OSS. Angleton war in Italien geblieben, um mit seinem Listenreichtum nun gegen die Kommunisten zu kämpfen. Er spürte Dollmann in der Mailänder Heilanstalt auf und schickte ihm einen großen Buick der US-Armee mit einem Chauffeur, um ihn abzuholen und in die ewige Stadt zu kutschieren, wo er Dollmann in der sicheren Wohnung in der Via Archimede unterbrachte.

Die Gegenspionage war das raffinierteste Psychospiel des Agentenhandwerks – es ging dabei nicht nur darum, die nächsten Schritte des Gegners vorauszusehen und zu vereiteln, sondern so denken zu lernen wie er. Noch keine dreißig, sprach man von Angleton bereits in amerikanischen und britischen Geheimdienstkreisen als einem der Meister seines Fachs. Er war auf eine britische Privatschule gegangen und hatte später in Yale studiert, wo er das avantgardistische Lyrikmagazin *Furioso* herausgegeben und um Beiträge von Größen wie Ezra Pound und E. E. Cummings gebuhlt hatte. Er schien die Intuition eines Künstlers in seine Arbeit einzubringen, konnte sich aber auch in den Windungen seines fiebrigen Geistes verlieren, wenn er sich, in einen großen schwarzen Mantel gehüllt, der eher einem riesigen Umhang glich, spätabends auf den Straßen Roms herumtrieb und Hinweisen zur wachsenden kommunistischen Bedrohung nachspürte oder wenn er über den Boden seines Büros in der Via Sicilia 69 kroch, um versteckte Wanzen aufzuspüren.

Angleton war so hager wie ein Säulenheiliger. (Seine Frau, Cicely, schwärmte von seinem »El Greco«-Gesicht. Seine Kollegen nannten Angleton »den Kadaver«.)[3] Er rauchte unablässig, seine knochige Gestalt verkrampfte sich immer wieder unter verzehrenden Hustenanfällen. Als Angleton sich Dollmann vorstellte, muss er dem ehemaligen Oberst der

Schutzstaffel wie ein weiterer besessener Süchtiger vorgekommen sein. Doch Angletons Besessenheit war ideologischer Art.

In der komfortablen Fünfzimmerwohnung in der Via Archimede erklärte der junge Agent Dollmann seine Vision einer neuen Welt. Doch Dollmann kannte die Leier, hatte er doch all das – sogar mit noch tieferer Inbrunst – von Hitler selbst und seinen SS-Mannen gehört: wie der Bolschewismus zerschmettert werden müsse, damit eine neue Welt geboren werden könne, warum es keine Regeln geben dürfe bei einem Zusammenprall wie diesem zwischen Zivilisation und Barbarei und so weiter.

Angleton dagegen ging ganz und gar in seiner antikommunistischen Leidenschaft auf. Er hatte in den Monaten nach dem Krieg viel Unterstützung für seine Ansichten bei Allen Dulles gefunden, als dieser in Europa blieb in der Hoffnung, Präsident Truman würde ihn zum Kommandeur des Schattenkriegs gegen die Sowjetunion ernennen. Im Oktober 1945 reiste Dulles mit seiner Frau Clover nach Rom, vorgeblich, um nach den Belastungen der Kriegsjahre ihre Ehe zu kitten. Doch Dulles war noch in einer anderen Mission unterwegs, nämlich um die italienische Front im neuen Kalten Krieg zu organisieren. Angleton, der enge Verbindungen zum Vatikan unterhielt, arrangierte für Dulles ein geheimes Treffen bei Papst Pius XII., der sich mit Mussolinis Regime zum wechselseitigen Nutzen arrangiert hatte und ein entschlossener Feind des Kommunismus war.

Angleton sah in Dulles einen Mentor – eine machtvolle Persönlichkeit vom Schlag seines angehimmelten Vaters, James Hugh Angleton, ein weltläufiger Geschäftsmann, der seinem Sohn den Weg ins Agentenhandwerk geebnet hatte und weiterhin eine einflussreiche Rolle im Leben des jungen Geheimdienstlers spielte. Dulles sollte während ihrer eng verflochtenen Geheimdienstkarrieren eine starke Vaterfigur für Angleton junior bleiben. In Rom beratschlagten sich die beiden über die wachsende »rote Gefahr« und »die drastischen, nicht eben zimperlichen Mittel, die nötig wären, um ihr zu begegnen«, wie es ein Kollege ausdrückte. Zu diesen extremen Maßnahmen gehörte die Anwerbung von Agenten »ohne skrupulöse Bedenken wegen [ihrer] früheren Verbindungen zum Faschismus«.[4]

Dollmann stand auf ihrer Liste solcher anzuwerbenden Mitarbeiter ganz oben, da man der Meinung war, dass er mit seinem kontinentalen Raffinement und seinem Netz an Kontakten für den amerikanischen Geheimdienst an den strategischen Fronten sowohl in Italien wie in Deutschland als wertvoller Verbindungsmann und Informant dienten könnte. Doch nach dem Rekrutierungsgespräch mit Angleton bei einer Flasche guten Scotchs hatte der geschniegelte Oberst für den Amerikaner nur Verachtung übrig: »Er sprach wie ein junger Universitätsdozent, der in seiner Freizeit ein bisschen in Spionage herumstümpert.«[5] Angletons Ansichten wirkten auf den lebensüberdrüssigen Deutschen typisch amerikanisch: naiv und bombastisch.

Ebenso verächtlich äußerte sich Dollmann über seinen Wohltäter Allen Dulles, den er später einen »ledergesichtigen puritanischen Erzengel« nannte, jenen Typus des Gerechten, »der vor dem europäischen Sündenpfuhl auf der Mayflower geflohen war und nun zurückkehrte, um die Sünder der alten Welt zu geißeln«.[6] Er spottete darüber, dass sich Dulles als Sonderbeauftragter Präsident Roosevelts geriert und Wolff und Dollmann lang und breit dargelegt hatte, wie »erfreut« der Präsident über die selbstlose Friedensmission der SS-Offiziere sei. »War das nicht allerliebst?«, spottete Dollmann. »Solche männlichen, aufrechten, herzlichen Worte von Präsident Roosevelt und seinem Sonderbeauftragten in Europa, Mr. Allen W. Dulles!«

Angletons Vortrag ließ Dollmann so kalt wie der des Kardinals, allerdings wusste er den falschen Ausweis zu schätzen, den ihm der junge Agent ausstellte. Das Dokument – das ihn als italienischen Angestellten einer amerikanischen Firma auswies – gab ihm die Zuversicht, sich ohne Angst vor den italienischen Behörden auf die Straßen seines geliebten Roms trauen zu können.

Dollmann war zwei Jahrzehnte zuvor als junger Kunststudent nach Italien gekommen. Der junge Deutsche war gebildet, sprach fließend Italienisch und rühmte sich einer entfernten Verwandtschaftsbeziehung zur untergegangenen Habsburger Dynastie. Er war außerdem schwul und charmant und streifte die Behäbigkeit seiner deutschen Erziehung rasch ab, um sich ganz dem Dolce Vita hinzugeben. Bald war er in deutschen Diplomatenkreisen in Rom wegen seines nuancierten Verständnisses der Landessprache und örtlichen Sitten geschätzt, ebenso wie in den Salons der italienischen Aristokratie, wo er als amüsanter Erklärer alles Deutschen ein gern gesehener Gast war. Seine bikulturellen Fähigkeiten waren zunehmend gefragt, als sich das Schicksal beider Länder immer stärker verschränkte.

Schließlich trat der von Haus aus wohlhabende Eugen Dollmann in die SS ein – kaum aus politischem Ehrgeiz, den er nach eigenen Angaben nicht besaß, oder aus monetären Gründen, eher schon aus Eitelkeit. Jahre später zeigte er stolz Fotos von sich, wie er zwischen Hitler und italienischen Würdenträgern auf Staatsbesuch im Zentrum der Geschichte stand und in die magnetischen Augen des Führers blickte, bereit, jedes seiner bedeutsamen Wörter zu dolmetschen. Dollmann, stets bestens über den neusten römischen Klatsch unterrichtet, wurde zu einem Günstling an Hitlers Hof. Er war an dessen Seite, wann immer der Führer mit seinem Gefolge nach Italien kam, und er begleitete umgekehrt Mussolini und seine höchsten Minister, wann immer sie zu Gipfeln nach Deutschland reisten.

Es war im Höchstmaß ironisch, dass der Mann, der mit seinen beeindruckenden Sprachfähigkeiten und seiner gesellschaftlichen Gewandtheit viel zur reibungslosen Verständigung der beiden Achsenmächte beitrug, ein hochgebildeter, kunstliebender Homosexueller war, der es genoss, den anzüglichsten Klatsch über die Persönlichkeiten zu verbreiten, die Deutschland und Italien regierten. Dollmann war, kurz gesagt, genau die Sorte Mensch, die die Nazis in die Gaskammern schickten. Stattdessen konnte Hitlers Dolmetscher ungehindert Schwulen- und Lesbenorgien in Venedig besuchen, einer Stadt, deren versteckte Winkel etwas Schutz vor den bohrenden Blicken der Behörden bot. Er hatte außerdem das Vergnügen, mit Hitlers Gefährtin Eva Braun Einkaufstouren zu unternehmen, wenn sie in Italien Ferien machte.

Brauns »ganz besonderer Tick waren Schuhe und Krokotaschen. Während des Hitler-Besuches in Italien im Mai 1938 … lernte ich dieses Hobby kennen. Unmengen von Krokotaschen und -koffern im Wert von vielen tausend Mark wurden eingepackt und nach Deutschland geschickt. Dazu eine Kollektion schönster italienischer Schuhe.«[7]

Dollmann mochte Eva Braun, eine nette und schlichte junge Frau, die ihm ihr trauriges Leben anvertraute. Sie war Eingeweihten als Geliebte des deutschen Diktators bekannt, aber es gab, wie sie Dollmann gestand, keine sexuelle Intimität zwischen ihr und dem Führer. »Er ist ein Heiliger«, erzählte ihm Braun wehmütig. »Die Vorstellung einer körperlichen Berührung würde für ihn bedeuten, seine Bestimmung zu beschmutzen. Oft sitzen wir wach und sehen dem Sonnenaufgang zu, nachdem wir die ganze Nacht geredet haben. Er sagt mir, dass seine einzige Liebe Deutschland ist und dass dies zu vergessen, und sei es nur für einen Augenblick, die mystischen Kräfte seiner Mission zerstören würde.«[8]

Dollmann hegte den starken Verdacht, dass der Führer außer Deutschland noch andere Leidenschaften hatte. Am Weihnachtsabend 1923, als er als Student in München lebte, war Dollmann zu einem außergewöhnlichen Fest mit Kerzenlicht im Haus von General Otto von Lossow eingeladen, der an der Niederschlagung von Hitlers Bürgerbräu-Putsch im November 1923 beteiligt gewesen war. Im Lauf des Abends nahm Lossow Dollmann und einige andere Gäste mit in seinen Salon, wo er sie mit Auszügen aus Hitlers dicker Polizeiakte unterhielt, die er laut vorlas. »›In einem Café nahe der Universität wurde Herr Hitler dabei beobachtet …‹«, las Lossow mit nüchterner Stimme aus den Aussagen und Augenzeugenberichten über den künftigen Führer Deutschlands vor.[9] Das kleine Publikum des Generals lauschte gebannt schweigend, verblüfft darüber, dass Hitler eher an jungenhaften Männern als an der nationalen Politik interessiert schien.

Das war die Art von Geschichten, die Dollmann in petto hielt – Geschichten, die dem gewieften Überlebenskünstler halfen, den »Hexenkessel« von

Rom, wie er es nannte, ebenso wie die dunklen Labyrinthe Berlins zu meistern. Als wichtigster Vermittler der Nazis in Rom war es von Nutzen, alles über die gefährlichen Männer zu wissen, mit denen er es zu tun hatte.

Der Nazi, vor dessen Begleitung durch Italien Dollmann die meiste Angst hatte, war Reinhard Heydrich, Himmlers oberster Henker. »Also das war ein Mann, der eindeutig dazu bestimmt war, von dem einen oder anderen ermordet zu werden«, bemerkte Dollmann Jahre später. »Er war eine dämonische Persönlichkeit, ein Luzifer mit kalten, blauen Augen.«[10] Eines Abends verlangte Heydrich von Dollmann, ihn in das beste Bordell Neapels zu führen. Zwei Dutzend halbnackte Frauen, die das ganze Spektrum weiblicher Formen boten – von »schlanken Gazellen bis zu prallen Schönheiten, die einem Rubens-Bild hätten entsprungen sein können« – wurden im überladenen Foyer mit seinen goldgeränderten Spiegeln und Fresken von rosigen Nymphen für Heydrich aufgereiht. Dieser blickte mit seinen leeren Haifischaugen auf die ausgestellten Damen. Da Heydrich im Ruf eines SS-Schlächters stand, wusste Dollmann nicht, was ihn als Nächstes erwartete. Plötzlich warf Heydrich eine Handvoll glänzender Goldmünzen auf den Marmorboden. »Dann sprang er auf, der personifizierte Luzifer, und klatschte in die Hände. Mit einer ausladenden Geste lud er die Mädchen ein, das Gold aufzulesen. Es folgte eine Walpurgisnachtorgie. Fett oder dünn, behäbig oder wendig, balgten die [Frauen] wie wild auf allen vieren über den Boden des Salons.«

Hinterher wirkte Heydrich blass und ermattet, als hätte er bei der Raserei mitgemacht. Er dankte Dollmann kühl und verschwand in die Nacht. Der Dolmetscher war froh, Heydrich gehen zu sehen. Er war, sagte er, »der einzige Mensch, den ich instinktiv fürchtete«.

Historiker betrachten Ex-SS-Standartenführer Eugen Dollmann als »eigennützigen Mitläufer, der sich an den Faschismus prostituierte«, wie es Michael Salter formulierte, aber nicht als Fanatiker wie die Männer, denen er diente.[11] Trotzdem war sich Dollmann, als im Herbst 1945 in Nürnberg die Kriegsverbrecherverfahren eröffnet wurden, der großen Gefahr bewusst, dass auch gegen ihn Anklage erhoben werden könnte. Die Nürnberger Prozesse, in denen Außenminister Joachim von Ribbentrop und Botschafter Franz von Papen verurteilt wurden, verankerten den Grundsatz, dass auch Diplomaten wie Dollmann, die sich in höchsten Nazikreisen bewegt hatten, vor gerichtlicher Strafverfolgung nicht sicher waren.

In Italien, wo große Empörung über die Naziverbrechen an Zivilisten wie das Massaker an 335 Gefangenen in den Ardeatinischen Höhlen bei Rom im März 1944 herrschte, lief Dollmann vielleicht sogar ein noch größeres Risiko. In seinem Nachkriegsfilm *Rom, offene Stadt* modellierte Roberto Rossellini Bergmann, den verweichlichten, sadistischen SS-Sturmbannführer und Gestapochef von Rom, nach seinem Vorbild, allerdings war Dollmann nicht direkt an der Gefangenenermordung in den Ardeatinischen Höhlen beteiligt; tatsächlich fand der Oberst an Brutalität keinen Geschmack und behauptete nach dem Krieg sogar, er habe mehrere italienische Partisanen davor gerettet, von faschistischen Schlägern lebendig verbrannt zu werden. Ungeachtet des Ausmaßes seiner Schuld jedoch war Dollmann das sichtbarste Symbol der Nazibesatzung Roms gewesen, und die Italiener waren nur zu vertraut mit den zahlreichen Zeitungsfotos von seiner schlanken, wohlgekleideten Gestalt bei Anlässen in Mussolinis Palazzo Quirinale oder im Vatikan. Als er im Herbst 1945 mit seinem falschen Ausweis durch Rom spazierte, war er sich äußerst bewusst, dass er, sollte er in die falschen Hände geraten – besonders in jene der italienischen Kommunisten – gelyncht würde.

Dollmanns Besorgnis wuchs noch mehr, als der amerikanische Geheimdienst zwei seiner ehemaligen SS-Kameraden in seinem römischen Appartement unterbrachte – darunter den berüchtigten Oberst Walter Rauff, Karls Wolffs Stellvertreter in Norditalien –, weil er wusste, dass ihr Versteck nun noch größere Gefahr lief, von Nazijägern aufgespürt zu werden. Dollmann, der Rauff als »eine der unangenehmsten Bekanntschaften« bezeichnete, war sich der Vergangenheit seines neuen Wohngenossen sehr bewusst.[122] 1941 hatte Rauff Entwicklung und Betrieb einer Flotte von »Gaswagen« beaufsichtigt, Lastwagen mit geschlossenen Aufbauten, in die Auspuffgase geleitet wurden, um die darin eingeschlossenen Opfer durch Erstickung zu töten. Bis zu 250 000 Menschen wurden hinter der Ostfront in Rauffs Gaswagen ermordet, bevor sie schließlich durch die Gaskammern von Auschwitz und Dachau ersetzt wurden.[133] »Meiner Meinung nach«, bemerkte Dollmann bissig, »war er ganz sicher für den Galgen [in Nürnberg] bestimmt, wenn sie seiner habhaft würden.« Aber Rauff war es gelungen, seinen Hals aus der Schlinge zu ziehen, indem er klugerweise mit Wolff auf den Zug von Operation Sunrise aufgesprungen war.

Seiner unheilvollen Gegenwart überdrüssig, floh Dollmann oft aus der Wohnung in der Via Archimede, um ins Kino zu gehen. Nach und nach beschlich ihn in den dunklen Vorführsälen allerdings das unangenehme Gefühl, verfolgt zu werden. Eines Nachmittags im November 1946, als sich der ehemalige Oberst eine Schmonzette in einem Kino der Nachbarschaft ansah, spürte er eine feste Hand auf seiner Schulter und vernahm eine gebieterische Stimme. »Seien Sie so freundlich und begleiten Sie mich aus dem Kino.«[144] Er wurde von einem Beamten in Zivil in Begleitung zweier bewaffneter Carabinieri in Gewahrsam genommen und in eine nahe Polizeidienststelle abgeführt.

Seit Monaten war das 428. Spionageabwehrcorps der US-Armee, eine in Rom stationierte Abteilung von Nazijägern, Dollmann und seinen flüchtigen

SS-Kameraden auf der Spur gewesen. Der stellvertretende Kommandeur der Einheit, der Italoamerikaner Major Leo Pagnotta, war ein gewiefter Ermittler. Er hatte sich ausgerechnet, dass Dollmann, der wusste, dass es unklug war, sein Gesicht allzu offen auf der Straße zu zeigen, früher oder später Kontakt zu seinem italienischen Chauffeur aufnehmen würde, der ihn in seinen SS-Tagen herumgefahren hatte. Dollmann meldete sich wirklich bei dem Fahrer, aber da hatte sich Pagnotta diesen bereits vorgenommen und ihm ein unwiderstehliches Angebot gemacht: »Wenn Sie Dollmann sehen und es mir nicht sagen«, hatte Pagnotta dem Fahrer gesagt, »verhafte ich Sie und lasse Sie erschießen.« Kurz darauf meldete sich der Chauffeur und verriet, wann und wo er Dollmann vor dem Kino absetzen sollte.

Nun, in der Arrestzelle der Polizeiwache, sah Dollmanns Lage düster aus – sein nächster Halt konnte nun sehr wohl Nürnberg heißen. Aber er wusste, dass er ein Ass im Ärmel hatte, und spielte es sofort aus. Dollmann zog einen Zettel aus seiner Tasche und übergab ihn Pagnotta. »Rufen Sie bitte diese Nummer an«, sagte er. »Fragen Sie nach Major Angleton. Er weiß, wer ich bin.«[155]

Major Pagnotta war mit Major Angleton gut vertraut. Tatsächlich lag das Hauptquartier von Pagnottas Team von Nazijägern im selben Gebäude wie Angletons rivalisierende Geheimdienstoperation, die Abteilung X-2 der Strategic Services Unit. Pagnottas Einheit belegte den ersten Stock, Angletons den zweiten, der britische Geheimdienst den dritten. Pagnotta und seine Männer trauten Angleton nicht über den Weg – sie hielten ihn für einen »verschlagenen und arroganten Hurensohn«, wie sich Pagnottas Mitarbeiter William Gowen ausdrückte.[166] Angleton schien mit den britischen Agenten enger zusammenzuarbeiten als mit seinen Kollegen aus der US-Armee, und die Briten behandelten ihn wie einen der Ihren. Vor seiner Versetzung nach Rom 1944 war Angleton in London stationiert gewesen, wo seine X-2-Einheit unter der Obhut des britischen Geheimdienstes arbeitete.

Die Geheimdienstszene in Rom nach dem Krieg war voller Rivalitäten und gegenläufiger Agenden. Einige Spionageeinheiten wie die von Leo Pagnotta waren entschlossene Nazijäger, andere Agenten wie Angleton verfolgten ganz andere Ziele. Diese innergeheimdienstliche Opposition machte Pagnottas Ermittlungsarbeit extrem schwierig.

Während Pagnotta in Italien flüchtige Nazis aufspürte, von denen viele aus dem Kriegsgefangenenlager der Briten in Rimini entflohen waren, wurde ihm klar, dass er häufig den Zielen Angletons und des britischen Geheimdienstes ins Gehege kam. Einer der berüchtigsten Flüchtlinge, SS-Sturmbannführer Karl Hass, einer der Verantwortlichen für das Massaker in den Ardeatinischen Höhlen, gelang rätselhafterweise jedes Mal die Flucht, wenn Pagnottas Team ihn aufgespürt und den britischen Besatzungsbehörden in Italien überstellt hatte. Schließlich, nach seiner vierten Verhaftung, tauchte Hass endgültig unter. Erst viele Jahre später, nachdem sein SS-Waffenbruder Erich Priebke in Argentinien aufgespürt worden war, wurde Hass schließlich in Italien wegen seiner Rolle bei dem Massaker verurteilt, bekam aus gesundheitlichen Gründen jedoch statt Gefängnis Hausarrest.

So war es nicht überraschend, dass Pagnotta, nachdem er Dollmann einmal erwischt hatte, beschloss, ihn zu behalten und in ein US-Militärgefängnis in Rom zu stecken, statt ihn den Briten zu übergeben. Anfangs war Dollmann ein kooperativer Gefangener und verriet bereitwillig seine Adresse in der Via Archimede. Als Pagnottas Team die Wohnung stürmte, verpassten sie Dollmanns infamen Mitbewohner Walter Rauff nur um Haaresbreite – ihm gelang die Flucht nach Bari an der Adria, wo er ein Schiff nach Ägypten bestieg, dem nächsten Halt der langen und verwickelten Flucht des Massenmörders. Rauff krönte seine blutige Karriere in Chile, wo er hoher Berater von DINA wurde, Militärdiktator Augusto Pinochets eigener Gestapo. Als Rauff 1984 starb – im Alter von siebenundsiebzig, nachdem er jahrelang erfolgreich gegen Auslieferungsanträge gekämpft hatte – kamen in der chilenischen Hauptstadt Santiago Hunderte von ergrauten Nazis zu seiner Beerdigung und betteten ihn unter lauten »Heil Hitler!«-Rufen zur letzten Ruhe.[177]

Pagnotta ging dafür ein anderer Flüchtling in die Falle, der im Appartement in der Via Archimede wohnte, SS-Sturmbannführer Eugen Wenner, der ebenfalls eine Rolle bei Operation Sunrise gespielt hatte. Pagnottas Team war bald klar, dass die Wohnung in der Via Archimede von Angleton als Durchgangsstation für einen Strom von Nazіflüchtlingen genutzt wurde, die mit Sunrise und anderen Dulles-Operationen in Beziehung standen. Sie verfolgten sogar den Wagen, den Dollmanns Chauffeur gefahren hatte, zur ebenfalls im Stadtteil Parioli gelegenen Villa von Angletons Vater.

Niemand lernte Angletons Schliche in Rom besser kennen als William Gowen, der im Alter von achtzehn Jahren eines der jüngsten Mitglieder von Pagnottas Einheit von Nazijägern war.

Nach dem Krieg in Rom war Jim Angleton stets darauf bedacht, alle wichtigen Leute der Stadt kennenzulernen, und so war es nur eine Frage der Zeit, bis sich seine Wege mit William Gowen kreuzten, der trotz seiner Jugend bekanntermaßen über gute Beziehungen verfügte. Sein Vater, Franklin Gowen, war ein Karrierediplomat, der unter Botschafter Joseph P. Kennedy in London gedient hatte und nun die rechte Hand von Myron C. Taylor war, den Roosevelt noch während des Kriegs zum US-Sonderbeauftragten beim Vatikan ernannt hatte.

Gowens Familie hatte Geld – einer seiner Vorfahren war Präsident der Börse von Philadelphia gewesen –, war aber aus Tradition Parteigänger der Demokraten. Roosevelt mochte Franklin Gowen, den er als eines der wenigen blaublütigen Mitglieder des Diplomatencorps betrachtete, denen er vertrauen konnte.

Der jüngere Gowen verband mit seiner Mission beim Geheimdienst der Armee auch ein ganz persönliches Motiv. Seine Familie besaß Immobilien in Italien und hatte tiefe Wurzeln in dem Land. Sein Großvater Morris lebte in Florenz, als der Krieg ausbrach. Obwohl er Episkopale war, wurde Morris Gowen als Jude denunziert und in einen Zug nach Auschwitz verfrachtet. Als die Deutschen erkannten, dass er Amerikaner war, wurde er mit dem Zug zurück nach Norditalien in ein SS-Lager gebracht, wo der siebenundsiebzigjähre Mann im Juli 1944 an »Erschöpfung« starb, wie es auf seinem Totenschein hieß. William Gowens Familie hatte eine Reihe jüdischer Freunde in Italien, die ein ähnliches Schicksal erlitten. »Als ich 1946 als junger Soldat nach Rom kam«, bemerkte er später, »brauchte ich nichts über den Nazi-Terror zu lesen. Meine Familie war damit in Berührung gekommen.«

Alles in allem hatte Bill Gowen einen Stammbaum, den Angleton ebenso anziehend wie bedrohlich fand. Gowens Engagement als Ermittler gegen Kriegsverbrecher stellte für Angleton ein entschiedenes Problem dar, da er Naziflüchtlinge wie Dollmann und Rauff pragmatisch nach ihrem möglichen Nutzen beurteilte. Auch Angleton stammte zwar aus einem wohlhabenden Elternhaus, allerdings war sein Vater ein Selfmademan mit mexikanischer Ehefrau, daher blieb er während seines späteren Aufstiegs in die Spitze der von weißen, angelsächsischen Protestanten beherrschten CIA in gewisser Weise ein Außenseiter, den nicht nur seine brillante, eigenwillige Intelligenz, sondern auch seine gemischte Herkunft von den anderen unterschied. Angleton war, kurz gesagt, was seine Nazizuträger einen bastardisierten Amerikaner genannt hätten.

Gowen mochte Angelton gesellschaftlich überlegen sein und weit bessere Verbindungen in die Administrationen von Roosevelt und Truman haben, aber am Ende war es Angelton, der im Agentenspiel den Sieg davontrug. Im Mai 1947, nachdem Dollmann mehrere trostlose Monate in einem römischen Gefängnis zugebracht hatte, gelang es Angleton, Pagnotta und Gowen auszutricksen und den ehemaligen SS-Oberst in ein US-Militärgefängnis nach Frankfurt am Main verlegen zu lassen, wo er vor dem Zorn seiner politischen Feinde und der Strafverfolgung in Italien geschützt war. Von dem einfallsreichen Angleton auf einer Bahre aus der Haftanstalt geschmuggelt, fand Dollmann in Deutschland bald ein noch komfortableres Quartier: ein gemütliches Gästehaus in schönster Lage am Main, das er sich mit anderen ehemaligen Nazigrößen wie der Propagandamoderatorin Mildred Gillars von Radio Berlin und dem narbengesichtigen SS-Obersturmbannführer Otto Skorzeny teilte, berühmt wegen seiner Beteiligung an der Befreiung Mussolinis mit einer tollkühnen Kommandooperation. Im November, als ihn das US-Militär aus dem Hausarrest entließ, war Dollmann wieder ein völlig freier Mann.

Innerhalb des US-Militärkommandos im besetzten Deutschland tobten heftige Meinungsverschiedenheiten, wie man mit mutmaßlichen Kriegsverbrechern umgehen sollte. General George Price Hays, ein dekorierter Offizier, der im Italienfeldzug der Alliierten beim Angriff auf Monte Cassino die 10. Gebirgsjägerdivision und bei der Landung in der Normandie die 2. Infanteriedivision geführt hatte, war verärgert darüber, dass die an Dulles' Sunrise-Operation beteiligten Nazis mit Samthandschuhen angefasst wurden. Scharfzüngig hob der spätere Hochkommissar in der amerikanischen Besatzungszone in Deutschland im November 1947 in einem Memo hervor, dass es die US-Armee gewesen war, die die deutschen Truppen in Italien zur Kapitulation gezwungen hatte, nicht die Geheimmanöver von Allen Dulles. Hays war vehement dagegen, »möglichen Kriegsverbrechern und Kriegsgewinnlern« wie Dollmann Amnestie zu gewähren, wodurch, wie er bemerkte, »ihre Verbrechen ohne ordentliche Untersuchung stillschweigend gebilligt würden«. Dennoch teilten 1947 viele in der amerikanischen Militärhierarchie den Standpunkt von Dulles und Angleton, dass der Bekämpfung des Kommunismus höhere Priorität eingeräumt werden müsse als der Verfolgung von Nazikriegsverbrechern.

Selbst nach Dollmanns Freilassung blieb Angleton in Bezug auf William Gowen nervös. Der junge Mann wusste zu viel über Angletons Einsatz hinter den Kulissen zugunsten von Dollmann und anderen Naziflüchtlingen, denen er in der Via Archimede Unterschlupf gegeben hatte. Angleton hegte den Verdacht, dass Gowens Einheit in ihren Akten ausgiebige Informationen über die Stationen und Helfer der Rattenlinie zusammengetragen hatte, auf der Sunrise-Kollaborateure wie Dollmann und Rauff ihrer gerechten Strafe hatten entkommen können, und war entschlossen, herauszufinden, wie viel seine Gegenspieler wirklich wussten – ein Interesse, dass Angleton ohne Zweifel mit seinem Mentor Dulles und ihren gemeinsamen Verbündeten in amerikanischen Geheimdienstkreisen teilte.

Ende 1947, als Dollmann auf freien Fuß kam, lief die Nazijagd des US-Militärs in Rom nach und nach aus. Im November wurde Gowen abberufen und nahm einen Zug nach Frankfurt am Main, seiner neuen Operationsbasis. Als der Zug langsam in den Frankfurter Hauptbahnhof einfuhr, war es schon nach Mitternacht. Ein Jeep, gefahren von einem Hünen mit dem Abzeichen seiner Einheit, erwartete ihn. Gowen warf seinen Seesack in den Wagen und stieg ein.

Frankfurt lag noch immer in Schutt und Asche. Das Hauptquartier des Alliierten Oberkommandos, der riesige IG-Farben-Komplex, war eines der wenigen Gebäude, die wundersamerweise von den alliierten Bomben verschont geblieben waren. Kaum hatte der Jeep den Bahnhof hinter sich gelassen, fuhr er durch die stockdunkle, nur gelegentlich von verstreuten Lichtern erhellte Ruinenlandschaft der Stadt.

»Sie müssen müde sein«, sagte der Fahrer. »Sie wollen sicher ins Hotel.«

Gowen, erschöpft von der langen Zugfahrt, nickte emphatisch. Aber statt zum Hotel zu fahren, steuerte der Soldat tiefer in die Ruinen der Stadt. Die Scheinwerfer des Jeeps waren nun das einzige Licht.

»Wo fahren wir hin?«, fragte Gowen.

»Ich möchte Ihnen nur etwas zeigen«, erwiderte der Soldat. Es gab weit und breit nichts zu sehen, nur dunkle Trümmerhaufen.

»Ich bin schon in Deutschland gewesen – ich will nur ins Bett«, drängte Gowen.

Der Jeep kroch langsam durch die Schatten der Nacht. Plötzlich hielt der Fahrer, sprang aus dem Wagen und bat Gowen, ihm zu folgen. Gowen gefiel die Situation überhaupt nicht. »Er war bewaffnet und ich nicht. Ich kriege es nicht so leicht mit der Angst, aber da war ich alarmiert.« Gowen folgte dem Soldaten vorsichtig und langsam in die Dunkelheit. Er wusste nicht, wie weit sie gegangen waren, als sich der Soldat abrupt umdrehte und wieder zum Jeep zurückging. Als sie zum Fahrzeug kamen, bemerkte Gowen sofort, dass sein Seesack fehlte.

»Ich war nicht dumm genug, um ihn zu fragen, wo mein Seesack abgeblieben war«, erinnerte sich Gowen viele Jahre später. »Ich wusste, was geschehen war. Mir war klar, wonach sie suchten.« Tatsächlich befanden sich in Gowens gestohlenem Sack keine Geheimdienstakten. Aber das war noch nicht das Ende der Geschichte.

Im Januar 1948, während Gowen noch in Deutschland beim Geheimdienst der US-Armee stationiert war, erhielt er einen Anruf aus Übersee von dem Kolumnisten Andrew Pearson. Der einflussreiche Washingtoner Enthüllungsjournalist erzählte Gowen, dass er an einem Knüller arbeite und Gowen in dessen Zentrum stünde. Pearson würde berichten, dass Ferenc Vajta, ein antisemitischer Propagandist der faschistischen ungarischen Partei der Pfeilkreuzler, der in Ungarn unter Anklage wegen Kriegsverbrechen stand, illegal in die USA geflohen sei – mit Hilfe des jungen Nazijägers William Gowen. Pearson behauptete, dafür Beweise zu besitzen: Dokumente, die belegten, dass Gowen bei verschiedenen Geheimmissionen eng mit Vajta zusammengearbeitet hatte. Gowen war so baff, dass er nicht wusste, was er sagen sollte. Pearsons Exklusivstory erschien am 18. Januar in Zeitungen in ganz Amerika und erlangte durch Pearsons landesweit ausgestrahlte Radiosendung noch größere Verbreitung.

Es steckte ein Körnchen Wahrheit in Pearsons Bericht. Gowen kannte Vajta tatsächlich aus seinen Tagen in Rom, als er den Ungarn als Informanten benutzt hatte, um den berüchtigten kroatischen Flüchtling Ante Pavelić aufzuspüren, den faschistischen Führer der Schwarzen Legion (Ustascha), der während des Kriegs die Völkermordkampagne auf dem Balkan mit solcher Grausamkeit geführt hatte, dass ihn selbst die deutschen Behörden bremsen mussten. Mit Hilfe von Ferenc Vajta konnte Gowen den Kroaten bis zu einer Villa auf dem Aventin in Rom verfolgen. Pavelić stand unter dem Schutz kroatischer Würdenträger im Vatikan und anderer Sympathisanten der Faschisten.

Gowen war durchaus bereit, auf kleinere Verbrecher wie Vajta zurückzugreifen, um an die bedeutenderen Zielpersonen wie Pavelić heranzukommen. Doch er hatte rein gar nichts damit zu tun, dass Vajta eine spezielle Sicherheitsfreigabe vom US-Außenministerium erhalten hatte und in die Vereinigten Staaten geschleust worden war. Dieses Kunststück war wahrscheinlich das Werk von Frank Wisner, einem engen Mitarbeiter von Allen Dulles aus ihren Tagen beim OSS, der kurz zuvor zum Leiter des Office of Policy Coordination ernannt worden war, der Abteilung des US-Außenministeriums für Geheimoperationen.

Aber es war Gowen, der den Vajta-Streich ausbaden musste. Er brauchte nicht lange, um darauf zu kommen, wer ihm das eingebrockt hatte, denn die Person, die Pearson die falsche Geschichte gesteckt hatte, war Raymond Rocca, Angletons Stellvertreter in Rom.

Die Enthüllung des Journalisten setzte Gowens noch junger Geheimdienstkarriere ein wirkungsvolles Ende, auch wenn Gowen bestrebt blieb, seinen Namen reinzuwaschen. An einem Punkt gelang es ihm, einen Termin bei Dulles zu bekommen, nachdem dieser CIA-Direktor geworden war, aber als Gowen im Hauptquartier des Geheimdienstes in Washington erschien, um sein Anliegen vorzutragen, erfuhr er, dass der Agentenführer nach Übersee gerufen worden war.

Noch Jahre nachdem beide Männer nach Amerika zurückgekehrt waren, behielt Angleton Gowen im Auge. Zurück in Washington, wo er schließlich zum allmächtigen Abwehrchef der CIA aufstieg, lud Angleton Gowen zum Lunch in den Army and Navy Club und sogar in sein Haus in Virginia ein. »Wissen Sie, er war ein äußerst durchtriebener Bursche«, sagte Gowen, »aber er wollte mir den Eindruck vermitteln, dass er sehr freundlich war. Er stellte mich seiner Frau Cicely und ihren Kindern vor, die damals noch sehr klein waren.« Angletons Verrat schwebte unausgesprochen in der Luft. »Ich habe nie offen mit ihm darüber gesprochen, dafür traute ich Angleton nie genug über den Weg.« Beide Männer wussten, wer den Machtkampf in Rom gewonnen hatte, aber ihnen war auch klar, dass die Geheimnisse, die sie miteinander teilten, Angletons großartige Karriere beenden und die dunkle Seite von Operation Sunrise ans Licht bringen konnten.

Geheimdienstberichte sind gewöhnlich keine unterhaltsame Lektüre. Wenige Stationschefs besitzen eine literarische Ader wie einstige Spione vom Schlag eines Graham Greene, David Cornwell (John le Carré) oder Ian Fleming. Aber nach seiner Entlassung aus dem Gewahrsam des US-Militärs 1947 wurde Eugen Dollmanns Spionagekarriere ein derart extravagantes Durcheinander, dass sie einige der farbigsten Memoranden inspirierte, die von der US-Geheimdienstbürokratie hervorgebracht wurden. Bei der Lektüre dieser freigegebenen CIA-Dokumente ist man beeindruckt von Dollmanns unerschöpflicher Kraft, sich neu zu erfinden, man kommt aber auch ins Rätseln, warum so erfahrene Männer wie Dulles und Angleton nur jemals auf die Idee kommen konnten, dass er das Zeug zum Agenten besaß.

Die amerikanische Überwachung Dollmanns wurde 1951 interessant, als er in der Schweiz unweit der norditalienischen Grenze in einer Suite des schicken Hotel Paradiso mit Blick auf den Luganersee lokalisiert wurde.[188] Mittlerweile machte es sich bemerkbar, auf welch großem Fuß der Oberst gelebt hatte. Berichten zufolge steckte er in finanziellen Nöten und suchte nach Mitteln und Wegen, schnell an Bargeld zu kommen. Zu den Plänen gehörte die Abfassung seiner Memoiren – die, wie er versprach, saftig werden würden. 1951 luchste Eugen Dollmann der CIA 200 000 Lire im Tausch für die »Exklusivrechte« an angeblich authentischen Nazidokumenten ab, darunter einige angeblich von Hitler selbst verfasste Schriftstücke.[199]

Allen Dulles und der CIA war klar, dass Dollmann sie durchaus kompromittieren konnte. In jenen Jahren offenbarten die Memos des US-Geheimdienstes immer größere Besorgnis und Frustration über den schillernden SS-Veteranen.

Im November 1951 wurde berichtet, dass Dollmann in »engem Kontakt« zu Donald Jones stand, eine interessante Wendung, da Jones jener Draufgänger des OSS gewesen war, den Dulles während des Kriegs gebeten hatte, Karl Wolff vor dem Zugriff der italienischen Partisanen zu retten. Jones war »mutmaßlich noch immer ein Agent des US-Geheimdienstes«, aber das Memo macht deutlich, dass Dollmanns Kontakt zu ihm nicht streng beruflicher Art war. »Die beiden liegen nun im Streit, mutmaßlich wegen Geld, oder vielleicht Eifersucht, da beide im Verdacht stehen, sexuell pervers zu sein.« Das Memo zieht den Schluss, dass Dollmanns Wert als »Agent oder Informant unsicher [ist] … er ist nicht der Mann, der er 1940–45 war«.

Dem hätte Dollmann zweifellos bereitwillig zugestimmt. Zunächst einmal hatte er weniger Geld. Und er musste im Schweizer Purgatorium ausharren, statt das süße Leben in seinem geliebten Italien zu genießen, weil ihn amerikanische Agenten gewarnt hatten, dass sie dort noch immer nicht seine Sicherheit garantierten konnten.

Dennoch fand sich Dollmann bald – wenn auch nur kurz – in Italien wieder, nachdem er in der Schweiz sein Gastrecht zu sehr strapaziert hatte. Im Februar 1952 wurde er aus der Schweiz ausgewiesen, nachdem er beim Sex mit einem Schweizer Polizisten erwischt worden war. Verzweifelt wandte sich Dollmann an seine alten faschistischen Freunde in der italienischen Kirche, wurde über die Grenze geschleust und erhielt zeitweilig Zuflucht in einem Franziskanerkloster in Mailand. Dollmanns Retter war dieses Mal Pater Enrico Zucca, berühmt für seine Rolle bei der Exhumierung Mussolinis zu Ostern 1946, um den Leichnam des Duce für eine Beisetzung in allen Ehren auf dem römischen Kapitol vorzubereiten. Der Abt hatte weniger spektakuläre Pläne für Dollmann. Er zog ihm eine Mönchskutte über und schmuggelte ihn auf einem Boot nach Genua, von wo aus Dollmann in General Francos faschistisches Paradies nach Spanien ausgeschifft wurde.

In Madrid kam Dollmann unter den Schutz von Otto Skorzeny, der an der berühmten Befreiung Mussolinis beteiligt gewesen war und nun ein weitgespanntes illegales Geschäft aufgezogen hatte, mit Waffen handelte und SS-Flüchtlingen zur Flucht vor der Strafverfolgung verhalf. Eine Zeitlang gesellte sich in Spanien Hjalmar Schacht zu ihm, der in Nürnberg freigesprochen worden war und nach dem Krieg aus seinem Ruf als Hitlers Bankier Kapital schlug, um eine Karriere als internationaler Finanzberater aufzubauen. Schacht wusste, wo viel von dem Reichtum versteckt war, den deutsche Unternehmen und Nazifunktionäre verborgen hatten, und Skorzeny nutzte diese intime Kenntnis, um seine SS-Rattenlinien zu finanzieren. Angleton fand Skorzenys Dienste ebenfalls nützlich und blieb mit dem unternehmerischen Ex-Nazi in regelmäßigem Kontakt.

Dollmann unternahm Botendienste für Skorzenys internationales Netz von Neonazis. Allerdings taugte Dollmann als freiberuflicher Spion wenig. Im Oktober 1952 flog er zu einer Art politischer Mission nach Deutschland, um Kontakte zu deutschen Jugendgruppen zu knüpfen. Seine Pläne wurden verraten, auf dem Flughafen wurde er wegen falscher Ausweisdokumente verhaftet. Er machte sich nicht die Mühe, es abzustreiten. Selbst in seinem Heimatland Deutschland war Dollmann nicht willkommen. Kein Staat wollte ihn – zumindest nicht offen.

Im November 1952 berichtete ein CIA-Memo, dass Dollmann zurück in Rom sei. Er frequentierte wieder seine Lieblingskinos, was dieses Mal jedoch fast tödlich endete, als »er von gewissen kommunistischen Elementen [im Kino] bemerkt wurde« und »von der Polizei vor einem bedrohlichen Mob gerettet werden musste«.

Im November 1952 zurück in Rom, war er verzweifelt auf der Suche nach Bargeld.Er versuchte sich wieder am Handel mit Hitler-Dokumenten. Dieses Mal lockte er mit einem Fundstück, das aus Sicht von Allen

Dulles zweifellos unwiderstehlich war. Er behauptete, in seinem Besitz befände sich ein Brief von Hitler an Stalin, in dem er einen Separatfrieden zwischen Deutschland und Russland vorschlug. Ein solches Dokument hätte Dulles' Operation Sunrise in ein viel besseres Licht gerückt. Wenn Hitler und Stalin tatsächlich kurz vor Kriegsende einen neuen Pakt erwogen hatten, hätte Dulles wie ein brillanter Schachspieler ausgesehen und nicht wie ein unbotmäßiger Störenfried. Dulles' Freunde vom Magazin *Life* waren bereit, die atemberaubende Summe von einer Million Dollar für einen solchen Brief zu zahlen. Aber Dollmann konnte ihn nie vorlegen.

Nachdem die CIA Eugen Dollmann jahrelang beobachtet und immer wieder für Geheimdienstaufträge eingesetzt hatte, kappte sie 1955 schließlich endgültig ihre Bande zu ihm, als er mit einer schamlosen Erpressung wieder einmal versuchte, an Geld zu kommen. Dollmann hatte in jenem Jahr seine Memoiren beendet, wie angekündigt voller pikanter Details. Darunter waren auch unschmeichelhafte Kommentare über Allen Dulles und Angleton. Bevor das Buch in Druck ging, schickte er über das US-Konsulat in München dem CIA-Chef Exzerpte daraus. Es liege ihm fern, seinen »ausgezeichneten Freund [Dulles] zu verletzen«, daher bitte er den CIA-Direktor höflich darum, alle Stellen zu markieren, die er für anstößig hielt. Die Botschaft war klar: Als Männer von Welt würden sie beide gewiss zu einer angemessenen Vereinbarung kommen.

Danach verschwand Dollmann abrupt aus den CIA-Akten. Anfang der 1960er Jahre schrieb er die deutschen Untertitel für Federico Fellinis Film *Das süße Leben*. 1967 spürte der amerikanische Autor Robert Katz, der an einem Buch über das Massaker in den Ardeatinischen Höhlen schrieb, Dollmann in einem komfortablen Appartementhotel in München auf, wo er seinen Lebensabend verbrachte. An einer Stelle kam Dollmann auf Allen Dulles zu sprechen, seinem alten amerikanischen Wohltäter. Dulles hatte kürzlich seine Erinnerungen an die Kriegsjahre veröffentlicht, die unter dem Titel *Unternehmen »Sunrise«* auch auf Deutsch erschienen. Dollmann war nicht erfreut zu erfahren, dass ihn der Geheimdienstchef darin als »slippery customer« bezeichnet hatte.

»Nach dem wenigen Englisch, das ich beherrsche«, kommentierte Dollmann in seinem perfekten Italienisch, »ist ›*sleeeperiii cuustomer*‹ nicht gerade ein Kompliment, oder?«

Katz erklärte, das Wort bezeichne jemanden, der schlau, gerissen, machiavellistisch sei.

»Oh!«, rief der ehemalige SS-Mann. »Für *mich* ist das ein Kompliment.«[20]

Teil II

6 Nützliche Leute

Sowohl Allen Dulles' Ehefrau Clover als auch seine Geliebte während des Kriegs, Mary Bancroft, waren Patientinnen von C. G. Jung. Mary begann ihre Behandlung bei dem Psychiater, neben Freud der zweite Pfeiler der modernen Psychologie, in den 1930er Jahren, nachdem sie mit ihrem neuen Ehemann, einem Schweizer Bankier, nach Zürich gezogen war. Clover ließ sich von Jung in den letzten Kriegsmonaten analysieren, nachdem sie zu Allen in die Schweiz gereist war. Die extrovertierte Mary war wie elektrisiert von der Begegnung mit dem großen Mann, lieferte sich intellektuelle Schlagabtausche mit ihm, tauschte Klatsch mit ihm aus und flirtete – obwohl drei Jahrzehnte jünger als er – offen mit ihm. Clover, von Jung rasch als klassische Introvertierte eingestuft – sensibel, zurückhaltend, verträumt –, reagierte beunruhigt auf die Begegnung mit ihm und beendete ihre Beziehung nach ein paar Sitzungen zugunsten einer seiner Schülerinnen, der brillanten jüdischen Analytikerin Jolande Jacobi, die vor dem Einmarsch der Nazis aus Wien geflohen war. Nach fünfundzwanzig Jahren Ehe mit Allen Dulles hatte Clover genug von dominanten Männern. Jung fand zwar eindeutig besseren Zugang zu ihrem »Animus« als ihr Ehemann, seine imposante Persönlichkeit wirkte jedoch »arrogant« auf sie, sie fühlte sich in seiner Gegenwart klein.[1] Mit seinem grauen Schnäuzer, seiner randlosen Brille und der ewigen Pfeife im Mund hatte Jung einige Ähnlichkeit mit ihrem Ehemann.

Trotz ihrer so unterschiedlichen Charaktere – und ihrer peinlichen Dreiecksbeziehung – entwickelten Clover und Mary eine einzigartige Freundschaft, die den ganzen Rest ihres Lebens hielt. Mit ihrer wachen Intuition brauchte Clover nicht lange, um nach ihrer Ankunft in Bern im Januar 1945 die Situation zu durchschauen. Als sie eines Tages mit Mary allein war, soll sie ihrer Rivalin gesagt haben: »Sie sollen wissen, dass mir aufgefallen ist, wie stark Sie und Allen füreinander empfinden – und ich bin damit einverstanden.«[2] Diese Geschichte erscheint indes wenig glaubwürdig, sie verleiht Clover eine Souveränität gegenüber Allens amourösen Abenteuern, die sie in Wahrheit nicht im Mindesten besaß. Tatsächlich hatte keine Frau in Dulles' Leben diese Art von Macht über ihn. Selbst Mary Bancroft – die als seine Kurierin, Übersetzerin, Vertraute und Bettgenossin während des Kriegs etwas von seinem geheimen Leben teilen durfte –, hatte jahrelang damit zu kämpfen, ihrer Beziehung zu Dulles auf den Grund zu gehen, für sie die »komplexeste und überwältigendste« Verbindung ihres Lebens.[3]

Clover und Mary verband ihre beiderseitige Faszination und Verwirrung von Dulles. Doch die gemeinsame Anstrengung der beiden Frauen, das Rätsel Allen Dulles zu verstehen, war zum Scheitern verurteilt. Sein geheimnisvolles Flair schien seine Attraktivität noch zu erhöhen, doch je mehr die Frauen in sein Leben einzudringen versuchten, desto undurchdringlicher wurde er für sie. Selbst im Spionagekampf auf Leben und Tod während des Kriegs schien Dulles vom intensiven menschlichen Drama, das sich um ihn entspann, unberührt. Mary erinnerte sich immer an »diese kalten, blauen Augen, die er hatte«, und »dieses ziemlich sonderbare, freudlose Lachen«.[4]

In ihrem Bemühen, mehr über den Mann im emotionalen Zentrum ihres Lebens herauszufinden, suchte Mary Aufklärung in den Sitzungen mit C. G. Jung. Am Ende des baumgesäumten Wegs zu seinem Haus am Zürichsee prangte über dem kunstvollen steinernen Portal die lateinische Inschrift *Vocatus atque non vocatus deus aderit* (»Gerufen oder ungerufen – Gott steht uns bei«). Jung war offen für das Potenzial des Übernatürlichen. Er glaubte an Dämonen und Engel. Die Inschrift erinnerte Jung, der sich stets »unsicher« fühlte, sich »in der Gegenwart höherer Möglichkeiten« zu befinden.[5]

Wie Dulles sprach Jung gern über Macht- und Tatmenschen. Bei der Analyse der Diktatoren seiner Ära, in deren Hand das Schicksal Europas lag, erkannte er verschiedene »Archetypen« der Macht. Für Jung war Hitler ein »Medizinmann«, der mehr durch Magie als politische Macht herrschte. Während Mussolini die rohe Kraft des Stammeshäuptlings ausstrahlte, ließ Hitler nicht nur körperliche Kraft vermissen, ihm schienen grundlegende menschliche Eigenschaften zu fehlen. Seine Macht speiste sich nach Auffassung Jungs aus seiner unheimlichen »mystischen« Fähigkeit, das aufgewühlte Unbewusste des deutschen Volkes anzuzapfen.

Vor dem Krieg stand Jung einmal bei einer Militärparade vor den beiden Führern und hatte Gelegenheit, Hitler und Mussolini von Nahem zu beobachten. Im Oktober 1938 erzählte er einem amerikanischen Auslandskorrespondenten von dem erhellenden Erlebnis. Während Mussolini der Stechschritt der paradierenden Soldaten und die Kavallerie »freute wie einen kleinen Jungen«, zeigte Hitler »keine menschliche Regung«, er machte »den Eindruck … eines Automaten mit einer Maske, wie ein Roboter oder die Maske eines Roboters. … Er schien nur das Double einer wirklichen Person zu sein, hinter dem sich vielleicht Hitler als Mensch wie ein Anhängsel versteckte. Und vermutlich versteckte er sich, um den Mechanismus nicht zu stören. Was für ein erstaunlicher Unterschied zwischen Hitler und Mussolini«, rief Jung aus. »Ich konnte nicht umhin, Mussolini lieb zu gewinnen. … Sie haben bei Mussolini das heimelige Gefühl, bei einem menschlichen Wesen zu sein. Bei Hitler bekommen Sie es mit der Angst zu tun.«[6]

Jungs Porträt von Hitler zeichnet ein so schauriges Bild, wie man es in der Psychopathologie nur finden kann. Dulles war fasziniert von seinen Einsichten über den deutschen Führer und drängte Mary, ihm weitere Weisheiten Jungs mitzuteilen.

Der geschätzte analytische Psychologe ging gerne darauf ein. Die beiden mächtigsten Männer in Mary Bancrofts Leben waren voneinander fasziniert, auch wenn sie kaum miteinander in Kontakt kamen. Jung fiel es schwer, sich ein Bild von Dulles zu machen. Er passte nicht genau in sein System der Machtarchetypen. Man konnte in Dulles die gleiche beunruhigende Mischung aus magnetischer Anziehungskraft und Unbarmherzigkeit sehen, die Jung bei den Diktatoren seiner Zeit beobachtete. Aber da gab es auch noch eine undurchdringliche Leere, die schwer zu lesen war. Jung warnte Mary, dass ihr Liebhaber ein »ziemlich harter Brocken« sei.[7]

Dulles seinerseits billigte es, dass sich seine Frau und Geliebte in Jungs Behandlung begaben. Er habe erkannt, sagte er Mary, dass die Analyse für andere »nützlich« sein könne, sei aber überzeugt, dass er selbst sie nicht nötig habe.

Sein ganzes Leben lang fühlte sich Dulles von kreativen, intelligenten, neurotischen Frauen wie Clover und Mary angezogen – Frauen, die unablässig von ihrem Unterbewussten belagert wurden, wie Joan Dulles das qualvolle Gefühlswirrwarr ihrer Mutter beschrieb. Für einen Mann, der emotional so taub war wie Dulles, waren Frauen wie sie eine wesentliche Verbindung zum Rest der Menschheit. Sie übersetzten menschliche Gefühle für ihn. Sie waren, mit seinem Lieblingswort auf den Punkt gebracht, »nützlich«. Es war ein Wort, das er, wie sich Mary erinnerte, »ständig im Mund führte«.[8] Wenn jemand für Dulles nützlich war, war diese Person irgendwie für ihn real. Andernfalls existierte sie nicht.

Allen Dulles sah Martha Clover Todd im Sommer 1920 zum ersten Mal auf einer Party modischer junger Leute in einem Ausflugsort am See in der Nähe des Hauses der Dulles-Familie in Upstate New York. Bevor die Woche herum war, hatte er ihr einen Heiratsantrag gemacht. Sie sprach später mit einem Gefühl der Verwunderung vom »Blitzkrieg« seiner Werbung und Heirat. Sie konnte nicht ganz erklären, warum sie den eigensinnigen jungen Mann geheiratet hatte. »Ich habe Allen geheiratet«, sagte sie einem neugierigen Neffen Jahre später, »weil er attraktiv war und interessante Dinge tat.«[9] Diese banale Bemerkung war das Beste, was sie anzubieten hatte. Clover hatte damals andere Verehrer, darunter einen vollkommen akzeptablen jungen Arzt, der besonders eifrig um ihre Liebe warb, jedoch an ihrer Unentschlossenheit abprallte. Allen Dulles gab ihr keinen Raum, lange zu grübeln und es sich anders zu überlegen. Er traf die Entscheidung für beide – sie war sein Mädchen.

Mit sechsundzwanzig war Clover ein Jahr jünger als Dulles und strahlte eine ätherische Schönheit aus, die sie von den anderen jungen Kandidatinnen ihrer gesellschaftlichen Kreise abhob. Sie hatte sinnliche Lippen und weit auseinanderstehende mandelförmige grüne Augen, die eine tiefe Traurigkeit verrieten. Sie sprach mit einer gehauchten Stimme, die Männer veranlasste, sich näher zu ihr zu beugen. Auf Fotos von Clover aus der Zeit scheint sie immer von der Kamera wegzuschauen, als wären ihre Gedanken an einem anderen Ort und zu melancholisch, um sich mitteilen zu lassen. Sie verströmte ein Flair fragiler Rätselhaftigkeit, die Dulles zweifellos anzog.

Aber sie besaß auch etwas von der Quirligkeit der freizügigeren Flapper Girls ihrer Generation. In der maskulinen Mode der Zeit wirkte sie sinnlich und selbstbeherrscht. Auf einem Foto sieht man sie in einem engen Anzug mit Krawatte und einem tief über die frisierten Locken gezogenen breitkrempigen Hut.

Während der Ferien ihres Internats in Connecticut wurde Clover einmal von einer exzentrischen New Yorker Gesellschaftsdame zu einer abendlichen Wohltätigkeitsveranstaltung für »arme Sträflinge« mitgenommen, die kurz zuvor auf Bewährung aus Sing-Sing entlassen worden waren. Der Abend schleppte sich mit quälender Steifheit dahin, bis Clover das Eis brach, indem sie die Ex-Häftlinge zu einer Partie Poker herausforderte. In späteren Jahren setzte sie sich leidenschaftlich für eine Gefängnisreform ein. Clovers Affinität zu Häftlingen mochte nicht zuletzt daher rühren, dass sie sich in ihrem eigenen Leben häufig wie eingesperrt fühlte.[10] Während des Ersten Weltkriegs arbeitete sie freiwillig als Kantinenmädchen in einem Pariser Offiziersklub. Manchmal wanderte sie als Bettlerin verkleidet durch die vom Krieg mitgenommene Stadt, nur um zu spüren, wie es sich anfühlte, wenn man um sein Brot betteln musste.

Clover verlebte eine sehr wohlhabende Kindheit. Ihre Mutter entstammte einer reichen Fabrikantenfamilie aus Baltimore. Ihr Vater, Henry Todd, war ein distinguierter Professor für romanische Sprachen an der Columbia University. Sie, ihre Schwester und zwei Brüder wuchsen in einem geschmackvoll eingerichteten Haus in der Nähe des Central Park auf, das erfüllt war von Büchern und Musik. Ihr Vater nahm die Kinder auf ausgedehnte Spaziergänge durch die Stadt mit und hielt ihnen lange Vorträge über ihre Geschichte und Architektur. Ihre Mutter legte im Park »Elfenkreise« aus kleinen weißen Steinen, in denen, wie sie beharrte, in mondbeschienenen Nächten Kobolde tanzten. Clover wuchs mit dem magischen Geist ihrer Mutter auf und war ständig von der Banalität der modernen Welt enttäuscht. Statt der Fabelwelt, die ihre Mutter heraufbeschwor, sah sie sich in eine allzu prosaische Welt gezwungen, »zu sehr erfüllt von Angst, Pflicht und der Notwendigkeit, immer recht haben zu müssen«.[11]

Clovers Vater, ein strenger Presbyterianer mit einem alttestamentarischen Sinn für Recht und Unrecht, gab ihr das Gefühl, nie seinen Erwartungen gerecht werden zu können. Als sie acht und ihre Schwester Lisa zehn war, bemühte er sich, beiden Latein beizubringen, gab den Versuch jedoch wütend auf. »Wir waren einfach noch nicht bereit für Latein, zumindest ich nicht«, erinnerte sie sich. »Wir verärgerten Vater furchtbar. Er war ein Gelehrter – sehr nervös und überempfindlich – und er sorgte sich. Er war Professor, es war schwer für ihn, unterdurchschnittliche Kinder zu haben.«

Ihre Mutter, die zu lähmenden Migräneanfällen neigte und häufig für lange »Ruhekuren« das Bett hütete, war zu sehr von ihren eigenen Nöten beschwert, um ihren Kindern Mutterliebe angedeihen zu lassen. Es gab Kindermädchen und Haushälterinnen, und wenn Clovers Mutter unter ihrer weichen weißen Bettdecke darniederlag, kam eine effiziente Haushälterin namens Miss MacMillan und brachte das Haus in Ordnung. Sobald sie wieder fort war, baute Clovers Mutter, überwältigt von den Pflichten des Familienlebens, rasch wieder ab.

Clovers emotionaler Prüfstein in ihrer Familie war ihr jüngerer Bruder Paul, ein schöner und sensibler Junge, den die Hausmädchen gerne wie ein Mädchen kleideten. Schon in der Kindheit zeigte er eine frühreife künstlerische Begabung und malte »die erstaunlichsten [Bilder], immer seltsame Tiere, ein jedes anders als das vorangehende, wobei er eine außerordentliche Fertigkeit und Vorstellungskraft zeigte«. Doch ihr Vater war der Meinung, Pauls Kindermädchen hätten ihn in eine »Memme« verwandelt. Er erschien, als er 1918 nach Princeton ging, zu zerbrechlich für das ruppige Leben an der Uni und brach das Studium nach dem ersten Semester ab. Am Vorabend von Allen und Clovers Hochzeit – die im Oktober 1920 auf dem waldigen Anwesen von Freunden der Todd-Familie außerhalb von Baltimore stattfand – teilte ihnen Paul mit, dass er sich nicht gesund genug fühle, um an dem Fest teilzunehmen. »Er sagte, er fühle sich nicht wohl genug und wir fanden das ziemlich seltsam«, notierte Clover später in ihr Tagebuch, »aber wir alle fühlten uns nie wohl und hatten alle möglichen Hemmungen und neurotischen Gefühle.« Clover machte sich später schwere Vorwürfe, dass sie nicht genauer auf den seelischen Zustand ihres Bruders geachtet hatte, als sie ihre Hochzeit vorbereitete. Aber sie war selbst in einem Zustand großer Angst. »Für mich war es eine schreckliche Belastung, verlobt zu sein, mich die ganze Zeit zu verhalten, wie sich ein normaler Mensch verhält, statt einfach aus dem Fenster zu springen, wie man es normalerweise tun würde. Ich dachte also einfach nicht viel an meinen Bruder.« Als das frischvermählte Paar in jenem Dezember in Konstantinopel eintraf, wo Dulles seine nächste Stelle antrat, hörte Clover, dass Paul einen Nervenzusammenbruch erlitten hatte und in ein Sanatorium in Greenwich, Connecticut, eingewiesen worden war. Im November 1921 wurde der Einundzwanzigjährige nach seiner Entlassung tot im Gebüsch an der Straße nicht weit vom Sanatorium aufgefunden. Er hatte sich mit einem Revolver zwischen die Augen geschossen.

Pauls Tod verfolgte Clover viele Jahre, weil sie ihm, als er ihrer Hochzeit wegen Niedergeschlagenheit ferngeblieben war, nicht mehr Aufmerksamkeit geschenkt hatte. »Er sagte, er fühle sich nicht gut genug, was wir ziemlich komisch fanden«, schrieb Clover später in ihr Tagebuch, »aber wir alle fühlten uns ständig nicht gut und litten unter allen möglichen Hemmungen und neurotischen Gefühlen.« Sie gab sich die Schuld an seinem Tod, schrieb sie drei Jahrzehnte später in ihr therapeutisches Journal, weil sie für ihn keinen Finger gerührt habe.[12]

Clover stellte bald fest, dass der Mann, den sie geheiratet hatte, schlicht nicht geeignet war, einem innerlich so aufgewühlten Menschen wie ihr zu helfen. Sie wurde zermartert vom Gefühl ihrer Wertlosigkeit, und Allen unternahm wenig, um es zu zerstreuen. Während eines Großteils ihrer frühen Ehe unterzog sich Clover einer psychoanalytischen Behandlung bei verschiedenen Seelenärzten in New York und ließ sich einmal sechs Wochen in ein Sanatorium einweisen. »Ich begann mit der Freudschen Analyse«, notierte sie Jahre später in ihr Tagebuch, »weil ich so sehr litt, dass ich ohne sie unmöglich hätte weiterleben können.«

Ihre älteste Tochter Martha (»Toddie«) hatte ebenfalls zeit ihres Lebens mit psychischen Dämonen zu kämpfen. Sie litt unter Anfällen von Depression, die so schwer wurden, dass sie sich vielen Elektroschockbehandlungen unterzog. Dabei ähnelte Toddie in mancher Hinsicht noch am ehesten ihrem Vater, war energisch extrovertiert und selbstbewusst. Aber die Schwierigkeiten seiner Tochter berührten Dulles nicht. Er zeigte auch kein großes Interesse an den guten Leistungen seiner Kinder, auch nicht, als sein gleichnamiger Sohn in Exeter brillierte, wo ihn der Direktor als klügsten Schüler der Schule bezeichnete.

Dulles schien wie ein Gast im eigenen Heim – liebenswürdig, aber entrückt. Es war seiner Tochter Joan klar, dass »sein Leben irgendwo anders war«.[13]

»Mein Vater war zu Hause eine freundliche Erscheinung«, erinnerte sie sich. »Er war nett, aber er interessierte sich eindeutig nicht für uns. … Ich erinnere mich nicht, dass er einmal wütend wurde. Er schimpfte uns nie aus, wenn wir nicht so gut in der Schule waren, und fragte uns nie, wie es lief.«

Nur ein einziges Mal sah Joan ihren Vater weinen, nachdem er im Radio die Nachricht von der Niederlage Frankreichs gegen Hitler-Deutschland gehört hatte. Der seltene Gefühlsausbruch »erstaunte« sie, aber sie hatte keine Ahnung, warum diese dramatische Meldung – unter allem anderen in seinem ereignisreichen Leben – eine so tiefe Wirkung auf ihn ausübte. Er sprach zu Hause nie über Politik oder Weltereignisse, obwohl sich seine Karriere um nichts anderes drehte. »Beim Frühstück las er immer die *New York Times* – ich hätte Ihnen nie irgendetwas zu seiner Haltung zu irgendeinem Thema sagen können. Er blieb ganz in seine Zeitung vergraben.«

Es gebe, fügte Joan hinzu, einen »Preis«, der für diese Art von emotionaler Anästhesie in der Familie zu zahlen sei, dafür, nie »zu Hause über dein Leben und deine politischen Ansichten und darüber zu sprechen, was in der Welt geschieht« – über die Dinge, auf die es wirklich ankomme. »Ich halte das für verheerend.«

Dulles schloss Clover sorgfältig von seinem Leben aus. Wenn er an entfernte Orte flog, sagte er ihr erst kurz vorher Bescheid, ohne zu erwähnen, wohin die Reise ging oder wie lange er fortbleiben würde. Es hatte nichts mit den Obliegenheiten eines Geheimdienstmitarbeiters zu tun, insistierte Joan. »Es war einfach seine Art zu arbeiten.«

Mary Bancroft hatte das Gefühl, dass Dulles sein berufliches Leben aus der Sorge vor Clover verbarg, dass sie, moralisch empfindlich, wie sie war, seine Geheimtätigkeit missbilligen würde. Doch Beschützerinstinkt legte er seiner Frau gegenüber nur selten an den Tag. Dulles füllte seine Briefe an Clover mit Hinweisen auf seine Flirts mit anderen Frauen. Das Leben, das er in seiner Korrespondenz heraufbeschwor, war angefüllt mit schönen Gräfinnen und fachgerecht gemixten Cocktails und verstärkte mit zuverlässiger Grausamkeit nur Clovers Gefühl, im eigenen Heim eingeschlossen zu sein.

Eleanor Dulles bemerkte einmal den Unterschied zwischen den beiden Dulles-Brüdern. Foster, der von seiner eigenen Frau Janet unzertrennlich war, scheute keine Mühen, um einem Familienmitglied, dem es schlecht ging, seine Hilfe anzubieten. Der fromme älter Bruder Allens sei sogar bereit gewesen, einen Abtreibungsarzt zu suchen – zur damaligen Zeit weder eine leichte noch eine legale Angelegenheit –, wenn es notwendig war, sagte sie. »Allen dagegen«, fügte Eleanor hinzu, »schien, wenn irgendjemand in Schwierigkeiten steckte, immer irgendwo auswärts zu sein, lag unter einer Palme, ließ sich Luft zufächern.«[14]

Clover war bemüht, das Elend ihrer Ehe vor den Kindern zu verbergen. Trotz der häufigen Abwesenheit des Ehemanns – und seinen ständigen gesellschaftlichen Pflichten, wenn er daheim war – führte sie die Familienhaushalte in Manhattan und Long Island mit ruhiger Effizienz. Sie gab sich Mühe, seine Gefühlskälte zu übertünchen. In einem Brief, den sie im Februar 1945 bald nach ihrem Wiedersehen mit Allen in Bern an Tochter Joan schrieb, war sie bestrebt, seine extreme Selbstbezogenheit im bestmöglichen Licht darzustellen. Zu dieser Zeit war Allen bereits zwei Jahre von zu Hause fort, eine Zeit, während der er keinen Kontakt zu seinen Kindern pflegte, die ihre Pubertät durchmachten.

»Dad möchte besonders von Euch beiden – [von dir] und Allen – Neuigkeiten erfahren und wie es um Euer Erwachsenwerden steht«, schrieb Clover. »Im Übrigen könnt Ihr Euch nicht vorstellen, wie vertieft er in seine Arbeit ist, sodass er an gar nichts anderes denkt und von nichts anderem spricht. Es besteht kein Zweifel, dass er anders ist als die meisten, aber ich glaube wirklich, dass er mit all seinem Tun nicht nur seinen eigenen Wünschen nachkommt, sondern darin einen Weg sieht, uns seine Zuneigung zu zeigen. Damit macht er uns das Kompliment zu glauben, es sei unser Wunsch, dass er etwas Lohnendes in der Welt unternimmt. Jeder hier bewundert ihn, und er hat unermesslich viel Gutes getan.«[15]

Aber viele Jahre später schrieb Clover in ein Tagebuch, dass sie ihren Kindern hinterlassen hat, eine ehrlichere Einschätzung ihres Ehemanns. Mittlerweile fühlte sie sich nicht mehr verpflichtet, ihre Ehe schönzufärben. »Mein Ehemann unterhält sich nicht mit mir; nicht dass er mit mir nur nicht über seine *Arbeit* spricht, er spricht mit mir über *gar nichts*. … Ich habe lange gebraucht, um zu begreifen, dass er, wenn er den Mund aufmacht, dies nur zu dem Zweck tut, etwas zu bekommen. … Er unterhält sich ungezwungen mit Männern, die ihm Informationen geben können, und legt sich ins Zeug, um Frauen, die er nicht kennt, alle möglichen interessanten Dinge zu erzählen. Er muss entweder jemanden dazu bringen, ihn zu bewundern, oder dazu, mit lohnenden Informationen herauszurücken; andernfalls vermittelt er einem den Eindruck, dass er nicht spricht, weil die Person die Mühe nicht lohnt, sich mit ihr zu unterhalten.«[16]

Es war Clovers Fluch, ihr Leben mit einem solchen Mann zu verbringen, und es war Allens, mit einer Frau zu leben, die schließlich in der Lage war, ihn zu durchschauen.

Gegen Ende des Kriegs gab sich Clover große Mühe, zu Allen in die Schweiz zu reisen. Sie setzte alle verfügbaren Hebel in Bewegung, um die Visa und Reiseerlaubnisse zu erhalten, die amerikanische Bürger benötigten, um sich ins kriegszerrissene Europa zu wagen. Als sie schließlich Wind davon bekam, dass die US-Botschaft im gerade befreiten Paris eine Ladung Dienstwagen geordert hatte, erschlich sie sich einen Auftrag als einer der Fahrer. Nach einer rauen Atlantiküberquerung schiffte sich Clover in Lissabon aus und schloss sich dem Konvoi an, der auf einer beschwerlichen Route durch Portugal und das spanische Baskenland die Pyrenäen nach Frankreich überquerte, wo sie und das andere Dutzend Fahrer unter dem Schutz französischer Widerstandskämpfer weiterfuhren. Sie benötigten eine ganze mühsame Woche, ihren Konvoi ans Ziel zu steuern. Als die erschöpfte Clover ihren Wagen bei der amerikanischen Botschaft ablieferte, hörte sie erleichtert, dass auch ihr Ehemann in Paris weilte. Doch dieser ließ sie nur in einem anderen Hotel unterbringen und zwei volle Tage warten, bevor er sie endlich begrüßte.

Als er in ihrem Hotelzimmer erschien, teilte ihr Dulles brüsk mit, dass er nur zehn Minuten für sie erübrigen könne. Er bat sie, früh am nächsten Morgen in sein eigenes Hotel zu kommen, um von dort aus ihre gemeinsame Autofahrt in die Schweiz anzutreten. Dann, ohne die geringste Anstrengung, den Schlag zu mildern, eröffnete er Clover, dass ihre Mutter gestorben sei, als sie den Atlantik überquerte. Und damit verschwand er wieder und überließ sie allein ihrer Trauer.

»Meine Frau ist ein Engel«, sagte Dulles zu Mary bald nach dem Treffen mit ihr. »Sie tut immer etwas für andere Leute.«[17] Aber das war im Allgemeinen nicht das Gefühl, dass Allen Clover vermittelte. Nachdem sich Clover bei Jolande Jacobi in Behandlung begeben hatte, ermutigte die Analytikerin ihre künstlerisch veranlagte Patientin, ihren inneren Aufruhr in Zeichnungen auszudrücken. In einem Bild malte sie sich selbst als weinenden, verlorenen Esel. So fühle sie sich, erklärte sie Mary – wie eine schluchzende Eselin –, wann immer Allen umhereilte, »vertieft in Tätigkeiten, die [Clover] nicht verstand, aber in Verdacht hatte, nicht so wichtig zu sein, wie sein Verhalten vermuten ließ«.[18]

Als Dulles seine Operationen nach dem Krieg nach Deutschland verlagerte, zog Clover nach Zürich, um näher bei Jacobi zu sein. Es war eine intensive therapeutische Beziehung, die Clover noch lange aufrechterhielt, nachdem sie in die Vereinigten Staaten zurückgekehrt war. Mehrmals kehrte sie zu ausgedehnten Aufenthalten in die Schweiz zurück. Wenn sie die USA besuchte, wohnte Jacobi im Haus der Dulles' in Washington. Die Therapeutin bewirkte für ihre Patientin »nichts weniger als ein Wunder«, schrieb Clover später. Nach jeder Sitzung mit ihr in der Schweiz eilte sie in ein Züricher Café, um die Einsichten niederzuschreiben, die sie mit Jacobi ans Licht gebracht hatte. Die Behandlung, notierte sie damals, erfülle sie mit neuem Selbstvertrauen. Langsam befreite sie sich »von dem Gefühl, dass die Sicht meines Ehemanns auf die Dinge die richtige sei oder ihr irgendein besonderer Glanz oder eine besondere Triftigkeit innewohne.«[19]

Die Journale, die Clover während ihrer Analyse führte, sind gnadenlos introspektiv – herzzerreißende Schreie aus der dunkelsten Tiefe ihrer Seele. Einige der Tagebücher sind akribisch detaillierte Erzählungen ihrer Träume gewidmet, in denen sich das Elend ihrer Ehe ebenso wie eine lebhafte, aber unterdrückte erotische Vorstellungskraft offenbarte. In einem Traum, den sie im November 1945 aufschrieb, litt Clover unter einem schrecklichen physischen Trauma, aber Allen hatte ihre Schmerzen völlig vergessen. »Mein ganzer Magen drehte sich um oder war mitten durchgeschnitten … [Aber] es verschaffte mir große Befriedigung, sogar eine Art Triumph, eine Rechtfertigung meiner selbst, dass ich die ganze Zeit eine ernste Krankheit gehabt hatte, ein Beweis, dass ich, statt großes Aufhebens über nichts zu machen, wie mein Ehemann dachte, ich wirklich vergleichsweise wenig aus einem wirklich schlimmen Leiden gemacht hatte.«[20] In anderen Träumen empfand Clover Scham über die geheimnisvollen Spionageunternehmungen ihres Mannes. Sie betrat namenlose Städte, wo »Männer dunkle und schändliche Verhandlungen führten«. In ihren Träumen wie im Leben war sie von den geheimen Aktivitäten ausgeschlossen, die ihr schäbig vorkamen, zuweilen aber dennoch eine mächtige Anziehungskraft auf sie ausübten. Andere Träume handeln von ihrer Eifersucht oder sexuellen Fantasien, mit einer Frau zu schlafen oder ein Mann zu sein. In einem Traumfragment vom September 1948 beklagt sich ihr Ehemann, dass er keine frische Unterwäsche habe. Doch als Clover in seine Schublade späht, ist sie randvoll mit Unterhosen. Bei näherer Inspektion ist jedoch jede mit Samen bespritzt.

Andere Träume fließen von ihrer eigenen libidinösen Energie und Verwirrung über. Sie findet sich im Bett mit jungen Soldaten und nackten Frauen, einem Architekten, den sie kannte, und in mehr als einem Traum mit ihrer entkleideten Schwester. In einem Traum vom Oktober 1945 freute sich Clover auf die Hochzeit mit einer Frau – die sich als Mary Bancroft herausstellte. Sie war beglückt, eine Frau zu heiraten, aber entsetzt, dass »ich nicht die physischen Anlagen hatte, um die maskuline Rolle zu spielen. Ich fühlte mich rasiert und vorne herum schlicht leer und sehr besorgt, wie ich so heiraten sollte. Dann wurde mir klar, dass sie ja wusste, dass ich eine Frau bin, sie war selbst eine Frau, es war nicht einmal mein Fehler, dass ich so beschaffen war. Was hatte mich denn überhaupt auf das Gefühl gebracht, dass ich wie ein Mann sein sollte? Warum war nicht sie der Mann? Vielleicht erwartete sie gar nicht, dass ich der Mann bin.«

In einem Tagebucheintrag schreibt sie, ihren »Abscheu vor Frauen« habe ihr strenger, voreingenommener Vater eingeimpft – ein Mann, den die »Minderwertigkeit« des weiblichen Geschlechts abstieß. »Ich will einen Penis«, heißt es in einem anderen.

Wieder andere Einträge geben Gewaltfantasien wieder, mit ganzen Listen potenzieller Opfer, aber eine ganze Mordfantasie widmete sie im März 1947 ihrem Ehemann. »Ich hasse meinen Ehemann«, beginnt sie. »Ich hasse meinen Ehemann, ich hasse meinen Ehemann. Oh, wie ich meinen Ehemann hasse. … ich will ihn umbringen … ich werde wie ein Kampfhahn mit scharfen Messern an den Krallen sein, ich werde ihm den Rücken aufschlitzen, vielleicht werde ich ihm sogar den Hals durchschneiden mit meinen Krallen, wenn ich ein verdammter blutrünstiger mordender Kampfhahn bin.«

Mary Bancroft hegte Sympathie für Clover, bis zu einem gewissen Punkt, wenn sie sich über Dulles austauschten. Als Clover in der Schweiz ankam, hatte Marys Affäre mit Dulles schon nachgelassen, sodass sie mit größerem Abstand über ihn sprechen konnte. Manchmal lachten die beiden Frauen sogar gemeinsam über den rätselhaften Mann, der das Zentrum ihrer beider Leben einnahm. Clover sagte Mary, sie habe einmal gehört, wie die Dulles-Brüder als »Haifische« bezeichnet worden seien. »Und ich glaube wirklich, das sind sie«, sagte Clover zur Geliebten ihres Mannes. »Dann haben wir beide wohl keine andere Wahl, als Killerwale zu werden!« Von da an nannten die beiden Frauen Allen »den Hai« und sich selbst »die Killerwale«.[21]

Aber Mary war stärker fasziniert von der Welt männlicher Macht als Clover und bildete sich etwas darauf ein, Männer wie Dulles in einer Weise zu verstehen, die seiner Frau nicht zugänglich war. In einer späteren Generation wäre Bancroft vielleicht die zentrale Spielerin in dieser Welt gewesen. Doch sie gab sich mit gelegentlichen Nebenrollen zufrieden, die Frau, die Männern der Tat ihre Einsichten und ihren Trost spendete.

Marys Mutter starb binnen Stunden nach ihrer Geburt. Sie wurde von ihren Großeltern in einem komfortablen Haushalt aufgezogen, dominiert von Männern, deren Ehrgeiz immer etwas über ihre Reichweite hinausging. Ihr Großvater war ehemaliger Bürgermeister von Cambridge und Mitglied im Verwaltungsrat von Harvard und eine Zeitlang als Kandidat für das Amt des Gouverneurs im Gespräch, kam aber nie über die Stadtpolitik hinaus. Ihr Vater war ein frühbegabter Student, der mit vierzehn auf die Universität Harvard kam und drei Jahre später mit summa cum laude abschloss. Er wurde Rechtsanwalt und Direktor des Hafens von Boston, wie sein Vater ein Pfeiler der Zivilverwaltung. Aber auch er schaffte es nicht in noch höhere Machtpositionen und nahm sich in mittleren Jahren aus Enttäuschung das Leben. Der Mann, der den größten Eindruck auf Mary Bancroft machte, war Clarence W. Barron, der kleine, weißbärtige, augenzwinkernde Herausgeber des *Wall Street Journal* und Stiefvater ihrer Stiefmutter. Sie verbrachte viel Zeit in seinem turbulenten Umfeld und sah ihm zu, wie er vom Bett aus bis zum Mittag seinen stets hin- und herflitzenden Sekretären Memos diktierte. In frühen Jahren wurde Mary mit Namen wie Rockefeller, Morgan, Carnegie, Harriman,

Ford und DuPont vertraut. Die Welt der Großen schien immer verlockend nahe fast in Reichweite ihrer Fingerspitzen über ihr zu schweben.

Marys Eheleben verlief enttäuschend. Ihr erster Mann – Vater ihrer beiden Kinder – erwies sich als langweiliger Angestellter. Ihr zweiter – ein Bankier aus der französischen Schweiz – verhieß ein aufregenderes Leben. Aber nachdem sie in sein Haus in Zürich gezogen war, verwandelte sich ihr Zusammenleben bald in eine Zweckehe, die in Mary die Bereitschaft zu anderweitigen Abenteuern wachhielt.

Als Bancroft im Dezember 1942 Dulles kurz nach dessen Ankunft in der Schweiz vorgestellt wurde, fanden sich die beiden sofort anziehend. Mit neununddreißig war sie ein Jahrzehnt jünger als der OSS-Mann und nach ihrer eigenen Darstellung »auf dem Höhepunkt ihres sexuellen Vermögens und gewöhnlich immer auf der Pirsch«.[22]

Mary war eine kräftige Frau mit runden Wangen und einem bereitwilligen Lächeln, das ganz aus Zähnen bestand. Allen Dulles war für sie kein romantischer Märchenprinz. Ihr erster Eindruck von ihm war der eines alternden Mannes mit »eisengrauem Haar « und zerknittertem Anzug wie bei einem zerstreuten Professor. Aber Mary besaß nicht nur die richtige Herkunft, sondern auch einen scharfen Verstand und eine warmherzige Anschmiegsamkeit. Dulles wusste, dass er Verwendung für sie haben würde. Mary ihrerseits war sofort begeistert von der Aura der Macht, die Dulles umgab. »Sie ließ ihn geradezu schimmern«, schrieb sie später in ihr Tagebuch. »Sie schien ihm anzuhaften wie die glitzernden Wassertropfen an den Ruderblättern, wenn man nachts mit dem Boot hinausfährt.«[23]

Hier war der Mann, der sie endlich ins Kampfgetümmel der Welt führen würde, von dem sie träumte, seit sie als Mädchen Wild Bill Donovan mit seiner Truppe am Tag des Waffenstillstands auf der Fifth Avenue paradieren sah. Seither, schrieb sie, »sehnte ich mich nach einem Leben voller Abenteuer. Ich wollte überall hin, wollte alles sehen.« Sie schwelgte sogar in Fantasien, eine »glorreiche Spionin« wie Mata Hari zu sein. Nun hatte sie den Mann gefunden, der ihre Träume wahrmachen würde.

Dulles machte Bancroft nie zu einer offiziellen OSS-Agentin, aber er fand schnell eine Rolle für sie, rief sie jeden Morgen um neun Uhr dreißig in ihrer Züricher Wohnung an und gab ihr die Marschbefehle für den Tag. Sie zapfte vielfältige Quellen für ihn an – von Putzfrauen mit deutschen Verwandten bis hin zu Intellektuellen und Künstlern aus der deutsch-österreichischen Exilgemeinde, Leute, bei denen sich die belesene und überanalysierte Bancroft wohler fühlte als Dulles.

Mary bewies außerdem, dass sie für bestimmte Feinheiten des Agentenhandwerks mehr Einfühlungsvermögen besaß als Dulles. Sie erkannte zum Beispiel, dass sich aus den Lagern des Feindes ebenso wie der Verbündeten Informationen abschöpfen ließen, indem man das Untergrundnetzwerk der Homosexuellen anzapfte, das sich durch die diplomatischen und geheimdienstlichen Kreise zog. »Einer meiner [OSS-]Kollegen war ganz aus dem Häuschen«, erinnerte sich Bancroft später, »weil er … dieses Netzwerk anzapfen wollte. Er pochte immerzu auf den Tisch und sagte: ›Ich wünschte, Washington würde mir eine zuverlässige Tunte schicken! Ich will jemand mit einem hübschen Hintern, damit ich in das Tunnetzwerk hineinkomme und herausfinden kann, was die Briten in Nordafrika treiben!‹«[24] Ihr Kollege konnte sich nicht überwinden, seinen delikaten Personalbedarf mit dem altmodischen Dulles zu besprechen, der – wie Mary wiederholt in ihren Tagebüchern bemerkte – im 19. Jahrhundert geboren war. Deshalb schnitt Mary das Thema bei Dulles an, der tatsächlich, wie sich zeigte, keinen Schimmer von der homosexuellen Schickeria oder gar ihren sexuellen Usancen hatte. »Was *machen* diese Leute eigentlich?«, fragte er Mary.[25]

Dulles und Jung lernten sich Anfang 1943 auch persönlich kennen, aber Mary fungierte weiterhin als Verbindungsglied zwischen den beiden beherrschenden Männern ihres Lebens. Beide waren fasziniert von der Idee, eine bahnbrechende Verbindung zwischen Spionage und Psychologie zu schmieden. Dulles' Berichte nach Washington waren angefüllt mit Jungs Einsichten über die Naziführung und das deutsche Volk. Jung sagte sogar richtig voraus, dass ein immer verzweifelterer Hitler wahrscheinlich Selbstmord begehen würde. Marys Treffen mit Jung wurden zunehmend von Dulles' »Frag Jung«-Bitten beherrscht, bis sie eher geheimdienstlicher Nachrichtenbeschaffung als Therapiesitzungen glichen.

Dulles war so beglückt über den Fluss provokativer psychologisch-politischer Beobachtungen von Jung, dass er dem Psychologen eine OSS-Nummer gab: Agent 488. Nach dem Krieg deutete der Agentenführer einem Freund der Familie Jung gegenüber vage an, dass der Weise von Zürich sogar der Sache der Alliierten gedient habe, indem er Informationen weitergab, die er in Sitzungen mit Patienten aus dem Lager des Feindes gesammelt hatte. Doch das mag die Übertreibung eines Geheimdienstchefs gewesen sein, der sich gerne damit brüstete, wie viele einflussreiche Persönlichkeiten er in der Tasche hatte.

Dulles schätzte Mary als Mittlerin zu Männern wie Jung, aber er machte sie sich auch in ganz persönlichen Dingen zunutze. Eines Morgens kam er zu ihr in die Wohnung, da er wusste, dass ihr Ehemann auf Geschäftsreise war. »Schnell!«, bellte er und schenkte sich das Vorspiel. »Ich habe nachher eine sehr verzwickte Sitzung. Ich muss meinen Kopf freibekommen.« Als er mit ihr fertig war, machte sich Dulles rasch auf den Weg. »Danke«, sagte er über die Schulter. »Genau das habe ich gebraucht!«[26]

Hinterher nahm sich Mary vor, Dulles zu sagen, dass sie ihm nicht länger zu Verfügung stünde, um seinen »Kopf freizubekommen«, wie stressreich auch immer seine Sitzungen sein mochten. Doch sie stand weiterhin für ihn bereit.

Der Agentenchef hatte das Gefühl, Mary ausreichend unter Kontrolle zu haben, um sie an einen deutschen Agenten der Abwehr auszuleihen, mit dem Dulles eine Beziehung geknüpft hatte. Dulles hatte veranlasst, dass die fließend Deutsch sprechende Mary dem großen, gebieterischen Doppelagenten Hans Bernd Gisevius bei seinen Memoiren zur Hand gehen sollte. Gisevius hatte sich heimlich gegen Hitler gewandt, nachdem seine vielversprechende Karriere bei der Gestapo ins Stocken geraten war, und fing an, Dulles wichtige Informationen über deutsche Militäroperationen zu stecken. Eines Tages bat Gisevius Mary, der sich bei der gemeinsamen Arbeit an seinem Manuskript in sie verliebt hatte, mit ihm nach Lugano zu kommen, wo er ein »wunderschönes Appartement« nutzen könne und sich mit dem ersten Chef der Gestapo, Rudolf Diels, treffen wolle. Die Einladung reizte Marys Abenteuerlust, trotzdem sagte sie ab. Als sie Dulles davon erzählte, war er verärgert, dass sie sich die Gelegenheit hatte entgehen lassen, noch mehr Informationen aus dem verliebten Deutschen herauszuholen. »Warum, zum Teufel, bist du nicht mitgefahren?«, maulte er sie an. »Es hätte sehr interessant werden können.«[27]

Mary wurde tatsächlich später Gisevius' Geliebte, gestand Jung allerdings, dass sie das Hin und Her zwischen den beiden Männern emotional aufrieb.

Gisevius war einer der maßgeblichen Verschwörer des Bombenattentats auf Hitler am 20. Juli 1944 und kam durch seine Flucht in die Schweiz nur knapp mit dem Leben davon. Als sie die Heldentaten ihres deutschen Liebhabers mit Jung besprach, war er unbeeindruckt von Gisevius' Moral. Der Abwehrmann kämpfe nur um dasselbe, was Hitler besitze, urteilte Jung: »reine Macht«. Gisevius und sein Rivale im Verschwörerkreis General Claus von Stauffenberg seien »wie ein Löwenpaar, das um einen Batzen Fleisch kämpft«. Als sie Jung Seiten aus Gisevius' Memoiren zu lesen gab, um ihn nach seiner Meinung zu fragen, fand er sie »von Nazi-Ideologie durchtränkt«.[28]

Jung sagte Mary, dass sie immer »extrem ehrgeizige Männer« anziehen würde, »die Macht für sich selbst gewinnen wollen«. Sie würde nie die Art von Frau sein, die solche Männer verurteilte, was immer ihre moralischen Fehler sein mochten. »Macht war mein natürliches Element«, reflektierte sie später. »Ich fühlte mich in Machtsituationen so zu Hause wie ein Fisch im Wasser.«[29]

Dulles kam in den Ruf der Promiskuität – zumindest bei seinen Biografen, von denen ihm einige seine Affären übler nahmen als seine schwerwiegenderen moralischen Verfehlungen. Aber nach Marys Standards war er keinesfalls ein Frauenheld. Sie stieß sich daran, dass der britische Verräter Kim Philby den CIA-Mann in seinen Memoiren als »Schürzenjäger« bezeichnete. »Ausgerechnet Kim Philby!«, knurrte sie. »[Allen] war nichts dergleichen.«[30]

Eines Abends, als sie sich vor dem Kamin in der Herrengasse wärmten, kam das Gespräch der beiden auf Napoleons Liebesleben. Sie hatte gelesen, dass der große Eroberer während seines Lebens neun Frauen gehabt hatte. »Neun!«, rief Dulles aus. »Ich schlage ihn um eine mehr!« Mary amüsierte Allens Prahlerei. »Für jeden, der im 20. Jahrhundert geboren ist wie ich«, notierte sie in ihr Tagebuch, »ist das eine sehr bescheidene Zahl, besonders für einen Mann, der die Welt bereist hat wie Allen. Ganz gewiss qualifiziert ihn das nach meinen Maßstäben nicht als Schürzenjäger.«

Dulles hatte Glück, jemanden wie Mary zu finden, eine Frau mit flexiblen Moralbegriffen – oder, wie sie selbst sagte, eine Frau mit einer »aufgeklärten Auffassung«. Wie seltsam sie selbst ihre moralische Wendigkeit auch erklären mochte, hätte Dulles ihrer Denkweise sicherlich zugestimmt. »Um erfolgreich intelligente Arbeit zu leisten«, bemerkte Mary, »ist es von entscheidender Bedeutung, eine klare Vorstellung von den eigenen moralischen Werten zu haben, sodass man sich, wenn man von der Notwendigkeit gezwungen wird, sie zu brechen, völlig bewusst ist, was man tut und warum.«[31]

Aber selbst die aufgeklärte Mary war unangenehm berührt von einer ihrer Unterhaltungen mit Dulles. Ihr war aufgefallen, dass Allen, obwohl er im Ruf eines listigen Fuchses stand, immer »offen und vertrauensselig« wirkte, selbst bei Leuten, denen er eindeutig misstraute oder über die er »tatsächlich belastendes Material besaß«. Dulles hörte Marys Worte und grinste. »Ich beobachte die kleinen Mäuse gern, wie sie am Käse schnüffeln, bevor sie in die kleine Falle tappen«, erklärte er ihr. »Ich sehe gern ihren Ausdruck, wenn sie zuschnappt und ihr kleines Genick bricht.«

Mary war bestürzt über diesen Ausbruch, den sie abstoßend fand, doch Dulles wollte von ihrer Entrüstung nichts wissen. »Was ist los mit dir?«, fragte er. »Ist dir nicht klar, dass sie, wenn ich sie nicht erwischt hätte, sie mich erwischt hätten?«[32] Mary kam nicht auf den Gedanken zu fragen, was an »kleinen Mäusen« denn so bedrohlich sein sollte oder warum ihm ihr Leiden solche Lust bereitete.

Clover Dulles hegte große Hoffnungen für ihre zweitälteste Tochter Joan, nachdem sie 1944 vom Radcliffe College graduiert war, wo viele Kurse aufgrund des kriegsbedingten Lehrermangels mit der Universität Harvard zusammengelegt waren. Nach dem College ging sie zum Frontier Nursing Service, eine Organisation, die aus Großbritannien Hebammen in die USA holte – da Geburtshilfe in Amerika verboten war –, um in den

Bergen im Hinterland Kentuckys bei Geburten zu helfen. Joan begleitete die Hebammen zu Pferd durch die entlegenen Hügel und Täler, Ritte, die zuweilen fünf Stunden dauerten. Die junge Frau liebte die anstrengende Arbeit und war bezaubert von der Schönheit Kentuckys.

Im April des folgenden Jahres, als der Krieg zu Ende ging, schiffte sich Joan mit ihrer Tante Eleanor, die einen diplomatischen Posten in Österreich antrat, nach Europa aus. Das in alliierte Besatzungssektoren aufgeteilte Wien war eine Brutstätte gefährlicher Intrigen – der 1949 gedrehte Film *Der dritte Mann* gab später einen Eindruck davon. Einmal, als sie durch den sowjetischen Sektor fuhr, wäre Joan beinahe von russischen Soldaten verhaftet worden. In den Westsektoren verschwanden häufig staatliche Funktionsträger von der Straße, verschleppt von sowjetischen Agenten.

Gerade ein Jahr aus dem College, schien Joan auf dem besten Weg, die Hoffnungen ihrer Mutter zu erfüllen und einen mutigen Karriereweg einzuschlagen. Sie hatte in Redcliffe internationales Recht und internationale Beziehungen studiert und war nun, wie es schien, in einer guten Ausgangsposition, dem Vorbild ihrer Tante zu folgen und sich zur Diplomatin zu mausern oder gar in die Fußstapfen ihres Vaters zu treten und eine legendäre Spionin zu werden. Sie sprach Französisch und Deutsch und lernte Russisch, eine Sprache, die sie besonders liebte, da sie in ihren Ohren »wie Musik« klang.[33]

Aber Allen Dulles hatte andere Pläne für seine Tochter.

Während Joan in Wien wohnte, stellte ihr Vater ihr einen seiner jungen Agenten aus dem Krieg vor, Fritz Molden, ein Österreicher aus gutem Hause mit besten Beziehungen. Molden, Sohn eines prominenten Chefredakteurs und ein angesehener Autor und Dichter, hatte mit seiner Familie während des Kriegs schrecklich unter der Gestapo gelitten. Nach seiner Flucht aus einem Strafbataillon an der Ostfront, in das ihn die Nazis gezwungen hatten, schloss er sich dem österreichischen Widerstand an, wo er in Kontakt zu Dulles kam. Molden mochte Dulles auf Anhieb, obwohl der Agentenführer den jungen Mann immer wieder aufforderte, »sich zu beweisen«, indem er sein Leben für ihn aufs Spiel setzte.[34]

Nach dem Krieg beschuldigten ihn die Kommunisten, weiterhin als bezahlter Agent für Dulles zu arbeiten, was er bestritt.

Als Joan und Fritz im Frühjahr 1948 heirateten, war es eindeutig eine Zweckehe – für Joans Vater und ihren neuen Ehemann. Molden, der nach dem Krieg Sekretär des österreichischen Außenministers Karl Gruber und später ein einflussreicher Journalist und Diplomat wurde, war für Dulles ein entscheidender geheimdienstlicher Verbindungsmann. Die Ehe war auch für Molden ein kluger Karriereschritt. Für den jungen, ehrgeizigen Österreicher war Allen Dulles als Schwiegervater offenkundig eine stolze Trophäe. Für Joan dagegen erwies sich die Verbindung als weniger erfolgreich.

Genau wie ihre Mutter viele Jahre zuvor hatte Joan große Mühe zu erklären, warum sie ihren Ehemann geheiratet hatte. Vor der Ehe durchlebte sie die gleichen schweren Zweifel wie Clover vor ihrer Heirat mit Allen. Joan fand Fritz eine »sehr sprunghafte Persönlichkeit, immer geneigt, dramatische Situationen heraufzubeschwören«, wie sie später ihrer Mutter schrieb. Sie machte sich Sorgen, jemand zu heiraten, der »mit den einfachen alltäglichen Aspekten des Lebens nie jemals zufrieden« war.[35] Doch am Ende gab Joan dem unermüdlichen Ansturm ihres Verehrers nach, willigte in die Hochzeit ein und fand sich mit der Aussicht ab, auf ein stabiles Familienleben und Kinder verzichten zu müssen.

Ihre Ehe mit Molden, der offenkundig die Gesellschaft anderer Frauen genoss, nahm bald eine verblüffende Ähnlichkeit mit der ihrer Eltern an. Er verschwand häufig zu geheimnisvollen Rendezvous und ließ sie zurück mit der Frage, wann er wohl wiederkommen würde.

»Fritz war ein Frauentyp, so viel ist sicher«, erinnerte sich Joan Jahre später. »Er war so extrovertiert, dass man einfach nie wusste, wo er war. Er sagte Sachen wie: ›Mieten wir uns doch ein Segelboot auf den griechischen Inseln‹, und ich wusste nicht, wie viele seiner Freundinnen mit an Bord sein oder wie viel Zeit wir auf See verbringen würden. Sehe ich da Ähnlichkeiten zu meinem Vater? Wahrscheinlich … wahrscheinlich.«

Joan ließ sich 1954 von Molden scheiden, aber wie um ihren Vater nicht zu enttäuschen, ersetzte sie ihn durch einen weiteren hohen österreichischen Diplomaten namens Eugen Buresch. Der Sohn eines ehemaligen österreichischen Bundeskanzlers war Molden als Leiter des Informationsdienstes des österreichischen Generalkonsulats in New York gefolgt. Im Jahr darauf, nach seiner Ernennung zum österreichischen Botschafter im Iran, nahm Buresch Joan mit nach Teheran, ein weiterer heikler diplomatischer Posten. Joan fand sich plötzlich am Hof des Schahs von Persien inmitten der imperialen Pracht Reza Pahlavis, den ihr eigener Vater auf den Pfauenthron gehievt hatte, als die CIA 1953 die demokratisch gewählte Regierung des Irans stürzte.

Joan hatte zwei Kinder mit Buresch, einen Jungen und ein Mädchen. Wie Fritz Molden schien Joans zweite Wahl als Ehemann in erster Linie den beruflichen Bedürfnissen ihres Vaters entgegenzukommen. Der Iran war nicht nur ein erdölreiches Land, er war eine strategisch gelegene Überwachungsbasis der CIA an der Grenze zur Sowjetunion. Einen Schwiegersohn am Hof des Schahs als seine Augen und Ohren zu haben war für Dulles, der mittlerweile Direktor der CIA war, ein Glücksfall.

Wieder erwies sich jedoch die Ehe für Joan als weit weniger zuträglich. Im Juli 1959 schrieb sie ihrem Vater einen schmerzlichen Brief, der durch seinen resolut optimistischen Ton nur umso bitterer wirkte. Darin teilte sie ihm mit, dass sie und Buresch sich getrennt hätten. Joan, die damals mit ihren kleinen Kindern in der Schweiz lebte, hatte erst kürzlich ihre Eltern in Washington besucht, fand es aber leichter, auf diesem Weg ihrem Vater vom Scheitern ihrer zweiten Ehe zu berichten. Die Trennung sei nicht ihre Idee gewesen, versicherte sie ihrem Vater – sie »hätte weitergemacht und es um der Kinder willen endlos weiter versucht«. In jedem Fall sei sie aber »sehr froh, wieder allein zu sein«.[36]

Joans Erleichterung hatte gute Gründe, denn Buresch hatte, wie sich herausstellte, eine gewalttätige Ader. »Alle sechs Monate oder jedes Mal, wenn ich etwas tue, was er nicht billigt«, schrieb sie ihrem Vater, »bekommt er schrecklich Wutanfälle und versucht, mich zusammenzuprügeln etc. etc. Weil ich letzten Sommer bemüht war, nach Europa zu reisen, um Mutter zu sehen, hat er mich beinahe mit einem Tritt vor die Tür gesetzt.« Wenn sie sage, »mit einem Tritt«, fügte Joan hinzu, sei das »wörtlich gemeint«. Offenbar machte Buresch seiner Wut ebenso mit Füßen wie mit Fäusten Luft.

Joan ging nicht auf die Einzelheiten der Misshandlungen »Ginos« ein, wie sie ihren Ehemann nannte. Viel besorgter war sie, dass sich ihr Vater nicht um sie sorgen oder schlimmer, dass er sie nach dem Zusammenbruch ihrer zweiten Ehe als hoffnungslosen Fall abschreiben könnte. »Pa, du wirst denken, in mir ein schwarzes Schaf zu haben, aber ich bin froh, frei zu sein, und werde allein leben und meine Kinder großziehen und mich um meine eigenen Angelegenheiten kümmern, und ich bin sicher, dass ich glücklich sein werde.«

Klar erkennbar suchte Joan bei ihrem Vater Bestärkung, vielleicht sogar Vergebung. »Pa«, fuhr sie fort, »ich hatte nie Angst vor dem Leben und ich habe auch jetzt keine. Ich lebe gern, ganz gleich, was kommt. Ich hoffe, du verstehst, was ich meine, und dass du dich weder allzu sehr ärgerst noch aufregst.«

Joan fand schließlich ihren Zufluchtsort, nicht nur vor ihrem Ehemann, sondern auch vor ihrem Vater, als sie mit den Kindern in die ferne Hochwüste New Mexicos zog. Das war ungefähr so weit von der Machtwelt ihres Vaters entfernt, wie sie kommen konnte. Sie bezog ein Haus in Santa Fe, lebte unter Künstlern und Freigeistern und kehrte Mitte der 1960er Jahre nach Zürich zurück, um am C. G. Jung-Institut zu studieren, wo sie sich zur diplomierten Psychoanalytikerin ausbilden ließ. Nach ihrer Rückkehr nach Santa Fe heiratete sie einen prominenten jungianischen Therapeuten namens John Talley, mit dem sie bis zu seinem Tod 2013 zusammenlebte und -arbeitete.

Mary Bancroft glaubte, sich in Allen Dulles verliebt zu haben. Unter den vielen Männern in ihrem Leben hatte sie nur zweien ihr Herz geschenkt, und er war einer davon. Aber Dulles war unfähig, die Liebe zu erwidern.

Das sagte Jung ihr in ebenso bündigen Worten. Eines Tages in seinem Arbeitszimmer – einem Raum, vollgestopft mit Büchern, Büsten von Voltaire und Nietzsche sowie primitiven Kunstwerken – machte Jung eine Bemerkung, die Mary im Gedächtnis blieb. Das Gegenteil von Liebe sei nicht Hass, sagte er. Es sei Macht. Beziehungen, die von einem Drang nach Macht getrieben würden, wo eine Person versucht, Dominanz über eine andere zu gewinnen, seien nicht geeignet, Liebe hervorzubringen.[37]

Mary blieb ihr ganzes Leben verzaubert von Dulles' geheimnisvollem Nimbus. Aber Clover und Joan gelangten in Jahren schmerzlicher Selbsterforschung endlich zu etwas, das der Wahrheit nahekam. »Man wird nicht erleuchtet«, bemerkte Jung, »indem man sich Figuren aus Licht vorstellt, sondern indem man die Dunkelheit bewusst macht.«

Am Ende war es dies, was Dulles' Frau und Tochter über den Mann, der ihr Leben so sehr beherrschte, verstanden. Der Drang nach absoluter Kontrolle war die einzige Leidenschaft, die Allen Dulles wirklich in ihren Bann schlug.

7 Kleine Mäuse

An einem drückend heißen Augustmorgen des Jahres 1950 wachte eine schlanke, blonde, attraktive achtundzwanzigjährige Frau namens Erica Glaser Wallach aus einem unruhigen Schlaf in ihrem Westberliner Hotelzimmer auf, schloss ihre Papiere und fast alles Geld in einen Schrank und ging zu Fuß durch das Brandenburger Tor in ihr Verderben. Die junge, in Deutschland geborene Frau ließ ihren Ehemann, einen ehemaligen Hauptmann der US-Armee namens Robert Wallach, der an der Sorbonne in Paris studierte, und ihre beiden kleinen Kinder zurück. Sie hatte vor Angst weiche Knie, als sie das Hauptquartier der Sozialistischen Einheitspartei Deutschlands betrat, aber sie war entschlossen, ihre Mission zu Ende zu bringen.

Ein Jahr zuvor war Erica Wallachs Adoptivvater, Noel Field, ein hoffnungsloser Idealist und Quäker, der für eine amerikanische Wohltätigkeitsorganisation arbeitete, verschwunden, nachdem man ihn mit dem Versprechen einer Lehrerstelle an der Universität nach Prag gelockt hatte. Als sich seine ebenso naive Frau Herta und sein jüngerer Bruder Hermann hinter dem Eisernen Vorhang auf die Suche nach Noel machten, verschwanden auch sie. Trotz der offensichtlichen Gefahr, in die sie sich begab, wollte Wallach unbedingt herausfinden, was mit den Fields geschehen war. Während des Kriegs hatten Noel und Herta Field die kranke und hungernde Erica und ihre schmerzgeplagte Mutter nach ihrer Flucht aus Nazideutschland und dem faschistischen Spanien in einem schmutzigen französischen Flüchtlingslager aufgelesen und sich später bereit erklärt, sich während des Kriegs um das junge Mädchen in der Schweiz zu kümmern, während ihre Eltern nach England flohen. Für Wallach war es nun Ehrensache, die verschwundenen Fields zu suchen und dazu ihre Verbindungen zu deutschen Kommunisten zu nutzen, die sie während des Kriegs kennengelernt hatte.

Als Wallach in der Zentrale der SED darum bat, ihre alten Kriegskameraden zu sehen, teilte man ihr mit, diese seien nicht verfügbar. Später fand sie heraus, warum nicht: Sie saßen im Gefängnis, wo Erica Wallach ihnen bald Gesellschaft leistete. Auf ihrem Weg aus der düsteren SED-Festung spürte sie plötzlich eine Hand auf ihrer Schulter. »Kriminalpolizei. Bitte kommen Sie mit um die Ecke.« Sie machte sich nicht einmal die Mühe, sich umzudrehen. »Als die schwere Eisentür der Zelle 7 des Gefängnisses in der Schumannstraße hinter mir verschlossen und verriegelt war, wusste ich, dass alles verloren war …«[1]

Die nächsten fünf Jahre musste Wallach eine brutale Gefängnishaft über sich ergehen lassen, zuerst im Berliner Gefängnis Schumannstraße, das sie »Haus des Schreckens« taufte, dann, die längste Zeit, in Workuta, einem gefürchteten Zwangsarbeitslager in der arktischen Einöde Russlands tausend Kilometer nordöstlich von Moskau. Wallach, die kultivierte Tochter eines Arztes, lernte, im Lager zu überleben, indem sie alle Hoffnung fahren ließ, je wieder zu ihrer Familie und den verlorenen Freuden und Annehmlichkeiten ihres alten Lebens zurückzukehren. Sie stand in aller Frühe mit ihrer Sträflingskolonne im Dunkeln auf und arbeitete, so hart sie konnte, um bei den grimmigen Temperaturen nicht zu erfrieren. Sie schaufelte sechs, häufig auch sieben Tage in der Woche Kies für neue Gleisbetten.

»Diese Sache, dass es nichts zum Anschauen gibt, die Hässlichkeit, die Farblosigkeit, das Fehlen von Gerüchen – das ist wirklich schlimmer als der Hunger«, erinnerte sich Wallach später. »Aber man gewöhnt sich daran. Nach drei Jahren gewöhnte ich mich an die Tatsache, dass ich völlig allein auf der Welt war.«[2]

Wallach lernte, sich bei ihren Mitgefangenen beliebt zu machen – Russinnen, Ukrainerinnen, Deutsche und Polinnen und sogar Amerikanerinnen, die geringfügige und weniger geringfügige Wege gefunden hatten, den Sowjetstaat zu kränken. Sie wurde ein anderer Mensch als die naive Frau, die an jenem Augustmorgen 1950 durch das Brandenburger Tor gelaufen war. Sogar ihr Aussehen veränderte sich – sie wurde muskulös, stämmig, voller Schwielen von der Arbeit. Die junge Frau begann »am Ende der Welt« unter den betrunkenen, heimwehkranken sowjetischen Wachen und ihren Mithäftlingen ein grimmiges neues Leben. Sie fand Wege, um die öde Monotonie ihrer Tage aufzubrechen, lauschte ukrainischen Volksweisen, ging in den sonntäglichen »Salon« gebildeter Frauen, deren Latrinendienst der übelste von allen Gefängnisarbeiten war, ihnen aber die Muße verschaffte, ihre intellektuelle Neugier zu stillen.

Am Ende härtete Wallach ab und erkannte, dass es eine Frage der mentalen Anpassung war, in einer Eishölle wie Workuta zu überleben. Später lernte sie, »dass Schrecken, Angst und seelische Qualen keineswegs objektive Fakten, sondern lediglich Schöpfungen der eigenen Vorstellungskraft sind. Sie waren mir nicht durch Einwirkungen von außen oder durch meine Lage aufgezwungen; sie lebten in mir, geboren aus der Schwäche meines Herzens. … [I]ch brauchte nicht zusammenzubrechen, wenn ich es nicht wollte.«[3]

Während Wallach Workuta ertrug, durchlebten die Fields hinter dem Eisernen Vorhang ihren eigenen Albtraum. Nach Noel Fields Verhaftung in der Tschechoslowakei im Mai 1949 wurde er unter Drogen gesetzt und an einen geheimen Ort in Ungarn verfrachtet. Dort wurde er eine Kohlerutsche hinuntergeworfen und verschiedenen Folterungen unterzogen, darunter Schlägen, Schlafentzug und Verhören rund um die Uhr.

Noels Bruder Hermann Field, ein Architekturprofessor, erlitt eine weniger grausame Behandlung, nachdem er drei Monate später auf der Suche nach seinem Bruder von der polnischen Geheimpolizei aufgegriffen worden war. Aber er verbrachte die ersten Monate seiner fünfjährigen Zeit im Gefängnis in Einzelhaft, was seine geistige Gesundheit furchtbar mitnahm. Als in seiner Zelle plötzlich eine Feldmaus auftauchte, war Field außer sich vor Freude. Die bloße Berührung ihres Fells an seinem Bein spendete ihm ungeheuren Trost. Eines Nachts kroch die Maus unter seine Matratze, und aus Versehen erdrückte er sie im Schlaf. Hermann war von solcher Trauer ergriffen, dass er befürchtete, den Verstand zu verlieren. »Für jemanden im normalen Leben ist es wohl unmöglich nachzuvollziehen, wie tief solche Geschehnisse ein menschliches Wesen treffen, das jeden lebendigen Kontakts beraubt ist und bis an den äußersten Rand der Einsamkeit getrieben worden ist«, schrieb er später.[4]

In den strengen Verhören, denen alle vier Mitglieder der Field-Familie unterworfen wurden, einschließlich Erica Wallach, tauchte ein Name immer wieder auf. »Woher kennen Sie Allen Dulles?«, fragten die Vernehmungsbeamten wiederholt. Der Agentenführer war der einzige Faden, der alle vier unglücklichen Gefangenen miteinander verband, während sie in ihren Zellen schmachteten.

Als Noel Field 1949 in der Tschechoslowakei verhaftet wurde, bekleidete Allen Dulles bereits seit beinahe vier Jahren wieder einen offiziellen Posten im amerikanischen Geheimdienst. Nach dem Krieg war er zunächst wieder in die Kanzlei Sullivan & Cromwell eingetreten, fand die Geschäftsroutine nun jedoch äußerst öde. »Ich muss zugeben, dass ich diese Tage Schwierigkeiten habe, mich auf meinen juristischen Beruf zu konzentrieren«, gestand Dulles einem Freund. »Die meiste Zeit verbringe ich damit, in Erinnerungen an die aufregenden Tage zu schwelgen, als der Krieg langsam zu Ende ging.«[5]

Ein steter Strom von OSS-Kollegen kam vorbei, um über den Krieg zu plaudern, während »der Alte«, wie er in Agentenkreisen bereits liebevoll genannt wurde, obwohl er erst zweiundfünfzig war, an seiner Pfeife paffte. Aber sie schwelgten nicht nur in Erinnerungen. Die alten Kameraden, die Dulles besuchen kamen – OSS-Veteranen wie Richard Helms, Frank Wisner, Tracy Barnes und Kermit »Kim« Roosevelt – teilten alle die

Ansicht des Alten, dass die segensvolle Friedenszeit nach dem Krieg von kurzer Dauer sein würde und der Westen sich rasch gegen die heraufziehende Gefahr aus dem Osten wappnen musste.

Diese Bedrohung war nicht nur eine bequeme Erfindung des »westlichen Imperialismus«. Stalins Militärmaschine mochte Amerikas globaler Reichweite und atomarer Feuerkraft nicht gewachsen sein, aber sie war durchaus in der Lage, demokratische Bestrebungen in Osteuropa zu zerschlagen. Nach den im Zweiten Weltkrieg erlittenen Verwüstungen glaubten die Sowjets, ein Recht auf die Herrschaft über Osteuropa als Pufferzone vor westlicher Aggression zu haben. Amerikanische Geheimdienstler wie Frank Wisner, der in Rumänien bei Kriegsende stationiert gewesen war und dort die Anfänge eines sowjetisch beherrschten Polizeistaats miterlebt hatte, hegten große Sympathie für den Freiheitskampf der Völker im Ostblock.

Bei ihren Plaudereien in Dulles' Kanzlei und ihren Zusammenkünften zu Drinks in William Donovans Townhouse am Sutton Place heckte diese exklusive Gruppe von OSS-Veteranen – die in der Welt der Spionage, der Außenpolitik und der Finanzwelt zu Hause war – bereits die Schaffung eines mächtigen Geheimdienstapparats für den kommenden Kalten Krieg aus. Von Harry Truman verschmäht, beschlich Donovan zunehmend das Gefühl, dass sich seine eigenen Hoffnungen auf eine Rückkehr ins Kampfgetümmel nach dem Krieg nicht erfüllen würden. »Unser Krieg ist vorbei, Allen«, sagte er Dulles eines Tages. Aber davon wollte Dulles nichts wissen. Das unbändige Ego und der unbezähmbare Ehrgeiz des Mannes hörten nie auf, Donovan in Erstaunen zu versetzen.[6]

Dulles erschien zwar jeden Morgen pünktlich bei Sullivan & Cromwell, doch in Wahrheit hatte er sich nicht vom Geheimdienstspiel zurückgezogen. Kaum hatte er sein altes Leben in New York wiederaufgenommen, da begann er eine Führungsrolle in prestigeträchtigen Organisationen zu übernehmen und sich ins Zentrum der politischen Nachkriegsdebatten zu drängen. Ende 1945 war Dulles gewählter Präsident des Council on Foreign Relations, eine private Ideenschmiede, deren Mitglieder aus prominenten Geschäftsleuten und Politikern eine Schlüsselrolle bei der Formung des sich herausbildenden Konsenses des Kalten Kriegs spielen. Dulles setzte sich mit seinen Kollegen in einem schalldichten Raum im Hauptquartier des Rates an der Upper East Side zusammen, als stünde er bereits an der Spitze der schlagkräftigen neuen Spionagebehörde, die ihm vorschwebte.

Dulles' stures Beharren, sich an den Debatten der Nachkriegszeit zu beteiligen, zahlte sich aus. Im April 1947 wurde er vom Streitkräfteausschuss des Senats (Senate Armed Services Committee) gebeten, seine Ideen für einen starken, zentralisierten Geheimdienst darzulegen. Sein

Memo half bei der Ausarbeitung der Gesetzesinitiative, die ein Jahr später zur Schaffung der Central Intelligence Agency führt, kurz CIA.

Trotz seiner kontroversen Verbindungen zu Nazideutschland war es auch John Foster Dulles gelungen, einen Fuß in der politischen Arena zu behalten und sich als einer der außenpolitischen Experten der Republikanischen Partei zu profilieren. Beide Dulles-Brüder setzten ihre politischen Hoffnungen auf den New Yorker Gouverneur Thomas E. Dewey, den Spitzenkandidaten der Republikaner für die Präsidentschaftswahl 1948. Dewey, ein ehemaliger Wall-Street-Anwalt mit einem beeindruckenden politischen Lebenslauf, war die eindeutige Wahl des Ostküsten-Establishments für das Weiße Haus in jenem Jahr. Politische Prognosen sagten voraus, dass Dewey Präsident Harry S. Truman mit Leichtigkeit deklassieren würde – ein politischer Konformist aus Missouri, den viele loyale Anhänger des New Deal für ungeeignet hielten, Roosevelts Mission fortzuführen. Tatsächlich sah sich Truman mit der Gegenkandidatur des linken unabhängigen Kandidaten Henry Wallace konfrontiert, Roosevelts einstigen Vizepräsidenten und Landwirtschaftsminister. Dewey, der sich bereits die Gardinen für das Weiße Haus aussuchte, ließ wissen, dass Foster sein Außenminister werden würde und Allen den neuen Geheimdienst führen sollte, an dessen Schaffung er beteiligt gewesen war.

Es war Allen, der in dieser Phase der Zusammenarbeit der Brüder die härtere Linie in der Außenpolitik vertrat. Als Foster seine Ideen für den Dewey-Wahlkampf zu Papier zu bringen begann, zeigte er seinem Bruder einen Entwurf seiner Gedanken über die sowjetische Bedrohung, in dem er darlegte, dass die Vereinigten Staaten und Russland irgendwie zu einem wechselseitigen »Entgegenkommen« finden sollten. Allen wischte solche Vorstellungen umstandslos beiseite. »Der Unterschied zwischen uns«, erklärte Allen seinem Bruder, »ist, dass du an der Hoffnung festhältst, dass irgendein befriedigendes Entgegenkommen zwischen dem Sowjetsystem … und dem Rest der demokratischen Welt möglich ist. Das bezweifle ich.«[7] Foster schloss sich schließlich der harten Linie seines jüngeren Bruders im Kalten Krieg an.

Harry Truman hatte Franklin Roosevelts Antipathie gegenüber den Dulles-Brüdern und ihrem Kreis geerbt. Die enge Verbindung der Brüder zum Dewey-Lager war nicht geeignet, Trumans Gefühle zu ändern. Er sprach abschätzig von Foster als »diesem Kerl von der Wall Street« oder, unverblümt, von »diesem Bastard«.[8] Mit ebensolchem Argwohn beäugte Truman Allen Dulles, der die Administration unablässig drängte, die ausgedehnten Machtbefugnisse auszuschöpfen, die der neugegründeten CIA mit dem National Security Act von 1947 gewährt worden waren. Der Präsident missbilligte eine mächtige Spionageorganisation, aus Furcht, dass sie sich zu einer Brutstätte gefährlicher Machenschaften entwickeln könnte, und beharrte darauf, dass sich die CIA auf die Koordination von Geheimdienstberichten für das Weiße Haus beschränken sollte.

Allen Dulles glaubte, dass der Schattenkrieg zwischen dem Westen und dem Sowjetblock, wenn überhaupt, nur wenige Regeln haben würde, und er verachtete Bestrebungen in Washington, dem Konflikt Grenzen zu setzen. Aus seiner Sicht stand den Vereinigten Staaten in Moskau ein durch und durch gnadenloser Gegner gegenüber, und er war bereit, ihm entgegenzuhalten, was immer der russische KGB und die anderen Sicherheitsdienste des Ostblocks an Maßnahmen aufboten, wenn nicht mehr. Mit seiner aggressiven Haltung im Kalten Krieg fand Dulles einen wichtigen Verbündeten in Trumans Verteidigungsminister James V. Forrestal, ein ehemaliger Bankier bei der Investmentbank Dillon, Read & Co., der sich in Dulles' Kreisen bewegte und dessen Argwohn gegenüber der Sowjetunion teilte. Anfang 1948 überzeugte Forrestal den politisch verwundbaren Truman, der gegenüber seinem Herausforderer Dewey keine Schwäche zeigen wollte, Dulles in eine unabhängige Expertenkommission zu berufen, um die ein Jahr alte CIA zu überprüfen und Vorschläge zur Verbesserung ihrer Effizienz zu unterbreiten.

Die sogenannte Dulles-Jackson-Correa-Kommission, die Dulles rasch dominierte, verschaffte ihm die Möglichkeit, sich frei durch die Korridore des neuen Geheimdienstes zu bewegen und Vorschläge zu entwickeln, ihm Zähne zu verleihen. Der Erscheinungstermin des Kommissionsberichts war passenderweise für den Januar 1949 angesetzt, die Zeit der erwarteten Amtseinführung Tom Deweys als neuer Präsident, wenn Dulles die CIA übernehmen würde. Der 193 Seiten lange Bericht schloss seine äußerst kritische Beurteilung der CIA mit der Forderung, dass der Geheimdienst in der wachsenden Konfrontation mit der Sowjetunion seine Handschuhe abstreifen solle. Nachdem der Geheimdienst »per Gesetz weitreichende Befugnisse erhalten« habe, sei es an der Zeit, befand die Kommission, dass er diese großzügig bemessene Macht auch ausschöpfte. Er habe »die Pflicht zu handeln«.[9]

Dulles und Forrestal warteten die Fertigstellung des Berichts nicht ab, um eigene Schritte zu unternehmen. Im März 1948 flog James Angleton zurück nach Rom, um sich mit Dulles zu treffen, und warnte seinen Mentor, dass die Kommunistische Partei Italiens kurz davor stünde, bei den landesweiten Wahlen im April die Macht zu übernehmen. Dulles und Forrestal witterten die Gelegenheit, dem Vorrücken der Kommunisten mit einem lange ersehnten Gegenschlag Einhalt zu gebieten, und verloren keine Zeit, Millionen von Dollar aufzutreiben, um den Wahlausgang zugunsten der von den Vereinigten Staaten unterstützten Christdemokraten zu beeinflussen. Wenige Tage später wurde im Hassler Hotel, der von Dulles bei seinen Aufenthalten in der Ewigen Stadt bevorzugten Luxusherberge über den Stufen der Spanischen Treppe, italienischen Agenten eine mit US-Noten gefüllte Aktentasche übergeben. Mehr Bargeld war auf dem Weg. Die massive Geldspritze für den Wahlkampf und die US-Hilfe sicherten der politischen Klientel der amerikanischen Regierung den Sieg. Am Abend des 17. April, dem ersten Tag der italienischen Wahlen, verfolgte Dulles die Auszählung in Forrestals Haus in Washington. Die beiden Männer stießen an, als klar wurde, dass die italienischen Kommunisten eine überwältigende Niederlage erlitten hatten.[10]

Im November erlitt Dulles seine eigene Wahlniederlage, als Truman einen schockierenden Überraschungserfolg gegen Dewey errang. Es war eine demütigende Wende nicht nur für Dewey, sondern auch für die Dulles-Brüder.

Bald darauf verlor Dulles seinen stärksten Verbündeten in der Regierung Trumans, als der Präsident Verteidigungsminister James Forrestal aus dem Pentagon entließ, nachdem bei diesem ernstliche Anzeichen einer nervlichen Zerrüttung zum Vorschein kamen. Verärgert und niedergeschlagen über seine Entlassung, geriet er rasch in eine Abwärtsspirale und wetterte über die Infiltrierung Washingtons durch die Sowjets, die ihn zum Abschuss ausersehen hätten. Am frühen Morgen des 22. Mai 1949, nachdem Forrestal zur psychologischen Untersuchung in das Bethesda Naval Hospital eingewiesen worden war, zwängte er sich durch das kleine Badezimmerfenster seines Krankenzimmers im 16. Stock und stürzte in den Tod. Der tragische Zusammenbruch des US-Verteidigungsministers, eines Mannes, der Amerikas furchterregendes Waffenarsenal kontrolliert hatte, war eine der seltsameren Episoden des Kalten Kriegs.

Da die Demokraten bei der Wahl von 1948 die Macht über das Weiße Haus behielten, schien der Traum der Dulles-Brüder, die Außenpolitik der Vereinigten Staaten zu steuern, zerschmettert. Allen sollte jedoch Wege finden, um im Spionagegeschäft zu bleiben, ganz gleich, wer Präsident war.

Im Juni 1949 organisierte Allen Dulles mit illustren Mitstreitern, darunter General Dwight D. Eisenhower, Hollywoodregisseur Cecil B. DeMille und der *Time Life*-Großverleger (und enge Freund) Henry Luce ein nationales Komitee für ein freies Europa (National Committee for a Free Europe). Nach außen hin ein philanthropischer Privatverein, war das Komitee tatsächlich eine Tarnorganisation der CIA, um Gelder an antikommunistische europäische Emigranten zu schleusen und große Propagandaeinrichtungen wie Radio Freies Europa zu finanzieren. Mindestens zwei Millionen Dollar des Geldes, das in die Geheimprojekte des Komitees floss, stammte aus dem Nazigold, das Dulles bei Kriegsende aufzuspüren geholfen hatte.[11] In den frühen Jahren des Kalten Kriegs wurden die von

Nazis geplünderten Schätze jüdischer Familien und besetzter Länder zu einer wesentlichen Quelle für Dulles' Geheimoperationen.

Der Privatbürger Dulles weitete seinen Einfluss noch aus, indem er enge Verbündete wie Frank Wisner auf geheimdienstliche Schlüsselposten hievte. Wie Dulles war Wisner ein ehemaliger Wall-Street-Anwalt, der Geschmack am glamourösen Agentenleben gefunden hatte. 1949 half Dulles bei der Schaffung eines neuen geheimdienstlichen Außenpostens und versteckte ihn in der Bürokratie des Außenministeriums unter dem bewusst langweiligen Namen »Büro für politische Koordination«: Office of Policy Coordination (OPC). Trotz seines unschuldigen Titels entwickelte sich das OPC zu jener Art von Kampforganisation, zu der nach Vorstellung von Dulles die CIA unter der Administration von Dewey hätte werden sollen. Wisner wurde die Position des OPC-Chefs zugeschanzt, und unter seiner angriffslustigen Führung warf sich die obskure Einheit rasch auf schwarze Spionagekünste, darunter Sabotage, Subversion und Mord. 1952 betrieb das OPC 47 Auslandsstationen mit einem Personal, das rasant auf beinahe dreitausend Mitarbeiter angeschwollen war, mit weiteren dreitausend unabhängigen freien Mitarbeitern vor Ort.

Dulles und Wisner betrieben im Wesentlichen ihren eigenen privaten Spionagedienst. Das OPC arbeitete mit nur geringfügiger Aufsicht durch die Regierung und unterlag wenigen moralischen Restriktionen. Viele der Rekruten des Dienstes waren ehemalige Nazis. Während Präsident Truman den Hauptzweck eines Geheimdienstes weiterhin im Sammeln von Informationen für den Präsidenten und seine Sicherheitsberater sah, führten Dulles und Wisner ihren eigenen Krieg gegen den Sowjetblock mit allen Mitteln. Sie betrachteten Osteuropa als ihr primäres Schlachtfeld in dem großen Kampf, den sowjetischen Vormarsch zurückzudrängen, aber ihr Kampf verirrte sich auch häufig auf das souveräne Territorium von US-Verbündeten wie Frankreich, Westdeutschland und Italien.

Während des Zweiten Weltkriegs hatte Dulles von der Schweiz aus resolut seine eigenen Initiativen verfolgt, häufig im Konflikt mit der Politik von Präsident Roosevelt. Jetzt, in den frühen Jahren des Kalten Kriegs, tat er dasselbe, direkt vor der Nase eines anderen Präsidenten der Demokratischen Partei. Obwohl die Taktiken des OPC durch ein Memo des Nationalen Sicherheitsrats mit dem Titel »NSC 10/2« abgesegnet waren, das in der Hitze des Präsidentschaftswahlkampfs 1948 formuliert worden war – als Truman die Vorwürfe Deweys und der Republikaner abwehren wollte, er sei gegenüber dem Kommunismus zu lasch –, bleibt unklar, wie weit der Präsident über das Treiben des Office of Policy Coordination informiert war.

Ob Truman nun voll unterrichtet war oder nicht, Wisner verfolgte seine Arbeit mit tollkühner Hemmungslosigkeit und sann auf immer einfallsreichere und gefährlichere Wege, um die Macht der Sowjets über ihre europäisches Herrschaftsgebiete zu schwächen. Wisner stellte Dulles seine Ideen vor, als wäre der Anwalt von Sullivan & Cromwell noch sein Boss. Dulles fand einen von Wisners Geistesblitzen besonders faszinierend. Die Idee entstand im Mai 1949, als der britische Geheimdienst Wisner informierte, dass einer von Dulles' ehemaligen Informanten während des Kriegs, ein Mann namens Noel Field, vorhabe, nach Prag zu fliegen, wo ihm ein attraktiver akademischer Posten winkte.

Warum sollte sich der amerikanische Geheimdienst nicht Fields unbedachte Reise hinter den Eisernen Vorhang zunutze machen? Wisner hatte einen hochgestellten Doppelagenten im polnischen Geheimdienst, ein Mann namens Józef Swiatło. Man könnte ihn anweisen, von Warschau bis Moskau die Kunde zu verbreiten, dass Field tatsächlich auf einer Geheimmission nach Prag reise, geschickt von seinem alten Führungsagenten, dem berüchtigten Allen Dulles, um sein ausgedehntes Kontaktnetz aus Kriegszeiten zu reaktivieren – die tapferen Kommunisten, Nationalisten und Antifaschisten, denen er bei seiner Arbeit für eine Hilfsorganisation geholfen hatte, zu überleben. Diese Männer und Frauen seien alle Teil des streng geheimen Spionagenetzes von Dulles und Field.

Nichts davon stimmte – aber Wisner und Dulles wussten, dass sie im fragilen Sowjetreich Chaos stiften konnten, wenn es ihnen gelänge, Stalin diese Geschichte unterzujubeln.

Allen Dulles kannte die Familie Field seit langem. Die meisten Menschen würden es nicht über sich bringen, alte Bekannte als Schachfiguren einer geopolitischen Intrige zu benutzen, aber Dulles war nicht wie die meisten Menschen. Sein Plan war so herzlos wie raffiniert. Indem er die nichtsahnende Familie Field zu Mitgliedern eines ausgedehnten amerikanischen Spionagenetzes machte, würde er Stalin – der frisch erschüttert war von der Abtrünnigkeit des jugoslawischen Marschalls Tito – in Panik versetzen und zu einer Hexenjagd veranlassen, unter der die kommunistischen Regime in ganz Osteuropa zerbrechen würden. Wie bei allen kühnen Schachzügen, die er in seiner Karriere unternahm, warf sich Dulles mit großer Verve in die Operation und gab ihr persönlich einen Codenamen: Splinter Factor.

Dulles hatte die Fields zuerst in der Schweiz während des Ersten Weltkriegs kennengelernt, als er versuchte, Noels Vater als Spion anzuwerben. Herbert Haviland Field war ein in Harvard ausgebildeter, international anerkannter Zoologe, der in Zürich ein wissenschaftliches Institut leitete, das sich der enzyklopädischen Klassifikation des Tierreichs widmete. Der alte Field – ein frommer Quäker mit üppigem Darwin-Bart – wies Dulles ab, gab ihm allerdings von Zeit zu Zeit Informationshäppchen und lud den jungen Diplomaten zum Abendessen in sein Haus. Hier, in der vierstöckigen Fields-Villa auf einem Hügel mit Blick auf den Zürichsee, wurde Dulles mit Noel und seinen drei Geschwistern bekannt. Damals ein schüchterner, schlaksiger Jugendlicher mit langem Gesicht und weichen, suchenden grünen Augen, machte Noel Eindruck auf Dulles, als der Junge auf seine Frage, was er einmal werden wolle, in vollem Ernst erwiderte: »Ich möchte für den Weltfrieden arbeiten.«[12] Noel sah während des Kriegs ganze Züge voller entsetzlich versehrter Soldaten, die durch die neutrale Schweiz fuhren, und wurde so zum engagierten Pazifisten. Nach dem Waffenstillstand bestärkte sein Quäkervater die Gefühle des Jungen, als er ihn auf eine Reise zu den mit Blut getränkten Schlachtfeldern des Kriegs mitnahm.

Als sein Vater nach dem Krieg plötzlich an einem Herzinfarkt starb, schwor Noel in seiner Trauer, ein »Heiliger« zu werden und sein Leben der Linderung des Leids der Menschheit zu weihen.[13] Er schrieb sich in Harvard ein, der Alma Mater seines Vaters, und nachdem er in nur zwei Jahren durch seine Kurse gestürmt und seine Dissertation über den Völkerbund geschrieben hatte, graduierte er 1924 mit Auszeichnung. Kurz darauf heiratete er seine schweizerisch-deutsche Freundin Herta, die er seit seiner Kindheit kannte. Noel bewarb sich beim US Foreign Service, nachdem er mit seinem charakteristischen moralischen Ernst zu dem Schluss gekommen war, dass der Dienst »das bei weitem praktischste Feld ist, auf dem ein Mensch seinen Beitrag zur Völkerverständigung leisten kann«.[14] Nach bestandenen Aufnahmeprüfungen zogen Noel und Herta 1926 nach Washington, D. C., wo er Beamter des Auswärtigen Dienstes im Außenministerium wurde.

Von Anfang an war Noel ein Sonderling in der abgeschotteten Welt des Außenministeriums, dessen Beamte aus dem wohlsituierten Milieu weißer, angelsächsischer Protestanten sich gerne als »ziemlich guten Club« betrachteten. Noel war ein idealistischer Bücherwurm und verriet eine sentimentale Schwäche für die linken Anliegen der Zeit, vom Prozess gegen die Anarchisten Sacco und Vanzetti bis zum Protestmarsch verarmter Veteranen nach Washington 1932, der in Gewalt endete, als General Douglas MacArthur seine Truppen gegen die Demonstranten vorrücken ließ. Während andere junge Beamte des Auswärtigen Dienstes mit ihresgleichen in Washingtons exklusiven Clubs dinierten, frequentierten Noel und Herta die nach Rassen getrennten Theater der Hauptstadt, wo sie bei ihren schwarzen Freunden saßen. Die Fields luden ihren ethnisch gemischten Freundeskreis auch in ihr Heim in der Washingtoner Innenstadt ein, eine bescheidene, von Katzen wimmelnde Wohnung.

Obwohl er nicht in die Kommunistische Partei eintrat, war Noel von der sowjetischen Revolution fasziniert, die er immer mehr als Hoffnungsträger für eine von Krieg, Gier und Armut zerrissene Welt zu sehen begann. Er brachte sich mit Hilfe von Schallplatten selbst Russisch bei, mochte den Klang der Sprache und wollte Lenin und Stalin im Original lesen.

In einer späteren Ära wären Noel und Herta Field schlicht irgendein junges, freigeistiges Paar mit einer Vorliebe für utopische Träumereien, Bücherclubs, Wanderungen und Zelten in der freien Natur gewesen. Aber im Washington der späten 1920er und frühen 1930er Jahre, wo die wachsende Misere der Weltwirtschaftskrise die Verzweifelten und Idealisten in extreme Richtungen trieben, schienen den Fields damit Schwierigkeiten vorgezeichnet.

1934 geriet das Paar an eine Wienerin namens Hede Massing, die sich als sowjetische Geheimdienstagentin entpuppte. Noel begann, an Massing heimlich Informationen und Kopien weiterzugeben. Doch der immer quälendere Loyalitätskonflikt veranlasste ihn 1935, aus dem Außenministerium auszuscheiden und mit Herta nach Genf zu ziehen, wo er eine Stelle bei der Abteilung für Abrüstung des Völkerbunds antrat.

Field glaubte, durch die Rückkehr in die Schweiz eine ehrenhafte Neutralität wahren zu können, überzeugte sich dann aber im Verlauf seiner weiteren Karriere in Übersee – die ihn während des Zweiten Weltkriegs von der Stelle beim Völkerbund schließlich zur humanitären Hilfe für Flüchtlinge vor dem Naziregime führte –, dass er guten Gewissens seinem eigenen Land und der Sowjetunion gleichzeitig dienen könne. Doch am Ende sollte er zwischen diesen beiden unerbittlichen Kräften zerquetscht werden. Beide Seiten sahen den träumerischen Field als nützliches Opfer. Earl Browder, Führer der Kommunistischen Partei der Vereinigten Staaten, bezeichnete ihn als »ein dummes Kind im Wald«.[15] Was Allen Dulles betraf, der einst so beeindruckt von der Aufrichtigkeit des jugendlichen Fields gewesen war, so betrachtete er ihn schließlich nur als eine weitere der »kleinen Mäuse«, deren Genick bald gebrochen würde.

Während des Kriegs meldete sich Field freiwillig, um für Dulles zu arbeiten, und benutzte seine Tarnung als Mitarbeiter der Flüchtlingshilfsorganisation Unitarian Service Committee, um Nachrichten in beide Richtungen über die Schweizer Grenze zu schmuggeln und Geldpäckchen des OSS an Widerstandskämpfer in Frankreich zu überbringen. Noel war besonders nützlich als Kurier zum kommunistischen Untergrund in Deutschland. Die Pflegetochter der Fields, Erica, erwies sich für Dulles ebenfalls als nützlich und schmuggelte auf dem Fahrrad Waffen und Arzneien über die Grenze nach Frankreich.

Es war klar, dass Noels antifaschistische Arbeit einen kommunistischen Einschlag hatte. Im Februar 1945 traf er mit Dulles' schriftlichem Segen im OSS-Büro in Paris ein. Field traf sich mit dem jungen OSS-Agenten

Arthur Schlesinger jr., dem späteren Historiker und Kennedy-Berater im Weißen Haus. Field schlug vor, das OSS solle die Rekrutierung linker deutscher Flüchtlinge in Frankreich finanziell unterstützten, um sie dann in befreiten Gebieten Deutschlands abzusetzen, damit sie dort sofort mit dem Aufbau neuer politischer Strukturen beginnen könnten. Schlesinger, ein Mann der Linken, aber auch ein glühender Antikommunist, witterte hinter Fields Ansinnen sofort eine List, der Sowjetunion einen Vorsprung bei der Vereinnahmung Deutschlands zu verschaffen.

Schlesinger entwickelte umgehend eine heftige Abneigung gegen Field. Jahre später beschrieb er ihn als einen »Quäkerkommunisten, erfüllt von Idealismus, Selbstgefälligkeit und Opferpathos«.[16] Oder, wie ein anderer Beobachter es ausdrückte, Field verströmte »die Arroganz der Bescheidenheit«.[17] Nach Schlesingers Einschätzung war er weniger eine gefährliche als eine lächerliche Figur. Seine fromme Hingabe an die sowjetische Sache »fügte den Interessen der Vereinigten Staaten wenig Schaden zu«. Dennoch riet Schlesinger nach ihrer Begegnung in Paris seinen OSS-Vorgesetzten eindringlich davon ab, sich Fields Plan für Nachkriegsdeutschland zu eigen zu machen.

Dulles finanzierte Fields Projekt schließlich doch, was ihn später den Spott seiner britischen Geheimdienstkollegen eintrug. Einige Beobachter meinen allerdings, dass es ihm gerade deshalb später so leicht fiel, Field mit der Lüge, er sei ein Geheimagent, der hinter dem Eisernen Vorhang für die Amerikaner arbeite, ans Messer zu liefern. Doch als Dulles beschloss, Noel an Stalin zu verfüttern – und dann, eins nach dem anderen, drei weitere Mitglieder seiner Familie –, war wohl weit weniger Wut als einfach kühle Berechnung die treibende Kraft.

Nachdem Noel in Prag verschwunden war, bat seine Familie Dulles, den sie in ihrem Haus in Zürich einst als Gast bewirtet hatte, um Hilfe. Sowohl Noel Field als auch sein Vater hatten ihm damals Dienste erwiesen. Aber Dulles rührte keinen Finger, um Field zu retten. Und er unternahm nichts, um Noels Familienmitglieder daran zu hindern, geradewegs in dieselbe Falle zu tappen.

Drei Monate nach Beginn seines langen Martyriums in Polen als Gefangener des stalinistischen Regimes wurde Noels Bruder Hermann zu einer weiteren Befragung aus seiner Zelle geholt.[18] Dieses Mal war Hermanns Vernehmungsbeamter jemand wie er selbst – eine legerer Akademiker in den Vierzigern. Er schien gewillt, Hermann aus seiner Notlage zu befreien, wenn er nur kooperieren würde. Es mache keinen Sinn, weiter Spielchen zu treiben: Der polnische Geheimdienst sei darüber im Bilde, dass er und sein Bruder an einer Verschwörung gegen die friedliebenden Völker der kommunistischen Welt beteiligt seien.

Hermann, politisch ein unbeschriebenes Blatt, dessen Ideologie kaum aus mehr bestand als einem Quäkertum der guten Taten, war völlig verwirrt. Er hatte keine Ahnung, warum er oder sein Bruder in diesen kafkaesken Albtraum geraten waren. »Aber Sie reden doch Unsinn«, antwortete er dem Vernehmungsbeamten. »Was denn für eine Verschwörung? Sagen Sie mir, was ich Ihnen getan habe. Nennen Sie mir nur ein Beispiel.«

Der legere Mann stand auf und ging auf und ab. Plötzlich hielt er inne und platzte mit den Worten heraus: »Und wer ist Allen Dulles? ... Mr. Field, jetzt erklären Sie mir genau, welcher Art Ihre Beziehung zu Allen Dulles war und wie die Aufträge aussahen, die Sie von ihm erhielten.«

Hermanns Verhörbeamter dachte offenbar, dass Field bei der plötzlichen Erwähnung von Dulles' Namen endlich zusammenbrechen würde. Aber die Frage verwirrte Hermann nur noch mehr. Field war zu jung, um sich daran zu erinnern, dass ihm Dulles als Kind in Zürich begegnet war. Er hatte nur eine vage Erinnerung an den Namen.

»Es gibt einen John Foster Dulles«, sagte Hermann hilfsbereit. »Das ist der einzige Mensch dieses Namens, den ich kenne. Er ist so eine Art außenpolitischer Berater der Republikanischen Partei.«

Aber der Vernehmungsbeamte wollte von diesem Ausweichmanöver nichts hören. Stunde um Stunde quälte er Hermann immer mit derselben Frage. »Ich kam mir vor wie im Irrenhaus«, erinnerte sich Field später.[19]

Tatsächlich stand der geheimnisvolle Allen Dulles wirklich im Zentrum von Fields Martyrium. Field wusste es nur einfach nicht.

Operation Splinter Factor übertraf die kühnsten Träume des OPC.[20] Stalin war überzeugt, dass die Fields im Zentrum einer weitgespannten Verschwörung standen, um im ganzen Ostblock antisowjetische Elemente in Führungspositionen zu schleusen. Das Komplott von Dulles und Wisner verschlimmerte die bereits grassierende Paranoia des Diktators und resultierte in einer gewaltigen Terrorwelle, die, bevor sie schließlich auslief, das Leben von unzähligen Menschen vernichtete. Hunderttausende in ganz Osteuropa wurden verhaftet, viele gefoltert und hingerichtet. In der Tschechoslowakei wurden beinahe 170 000 Mitglieder der Kommunistischen Partei als Verdächtige des erfundenen Field-Komplotts verhaftet, die politische Krise verschärfte sich derart, dass darüber beinahe die Wirtschaft zusammenbrach.

Jeder, der mit Noel Field während seiner Flüchtlingsarbeit im Krieg auch nur entfernt in Berührung gekommen war, wurde einer radikalen Säuberung unterzogen. Viele der verhafteten Funktionäre und Amtsträger waren in ihren Ländern Kriegshelden gewesen – antifaschistische Kämpfer, die die Nazibesatzung überlebt hatten, nur um von Stalins Geheimpolizei fälschlich als Verräter beschuldigt zu werden. Die meisten Opfer waren unabhängige, national gesinnte Geister, die Art von Politikern, die das Interesse ihres eigenen Volkes über den blinden Gehorsam gegenüber Moskau stellten. Jüdische Funktionsträger, die einer »kosmopolitischen« und »zionistischen« Gesinnung verdächtigt wurden, ertrugen ebenfalls die Wucht der stalinistischen Säuberungen.

Daheim in Washington jubilierte Wisner über jede neue Verhaftungswelle, jede neue Runde von Schauprozessen, bei denen die Angeklagten dazu gebracht wurden, sich selbst öffentlich zu verdammen, bevor sie hingerichtet wurden. »Die Genossen stecken einander fröhlich das Messer in den Rücken und erledigen die Schmutzarbeit für uns«, freute sich Wisner hämisch.[21]

Die Männer des Office for Policy Coordination wussten, dass viele der Opfer von Operation Splinter Factor Patrioten waren, die von ihrem eigenen Volk geliebt wurden. Aber in den Augen von Dulles machte sie das in Wirklichkeit noch gefährlicher. Dulles wollte Osteuropa jeglicher Hoffnung berauben, um auf diese Weise proamerikanischen, antisowjetischen Regierungen den Weg zu bahnen. »Die Nationalkommunisten machten den Kommunismus für die Menschen annehmbar, und gerade deshalb mussten sie beseitigt werden.«[22]

Als Folge der sich rasch ausbreitenden Inquisition fror der politische Dialog in Osteuropa ein, die Daumenschrauben der Gedankenkontrolle wurden immer fester angezogen, der kulturelle Austausch und der Handel mit dem Westen versiegten. Für Dulles jedoch waren all dies positive Entwicklungen. Wie die rigidesten Marxisten glaubte er, dass die versklavten Völker Osteuropas durch Steigerung ihres Leids schließlich dazu getrieben würden, sich gegen ihre sowjetischen Herren zu erheben. Aber wie im Fall der eingefleischten Kommunisten, die für die »Verschärfung der Widersprüche« eintraten, um die glorreiche Revolution auszulösen, brachte Operation Splinter Factor den Menschen im Sowjetblock nur noch mehr Elend. Dulles lebte nicht lange genug, um ihren Tag der Befreiung zu erleben.

Erica Wallach wurde 1954 aus ihrem arktischen Gulag befreit, nachdem Stalin gestorben war und die »Field-Verschwörung« hinter dem Eisernen Vorhang endlich als das enthüllt wurde, was sie war: ein teuflisch cleverer Geistesblitz von Allen Dulles. Sie wurde in den Gewahrsam der sowjetischen Geheimpolizei überstellt, die sich entschuldigte und ihr Geld anbot, um sie dann nach Ostberlin zu bringen, wo man sie in ein Taxi zum Grenzübergang nach Westen setzte. Sie ging zu Fuß durch das Brandenburger Tor, genau wie sie ihre grauenvolle Reise fünf Jahre und zwei Monate zuvor begonnen hatte.

Auch die Fields wurden in jenem Jahr freigelassen. Hermann kehrte in die Vereinigten Staaten zurück, wo er an der Tufts University Professor für Stadtentwicklung und ein führender Umweltschützer wurde und Romane schrieb. Noel und Herta schockierten ihre Familie mit dem Entschluss, in Ungarn zu bleiben, wo sie einen ruhigen Lebensabend verbrachten. Für Noel war der persönliche Verrat durch Dulles und sein eigenes Land letzten Endes unverzeihlicher als die Jahre der Misshandlung von der Hand der kommunistischen Genossen. »Er sprach nie mit mir über seine Jahre im Gefängnis«, sagte Hermann über seinen Bruder. »Er tat die Episode als stalinistische Verirrung ab. Er war ein wahrer Gläubiger … bis zum Ende seines Lebens.«[23]

Wallach war begierig darauf, ihren Ehemann und ihre beiden Kinder wiederzusehen, obwohl so viel Zeit verstrichen war, dass sie sich unsicher war, wie sie mit ihrer Familie einen neuen Anfang finden sollte. Es sollte zwei Jahre dauern, bevor die amerikanischen Behörden ihr schließlich die Einreise in die Vereinigten Staaten erlaubten. »Ich wurde ständig verhört – sagen wir es so«, sagte sie später. »Nicht befragt, verhört. Mein Visum wurde dreimal abgelehnt, obwohl ich einen amerikanischen Ehemann und amerikanische Kinder hatte, die dort lebten.«[24]

Die Ironie entging ihr nicht. Die offizielle Mentalität auf beiden Seiten des Kalten Kriegs war bemerkenswert ähnlich. Die amerikanischen Vernehmungsbeamten stellten ihr dieselben Fragen wie ihre sowjetischen Kollegen.

Nachdem sie endlich in die USA reisen durfte, richtete sich Wallach in einem komfortablen Familienleben ein. Ihr Ehemann hatte eine erfolgreiche Karriere als Bankier in Washington eingeschlagen, die Familie lebte im grünen Pferdeland von Virginia nicht weit vom neuen internationalen Flughafen, der auf den Namen John Foster Dulles getauft wurde. Wallach unterrichtete Französisch und Latein in der exklusiven Highland School.

Sie schrieb ein Buch über ihre Jahre in Gefangenschaft, aber sie glaubte nicht, dass ihr Martyrium sie in besonderer Weise heraushob. »Vom europäischen Standpunkt aus gesehen«, bemerkte sie trocken, sei das »eine recht alltägliche Geschichte«.[25]

Jahre später wurde Wallach klar, dass Dulles eine bedeutende Rolle in ihrem Matyrium gespielt hatte. Sie hatte in Deutschland unmittelbar nach dem Krieg in der OSS-Basis außerhalb von Wiesbaden kurzzeitig für Dulles gearbeitet, wo der Geheimdienst den prachtvollen Stammsitz der Sektkellerei Henkel in Beschlag genommen hatte. Wallach gehörte zu den wenigen Frauen, die damals auf Dulles' OSS-Gehaltsliste standen, und war ihm unzweifelhaft ins Auge gefallen. Sie hatte in der Sektkellerei auch bei Frank Wisner gearbeitet. Doch keiner der beiden Männer drückte je sein Bedauern aus für das, was sie der jungen Mutter angetan hatten.

Ein paar Monate vor ihrem Tod 1993 erzählte Wallach einem Journalisten, der sie in ihrem herrschaftlichen Haus in Nordvirginia besuchen kam, ihre Geschichte. Von ihrer tödlichen Krebserkrankung gezeichnet, schien sie auf ihre Vergangenheit mit erhabener Entrücktheit und umso größerer Klarheit zu schauen. Sie ließ sogar – ein distanziertes – Verständnis erkennen für das geheimdienstliche Geschick hinter der Dulles-Operation, in deren Hinterhalt ihr Leben geraten war. »Allen Dulles' Motive kann man sich leicht vorstellen«, sagte sie. »Alles, was die Situation in Osteuropa destabilisierte, war gut für die amerikanischen Interessen. Stalin war paranoid genug. Die Säuberungen waren sehr real. Indem man das Feuer anfachte, konnte man die Menschen gegen den Kommunismus aufbringen. Die Strategie ist völlig verständlich.«

Sie konnte sogar erkennen, warum Noel Field ein so verlockendes Opfer für Dulles abgegeben hatte. »Und dann haben wir da diesen Narren Noel Field, einen Romantiker. Er war überall gewesen, er steckte voller Enthusiasmus, er pendelte frei zwischen diesen Ländern hin und her. Ich glaube nicht, dass Allen Dulles Noel Field hasste, überhaupt nicht. Aber die Gelegenheit war zu gut, um sie verstreichen zu lassen.«

Doch selbst in ihrem erleuchteten Zustand war Erica Wallach nicht bereit, Allen Dulles ganz zu vergeben. Es gab etwas Beunruhigendes an dem Mann, in seinem Innersten, das sie, solange ihr noch die Zeit blieb, dem Gedächtnis überantworten wollte. »Dulles hatte eine gewisse Arroganz, indem er glaubte, er könne mit dem Teufel paktieren – mit dem Teufel jeder beliebigen Seite –, und trotzdem Allen Dulles bleiben«, sagte sie ihrem Besucher. »Er konnte mit Noel Field arbeiten und ihn verraten. Er konnte mit den Nazis und mit den Kommunisten arbeiten. Er hielt sich für unberührbar durch diese Erfahrungen, aber natürlich kommt man nicht umhin, davon berührt zu werden, in Mitleidenschaft gezogen zu werden, ganz gleich, wie nobel die eigene Sache ist.«[26]

8 Zeit der Halunken

Ende August 1947 traf Richard M. Nixon, ein frischgewählter Kongressabgeordneter aus Südkalifornien, in New York ein, um sich auf der luxuriösen »Queen Mary« zu einer Informationsreise in das vom Krieg verwüstete Europa einzuschiffen, die er später als »eines der fesselndsten Erlebnisse« seines Lebens bezeichnete.[1] Nixons Eltern waren gekommen, um ihren ehrgeizigen Sohn zu verabschieden, und bevor der Ozeandampfer auslief, schaute sich die Familie das Musical *Oklahoma!* an, ein Dauerbrenner am Broadway. Der junge Kongressabgeordnete war Teil einer neunzehnköpfigen Delegation unter Leitung des Abgeordneten Christian Herter, ein patrizischer Republikaner aus Massachusetts, der den Auftrag erhalten hatte, die Verwüstungen des Kriegs zu taxieren. Präsident Truman hoffte, die weithin publizierte Reise der parteiübergreifenden Delegation würde ihm helfen, die Zustimmung des Kongresses für den Marshallplan zu gewinnen, sein ehrgeiziges, viele Milliarden Dollar schweres Hilfspaket zum Wiederaufbau Europas. Trumans durchgreifender Vorschlag stieß bei den konservativen Republikanern, die darin ein weiteres Beispiel für die Verschwendungssucht der Demokratischen Partei sahen, auf heftige Ablehnung.

Daheim in Whittier, Kalifornien, hatte ein konservativer Geschäftsmann, der im Jahr zuvor dazu beigetragen hatte, Richard Nixon den erfolgreichen Eintritt in die Politik zu ebnen, den jungen Kongressabgeordneten gewarnt, auf der Vergnügungsreise durch Europa bloß nicht den aalglatten Typen des Außenministeriums auf den Leim zu gehen. Das Land könne sich nur von den »Katerphilosophien des New Deal« befreien, wenn republikanische Kongressabgeordnete wie Nixon »klug genug sind, sich nicht zur Unterstützung einer gefährlich funktionsuntüchtigen und zutiefst inflationären Außenpolitik verleiten zu lassen«.[2]

Herter, ein Mann aus dem Bostoner Altadel, der mit einer Erbin von Standard Oil verheiratet war, gehörte zu der überparteilichen, internationalistischen Elite, die diese Art des Denkens als engstirnig und isolationistisch ablehnte. Herters Kreis sah den Marshallplan nicht nur als wesentliches Gegenmittel, um der wachsenden Anziehungskraft des Kommunismus im verarmten Westeuropa entgegenzuwirken, sondern als finanziellen Segen für Amerikas Exportindustrie und internationale Banken, die enorm von der Wiederbelebung der europäischen Märkte profitieren würden. Herter bat einen seiner ältesten Freunde, die Delegation zu begleiten – Allen Dulles, ein Mann, der seine Ansichten teilte und für seine Überredungskunst bekannt war. (Dulles hatte ein weiteres Motiv für die Unterstützung des Marshallplans: Er und Frank Wisner würden später Mittel aus dem Fonds zur Finanzierung ihrer antisowjetischen Operationen in Europa verwenden.) Als junge Diplomaten in Bern während des Zweiten Weltkriegs hatten Dulles und Herter zusammen die Freuden des Junggesellenlebens genossen. Jetzt würde die lange Europarundreise des Herter-Komitees – eine politische Expedition, die mehr als zwei Monate dauern würde – Dulles und Herter ausgiebig Gelegenheit verschaffen, konservative Skeptiker wie den jungen Richard Nixon auf ihre Seite zu ziehen.

Die opulente Unterbringung an Bord der »Queen Mary« war weit entfernt von den trostlosen Veteranenhallen und Schulauditorien, in denen Nixon nur ein paar Monate zuvor während seines Wahlkampfs seine Tage verbracht hatte. Am Vorabend der Reise hatte Nixon ernstlich erklärt: »Dies wird keine Vergnügungsreise. Es wird keine Cocktailparty über dem Atlantik.«[3] Freilich bot der Luxusdampfer der Delegation zwischen den Sitzungen eine Fülle von Ablenkungen, angefangen bei seinem prachtvollen, drei Decks hohen Speisesaal über den eleganten gekachelten Swimmingpool bis hin zur Aussichtsbar im Jugendstil mit spektakulären Panoramablicken über den Ozean. Das vielstöckige Kreuzfahrtschiff hatte schon Gäste wie Clark Gable, Greta Garbo, Fred Astaire, Winston Churchill und General Eisenhower beherbergt. Das war alles ganz schön aufregend für den vierunddreißigjährigen Nixon, Sprössling einer Quäkerfamilie, deren Lebensmittelladen mit Tankstelle immer knapp am Bankrott vorbeigeschrammt war.

Seine ganze Karriere lang war Nixon von einem alles verzehrenden Ehrgeiz getrieben, gespeist von Ressentiment und Neid, von dem Gefühl, dass er immer vom Oberdeck ausgeschlossen bleiben würde, wo Männer wie Allen Dulles und Christian Herter hingehörten. Als Nixon 1937 kurz vor dem Abschluss seines Jurastudiums an der Duke University stand, verbrachte er eine frostige Weihnachtswoche in New York auf der Suche nach einer Einstiegsposition bei einer prestigeträchtigen Wall-Street-Firma. Es gelang ihm, ein Vorstellungsgespräch bei Sullivan & Cromwell zu bekommen, der Kanzlei seiner Träume. Als er in der Lobby wartete, staunte er über die »dicken, luxuriösen Teppiche und die schöne Eichenholzvertäfelung«, ein Bild wirtschaftlicher Macht und Behaglichkeit, das ihm viele Jahre in Erinnerung blieb. Aber er traf keinen der Dulles-Brüder bei seinem Bewerbungsgespräch, und Sullivan & Cromwell – die wie alle führenden New Yorker Kanzleien der Zeit ihre jungen Talente ausschließlich aus den Eliteuniversitäten der Ostküste rekrutierte – zeigte kein Interesse an diesem Zögling des Whittier College und der Duke University. Nixon, der sich während seiner einwöchigen Jagd auf einen Job nur ein Zimmer im christlichen Männerwohnheim leisten konnte, im Sloane House an der West Thirty-Fourth Street, empfand ein bitteres Gefühl der Zurückweisung, als er an die Uni zurückkehrte. »Er war von New York nicht bezaubert«, erinnerte sich ein Kommilitone Nixons.[4] Er hatte das Gefühl, dass ihm die Stadt einen Schlag ins Gesicht verpasst hatte.

Doch hier war er nun, zehn Jahre später, fürstlich bewirtet auf der »Queen Mary« in derselben privilegierten Gesellschaft wie Allen Dulles. Der Agentenführer und Herter nahmen den jungen Kongressabgeordneten während der Ozeanüberquerung unter ihre Fittiche. Sie belehrten ihn über die Bedeutung von Hilfen für das Ausland zur Förderung der ökonomischen und politischen Interessen der USA. Als die Delegation Anfang Oktober in die Vereinigten Staaten zurückkehrte, saß Nixon fest im Boot der Marshallplan-Befürworter. Der neue Enthusiasmus des Kongressmannes für Trumans ehrgeizigen Vorschlag kam bei seinen konservativen Unterstützern daheim nicht gut an. Aber Nixon war klug genug, zu begreifen, dass so hohe Vertreter der republikanischen Ostküstenelite wie Dulles und Herter für ihn von größerem Nutzen sein konnten als die südkalifornischen Zitrusfarmer und Geschäftsleute, die seiner Karriere auf die Sprünge geholfen hatten.

Die politische Beziehung, die so zwischen dem aufstrebenden Politiker aus Kalifornien und Dulles' Ostküstenzirkel geschmiedet wurde, sollte zu einer der bedeutsamsten Partnerschaften der Nachkriegszeit werden. Nixon wurde für die Dulles-Gruppe zu einer potenten politischen Waffe, ein listiger Weichensteller, dem es gelang, sich bei der Basis der Republikanischen Partei Glaubwürdigkeit als solider Konservativer zu verschaffen, während er gleichzeitig verlässlich den Interessen der privilegierten Führungsschicht der Republikaner diente. Gemeinsam sorgten der Dulles-Zirkel und Richard Nixon für einen heftigen Rechtsruck in der Politik des Landes, vertrieben die Überreste des New-Deal-Regimes aus Washington und errichteten eine neue Herrschaftsordnung, die weitaus besser im Einklang mit den Finanzinteressen des Dulles-Kreises stand. Der Dulles-Nixon-Allianz gelang es meisterhaft, die Panik des Kalten Kriegs, die von der Nation Besitz ergriff, für ihre Zwecke auszuschlachten und die verbliebenen wahren Roosevelt-Anhänger aus dem Staatsapparat zu entfernen, zusammen mit ein paar echten kommunistischen Maulwürfen, die nur eine marginale Bedrohung der nationalen Sicherheit darstellten. Als Washingtons antikommunistische Hexenjagd außer Kontrolle geriet und auch diejenigen zu verschlingen drohte, die sie entfesselt hatten, erwies sich Nixon für Dulles wieder von großem Nutzen, indem er mit ihm zusammen daran arbeitete, das Kesseltreiben in sicheren Grenzen zu halten. Im Gegenzug für seine Dienste gewann Nixon die Patronage der Königsmacher im Dulles-Zirkel, die den steten Aufstieg des Politikers zum höchsten Thron in Washington sicherstellte.

Als Nixons Aufstieg an die Macht Jahre später durch seine Niederlage gegen John F. Kennedy im Präsidentschaftswahlkampf von 1960 ins Stocken geriet, schickte Dulles dem Verlierer einen warmherzigen Brief, in dem er ihn daran erinnerte, dass »wir zusammengearbeitet haben seit den Tagen der Marshallplan-Mission«.[5] Tatsächlich reichte das Dulles-Nixon-Bündnis in die Zeit vor ihrer Reise auf der »Queen Mary« zurück, aber der Agentenführer war verständlicherweise abgeneigt, seine wahren Ursprünge aktenkundig zu machen. Laut John Loftus, dem ehemaligen Nazijäger des US-Justizministeriums, kamen die beiden Männer bereits Ende 1945 in Kontakt, als der junge Marineoffizier Richard Nixon im Auftrag der Marine die Ostküste hinauf- und hinunterfuhr, um kriegsbedingte Geschäfte abzuwickeln. Bei der Sichtung militärischer Akten stieß Nixon in einer alten Torpedofabrik am Potomac auf der Seite Virginias auf aufschlussreiche Nazidokumente. Einige davon offenbarten, wie die Dulles-Brüder während des Kriegs beim Waschen von Nazigeldern geholfen hatten. Loftus vermutet unter Bezug auf vertrauliche Geheimdienstquellen, dass Dulles und Nixon damals einen Handel schlossen. »Allen Dulles«, berichtete Loftus, »wies ihn an, Stillschweigen über das Gesehene zu bewahren, und [Dulles] sorgte für die Finanzierung des ersten Kongresswahlkampfs des jungen Manns gegen Jerry Voorhis.«[6]

Dulles und seine Klienten aus dem Bank- und Ölgeschäft hatten reichlich Gründe, Voorhis aus Nixons Heimatwahldistrikt in Südkalifornien aufs Korn zu nehmen, einen demokratischen Kongressabgeordneten und Verfechter des New Deal, der bereits zum fünften Mal zum Repräsentanten des Bezirks gewählt worden war. Der kämpferische Kongressabgeordnete war ein besonders lästiger Stachel im Fleisch der Wall Street und der Ölkonzerne. Voorhis ließ die Bankenindustrie mit seinem Vorhaben erzittern, dass die Bundesregierung die in Privatbesitz befindlichen regionalen Federal Reserve Banks übernehmen solle – ein radikaler Vorschlag, der kurzzeitig die Unterstützung Präsident Roosevelts gewann, schließlich aber an der Bankenlobby scheiterte. Voorhis war erfolgreicher bei seinem Bemühen, die Macht der großen Erdölgesellschaften zu zügeln. 1943, nachdem er erfahren hatte, dass die US-Marine drauf und dran war, Standard Oil exklusive Bohrrechte in dem als Förderreserve für die Marine bestimmten Erdölfeld Elk Hills in Zentralkalifornien zu gewähren, enthüllte Voorhis die Kungelei und erreichte, dass ihr ein Riegel vorgeschoben wurde. Der Kongressabgeordnete zog noch mehr Zorn der

Erdölkonzerne auf sich, als er sich gegen Pläne für Ölbohrungen vor der Küste Kaliforniens aussprach und für die Abschaffung des liebsten Steuervorteils der Industrie eintrat, der Möglichkeit, die Gewinne aus der Ölförderung mit dem durch die Förderung eintretenden Wertverlust der Quelle zu verrechnen (*oil depletion allowance*).

Durch seine Bestrebungen, das geheime Einverständnis zwischen Klienten von Sullivan & Cromwell wie Standard Oil und DuPont und Nazikartellen wie I.G. Farben zu durchleuchten, bedrohte Voorhis außerdem die Dulles-Brüder direkt. Voorhis entnervte den Dulles-Zirkel noch mehr mit seiner Forderung nach einer Kongressuntersuchung der umstrittenen Bank für Internationalen Zahlungsausgleich, wobei er den Vorwurf erhob, dass der Präsident der Bank, Thomas McKittrick, eine enger Partner der Dulles-Brüder, ein Nazikollaborateur sei.[7]

Für die großen amerikanischen Unternehmen waren Washingtoner Politiker wie Voorhis die Personifizierung ihrer New-Deal-Albträume. Mit seinen kantigen Zügen hatte der Mittvierziger das gute Aussehen eines Filmstars. Genau wie Roosevelt hatte er eine Oberschichterziehung genossen, die er mit populistischen Instinkten verband, eine Mischung, die Roosevelt zu einer so furchteinflößenden Bedrohung rechter Wirtschaftsinteressen gemacht hatte. Voorhis, Sohn eines Managers der Automobilindustrie, wurde in der Hotchkiss School und in Yale ausgebildet, lehnte als junger Mann aber seinen privilegierten Hintergrund ab, heiratete eine Sozialarbeiterin, arbeitete bei Ford am Fließband und wurde Sozialist. Er änderte die Parteizugehörigkeit 1934, als er zur Demokratischen Partei stieß und in die kalifornische Politik ging, aber die Liste seiner Abstimmungen im Kongress zeigt, dass er stets der Parteilinken treu blieb.

1944 veröffentliche Voorhis ein Buch mit dem Titel *Beyond Victory*, in dem er als Führer der progressiven Gruppe im Kongress seine Entschlossenheit unterstrich, nach dem Krieg in den USA weiter auf ehrgeizige Reformen zu drängen. Voorhis ließ bei seinen Feinden in den Konzernetagen die Alarmglocken schrillen, als er die Verstaatlichung des Transport-, Energie- und Versorgungssektors forderte sowie eine durchgreifende Reform des Bankwesens. Er wollte eine landesweit tätige Genossenschaftsbank schaffen, die in Konkurrenz zu Privatbanken treten sollte, und er strebte ein soziales Sicherungssystem an, das ein landesweites Mindesteinkommen garantierte.[8]

Voorhis' Feinde aus der Wirtschaft suchten lange vor dem Kongresswahlkampf 1946 einen starken Kandidaten, der ihrem Erzfeind den Sitz abnehmen konnte. Noch in Uniform, wurde Nixon von Herman Perry, einem Freund der Familie, der die Filiale der Bank of America in Whittier leitete, dafür gewonnen, gegen den populären Progressiven anzutreten. Nixon beharrte später darauf, dass keine mächtigen Interessen hinter seinem politischen Debut gestanden hätten, nur »typische Repräsentanten der südkalifornischen Mittelklasse: ein Autohändler, ein Bankdirektor, ein Druckereivertreter, ein Möbelhändler«.[9] Aber Voorhis kannte die Wahrheit. Er schrieb später in seinen unveröffentlichten Erinnerungen, dass er zur Zielscheibe von mächtigen Bankiers der Ostküste und Ölleuten geworden sei, die in ihm »einen der gefährlichsten Männer in Washington« gesehen hätten. Im Herbst 1945 flog Voorhis zufolge ein großer New Yorker Bankier nach Südkalifornien, setzte sich dort mit den örtlichen Bankiers zusammen und hielt ihnen eine Standpauke, dass sie einem solchen progressiven Hitzkopf erlaubten, ihren Distrikt zu vertreten.

Nixon wusste, dass es einer großen Wahlkampfkasse bedurfte, um Voorhis mit seinen fünf Amtsperioden zu besiegen – und er machte außerdem klar, dass er nicht daran interessiert sei, für das Amt zu kandidieren, wenn er dafür eine Gehaltskürzung in Kauf nehmen müsste. Republikanische Wirtschaftskreise in New York und Los Angeles sorgten rasch dafür, dass der Wahlkampf gegen Voorhis die Mühen des Kandidaten wert war. Ein Manager von der Firma Gladding, McBean, ein großer Keramikhersteller, dessen Vorstandschef im Aufsichtsrat von Standard Oil saß, erinnerte sich später, wie die Unternehmen die Parole ausgaben, Nixon zu unterstützen. Auf einer Sitzung von fünfundsiebzig Managern in dem schicken kalifornischen Ausflugsort Ojai lobte der Präsident von Gladding, McBean den »frisch aus der Marine kommenden jungen Mann«, der für den Kongresswahlkampf aufgestellt worden war, in den höchsten Tönen. »Aufgeweckt wie nur was. Genau was wir brauchen, um Jerry Voorhis loszuwerden. … Er sagt, er kann nicht vom Gehalt eines Kongressabgeordneten leben. Braucht weit mehr als das, um dem zu entsprechen, was er, wie er weiß, in einer privaten Anwaltskanzlei verdienen kann. Die Jungs brauchen Bares, um den Unterschied auszugleichen. Wir werden helfen.«[10]

Gladding, McBean wurde der entscheidende Geldeintreiber für Nixon, bat seine eigenen Manager um Wahlkampfspenden und sprach andere Firmen an. Der Präsident des Unternehmens verlangte, dass seine Managerkollegen das Geld in Cash in seinem Büro abgaben. »Wir müssen einfach diesen Sozi Voorhis loswerden«, ermahnte er sein Team. Die brachiale Methode wirkte. Allein im Unternehmen Gladding, McBean kamen mindestens 5 000 Dollar von den Angestellten zusammen, was einem heutigen Wert von 65 000 Dollar entspricht. Gemeinsam trugen Nixons Unterstützer aus der Wirtschaft für den Wahlkampf einen »Pott zusammen, der groß genug war, um die Welt zu versenken«, wie es der Finanzvorstand von Gladding, McBean später ausdrückte.

Das Firmenprofil von Gladding, McBean war unauffällig genug, um der Aufmerksamkeit der Wahlprüfer zu entgehen, dabei konnte sich der Vorstand des Unternehmens einer Bandbreite exzellenter Verbindungen in Politik und Finanzwelt rühmen. Einer der Vorstände, der Justiziar Herman Phleger aus Los Angeles, hatte mit Allen Dulles nach dem Krieg in Deutschland zusammengearbeitet und diente später seinem Bruder im Außenministerium als Anwalt. Der Nixon-Voorhis-Wahlkampf fand zwar auf der den Machtzentren an der Ostküste gegenüberliegenden Seite des Landes statt, in einem entlegenen vorstädtischen Distrikt Kaliforniens, wo die Landschaft noch von Orangenhainen geprägt war, aber im Ergebnis sollte er die nationale Politik auf Jahre hin formen.

Als der Kongresswahlkampf im Sommer 1946 Fahrt aufnahm, wurde Nixons reichen Unterstützern klar, dass sie den richtigen Mann gewählt hatten, um Voorhis zu schlagen. Der republikanische Herausforderer führte einen skrupellosen Wahlkampf, in dem er den Amtsinhaber als wirkungslosen linksgerichteten Träumer und Sympathisanten der Kommunistischen Partei hinstellte, zudem als Werkzeug der von den Roten dominierten Gewerkschaften – nichts davon traf zu. Tatsächlich hatte Voorhis lange gegen die Unterwanderung liberaler Gruppen durch die Kommunistische Partei gekämpft und 1940 sogar ein Gesetz eingebracht, das die Registrierung von politischen Gruppen verlangte, die mit ausländischen Mächten verbunden waren – ein Gesetz, das ebenso gegen die von Moskau beherrschte Kommunistische Partei der USA wie gegen den nazifreundlichen Amerikadeutschen Bund (German-American Bund) gerichtet war. Voorhis' Unterstützung für New-Deal-Programme wie die Schulspeisung wurde zum Beleg für seine Hörigkeit gegenüber der kommunistischen Parteilinie. Im Schlussspurt des Wahlkampfes ließ Nixon eine letzte Giftwolke steigen. Wähler im ganzen Bezirk bekamen anonyme Anrufe, die, wie sich herausstellte, aus der Schmutzecke von Nixons Wahlkampfteam kamen. »Ich bin Ihr Freund«, so ging der typische Anruf. »Ich kann Ihnen nicht sagen, wer ich bin, aber wussten Sie, dass Jerry Voorhis ein Kommunist ist?«[11]

Die geschlossen konservative Presse Südkaliforniens, darunter die allmächtige *Los Angeles Times*, wiederholten Nixons haltlose Vorwürfe gegen Voorhis und unterstützten enthusiastisch den republikanischen Kandidaten. Am Wahltag fuhr Nixon einen beeindruckenden Sieg ein und räumte 56 Prozent der Stimmen ab. Voorhis war so bestürzt, dass er sich für den Rest seines Lebens aus der Politik zurückzog.

Ein entrüsteter Mitarbeiter von Voorhis stellte Nixon später zur Rede. »Natürlich wusste ich, dass Jerry Voorhis kein Kommunist war«, erwiderte Nixon dem Mann. »Ich musste gewinnen«, fuhr er wie zur Belehrung eines politischen Waisenknaben fort. »Das ist die Sache, die Sie nicht verstehen. Das Wichtige ist, zu gewinnen. Sie sind einfach naiv.«[12]

Wie versprochen wurde Nixon für seine Bemühungen gut entlohnt. Als er sich mit seiner Familie nach Washington aufmachte, nahm er 10 000 Dollar (im heutigen Wert von 130 000 Dollar), einen neuen Ford und eine großzügige Lebensversicherung mit. Nixon traf in der Hauptstadt auch mit einem Schlachtplan für republikanische Wahlerfolge ein, zu dem es gehörte, Leuten vom Schlag eines Senators Joseph McCarthy den Rücken zu stärken und die USA grundlegend umzukrempeln. Nixons brutaler Wahlkampf gegen den idealistischen Voorhis war die politische Ouvertüre einer neuen Ära – einer »Zeit der Halunken« mit einschüchterndem Patriotismus und wild wuchernder Angst.

Am 11. August 1948, einem warmen, stickigen Abend in New York, schritt der republikanische Abgeordnete Richard Nixon in die Lobby des Roosevelt Hotels – der luxuriöse Palast in Midtown Manhattan, der nach Teddy, nicht Franklin D. Roosevelt benannt ist – und nahm den Fahrstuhl hinauf in den fünfzehnten Stock, wo Gouverneur Tom Dewey, der republikanische Präsidentschaftskandidat, eine Suite hatte. Der junge Kongressabgeordnete war, wieder einmal, dabei, den Dulles-Brüdern seinen Wert unter Beweis zu stellen.

Nixon trug in seiner Aktentasche die Aussagen zweier Männer vor dem Kongress – Alger Hiss und Whittaker Chambers, deren episches Duell in den USA zu einem der prägenden öffentlichen Spektakel des Kalten Kriegs wurde. Chambers – altgedienter Autor und Redakteur des Magazins *Time* in Henry Luces nach rechts neigendem Verlagsimperium – hatte einen Wirbelsturm mit seiner Aussage entfacht, er sei in den 1930er Jahren Kurier eines sowjetischen Spionagerings in Washington gewesen, dem auch Alger Hiss gehört habe. Das donnernde Dementi von Hiss, einem ehemaligen Abteilungsdirektor in Roosevelts Außenministerium, war so überzeugend, dass der berüchtigte Ausschuss für unamerikanische Umtriebe des Repräsentantenhauses, in dem Nixon mitarbeitete, kurz davor schien, die Untersuchung gegen Hiss unter einem Chor von Buhrufen der Presse einzustellen.

Als der Ausschuss nach dem »meisterhaften« Auftritt von Hiss später wieder zur geschlossenen Sitzung zusammentrat, waren seine Abgeordnetenkollegen, wie sich Nixon erinnerte, »praktisch in einem Schockzustand«. Wütende Ausschussmitglieder wetterten gegen die Stabsmitarbeiter und hielten ihnen vor, Chambers nicht gründlich genug durchleuchtet zu haben, bevor sie ihn in den Zeugenstand riefen. »Man hat uns angeschmiert! Wir sind ruiniert«, stöhnte ein Republikaner.[13] Aber Nixon blieb unbeirrt. Wenn der Ausschuss seine Untersuchung mutmaßlicher Kommunisten in der Bundesregierung einstelle, argumentierte er, »würde das beileibe nicht den Ruf des Ausschusses retten, es würde ihn wahrscheinlich für immer vernichten. Es wäre ein öffentliches

Eingeständnis, dass wir in unseren Verfahren inkompetent waren und sogar unverantwortlich.« Mit seinem leidenschaftlichen Plädoyer gelang es ihm, die Ausschussmitglieder zu beruhigen; sie stimmten zu, mit der Arbeit fortzufahren. Aber Nixon wusste, dass er, bevor der Ausschuss seine öffentlichen Anhörungen wieder aufnahm, Hilfe von außen benötigte, um vor der öffentlichen Meinung zu bestehen.

Der Hiss-Fall, schrieb Nixon später in seinem selbstentblößenden Erinnerungsbuch *Six Crises*, war eine der entscheidenden Bewährungsproben seiner Karriere. Nixon war häufig von Selbstzweifeln geplagt, und dies war einer der Kämpfe, die seine tiefsten Ängste zum Vorschein brachten. Nixons Gegenspieler besaß alle Referenzen, die ihm in seinem Leben entgangen waren. Hiss war einer der brillantesten Jurastudenten seines Jahrgangs in Harvard. Nach der Graduierung wurde er ausgesucht, um als Referendar bei dem achtzigjährigen Richter des Obersten Gerichtshofs Oliver Wendell Holmes zu dienen, eine lebende Legende der amerikanischen Jurisprudenz. Hiss wurde rasch einer der aufstrebenden Sterne der Administration Roosevelts und krönte seine Karriere, als er den Präsidenten zu seinem letzten Gipfel in Jalta begleitete und eine entscheidende Rolle bei der Gründung der Vereinten Nationen spielte.

Als er vor dem Ausschuss für unamerikanische Umtriebe erschien, machte Hiss enormen Eindruck – schlank, gutaussehend, elegant gekleidet und selbstsicher. Selbst Nixon musste zugeben, dass dieser Auftritt in frappierendem Gegensatz zu dem »farblosen« Erscheinungsbild seiner Ankläger vor dem Ausschuss stand. Chambers war »klein und schütter«, bemerkte Nixon. »Sein Anzug war ungebügelt. Sein Hemdkragen bog sich über sein Jackett. Er sprach mit sehr monotoner Stimme.« Hiss beharrte darauf, dass er niemals jemanden mit Namen Whittaker Chambers getroffen habe – und er und der zerzauste Chambers schienen wirklich aus derart verschiedenen Welten zu kommen, dass man es ihm gerne glauben mochte. Aber es war Chambers, den Nixon überzeugend fand: Er wusste schlicht zu viele Details über Hiss' Privatleben. Und es gab etwas an diesem traurigen Trottel – ein verstörter, aber intelligenter Mann, der eine seltsame Mischung aus Bewunderung, Neid und Widerwillen gegen Hiss zu empfinden schien –, das bei Nixon einen starken Eindruck hinterließ.

Nixon erwies sich rasch als Hiss' gefährlichster Befrager, aber dieser blieb unter den unnachgiebigen Fragen des jungen Kongressabgeordneten standhaft und nahm seinerseits hinterlistig die verletzlichste Stelle seiner Psyche ins Visier. »Ich bin Absolvent der juristischen Fakultät von Harvard«, informierte Hiss den Ausschuss kühl. Er ließ seine Worte wirken und fixierte dann Nixon mit festem Blick. »Und ich glaube, Ihre Uni war Whittier?«[14] Es war eine meisterhaft abgeschossene Harpune, die den Mann, der so offenkundig unter dem litt, was Soziologen später die

»verborgene Verletzungen der Klassenzugehörigkeit« nennen würden, mit Sicherheit tief kränken würde.

»Es zerschmetterte Nixon völlig am Boden«, erinnerte sich Robert Stripling, der Chefermittler des Ausschusses für unamerikanische Umtriebe. »Mir wurde in diesem Augenblick klar, dass er ihn nicht ausstehen konnte.«[15]

Nixon wusste, dass er einem furchteinflößenden Gegner gegenüberstand. Hiss hatte eindeutig die Washingtoner Presse auf seiner Seite ebenso wie das Weiße Haus. Während ihn der Ausschuss befragte, sagte Präsident Truman auf einer Pressekonferenz, die Angst vor der Unterwanderung durch Agenten des Feindes, die der Ausschuss an den Tag lege, sei nichts weiter als ein »Ablenkungsmanöver«, um Washington von den wichtigeren Fragen abzuhalten. In Hiss' Aussage fielen ständig die Namen führender Politiker, mit denen er auf vertrautem Fuß stand. Und das waren nicht nur Demokraten. Der größte Name, den er fallen ließ – John Foster Dulles –, hallte mächtig wider in dem höhlenartigen Tagungsraum des Old House Office Building. Hiss erinnerte den Ausschuss daran, dass es der kluge alte Mann der Republikaner gewesen war, der ihm seine gegenwärtige Position als Präsident der prestigeträchtigen Friedensstiftung Carnegie Endowment for International Peace angeboten hatte, wo Foster Dulles im Aufsichtsgremium saß.

Nixon war sich wohl bewusst, dass Hiss, der Fosters Angebot angenommen und im Januar 1947 die Leitung der Carnegie Endowment übernommen hatte, zu einer Washingtoner Aristokratie gehörte, die über Parteigrenzen hinausreichte. Indem er Alger Hiss beschuldigte, Verrat an seinem Land begangen zu haben, bedrohte Nixon nicht nur die Karriere eines Mannes mit guten Beziehungen und einen weithin respektierten öffentlichen Bürger, er brachte auch die Reputation von Hiss' prominenten Förderern in Gefahr – mächtige Männer wie die Dulles-Brüder, auf die Nixon zählte, um seine Karriere voranzubringen.

Als er am Morgen des 11. August Foster Dulles in seinem Büro an der Wall Street anrief – dasselbe Büro, wo er sich als junger Jurastudent eine schroffe Abfuhr geholt hatte –, verstand Nixon, dass es für ihn eine weitere Feuerprobe war, die ihn stärken oder stürzen würde. Foster willigte ein, sich an jenem Abend in Deweys Hotelsuite zu treffen, um den Hiss-Chambers-Fall zu besprechen. Der Wall-Street-Anwalt wusste, wie heikel die Angelegenheit war. Als Deweys oberster außenpolitischer Berater war Foster der Schattenaußenminister. Das Letzte, was er gebrauchen konnte, war ein Skandal in Washington, der ihn mit einem Sowjetspion in Verbindung brachte.

Nixon selbst sah dem Treffen mit noch größerem Unbehagen entgegen, da er selbst noch Zweifel an der Stichhaltigkeit der Vorwürfe gegen Hiss hegte. Aber Menschen der Tat lernen, wie Nixon sich selbst in Erinnerung rief, solche beunruhigenden inneren Stimmen zum Verstummen zu bringen. »Eine der forderndsten Erfahrungen, die ein Mensch durchmachen kann, ist die Phase des Zweifels, der Gewissenserforschung, um zu entscheiden, ob man die Schlacht ausfechten oder vor ihr fliehen soll«, schrieb Nixon in *Six Crises*. »In solchen Phasen baut sich eine fast unerträgliche Spannung auf, die sich nur durch Handeln lösen lässt – in der einen oder anderer Weise. Und bezeichnenderweise ist es diese Phase des Krisenverhaltens, die die Führungspersönlichkeiten von den Geführten scheidet.« Ein Führer handelte entschlossen; es scheitern »diejenigen, die so von Zweifeln übermannt werden, dass sie unter der Belastung entweder zerbrechen oder fliehen«.[16]

Veröffentlicht 1962, war *Six Crises* Nixons seltsam verspätete Antwort auf Kennedys 1957 erschienenes Buch *Zivilcourage*, für das der charismatische Mann, der ihn gerade bei der Präsidentschaftswahl geschlagen hatte, den Pulitzer-Preis bekam. Aus Nixons Sicht sollte es ein Handbuch für Führerschaft werden, aber es hob nur seine Neurosen hervor. Viele Beobachter waren der Meinung, dass Nixons verzweifelte Selbstanpreisung an Hysterie grenze. Arthur Schlesinger jr. bezeichnete es nach der Veröffentlichung in seinem Tagebuch als »Orgie unbewusster Selbstentblößung«.[17] Präsident Kennedy sagte Schlesinger, es zeige, dass Nixon ein »kranker« Mann sei.[18]

Aber wie gewöhnlich unterschätzten Nixons Gegner ihn. Nixon mag eine gequälte Seele gehabt haben, aber sie machte ihn hochsensibel für die Feinheiten der Macht. Er besaß eine brillante machiavellistische Auffassungsgabe für das Spielgeschehen auf dem Schachbrett und die Ausrechnung der nächsten Serie von Zügen zu seinem Vorteil.

Als Nixon an jenem Sommerabend 1948 Zimmer 1527 des Roosevelt Hotel trat, stand er einem ehrfurchteinflößenden Aufgebot der Macht gegenüber. Foster Dulles war mit seinem Bruder Allen erschienen, zu ihnen gesellten sich Christian Herter und der Wall-Street-Bankier C. Douglas Dillon, der später Präsident Eisenhower im Außenministerium und den Präsidenten Kennedy und Johnson als Finanzminister diente. Diese Männer machten zusammen mit Dewey einen erheblichen Teil der herrschenden Clique der Republikanischen Partei aus. Wenn es Nixon nicht gelang, sie zu überzeugen, dass er handfeste Anhaltspunkte gegen Hiss vorbringen konnte, würde der Ausschuss für unamerikanische Umtriebe sein lärmendes Schauspiel einstellen müssen, und seine Karriere wäre gescheitert gerade in dem Moment, wo sie Fahrt aufzunehmen begann.

Foster Dulles fand, dass Nixon an die Gruppe mit der angemessenen Demut und ohne Zweifel mit Bangen herantrat. »Es war klar, dass er [mit den Ermittlungen gegen Hiss] nicht fortfahren wollte, bis Leute wie ich zustimmten, dass er wirklich etwas gegen ihn in der Hand hatte, um die Weiterführung zu rechtfertigen«, bemerkte Foster später.[19] Herter, ein Mentor seit ihrer Marshallplanreise, hatte Nixon bereits gesagt, dass er keine solchen Beweise erkennen könne. Herter hatte bei seinen Freunden im Außenministerium nachgefragt, die ihm versichert hatten, dass Hiss kein Kommunist sei.

Aber Nixon war auch bewusst, dass er diesen Raum mit seinem eigenen einzigartigen Druckmittel betrat. Als führender Inquisitor im Hiss-Fall – eine Affäre, deren Ausläufer bis hin zu John Foster Dulles selbst reichten – besaß Nixon die Macht, den republikanischen Wahlkampfzug entgleisen zu lassen.

Nixon hockte still im Hotelzimmer, während die Dulles-Brüder sorgfältig die Transkripte der Aussagen von Hiss und Chambers durchlasen. Als sie fertig waren, stand Foster auf und begann mit auf dem Rücken verschränkten Händen auf und ab zu gehen. Die Brüder erkannten, dass Nixon recht hatte – und sie vor einem Problem standen. »Es steht außer Zweifel«, sagte Foster besorgt. »Es ist fast nicht zu glauben, aber Chambers kennt Hiss.«

Die republikanischen Weisen zogen Nixon ins Vertrauen, und wieder erreichte der ehrgeizige junge Politiker eine wechselseitig akzeptable Übereinkunft mit dem Dulles-Kreis. Es war für ihn ein weiterer bedeutsamer Schritt zu den Portalen der Macht. Mit voller Unterstützung der grauen Eminenzen der Republikaner fuhr Nixon mit seinen aggressiven Ermittlungen gegen Hiss fort, während er sorgfältig Foster und andere Größen der Republikaner, die mit dem beschuldigten Mann verbunden waren, aus dem Rampenlicht heraushielt. Unterdessen verlor Foster keine Zeit, sich von Hiss zu distanzieren, und drängte ihn hinter den Kulissen, von seinem Posten bei der Carnegie Endowment zurückzutreten, während Allen Nixon mit belastendem Material fütterte, um seine Anklage zu stärken. Zum Teil stammten diese vertraulichen Informationen über Hiss wahrscheinlich aus dem VENONA-Projekt, ein Programm des Armeegeheimdienstes, das 1943 aufgebaut wurde, um Botschaften von sowjetischen Spionen zu entschlüsseln. Das VENONA-Projekt war derart geheim, dass es sogar vor Präsident Truman verborgen wurde, aber mit seinem ausgedehnten Netz von Kontakten besaß Dulles womöglich Zugang dazu.[20]

Nixon war beeindruckt von der kühnen Entscheidung der Dulles-Brüder, die Hiss-Affäre politisch auszuschlachten, statt vor ihr davonzulaufen. Die Untersuchung des Ausschusses für unamerikanische Umtriebe hätte für Foster »hochnotpeinlich« werden können, notierte Nixon später.[21] Doch stattdessen wendeten sie mit Nixons Hilfe den Hiss-Fall zu ihrem Vorteil, indem Dewey gegen die Laxheit der Administrationen von

Roosevelt und Truman wetterte, die es erlaubt hatten, dass die Regierung von Kommunisten unterwandert wurde. Das Treffen im Roosevelt Hotel erwies sich als Wendepunkt. Das folgende Jahrzehnt über sollten die Republikaner die Hysterie des Kalten Kriegs nicht nur dazu benutzen, Mitglieder und Sympathisanten der Kommunistischen Partei als Verräter anzuklagen, sondern das Erbe des gesamten New Deal als unamerikanisch zu brandmarken. Selbst hochrangige Vertreter des New Deal von untadeliger Glaubwürdigkeit wie Alger Hiss wurden im neuen Inquisitionsklima Washingtons zu Freiwild.

Die Ära der Paranoia brachte Nixons Brillanz als Vollblutpolitiker voll zur Geltung. Er besaß einen Urinstinkt für das demagogische Spiel mit der Angst der Öffentlichkeit. Robert Stripling, seine rechte Hand im Ausschuss für unamerikanische Umtriebe, gelangte zu der Überzeugung, dass Nixon keine echte ideologische Leidenschaft trieb, den »Verräter« Hiss zu verfolgen, nur dieselbe kaltblütige Berechnung, mit der er seinen Wahlkampf gegen Jerry Voorhis geführt hatte. »Es kümmerte ihn nicht, ob Hiss nun [ein Kommunist] war oder ein Ziegenbock«, bemerkte der Ausschussermittler später.[22]

Das ist keine ganz faire Einschätzung Nixons. Der junge Politiker hatte eindeutig tiefe Überzeugungen von der Brutalität des kommunistischen Systems entwickelt. Als ihn seine Marshallplanreise nach Griechenland führte, war Nixon entsetzt, als er einer jungen Frau begegnete, deren linke Brust von kommunistischen Guerillakämpfern abgehackt worden war. Bei der Heimreise war er von der Unerbittlichkeit kommunistischer Regime und der Einsicht überzeugt, dass sie nur die Sprache der Gewalt verstanden – eine Auffassung, die er änderte, als er Präsident wurde und unermüdlich diplomatische Verhandlungen mit der Sowjetunion und China führte.

Aber daheim roch Nixons Antikommunismus nach politischem Zynismus und trug ihm den Spitznamen »Tricky Dick« ein. Er denunzierte seine Gegner mit brutaler Hemmungslosigkeit als Rote oder »Tölpel« oder unterstellte ihnen, wie im Fall seiner Gegnerin bei der Senatswahl von 1950, Helen Gahagan Douglas, sie seien »rot bis zur Unterwäsche«. Nixon konnte nie beweisen, dass Hiss ein Parteibuchkommunist oder sowjetischer Agent war, behandelte ihn aber mit charakteristischer Übertreibung, als wäre er eine tödliche Bedrohung des amerikanischen Lebensstils.

Der Höhepunkt von Nixons obsessiver Verfolgung von Hiss im Stil eines Inspektor Javerts kam, als Chambers die Ausschussermittler dramatisch zu einem Kürbisfeld auf seiner Farm in Maryland führte, wo er einen ausgehöhlten Kürbis hervorholte, der fünfundsechzig Seiten abgetippter Dokumente des US-Außenministeriums enthielt, vier Seiten Regierungsdokumente in Hiss' Handschrift und fünf Rollen geheimen Films – alles

Material, das ihm, wie Chambers behauptete, 1938 von Hiss zugesteckt worden sei. Nixon inszenierte eine dramatische Rückreise nach Washington von einem karibischen Urlaubskreuzer mit Hilfe eines Rettungsflugzeugs der Küstenwache, um den sogenannten Kürbispapieren öffentliche Aufmerksamkeit zu verschaffen. Die Dokumente, die zu beweisen schienen, dass Hiss tatsächlich eine Spionagebeziehung zu Chambers unterhielt, besiegelten das Schicksal des Diplomaten. Er wurde angeklagt und im Dezember 1948 von einem Großen Geschworenengericht wegen Falschaussage vor dem Kongress verurteilt.

Hiss bestritt weiterhin vehement seine Schuld und beharrte darauf, dass die Kürbispapiere von Chambers gefälscht worden seien. Weder er noch seine Frau Priscilla hätten die Dokumente des Außenministeriums abtippen können, weil sie ihre Woodstock-Schreibmaschine, die sie dafür mutmaßlich benutzten, vor 1938 weggegeben hätten. Die Jury fand zu keinem Urteil, vier Jurymitglieder glaubten Hiss. Der Verdacht, dass Hiss reingelegt worden war, gewann Jahre später Glaubwürdigkeit durch John Dean, ehemaliger Rechtsberater des Weißen Hauses und ein Kronzeuge im Watergate-Skandal, der die Nixon-Präsidentschaft beendete. In seinen Memoiren schrieb Dean, Nixon habe seinem Berater Charles Colson gesagt: »Wir bauten [die Schreibmachine] im Hiss-Fall«.[23] Mit Hilfe von FBI-Technikern habe Nixon eine Replik der Woodstock-Schreibmaschine benutzt, um sein Opfer in die Falle zu locken.

Hiss' zweiter Prozess ging nicht zu seinen Gunsten aus. Unter den Zeugen, die gegen ihn aussagten, war auch John Foster Dulles, der Hiss' Erinnerung an die Ereignisse, die zu seinem Rücktritt von der Leitung der Carnegie Endowment führten, bestritt. Es war der letzte Nagel zu Hiss' Sarg, eingeschlagen durch seinen ehemaligen Mentor. Im Januar 1950 wurde er wegen Meineids verurteilt und zu einer Strafe in einem Bundesgefängnis verurteilt, wo er dreieinhalb Jahren einsaß. Unterdessen genoss Chambers, ein Mann, der seine Karriere auf den Weg gebracht hatte, indem er für den Verlag der Kommunistischen Partei schrieb, sein neues Leben als Polemiker der konservativen Medien, erst in Henry Luces exklusivem *Time-Life*-Hochhaus, später in den bescheideneren Büros des *National Review* von Willam F. Buckley jr.

Für Nixon demonstrierte das Spionagespektakel von Washington nicht nur die moralische Verderbtheit von Alger Hiss, sondern den intellektuellen Bankrott der linken Elite. Seine erfolgreiche Verfolgung von Hiss habe ihm landesweiten Ruhm eingetragen, bemerkte Nixon später, aber er habe damit auch das »beispiellose Gift und die irrationale Wut« der liberalen Intelligenzija auf sich gezogen, die Hiss als Ikone des New Deal betrachtete. Er war überzeugt, dass ihm »beträchtliche Teile der Presse und der intellektuellen Kreise« nie vergeben würden, dass er enthüllt hatte, wie der New Deal durch den kommunistischen Untergrund kompromittiert worden war. Im Rückblick sinnierte Nixon, dass es womöglich diese »Hassgefühle und Feindseligkeit« waren, die ihn 1960 den Wahlsieg gekostet hatten.[24]

Auch Chambers sah seine Entscheidung, Hiss zu belasten, als Teil eines breiter angelegten Angriffs auf eine Regierungsführung im Stil des New Deal und ihres »Abdriftens in den Sozialismus«. In seinen Erinnerungen setzte er die Präsidentschaft Roosevelts mit den Übeln der kommunistischen Herrschaft gleich. Der New Deal, schrieb er, »war keine Revolution mit Gewalt. Es war eine Revolution durch Buchhaltung und Gesetzgebung.« Beide Typen der Revolution, argumentierte er, führten zu einem Triumph des Staates über das Individuum.[25]

Die Furien des Kalten Kriegs, die Nixon und die Dulles-Brüder mit entfesselt hatten, vertrieben alle Nuancen und jede Nachsicht aus der amerikanischen Politik. Es hatten sich tatsächlich hier und da ein paar überzeugte kommunistische Agenten in die Administration Roosevelts eingeschlichen, wie Nathan Silvermaster, ein in Russland geborener Ökonom, der während des Zweiten Weltkriegs beim War Production Board arbeitete und sich dem Traum eines sowjetischen Amerikas verschrieben hatte. Aber die bei weitem üblicheren »Verräter« waren Leute wie Hiss: gut ausgebildete, progressive Idealisten. Sie gehörten zu jenen, die in der Zeit des Börsenkrachs von 1929 erwachsen geworden waren und es satt hatten mit anzusehen, wie die Regierung zusah, wie im ganzen Land Lager hungriger und obdachloser Menschen aus dem Boden schossen, ohne etwas dagegen zu unternehmen.

Als Roosevelt 1932 gewählt wurde und Hiss ein Telegramm von Felix Frankfurter erhielt, seinem ehemaligen Juraprofessor in Harvard und ein Roosevelt-Berater, der ihn drängte, aufgrund des »nationalen Notstands« in die neue Administration einzutreten, wusste Hiss, dass er dem Ruf folgen musste. Für junge Verfechter des New Deal »war es ein Ruf zu den Waffen, dass uns gesagt wurde, die Nation sei in Gefahr. Ich glaube, viele von uns, die in jenen ersten Wochen hinunter [nach Washington] gefahren sind, hielten sich für eine zivile Miliz, die sich für die Dauer eines echten Notfalls meldet, als zögen wir in den Krieg. Roosevelt benutzte in seiner ersten Ansprache zur Amtseinführung die Opfer des Krieges als Analogie.«[26]

Aus Verzweiflung über das ungeheure menschliche Leid der Depression mit etwa fünfzehn Millionen Arbeitslosen – ein Viertel der US-Erwerbsbevölkerung – fühlten sich einige dieser Vertreter des New Deal zumindest zeitweise von der Disziplin und Militanz der Kommunistischen Partei angezogen. Einige waren vom Wirtschaftsexperiment der Sowjetunion fasziniert, das zumindest vergleichsweise funktional erschien, und waren der Meinung, dass ihr eigenes notleidendes kapitalistisches System etwas davon lernen könnte. Während des Zweiten Weltkriegs, als die Roosevelt-Administration die Amerikaner drängte, die Russen als unverzichtbare Waffenbrüder zu betrachten, hielten einige dieser Bundesbeamten nach Wegen Ausschau, um diese Bande zu stärken, indem sie Informationen an die amerikanischen Alliierten weitergaben. Manche dieser Männer und Frauen gingen dabei zwar zu weit, die meisten sahen sich jedoch als Patrioten, deren Träume für die Zukunft tief in den amerikanischen Traditionen verwurzelt waren, nicht in europäischen Ideologien. Roosevelt war ihr Leitstern, nicht Stalin.

Bis zum heutigen Tag bleibt Alger Hiss – der wegen Meineids, nicht als Hochverräter verurteilt wurde – ein Rätsel. Ob er schuldig oder unschuldig war, wird entlang ideologischer Linien noch immer heiß diskutiert. Welche menschlichen Feinheiten auch immer hinter der Hiss-Affäre gesteckt haben mögen, der brachiale Diskurs des Kalten Kriegs und der Ermittlungsapparat, den Nixon und seine Mentoren in Washington aufgebaut hatten, walzte sie nieder.

Alger Hiss hatte sich in politischen Kreisen bewegt, die in Washington zu Zeiten Roosevelts als harmlos betrachtet wurden, die jedoch in der panischen Atmosphäre des Kalten Kriegs ein finsteres Aussehen annahmen. Selbst Allen Dulles hatte während des Kriegs mit Kommunisten zusammengearbeitet. Nach dem Krieg konnte man in Westeuropa Kommunist oder Sozialist bleiben und trotzdem einen Platz in der demokratischen Arena erhalten. Doch nicht in Washington. Dort waren selbst Vertreter des New Deal in Gefahr.

Am 13. August 1948, zwei Tage nachdem sich Nixon mit der Dulles-Gruppe im Roosevelt Hotel getroffen hatte, ging der »Schauprozess« des Ausschusses für unamerikanische Umtriebe – wie die Anhörungen von der liberalen Presse genannt wurden – weiter. Der führende Zeuge des Tages war ein Mann, den viele als das Hauptziel des Ausschusses betrachteten, da er einen wesentlich bedeutenderen Posten in der Administration Roosevelts innegehabt hatte als Hiss.

Harry Dexter White, ein schmächtiger, fünfundfünfzigjähriger Brillenträger, war ein ehemaliger, in der Öffentlichkeit kaum bekannter Ökonom der US-Regierung. Aber als bedeutender Vordenker in Henry Morgenthaus Finanzministerium hatte White eine bedeutende Rolle bei der Gestaltung der Politik des New Deal gespielt. Zu seinen vielen Erfolgen zählte die Schaffung der Weltbank und des Internationalen Währungsfonds (IWF), zwei Eckpfeiler der globalen Finanzordnung, die White, wie weithin anerkannt, maßgeblich mit aus der Taufe hob. White vereinte seine Kräfte mit dem angesehenen britischen Ökonomen John Maynard

Keynes, um die Pläne für das neue Weltfinanzsystem auszuarbeiten. Dabei lieferte Keynes zwar den wichtigsten intellektuellen Beitrag, aber es war der politisch gewitzte White, der für die Umsetzung der Pläne sorgte. White wurde später als »der wohl bedeutendste US-Regierungsökonom des 20. Jahrhunderts« gefeiert.[27]

Es besteht kaum ein Zweifel, dass die Dulles-Gruppe an jenem Abend im August im Roosevelt Hotel neben Alger Hiss vor allem über Harry Dexter White sprach. Tatsächlich sahen die Dulles-Brüder und ihre politischen Verbündeten in White die größere Gefahr für ihre Nachkriegspläne als Hiss. Der beeindruckende White war bestrebt, eine neue Finanzordnung aufzubauen, die ein »New Deal für die Welt« werden sollte, mit neuen globalen Institutionen, die Investitionen an bedürftige Länder weiterleiteten, in einer Weise, die das größtmögliche Gemeinwohl im Blick hatte statt den höchstmöglichen privaten Profit. Als die Roosevelt-Administration ihre Pläne für die Weltbank und den IWF bekanntgab, erklärte Finanzminister Morgenthau, das Ziel bestehe darin, »die wucherischen Geldverleiher aus dem Tempel der internationalen Finanzwelt zu vertreiben«.[28] Es überrascht nicht, dass Wall-Street-Banken die neuen Institutionen, die »ein Instrumentarium souveräner Staaten, nicht privater Finanzinteressen sein sollten«, als gefährliche neue Konkurrenz auf den globalen Kapitalmärkten betrachteten.

Für die Dulles-Gruppe gab es eine Reihe von beunruhigenden Entwicklungen auf der Konferenz von Bretton Woods in den grünen Gebirgsausläufern von New Hampshire, wo im Sommer 1944 730 Delegierte aus aller Welt die endgültigen Pläne für das neue Finanzsystem ausdiskutierten. Morgenthau und White brachten auf der Konferenz den Vorschlag ein, die Bank für Internationalen Zahlungsausgleich (BIZ) abzuschaffen, eine Institution, die sie als Instrument der Finanzkollaboration zwischen New York, London und Nazideutschland betrachteten. Die Vertreter des New Deal wollten sie durch die Weltbank und den Internationalen Währungsfonds ersetzen. Es bedurfte in Bretton Woods einer großen Anstrengung hinter den Kulissen – von den Vertretern der Wall Street, des US-Außenministeriums und der Bank von England –, um den Angriff Morgenthaus und Whites auf die BIZ abzuwehren.

White entnervte die Wall Street und republikanische Kreise noch mehr, als er darauf drängte, die Sowjetunion in den neuen internationalen Rahmen einzubinden. Das Genie aus dem Finanzministerium sah diese Nachkriegspartnerschaft mit der Sowjetunion – einem Land mit riesigen Märkten und Ressourcen – als gewaltigen potenziellen Segen für die US-Wirtschaft, die, wie er befürchtete, in eine Rezession zurückfallen könnte, sobald der Stimulus der Kriegszeit verschwunden war. White sah diese Ost-West-Finanzpartnerschaft als einen Weg, die Kriegsallianz mit

Moskau fortzusetzen und den Weltfrieden zu sichern, ein Ziel, das Präsident Roosevelt zu seiner Priorität gemacht hatte.

1948 trat an die Stelle des visionären Internationalismus der Roosevelt-Jahre rasch der sich verhärtende Nationalismus der Truman-Präsidentschaft. Männer wie Harry White waren aus Washington vertrieben worden, wenn er auch noch als Berater beim IWF diente und auf der ganzen Welt weiterhin hoch angesehen war. Und White besaß detailliertes, vertrauliches Wissen über die Aktivitäten der Dulles-Gruppe zu Kriegszeiten aus seinen Jahren als Chefberater Morgenthaus.

Hätte der politische Wind 1948 aus einer anderen Richtung geweht, hätte es – statt Vertreter des New Deal wie Hiss und White zu behelligen – sehr wohl Ermittlungen gegen andere Leute wegen Hochverrats geben können, Leute wie Foster und Allen Dulles, Thomas McKittrick von der BIZ und Walter Teagle und William Stamps Farish von Standard Oil. Doch die Gruppe um Dulles drehte den Spieß um: Indem sie gegen Verfechter des New Deal wie White vorging, der seit langem diese hoch gestellten Nazikollaborateure verfolgen wollte, sorgte sie dafür, selbst ungeschoren davonzukommen. So nutzten Republikaner wie Richard Nixon, den Loftus »Allen Dulles' Sprachrohr im Kongress« nannte, die Gunst der Stunde und stellten sicher, dass der Dulles-Kreis sich nie für sein Treiben während des Kriegs verantworten musste.[29]

Als Harry Dexter White am Morgen des 13. August in den gerammelt vollen Anhörungssaal schritt, ermittelte seit sieben Monaten das FBI gegen ihn. J. Edgar Hoovers Beamte hatten seine Telefone angezapft und unzählige Vernehmungen durchgeführt in dem entschlossenen Bemühen, Beweise zu finden, dass er ein russischer Spion war. Die beiden Hauptankläger Whites waren Chambers und eine emotional instabile Alkoholikerin namens Elizabeth Bentley, die Chambers' Platz als sowjetischer Spionagekurier während des Kriegs in Washington eingenommen hatte, nachdem er 1938 fluchtartig die Kommunistische Partei verlassen hatte. Der Ausschuss machte Bentley, die zwei Wochen vor White befragt wurde, zu seiner Starzeugin. Zuvor hatte sie dem FBI erzählt, dass White kein »Parteibuchkommunist« sei, doch als sie vor die grellen Scheinwerfer der Wochenschau trat, gewann ihre Geschichte an Dramatik. White war nun nicht länger schlicht ein »fehlgeleiteter Idealist«, sondern ein zentraler Spieler in Nathan Silvermasters Spionagering, der die Gruppe mit vertraulichen Informationen fütterte und seinen Einfluss nutzte, um kommunistische »Kontakte« in Schlüsselpositionen der Administration zu hieven.

Bentley erwies sich indes für den Ausschuss als hoch problematische Zeugin. Die ehemalige Spionin gab zu, White niemals getroffen zu haben, und mit der Zeit, als sich ihr Alkoholkonsum verschlimmerte, wurde sie eine zunehmend erratische »Sachverständige« – wie der Ausschuss sie bezeichnete – zu den Machenschaften der Kommunistischen Partei. Bentley verlor immer mehr die Kontrolle über ihr Leben und erpresste das FBI, sie auf die Gehaltsliste zu setzen. Für den Rest ihres Lebens blieb sie ein chaotisches Pflegekind der Behörde, eine Mietzeugin, die zwischen Blackouts, Autounfällen und stürmischen Streitigkeiten mit Liebhabern von Ermittlungsbeamten ins Rampenlicht gezerrt wurde. Statt der glamourösen »roten Spionagekönigin« der Boulevardpresse wurde die matronenhafte, kinnlose Bentley zu einem lächerlichen Symbol des Exhibitionismus des Kalten Kriegs.

Bei seiner Aussage vor dem Ausschuss für unamerikanische Umtriebe über White verhielt sich Chambers umsichtiger als Bentley. Er behauptete, White als sowjetischen Kurier von Zeit zu Zeit getroffen zu haben, er räumte aber ein, dass der Ökonom des Finanzministeriums immer vorsichtig war und ihm nie Regierungsdokumente übergeben habe. »Ich kann nicht sagen, dass er Kommunist war«, erklärte er. Tatsächlich schien sich Chambers auf White keinen Reim machen zu können. »Seine Motive gaben mir Rätsel auf«, schrieb er in seinen Erinnerungen.

Nixon und die anderen Mitglieder des Ausschusses für unamerikanische Umtriebe wussten, dass sie gegen White kaum etwas in der Hand hatten. Der ehemalige Beamte des Finanzministeriums hatte bereits im Jahr zuvor solche Anwürfe vor einem Großen Geschworenengericht in New York, das die Unterwanderung der Regierung untersuchte, erfolgreich abgewehrt. Die Jury, die später Anklage gegen Hiss erhob, fand keine ausreichenden Beweise, um White den Prozess zu machen. Und trotz der obsessiven FBI-Überwachung Whites musste selbst Hoovers vertrauter Kollege Clyde Tolson zugeben, dass es schlicht nicht genug Beweise gebe, um ihn einen »sowjetischen Spion« zu nennen, und warnte die FBI-Beamten davor, »einen großen Fehler zu begehen, indem sie diese Phraseologie« verwendeten.[30]

Sein Auftritt vor dem Ausschuss für unamerikanische Umtriebe war würdevoll und eloquent. Der piesackende Stil des Ausschusses brachte bei den Zeugen häufig das Schlechteste zum Vorschein; manchen nahmen zu Verdunkelungstaktiken Zuflucht, andere legten eine theatralische Empörung an den Tag, wieder andere sanken demoralisiert in sich zusammen und gaben alles preis, was man sie fragte, einschließlich ihrer Selbstachtung. Aber White antwortete auf die Fragen des Ausschusses direkt, und wenn er das Gefühl hatte, seine Inquisitoren über Verfassungsprinzipien und die Grundsätze des amerikanischen Rechtssystems aufklären zu müssen, tat er dies mit respektvoller, professioneller Gelassenheit. White begann seine Zeugenaussage, indem er kategorisch abstritt, je Kommunist gewesen zu sein, und erklärte, dass er stattdessen einer Reihe von Überzeugungen anhänge, die er »das amerikanische Glaubensbekenntnis« nannte.

»Ich glaube an die Freiheit der Religion, die Freiheit der Rede, die Freiheit des Denkens, die Freiheit der Presse, die Freiheit der Kritik und die Freiheit der Bewegung. Ich glaube an das Ziel gleicher Chancen und das Recht jedes Individuums, sich für einen Beruf seiner oder ihrer Wahl zu entscheiden, und das Recht jedes Individuums auf eine Chance, seine oder ihre Fähigkeiten voll zu entwickeln.

Ich glaube an das Recht und die Pflicht eines jedes Bürgers, zu erwarten, dass ein zunehmendes Maß an politischer, ökonomischer und emotionaler Sicherheit für alle hergestellt wird, für dieses Ziel zu arbeiten und das Erreichte zu erhalten. Ich bin gegen Diskriminierung in jeder Form, sei es aus Gründen der Rasse, der Hautfarbe, der Religion, der politischen Überzeugung oder des wirtschaftlichen Status.

Ich glaube an die Freiheit der Wahl des eigenen Repräsentanten in der Regierung, ungehindert von Maschinengewehren, Geheimpolizei oder einem Polizeistaat. Ich bin gegen den willkürlichen und unbefugten Einsatz von Macht oder Autorität aus welcher Quelle auch immer gegen jedes Individuum und jede Gruppe. Ich glaube an die Herrschaft des Rechts, nicht der Menschen. …

Ich betrachte diese Prinzipien als heilig. Ich sehe sie als grundlegendes Gefüge unseres amerikanischen Lebensstils an und ich glaube an sie als lebendige Realitäten, nicht als bloße Worte auf dem Papier. …«

White, der sich im Ersten Weltkrieg freiwillig zur Armee gemeldet hatte, fügte hinzu: »Das ist mein Glaube. Das sind die Prinzipien, für die ich gearbeitet habe. Das sind die Grundsätze, für die ich in der Vergangenheit zu kämpfen bereit war und die ich zu jeder Zeit mit meinem Leben verteidigen werde, wenn es nötig sein sollte.«[31]

Whites Erklärung, eine eindringliche Beschwörung der bedrängten Philosophie des New Deal, die in Washington auf ganzer Linie auf dem Rückzug war, löste lauten und anhaltenden Beifall im Publikum aus. Der Auftritt des ehemaligen Roosevelt-Beamten war so selbstsicher, dass die Ausschussmitglieder nach Mitteln und Wegen suchten, ihn aus der Fassung zu bringen, doch ohne Erfolg.

Auch Nixon verlor einen Schlagabtausch gegen White, als er bestritt, dass die Ausschussanhörungen rechtsstaatliche Prinzipien verletzten, da sie ja öffentlich seien. Aber White machte ihn darauf aufmerksam, dass der Ausschuss, indem er mutmaßlichen »Subversiven« das Recht verweigere, ihren Anklägern entgegenzutreten und sie ins Kreuzverhör zu nehmen, einem königlichen Tribunal – wie die berüchtigten Prozesse Heinrich VIII. in der Star Chamber – gefährlich nahekämen. »Kongressabgeordneter«, erklärte White geduldig, »ich bin sicher, Sie erkennen an, dass man die Notwendigkeit der Durchführung einer Anhörung dieser Art gegen die Gefahren ausbalancieren muss, unschuldigen Bürgern irreparablen Schaden zuzufügen. Es ist ein beharrliches Erbe, das wir Amerikaner besitzen, dass ein Mensch so lange als unschuldig gilt, bis seine Schuld erwiesen ist ... und gewiss wären Sie der Erste, der anerkennen würde, dass zur Gewährleistung eines fairen Gerichtsverfahrens alle Regeln und Bestimmungen einer gerichtlichen Anhörung eingehalten werden müssen.«

Nixon, der eingeräumt hatte, hier seine Kräfte mit einem »sehr bekannten Gelehrten« zu messen, einem Mann, der Abschlüsse der Universitäten Columbia, Stanford und Harvard erworben hatte, konnte sich nur zustimmend verneigen. »Sie haben absolut recht«, antwortete er.

Das einzige Ausschussmitglied, das an jenem Morgen eine Schwäche in Whites Geschichte fand, war John McDowell, ein Republikaner aus Pennsylvania, der darauf hinwies, dass der ehemalige Beamte des Finanzministeriums einige verdächtige Bekanntschaften gepflegt hatte, als er in der Administration Roosevelt diente. Mehrere Männer, die er »gute Freunde« genannt hatte, darunter Nathan Silvermaster, seien als Spione angeklagt. »Falls wir beweisen sollten, dass diese Männer alle Teil eines Spionagerings waren, wird sich Ihr Platz in der Geschichte beträchtlich verändern, meinen Sie nicht auch?« Das erwies sich als prophetische Bemerkung, da White nach seinem Tod tatsächlich weithin als Spion verdammt wurde, eine Schlussfolgerung, die sich weitgehend auf das Prinzip »mitgefangen, mitgehangen« stützte.

White war gewiss nicht ganz unschuldig. Als klügster Kopf in Finanzminister Morgenthaus engstem Beraterkreis agierte er in der Washingtoner Arena zuweilen mit rücksichtsloser Arroganz. Er pfiff auf bürokratische Protokolle und fand nichts falsch daran, seine eigenen diplomatischen Initiativen mit der Sowjetunion zu verfolgen. Wahrscheinlich war er, wie Whites Biograph R. Bruce Craig schlussfolgerte, »einer Art Spionage« schuldig, jedoch einer ziemlich harmlosen. Es gibt keine Beweise, dass White geheime Dokumente übergab oder gemäß der sowjetischen Linie die US-Politik unterlief. Aber er war der Indiskretion schuldig, wenn er politische Fragen mit sowjetischen Offiziellen diskutierte oder mit seinen linken Freunden und Kollegen.

Für White stand diese Unverfrorenheit im Dienst einer höheren Sache – seines Traums von einer harmonischen globalen Finanzordnung. White hatte das Gefühl, dass sein Austausch mit dem sowjetischen Lager nicht nur in Übereinstimmung mit den amerikanischen Interessen stand, sondern auch mit der Haltung seiner Chefs Morgenthau und Roosevelt. Indem er den Dialog weiterführte, hoffte er, die Sowjets in Roosevelts neue Weltordnung einzuspannen. Aber White wusste, dass er ein Risiko einging, und als die politische Stimmung in Washington nach Roosevelts

Tod drehte, erschien er plötzlich nicht mehr nur als idealistisch, sondern als gefährlich.

Nach der Anhörung verließ White das Kapitol und fuhr zur Union Station, wo er einen Zug nach New Hampshire bestieg. Er und seine Frau hatten sich dort kürzlich eine Farm gekauft, und er freute sich auf etwas Erholung nach dem unerbittlichen Stress, den ihm das FBI, das Gericht und der Ausschuss bereitet hatten. Er spürte Stiche in der Brust, bestand aber bei der Ankunft darauf, zu seiner entlegenen Farm weiterzufahren. Am folgenden Tag, dem 14. August, erlitt er einen schweren Herzanfall. Zwei Tage später starb er zu Hause im Kreis seiner Familie.

Der Ausschuss für unamerikanische Umtriebe, schrieb die *New York Times*, könne nicht für Whites Herzkrankheit verantwortlich gemacht werden, wohl aber dafür, seinen Zustand verschlimmert zu haben, indem er ihn »ohne rechtsstaatlichen Schutz« einer Tortur von Ermittlungen unterzogen habe. »Diese Prozedur ist nicht die amerikanische Art. Es ist die unamerikanische.«

Nach Harry Dexter Whites Tod brach der Ordnung des New Deal in Washington und der einzigartigen Spielart des utopischen Internationalismus, die er vertreten hatte, vollends der Boden weg. Es waren Männer wie Nixon und Dulles, die in das Vakuum stießen.

1952 hatte Richard Nixon durch seinen Triumph als Inquisitor des Kalten Kriegs den zweiten Platz im republikanischen Präsidentschaftswahlkampf ergattert, als Kandidat für die Vizepräsidentschaft unter dem Präsidentschaftsbewerber und Kriegshelden Dwight D. Eisenhower. Doch da ließ am 29. September Drew Pearson, Washingtons führender Enthüllungsjournalist, eine Bombe platzen, die auf Nixon zielte – einen seiner Lieblingsfeinde – und Nixons politische Karriere beinahe auf einen Schlag beendet hätte.[32] Die Geschichte war Teil umfassenderer Vorwürfe der Korruption, die seine Laufbahn, wie Pearson und andere glaubten, begleitete. Nixon, der bescheidene Sohn der kalifornischen Kleinstadt Whittier, schien stets gierig auf Wege zu sinnen, aus seinem öffentlichen Dienst Profit zu schlagen.

Zu Beginn des Wahlkampfs hatte Pearson entdeckt, dass Nixons reiche südkalifornische Unterstützer einen Schmiergeldfonds zum persönlichen Gebrauch des Politikers eingerichtet hatten – eine Enthüllung, die beinahe Nixons Rücktritt als Eisenhowers Vizepräsidentschaftskandidat erzwang. Um den aufkommenden Skandal im Keim zu ersticken und seine politische Zukunft zu retten, musste Nixon sein ganzes Geschick in einer brillant schlichten Fernsehansprache an die Nation aufbieten, die als »Checkers-Rede« in die Geschichte einging, benannt nach einem schwarzweiß gescheckten Cockerspaniel, den ein Anhänger Nixons Tochter geschenkt hatte.

»Und wissen Sie, die Kinder lieben den Hund«, sagte Nixon dem größten Publikum, dass je eine politische Rede eingeschaltet hatte. »Und ich will das gleich dazusagen, dass wir ihn, ganz gleich was die Leute darüber sagen, behalten werden.« Mit seinem schamlosen Auftritt gelang es ihm, einen Fall himmelschreiender politischer Korruption in ein häusliches Drama zu verwandeln, das die Herzen von Millionen von Amerikanern berührte.

Nixon fiel ein großer Stein vom Herzen ebenso wie den Strippenziehern der Republikanischen Partei, die Dulles-Dewey-Gruppe, die Nixon als Vizepräsidentschaftskandidat für Eisenhowers Präsidentschaftsbewerbung ausgewählt hatte. Mitgeteilt wurde Eisenhower die Entscheidung von Herbert Brownell jr., ebenfalls ein Wall-Street-Anwalt, der sich von seiner Arbeit in seiner Großkanzlei beurlauben ließ, um für das Weiße Haus den republikanischen Wahlkampf zu leiten. Die weisen Männer der Republikaner überzeugten den alternden General, dass der junge Senator aus Kalifornien nicht nur für regionale Balance im Präsidentschaftsteam sorgen würde, sondern die Art von Angriffslust und antikommunistischen Eifer mitbrachte, die sein Wahlkampf brauchte.

Aber nun, in den letzten Wochen des Präsidentschaftswahlkampfs, stand Pearson abermals kurz davor, Nixons Karriere den Todesstoß zu versetzen. In seiner weit verbreiteten Kolumne »Washington Merry-Go-Round« enthüllte Pearson, dass der Vizepräsidentschaftskandidat in seiner Checkers-Rede etwas sehr Wichtiges ausgelassen hatte: seine krumme Beziehung zu einem rumänischen Industriellen namens Nicolae Malaxa. Der reiche rumänische Emigrant hatte während des Kriegs mit den Nazis kollaboriert, später mit dem kommunistischen Regime, das die Macht in Rumänien übernahm. Aber Malaxas Ruf, berichtete Pearson, tat seinem Ansehen bei Senator Nixon keinen Abbruch, der zu seinen Gunsten einige Strippen zog, um ihm den Verbleib in den Vereinigten Staaten zu ermöglichen und ihm einen bedeutenden Steuererlass zu verschaffen.

Nixon, das wusste Pearson, gewährte Malaxa diese Gefälligkeiten im Tausch gegen ein beeindruckendes Bestechungsgeld. Da ihm aber ein Beweisstück fehlte, hatte der Kolumnist dieses entscheidende Detail in seiner Enthüllungsstory zunächst auslassen müssen.

Doch es gab ein Corpus Delicti: ein Scheck über 100 000 Dollar von Malaxa, Geld, das auf Nixons Bankkonto in Whittier eingezahlt worden war. Nur kam Pearson nicht an ihn heran. Es war seltenes Pech für Nixon, dass einer der Bankkassierer in seiner Filiale ein rumänischer Flüchtling war, der Malaxa verabscheute. Er schickte eine fotostatische Kopie des Schecks an politische Gegner des berüchtigten Industriellen in der rumänischen Exilgemeinde, die ihrerseits den kopierten Scheck an ihren Kontakt bei der CIA, Gordon Mason, weiterleiteten, Chef des Balkanressorts des Geheimdienstes.[33]

Im Herbst 1952 war Allen Dulles die Nummer zwei in der CIA und für den Fall eines Wahlsiegs des Gespanns Eisenhower-Nixon im November für den Posten des CIA-Direktors vorgesehen. Als stellvertretender Direktor machte er sich den Geheimdienst bereits zu eigen und arbeitete mit loyalen Kollegen wie Frank Wisner – der bald die Abteilung für verdeckte Operationen übernehmen würde – an Wegen, um den Geheimkrieg gegen den Ostblock zu eskalieren. Aber die ehrgeizigen Pläne, die Dulles und Wisner für die lang erwartete republikanische Präsidentschaft ausbrüteten, schienen in Gefahr, als Gordon Mason mit der Kopie des Malaxa-Schecks in Wisner Büro schneite. »Jesus Christus!«, rief Wisner aus. »Damit gehen wir besser zu Allen Dulles.«[34]

Wie er seit langem unter Beweis gestellt hatte, war Frank Wisner durchaus gewillt, das Personal für seine Spionageoperationen in Osteuropa aus den Reihen ehemaliger Nazis und Faschisten zu rekrutieren – von denen viele trotz ihrer barbarischen Taten während des Kriegs an der Einwanderungsbehörde vorbei in die Vereinigten Staaten geschlüpft waren. Aber aus rätselhaften Gründen hatte Wisner bei Nicolae Malaxa, den er als einen besonders »widerwärtigen« Charakter betrachtete, die Linie gezogen. In einem Memo vom März 1951 hatte er sogar darauf gedrängt, Malaxa – der sich als Mitglied einer rumänischen Handelsdelegation in die USA eingeschlichen hatte – abzuschieben.[35] Wisner hatte als OSS-Stationschef in Rumänien gedient und betrachtete das Land als seinen Zuständigkeitsbereich. Er war äußerst hellhörig für die Parteiungen und Fehden innerhalb der rumänischen Exilgemeinde, wo Malaxa solche Hassgefühle auslöste, dass die Hoffnung auf eine vereinte antisowjetische Front durch ihn gefährdet schien.

Trotz Wisners Abneigung gegen Malaxa war ihm klar, dass Allen Dulles tief in die Geschichte des »widerwärtigen« Rumänen verstrickt war. Dulles war nicht nur Malaxas Anwalt, er hatte ihn auch Nixon vorgestellt. Die Spur des Malaxa-Geldes führte tatsächlich in viele kompromittierende Richtungen, darunter Nixons Bankkonto, Dulles' Anwaltskanzlei, CIA-Tarnorganisationen wie das National Committee for a Free Europe und sogar einige von Wisners eigenen geheimen Kampfgruppen.[36] Der rumänische Industrielle, der angeblich 500 Millionen Dollar (heutiger Wert 6,5 Milliarden) auf Auslandskonten versteckt hatte, bevor er in die Vereinigten Staaten floh, hatte sich als Schattenfinanzier für den kalten Untergrundkrieg extrem nützlich gemacht.

Malaxa war der Typus des charmanten Halunken, mit dem Dulles gerne Geschäfte machte. Der rumänische Oligarch hatte keine Ideologie; er glaubte nur daran, Chancen beim Schopf zu packen. Er besaß einen geistreichen Sinn für Humor und das dunkle gute Aussehen eines schneidigen Werwolfs mit dickem, schwarzem Haar und spitzem Haaransatz.

Mit zynischer Zuversicht war er überzeugt, dass jeder seinen Preis hatte, und ebnete seinen Weg durchs Leben, indem er den richtigen Leuten Schmiergeld zusteckte. Bestechung war Malaxa so in Fleisch und Blut übergegangen, dass er einmal versuchte, den mit seinem Fall betrauten Staatsanwalt der US-Einwanderungsbehörde zu kaufen – ein Mann, der sich zu seiner großer Überraschung als nicht korrumpierbar erwies.

Er begann seine Karriere bescheiden mit der Reparatur von Eisenbahnwaggons, aber er besaß das Talent, Beziehungen zu knüpfen und Türen zu öffnen und häufte bald ein kleines Vermögen als Hersteller von Eisenbahnausrüstung an. In den 1920er Jahren zog er mit seiner Familie in ein herrschaftliches Haus in Bukarest, wo er die High Society der Stadt empfing und sich mit der Geliebten des rumänischen Königs Karl II. anfreundete, Madame Magda Lupescu. Mit einem geschickten Schachzug im Stil von *Game of Thrones* zementierte er die Verbindung zum Königshaus, indem er dafür sorgte, dass seine eigene Tochter zur Geliebten des Sohns des Königs, Prinz Michael, wurde. Durch die Partnerschaft mit dem König, der sich als ebenso habgierig erwies, wurde Malaxa zum beherrschenden Spieler in der Stahl-, Waffen- und Erdölindustrie des Landes.

In den 1930er Jahren, als Hitler in Deutschland seine Kriegsmaschine aufbaute, geriet die Herrschaft König Karls unter immer größeren Druck der Eisernen Garde (Garda de Fier), der faschistischen Bewegung des Landes. Die aggressiv antisemitische Organisation gab den Juden die Schuld am Elend Rumäniens und griff prominente Juden wie Madame Lupescu an. Trotz der Schuld, in der er bei der Geliebten des Königs wegen ihrer Patronage stand, begann der stets opportunistische Malaxa, sich bei der Eisernen Garde anzubiedern, als sie mächtiger wurde, finanzierte ihre Unternehmungen und hisste ihre Flagge auf dem Dach seiner Villa.

Im September 1940 zwang die Eiserne Garde König Karl zur Abdankung, und in Bukarest ergriff eine prodeutsche faschistische Regierung die Macht. Angesichts des expandierenden Einflusses Hitlers auf Rumänien unternahm Malaxa einen weiteren cleveren Zug durch die Kollaboration seines Industrieimperiums mit den Reichswerken Hermann Göring. Im Januar 1941 unternahmen Malaxas grün uniformierte Eiserne Garden, die sich von der neuen faschistischen Regierung betrogen fühlten, einen Putschversuch und nutzten das Herrenhaus des Industriellen als Hauptquartier für den Angriff. Während des Coups fielen die Eisernen Garden über die Juden des Landes her und zettelten eine der entsetzlichsten Gewaltorgien der rumänischen Geschichte an. Tausende Juden in Bukarest wurden zusammengetrieben, geschlagen und gefoltert, darunter eine Gruppe von über hundert Menschen – unter ihnen Kinder von gerade einmal fünf Jahren –, die zum städtischen Schlachthaus getrieben und abgeschlachtet wurden. Die Eisernen Garden hängten ihre Opfer an Fleischhaken auf und »verstümmelten sie in einer grauenhaften Parodie des koscheren Schlachtens«.[37] Das Pogrom der Eisernen Garden war so ungeheuerlich, dass es selbst das faschistische Regime des Landes schockierte, das Hitler um Hilfe bat, den Aufstand niederzuwerfen.

Nach der Niederschlagung des Putsches kam Malaxa als Anführer der Verschwörung ins Gefängnis, sein Industrieimperium wurde von den Nazis und der rumänischen Regierung konfisziert. Aber 1944, als die Sowjetarmee die Deutschen aus Rumänien vertrieb, erhob sich Malaxa wieder aus der Asche und machte sich beim neuen, von Moskau unterstützten Regime lieb Kind. Er war der einzige rumänische Kapitalist, dem die kommunistische Regierung sein Industrieunternehmen zurückgab.

Dessen ungeachtet war Malaxa schlau genug, zu erkennen, dass er in einem kommunistischen Rumänien keine rosige Zukunft zu erwarten hatte. Er hatte bereits die Vorsichtsmaßnahme ergriffen, einen Großteil seines gewaltigen Vermögens auf US-Konten zu transferieren. Nach dem Krieg überredete Malaxa rumänische Amtsträger mit großzügig verteilten Bestechungen – darunter Juwelen, Cadillacs und Bargeld –, ihm eine Reise in die Vereinigten Staaten zu erlauben, vorgeblich um für das Land Handelsgeschäfte abzuschließen. Er traf 1946 in den USA ein und kehrte nie in die Heimat zurück.

Malaxa entschied sich klugerweise dafür, in den USA eine dauerhafte Aufenthaltserlaubnis zu beantragen statt der amerikanischen Staatsbürgerschaft, wohl wissend, dass bei diesem Verfahren keine so strengen Maßstäbe angelegt wurden. Aber sein Lebenslauf war so unfasslich, dass sich sein Kampf um das Aufenthaltsrecht in den USA über Jahre hinzog. Malaxas Akten bei OSS, CIA, FBI und Einwanderungsbehörde steckten voller harscher Urteile über seinen zynischen Lebensweg. Mal wurde er als »berüchtigt« bezeichnet, ein andermal als »der perfideste Mann in Rumänien«; er sei der »Meister der Bestechungskunst«, der in Rumänien eine »Ära der Korruption« eingeleitet habe; er sei ein krasser »Opportunist, der »verschiedene Male auf allen Seiten des Zauns« gestanden habe, sei von jemand, der »Hitlers Spiel« spielt, zu jemand geworden, den man »als Agent der sowjetischen Regierung und der rumänischen Kommunisten in den Vereinigten Staaten betrachten muss, selbst wenn er selbst im Herzen kein Kommunist ist«.

Laut einem CIA-Memo von 1952 entstammte »die vielleicht bündigste Einschätzung Malaxas« von einem amerikanischen Diplomaten, der fand, er sei ein »völlig skrupelloser Mensch, der seinen Mantel nach dem Wind hängt, und wie eine Katze hat [er] die hohe Kunst entwickelt, immer auf den Füßen zu landen. Er wird als ein zutiefst gefährlicher Mann angesehen.«[38]

Nichts davon spielte für Allen Dulles eine Rolle, als Malaxa in seinem Büro bei Sullivan & Cromwell auftauchte. Ausschlaggebend war für ihn allein, dass der Rumäne ein riesiges Vermögen besaß und bereit war, Millionen dort auszugeben, wo Dulles es wünschte. Im Tausch für die Finanzierung von Dulles' weitgespanntem antikommunistischem Netzwerk – das sich von Buenos Aires bis Bukarest erstreckte – sicherte sich Malaxa die einflussreiche Unterstützung von Geheimdienstchefs bei seinem Kampf um das Aufenthaltsrecht in den USA. Etwas von Malaxas Schatz ging an prominente rumänische Politiker im Exil, die nach dem Sturz des kommunistischen Regimes die Macht zu übernehmen hofften. Andere Mittel wurden in Juan Peróns Argentinien investiert, wo Malaxa am Aufstieg einer neofaschistischen Bewegung beteiligt war, und in Frankreich, wo er »Stipendien« für rumänische »Studenten« im Exil spendete, die sich als Veteranen der grausamen Eisernen Garden entpuppten.

1948 hatte sich Malaxa in einem luxuriösen Apartment an der Fifth Avenue in Manhattan häuslich eingerichtet, aber seine Kungeleien hatten die unerwünschte Aufmerksamkeit der Presse erregt. Im Mai berichtete der Klatschkolumnist Walter Winchell, dass der berüchtigte Kollaborateur – der »Balkaner vom Broadway«, wie er Malaxa nannte – die Annehmlichkeiten der Stadt in vollen Zügen genieße. Winchell enthüllte, dass die »distinguierte« Kanzlei Sullivan & Cromwell den Rumänen vor kurzem als Klienten fallengelassen habe, vermutlich, weil er ihr zu heiß geworden sei.[39]

Aber Dulles ließ Malaxa nicht im Stich. Hinter den Kulissen legte er den Immigrationskampf des Rumänen in die Hände seines politischen Protegés Richard Nixon. Im Gegenzug für Malaxas großes 100 000-Dollar-Geschenk begann der kalifornische Senator, sich bei der Einwanderungsbehörde energisch zu seinen Gunsten zu verwenden und sich im Kongress für ein Einwanderungsgesetz stark zu machen, das dafür ausgelegt war, Malaxa das Aufenthaltsrecht in den USA zu verschaffen. Als diese Bemühungen am entschlossenen Widerstand der Abgeordneten, die von der Vergangenheit des Emigranten abgestoßen waren, scheiterten, schlugen Malaxa und Nixon einen anderen Kurs ein. Mit Hilfe von Spezis von Nixon in Südkalifornien gab Malaxa bekannt, dass er in Whittier eine Röhrenfabrik aufbauen wolle, die Western Tube Corporation. Nixon schrieb einen Brief an das Amt für Rüstungsproduktion (Defense Production Administration), in dem er behauptete, Malaxas Projekt sei »strategisch und ökonomisch bedeutend sowohl für Kalifornien wie für die gesamten Vereinigten Staaten«. Die Fabrik der »Western Tube Corporation« wurde nie gebaut, dafür erlangte Malaxa durch das Phantomprojekt einen riesigen Steuernachlass. Zudem gab es dem Kampf des Rumänen um die Aufenthaltserlaubnis in den USA frischen Rückenwind. Der kalifornische Kongressabgeordnete John Shelley nannte die Western Tube Corporation später »einen kompletten Betrug, ein Sprungbrett für [Malaxas] Bleiberecht in den Vereinigten Staaten«.[40]

Als der schwelende Malaxa-Skandal in den letzten Tagen des Präsidentschaftswahlkampfs 1952 aufzulodern drohte, schritt Dulles rasch ein, um ihn zu ersticken. Nachdem Wisner und Mason ihm Malaxas 100 000-Dollar-Scheck gezeigt hatten, wusste der stellvertretende CIA-Direktor, dass er ihn die Kommandokette nach oben an seinen Chef General Walter Bedell Smith weiterreichen musste. Dabei war sich Dulles völlig darüber im Klaren, dass es in diesem Fall ebenso gut war, den Schwarzen Peter weiterzureichen, wie das Beweisstück selbst zu vernichten. CIA-Direktor »Beetle« Smith hatte Eisenhower während des Kriegs hingebungsvoll als Stabschef gedient und wünschte sich »Ikes« Sieg bei den Präsidentschaftswahlen genauso innig wie Dulles.

Es war Gordon Mason, dem die unangenehme Aufgabe übertragen wurde, das Beweisstück für Nixons Korruption General Smith zu zeigen, der erwartungsgemäß einen Wutanfall bekam. »Smith war ein Mann, der in drei Sprachen fluchen konnte und fast in jedem Satz«, erinnerte sich Mason. »Er neigte außerdem zu Jähzorn und verhielt sich so, als hätte ich persönlich versucht, Eisenhower zu erledigen.« Smith verlangte, dass Mason sofort jeden Fetzen belastenden Materials gegen Nixon zusammensuchen und in sein Büro bringen solle. »Die Geschichte wurde aus den Akten gesäubert«, sagte Mason. Auch Wisner hatte keinen Zweifel, was mit dem Beweisstück geschah. »Beetle spülte einfach alles durch die Toilette.«[41]

Ohne eine Kopie des Malaxa-Schecks konnte Drew Pearson seine Story nicht weiterschreiben, sie verlief im Sand. Am Wahltag fuhren Eisenhower und Nixon mit 55 Prozent der Stimmen und 39 von 48 Staaten einen klaren Sieg ein.

Nach dem Triumph der Republikaner waren Dulles und Nixon schließlich in der Lage, in der Bürokratie Malaxas Einwanderungsangelegenheit auf die Sprünge zu helfen. Im Dezember 1953 umgingen Beamte von Eisenhowers Justizministerium den Kongress und die Einwanderungsbehörde und gewährten Malaxa per Dekret das dauerhafte Aufenthaltsrecht. Das Justizministerium erläuterte, dass es zu dieser Entscheidung aufgrund der einzigartigen technischen Dienste der Western Tube Corporation gelangt sei. Die Tatsache, dass Malaxas Unternehmen gar nicht existierte – und nie existieren konnte –, wurde von der neuen Administration großzügig übersehen.

Nicolae Malaxa verlebte den Rest seiner Tage in seinem komfortablen Apartment an der Fifth Avenue. Er begann, sich als großer Wohltäter in Pose zu setzen. Im Januar 1953, kurz vor Eisenhowers Amtseinführung, streckte Malaxa einem prominenten jüdischen Emigranten aus Rumänien namens Iancu Zissu freundschaftlich die Hand entgegen. Malaxa ließ wissen, dass er Zissu, den Mitbegründer einer rumänischen Exilgruppe, gerne kennenlernen würde. Die merkwürdige Begegnung fand in der New Yorker Wohnung eines populären rumänischen Sängers statt. Laut einem Zeugen »sagte Malaxa zu Zissu, dass er ihn schon seit einiger Zeit kennenlernen wolle, weil er ein großer Freund der Juden und ein großer Bewunderer der jüdischen Religion sei. Malaxa erklärte, wenn er seine eigene Religion ändern könnte, so würde er den jüdischen Glauben annehmen.«

Beim Abschied von Zissu »versicherte [Malaxa] ihm, dass diejenigen, die seine [Malaxas] Freunde seien, nie Grund gehabt hätten, es zu bereuen«.[42] Es war ein erstaunlicher Ausbruch des guten Willens – oder, wahrscheinlicher, ein weiterer Versuch des listigen Millionärs, sich politische Unterstützung zu kaufen.

Vom Finanzier der Schlächter der Eisernen Garden zum »großen Freund der Juden« – es war nur eine weitere aberwitzige Wendung in einem Leben, das voll von grotesken Volten war.

9 Die Machtelite

Für die Dulles-Brüder war der Sieg von Eisenhower und Nixon der Kulminationspunkt jahrelanger strategischer Planung, die bis in die Roosevelt-Ära zurückreichte. Schon bei den Wahlen von 1948 waren sie der Erfüllung ihres Traums quälend nahegekommen, nur um beim verblüffendsten Überraschungssieg der amerikanischen Geschichte ihren langjährigen Verbündeten Tom Dewey auf der Verliererseite zu sehen. Nun jedoch waren sie auf dem Weg ins innerste Machtzentrum Washingtons. Als neue Chefs des Außenministeriums und der CIA würden sie die globalen Operationen der mächtigsten Nation der Welt steuern. Ihre brüderliche Partnerschaft verlieh den Dulles-Brüdern einen einzigartigen Einfluss auf die neue Administration, und sie waren von der tiefen Zuversicht erfüllt, für diese Rollen bestimmt zu sein.

Die Präsidentschaftswahl von 1952 repräsentierte den Triumph der »Machtelite«, ein Ausdruck, den der bissigste akademische Beobachter der USA im Kalten Krieg, der Soziologe C. Wright Mills prägte. Der gebürtige Texaner Mills war ein Wissenschaftler von kantiger Unabhängigkeit. Er lebte auf einer Farm sechzig Kilometer außerhalb von New York und fuhr zu seinen Seminaren an der Columbia University auf einem selbst zusammengebauten Motorrad. Er trug am liebsten Flanellhemden und Arbeitsschuhe und vertraute Freunden an, er sei »im tiefsten Inneren und systematisch ... ein verdammter Anarchist«.[1] Mills lehnte sowohl den müden marxistischen Diskurs ab, der seit den 1930er Jahren die Intellektuellenzirkel New Yorks beherrscht hatte, als auch den »romantischen Pluralismus« der konventionellen Theorien über die amerikanische Politik. Ihm zufolge lag die Macht in Amerika weder in der Hand von Marxens »herrschender Klasse« – derjenigen, die im Besitz der Produktionsmittel war –, noch war sie das Ergebnis eines Balanceakts konkurrierender Interessen von Konzernen, Gewerkschaften, Bauern und Berufsgruppen. Dieses Ebbe-und-Flut-Konzept der Macht – an das sich liberale und konservative Wissenschaftler gleichermaßen klammerten – war für ihn ein »Märchen«, das »nicht annähernd als zutreffendes Modell der Arbeitsweise des amerikanischen Machtsystems bezeichnet werden« könne.[2]

Amerika werde stattdessen, wie Mills 1956 in seinem Meisterwerk *Die amerikanische Elite* schrieb, von den Leuten auf den »strategisch wichtigen Kommandostellen« der Gesellschaft in den Konzernen, in der Politik und im Militär kontrolliert. Diese dominanten Cliquen würden durch ihr tiefes gemeinsames Interesse an der »permanenten Kriegswirtschaft« zusammengehalten, die sich während des Kalten Kriegs herausgebildet hatte. Innerhalb der Machtelite könnten zwar politische Spannungen aufleben, es gebe zwischen diesen herrschenden Gruppen jedoch eine bemerkenswerte Einigkeit über die Zwecke. Die Topmanager, führenden Politiker und hohen Militäroffiziere bewegten sich fließend zwischen ihren Welten hin und her, tauschten Ämter, verkehrten in denselben Clubs und schickten ihre Kinder auf dieselben exklusiven Schulen. Dank ihrer beruflichen und gesellschaftlichen Konformität waren die Angehörigen der Machtelite für Mills Mitglieder des »Ordens der Erfolgreichen«.[3]

Innerhalb dieses Systems der amerikanischen Macht sah Mills die Unternehmensführer als die Ersten unter Gleichen. Schon lange mit der Bundesregierung verzahnt, begannen die Konzernführer während des Zweiten Weltkriegs, die politischen Führungsgremien zu beherrschen. Die Vereinigten Staaten waren weitgehend nur noch der Form nach eine Demokratie. Über ein halbes Jahrhundert bevor die John-Roberts-Ära des Obersten Gerichtshofs die Kontrolle des Wahlprozesses durch die Wirtschaft rechtlich absegnete, erkannte Mills, dass der Wandel zur Oligarchie bereits im Gange war: »Die lang andauernde Entwicklungstendenz der zunehmenden Verflechtung von Wirtschaft und Regierung hat [nun] einen neuen Höhepunkt erreicht. Beide können jetzt nicht mehr als zwei verschiedene Welten betrachtet werden.«[4]

Die entscheidende Aufgabe zur Vereinigung der Machtelite fiel laut Mills einer besonderen Untergruppe der Wirtschaftshierarchie zu – den Wall-Street-Anwälten und Investmentbankern. Dieser Personenkreis, ein »vermittelnder und verbindender Typus«, bestand aus Männern, die reibungslos zwischen den Unternehmenszentralen in Manhattan und den Washingtoner Kommandostellen hin- und herpendelten. Der allgemeinen Öffentlichkeit kaum bekannt, bildeten diese geübten Machtvollstrecker in Mills' Worten Amerikas »unsichtbare Elite«.[5] Sie waren die Leute, die den Konsens über Schlüsselfragen von nationaler Bedeutung schmiedeten und sicherstellten, dass diese Entscheidungen ordentlich umgesetzt wurden. Ihre Arbeit fand weitgehend im Verborgenen statt und wurde nur vage verstanden, aber sie hatte enormen Einfluss auf das Leben der gewöhnlichen Bürger. Es waren Männer wie Foster Dulles und Allen Dulles, die Mills im Sinn hatte, als er vom inneren Kern der Machtelite schrieb.

Geboren in Waco als Sohn eines Versicherungsvertreters und einer Hausfrau und ausgebildet an den Universitäten von Texas und Wisconsin, war Mills tief in der Tradition des einheimischen Populismus verwurzelt, nicht in den europäischen Ideologien der New Yorker Intellektuellen. Ein großgewachsener, breitschultriger Mann von unerschöpflicher Streitlust, konnte er mit Leuten wie Dwight Macdonald und Irving Howe stundenlang diskutieren. Aber er mied das Treibhaus des Sektierertums der New Yorker Linken ebenso wie den zwanghaften »Jubelamerikanismus«, der in den Eisenhower-Jahren beinahe alle seine intellektuellen Kollegen befiel, und suchte stattdessen nach einer neuen Sprache, um den in der Nachkriegsära erwachenden amerikanischen Koloss zu erklären. Mills nahm sich der wichtigsten Themen der amerikanischen Gesellschaft an: der seelenmordenden, »heiter roboterhaften« Reglementierung in den Unternehmen, der einzigartigen Schrecken des Atomzeitalters – ein Zeitalter, wie er argumentierte, in dem der Krieg selbst zum Feind geworden war, nicht die Russen, und natürlich der Überwelt der amerikanischen Macht, ein Reich, das, wie er glaubte, nur wenige durchschnittliche Bürger begreifen konnten, obwohl es einen langen Schatten auf ihre alltäglich Existenz warf.

»Denke groß!«, rief der intellektuell ehrgeizige Mills gerne aus. Er schrieb einen kraftvoll klaren Stil, der die »aufgeblasene Marktschreierei der Großtheorie« vermied, wie es der Soziologe Todd Gitlin nannte. Bald nachdem *Die amerikanische Elite* erschienen war, löste das Buch eine breite Debatte aus und schaffte es über die efeubewachsenen Mauern der akademischen Welt hinaus auf die Bestsellerliste.

Im *New York Times Book Review* musste der Firmenanwalt und Präsidentenberater Adolf Berle – ein vollgültiges Mitglied der Machtelite – einräumen, dass Mills' Buch »ein unangenehm hohes Maß an Wahrheit« enthalte, wischte sein Unbehagen jedoch mit der Schlussfolgerung beiseite, dass es im Wesentlichen »einen wütenden Comic, kein ernsthaftes Bild« zeichne. Mills verletzte auch die Empfindlichkeit von Linksliberalen des Kalten Kriegs wie Arthur Schlesinger jr., den er beschuldigte, seine intellektuelle Unabhängigkeit aufgegeben zu haben, indem der sich dem Jubelamerikanismus anschloss. Schlesinger schoss zurück mit dem Vorwurf, Mills' Buch ziele offenbar mehr darauf, die Massen zu bewegen, als eine ernsthafte akademische Debatte anzustoßen. »Ich freue mich auf die Zeit, wenn Mr. Mills seine Prophetenrobe ablegt und sich damit bescheidet, wieder ein Soziologe zu sein«, schrieb er in der *New York Post*.[6]

Mills betrachtete sich selbst als intellektuellen Einzelgänger – »Ich bin ein Politiker ohne Partei«, schrieb er in einem Brief. Aber *Die amerikanische Elite* traf einen Nerv bei einer neuen Generation von Revolutionären und Radikalen, die bald der Geschichte ihren Stempel aufdrücken würde. Die jungen Revolutionäre Fidel Castro und Che Guevara hatten es in den Bergen der Sierra Maestra dabei, und daheim stützte sich Tom Hayden bei der Formulierung der Port-Huron-Erklärung, dem Manifest der aufkommenden Neuen Linken, stark auf Mills' Schriften.

Als die Port-Huron-Erklärung im Juni 1962 dem Kongress der Studenten für eine Demokratische Gesellschaft (Students for a Democratic Society) vorgelegt wurde, war C. Wright Mills tot – gestorben an einem Herzanfall im März jenes Jahres im Alter von fünfundvierzig Jahren. Doch seine Kritik der Machtelite – und sein Gefühl ihres fundamental undemokratischen Wesens und ihre Illegitimität – übte auf die Generation der 1960er Jahre nachhaltigen Einfluss aus. Sechs Jahre nach seinem Tod, im Gefolge der weltweiten Jugendproteste 1968, stufte ihn die CIA weiter als eine der maßgeblichen intellektuellen Gefahren der etablierten Ordnung ein.[7]

Schlesinger hatte zum Teil recht mit seiner Kritik an Mills. Obwohl ein strenger Forscher und sorgfältiger Autor, hallte in seinem Werk über *Die amerikanische Elite* tatsächlich hier und da die moralische Dringlichkeit einer Prophetenstimme wider. Mills, tief besorgt über das aus dem Ruder laufende atomare Wettrüsten der Eisenhower-Ära, wusste, dass Amerikas Herrscher nicht nur furchterregende Gewaltmittel besaßen, sondern sich von demokratischen Kontrollen auch weitgehend unbehindert fühlten. Die Fähigkeit der amerikanischen Führung, das Leben auf dem Planeten zu beenden, verlieh ihnen aus Mills' Sicht eine finstere Macht, und die tiefe Sorge vor ihrem möglichen Missbrauch inspirierte die leidenschaftliche Schlusspassage des Buches:

»[Die Mitglieder der amerikanischen Elite] sind keine respektgebietenden Persönlichkeiten. Ihre Machtstellung entspringt nicht moralischen Qualitäten. Ihr großer Erfolg beruht nicht auf Verdiensten. … Sie kommen nicht aus Parteien, die dem Gemeinwohl verpflichtet sind und die großen Probleme unserer Zeit in angemessener Form zur Debatte stellen. … Sie werden nicht durch eine Vielzahl freiwilliger Vereinigungen kontrolliert, die eine Verbindung zwischen der breiten Öffentlichkeit und den Spitzengremien herstellen könnten. Sie gebieten über eine Machtfülle, wie die Weltgeschichte sie bisher nicht kannte. Ihr Erfolg wurde möglich in einem System organisierter Verantwortungslosigkeit.«[8]

Männer wie die Dulles-Brüder frohlockten über solche »organisierte Verantwortungslosigkeit«. Die Demokratie war in ihren Augen ein Hindernis für die reibungslose Arbeitsweise des Konzernstaats. John Foster Dulles hatte dies in seiner Wall-Street-Karriere bei seinem Ringen mit Roosevelts New-Deal-Bürokratie früh zum Ausdruck gebracht. Gegenüber Lord McGowan, Vorstand von Imperial Chemical Industries, beklagte er sich einmal scharf über Bestrebungen der Regierung, die schnell überhandnehmende Macht globaler Kartelle in die Schranken zu weisen: »Tatsache ist, dass die meisten Politiker hochgradig insular und nationalistisch sind … [Daher] müssen Geschäftsleute … Wege finden, dumme politische

Barrieren zu durchstoßen oder zu umschiffen.«[9] Allen seinerseits durchmaß seine Geheimdienstkarriere mit einer ähnlichen Verachtung für präsidentielle Direktiven und »dumme politische Barrieren«. Es konnte, wie es Richard Helms mit typisch scherzhaftem Understatement formulierte, »kein Zweifel bestehen, dass Dulles sich am wohlsten fühlte, wenn er die Dinge allein regelte, mit einem Minimum an Aufsicht von oben«.[10]

Als Franklin Roosevelt 1933 ins Weiße Haus zog, war er sich der fest verwurzelten Interessen wohl bewusst, die seinem Versuch entgegenstehen würden, das Finanzsystem des Landes zu reformieren und einen sozialen Puffer gegen die Verwüstungen der Weltwirtschaftskrise zu schaffen. »Die wirkliche Wahrheit ist, wie Sie und ich wissen«, schrieb Roosevelt an Oberst Edward M. House, Präsident Wilsons engen Berater, »dass seit den Tagen Andrew Jacksons die Regierung den Finanzinteressen der größeren Zentren gehörte.«[11] Eine kurze Phase lang, während der grassierenden wirtschaftlichen Verwüstung der 1930er Jahre, war der New Deal in der Lage, dieser »Plutokratie«, wie Roosevelt es nannte, die Stirn zu bieten. Die Roosevelt-Präsidentschaft demontierte die Machtelite nicht, schrieb Mills, »doch entstanden einerseits im Bereich der Politik und andererseits innerhalb der Welt der Großindustrie selbst neue Zentren der Macht, die eine Gefährdung der Macht der Generaldirektoren darstellten«.[12]

Doch mit der Militarisierung des Staats während des Zweiten Weltkriegs, als Industrie- und Finanzkapitäne in Schlüsselposten der Regierung rückten, ging die Macht nach und nach wieder an die Wirtschaftselite über. Die Präsidentschaft Eisenhowers sollte diese politische Gegenreformation vollenden: Washington wurde von Unternehmensmanagern, Wall-Street-Anwälten und Investmentbankern übernommen – und von einer eng zusammenhaltenden Kriegerkaste, die während des Zweiten Weltkriegs ins öffentliche Rampenlicht getreten war.

Unter Eisenhower erhielten die Dulles-Brüder schließlich freie Hand, ihre Macht in der globalen Arena spielen zu lassen. Im Namen der Verteidigung der freien Welt vor der kommunistischen Tyrannei zwangen sie mit Atomterror und der Brutalität verdeckter Operationen der Welt eine amerikanische Herrschaft auf. An der Spitze der Macht in Washington vertraten sie weiterhin die Interessen ihrer Unternehmerkaste und setzten sie mit dem nationalen Interesse gleich.

C. Wright Mills gehörte zu den Ersten, die bemerkten, wie die »nationale Sicherheit« der Machtelite dazu dienen konnte, ihre Operationen noch besser zu verhüllen. Die Dulles-Brüder erwiesen sich als Meister darin, den ängstlichen Zustand ständiger Wachsamkeit, der den Kalten Krieg begleitete, für ihre Zwecke auszuschlachten. »Zum ersten Male in der Geschichte Amerikas beschäftigen sich seine führenden Männer mit einem ›Ernstfall‹, dessen Ausgang nicht vorauszusehen ist«, schrieb Mills. »Diese Männer sind wahnwitzige Realisten: Im Namen eines sogenannten Realismus haben sie ihre ganz eigene paranoide Wirklichkeit erschaffen.«[13]

Diese beklemmende Beobachtung, deren beunruhigendes Echo bis heute nachhallt, fing den düsteren Zeitgeist[14] der Eisenhower-Dulles-Ära ein. Es war eine Zeit des Jubelamerikanismus – der Feier seines beispiellosen Wohlstands und seiner unvergleichlichen militärischen Fähigkeiten – ebenso wie der beständigen Drohungen mit dem Einsatz des Atomwaffenarsenals, Spannungen, die sich beim kleinsten Anlass hätten entladen können. Nur einige eigenwillige Stimmen – wie jene des intellektuellen Einzelgängers aus Texas – erfassten die beängstigende Amoralität, die sich an der Spitze der Macht in Amerika breitgemacht hatte.

Präsident Eisenhower genoss die Gesellschaft reicher und mächtiger Männer. Er besetzte seine Administration mit Machtspielern aus dem von Dewey, Dulles, Rockefeller und Luce dominierten New Yorker Republikanerkreis ebenso wie mit Spitzen der Industrie und des Pentagons. Wall-Street-Anwalt Herbert Brownell wurde zum Justizminister ernannt, nachdem er Ikes Wahlkampfmanager gewesen war, dem Vorstandsvorsitzenden von General Motors Charles Wilson wurde die Führung des Verteidigungsministeriums übertragen, und der Vorstand der Chase Manhattan Bank und ehemalige Diplomat John McCloy – eine Inbild der Machtelite – wurde zum Nationalen Sicherheitsberater berufen. Selbst die zweite Regierungsebene – die der Staatssekretäre und Stellvertreter – wurde mit Männern wie dem Wall-Street-Banker C. Douglas Dillon besetzt, ein weiterer enger Partner der Dulles-Brüder. Die exklusiven Reihen des Council on Foreign Relation, den die Brüder lange beherrschten, waren ein besonders ergiebiges Rekrutierungsreservoir.

Auch seine Freizeit verbrachte Ike gern mit den Großen und Mächtigen. Bei seinen zwei Golfausflügen pro Woche zum Grün des Burning Tree Country Club in Bethesda hatte der begeisterte »Obergolfer« häufig prominente Firmenmanager und Armeegeneräle im Schlepptau, darunter die Vorstände von General Electric, Coca-Cola, Reynolds Tobacco und Young & Rubicam.

Merriman Smith, der langjährige Presseagenturreporter beim Weißen Haus, verteidigte Eisenhowers starke Affinität zur Machtelite: »Es wäre unfair zu sagen, dass er die Gesellschaft von Königen der Finanzwelt und der Industrie allein wegen ihrer hohen Bewertungen schätzt. Er glaubt, wenn es ein Mann zum Präsidenten der Ford Motor Company [oder] zum Chef der Scripps-Howard-Zeitungen gebracht hat … dass dieser Mann zweifellos eine Menge auf dem Kasten haben muss, sich in seinem Gebiet gründlich auskennt, gebildet und interessant sein wird.« Woraufhin ein von Mills zitierter Beobachter bissig erwiderte: »Die Idee, sie hätten sich hochgearbeitet, dürfte für Henry Ford oder den jungen Jack Howard ziemlich überraschend klingen.«[15]

Eisenhower fühlte sich in Gesellschaft dieser Männer wohl, weil er ihre konservativen, wirtschaftsorientierten Ansichten teilte. Präsident Truman, der geholfen hatte, dem General den Weg ins Weiße Haus zu ebnen, indem er ihn 1951 zum ersten Oberkommandierenden der NATO-Streitkräfte in Europa ernannte, hatte versucht, Eisenhower zu überreden, für die Demokratische Partei ins Präsidentschaftsrennen zu gehen, mit dem Versprechen, ihm die Nominierung seiner Partei »zu garantieren«. Aber Eisenhower erwiderte: »Welchen Grund haben Sie für die Annahme, dass ich jemals ein Demokrat war? Sie wissen, dass ich mein Leben lang ein Republikaner war und dass meine Familie immer republikanisch war.«[16] Als Truman ihn weiter bedrängte, wurde er noch deutlicher und hielt dagegen, dass seine Differenzen mit den Demokraten, besonders im Hinblick auf die gewerkschaftsfreundlichen Positionen der Partei, schlicht zu enorm seien, um einen solchen Schritt auch nur in Erwägung zu ziehen.

Unterdessen kam das Werben der Gruppe von Dewey und Dulles um Eisenhower als Bannerträger der Republikaner, das zwei Jahre zuvor begonnen hatte, zu einem erfolgreichen Abschluss. Dewey hatte die Frage einer Bewerbung für das Weiße Haus bei Eisenhower zuerst im Juli 1949 angesprochen, nach seiner traumatischen Wahlniederlage gegen Truman. Dewey bat den widerstrebenden General inständig, in die politische Arena zu steigen, da er der einzige Mann sei, »der dieses Land davor bewahren kann, am Gängelband des Paternalismus, Sozialismus [und] der Diktatur in den Hades hinabzugsteigen«.[17]

Anfang 1952 waren die Dulles-Brüder einig, dass ihr bester Weg ins Weiße Haus darin bestünde, sich hinter den Volkshelden zu stellen. Im Mai flog Foster nach Frankreich und traf sich mit dem General zweimal im NATO-Hauptquartier in Fontainebleau, um ihn zur Kandidatur zu bewegen. Die beiden Männer verstanden sich nicht auf Anhieb, in Gegenwart des legendären Generals zeigte sich Foster ungewöhnlich zurückhaltend und unsicher. Eisenhower, an knappe und klare militärische Rapporte gewöhnt, fand Fosters weitschweifige und anwaltlich verklausulierte Monologe langweilig. Foster strapazierte rasch die Geduld des Generals, was dieser ihm zu verstehen zu geben versuchte, indem er unablässig mit einem Stift auf sein Knie trommelte, und, als das nichts half, durch Starren an die Decke zur »Signalisierung des Endes jeglichen mentalen Kontakts«, wie es ein Untergebener ausdrückte. Foster kitzelte später Churchills bösen Esprit hervor, der sich ein Wortspiel mit seinem Nachnamen nicht verkneifen konnte. Das englische Wort *dull* bedeutet

»langweilig«, und so rief der britische Premierminister in Abwandlung seines Superlativs aus: »*Dull, duller*, Dulles.«

Aber das außenpolitische Papier, das Foster Eisenhower in Frankreich präsentierte, war alles andere als langweilig. Das Memo, das Foster treffend »Eine Politik der Kühnheit« betitelte, drängte den nächsten Präsidenten zu einer viel härteren Haltung gegenüber dem Sowjetblock als Trumans – eine Politik, die darauf zielte, den Kommunismus in Osteuropa zurückzudrängen statt lediglich einzudämmen. Foster forderte eine Eskalation des Untergrundkriegs gegen Moskau, die sein Bruder bereits betrieb, darunter einen verdoppelten Einsatz psychologischer Kriegführung. »Wir sollten dynamisch sein, wir sollten Ideen als Waffen einsetzen, und diese Ideen sollten moralischen Prinzipien entsprechen. Dass wir dies tun, ist richtig, denn es ist der unausweichliche Ausdruck eines Glaubens – und ich bin zuversichtlich, dass wir immer noch einen Glauben haben.«[18] Fosters Papier hatte den eindringlichen Rhythmus einer Kanzelpredigt; es war erfüllt von dem missionarischen Eifer, der sich seit Generationen durch seine Familie zog.

Den größten Eifer entwickelte Foster bei der Diskussion der Atomwaffenpolitik. Er schlug eine beunruhigende Änderung des Denkens über Amerikas furchteinflößendes Nuklearwaffenarsenal vor: Atombomben sollten nicht mehr als letzte Zuflucht, als Weltuntergangswaffen verstanden werden, sondern als erste Zuflucht. Die Vereinigten Staaten müssten sich das Recht vorbehalten, gegen jede sowjetische Aggression auf der Welt massiv zurückzuschlagen, wo immer und wann immer sie sich dazu entschlössen, schrieb er. Indem Washington der Welt klarmachte, dass es keine Angst hatte, mit seinen Nuklearwaffen so umzugehen, als wären es konventionelle Bomben, würden die Vereinigten Staaten einen beherrschenden strategischen Vorteil erringen. Es war die Art von Drohpotenzial, das ein schwerbewaffneter Verrückter in einem Raum voller Menschen genoss. Aber Foster drückte es diplomatischer aus. Massenvernichtungswaffen »in der Hand von Staatsmännern … könnten als wirkungsvolle politische Waffen zur Verteidigung des Friedens dienen«.

Foster versüßte sein Argument mit dem Hinweis, dass eine auf Atomwaffen basierende Militärstrategie dazu beitragen würde, die wachsenden Kosten von Amerikas »ausgedehntem, verschwenderischem« Verteidigungskomplex einzudämmen, der drohe, die Nation in den Bankrott zu stürzen. Statt an jedem globalen Brennpunkt eine teure Truppenpräsenz zu unterhalten, schrieb er, war alles, was die Vereinigten Staaten zu tun hatten, den Finger am nuklearen Abzug bereitzuhalten.

Selbst ein Mann des Kriegs wie Eisenhower war zuerst verdutzt über Fosters Vorschlag einer nuklearen »Erstschlagsstrategie«. Nach seiner Präsentation vor dem ungerührten General kehrte Foster in sein Zimmer im Ritz Hotel in Paris zurück, wo er hektisch auf und ab ging und einem Vertrauten klagte, Eisenhower begriffe irgendwie nicht, dass die Welt vor einer schrecklichen Bedrohung stehe.[19] Doch Eisenhower teilte Fosters leidenschaftlichen Antikommunismus. Und die Kosteneffizienz einer Strategie des massiven Rückschlags gefiel dem kostenbewussten General, der sich ebenfalls über die wachsende Last der Militärausgaben auf die Wirtschaft sorgte. So brach die Herrschaft des Atomterrors an – des Spiels mit dem Feuer durch die ständige Drohung, sofort bis zum Äußersten zu gehen –, die die Welt in der folgenden Dekade in Atem halten sollte.

Fosters neue »Politik der Kühnheit« wurde zum Kernstück von Eisenhowers Präsidentschaftswahlkampf, und der Wall-Street-Anwalt wurde weithin als nächster Außenminister angepriesen. Verleger Henry Luce half mit, Foster in den Sattel zu heben, indem er im Mai 1952 sein außenpolitisches Papier im Magazin *Life* abdruckte. »Niemand verfügt über ein umfassenderes, parteiübergreifenderes Verständnis der US-Außenpolitik als John Foster Dulles«, war in den respektvollen biografischen Angaben zu lesen, die den Artikel begleiteten.

Nach seiner ordentlichen Bestätigung als Außenminister im Januar 1953 – eine Position, die Foster lange begehrt hatte und für seine Bestimmung hielt – hielt er vor mehreren Hundert Mitarbeitern, die sich vor dem Außenministerium im Viertel Foggy Bottom versammelt hatten, eine Ansprache. Das Wetter war unangenehm kalt, aber der fünfundsechzigjährige Foster stand auf den Stufen über der Menge mit standhaftem Selbstbewusstsein – ein »robuster Baum von einem Mann«, wie ein Biograf schrieb, »knorrig, verwittert und langlebig«. Er benahm sich wie jemand, dem das Haus gehörte. »Ich glaube nicht, dass es irgendeine Familie in den Vereinigten Staaten gibt«, sagte er der versammelten Belegschaft, »die so lange mit dem Auswärtigen Dienst und dem Außenministerium verbunden ist wie meine eigene Familie.«[20]

Einmal in Foggy Bottom installiert, schob Foster alle anderen Experten, die in internationalen Angelegenheiten das Ohr des Präsidenten suchten, beiseite und übernahm rasch das Kommando über Eisenhowers Außenpolitik. Bald hatte Foster, wie ein Berater des Außenministeriums bemerkte, den General »in der Tasche«.[21]

Mit ebensolcher Gewissheit, wie sein Bruder sich zum Außenminister bestimmt sah, fühlte sich Allen Dulles berechtigt, die CIA unter Eisenhower zu führen. Der jüngere Dulles hatte zwei Jahre klaglos als Walter Bedell Smiths Stellvertreter gearbeitet, obwohl er beträchtlich mehr Geheimdiensterfahrung besaß als »Beetle«. Dulles nahm die obszönen Wutausbrüche des bärbeißigen Generals gutmütig hin in der Erwartung, dass Smith ihn zu seinem Nachfolger salben würde. »Der General war heute Morgen gut in Form, was? Ha, ha, ha!«, lachte Dulles, nachdem er von einer von Smiths »Arschbeißer-Sitzungen« zurückkam, wie die Kollegen das nannten.[22]

Während des Präsidentschaftswahlkampfs 1952 bewies Dulles seine Loyalität gegenüber Eisenhower und Nixon, indem er dem republikanischen Gespann über CIA-Tarngruppen Geld zukommen ließ und peinliche Geheimdienstberichte über den Umgang der Administration Trumans mit dem Koreakrieg an die Medien durchsickern ließ – eklatante Verletzungen der CIA-Regularien, die dem Geheimdienst jede Einmischung in die Innenpolitik verbieten.[23]

Doch obwohl Smith ihn für den Geheimdienst rekrutiert und ihn zu seinem Stellvertreter ernannt hatte, wurde er mit Allen Dulles nie warm. »Beetle« – der als Eisenhowers Stabschef im Krieg einzigartigen Zugang zum designierten Präsidenten besaß – wurde nach dem republikanischen Sieg zu einem Hindernis für Dulles' Aufstieg an die CIA-Spitze. »Nach zwei Jahren enger persönlicher Beobachtung«, schrieb ein CIA-Historiker, »fehlte Smith das Vertrauen in Dulles' Selbstbeherrschung.«

Der General hatte den Eindruck, dass Dulles zu verliebt in die dunklen Künste des Spionagehandwerks war. Smith sagte Freunden, dass die Führung der CIA es manchmal erforderlich mache, moralische Fragen vor der Tür zu lassen. Aber, beeilte er sich hinzuzufügen, und darin hielt er an seinem soldatischen Verhaltenskodex fest: »Man passt besser verdammt gut auf, wo genau man sie gelassen hast.«[24]

Dulles kam Smith wie ein Mann vor, der allzu unbeschwert seine moralischen Skrupel über Bord warf. Der stellvertretende CIA-Direktor hatte keinerlei Bedenken, für die Ermordung ausländischer Staatsführer einzutreten, und unterbreitete Smith Anfang 1952 sogar einen Plan, bei einem Gipfelteffen in Paris Stalin zu töten. Smith wies den Plan energisch zurück. Es schauderte ihm bei dem Gedanken, dass Dulles an die Spitze des Geheimdienstes rücken könnte.

Als Smith sich auf sein Ausscheiden aus der CIA vorbereitete, riet er Eisenhower, Dulles nicht zu seinem Nachfolger zu küren, da es politisch unklug wäre, den Bruder des Außenministers als Geheimdienstchef der Administration dienen zu lassen. Stattdessen drängte Smith Eisenhower, einen anderen seiner Stellvertreter zu wählen, Lyman Kirkpatrick. Wie Dulles war Kirkpatrick ein Produkt von Princeton und konnte einen beeindruckenden Lebenslauf beim Geheimdienst vorweisen, der bis in den Krieg zurückreichte, aber er besaß, wie seine Karriere in der CIA unter Beweis stellen sollte, auch ein feines Gespür für korrektes Verhalten. (Jahre später wurde Kirkpatrick berufen, um die interne Untersuchung über das Debakel in der Schweinebucht zu leiten, die den Geheimdienst beinahe ruinierte, wobei er eine so ehrliche Arbeit leistete, dass einige der alten CIA-Leute, darunter Dulles selbst, ihm nie verziehen.)

Trotz seiner engen Bande zu Eisenhower musste Beetle Smith bald feststellen, dass ihn die Dulles-Brüder ausmanövriert hatten. Da er Smiths Widerstand voraussah, ging Foster zuerst zu Eisenhower und überzeugte ihn, dass sein Bruder als Chef der CIA tatsächlich ein Vorteil wäre und in der Außenpolitik eine reibungslose Kooperation sicherstellen würde. Als Smith begann, gegen Dulles zu argumentieren, fiel ihm Eisenhower ins Wort und teilte ihm mit, dass er bereits mit Foster gesprochen habe und dieser kein Problem in einer brüderlichen Zusammenarbeit sähe.[25]

Smith hatte nie wirklich eine Chance gehabt, Allen Dulles zu verhindern. Eisenhower war den grauen Eminenzen der Republikaner von der Wall Street, die hinter den Kulissen die Strippen zogen, zutiefst verpflichtet. Sie hatten ihn nicht nur für den Präsidentschaftswahlkampf geworben, sondern auch für die Finanzierung seiner Wahlschlacht gesorgt, hatten ihm für die Leitung seines Wahlkampfs einen der Ihren ausgeliehen – den führenden Firmenanwalt Herbert Brownell jr. – und sogar Richard Nixon als Vizepräsidentschaftskandidat für ihn ausgewählt. Die Dewey-Dulles-Gruppe war Ikes oberster Beraterstab und seine Bank. Wenn diese Leute sprachen, hörte der General zu.

Unter Allen Dulles sollte die CIA zu einem riesigen Königreich werden, zur mächtigsten und am wenigsten überwachten Behörde des Staates. Dulles baute seine mächtige Zitadelle mit starker Unterstützung von Präsident Eisenhower auf, der ihn, trotz gelegentlichen Unbehagens über die zügellose Vorgehensweise des Agentenführers, beständig vor seinen Washingtoner Feinden in Schutz nahm. Als Amerika seine Reichweite nach dem Krieg um den ganzen Globus erweiterte, mit Hunderten von Militärbasen in Dutzenden von Ländern, und amerikanische Unternehmen aus der Agrobranche und der Erdöl- und Bergbauindustrie auf allen Kontinenten tätig wurden, sah Eisenhower die CIA (zusammen mit der nuklearen Feuerkraft des Pentagons) als den kosteneffektivsten Weg zur Durchsetzung amerikanischer Interessen im Ausland. Die Historikerin Blanche Wiesen Cook, Autorin von *The Declassified Eisenhower*, betrachtete Ike anfänglich als »einen pazifistischen Präsidenten«. Nachdem sie jedoch die Dokumente der Administration für ihr Buch von 1981 gesichtet hatte, gelangte Cook zu der Schlussfolgerung, dass »Amerikas populärster Held auch Amerikas verstohlenster Präsident war. Eisenhower beteiligte sich selbst an dieser Vertuschung. Zu seiner Präsidentschaft gehörte ein breit angelegter, ehrgeiziger Kreuzzug, gekennzeichnet von verdeckten Operationen, deren Erfolg von ihrer Geheimhaltung abhing.«[26]

Der Aufstieg von Dulles' Spionagekomplex in den 1950er Jahren sollte die amerikanische Demokratie, die, wie Mills bemerkt hatte, bereits ernstlich durch die wachsende Macht der Konzerne kompromittiert war, noch weiter untergraben. Die Mechanismen der Überwachung und Kontrolle, die Dulles in Bewegung setzte, passten eher zu einem expandierenden Imperium als einer lebendigen Demokratie. »Der nationale Sicherheitskomplex«, schrieb der Journalist David Halberstam später, »wurde in den Eisenhower-Jahren zu einem rasch wachsenden Apparat, um uns im Geheimen zu erlauben, was wir offen nicht tun durften. Dies war nicht einfach ein isoliertes Phänomen, sondern Teil von etwas Größerem, das sich in Washington abspielte: der Wandel Amerikas von einem isolationistischen Land zu einem imperialen Koloss. Eine wahre Demokratie hatte kein Bedürfnis nach einem riesigen, geheimen Sicherheitsapparat, wohl aber ein imperiales Land. … Was sich hier entwickelte, war ein geschlossener Staat innerhalb eines offenen Staates.«[27]

An einem heiteren Nachmittag im September 1953 heiratete der dreiundvierzigjährige Senator Joseph McCarthy mit großem Pomp in der St. Matthew's Cathedral in Washington seine Sekretärin, eine neunundzwanzigjährige ehemalige College-Schönheitskönigin namens Jean Kerr.[28] Papst Pius XII. spendete dem Paar seinen apostolischen Segen, und zwölfhundert Gäste – darunter Vizepräsident Nixon, CIA-Direktor Allen Dulles und der junge Senator John F. Kennedy, dessen Vater McCarthy kräftig unterstützte – drängten sich zur Hochzeit in die Kathedrale. Hinterher wurden McCarthy und seine neue Frau in einer Limousine zu einer Party mit viel Prominenz inmitten der Jugendstilpracht der Patterson Mansion am Dupont Circle chauffiert, wo das Paar ihre vielstöckige Hochzeitstorte anschnitt und Preisboxer Jack Dempsey die Braut küsste. Gefeiert von den politischen Koryphäen der Hauptstadt und von Hollywoodstars, stand McCarthy an seinem Hochzeitstag auf der Höhe seiner Macht. In seinen Frack gezwängt und Champagner schlürfend, stolzierte das stämmige Washingtoner Schwergewicht mit den dunklen Bartstoppeln am Kinn wie Champion Dempsey selbst daher.

Der republikanische Senator hatte es weit gebracht von der Milchfarm in Wisconsin, wo er aufgewachsen war. Er hatte sich seinen politischen Aufstieg mit Bestechungsgeldern von Pepsi-Cola-Abfüllern und Fertighausmoguln finanzieren lassen. Tatsächlich verlor er nie den Geschmack an den glamourösen Beutestücken der Politik. Eines seiner Hochzeitsgeschenke soll ein rosafarbener Cadillac Coupe DeVille gewesen sein, verehrt von einem Houstoner Geschäftsmann, der seinen militanten Antikommunismus teilte.

1953 war McCarthys antikommunistische Hexenjagd in vollem Gange, verbrannte die Karrieren angesehener Senatoren und Staatsmänner und flackerte sogar bereits hier und da vor dem Weißen Haus selbst auf. FBI-Direktor Hoover, lange ein mächtiger Unterstützer, blickte mit wachsender Beunruhigung auf McCarthys entbrannten Ehrgeiz. In jenem Sommer warnte Hoover die neue Regierung, er habe erfahren, dass es eine »Verschwörung« gebe, um Eisenhowers Präsidentschaft zu sabotieren und ihn durch einen angriffslustigen Senator aus Wisconsin zu ersetzen.[29]

Der Karneval der Schande und Erniedrigung, den McCarthy nach Washington brachte, hielt die Hauptstadt seit Februar 1950 im Griff – als er seine berüchtigte Rede in Wheeling, West Virginia, hielt, mit der er seine Inquisition ins Rollen brachte (»Ich halte hier eine Liste mit Namen in der Hand …«) – und währte bis Dezember 1954, als ihm der Senat endlich mehrheitlich die Missbilligung aussprach, was seinen raschen politischen und psychischen Absturz auslöste. Niemand – vom niedrigsten Staatsbediensteten bis hin zum höchsten General oder Kabinettsmitglied – war gegen Joe McCarthys argwöhnischen Blick immun. Als ihm die mutmaßlichen kommunistischen Sympathisanten ausgingen, um sie vor seinen Ausschuss mit dem kafkaesk klingenden Namen »Ständiger Unterausschuss des Senats für Untersuchungen« zu zerren (Senate Permanent Subcommittee on Investigations), begann er, in den Hallen Washingtons Jagd auf heimliche Homosexuelle zu machen – oder »Puderquaste«, wie er sie gern nannte.

McCarthys Hetzjagd ist ein faszinierendes Fallbeispiel für die Dynamik der Washingtoner Macht. Der Senator war ein krasser Außenseiter in den elitären Salons der Hauptstadt – ein grobschlächtiger, exzessiv trinkender ehemaliger Marineinfanterist. Befeuert von ideologischem Eiferertum, Demagogie und undurchsichtiger Förderung von der Art, wie sie die spätere Tea-Party-Ära der amerikanischen Politik kennzeichnete, schien er den sauber getrennten Machtkategorien von C. Wright Mills zu trotzen.

McCarthy hatte keine Eliteschulen besucht und wurde nie von Wall-Street-Firmen umworben. Er hatte sich sein Studium an der Jurafakultät der Marquette University in Milwaukee mit einem Tankstellenjob und dem Haustürverkauf von Tür- und Fensterkitt verdient. Er trank gern Bourbon, und als er 1952 wegen einer diaphragmatischen Hernie vom Bauch bis zur Schulter aufgeschnitten wurde und chronische Schmerzen zurückbehielt, trank er noch härter. Selbst nach seiner Wahl in den erhabenen Senat trug er den Groll eines Kneipenschlägers mit sich herum. Einmal griff er in der Garderobe des exklusiven Sulgrave Club den Journalisten Drew Pearson an, verdrehte den Arm des Enthüllungsreporters und rammte ihm sein Knie in die Weichteile – eine brutale Retourkutsche für all die Kolumnen, die Pearson über McCarthys Karriere geschrieben hatte. Und doch, zu Anfang unterstützt von FBI-Direktor Hoovers Ermittlungsapparat ebenso wie von der katholischen Kirche und der rechtsgerichteten Hearst- und McCormick-Presse, gelang es dem schlägerhaften Senator, den Vorsitz des zuvor obskuren Unterausschusses in einen der mächtigsten Posten der Hauptstadt zu verwandeln. Die wichtigen Leute in Washington hassten und fürchteten ihn, aber die meisten erwiesen ihm die Ehre.

McCarthy war ein Monstrum, das die Führung der Republikanischen Partei selbst erschaffen hatte. Als er 1950 ins nationale Rampenlicht trat, hatten die Republikaner seit langem dunkle Beschwörungen von »Hochverrat« und »unamerikanischen Umtrieben« gegen die Demokraten zu ihrem Vorteil verwendet. Es war nur eine Frage der Zeit, bis in dieser giftigen Atmosphäre ein Geist wie der McCarthys aus der Flasche steigen würde. Nixon hatte diese Themen mit großer Wirkung in seinen Wahlkämpfen für den Kongress und den Senat ausgeschlachtet, wie Tom Dewey – wenngleich mit weniger Erfolg – in seinem Präsidentschaftswahlkampf von 1948. Trotz seines Siegs blieb Truman ständig in der Defensive gegen republikanische Vorwürfe, dass sämtliche Bundesbehörden mit Kommunisten durchsetzt seien. In Reaktion darauf hatte Truman einen Loyalitätstest für Staatsbedienstete verhängt und einen ausgedehnten Überwachungsapparat eingeführt, der nur wenige echte Sicherheitsbedrohungen aufdeckte. Zudem schredderte er die Verfassung, indem er eine Verfolgungswelle gegen Funktionäre der Kommunistischen Partei lostrat, womit er die Partei effektiv verbot und einen großen Teil der organisierten Linken zerschlug. Wohl wissend und zugleich besorgt, dass er damit einen konstitutionellen Rubikon überschritten hatte, beschwichtigte er Eleanor Roosevelt – die alternde, aber ungebeugte Ikone des New Deal –, dass er nicht vorhabe, eine Hexenjagd zu entfachen. Doch genau das tat er.[30]

Als Eisenhower 1953 ins Weiße Haus kam, war nicht klar, ob die dynamischste Kraft in Washington der neue Präsident oder der Senator aus Wisconsin sein würde. Vertraulich gestand Eisenhower, dass er McCarthy fast so verfluche wie seinerzeit Hitler – aber er wich stets davor zurück, sich gegen ihn zu stellen. Als sich Ike in seinem Wahlkampf 1952 in McCarthys Heimatstadt Wisconsin traute und einen kurzen Wahlkampfauftritt in Green Bay hatte, saß der Senator bei ihm auf der Bühne. Bevor er zur Menge sprach, lehnte sich Eisenhower zu McCarthy: »Ich werde sagen, dass ich nicht mit Ihnen übereinstimme.« McCarthy blickte dem General direkt in die Augen: »Wenn Sie das sagen, werden Sie ausgebuht.« Eisenhower blieb unbeirrt. »Ich bin schon früher ausgebuht worden.« Aber in dem Moment, als er seine Rede halten sollte, knickte Eisenhower ein und übertünchte sorgsam ihre Differenzen.[31]

Der Wahlkampf der Republikaner 1952 verschrieb sich ganz dem McCarthyismus. Nixon übernahm die Führungsrolle als Mann fürs Grobe, so dass Eisenhower eine würdigere Haltung wahren konnte. Im September gelobte Nixon, die »kommunistische Verschwörung« zum »Thema jeder

Rede von jetzt bis zur Wahl« zu machen. McCarthy seinerseits gab der Partei loyal Schützenhilfe und setzte seine schmutzigen Techniken im Dienst des Wahlkampfs ein.

Aber nach Eisenhowers Sieg machte McCarthy rasch klar, dass er die neue republikanische Administration als Freiwild betrachtete. Das Monster war von der Leine und niemand in Washington war vor ihm gefeit. Bevor die von den Dulles-Brüdern dominierte Regierung Eisenhower ihre ehrgeizigen Pläne für die Welt in Angriff nehmen konnte, musste sie erst die Hauptstadt sichern, wo der gefährliche Senator starke Männer dazu brachte, den Kopf einzuziehen. Im ersten Jahr von Eisenhowers Präsidentschaft nahm McCarthy kühn drei Institutionen im innersten Zentrum von Washingtons globaler Macht aufs Korn: das Außenministerium, die CIA und schließlich die Armee.

Die unterschiedliche Art und Weise, wie diese Institutionen mit den Angriffen McCarthys umgingen, wirft ein faszinierendes Licht auf die Washingtoner Machtpyramide – ebenso wie auf die unterschiedlichen Persönlichkeiten der Dulles-Brüder. Es sollte im Lauf dieses verwickelten Machtkampfes deutlich werden, wer tatsächlich das größte Schwert am Potomac schwang.

Es bestand kaum ein Zweifel, wer der große Bruder in der Dulles-Familie war. Seit seiner Kindheit hatte Foster einen ernsten Sinn für familiäre Verantwortung bewiesen, während Allen sich weit freier fühlte, sich bis über das Erwachsenwerden seinen Launen hinzugeben. Familienmitglieder wandten sich mit ihren Bitten und Nöten unfehlbar an Foster, nicht Allen – auch wenn der Rat ihres ältesten Bruders, wie Eleanor feststellte, nicht immer gut war. Einmal verlor sie ihre Ersparnisse bei einer Investition, zu der ihr Foster geraten hatte. Dennoch, der kluge Wall-Street-Mann teilte nüchterne Weisheiten aus; Industriekapitäne hörten aufmerksam auf seinen Rat, den er in wohlerwogenen Worten vortrug, zuversichtlich, dass jeder seiner Sätze Geld wert war.

Als die Brüder ihre Positionen in der Regierung Eisenhower einnahmen, brachten sie ihre einzigartige geschwisterliche Chemie mit, die gereift war, seit sie sich bei ihren Angelausflügen auf dem Lake Ontario die Aufgaben geteilt hatten. Ihre Beziehung war nicht ohne Spannungen und kleinliches Gezänk. Allen fand, dass eigentlich er zum Außenminister hätte ernannt werden müssen, da er mehr Erfahrung in auswärtigen Angelegenheiten hatte und ein dichteres Netz von Auslandskontakten pflegte. Er rieb sich zuweilen an der imperialen Attitüde seines älteren Bruders.

Foster schien sich Allens Frustrationen gar nicht bewusst zu sein. »Ich habe viel darüber gegrübelt, wie weit Foster diese Situation realisierte«, bemerkte Eleanor Jahre später nach dem Tod ihres Bruders. »Wenn er es tat, zeigte er es nicht durch Überkompensation oder übermäßige Rücksicht. In seinem ganzen Umgang mit Allen gab es kein psychologisches Problem, das bewältigt werden musste. Sie behandelten die Sachfragen und nicht sich selbst als Menschen mit bestimmten Empfindlichkeiten, bestimmten Vorurteilen und so weiter.«[32]

Aber Eleanor, die psychologisch einfühlsame Schwester, konnte Allens Eifersucht und Konkurrenzstreben spüren. »Ich habe es Allen angemerkt. Ich habe es nicht bei Foster gespürt. Ich glaube, man kann sich vorstellen warum. Foster hatte mehr Macht und mehr Erfahrung, und«, fügte sie sachlich hinzu, »ich glaube [Foster war] der hellere Kopf.«[33]

Allen war sich des Washingtoner Getuschels über das ungewöhnliche Brudergespann wohl bewusst. »Ab und zu wurden wir natürlich aufgezogen, wie es bei Brüdern nicht ausbleiben kann, wenn jeder von ihnen eine Position von einer gewissen Bedeutung bekleidet und sie zusammenarbeiten«, bemerkte er Jahre später. »Aber ich war mir der Gefahr in dieser Situation sehr bewusst und bestrebt, jeden Anschein und jede Handlung zu vermeiden, die eine Kritik in dieser Hinsicht hätten rechtfertigen können.«[34]

Es war Allen sehr wichtig, dass die Leute nicht dachten, er habe die Position bei der CIA nur wegen seines Bruders bekommen. »Sehen Sie«, sagte er einem Historiker nach dem Tod seines Bruders, »Ich war dort, bevor mein Bruder Außenminister wurde. Ich war stellvertretender Direktor [der CIA]. … Als also Bedell Smith in den Ruhestand ging, war es mehr oder weniger normal, dass ich ernannt wurde. Ich meine, das wurde von Eisenhower nicht als ein besonderes Zeichen von Vetternwirtschaft betrachtet. Persönlich standen Eisenhower und ich uns sehr nahe. Wir hatten uns sehr gut kennengelernt. Niemand, soweit ich weiß … ich bin sicher, Foster übte da keinerlei Druck aus … es war ja ganz normal, dass ich die Behörde übernehmen würde.« Aber die Wahrheit ist, dass Foster tatsächlich seinen Einfluss zugunsten seines Bruders geltend machte und Eisenhower sich nie dem jüngeren Dulles nahe fühlte, sondern ihn als notwendiges Übel in seinem Schattenkrieg gegen den Weltkommunismus in Kauf nahm.

Trotz ihrer untergründigen Komplexität erwies sich die Partnerschaft der Dulles-Brüder als sehr effektiv. Sie berieten sich während ihrer Washington-Herrschaft regelmäßig miteinander. »Normalerweise sahen sie einander ein-, zwei-, vielleicht dreimal die Woche. Allen ging gewöhnlich am Samstag in [Fosters] Haus und setzte sich mit ihm zusammen, und die beiden redeten zwei oder drei Stunden«, erinnerte sich Eleanor, die – nachdem Foster widerwillig zugestimmt hatte, ihr das Bonn-Ressort des Außenministeriums zu geben – manchmal zu den Brüdern in dem geräumigen Haus in einem waldigen Viertel Washingtons stieß. »Ich weiß, dass Foster diese Unterhaltungen schätzte.«

Anders als der umgängliche Allen war Foster eher ein Einzelgänger. »Ich bin mir nicht sicher, ob es mehr als ein halbes Dutzend Menschen in Washington gegeben hat, in deren Gesellschaft er sich wirklich wohl fühlte. Vielleicht ein Dutzend«, sagte Eleanor. Allen war Fosters wesentliche Verbindung zum Machtzirkel von Georgetown, in dem sich der Agentenführer mit Leichtigkeit bewegte. Bei seinen geselligen Ausflügen sammelte er Tratsch und Insider-Informationen, die er seinem Bruder übermittelte. Allen war der einzige häufige Besucher, den Eleanor je im Haus ihres Bruders sah.

Es war Allen, der Meister der Überredung und Verführung, der auch meisterlichen Umgang mit der Presse pflegte. Er zählte nicht nur Pressebarone wie Henry Luce und den Herausgeber der *New York Times* Hays Sulzberger und TV-Moguln wie William Paley von CBS zu seinen Freunden, sondern auch führende Journalisten wie Joseph und Stewart Alsop. Allen genoss es, mit den Meinungsmachern der Nation zu dinieren, während Foster nach Eleanors Einschätzung »fast lieber mit den Russen verhandelte, als sich mit so etwas abzugeben«.

Die beiden gerieten auch aneinander. David Atlee Phillips von der Spionageabwehr der CIA, dessen Karriere unter Allen Dulles florierte, erinnerte sich, dass Foster seinen Bruder einmal anwies, eine geheime CIA-Zahlung für den Wahlkampf eines ausländischen Politikers anzuweisen. Nachdem er seine Agenten vor Ort konsultiert hatte, informierte Allen seinen Bruder, dass dies eine schlechte Idee sei. »Der Außenminister sagte kurz angebunden, dass er ihn nicht um seine Meinung gebeten habe, ob die Idee gut oder schlecht sei«, erzählte Phillips, »sondern er habe den CIA-Chef angewiesen, es zu erledigen.«[35] Das Geld wurde pflichtgemäß ausgehändigt – der Kandidat verlor trotzdem (eine Tatsache, die Phillips mit offenkundiger Befriedigung anmerkte).

Bei einer anderen Gelegenheit erhob Allen vehementere Einwände gegen seinen Bruder. Er sagte Foster einmal, dass eine Rede, die er über die Sowjetunion halten wolle, »Mist« sei und in den Papierkorb gehöre. »Ich bin der Außenminister und es ist meine Rede«, insistierte Foster. »Und ich werde es, verdammt noch mal, sagen, wenn ich es will.« Doch Allen gab nicht klein bei. »*Meine* Sowjetexperten hier sagen, dass es falsch ist. Und ich lasse nicht zu, dass du einen verdammten Narren aus dir machst, Außenminister hin oder her!«[36]

Insgesamt jedoch lief die Partnerschaft der Dulles-Brüder wie am Schnürchen. »In den frühen Wintermonaten 1953, als die neue Administration Form annahm, war uns noch nicht klar, wie vertraut die Absprache zwischen den Dulles-Brüdern bei der Behandlung aller Auslandsangelegenheiten sein würde«, erinnerte sich CIA-Veteran Joseph Smith. »Sehr schnell schälte sich heraus, dass in Situationen, wo normaler diplomatischer Druck nicht ausreichte, von Allens Jungs erwartet wurde, dass sie einschritten und sich um die Angelegenheit kümmerten.«[37]

Bevor man sich jedoch den Auslandsangelegenheiten zuwenden konnte, gab es daheim noch einige Unordnung, die zu bereinigen war. Allen Dulles mochte der Schatten seines geschätzten älteren Bruders den größten Teil seiner Karriere über zu schaffen gemacht haben, aber er war drauf und dran, Washington zu zeigen, wer der härtere Machtspieler war.

Nachdem die Präsidentschaft von Eisenhower im Januar 1953 eingeläutet worden war, wurde das Außenministerium zum Ziel von nicht weniger als zehn getrennten Kongressuntersuchungen von McCarthy und seinen Verbündeten im Kapitol, die das Auswärtige Amt als Brutstätte von Schwulen, Intellektuellen, Sozis und anderen »Weichlingen« betrachteten, die für den Sirenengesang des Kommunismus anfällig waren. Am Anfang dachte Foster, die Terrorherrschaft McCarthys könne sich als nützlich erweisen. Er war genauso begierig darauf wie der republikanische Rechtsaußen, das Außenministerium von den übrig gebliebenen Verfechtern des New Deal zu säubern.

Foster, der sich bei den Falken der Partei einschmeicheln wollte, willigte ein, eigens einen für Sicherheit zuständigen Stellvertreter einzustellen, um die umfassende Überprüfung aller Beschäftigten des Auswärtigen Amts zu überwachen. Scott McLeod, der Mann, den er dafür wählte, war ein ehemaliger FBI-Agent und früherer Reporter für die einflussreiche rechtsgerichtete Zeitung *Manchester Union Leader* aus New Hampshire. McLeod, der stolz ein Foto mit Autogramm von McCarthy und der Widmung »Für einen großen Amerikaner« auf seinem Schreibtisch zur Schau stellte, war der Mann des Senators aus Wisconsin innerhalb des Außenministeriums. Wie McCarthy ging McLeod die Aufgabe, die Überzeugungen und Bindungen des amerikanischen Diplomatencorps zu durchleuchten, mit der Haltung eines zynischen irischen Streifenpolizisten an. McLeod war »antiintellektuell, listig, verschwörerisch, aufbrausend [und] rachsüchtig«, wie John Foster Dulles' Biograf Townsend Hoopes bemerkte. Ein Kollege von McLeod im Außenministerium drückte es freundlicher aus: »Scotty lebte in einer zutiefst einfachen Welt.«[38]

Wie bei den anderen Anfällen von Paranoia, die während des Kalten Kriegs von Washington Besitz ergriffen, brachte McLeods Hexenjagd nur sehr wenige echte Verdächtige zur Strecke, die Anlass zur Sorge gaben. Die meisten seiner Opfer waren hoch kompetente, erfahrene Angehörige des Auswärtigen Dienstes, deren politische Differenzen mit dem neuen Dulles-Regime sie, mit McLeods orwellschem Ausdruck, »inkompatibel« machten. Eine Reihe dieser Säuberungsopfer, wie John Carter Vincent und John Paton Davies jr., waren Veteranen des China-Ressorts, in dem ihr einziges Verbrechen darin bestanden hatte, die rechtsgerichtete Taiwan-Lobby zu verärgern, indem sie ehrliche Analysen erarbeiteten, warum der kommunistische Revolutionär Mao Zedong in der Lage gewesen war, den korrupten Kriegsherrn Chiang Kai-shek zu besiegen. Der Staatsapparat hätte geachtete Beamte wie diese, von denen viele ihrer Regierung wertvolle Beiträge für ein besseres Weltverständnis geliefert hatten, schützen sollen, doch im hoch politisierten Außenministerium triumphierte Ideologie über Fähigkeit.

Foster verjagte sogar den klügsten, angesehensten intellektuellen Stern am Firmament des Auswärtigen Amts, den Sowjetexperten George F. Kennan, schlicht weil er nicht mit der »Befreiungs«-Strategie des Außenministers für Osteuropa einverstanden war – eine Politik, die so gefährlich und undurchführbar war, dass selbst Eisenhower und die Dulles-Brüder bald deutlich machen würden, dass sie nicht die Absicht hatten, das Wahlkampfversprechen, den Eisernen Vorhang »zurückzudrängen«, einzulösen.

Als McLeods rasch aufgestelltes Bataillon von an die 350 unerfahrenen, aber wild entschlossenen Ermittlern durch die Personalakten des Außenministeriums zu schnüffeln begann, hüllte sich das Amt in eine Wolke der Angst. Jene, deren Akten markiert und an McCarthys Ausschuss geschickt wurden, wussten, dass ihre Tage als Staatsbedienstete gezählt waren. Niemand, der die abfälligen Bemerkungen der Fragensteller über sich hatte ergehen lassen müssen und von McCarthy und seinem ebenso rücksichtlosen Chefberater Roy Cohn unerbittlich in die Mangel genommen worden war, konnte erwarten, dass seine oder ihre Karriere dies schadlos überstehen würde. Als McCarthys Säuberungsorgie zwei Jahre später endete, lagen die Karrieren von mehreren Hundert Beamten und Angestellten des Auswärtigen Amts in Schutt und Asche.

Schon früh während der Inquisition von McCarthy und McLeod wurde Foster klar, dass sie außer Rand und Band geraten konnte. Er war zwar glücklich, politische Gegner in den Flammen lodern zu sehen, bald sorgte er sich jedoch, dass das Ministerium selbst Schaden nehmen könnte. Indem es die Mitarbeiter demütigenden Treueprüfungen unterzog und ihr Privatleben bloßstellte, vertrieb das alles durchdringende Sicherheitsprogramm die besten und klügsten Leute aus dem Außenministerium. Selbst Eleanor Dulles, die sich scheute, ihren unangreifbar selbstgewissen Bruder die Stirn zu bieten, fühlte sich genötigt, sich bei ihm darüber zu beklagen. Schließlich war das Außenministerium ihr Familiengeschäft, es war Foster anvertraut worden – und der ließ nun zu, dass McCarthy es ruinierte. Eleanor hatte die Gefahr früh kommen sehen, als Eisenhower und Nixon in ihrem Wahlkampf ihre widerwärtige Allianz mit McCarthy schmiedeten. Schon damals stellte sie Foster zur Rede. »Ich bin nach New

York gefahren und habe Foster angerufen, um ihm zu sagen, dass ich komme. ›Komm zum Essen‹, hat er geantwortet. Wissen Sie, er war großzügig und freundlich in solchen Dingen, selbst wenn er viel zu tun hatte. Er war allerdings sehr offen, wenn er einen nicht haben wollte, hat er es auch gesagt. … Aber ich bin dann zum Abendessen zu ihm gegangen, und er hat einen sehr guten Martini gemixt. Ich hatte einen. Als er nachfüllen wollte, habe ich abgelehnt. ›Danke, ich will keinen mehr.‹

Er hat mich so ein bisschen von der Seite angesehen. ›Du musst aus einem ernsten Grund gekommen sein, wenn du keine zwei Martinis willst.‹

›Das stimmt‹, habe ich geantwortet. Und da habe ich es ihm dann gesagt: ›Ich möchte, dass du weißt, dass ich das für eine üble Sache halte, die da abläuft. Wenn die Republikaner McCarthy nicht zurückweisen, werde ich die Demokraten wählen.‹«

Eleanors Drohung »amüsierte« Foster lediglich. Er stellte ihr ein paar Fragen, warum sie dieser Meinung war, und ließ das Thema schlicht fallen.

Am Ende stellte sich Foster nie dem Senator aus Wisconsin entgegen – selbst als McCarthy wiederholt den Präsidenten und den Außenminister in Verlegenheit brachte. Kaum war die Regierung im Amt, begann McCarthy, die Macht des Senats einzusetzen, um die Nominierungen für wichtige Posten aufzuhalten, darunter enge Gefolgsleute Eisenhowers wie Beetle Smith, der als Staatssekretär Fosters nominiert worden war. Smith hatte McCarthy verärgert, weil er irgendwann etwas Positives über einen Beamten des Außenministeriums gesagt hatte, den der Senator für einen Parteibuchkommunisten hielt.

Eisenhower war außer sich über McCarthys Eskapaden. Der Senator forderte die Autorität des neuen Präsidenten heraus, seine eigene Regierungsmannschaft zu bestimmen. Ikes Propagandaberater für den Kalten Krieg, C. D. Jackson – eine faszinierende und etwas rätselhafte Gestalt mit einem Hintergrund beim OSS, die als eine Art Verbindungsmann zwischen Weißem Haus, CIA und Henry Luces Medienimperium diente –, riet dem Präsidenten zu einem Frontalangriff auf McCarthy. Aber Nixon, der McCarthy als Freund und wichtigen Verbündeten betrachtete, drängte die Administration, den Störenfried einzubinden. Nixon erhielt Unterstützung vom inneren Kreis des Präsidenten, sogar vom aufbrausenden Beetle Smith, der warnte, mit einem direkten Angriff auf McCarthy riskiere man eine Spaltung der Republikanischen Partei.

Eisenhower und die Dulles-Brüder beschlossen, Nixon als Vermittler zu McCarthy einzusetzen. Die beiden Männer waren in mancher Hinsicht aus demselben Holz geschnitzt. Gekränkte Außenseiter in der Welt der Eliteuniversitäten und der Wall Street – der Welt der Machtelite –, hatten sich beide in den Club des Antikommunismus als stumpfem Werkzeug ihres unbändigen Ehrgeizes gedrängt. Sie hatten die Bitterkeit des Malochers und genossen es sichtlich, sie ebenso an Harvard-Typen wie Alger Hiss wie an eingefleischten Kommunisten auszulassen. McCarthy ging sogar so weit, die Nominierung des Präsidenten der Universität Harvard als Hochkommissar für Deutschland anzufechten, bis Nixon ihn davon abbrachte.

Aber Nixon war weltklüger und intelligenter als McCarthy. McCarthys Ehrgeiz war eine grobe Keule, die er mit wenigen oder gar keinen Bedenken schwang, auf wen er sie niederfahren ließ – selbst wenn Präsident Eisenhower oder die mächtigen Dulles-Brüder im Weg standen. Nixon andererseits wusste, dass Männer wie diese den Weg an die Spitze kontrollierten, und er war eifrig darauf bedacht, sie zufriedenzustellen. Er war, in Adlai Stevensons Worten, »McCarthy mit einem weißen Kragen«.[39] Um ihn zur Vernunft zu bringen, arrangierte der Vizepräsident immer wieder private Zusammenkünfte mit dem dickköpfigen Senator, bei denen er mit politischen Gefälligkeiten winkte.

Der leicht zu blendende McCarthy schluckte dann Nixons Köder eine Weile, doch ein paar Tage später tanzte er wieder aus der Reihe und usurpierte Eisenhowers Macht, seine eigenen antikommunistischen Maßnahmen zu verkünden oder einen weiteren Nominierten der Regierung irgendeiner schockierenden Schändlichkeit zu bezichtigen. Am Ende konnte nicht einmal der listige Nixon den in der Washingtoner Arena um sich schlagenden McCarthy bändigen.

Foster, der eine mörderische Angst hatte, den Posten zu verlieren, auf den er seit seiner Kindheit vorbereitet worden war, tat alles, um den rücksichtlosen McCarthy zu beschwichtigen. Der ältere Dulles, bemerkte der altgediente Diplomat Charles »Chip« Bohlen, war ein Mann »mit einer Obsession: Außenminister zu bleiben«.[40] Um das zu erreichen, war Foster gewillt, fast alles zu opfern, einschließlich seiner Würde und der Integrität seines Ministeriums.

»Mein Bruder war nie ein Hexenjäger«, beharrte Allen Dulles Jahre später, immer noch in Abwehrhaltung ob des Rufs, den sich sein Bruder während der McCarthy-Ära erworben hatte. »Ich meine, ihm waren die Feinheiten kommunistischer Unterwanderung bewusst und all das. Aber er war nicht einverstanden mit der Pauschalverurteilung von Menschen.«[41] Die Wahrheit ist jedoch, dass Foster Dulles' unterwürfige Bemühungen, McCarthy zu beschwichtigen, nicht nur dessen Angriffslust verstärkten, sondern die Hexenjagd im Außenministerium institutionalisierte.

Als Eisenhower Chip Bohlen, der vor und während des Kriegs in der US-Botschaft in Moskau gedient hatte, als Botschafter für die Sowjetunion nominierte, fand McCarthy unweigerlich einen Makel an ihm – einen Hinweis auf Homosexualität irgendwo in seiner Familie (wie sich herausstellte, richtete sich der Verdacht gegen seinen Schwager). Bohlen war ein so aufrechtes Clubmitglied des auswärtigen Dienstes, wie es das amerikanische Establishment nur je hervorgebracht hatte: Enkel eines US-Senators, Harvard-Abschluss, respektiertes Mitglied des diplomatischen Corps seit 1929, Berater von drei Präsidenten. Eisenhower beschloss, dieses Mal Farbe zu bekennen, und warb seinen Rivalen Senator Robert Taft – den Führer des rechten Flügels der Republikaner – als Rückendeckung, um Bohlens Nominierung durchzudrücken.

Doch Foster blieb ein Nervenbündel während des ganzen Bestätigungsprozesses von Bohlen, voller Angst, dass, falls sein Kandidat einen Kopf kürzer gemacht würde, seiner als Nächster dran wäre. Der Außenminister war bereit, Eisenhower jeden Augenblick zu drängen, Bohlen aufzugeben, falls die Lage im Kapitol zu heiß würde. Als Foster und Bohlen zur Bestätigungsanhörung des Senats fuhren, bat Foster ihn unbeholfen, sich nicht mit ihm fotografieren zu lassen. Später, als Bohlen schließlich bestätigt war, drängte Foster den neuen Botschafter – der ein oder zwei Wochen vor seiner Familie nach Moskau zu fliegen gedachte –, seine Reise aufzuschieben, damit sein alleiniges Eintreffen in der Sowjetunion keine weiteren hitzigen Spekulationen über seine Sexualität auslösten.

In den frühen Monaten der Eisenhower-Präsidentschaft kapitulierte Foster wiederholt vor den Angriffen McCarthys. Als der Senator dazu überging, im Außenministerium statt Kommunisten Homosexuelle ins Visier zu nehmen, erlaubte Foster, dass die Privatsphäre seiner Untergebenen eklatant verletzt wurde. Ironischerweise war es der aggressive Chefberater McCarthys, Roy Cohn, der bei der Befragung mutmaßlicher Homosexueller die Führung übernahm. Cohn, der mit seinen schweren Augenlidern und seiner ledrigen, ewig gebräunten Haut ein schlangenhaftes Aussehen hatte, war nicht nur selbst schwul, sondern hatte auch seinen sechsundzwanzigjährigen Gespielen – ein reiches Tausendschönchen ohne besondere Referenzen namens David Schine – in seinem Stab untergebracht. »Schine war im Wesentlichen«, wie ein Historiker des Kalten Kriegs bemerkte, »Cohns dumme Blondine.«[42] Trotz seiner eigenen homosexuellen Neigungen bereitete es Cohn offensichtlich Freude, die schwulen Zeugen zu demütigen, die vor dem Unterausschuss erschienen, wenn er sie nach den Orten ihrer illegalen Verabredungen und den Namen ihrer Sexpartner fragte.

McCarthy knöpfte sich als Nächstes Voice of America vor, den Propagandaarm des US-Außenministeriums, bei dessen Aufbau Allen Dulles geholfen hatte, und erklärte ihn absurderweise zu einer Brutstätte kommunistischer Verseuchung. Bis April waren 830 der 1400 Angestellten des Senders gesäubert worden, darunter sein Chef.

Im selben Monat gaben Cohn und Schine bekannt, dass sie gemeinsam nach Europa reisen würden, um die von den US-Botschaften unterhaltenen Büchereien zu inspizieren. Diese Botschaftsbibliotheken sollten »eine ausgewogene Sammlung amerikanischen Denkens« präsentieren – Aushängeschilder amerikanischer Toleranz und Vielfalt. Aber Cohn und Schine waren entschlossen, die Bibliotheken von allen Büchern zu säubern, die sie als linkslastig beargwöhnten. Die inquisitorische Lustreise des Pärchens, die ein vor den Ausschuss geladener Autor »eine Bücherverbrennung« nannte, erwies sich als Public-Relations-Desaster für die Vereinigten Staaten und provozierte in der europäischen Presse weithin Abscheu und Spott.[43]

In Frankfurt fanden Cohn und Schine laut einer örtlichen Zeitung noch andere Wege, ihr Land zu beschämen, flirteten anzüglich in der Hotellobby und hinterließen nach einem heftigen Reiterspiel, das der Reporter der Vorstellungskraft der Leser überließ, ein Chaos in ihrem Hotelzimmer.[44] Doch statt McCarthy wegen seiner zügellosen Handlanger zu kritisieren, säuberte Foster Dulles pflichtbewusst die Botschaftsbibliotheken von ideologisch unreinen Büchern, darunter Werke von Jean-Paul Sartre und Langston Hughes. Aus den Bibliotheken, die auch Schallplatten verliehen, wollte Cohn sogar die hochfliegend amerikanische Musik von Aaron Copland entfernen, weil der Komponist den Fehler begangen hatte, eine Petition zur Verteidigung der Bürgerrechte des Arbeiterführers Harry Bridges und anderer bedrängter Helden der Linken zu unterzeichnen.

Das war Washington zu Beginn der Eisenhower-Dulles-Ära, als die mächtigsten Männer der Hauptstadt in der Angst lebten, Vorladungen von einem betrunkenen Senator zu erhalten und selbst John Foster Dulles vor McCarthys roher Gewalt zitterte. Es musste erst Fosters nervenstärkerer Bruder kommen, um die Bestie kirrezumachen.

Nachdem er bei Foster Dulles' Außenministerium seinen Willen bekommen hatte, war McCarthy im Juli 1953 hinter der CIA seines Bruders her und gab in seiner üblichen ungenauen Diktion bekannt, er besäße »Berge« von Beweisen für eine weitreichende kommunistische Unterwanderung der Geheimdienstbehörde. McCarthys Hauptverdächtiger war ein bebrillter, an einer Elite-Uni ausgebildeter CIA-Auswerter namens William »Bill« Bundy, dessen Profil ihn zur perfekten Verkörperung eines Mitarbeiters der Dulles-Behörde machte. Mitglied der geheimniskrämerischen Studentenverbindung Skull & Bones von Yale – ein Brutplatz für künftige Spione –, war Bundy während des Kriegs in den amerikanischen Militärgeheimdienst eingetreten und hatte in Bletchley Park in England bei der Operation Ultra zur Entschlüsselung von Nazicodes gearbeitet. Dulles stand Bundys Vater Harvey nahe, ein hochrangiger Diplomat, der bei der Beaufsichtigung des Marshallplans mitgewirkt hatte, ebenso wie seinem jüngeren Bruder McGeorge, einem weiteren Produkt des Skull-and-Bones-Clubs und des Armeegeheimdienstes, der mit Dulles im Council on Foreign Relations und beim Präsidentschaftswahlkampf von Dewey mitgearbeitet hatte.

McCarthy hoffte, aus Bill Bundy einen neuen Alger Hiss zu machen, und tatsächlich war eines der belastenden Beweisstücke, mit denen er wedelte, dass Bundy 400 Dollar für den Verteidigungsfonds von Alger Hiss gespendet hatte. Aber die Bundys waren fester Bestandteil von Allen Dulles' innerem Zirkel, und Dulles gab Männer wie Bundy nicht leichthin auf. Der Agentenführer beschloss schließlich, McCarthy in die Schranken zu weisen – und die darauffolgende, explosive Konfrontation führte letztlich zum Fall des Inquisitors.

McCarthy auf der Höhe seiner Macht herauszufordern war eine einschüchternde Aufgabe, selbst für den Direktor der CIA. Dulles wusste, dass trotz FBI-Direktor Hoovers wachsender Zweifel über McCarthy das FBI ihm weiterhin einen steten Fluss von Informationen über seine Washingtoner Feinde zukommen ließ. Hoover, ein eingeschworener Rivale, seit Dulles ihn 1947 bei der Schaffung der CIA ausgestochen hatte, besaß eine dicke Akte über Dulles und seine Ehebrüche. Hoover hatte Dulles sogar unter Verdacht »geheimer kommunistischer Neigungen«, eine Täuschung, die so fantastisch war wie McCarthys wilde Behauptungen.[45] Mindestens ein hochrangiger CIA-Agent – Robert Amory, der führende Analytiker des Geheimdienstes – war überzeugt, dass das FBI sein Bürotelefon angezapft hatte.

Aber auch Dulles war ein Meister dieser Art des Spiels und sorgte dafür, dass seine Behörde ihre eigene Akte über Hoover führte. James Angleton sagte gern, dass jeder Geheimdienst, der nicht die eigene Regierung genau im Auge behielt, keinen Pfifferling wert sei. »Penetration beginnt zu Hause«, frotzelte er.[46] Einem Gerücht zufolge soll der Chef der Spionageabwehr gelegentlich Fotobeweise für Hoovers intime Beziehung zu seinem Stellvertreter Clyde Tolson herumgezeigt haben, darunter ein Bild, das Hoover bei der oralen Befriedigung seines langjährigen Mitarbeiters und Gefährten zeigte.[47] Dulles' respektlose Geliebte Mary Bancroft nannte den FBI-Direktor gerne »diese Jungfrau Maria in Hosen«, allerdings gab es an Hoover nichts Jungfräuliches.[48]

Dulles trug eine noch skandalösere Akte über Joseph McCarthys Sexleben zusammen. Der Senator, der unerbittlich Homosexuelle im Staatsapparat jagte, suchte einem verbreiteten Gerücht zufolge nahe der Grand Central Station selbst Schwulenkneipen sowie verborgene Schwulentreffs in Milwaukee auf. Enthüllungsjournalist Drew Person bekam Wind von den Geschichten, konnte aber nie genügend Beweise sammeln, um sie zu verwerten.

Ein Hoover-Mitarbeiter bestritt später die Geschichten über McCarthys Homosexualität und beharrte darauf, es handle sich um eine Retourkutsche, weil der Senator es gewagt habe, die Dulles-Brüder anzugreifen. Hoover führte seine eigene Geheimakte über McCarthy, die mit abstoßenden Geschichten über seine Angewohnheit angefüllt war, im betrunkenen Zustand die Brüste und Hintern junger Mädchen zu begrapschen. Sie waren so verbreitet, dass sie laut einem Chronisten des FBI in der Hauptstadt zum »Allgemeinwissen« gehörten.[49] Walter Trohan, Chef des Washingtoner Büros der konservativen *Chicago Tribune*, der McCarthys belästigendes Verhalten miterlebt hatte, sagte: »Er konnte einfach nicht seine Hände von den jungen Mädchen lassen. Warum ihm die kommunistische Opposition nicht eine Minderjährige unterjubelte, um lautstark ›Vergewaltigung‹ zu rufen, weiß ich nicht.«

Die »kommunistische Opposition« mag die Gelegenheit verpasst haben, aber die CIA war eindeutig darauf vorbereitet, Geschichten über McCarthys Verhalten durchsickern zu lassen – Geschichten, die so schmutzig waren, dass sie seine Karriere vernichtet hätten. Das gab Dulles ein Druckmittel in der Schlacht mit McCarthy, über das keiner der anderen politischen Gegner des Senators verfügte. Es gab einen explosiven sexuellen Subtext im Machtkampf der CIA mit McCarthy, der vor der Öffentlichkeit weitgehend verborgen blieb, jedoch schließlich in den Senatsanhörungen, die seinen Fall besiegelten, hervorbrach.

Was die Öffentlichkeit erlebte, war faszinierend: ein Zusammenprall von Titanen, der an eine Verfassungskrise grenzte. Als McCarthy versuchte, Bill Bundy vorzuladen, mauerte Dulles schlicht. Der Geheimdienst schickte Bundy an einen geheimen Ort, und als Roy Cohn anrief, um zu verlangen, dass er vor dem Ausschuss aussagte – noch am selben Tag –, teilte man ihm mit, dass er im Urlaub sei. Walter Pforzheimer, Leiter des Verbindungsbüros der CIA zur Legislative, erinnerte sich später an den Anruf. »Roy war außer sich. … Was für ein Kampf! Später an jenem Tag erreichte mich meine Sekretärin, um mir mitzuteilen, Cohn wolle mich [wieder] sprechen. Und er wollte, dass ich über Bundys Akte aussagte.« Aber Dulles erlaubte es schlicht nicht. Als eine Vorladung für Pforzheimer eintraf, war der CIA-Direktor unbeeindruckt. »Allen nahm sie einfach und gab sie jemandem. Ich wollte sie für die Nachwelt aufbewahren, aber niemand hat sie je wiedergefunden.«[50]

Am 9. Juli 1953 trat ein wütender McCarthy vor den Senat, geißelte Dulles' »eklatanten Versuch, die Autorität des Senats zu untergraben«, und verlangte, dass Dulles selbst vor dem Ausschuss erscheinen müsse.[51] Dulles weigerte sich, nachzugeben, ging aber in McCarthys Büro, um ihm seine Position zu erläutern. Aufgrund des äußerst heiklen Wesens der CIA-Arbeit, informierte Dulles den Senator, müsse seinem Geheimdienst Immunität vor Kongressuntersuchungen gewährt werden. McCarthy müsse einfach seinem Wort glauben, dass sich in der Behörde keine Kommunisten versteckten. Wenn er irgendwelche Roten fände, erklärte Dulles später der Presse, »würde ich sie rauswerfen. Ich habe die Macht, das zu tun, und muss keine Beweise haben, dass sie für den Kreml arbeiten. Die Tatsache, dass ein Mann ein Kommunist ist, würde ausreichen.«[52]

Dulles' trotzige Haltung gegenüber der Aufsicht des Kongresses erstaunte sogar Demokraten im Unterausschuss, die McCarthy feindlich gesinnt waren, wie Senator Stuart Symington. Aber der CIA-Direktor wankte nie in seiner Haltung und gewann bald Eisenhowers Unterstützung. Nixon wurde wieder losgeschickt, um sich mit McCarthy zu treffen und dem Senator einen gesichtswahrenden Weg zu eröffnen, klein beizugeben. Bald darauf gab McCarthy bekannt, dass er und Dulles eine beiderseitige Übereinkunft getroffen hätten, die Untersuchung der CIA auszusetzen. Dulles gab seinem Sieg den nötigen Nachdruck, indem er dafür sorgte, dass seine Freunde im Washingtoner Pressecorps die Niederlage McCarthys in der Konfrontation mit der CIA als große Demütigung des Senators darstellten.

Am 17. Juli schrieb der Kolumnist Joseph Alsop – ein Journalist, der so eng mit der CIA verbandelt war, dass er einmal erklärte, es sei seine patriotische Pflicht, der Behörde das Wasser zu tragen –, Senator Joseph R. McCarthy habe »gerade seine erste totale, ungemilderte, uneingeschränkte Niederlage erlitten. ... [Strategen der Regierung] haben McCarthy erlaubt, seine Niederlage hinter einer typischen Nebelwand irreführender Statements zu verschleiern. Aber die Geschichte dahinter beweist trotzdem, dass der junge Senator aus Wisconsin am Boden ausgezählt wurde.«[53]

Dulles sammelte stolz die Zeitungsberichte über diese Schlacht mit McCarthy. Ohne Zweifel freute er sich besonders über einen davon, den Artikel des Washington-Korrespondenten der *Buffalo Evening News*, der berichtete, dass der CIA-Direktor in Washington »als ›John Foster Dulles' härterer, jüngerer Bruder‹ bekannt« sei.[54]

Nicht alle Pressereaktionen auf Dulles' Blockade waren so enthusiastisch. Zwei Pfeiler des Journalismus, die der CIA-Direktor als alte Freunde betrachtete – der Kolumnist Walter Lippmann und der Korrespondent der *New York Times* Hanson Baldwin –, übten heftige Kritik an der Art, wie Dulles die Autorität des Senats missachtet hatte. »Das Argument, dass die CIA etwas Eigenes sei, dass sie so geheim sei, dass sie sich ihrem Wesen nach vom Außenministerium oder, was das angeht, vom Landwirtschaftsministerium unterschiede, ist unhaltbar«, befand Lippmann. Baldwins Tadel fiel sogar noch deutlicher aus, als er vor »einer Philosophie der Geheimhaltung und der Macht« warnte, die unter dem Banner der nationalen Sicherheit von Washington Besitz ergreife.[55]

Aber Dulles' Standfestigkeit gegen McCarthy – einen Mann, den Richard Helms mit Goebbels verglich –, erwies sich als enorm populär in der CIA, besonders in den Reihen der liberalen, intellektuellen Typen, die Dulles rekrutiert hatte. Dulles und seine Familie waren zwar stramme Republikaner, er erkannte aber, dass viele der leidenschaftlichsten Kalten Krieger ehemalige Kommunisten und Linksliberale waren, die mit den brutalen Praktiken der Kommunistischen Partei nicht nur aus erster Hand vertraut waren, sondern darauf brannten, ihren Patriotismus unter Beweis zu stellen und sich dem hohen Lob auf Amerika anzuschließen. Dulles zementierte seine Position bei dieser liberalen Gruppe noch stärker, als er zu dem CIA-Rekruten Cord Meyer hielt, ein weiterer kluger Kopf aus Yale, der im August 1953 wegen seiner Friedensaktivitäten nach dem Krieg beim FBI unter Verdacht geriet.

Nach den Jahren unerbittlicher Drangsalierung durch Kommunistenjäger begrüßten viele Linke in Washington Dulles als Retter. Seine CIA wurde als sicherer Hafen für Intellektuelle und andere bekannt, die von den McCarthy-Treuen mit Argwohn beäugt wurden. »Ich ließ [meine FBI-]Tortur mit einem gewachsenen Respekt für Allen Dulles hinter mir«, schrieb Meyer später. »Dulles erwies sich während der McCarthy-Ära als ein Pfeiler mutiger Stärke innerhalb der Eisenhower-Administration. Wenn er einmal die Fakten festgestellt und sich der Loyalität eines CIA-Mitarbeiters versichert hatte, war er bereit, ihn zu verteidigen, und er weigerte sich, dem Druck nachzugeben, den McCarthy ausüben konnte. Als Folge war die Moral in der Behörde während dieser Periode hoch, im Gegensatz zur Moral im Außenministerium, wo John Foster Dulles weniger bereit war, unschuldige Opfer von McCarthys Kampagne zu verteidigen.«[56]

Dulles' Missachtung McCarthys trug ihm unter Liberalen viel Sympathie ein, aber sie schuf einen gefährlichen Präzedenzfall. In seinem ersten Jahr als Direktor begann Dulles, ein Bild von der CIA als Superbehörde zu formen, die hoch über bloßen Senatoren agierte. Die CIA sollte mit jedem weiteren Jahr von Dulles' Herrschaft mächtiger und weniger rechenschaftspflichtig werden.

McCarthy kam nie über seine grobe Behandlung durch die CIA hinweg und drohte bei mehr als einer Gelegenheit, die Ermittlungen gegen die Behörde wiederaufzunehmen. Hätte er es getan, hätte er wohl eine noch heftigere Gegenreaktion erlebt. Im März 1954 berief der Unterausschuss eine Anhörung über »mutmaßliche Drohungen gegen den Vorsitzenden« ein. Ein Zeuge – ein Offizier des militärischen Geheimdienstes namens William Morgan, der für C. D. Jackson im Weißen Haus gearbeitet hatte – verblüffte den Ausschuss mit der Nacherzählung einer Unterhaltung, die er im Jahr zuvor mit einem CIA-Mitarbeiter namens Horace Craig geführt hatte. Als die beiden Männer erörterten, wie das McCarthy-Problem gelöst werden sollte, habe Craig rundheraus erklärt: »Es könnte notwendig sein, Senator McCarthy zu liquidieren, so wie [der Senator von Louisiana] Huey Long [ermordet wurde]. Es gibt immer irgendeinen Verrückten, der so was für einen bestimmten Preis tut.«[57]

Die Demütigung, die Dulles dem Kommunistenjäger beibrachte, erwies sich als schicksalhafter Wendepunkt für McCarthy und flößte der Administration Eisenhowers neuen Mut ein, was letztlich zum Sturz des Senators führen sollte. Einen Monat später, im August 1953, als sich McCarthy ausgerechnet die Roten im Landwirtschaftsministerium vorknöpfen wollte, riet Nixon Landwirtschaftsminister Ezra Taft Benson, »standfest zu bleiben, wie Allen Dulles, wenn McCarthy aus dem Rahmen fällt«.[58] Im September, nach der Rückkehr aus seinen Flitterwochen, beging McCarthy seine letzten – und tödlichen – Fehler, als er sich eine weitere zentrale Institution der nationalen Sicherheit der USA vornahm: die Armee.

Wie Foster Dulles hatte der rückgratlose Armeeminister, ein ehemaliger Manager der Textilindustrie namens Robert Ten Broeck Stevens, alles getan, was er konnte, um McCarthy zufriedenzustellen, aber der Senator war dadurch nur noch giftiger in seinen Angriffen geworden und beschuldigte die Armee nachlässiger Sicherheitsvorkehrungen, die zur Anstellung subversiver Zivilisten geführt hätten. An einem Punkt schleifte McCarthy einen dekorierten Helden der Normandie-Invasion, General Ralph W. Zwicker, vor sein Gremium, putzte ihn herunter wie einen schusseligen Rekruten und schnauzte den würdigen, stocksteifen Offizier an, er sei »nicht geeignet, diese Uniform zu tragen«.

Viel von dem Groll auf die Armee im Büro von McCarthy rührte von der jugendlichen Frustration des sechsundzwanzigjährigen Chefberaters des Senators, Roy Cohn. Als Cohns Freund David Schine im Oktober 1953 eingezogen wurde, setzte McCarthys Frontmann hektisch alle Hebel zu seinen Gunsten in Bewegung. Zur Grundausbildung nach Fort Dix in New Jersey abkommandiert, wurde Schine mit Privilegien überschüttet, darunter häufige Befreiungen vom Küchendienst und Ausgang am Wochenende, damit er zu Ruhe und Erholung mit Cohn nach New York kutschiert werden konnte. (Ihr Chauffeur sagte später aus, dass die beiden Männer auch seinen Rücksitz für ihre leidenschaftlichen Schäferstündchen nutzten.) Schine, der die Armeestiefel so unbequem fand, wurde sogar erlaubt, maßgeschneiderte Stiefel zu tragen. Als Cohn mitgeteilt wurde, dass ein Freund vielleicht nach Übersee abkommandiert würde, bekam er einen Wutanfall. »Wir demolieren die Armee«, geiferte er den Verbindungsoffizier der Armee beim Unterausschuss an. »Die Armee ist ruiniert … wenn Sie so ein dreckiges, lausiges, stinkendes, schmieriges Doppelspiel abziehen wie dieses.«[59]

Nach monatelangen Versuchen, McCarthy in den Griff zu kriegen, platzte Eisenhower schließlich der Kragen. Im Februar 1954 warnte der republikanische Senator von Massachusetts, Henry Cabot Lodge, ein enger Verbündeter des Präsidenten, die Armeeuntersuchung sei »ein Versuch, den Präsidenten politisch zu vernichten. Daran besteht kein Zweifel. Er schikaniert die Armee, weil Eisenhower in der Armee war.«[60]

Im folgenden Monat autorisierte der Präsident Lodge, die Armee um die Veröffentlichung eines vernichtenden Berichts zu bitten, den sie heimlich über die zahlreichen Einschüchterungen und Erpressungen, mit denen McCarthy und Cohn Militärstellen unter Druck gesetzt hatten, um Vergünstigungen für Schine zu erreichen, verfasst hatte. In Reaktion auf die beißende Kritik in diesem Bericht entzog der Unterausschuss McCarthy den Vorsitz und forderte Anhörungen über die Vorwürfe der Armee. Damit war die Bühne für die Armee-McCarthy-Anhörungen bereitet, ein im Fernsehen übertragenes Spektakel, das den inquisitorischen Spieß gegen den Senator umdrehte und schließlich seine infame Herrschaft zu Fall brachte.

McCarthy – dem erlaubt wurde, an den Sitzungen teilzunehmen – lieferte seine üblichen groben Auftritte, piesackte Zeugen und brüllte »Tagesordnungspunkt«, wann immer er den Drang verspürte, das Drama zu unterbrechen. Aber eingefangen im Scheinwerferlicht der Fernsehkameras, hatte sein grobschlächtiges Benehmen einen abstoßenden Effekt auf die zuschauende Öffentlichkeit. Als der distinguierte Bostoner Anwalt der Armee Joseph Nye Welch seine vernichtende und sich sofort dem kollektiven Gedächtnis einprägende Zeile sprach: »Haben Sie denn kein Gefühl für Anstand, Sir? Ist Ihnen nach all dem kein Anstandsgefühl geblieben?«, kannte das amerikanische Volk die Antwort.

Im Dezember 1954 stimmte der Senat mehrheitlich dafür, McCarthy zu tadeln. Dieser setzte seinen Absturz in die Vergessenheit fort und trank immer heftiger, bis er eine ganze Flasche Schnaps pro Tag wegputzte. 1956 beschrieben ihn Leute, die den Senator kannten, als »krankes Tier«, geplagt von einer Fülle körperlicher Leiden. Immer wieder musste er zur Entgiftung. Bei einem Besuch in Wisconsin im September fiel er in ein Delirium tremens und sah Schlangen auf sich zufliegen. Im Mai 1957 wurde er ins Bethesda Naval Hospital eingeliefert, wo er im Alter von achtundvierzig Jahren an akutem Leberversagen starb. Joe McCarthy hatte sich zu Tode gesoffen.

McCarthys Konfrontation mit der Armee wurde als Auslöser seines Verderbens berühmt, aber es war der frühere Kampf mit Dulles, der ihm die erste Wunde beigebracht und ihn angreifbar gemacht hatte. Als Joseph McCarthys Status in Washington schrumpfte, wuchs der von Allen Dulles. Kein Politiker der Eisenhower-Ära sollte je wieder ernsthaft die Herrschaft des CIA-Direktors herausfordern. Nachdem er seine Washingtoner Machtbasis gesichert hatte, war Dulles bereit, sich den Rest der Welt vorzunehmen.

10 Das Dulles-Imperium

Am Nachmittag des 18. August 1953 rauschten Mohammad Reza Pahlavi, der dreiunddreißigjährige Schah von Persien, und seine glamouröse einundzwanzigjährige Frau Königin Soraya in die vergoldete Lobby des Hotels Excelsior in Roms schicker Via Veneto. Das junge Königspaar fiel ins Auge: Der schlanke Schah trug einen eng anliegenden hellgrauen Zweireiher und Sonnenbrille, seine zierliche Königin verströmte die exotische Schönheit einer Sophia Loren. Soraya war halb Perserin, halb Deutsche und hatte mandelförmige, grau-blaue Augen, die ein italienischer Regisseur, der ihr Jahre später die Hauptrolle in einem seiner Filme gab, als die schönsten der Welt pries. Doch an diesem Tag wirkte das Königspaar »erschöpft, traurig und besorgt«, wie es ein Reporter der *Times* ausdrückte – einer aus einer ganzen Schar von Schreiberlingen und Paparazzi, die dem Paar nach seiner Landung auf dem römischen Flughafen Ciampino bis zum Hotel auf den Fersen geblieben war.[1] Daheim in der Hauptstadt Teheran beherrschte ein gewalttätiger Mob die Straßen; nach achtundzwanzig Jahren auf dem Pfauenthron schien die Herrschaft der Pahlavi-Dynastie kurz vor dem Aus. Um Leib und Leben besorgt, waren der Schah und seine Gattin im privaten Beechcraft-Jet nur mit wenigen Koffern aus der Heimat nach Bagdad geflohen – die erste Station ihrer Reise –, in solcher Hast, dass sie den geliebten Hund der Königin vergaßen.

An die Opulenz und überreichliche Aufmerksamkeit seines Königshofs gewöhnt, wirkte der junge Schah im Exil verloren. »Wir haben nicht viel Geld«, warnte er seine Frau, die als Tochter eines iranischen Diplomaten ebenfalls an einen luxuriösen Lebensstil gewöhnt war.[2] Doch im Stich gelassen wurde der Schah durchaus nicht, als er mit der Königin sein Quartier im Excelsior bezog. Die CIA hatte einen iranischen Industriellen, dem die Suite im vierten Stock gehörte, dazu bewegt, sie dem Königspaar zur Verfügung zu stellen, und hielt ein wachsames Auge auf den Schah. Die iranischen Royals fanden Gefallen an ihrer Unterbringung. Das Luxushotel aus der Belle Époque zog seit der Jahrhundertwende königliche Gäste an. In den 1950er Jahren kam es wieder stark in Mode und zog eine Welle von Hollywood-Königinnen und -Königen an, darunter Humphrey Bogart und Lauren Bacall, Audrey Hepburn und Gregory Peck. (John Wayne brüstete sich, den denkwürdigsten One-Night-Stand seines Lebens im Excelsior mit Marlene Dietrich »auf der Treppe« erlebt zu haben.)[3]

Das Excelsior war auch ein bevorzugter Treffpunkt für Spione aus der ganzen Welt ebenso wie für geheimnisvolle Italiener. Licio Gelli – Führer der verschwörerischen Freimaurerloge Propaganda Due, deren Intrigen viele Jahre lang die italienische Demokratie untergruben – hatte in dem Hotel drei nebeneinanderliegende Zimmer. Die diskreten Besucher Gellis – dessen geheime antikommunistische Unternehmungen auch von der CIA finanziert wurden –, traten in Zimmer 127 ein, wickelten ihre Geschäfte in Zimmer 128 ab und verabschiedeten sich wieder in Zimmer 129.

Wichtiger noch aus Sicht des Schahs war, dass auch Allen Dulles bei seinen Rom-Besuchen gern im Excelsior abstieg. In jenem August weilten Allen und Clover Dulles im Urlaub in der Schweiz, als der Agentenführer seiner Frau plötzlich mitteilte, dass sie nach Italien reisen würden. Am Nachmittag des 18. August traf das Ehepaar Dulles exakt zur selben Zeit im Excelsior ein wie der Schah und Königin Soraya. Die gleichzeitige Ankunft der beiden Paare, behauptete Frank Wisner später, sei reiner Zufall gewesen. »Sie traten beide im selben Moment vor die Rezeption des Excelsior«, erzählte Wisner einem CIA-Kollegen augenzwinkernd. »Und Dulles musste sagen: ›Nach Ihnen, Majestät.‹«[4]

Dulles' Ankunft in Rom war gut abgepasst. Bis zum folgenden Morgen war es ein anderer Mob, der durch die Straßen Teherans tobte, einer, den die CIA führte und finanzierte – der letzte Akt eines Komplotts zum Sturz der demokratisch gewählten Regierung von Premierminister Mohammad Mossadegh und zur Wiederherstellung der autokratischen Herrschaft des Schahs. Mossadegh, ein patriotisch gesinnter, listiger Überlebender der tückischen iranischen Politik, hatte die britische Regierung gegen sich aufgebracht, weil er kurz nach seinem Machtantritt die mächtige Anglo-Iranian Oil Company (später British Petroleum) verstaatlicht hatte. Der britische Koloss – weltweit der drittgrößte Rohölproduzent – beherrschte den Iran einen Großteil des 20. Jahrhunderts über mit imperialer Arroganz, zerschlug Streiks auf den höllischen Ölfeldern und stützte oder stürzte einheimische Regimes nach Gusto. Mossadeghs herausfordernde Beschlagnahmung der Bodenschätze seines Landes war ein Paukenschlag, der weltweit vernommen wurde. »Ende der 1980er Jahre hatten die meisten Länder im Nahen Osten und Nordafrika ebenso wie in Asien und Lateinamerika die Ausbeutung ihrer Erdölvorkommen verstaatlicht und auf dieses Weise Einfluss auf den Weltpreis erlangt«, bemerkte der Historiker Ervand Abrahamian. »Anfang der 1950er Jahre jedoch wurde ein solcher Verlust [für die westlichen Erdölkonzerne] als Vorbote des ›Untergangs der Zivilisation‹ gesehen – nicht nur für Großbritannien, sondern auch für die Konsumenten in der ganzen industrialisierten Welt.«[5]

Nach Mossadeghs kühnem Schritt arbeitete der britische Geheimdienst MI6 unermüdlich am Sturz der iranischen Regierung. Als Premierminister Mossadegh auf die britischen Verschwörungen reagierte, indem er die britische Botschaft in Teheran schloss und den Botschafter des Landes verwies, erbat London den Beistand Washingtons.

Die Dulles-Brüder waren nur allzu gewillt, den Briten zur Seite zu springen. Durch ihre Kanzlei hatten sie langwährende Verbindungen zu großen amerikanischen Ölkonzernen wie Standard Oil, einem Konzern, der die harte britische Haltung gegen Mossadegh vehement unterstützte in der Hoffnung, sich einen eigenen Anteil an den iranischen Erdölfeldern unter den Nagel reißen zu können. Allen hatte einen weiteren ehemaligen Klienten mit einem großen Interesse am Streit um das iranische Öl: Die in London ansässige J. Henry Schroder Banking Corporation, in deren Aufsichtsrat er saß, war die Hausbank von Anglo-Iranian Oil.

Wie sehr sich die Dulles-Brüder weiterhin für ihre ehemaligen Erdölklienten von Sullivan & Cromwell engagierten, hatten sie bald nach Präsident Eisenhowers Amtsantritt unter Beweis gestellt, als sie das Kartellverfahren des Justizministeriums gegen die sieben großen amerikanischen Ölkonzerne – die »sieben Schwestern« – sabotierten. Das noch von der Truman-Regierung gegen das Ölkartell eingeleitete Verfahren wegen Preisabsprachen wurde von einem Straf- in ein Zivilverfahren umgewandelt und praktischerweise unter die Zuständigkeit von Foster Dulles gestellt – das erste Mal in der amerikanischen Geschichte, dass ein Kartellverfahren dem Außenministerium übergeben wurde. Mit der Behauptung, dass der Fall die nationale Sicherheit berühre, ließ Foster dann das Verfahren sang- und klanglos in der Versenkung verschwinden, sodass die Ölkonzerne ungeschoren davonkamen.

Zudem hatte Allen Dulles, als er noch für Sullivan & Cromwell wichtige Neukunden warb, eine geschäftliche Beziehung zum Schah. 1949 flog er nach Teheran, um als Vertreter eines neu gegründeten Konsortiums der elf größten amerikanischen Maschinenbaufirmen namens Overseas Consultants Inc. (OCI) mit dem Schah ein ungeheuer lukratives Geschäft auszuhandeln. Darin verpflichtete sich der Iran, dem Konsortium die gigantische Summe von 650 Millionen Dollar zu zahlen, um das rückständige Land mit dem Bau von Wasserkraftwerken, Industrieanlagen und der Umgestaltung ganzer Städte zu modernisieren. »Es sollte das größte ausländische Entwicklungsprojekt in der modernen Geschichte werden«, so Dulles-Biograf Stephen Kinzer. »Es war der größte Triumph von Allens Anwaltskarriere. Für Sullivan & Cromwell tat sich damit eine ganz neue Welt von Möglichkeiten auf.«[6]

Dem Schah wurde klar, dass Allen Dulles ein wichtiger Verbündeter sein konnte. Und tatsächlich revanchierte sich dieser für die Großzügigkeit des jungen Herrschers, indem er ihm in New York und Washington Türen öffnete. Im November 1949 gab Dulles für den Potentaten im Speisesaal des Council on Foreign Relations eine exklusive Dinnerparty. Was der Schah mitzuteilen hatte, klang in den Ohren der Dinnergäste wie Musik. »Meine Regierung und mein Volk heißen amerikanisches Kapital sehr willkommen und geben ihm alle erdenklichen Garantien«, versicherte er. »Eine Verstaatlichung der Industrie ist nicht geplant.«

Doch dann warf der Aufstieg Mossadeghs und seines politischen Bündnisses der Nationalen Front einen Schatten auf den Traum von Reichtum, den der Schah vor seinem privilegierten Publikum ausgebreitet hatte. Mossadeghs Koalition stand an der Spitze der Opposition gegen den OCI-Vertrag, ihre Führer griffen sie als gewaltige Geldverschwendung an, die »künftigen Generationen das Rückgrat brechen« werde.[7] Die patriotische Rhetorik fand im iranischen Volk, dessen Schicksal lange von ausländischen Mächten bestimmt worden war, leidenschaftliche Resonanz. Im Dezember 1950 stimmte das iranische Parlament gegen die Finanzierung des monumentalen Entwicklungsprojekts und begrub damit die Chancen von Dulles und dem amerikanischen Konsortium auf die gewaltigen Profite, die es verhieß. Beim Agentenführer hatte Mossadegh damit für immer verspielt.

Westlichen Beobachtern gab der iranische Premier Rätsel auf. Einerseits reagierte er auf die britischen Kolonialattitüden äußerst gereizt, andererseits sah er einem Bündnis mit dem wachsenden amerikanischen Imperium mit rührender Hoffnung entgegen. Der alternde, kahl werdende Politiker war eine unstete Persönlichkeit, neigte zu Gefühlsausbrüchen und Ohnmachtsanfällen. Sein langgezogenes Gesicht wirkte schwermütig, gleichzeitig war er zu einem jungenhaften Enthusiasmus fähig. Bei einem Besuch in Washington im Oktober 1951 bezauberte der neue Premierminister Mitglieder der Truman-Regierung. Außenminister Dean Acheson war amüsiert, wie er in »reizend kindlicher Weise mit untergeschlagenen Beinen auf dem Stuhl hockte«.[8]

Anfangs schien auch Eisenhower Sympathie für Mossadegh zu hegen. Dieser hatte dem frischgewählten amerikanischen Präsidenten am Vorabend seiner Amtseinführung eine herzliche Glückwunschkarte geschickt, in der er die Wirtschaftsblockade Großbritanniens gegen den Iran beklagte und um amerikanische Unterstützung bat. Das Plädoyer des iranischen Staatsführers klang reizend unschuldig: »Es ist nicht mein Wunsch, die Beziehungen zwischen den Vereinigten Staaten und dem Vereinigten Königreich durch Differenzen in Bezug auf den Iran zu trüben. Ich bezweifle jedoch, dass es sich in unserem heutigen Zeitalter eine große Nation mit einer so hohen moralischen Stellung in der Welt [wie die USA] leisten kann, die international als unmoralisch angesehene Politik eines Freundes und Verbündeten zu unterstützen. … Das iranische Volk wünscht lediglich, sein eigenes Leben auf seine eigene Weise zu führen. Es wünscht sich freundliche Beziehungen zu allen Völkern. [Aber die Anglo-Iranian Oil Company], die jahrelang [unsere] Erdölressourcen ausgebeutet hat, beharrte leider hartnäckig darauf, sich in die inneren Angelegenheiten [unseres] Landes einzumischen.«[9]

Eisenhowers angeborenes mittelwestliches Anstandsgefühl ließ ihn davor zurückschrecken, die kolonialistische Belagerung des Irans durch Großbritannien zu unterstützen. Er wies den Rat der Dulles-Brüder zurück und regte an, dass es vielleicht eine bessere Idee wäre, die Regierung Mossadeghs mit einem Darlehen von hundert Millionen Dollar zu stabilisieren, statt sie zu stürzen.[10] Wäre Eisenhower seinem ersten Impuls gefolgt, hätte die verflixte Geschichte der amerikanisch-iranischen Beziehungen zweifellos eine andere Wendung genommen.

Mossadegh hatte das Flair eines tragischen Helden. Als amerikanische Gesandte einen allerletzten Versuch unternahmen, ihn zu überreden, den britischen Ölgiganten zu besänftigen, lehnte er stolz ab. Die Geschichte der iranischen Führung sei von Feigheit und Korruption geplagt, sagte Mossadegh, dieses traurige Erbe wolle er nicht fortführen. Der Anglo-Iranian Oil Company sei bereits eine faire Entschädigung für ihre Verluste angeboten worden; Mossadegh wollte die Ansprüche seines Landes auf seine eigenen Ressourcen nicht länger preisgeben. Wenn er einen Handel mit den Briten schlösse, sagte der Premierminister den amerikanischen Vermittlern, würde sein Ansehen beim iranischen Volk, das sofort annehmen würde, dass man ihr Land abermals verkauft habe, für immer befleckt. Mossadeghs unnachgiebige Verteidigung der iranischen Souveränität machte ihn in seinem Heimatland enorm populär. Ein auf der Höhe der Irankrise abgehaltenes Referendum brachte ihm nahezu einhellige Zustimmung.

Als sie erkannten, dass Eisenhower nicht geneigt war, die imperialen Interessen Großbritanniens zu verteidigen, formulierten die Dulles-Brüder ihr Argument für eine Intervention neu, in der Begrifflichkeit des Kalten Kriegs. Am 4. März 1953 erschien Allen in einer Sitzung des Nationalen Sicherheitsrats im Weißen Haus, bewaffnet mit sieben Seiten alarmierender Gesprächsnotizen. Man sei im Iran mit »immer konkreteren Revolutionsvorbereitungen« konfrontiert, und falls das Land in kommunistische Hände fiele, würden sechzig Prozent des Erdöls der freien Welt von Moskau kontrolliert. Öl und Benzin müssten innerhalb der USA rationiert, amerikanische Militäroperationen eingeschränkt werden.[11]

In Wahrheit war die globale Krise um den Iran kein Konflikt des Kalten Kriegs, sondern ein Kampf »zwischen Imperialismus und Nationalismus, zwischen Erster und Dritter Welt, zwischen Nord und Süd, zwischen Industrieländern und von Rohstoffexporten abhängigen Entwicklungsländern«, so der Historiker Abrahamian.[12] Dulles stellte Mossadegh als Strohmann der Kommunisten hin, doch das war er bei weitem nicht. Als Spross einer aristokratischen persischen Familie war der Premierminister in Frankreich und der Schweiz erzogen worden und neigte mehr zum Westen als zu Irans gefürchtetem sowjetischem Nachbarn im Norden. Mossadegh war ein glühender Nationalist, kein heimlicher Kommunist – er war, nach Einschätzung eines britischen Diplomaten, ein weiterer Gandhi, kein Mao. Die Tudeh-Partei, Irans Kommunisten, begegnete Mossadegh mit entschiedener Skepsis, er war aus ihrer Sicht ein »liberaler Bourgeois«, der sich gefährliche Illusionen über Amerika machte. Mossadegh seinerseits stützte sich auf die Tudeh, wenn es ihm passte, blieb aber zu der Partei, die ihm zu moskauhörig war, auf Distanz. Unterdessen zögerte die Sowjetführung, sich allzu tief in die iranische Politik einzumischen, um nicht den Interessen des Westens ins Gehege zu kommen.

Nach wochenlanger intensiver Einflussnahme der Dulles-Brüder und der britischen Regierung überzeugte sich Eisenhower, dass der Iran ein Schlachtfeld des Kalten Kriegs war und Mossadegh gehen müsse. Im Juni 1953 stellte Allen auf einer Sondersitzung des Nationalen Sicherheitsrats in Fosters Büro seinem Bruder einen Plan zum Sturz der Regierung Mossadegh vor.

Der Putschplan war von Kermit »Kim« Roosevelt jr. ausgearbeitet worden, Allens handverlesenem Mann, um die Operation vor Ort zu leiten. Der gebildete Enkel von Theodore Roosevelt wirkte gar nicht wie die Art von Mordgeselle, die man bei einem so schändlichen Unterfangen brauchte. Selbst ideologische Feinde wie Kim Philby schätzten Roosevelt hoch. »Seltsamerweise taufte ich [Roosevelt] den ›stillen Amerikaner‹, fünf Jahre bevor Graham Green sein [gleichnamiges] Buch schrieb«, bemerkte Philby einmal. »Er war ein höflicher, leiser Mann von der Ostküste mit untadeligen gesellschaftlichen Verbindungen, eher gut gebildet als intellektuell, angenehm und bescheiden als Gastgeber wie als Gast. Seine Frau war ebenso nett. Tatsächlich war er der Letzte, den man verdächtigen würde, bis zum Hals in schmutzige Tricks verwickelt zu sein.«[13]

Roosevelt war wirklich bestürzt über die leichtfertige Art, wie an jenem Tag in Fosters Büro das Schicksal der iranischen Demokratie erörtert wurde. »Es war eine ernste Sache, diese Entscheidung zu fällen«, bemerkte er später. »Tatsächlich war ich mir sicher, dass beinahe die Hälfte der Anwesenden, wenn sie frei oder mutig genug zu einem offenen Wort gewesen wären, sich gegen das Unternehmen ausgesprochen hätte.«[14]

Aber die Dulles-Brüder hatten ihre Entscheidung über den Iran bereits gefällt und duldeten keine Diskussionen. Nachdem sie die Regierung auf ihre unglückselige Linie gebracht hatten, waren sie zuversichtlich, den richtigen Mann für die Aufgabe ausgewählt zu haben, erkannten sie hinter Roosevelts geschliffener Erziehung in Groton und Harvard doch seine Verwegenheit. Drei Jahre zuvor hatten sie Roosevelt rekrutiert, um im Iran Lobbyarbeit für das Geschäft mit dem amerikanischen Konsortium OCI zu betreiben. Danach führte Roosevelt zwei Jahre lang eine CIA-Geheimoperation in dem Land zum Aufbau eines geheimen Widerstandsnetzwerks. Er hatte Kisten mit Gewehren und Bargeld in der Wüste vergraben, um im Fall einer Sowjetinvasion die Stammeskrieger damit auszurüsten. Roosevelt wandte seine verdeckten Anstrengungen nun gegen die gewählte Regierung des Irans, heuerte Söldnerbanden an und bestach Militäroffiziere, ihr Land zu verraten. Wenn es hart auf hart kam, offenbarte Kim Roosevelt den gleichen Enthusiasmus für imperiale Missgeschicke wie sein Großvater.

Den amerikanischen und britischen Geheimagenten war zum Sturz Mossadeghs jedes Mittel recht. Entscheidende Amtsträger in Militär und Regierung, die Mossadegh treu ergeben blieben, wurden entführt und ermordet, wie General Mahmud Afschartus, der für die Säuberung der Streitkräfte von Verrätern verantwortlich war. Die geschundene Leiche des Generals wurde an einem Straßenrand in Teheran gefunden, eine Botschaft an alle Offiziere, die zum Premierminister hielten. Andere prominente Loyalisten wurden mit durchgeschnitter Kehle im entfernten Elbursgebirge verscharrt.[15]

Am Ende wurde Mossadegh, wie die Tudeh-Partei befürchtet hatte, sein Glaube an die Amerikaner zum Verhängnis. Am 18. August war es noch der Premierminister, der die Straßen von Teheran kontrollierte, Nationale Front und Tudeh-Militante durchstreiften die Hauptstadt und stürzten Königsstatuen und andere Symbole der Schahherrschaft vom Sockel. Dann jedoch, in Absprache mit Roosevelt, vereinbarte US-Botschafter Loy Henderson – der andere gewiefte Emissär der Dulles-Brüder im Iran – ein schicksalhaftes Treffen mit Mossadegh. Während der einstündigen Unterredung protestierte Henderson vehement gegen die antiwestlichen »Übergriffe des Mobs«, der, wie er behauptete, die US-Botschaft bedroht und seinen Chauffeur angegriffen habe. Henderson warnte, dass die Vereinigten Staaten alle Amerikaner aus dem Land evakuieren und Mossadeghs Regierung die Anerkennung entziehen würden, falls der Premierminister nicht für Ruhe und Ordnung sorgte. Der Schachzug tat die gewünschte Wirkung. Mossadegh »verlor die Nerven« und befahl seinem Polizeichef, sofort die Straßen zu räumen. Das war, wie Henderson später bemerkte, der »fatale Fehler des alten Mannes«.[16]

Nun, da Mossadeghs Unterstützer von der Straße verschwunden waren, konnten die angeheuerten Schläger der CIA mit Rückendeckung rebellischer Elemente in der Armee übernehmen. Als Mossadegh am Morgen des

19. August in seinem Haus in der Kakh-Straße 109 eine Unterredung mit seinen Beratern abhielt, rückten schahfreundliche Offiziere mit Panzern auf die Residenz des Premierministers vor, gemeinsam mit Straßenbanden, deren Taschen buchstäblich mit CIA-Dollars vollgestopft waren.

Zwei Stunden lang tobte ein Feuergefecht vor Mossadeghs Haus, das von drei Panzern mit loyalen Offizieren geschützt wurde. Doch die Rebellen hatten zwei Dutzend Panzer zur Verfügung, darunter zwei starke amerikanische Shermans. Das Ergebnis war absehbar. Als Granaten in sein Haus einschlugen, befahl Mossadegh seinen Panzerführern, das Feuer einzustellen. Der Einundsiebzigjährige und seine höchsten Berater wurden an die Wand des Nachbarhauses gestellt und entgingen nur knapp der Wut des angeheuerten Mobs, der das grüne Gittertor niederriss und zur Plünderung der offiziellen Residenz des Premierministers überging. Einer der tapferen Offiziere, die ihn verteidigten, wurde vom tobenden Mob in Stücke gerissen. Mossadegh und die anderen Amtsträger wurden in Gewahrsam genommen und in einer Militärkaserne interniert. Damit war Irans kurzes demokratisches Zwischenspiel beendet.

Mohammad Mossadegh war gewaltsam aus seinem Amt entfernt worden, aber der CIA-Putsch war erst vollendet, wenn der Schah heimkehrte und seinen Thron beanspruchte. Zu Beginn des Coups hatte Kim Roosevelt fieberhaft versucht, den Schah von der Flucht aus dem Land abzuhalten und ihn der amerikanischen Unterstützung versichert. Es sei, hatte er ihm gesagt, seine Pflicht, sich an die Seite der Rebellenkräfte zu stellen. Doch dem »König der Könige« versagte der Mut. Er war nach der freimütigen Einschätzung des furchtlosen Agenten Roosevelt, der entgegen der Anweisung seiner Vorgesetzten nach der Flucht des Schahs im Iran ausgeharrt hatte, ein »Waschlappen«.[17]

Während sich in Teheran die Ereignisse überschlugen, ließen sich der Schah und Königin Soraya beim Shoppen auf der Via Condotti fotografieren, Roms Modemeile mit Läden von Gucci, Dior und Hermès. Trotz des knappen Budgets brachte der Schah die Nerven auf, sich vier Tennisschläger und ein Paar schwarze Schuhe aus Antilopenleder zu kaufen ebenso wie Dessous, zwei Kroko-Handtaschen und ein Dutzend Sommerkleider für seine Gattin. Die Paparazzi schossen später einen Schnappschuss von Soraya in einem auffallenden Tupfkleid, das ihre hübschen, bronzefarbenen Schultern offenbarte.[18]

Während der Putsch seinen Höhepunkt erreichte, überwachte Dulles die Operation aus seinem Bunker in der römischen US-Botschaft nur einen Block vom Hotel Excelsior entfernt – zweifellos aufgemuntert von der Anwesenheit der amerikanischen Botschafterin in Rom, der verführerischen und geistreichen Clare Booth Luce, Ehefrau von Verleger Henry

Luce und gefeierte Theaterschriftstellerin. Während sich Clover im Excelsior unterhielt, verbrachte Dulles, dem ein Verhältnis mit der schönen Diplomatin nachgesagt wurde, lange Nächte in der Botschaft. Clare Luce war zwar nach ihrer Konversion eine glühende Katholikin und wurde später für eine vielfach abgedruckte Rede bekannt, in der sie die »neue Moral« eines lockeren Sexlebens anprangerte, sie und ihr Ehemann schienen aber bezüglich ihres eigenen Sexlebens eher aristokratische Großzügigkeit an den Tag zu legen.[19] Während Dulles mit Luces Frau tändelte, vergnügte sich der Magazinmogul mit Mary Bancroft, Dulles' Geliebter aus Kriegstagen.[20]

Das stärkste Band zwischen Dulles und den Luces war ihre gemeinsame Überzeugung, treibende Kräfte »des amerikanischen Jahrhunderts« zu sein, wie Henry Luce es getauft hatte. Luce prägte den Begriff 1941 in einem Leitartikel des Magazins *Life*. Darin legte er den Vereinigten Staaten nahe, eine dominante Rolle in der Weltpolitik zu übernehmen und »ihren Einfluss voll in die Waagschale zu werfen, für die Zwecke, die wir für angemessen, und mit den Mitteln, die wir für geeignet halten«. Praktisch rief er die USA kurz vor ihrem Eintritt in den Zweiten Weltkrieg dazu auf, Großbritannien als neues Weltimperium zu ersetzen, nicht durch Besetzung überseeischer Territorien, wie in der verwelkenden Kolonialära, sondern durch Ausspielen ihrer militärischen, merkantilen und kulturellen Macht. Luces missionarische Vision der amerikanischen Macht, die im Glauben einer späteren Generation an die »amerikanische Außergewöhnlichkeit« ihren Widerhall fand, fügte sich nahtlos in den missionarischen Eifer der Dulles-Brüder. Während Luce jedoch nur vom historischen Imperativ der amerikanischen Macht predigen konnte, waren Allen und Foster Dulles in der Lage, diesen Imperativ ins Werk zu setzen.

Dulles' Hauptmission in Rom bestand darin, den Schah aufzurichten und ihn schleunigst auf den Pfauenthron zurückzuschicken. Das königliche Paar saß gerade beim Lunch im Speisesaal des Excelsior, als es von Mossadeghs Sturz erfuhr. Doch der Schah wirkte alles andere als glücklich, er schien vielmehr erschüttert. Seine »Kinnlade fiel herunter«, wie ein Beobachter bemerkte, »mit zittrigen Fingern griff er nach einer Zigarette«. Er sah bedrückt aus. »Ich muss zugeben, dass ich bei der Revolution keine sehr wichtige Rolle gespielt habe«, murmelte er. Doch Soraya war optimistisch. »Wie aufregend«, trällerte sie und legte beruhigend ihre Hand auf den Arm des Ehemanns.[21] Dulles organisierte rasch einen Sonderflug, um den Schah nach Hause zu fliegen.

Als er an Bord seiner gecharterten KLM-Maschine ging, war dem Schah klar, dass er in ein aufgewühltes Land zurückkehrte, wo ihn seine Untertanen weithin als Marionette der Westmächte schmähten. Laut einigen

Berichten stärkte jedoch Dulles selbst dem schwankenden Herrscher den Rücken und begleitete ihn auf den Flug nach Teheran. Außerdem verteilte die CIA noch mehr Geld, um dafür zu sorgen, dass er von einer jubelnden Menschenmenge empfangen wurde. Als er am Flughafen das Empfangsspalier abschritt, warfen sich zwei Diener zu Boden, um seine Füße zu küssen. Der Schah wurde von Botschafter Henderson warmherzig als einer der »Helden« des Putsches in Empfang genommen. Als er in der königlichen Limousine an pflichtschuldig jubelnden Menschenmengen vorbei zum Palast fuhr, war der Schah überzeugt, wahrlich ein Günstling des Schicksals zu sein – statt eine weitere Marionette der CIA.

»Der Schah lebt in einer Traumwelt«, bemerkte Henderson trocken. »Er scheint zu glauben, seine Rückkehr auf den Thron sei gänzlich seiner Popularität im Volk geschuldet.«[22]

Im Rückblick sah Dulles später den Putsch im Iran als einen der beiden größten Triumphe seiner CIA-Karriere, zusammen mit dem Regimewechsel in Guatemala im folgenden Jahr. Es war die Art von kühnem Drahtseilakt, die ihm in seinem Beruf den größten Nervenkitzel verschaffte und Lust auf mehr machte. Dulles sah sich als Figur in einem Spionageroman von John Buchan, verriet Kim Roosevelt dem CIA-Nahostexperten Miles Copeland: Der Agentenführer »würde sich – oder uns – nicht zurückhalten können«, wenn sich andernorts die Gelegenheit böte, ein solches Unternehmen wie im Iran zu wiederholen. »Allen hätte seine linke Hand dafür hergegeben … nun sagen wir, seinen Zeigefinger, wenn er irgendwo hingehen und selbst einen Staatsstreich hätte einfädeln können.«[23]

Die willfährige Berichterstattung der US-Presse über den Regimewechsel war ebenfalls Dulles zu verdanken. Berichte über den Putsch vermieden es sorgsam, die Beteiligung der CIA allzu tief auszuloten. Dulles' Auftauchen im Excelsior fand in *Newsweek* eine augenzwinkernde Erwähnung, aber keine nähere Erläuterung: Inmitten des »Tohuwabohu« um Mossadeghs Sturz, bemerkte das Magazin, wurde CIA-Direktor Dulles plötzlich im Hotel gesichtet – doch »niemand schenkte ihm Beachtung«.[24]

Dulles überredete seine hochgestellten Freunde in der Presse nicht nur, den Mantel des Schweigens über die CIA-Operation zu breiten, er animierte sie auch, in seine Freude über ihren Erfolg einzustimmen. Ein Leitartikel in der *Washington Post* erkannte im Sturz der demokratischen Regierung des Irans einen »Grund zur Freude«. Auch die *New York Times* gab sich in Feierlaune und nannte Mossadegh »einen fanatischen, eigennützigen Nationalisten«, dessen »von niemandem betrauertes« Verschwinden von der politischen Bühne »uns Hoffnung gibt«. Die US-Presse vermied sogar, peinliche Wörter wie »Putsch« zu benutzen, und zog es vor, die CIA-Operation als »Volksaufstand« oder »nationale Revolte« zu verbrämen.[25]

Wenn Dulles die Rolle der CIA sorgfältig vor der amerikanischen Öffentlichkeit verbarg, so stellte er andererseits sicher, dass sich der Schah völlig darüber im Klaren war, wie tief er in der Schuld des Geheimdienstes stand. Das folgende Vierteljahrhundert über stützten die USA seine Herrschaft und bestärkten seine »Megalomanie«, wie Jesse Leaf es nannte, der eine Zeitlang CIA-Chefauswerter für den Iran war. Doch die Verachtung des Geheimdienstes für den Mann auf dem Pfauenthron wuchs mit der Zeit nur noch mehr. Leaf urteilte, er sei »im Grunde eine leere Hülse, ein Strohmann, ein kleines Würstchen«.[26]

Doch diese leere Hülse erwies sich als nützlich für westliche Interessen, darunter einige führende ehemalige Klienten der Dulles-Brüder. Einige Monate nach dem Putsch traf der Schah eine Vereinbarung mit den großen Erdölfirmen, der zufolge Irans Erdölindustrie wieder privatisiert wurde. Wieder einmal wurden die natürlichen Ressourcen des Landes ausländischen Konzernen ausgehändigt, wobei vierzig Prozent der Beute an die amerikanischen Multis ging, darunter Gulf, Texaco, Mobil, Standard Oil New Jersey und Standard Oil California.

Kim Roosevelt war einer von denen, die auch persönlich Gewinn aus dem Putsch schlugen: 1958 verließ er die CIA und ging ins Management von Gulf Oil, wo er für die Beziehungen des Unternehmens zu ausländischen Regierungen zuständig war, einschließlich des iranischen Regimes.[27] Später wurde er internationaler Berater, repräsentierte den Schah und diente als Mittelsmann für Waffenproduzenten, die Geschäfte mit dem Iran abwickelten. Seinen Freunden von der CIA hielt der Schah eisern die Treue; einmal brachte er bei einer Palastfeier einen Toast auf Roosevelt aus, den er als eine jener mächtigen Kräfte bezeichnete, denen er neben dem Allmächtigen seinen Thron verdanke.

Der Iranputsch hatte auf die Eisenhower-Administration eine berauschende Wirkung, die wie ein champagnerseliger Überschwang durch das Oval Office, die CIA und das Außenministerium schwappte. »Es war ein Tag, der nie hätte vergehen dürfen«, stand in einem begeisterten internen CIA-Bericht über den Coup. »Denn er brachte ein solches Gefühl der Aufregung, der Befriedigung und des Jubels mit sich, dass fraglich ist, ob irgendein anderer ihm je wird gleichkommen können.«[28] Vom Präsidenten ins Weiße Haus bestellt, gab der nun legendäre Roosevelt eine spezielle Präsentation des persischen Staatsstreichs zum Besten. Ein gebannter Eisenhower sagte später, der Rapport habe eher nach einem stürmischen »Groschenroman« geklungen als einem Einsatzbericht für die Regierung.[29] Als Roosevelt mitten in der Präsentation zum Außenminister schaute, saß Foster lässig in seinen Stuhl zurückgelehnt da und schien, so kam es dem Redner einen Augenblick vor, zu dösen. Doch dann erkannte Roosevelt, dass Fosters »Augen strahlten. Er schien zu schnurren wie ein riesiger Kater.«[30]

Doch was für Washington wie eine Heldentat aus *Das scharlachrote Siegel* erschien, war für den Iran ein Desaster ohne Ende. Die aufkeimende Demokratie des Landes wurde erstickt, Mitglieder der Oppositionsparteien und der Presse verhaftet oder in den Untergrund getrieben. Mit starker Ermutigung der CIA ließ der Schah seine Geheimpolizei von der Leine – zuerst das sogenannte Zweite Büro, dann, seit 1957, den infamen Geheimdienst SAVAK –, um eine rücksichtslose Kampagne zur Ausmerzung »subversiver Elemente« zu führen. Die Tudeh-Partei traf es am schlimmsten. Mit Hilfe der CIA spürten die von den USA ausgebildeten Sicherheitskräfte des Schahs zwischen 1953 und 1957 viertausend Parteimitglieder auf. Viele wurden primitiven Foltermethoden unterzogen, darunter Auspeitschen und Schlagen, die Zertrümmerung von Stühlen auf ihren Köpfen und das Brechen von Fingern. Ein paar wurden dem grauenhaften *qapani* unterzogen, bei dem die Opfer an Haken aufgehängt wurden. Mindestens elf Menschen starben während dieser Zeit unter der Folter, die meisten an Gehirnblutungen; Dutzende wurden hingerichtet.

Als Berichte über die Tapferkeit der Gefangenen die Runde machten – wie sie mit trotzigen Liedern auf den Lippen noch in der Stunde ihres Todes den Schah angeprangert hatten –, war das Regime zunehmend alarmiert. Es wurde berichtet, dass die Erschießungskommandos häufig ihre Ziele verfehlten, entweder durch »Nervosität oder durch bewusstes Danebenschießen«, und dass die Offiziere die Gefangenen mit ihren Pistolen erschießen mussten. Das Regime sah sich gezwungen, weitere Exekutionen besser geheimzuhalten, aus Angst, dass die »Tapferkeit« der Gefangenen »auf große Teile der Öffentlichkeit Eindruck macht«.[31]

Dem iranischen Volk wurde jede Hoffnung auf Wandel aus dem Herz gerissen und ein giftiger Samen eingepflanzt, der in den folgenden beiden Dekaden aufging. Der Schah erntete schließlich, was er gesät hatte, als er 1979 durch einen Volksaufstand ins Exil getrieben wurde, unter Führung der islamischen Geistlichkeit des Landes, die als einzige Oppositionsgruppe nicht vom Pahlavi-Regime zerschlagen worden war. Die Amerikaner und Iraner entrichten bis heute den Preis für den »Tag, der nie hätte vergehen dürfen«.

Nach seiner Verhaftung wurde Mossadegh wegen Hochverrats vor Gericht gestellt. Sein wahres Verbrechen, erwiderte er vor Gericht, sei es gewesen, sich »dem Imperialismus zu widersetzen«. Die US-Botschaft war über den Prozess verärgert, aus ihrer Sicht ein »schwerer Patzer«, der nur den Status des volkstümlichen Führers als »Halbgott« und seine mystische »Macht über die Öffentlichkeit« bestärkte. Aus Angst, ihn durch seine Hinrichtung zum Märtyrer zu machen, verurteilte das Schah-Regime Mossadegh zu drei Jahren Einzelhaft mit anschließender Verbannung in sein Heimatdorf achtzig Kilometer vor Teheran, wo er seinen Lebensabend in einem kleinen Haus mit geweißelten Wänden verlebte. Als er neun Jahre später im Alter von vierundachtzig starb, vereitelte der Schah alle Bestrebungen, ihm eine öffentliche Beerdigung zu geben. Selbst im Tod wurde Mossadegh von der amerikanischen Presse geschmäht mit einer Agenturmeldung, die ihn als »eisernen Diktator« hinstellte, der seine Feinde terrorisiert und »das Land in ein wirtschaftliches Chaos gestürzt« habe. Der Krankenwagen, der den Leichnam aus dem Hospital in Teheran in seinen Heimatort fuhr, blieb, wie Associated Press mit Häme vermerkte, »fast unbeachtet«. »Auf dem Basar in der Innenstadt erledigen die Menschen ihre Einkäufe für das persische Neujahrsfest.«[32]

Der Schah verweigerte auch die Erfüllung von Mossadeghs letztem Wunsch, auf dem Teheraner Hauptfriedhof neben seinen Unterstützern beerdigt zu werden, die auf den Straßen von der Armee niedergeschossen worden waren. Stattdessen fand er seine letzte Ruhe unter seinem Wohnzimmer in der Nähe des Kamins, wo ein Bild Gandhis mit heiterer Gelassenheit über ihn wachte.

Die Eisenhower-Ära war eine durch Terror erzwungene Pax Americana. Die US-Regierung sicherte die globale Dominanz Amerikas in der Nachkriegszeit, indem sie Feinde mit atomarer Auslöschung, mit einem Staatsstreich oder mit ihrer Ermordung bedrohte. Es war ein Imperium zum Billigpreis, Produkt von Eisenhowers Wunsch, einen weiteren umfassenden offenen Krieg zu vermeiden und zugleich den imperialen Lasten aus dem Weg zu gehen, die das Vereinigte Königreich in den Ruin getrieben hatten. Indem er das zunächst nahezu ausschließliche Monopol der USA auf Atomwaffen als Hebel einsetzte, hoffte der Präsident, Krieg für sämtliche Feinde Amerikas zu einer undenkbaren Vorstellung zu machen, während die finsteren Intrigen der CIA dafür sorgten, dass er nicht mehr eigens US-Marineinfanterie an ferne Küsten schicken musste, um unfreundliche Regierungen aus dem Amt zu treiben.

Dwight Eisenhower selbst war ein friedliebender Krieger, Sohn einer pazifistischen Mutter, die in Tränen ausgebrochen war, als er den Aufnahmebescheid der Militärakademie West Point erhielt. Obwohl er nie persönlich Kampfhandlungen erlebt hatte – ein Manko in seinem militärischen Lebenslauf, das er lange sehr bedauerte –, sah Eisenhower mehr als genug von den Auswirkungen des Krieges, als er nach dem Ersten Weltkrieg die blutgetränkten Schlachtfelder und noch qualmenden Ruinen Europas und nach dem Zweiten Weltkrieg die frisch befreiten Todeslager der Nazis besuchte. Als Oberkommandierender des alliierten Expeditionsheers in Europa war er sich schmerzlich der Opfer bewusst, die er den Tausenden von jungen Männern unter seinem Kommando abverlangte. Als sich der General und sein Stab im Juni 1944 darauf vorbereiteten, Wellen von Soldaten an die Strände der Normandie zu werfen – von denen über zehntausend am D-Day, dem Tag der Landung, verwundet oder getötet wurden –, litt er unter reißenden Magenkrämpfen, steigendem Blutdruck, wiederkehrendem Kopfschmerz, Halsinfektionen und chronischer Schlaflosigkeit. »Er war so nervös, wie ich ihn nur je gesehen hatte, und extrem niedergeschlagen«, erinnerte sich Kay Summersby, Eisenhowers Sekretärin während des Kriegs und intime Gefährtin.[33]

Eisenhower verspürte auch die enorme Verantwortung, die es bedeutete, das Amt des Präsidenten zu Beginn einer neuen Ära auszuüben, in der die Wissenschaft der politischen Führung der USA die Mittel in die Hand gegeben hatte, praktisch alles Leben auf dem Planeten auszulöschen. Doch während er privat den beispiellosen Ernst der Lage erkannte, legte er öffentlich eine bestürzend lässige Haltung zu den neuen Massenvernichtungswaffen an den Tag.

Eisenhowers Biograf Evan Thomas nannte seine atomaren Drohungen später »Ikes Bluff«, eine kühne Strategie, um den Weltfrieden zu bewahren, indem er den totalen Krieg androhte. Es lag eine perverse Logik in der von Eisenhowers und Dulles verfolgten Politik der massiven Vergeltung. Doch indem die US-Regierung für sich das Recht reklamierte, jederzeit und an jedem Ort, wo sie amerikanische Interessen gefährdet sah, Atomwaffen einzusetzen, hielt sie die Welt in einem Zustand ständiger Angst. Als die Sowjetunion in den 1950er Jahren den Rückstand in der Nukleartechnologie aufzuholen begann, wurde der Planet zur Geisel der wachsenden Spannungen zwischen den beiden Supermächten. Die Vereinigten Staaten und die UdSSR waren, mit dem denkwürdigen Ausspruch des Physikers J. Robert Oppenheimer, »zwei Skorpione in einer Flasche«.

Glaubte Eisenhower wirklich, dass Nuklearwaffen nur ein weiteres militärisches Mittel waren, wie er auf einer Pressekonferenz im März 1955 verlauten ließ, als er gefragt wurde, ob er bei dem Streit mit China um zwei winzige unbekannte Inselgruppen in der Straße von Formosa ihren Einsatz erwäge? »Ich sehe keinen Grund, warum sie nicht genau so eingesetzt werden sollten, wie man eine Kugel oder irgendetwas anderes benutzt«, erwiderte Eisenhower. Oder erkannte er, dass Atomwaffen den Krieg undenkbar machten, wie er in seinem Tagebuch im folgenden Jahr notierte, bald nachdem er seine Kandidatur für eine zweite Amtszeit bekanntgegeben hatte? »Das Problem ist nicht Mann gegen Mann oder Nation gegen Nation«, schrieb er. »Es ist Mensch gegen Krieg.«

Eisenhower schien in der schrecklichen Ungewissheit, die er erzeugte, zu schwelgen und in ihr einen Weg zur Einschüchterung und ständigen Verunsicherung des Feindes zu sehen. Nach Eisenhowers Gleichsetzung einer Atombombe mit einer »Kugel« fragte der Pressesekretär des Weißen Hauses, Jim Hagerty, bei seinem Chef nervös nach, wie er Nachfragen zur Nuklearwaffenoption beantworten wolle. Ike lächelte und sagte: »Keine Sorge, Jim. Wenn die Frage auftaucht, werde ich sie einfach verwirren.«[34]

Das Problem von Eisenhowers Strategie war, dass er, indem er Washington in einem ständigen Zustand höchster Alarmbereitschaft hielt, den militantesten Stimmen in seiner Administration Aufwind gab – darunter den Dulles-Brüdern und Pentagon-Hardlinern wie Admiral Arthur Radford und Luftwaffengeneral Curtis LeMay. Diese nahmen ihren Oberkommandierenden beim Wort und drängten unablässig auf eine vernichtende Konfrontation mit der Sowjetunion. Eisenhower sagte einmal, er fürchte seine eigenen »Jungs« beim Militär mehr als einen heimtückischen Angriff der Sowjets, die, wie er hinzufügte, im Zweiten Weltkrieg solche fürchterlichen Verluste erlitten hatten, dass sie nur höchst widerstrebend einen dritten Weltkrieg riskieren würden. Der Präsident glaubte nicht, dass irgendeiner seiner Atomwaffenkommandeure abtrünnig werden würde, aber er wusste, dass der ständige Druck des Pentagons zur Entwicklung eines größeren Weltvernichtungsarsenals eine ebenso starke Versuchung erzeugte, die Waffen einzusetzen – besonders solange die Vereinigten Staaten gegenüber der Sowjetunion noch einen klaren atomaren Rüstungsvorsprung besaßen.

Eisenhower mochte auf seine Fähigkeit vertraut haben, die radikaleren Leute in seinem nationalen Sicherheitszirkel vom Schlag eines Dr. Seltsam im Zaum zu halten, doch chronische Gesundheitsprobleme stellten seine Oberhoheit über den Kriegsapparat zuweilen in Frage. Der Präsident hatte mit hohem Blutdruck zu kämpfen und erlitt im September 1955 einen Herzinfarkt, der ernster war, als das Weiße Haus öffentlich einräumte. Eisenhower konnte erst im Januar wieder regelmäßig ins Oval Office zurückkehren. Während der Fünfundsechzigjährige hin und her überlegte, ob er sich 1956 zur Wiederwahl stellen sollte, teilte ihm sein Herzspezialist mit, dass seine Chance, eine zweite Amtszeit zu überleben, nur fünfzig zu fünfzig betrage – eine Meinung, die ebenfalls geheim gehalten wurde. Neun Monate nach seinem Herzanfall wurde Eisenhower wegen einer schmerzhaften Darmobstruktion operiert und blieb drei Wochen im Krankenhaus. Und im November 1957 erlitt der Präsident im Oval Office einen leichten Schlaganfall, der sein Sprachvermögen in Mitleidenschaft zog und mehrere Wochen starke Kopfschmerzen verursachte. Während der Krankheitsphasen Eisenhowers waren es Foster Dulles und Vizepräsident Nixon, der Gefolgsmann der Dulles-Brüder, die in das präsidentielle Machtvakuum stießen. Keiner von beiden war für seine Mäßigung im Umgang mit dem kommunistischen Feind bekannt.

Von Anfang an argumentierte Außenminister Dulles, dass die Vereinigten Staaten das »Tabu« des Einsatzes von Atomwaffen überwinden müssten.[35] Bei einer Sitzung des Nationalen Sicherheitsrats im Februar 1953 nur drei Wochen nach Eisenhowers Amtsantritt warf Foster, wie er es nannte, »das moralische Problem« auf, das über allen Nuklearwaffenentscheidungen schwebe. Er bezog sich dabei nicht auf die gravierenden Fragen des Massenmords und des Überlebens der Menschheit. Foster meinte damit vielmehr den moralischen Abscheu gegen Massenvernichtungswaffen, der die Politiker daran hinderte, ernstlich ihren Einsatz zu erwägen.

Bei einer Krise nach der anderen drängte Foster den Präsidenten, einen Atomschlag in Erwägung zu ziehen, darunter auf dem Kulminationspunkt des Koreakriegs 1953, zur Unterstützung der bedrängten Franzosen in der Schlacht von Dien Bien Phu in Vietnam, beim Nervenkrieg mit China um die Kinmen- und Matsu-Inseln im selben Jahr und bei der Konfrontation mit den Sowjets in der Berlin-Krise 1958. An verschiedenen haarsträubenden Momenten in diesen Krisen schien Eisenhower geneigt, Fosters Rat zu folgen, und wurde nur von den alarmierten Einsprüchen alliierter Politiker oder den besonneneren Reaktionen der chinesischen und sowjetischen Regierungen davon abgebracht.

John Foster Dulles war ein Paradebeispiel für Mills' »wahnwitzigen Realismus«. Er war eine weise Eminenz der Regierung, die in einem nüchternen und feierlichen Ton Positionen vertrat, die schierer Wahnsinn waren. »Wir befinden uns an einem sonderbaren Wendepunkt der Geschichte menschlicher Torheit«, schrieb Mills 1958 in einer Jeremiade gegen den immer fieberhafter herbeigesehnten endgültigen Konflikt. »Im Namen des Realismus werden die Menschen total verrückt, und genau das, was sie utopisch nennen, ist die Vorbedingung für den Fortbestand der Menschheit.«[36]

»Utopisches Handeln« – womit Mills aktive Diplomatie zwischen den Supermächten, ein Verbot von Atomtests, ein Moratorium von »Vernichtungswaffen«, wissenschaftlichen und kulturellen Austausch und freies Reisen zwischen West und Ost meinte – sei in Wahrheit »realistisch, gesund und vernünftig«. Im Gegensatz dazu seien die »praktischen Maßnahmen von heute das Werk von Verrückten und Idioten«.

Foster schien eine erschreckend vage Vorstellung davon zu haben, was es bedeutete, eine Atombombe abzuwerfen. Als in Vietnam die französische Festung Dien Bien Phu kurz vor dem Fall stand, bot er dem französischen Außenminister Georges Bidault zwei »A-Bomben« an. Der Franzose war tief erschüttert über Fosters unbekümmertes Angebot. Bidault erwiderte Foster, »ohne groß darüber nachdenken zu müssen«, dass »unsere Seite genauso in Mitleidenschaft gezogen würde wie der Feind, wenn diese Bomben in der Nähe von Dien Bien Phu abgeworfen würden«. In der Krise der Formosastraße war Foster ebenso überrascht zu erfahren, dass die »Präzisionsbombardierung« chinesischer Ziele mit Atomwaffen, für die er eintrat, mehr als zehn Millionen Zivilisten töten würde. Doch auch das brachte ihn nicht zur Vernunft, vielmehr war er weiterhin gewillt, die Chinesen zu »bestrafen«.[37]

Aus Mills' Sicht waren die »rationalen« Planungen für einen nuklearen Holocaust der für Sicherheit verantwortlichen Politiker von »moralischer Gefühllosigkeit« gekennzeichnet. Die offizielle Gewalt sei derart bürokratisiert worden, dass die »offizielle Persönlichkeit … nicht mehr imstande [ist], menschliche Erschütterung zu verspüren …«.[38] Mills war überzeugt, dass die Menschheit weiterhin am Rand des Abgrunds taumeln würde, bis Eisenhowers Außenminister, den er einer doktrinären, mörderischen Strenge zieh, durch einen Diplomaten ersetzt würde, dem es mit einer friedlichen Koexistenz ernst war.

Als Joseph Stalin, der Moloch der sowjetischen Brutalität und Verzweiflung, im März 1953 starb und die neuen Führer im Kreml einen Prozess der Entstalinisierung in die Wege leiteten, bot sich der Regierung Eisenhower die Gelegenheit, ihre Beziehung zu Moskau neu zu definieren. Aber Foster riet weiter zu einer harten Haltung gegen die Sowjets und interpretierte jedes Signal Moskaus, das auf ein Tauwetter im Kalten Krieg deuten konnte, als Beleg, dass die kompromisslose US-Politik die gewünschte Wirkung entfaltete. Der Außenminister warnte Eisenhower sogar streng davor, beim Gipfel im Juli 1955 in Genf sowjetische Amtsträger anzulächeln oder ihnen auch nur die Hand zu geben. Das fiel Ike schwer, neigte er doch »ganz instinktiv dazu, zu lächeln und freundlich zu sein. Und dann zog er sich zurück und erinnerte sich daran, was Foster gesagt hatte.«

Nikita Chruschtschow, der schlaue und bodenständige politische Überlebenskünstler, der aus dem Gedränge im Kreml als oberster Sowjetführer zum Vorschein kam, verfolgte die persönliche Dynamik zwischen Eisenhower und seinem Außenminister in Genf genau und zog den Schluss, dass es Foster Dulles war, »der die Außenpolitik der Vereinigten Staaten bestimmte, nicht Präsident Eisenhower«. Chruschtschow beobachtete, wie »Dulles mit Bleistift Notizen machte und wie er die Zettel vom Block abriss, sie zusammenfaltete und Präsident Eisenhower unter die Hand schob. Eisenhower nahm die Zettel, entfaltete sie und las sie, ehe er in den zur Debatte stehenden Fragen eine Entscheidung traf. Er machte das so gewissenhaft, wie ein pflichtbewusster Schuljunge die Anweisungen seines Lehrers befolgt. Für uns war es nur schwer vorstellbar, wie ein

Staatschef vor Delegationen anderer Länder so sehr das Gesicht verlieren konnte. Ganz offensichtlich überließ es Eisenhower Dulles, für ihn zu denken.«[39]

Bevor sie sich 1952 hinter Eisenhower scharten, waren die Dulles-Brüder zu der Einschätzung gelangt, dass er keinen starken Präsidenten abgeben würde. Doch Ikes Formbarkeit eröffnete in ihren Augen ihre eigenen Chancen. Als Außenminister gelang es Foster, jeden vorsichtigen Schritt des Präsidenten in Richtung einer Entspannung mit der Sowjetunion zu untergraben oder abzulenken. Im August 1955 schickte Foster im Gefolge des Gipfeltreffens in Genf ein Telex an die diplomatischen Vertretungen der USA in aller Welt mit der Warnung, die freie Welt dürfe trotz des Eindrucks des guten Willens, der von der Konferenz ausgegangen sei, ihre Deckung nicht fallen lassen. »Genf hat den freien Ländern zweifellos Probleme bereitet«, schrieb er. »Acht Jahre lang wurden sie weitgehend durch den Kitt aus Angst und einem Gefühl moralischer Überlegenheit zusammengehalten. Nun ist die Angst gesunken und die moralische Abgrenzung etwas verschwommen.« Die freie Welt dürfe »in ihrer Wachsamkeit nicht nachlassen«, erklärte er und wies sowjetische Friedensbemühungen nach Stalins Tod als »klassische kommunistische Manöver« von der Hand.[40] Die Hoffnung war Fosters Feind, die Angst sein selbstgerechtes Schwert.

1958, fünf Jahre nach Beginn der Entstalinisierung, war Chruschtschow verständlicherweise sehr verwundert und frustriert über Washingtons ausbleibendes diplomatisches Entgegenkommen. Das Haupthindernis für den Frieden erkannte er zutreffend in John Foster Dulles.

In Fosters unnachgiebigem Widerstand gegen einen Friedensschluss mit den Sowjets spiegelte sich kein perverser Widerspruchsgeist oder extremer Antikommunismus. Seine kriegerische Haltung war strategisch. Wie sein vielsagendes Telex erklärte, war der militante Alarmzustand der »Kitt«, der die westliche Allianz zusammenhielt. Und wie Mills herausgestellt hatte, war die »beständige Vorbereitung des Kriegs« auch der Hauptfaktor, der die amerikanische Machtelite zusammenhielt. Oder in der sarkastischen Formulierung von Randolph Bourne aus der Zeit, als die Vereinigten Staaten in den Wahnsinn des Ersten Weltkriegs eintauchten: »Der Krieg ist die Gesundheit des Staates.« Foster, der immer im Interesse des amerikanischen Establishments handelte, verstand das. Es war dieses permanente Kriegsfieber, das die politischen und militärischen Hierarchien des Landes stärkte und die zunehmend militarisierten Konzerne bereicherte. Es war das wahre Lebenselixier dieser herrschenden Gruppe – selbst wenn es, im Atomzeitalter, die Existenz der Menschheit bedrohte.

Die Außenpolitik von Eisenhower und Dulles operierte auf zwei Ebenen, auf der Ebene der psychologischen Gewaltandrohung und der Ebene tatsächlicher Gewaltanwendung. Während der Außenminister damit drohte, ganze Bevölkerungen mit »taktischen« Atomschlägen auszulöschen, ließ der Direktor der CIA tatsächlich Menschen auf der ganzen Welt töten, wann immer der Geheimdienst in ihnen eine Bedrohung der nationalen Sicherheit erkannte. Entschlossen, die CIA viel aggressiver einzusetzen als Präsident Truman, der sich vor einer »amerikanischen Gestapo« fürchtete, ließ Eisenhower den Geheimdienst von der Leine und gab Allen Dulles die Lizenz zu töten, von der dieser nach Belieben Gebrauch machte.

Jahre später, in den 1970er Jahren, als nach Watergate Kongressausschüsse die CIA zwangen, sich für ihre tödliche Herrschaft unter Dulles zu rechtfertigen, war der Geheimdienst bestrebt, seine Skrupellosigkeit herunterzuspielen. CIA-Zeugen, die vor den Church- und Pike-Ausschüssen aussagten, beharrten darauf, dass die CIA zwar ausländische Staatsführer wie Kongos Patrice Lumumba, den Südvietnamesen Ngo Dinh Diem, den Diktator der Dominikanischen Republik Rafael Trujillo und Fidel Castro ins Visier genommen hatte, die Attentäter sich jedoch als unfähig erwiesen beziehungsweise zu spät gekommen seien. Mord, so die Linie der CIA, war schlicht nicht das Metier, in dem sich ihre Agenten besonders hervortaten. Doch da war der Geheimdienst zu bescheiden.

In Wahrheit entwickelte sich die CIA unter Allen Dulles zu einer wirkungsvollen Mordmaschine. Seine gesamte Spionagekarriere hindurch, seit der Zeit seiner Kontakte zur Verschwörergruppe von Operation Walküre, war Dulles ein entschiedener Freund von Attentaten. Später in seiner Karriere galt ihm jeder nationale Führer, der aus seiner Sicht ein Problem für die amerikanischen Interessen darstellte, als Freiwild. Während der Suezkrise 1957, als sich eine Gruppe von Außenpolitikexperten und Kommentatoren im Haus von Walter Lippmann zum Dinner einfand, kam die Unterhaltung auf Ägyptens trotzigen Führer Gamal Abdel Nasser. Ein Gast fragte den ebenfalls anwesenden Geheimdienstchef zum Spaß: »Allen, können Sie keinen Attentäter auftreiben?« Zum Erstaunen der Tischgesellschaft nahm Dulles den Einwurf todernst. »Nun, zuerst müsste man einen Fanatiker finden, einen Mann, der bereit wäre, sich selbst zu töten, wenn er gefangen würde«, antwortete Dulles und paffte nachdenklich an seiner Pfeife. »Und es dürfte sich nicht um einen Außenseiter handeln, es müsste ein Araber sein. Es wäre sehr schwer, genau den richtigen Mann zu finden.«[41]

Die Dulles-Brüder gaben den multinationalen Konzernen des Landes die Versicherung, dass Washington vor nichts Halt machen würde, um ihre Investitionen im Ausland zu schützen. Im August 1956 sprach Foster in einer weiteren Phase des Aufruhrs im Nahen Osten vor einer nichtöffentlichen Zusammenkunft von Ölmanagern in Washington. Das Land jedes Sultans oder Despoten, versicherte der Außenminister den Anwesenden, der wie Mossadegh den unklugen Versuch unternähme, die Bodenschätze unter seiner Wüste zu verstaatlichen, würde bald zum Ziel einer »internationalen Intervention«.[42] Zum Glück für Eisenhower, der solche kostspieligen militärischen Operationen lieber vermied, sah sich seine Regierung lediglich zu einer solchen Intervention genötigt: in der Libanonkrise 1958, als das US-Militär dafür sorgte, dass die Beiruter Regierung in freundlichen Händen blieb. Die übrigen imperialen Missionen Amerikas während der Eisenhower-Jahre blieben fest in der Hand von Allen Dulles.

Während seiner ersten Amtszeit kamen Eisenhower immer öfter Gerüchte über die Methoden von Dulles zu Ohren. In überparteilichen politischen Kreisen in Washington wuchs die Besorgnis. Auch aus dem Geheimdienst selbst drangen Informationen darüber nach außen. Im Juli 1954 bat Eisenhower einen Freund aus dem Militär, den pensionierten Luftwaffengeneral und Kriegshelden James H. Doolittle, die CIA unter die Lupe zu nehmen und einen vertraulichen Bericht über den Geheimdienst zu verfassen. Nachdem Doolittle seine Untersuchung im Oktober beendet hatte, nahm sich der Präsident einen Nachmittag Zeit, um sich von ihm unterrichten zu lassen. Der General teilte Eisenhower mit, dass die CIA schlecht geführt werde und Dulles übereifrig sei. Außerdem sei die Beziehung zwischen den Dulles-Brüdern »unglücklich« – ein auf Blutsbande gründendes Bündnis, das es den Brüdern ermöglicht habe, ein eigenes, weitgehend unkontrolliertes Machtzentrum innerhalb der Administration aufzubauen. Eisenhower reagierte abwehrend und beharrte auf den »Vorteilen« der Zusammenarbeit der Dulles-Brüder. Was Allen anginge, so mochte der seine Eigenheiten haben, räumte der Präsident ein, doch sei die CIA »eine der sonderbarsten Unternehmungen, die jemals von einer Regierung ins Leben gerufen wurden, und es bedarf vermutlich einer seltsamen Sorte von Genie, sie zu leiten«.[43]

Ironischerweise lieferte der Doolittle-Bericht Dulles weitere Rückendeckung für seinen unerbittlichen Schattenkrieg, denn er kam zu dem Schluss: »Es ist jetzt deutlich geworden, dass wir einem unversöhnlichen Feind gegenüberstehen, dessen erklärtes Ziel die Weltherrschaft ist, mit welchen Mitteln und zu welchem Preis auch immer. Es gibt keine Regeln in einem solchen Spiel. Bislang akzeptierte Normen menschlichen Verhaltens sind nicht anwendbar.«[44] Dulles hätte es nicht besser ausdrücken können.

Dulles' CIA arbeitete praktisch ohne Aufsicht des Kongresses. Im Senat stützte er sich auf Wall-Street-Freunde wie Prescott Bush aus Connecticut – Vater und Großvater zweier künftiger Präsidenten –, um die CIA-Interessen zu schützen. Laut CIA-Veteran Robert Crowley, der bis zum stellvertretenden CIA-Direktor für verdeckte Operationen aufstieg, war Bush der »alltägliche Kontaktmann für die CIA. Das Verhältnis war sehr überparteilich und freundlich. Dulles hatte das Gefühl, dass er den Senat genau dort hatte, wo er ihn haben wollte.«[45]

Der CIA-Direktor fand den Umgang mit dem Repräsentantenhaus ebenso angenehm. Jedes Jahr musste er die Formalität hinter sich bringen, das Budget des Geheimdienstes vor dem Bewilligungsausschuss zu vertreten, dem damals der Republikaner Clarence Cannon aus Missouri vorsaß. Einmal wollte der CIA-Verbindungsmann beim Kongress, Walter Pforzheimer, von Cannon den Termin für die nächste CIA-Budgetanhörung erfahren, und da dieser schwer zu erwischen war, passte Pforzheimer den Ausschussvorsitzenden in der Statuary Hall des Kapitols ab und wies ihn bei der Gelegenheit auch gleich noch darauf hin, dass Dulles eine zehnprozentige Erhöhung des CIA-Budgets beantragen würde. »In Ordnung, Walter«, erwiderte Cannon, »sagen Sie Mr. Dulles, dass seine Anhörung gelaufen ist und er seine zehn Prozent in der Tasche hat.«[46]

Eisenhower war sehr zufrieden, dass sich der Kongress aus den Geschäften der CIA heraushielt, da er eine Wiederholung des McCarthy-Zirkus befürchtete, wenn den Gesetzgebern erlaubt würde, die Operationen des Geheimdienstes genauer unter die Lupe zu nehmen. Der Präsident – der nicht alles über die dunkle Seite des Dienstes wusste, aber ausreichend informiert war – war sich sehr wohl bewusst, welche Gefahren eine solche Offenlegung barg. »Die Dinge, die wir taten, waren ›verdeckt‹«, schrieb der Präsident in einem Tagebucheintrag, der erst im Jahr 2009 von der Geheimhaltung befreit wurde. »Würden sie öffentlich bekannt, würden wir nicht nur in Verlegenheit geraten … sondern unsere Chancen, irgendetwas Ähnliches in Zukunft zu tun, würden sich nahezu gänzlich in Luft auflösen.«[47]

John Eisenhower, der seinem Vater als Berater im Weißen Haus diente, warf den Dulles-Leuten später vor, den Präsidenten manipuliert zu haben. Ike, sagte der jüngere Eisenhower, sei den aalglatten CIA-Agenten von den Eliteuniversitäten nicht gewachsen gewesen. »Man konnte Dad zum Narren halten. Er war besser, wenn sein Gegenüber Uniform trug und er ihn kannte. Aber diese Leute aus Princeton und Yale … «[48] Doch während seiner gesamten Präsidentschaft war Eisenhower nur zu gern gewillt, sich von der CIA narren zu lassen. Ike wusste, dass Dulles' »seltsame Sorte von Genie« seine Vorteile hatte.

1956 ordnete Eisenhower abermals eine diskrete Untersuchung des Geheimdienstes an, um Kritiker zu beschwichtigen, die der CIA vorwarfen, nahezu ohne Aufsicht zu operieren. Dieses Mal betraute er Insider des nationalen Sicherheitsapparats mit der Aufgabe: den Diplomaten David Bruce und den Wall-Street-Bankier und Politiker Robert Lovett. Eisenhower und Dulles hatten das Gefühl, dass sie von dieser neuen Inspektion nichts zu befürchten hatten, da Bruce und Lovett langjährige Freunde des Behördenchefs waren. Aber der Bruce-Lovett-Bericht, der die Neigung der CIA, überall auf der Welt politisches Chaos anzurichten, heftig kritisierte, schockte Dulles. Dulles' »geschäftiger, finanziell bestens ausgestatteter und privilegierter« Geheimdienst mit seiner offenkundigen Vorliebe, »Könige einzusetzen«, lege eine lässige Arroganz an den Tag, erklärte der Bericht. Die bedenkenlose Freiheit, die Dulles gewährt worden sei, und sein »extrem mächtiger Apparat«, um überall in fremde Länder zu platzen … jagte uns einen höllischen Schrecken ein«, bemerkte Lovett später.[49]

Doch wieder ignorierte Eisenhower die heftige Kritik gegen die Spionageorganisation. Dulles' Unternehmen war schlicht eine zu zentrale Komponente der Strategie des Präsidenten im Kalten Krieg, um es in die Schranken zu weisen.

Vom Weißen Haus nicht gesteuert und vom Kongress nicht überwacht, wuchs die CIA zur mächtigsten Behörde der Eisenhower-Ära heran. Dulles war ein Meister darin, die Washingtoner Bürokratie mit Leuten des Geheimdienstes zu durchsetzen, und brachte seine Loyalisten in Toppositionen des Pentagons, des Außenministeriums und sogar des Weißen Hauses unter. Die CIA verflocht sich zunehmend mit den Streitkräften, als Militäroffiziere Geheimdienstmissionen erhielten und dann »als glühende Jünger von Allen Dulles« zurück auf ihre Posten geschickt wurden, wie es der Luftwaffenoberst L. Fletcher Prouty ausdrückte, der von 1955 bis 1963 Verbindungsoffizier zwischen Pentagon und CIA war. Prouty, der Dulles aus der Nähe beobachtete, staunte, wie meisterhaft er das Washingtoner Machtspiel beherrschte. »Er arbeitete schlicht wie der Colorado River im Grand Canyon: Er erodierte jegliche Opposition.«[50]

Am späten Abend des 9. September 1954, es ging auf Mitternacht zu, wurde Jacobo Árbenz Guzmán, der kürzlich abgesetzte Präsident Guatemalas, mit einem kleinen Gefolge, darunter seine Frau Maria Vilanova und zwei ihrer Kinder, zum Flughafen von Guatemala-Stadt eskortiert. Árbenz wurde von den Bauern und Arbeitern seines bettelarmen Landes wegen seiner Land- und Arbeitsreformen geliebt, von der guatemaltekischen Aristokratie dagegen geschmäht. Kurz vor dem Abflug aus seiner Heimat wurde Árbenz von einer gut gekleideten Menge von mehreren Hundert seiner Verächter mit Flüchen überhäuft. »Mörder! Dieb! Miststück!«, schrien sie, während er mit seiner Familie in den Flughafen eilte.[51]

Árbenz konnte von Glück reden, dass er es unbeschadet an der giftigen Menge vorbeischaffte – und dass er überhaupt lebend am Flughafen angekommen war. Kurz bevor man ihn mit seiner Familie dorthin brachte, war ein Wagen, der zur Tarnung vorausgefahren war und vermeintlich seine Familie beförderte, von seinen Feinden in die Luft gesprengt worden.

Howard Hunt, einer der zentralen CIA-Dirigenten des Putsches in Guatemala, gab später zu, dass er dabei geholfen hatte, die feindselige Verabschiedung für die Presse zu organisieren. Allerdings behauptete Hunt, er habe unter seinen Leuten die Parole ausgegeben, Árbenz ungeschoren aus dem Land reisen zu lassen. Ihm sei bewusst gewesen, dass man »uns [der CIA und den Vereinigten Staaten] die Schuld gegeben hätte«, wäre der abgesetzte Staatsführer ermordet worden. Verwandte von Árbenz fanden später Hunts vorgebliche Sorge um die Sicherheit ihrer Familie »kaum glaubwürdig« angesichts der Rolle, die er beim gewaltsamen Sturz des guatemaltekischen Präsidenten gespielt hatte.[52]

Bevor ihm erlaubt wurde, an Bord der gecharterten DC-4 zu gehen, die darauf wartete, ihn nach Mexiko-Stadt zu fliegen, wurde Árbenz einer letzten Demütigung unterzogen. Die Behörden des neuen Militärregimes verlangten, dass sich der Ex-Präsident bis auf die Unterwäsche auszog, in voller Sicht eines Mobs johlender Reporter und Kameramänner, vorgeblich, um sicherzugehen, dass er kein Bargeld außer Landes schmuggelte. Nach seinem traumatischen Sturz war Árbenz mit den Nerven am Ende. Er und seine Familie hatten dreiundsiebzig Tage und Nächte in einem elenden Asyl in der mexikanischen Botschaft in Guatemala-Stadt ausgeharrt, die schließlich derart mit politischen Flüchtlingen überfüllt war, dass Typhus und andere Krankheiten ausbrachen. Am Flughafen sah Árbenz im Blitzlicht der Kameras blass und abgehärmt aus. Bei jedem Blitz zuckte er sichtlich zusammen. Und doch bewahrte er selbst dann noch, als er sich vor dem Presserudel entkleiden musste, mit aufrechtem Kopf und geradem Blick einen Rest Würde. »Man hatte den Eindruck, dass eine kalte Statue ihre marmornen Kleider ablegt«, bemerkte einer der gaffenden Reporter.

»Sie versuchten, seine Psyche zu brechen«, sagte Dr. Erick Árbenz, ein New Yorker Anästhesist und Urenkel von Jacobo Árbenz, der sich an die Spitze der Bestrebungen seiner Familie gesetzt hat, ihr Erbe zurückzufordern. »Fällt Ihnen ein anderes Beispiel ein, wo der gewählte Führer eines Landes gezwungen wird, sich einer solchen Demütigung zu unterziehen – sich öffentlich vor den Pressekameras auszuziehen? Die CIA hatte Angst vor ihm – ein gebildeter, sprachgewandter Reformer, der der lokalen Elite und der US-Regierung die Stirne geboten hatte. Er war eine große Gefahr für diese mächtigen Interessen.«[53]

Den Rest seines Lebens, den der ehemalige guatemaltekische Präsident im Exil verbrachte, war die CIA entschlossen, ihm noch das letzte bisschen Ehre zu rauben. Die Desinformationskampagne des Geheimdienstes begann sofort nach Árbenz' Sturz mit einem Schwall von Geschichten, die in der Presse – besonders in Lateinamerika – platziert wurden: Er sei eine Marionette Moskaus gewesen, habe massenhaft politische Gegner abgeschlachtet, den Staatsschatz seines verarmten Landes geplündert und sei dem Anführer der Kommunistischen Partei Guatemalas sexuell hörig gewesen.[54] Nichts davon entsprach der Wahrheit.

Nach seiner Vertreibung aus dem Amt durchkämmten CIA-Agenten den Präsidentenpalast auf der Suche nach offiziellen Dokumenten und persönlicher Korrespondenz. Sie wussten alles über Árbenz' Privatleben. Sie wussten von der verwickelten Dynamik seiner Ehe ebenso wie von den grausigen Details des Selbstmords seines Vaters und dass er sich einst einer Behandlung wegen eines Alkoholproblems unterzogen hatte. Waren ihre Entdeckungen nicht sensationell genug, wurden sie ausgeschmückt und um die Welt geschickt.

Während die CIA ihr Bestes gab, um Árbenz' Namen zu ruinieren, machte das US-Außenministerium bei ausländischen Regierungen Druck, dem abgesetzten Präsidenten und seinen ehemaligen Stellvertretern einen kühlen Empfang zu bereiten, wo immer sie auftauchten. Als Mexiko-Stadt zu ungemütlich für Árbenz und seine Familie wurde, versuchten sie es in der Schweiz, wo sein Vater geboren war. Aber die Schweizer Behörden verlangten, dass Árbenz seine guatemaltekische Staatsbürgerschaft aufgab, was er ablehnte. Als Nächstes ging er nach Paris, wo sie am rechten Seine-Ufer wohnten; seine schöne Tochter Arabelle war von der Stadt hingerissen. Aber jedes Mal, wenn Árbenz spazieren ging, fühlte er sich verfolgt. Als er versuchte, eine Pressekonferenz zu veranstalten, um seinen Fall gegen die mächtigen Männer zu präsentieren, die ihn gestürzt hatten, drohten die französischen Behörden, seine Familie auszuweisen, falls er sie nicht absagte. Árbenz begann wieder zu trinken und über seine letzten Tage in Guatemala und seinen schicksalhaften Abgang von der politischen Bühne zu grübeln, mit dem er ein Blutbad hatte verhindern wollen. Die Tragödie »war in seinem Kopf gefangen«, sagte einer seiner Freunde.[55]

Um der feindseligen Umgebung im Westen zu entkommen, floh Árbenz mit der Familie hinter den Eisernen Vorhang, zuerst in die Tschechoslowakei, dann in die Sowjetunion. Das Heulen in der Presse wurde lauter: Seht her, endlich der *Beweis* für Árbenz' wahres, bolschewistisches Herz. »Endlich hat Árbenz Asyl an einem Ort gefunden, den er lieben muss«, krähte das amerikanische Blättchen *New York World Telegram and Sun*, als er in Prag angekommen war, »ein Land hinter dem Eisernen Vorhang, wo man dieselbe Art von demokratischem Regime praktiziert wie das seine.« Zeitungen auf der ganzen Welt stimmten in den Refrain ein, als folgten sie demselben Dirigenten.

Tatsächlich setzte sich Árbenz' Elend im Ostblock ungemildert fort. Er hasste die kalten und sonnenlosen Tage; er vermisste die üppigen Farben und den Glanz der Tropen. Und bald entdeckte er, dass er nur ein Überwachungssystem gegen ein anderes eingetauscht hatte. Árbenz war nur deshalb in Russland gelandet, weil kein anderes Land ihn haben wollte. Er wandte sich an jede Führung in Lateinamerika, aber das US-Außenministerium hatte deutlich gemacht, dass jedes Land, das die Führungsspitze der Árbenz-Regierung aufnähme, den Zorn Washingtons auf sich zöge. Schließlich war Uruguay bereit, Árbenz aufzunehmen, er wurde von den dortigen Behörden jedoch informiert, dass er nicht öffentlich sprechen, unterrichten, seine Schriften veröffentlichen oder arbeiten dürfe. Er war, während seines Aufenthalts in Montevideo, ein unsichtbarer Mann.

Doch aus Sicht der CIA warf Árbenz noch immer einen weiten Schatten. Howard Hunt, der mittlerweile Stationschef des Geheimdienstes in Uruguay war, behielt den Mann, den er ins Exil getrieben hatte, weiter genau im Auge. Ein Nachbar der Árbenz-Familie erzählte ihnen, dass ihr Haus ständig von einem schwarzen Auto überwacht werde, das an der Ecke parke. Was die Überwachung für die CIA noch leichter machte, war der Umstand, dass Árbenz und seine Familie in dieselbe Straße gezogen waren, in der auch Hunt wohnte. An manchen Abenden kamen Hunt und seine Frau in dasselbe Restaurant, wo die Árbenz-Familie zu Abend aß.[56]

1960 wurde Árbenz nach Kuba eingeladen, und endlich hatten er und Maria das Gefühl, einen sicheren Ort gefunden zu haben, um ihre Kinder großzuziehen. Árbenz war von der revolutionären Inbrunst auf der Insel begeistert, die in der Glorie ihrer frisch errungenen historischen Leistung schwelgte. Árbenz durfte wieder ein öffentlicher Mann sein, er wurde eingeladen, auf politischen Versammlungen und mit der Presse zu sprechen. Doch überall, wo Árbenz hinging, hörte er den militanten Slogan: »Kuba ist nicht Guatemala!« Sein Sturz war zu einem warnenden Exempel geworden.

»Nach der Schweinebucht verglichen die kubanischen Offiziellen die Niederlage meines Großvaters mit dem heroischen kubanischen Sieg über die USA«, erzählte Erick Árbenz. »Er wurde für Propagandazwecke benutzt, um den Stolz des kubanischen Volkes aufzubauen. Es war demütigend für ihn.«

Die Árbenz-Familie traf Fidel Castro, um zu sondieren, ob es für sie einen Platz im neuen Kuba gebe. Árbenz schlug vor, an der Universität von Havanna zu lehren, aber die kubanischen Behörden beäugten die demokratische Haltung des guatemaltekischen Führers so argwöhnisch wie die

CIA. Während seines kubanischen Exils verlor die kommunistische Herrschaft der Insel für Árbenz immer mehr ihren Zauber. Die Familie zog in ein kleines Haus in Varadero, ein Urlaubsort in sicherer Entfernung vom politischen Geschehen in Havanna.

Der Vorwurf der Feigheit verfolgte Árbenz seit dem Moment, in dem er sein Amt preisgegeben hatte. Ein junger argentinischer Arzt namens Che Guevara – der nach Guatemala gekommen war, um bei Árbenz' kühnem Demokratie-Experiment mitzuhelfen – hatte zu jenen gehört, die den belagerten Präsidenten angefleht hatten, das Volk zu bewaffnen, als die Armeeoffiziere um Árbenz unter dem Druck der CIA abtrünnig zu werden begannen. Aber der guatemaltekische Führer war kein Che oder Fidel – ihm fehlte der kaltblütige Mut, sein Land in einen Bürgerkrieg zu stürzen. »Mein Großvater wusste, dass die Bauern nicht zum Kämpfen ausgebildet waren – sie zu bewaffnen hätte nur zu einem blutigen Chaos geführt«, ist Árbenz' Enkel überzeugt. »Er liebte Guatemala und seine Menschen zu sehr, um das zu tun.«

Árbenz' geliebte Tochter Arabella weigerte sich, mit dem Rest der Familie in Kuba zu bleiben. Der endlosen Suche nach einer Zuflucht überdrüssig, floh sie nach Paris zurück, um sich ein eigenes Leben aufzubauen – und ihre eigene Tragödie zu erleben. Arabellas Schönheit verschaffte ihr eine Karriere als Model und trug ihr sogar eine Filmrolle ein. Sie verliebte sich in einen berühmten mexikanischen Matador, der ebenso für seine zahlreichen Romanzen gefeiert wurde. Ihre stürmische Liebesaffäre lieferte der Presse eine weitere sensationelle Árbenz-Geschichte. Eines Tages im Jahr 1965 hatte Arabella in einem Café in der kolumbianischen Hauptstadt Bogotá mit ihrem Liebhaber eine laute Auseinandersetzung, sie lief nach draußen und kehrte kurz darauf mit einer Pistole zurück. Sie richtete die Waffe auf den Matador, steckte sich dann aber selbst den Lauf in den Mund und drückte ab.[57]

»Die Familie war um die ganze Welt gejagt worden – sie litt aufgrund ihrer schlimmen Erfahrungen unter posttraumatischem Stress«, sagte Erick Árbenz. »Obendrein gab es in der Familie väterlicherseits eine Geschichte der Depression.«

Árbenz wurde nach dem Tod seiner fünfundzwanzigjährigen Tochter nie wieder derselbe. Sie war sein Liebling gewesen, das Kind, mit dem er sich am meisten gestritten und das er am meisten geliebt hatte. Die Presse war gnadenlos und porträtierte ihn als kalten und entrückten Vater, der das Wohlergehen seiner Kinder auf dem Altar seiner Ideale geopfert hatte. Als Árbenz und seine Familie gezwungen waren, am Flughafen von Guatemala-Stadt durch das hässliche Spalier zu gehen, hatte er seinen Kindern eingeschärft: »Habt keine Angst, Kopf hoch, wir kommen da durch.« Doch am Ende konnte er sie nicht beschützen.

Arabella wurde in Mexiko begraben, dessen Regierung der Familie erlaubte, sich dort anzusiedeln. Árbenz suchte immer noch nach einer Arbeit, um sich seinen Lebensunterhalt zu verdienen. Unterdessen war Maria gezwungen, für die Familie zu sorgen, und flog häufig nach El Salvador, wo ihr Vater geschäftliche Interessen hatte. In den späteren Jahren vereinsamte Árbenz immer mehr. Er besuchte häufig Arabellas Grab; es schien, als gehöre auch er eher in die Welt der Schatten. Dennoch hielt er an seinem Traum fest, eines Tages nach Guatemala zurückzukehren.

Alles endete im Januar 1971, als Jacobo Árbenz im Alter von siebenundfünfzig in einem Hotelzimmer in Mexiko-Stadt einen seltsamen und einsamen Tod starb. Laut Behörden war er in eine Badewanne voll brühend heißen Wassers gestürzt und hatte sich entweder zu Tode verbrannt oder war ertrunken. Er soll betrunken gewesen sein. Maria Árbenz jedoch blieb überzeugt, dass ihr Ehemann ermordet worden war. In späteren Jahren kam heraus, dass die CIA für den Putsch 1954 eine Liste mit Zielen für Mordanschläge zusammengestellt hatte. Die Familie Árbenz war überzeugt, dass sich der Geheimdienst weiter durch diese Liste arbeitete, als der ehemalige Präsident seinen schrecklichen Tod fand.[58]

Was hatte Jacobo Árbenz getan, um eine so herzzerreißende Lebensgeschichte zu verdienen – eine Geschichte von Trauer und Leid wie aus einem Roman von Gabriel García Márquez? Schlicht gesagt, hatte er versucht, sein Volk aufzurichten. Dabei forderte er die Götter seines Landes heraus, die allmächtige United Fruit Company und ihre mächtigen Freunde in Washington ebenso wie die mittelalterlichen guatemaltekischen Großgrundbesitzer. Im Juni 1952 brachte Árbenz ein umfassendes Gesetz zur Landreform durchs Parlament, das darauf zielte, das Acker- und Weideland im überwiegend landwirtschaftlich geprägten Guatemala, wo sich siebzig Prozent des Bodens in der Hand von zwei Prozent der Landbesitzer befanden, umzuverteilen. Unter den Ländereien, die nach dem neuen Gesetz enteignet und an arme Bauern verteilt werden sollten, waren einige riesige Besitzungen von United Fruit.

Bis zur Wahl von Árbenz 1950 steuerte der große, in der ganzen Karibik tätige Konzern Guatemala weniger wie eine Bananenrepublik als vielmehr wie eine Bananenkolonie. United Fruit gehörten nicht nur riesige Plantagen, sondern nahezu jeder Kilometer Eisenbahnschiene des Landes, der einzige Atlantikhafen und das Telefonsystem. In der Hauptstadt kamen und gingen die Herrscher nach dem Belieben des Konzerns. Für einen von Árbenz kaltblütigeren Vorgängern, Jorge Ubico, waren Bauern nichts weiter als Packtiere. Vor der Revolte von 1944, die seine Diktatur stürzte – ein Aufstand, bei dem Árbenz einer der Anführer war –, wurden die Farmarbeiter von Ubicos Armee zusammengebunden und an die Plantagen ausgeliefert, wo sie für die Großgrundbesitzer in Schuldsklaverei schuften mussten.

Jacobo und Maria Árbenz waren die Kennedys von Guatemalas aufkeimender Demokratie: jung, reich, gutaussehend und voller Engagement für die Verbesserung des Lebens ihres Volkes.[59] Jacobo, der Sohn eines Schweizer Einwanderers und einer Latina mit gemischt ethnischem Hintergrund, hatte seine traurige Kindheit einschließlich des Selbstmords seines Vaters überwunden und war zu einem aufstrebenden Offizier der guatemaltekischen Armee geworden. Er lernte seine auffallend schöne, dunkeläugige Frau, die Tochter eines reichen salvadorianischen Kaffeeplantagenbesitzers, bei einem Tanzfest kennen, als sie 1938 Guatemala besuchte. Die dreiundzwanzigjährige Maria – die in einem katholischen Mädchen-College in Kalifornien erzogen worden war und gerne las und malte – war noch gebildeter als der junge Leutnant. Dafür gab Jacobo Árbenz mit seinen fünfundzwanzig Jahren in seiner Uniform eine fesche Figur ab, mit einem edlen Profil, das an den Schriftsteller Scott Fitzgerald erinnerte. Er hatte eine feierliche, nachdenkliche Art, die ihm eine sein Alter übersteigende Gravität verlieh.

Marias Kindheit war »auf Rosen gebettet«, wie sie selbst sagte, aber ihr war nie wohl dabei, wie ihre privilegierte Familie auf dem Rücken der Landarbeiter lebte. Jacobo, großgezogen von einem Indio-Kindermädchen, war ähnlich sensibel für das Leid der indigenen Bevölkerung. Als Maria ihn fragte, was er im Leben erreichen wolle, antwortete er: »Ich möchte ein Reformer werden.«

Einige Monate später heirateten sie, und im rückständigen Guatemala wurde ihr Haus bald zu einer Oase der Aufklärung. Der vielversprechende junge Offizier und seine reiche, charmante Frau fühlten sich wohler in der Gesellschaft reformorientierter Professoren, Künstler und sogar junger Kommunisten als der von Mitgliedern der lokalen Aristokratie, die das Paar nicht zu gesellschaftlichen Anlässen einlud. »Aber was kümmerte es uns?«, bemerkte Maria später. »Sie waren Parasiten – wie in El Salvador. Ich wollte meinen Horizont erweitern. Ich war nicht nach Guatemala gekommen, um eine Salonlöwin zu werden und Bridge und Golf zu spielen.«

Jacobo und Maria Árbenz waren ein dynamisches Paar. 1944 ermutigte sie ihn zu dem mutigen Schritt, sich in die Politik Guatemalas einzumischen und mitzuhelfen, den tyrannischen Ubico zu stürzen. Sie stillte seinen Hunger nach Literatur mit einem Berg von Büchern von Emerson bis Karl Marx. Ihre gemeinsame Vision von Guatemala wurde ehrgeiziger, und, nach den autoritären Standards der Bananenkolonie, gefährlich radikal.

Als Guatemala nach der Revolte 1944 den Übergang zur Demokratie schaffte, stürzte sich Árbenz immer stärker in die Politik. 1950 beschloss er, für die Präsidentschaft zu kandidieren, und konzentrierte seinen Wahlkampf auf die Landreform, die, wie er wusste, der Schlüssel zur Befreiung seines Landes war. Er beriet sich mit Marias Bruder Tonio, ein Landwirtschaftsexperte, mit einem progressiven mexikanischen Ökonomen und mit jungen Führern der Kommunistischen Partei Guatemalas, die er bald als einige der engagiertesten und intelligentesten Hoffnungsträger des Wandels in seiner Heimat schätzen lernte. Zusammen formulierten sie einen Plan für eine umfassende Landreform und für sozialen Fortschritt in Guatemala.

Nach Árbenz' Sieg bei den Präsidentschaftswahlen nahmen seine politischen Feinde seine Ehefrau unter Beschuss, stellten sie als bösen Einfluss auf den frisch gewählten Präsidenten hin – eine betörende Hexe mit kommunistischen Neigungen. Aber Árbenz ignorierte das bösartige Gerede und erlaubte seiner gut informierten Frau, an Kabinettssitzungen teilzunehmen. Sie wurde bald zu seiner höchsten Beraterin.

Das Landreformgesetz, das der neue Präsident ausarbeitete und dann in zwei Jahren durch die Legislative brachte, war relativ gemäßigt: Árbenz' Regierung enteignete nur Ländereien der United Fruit Company, die nicht kultiviert wurden, und bot dem multinationalen Konzern eine faire Entschädigung für das beschlagnahmte Land. Aber in einem so rückständigen Land wie Guatemala war Árbenz' Projekt einer Umverteilung des Landes von atemberaubender Kühnheit. Viele Politiker in Árbenz' Reformfraktion fürchteten, dass er zu weit gegangen war und eine furchtbare Gegenreaktion der Supermacht im Norden auslösen würde. Ihre Ängste waren wohlbegründet.

Der mächtige Einfluss der United Fruit Company war in Washington, wo der Konzern hochgestellte Freunde und Aktionäre in beiden Parteien hatte, allenthalben spürbar.[60] Die Fürsprecher des Unternehmens waren über den ganzen Kongress und das außenpolitische Establishment verteilt. Man hätte weit in die Vergangenheit zurückgehen müssen, ins 17. und 18. Jahrhundert – als die niederländische Ostindienkompanie ein weitgespanntes Imperium beherrschte, mit der Macht, Krieg zu führen, Verträge auszuhandeln, Verurteilte zu hängen und eigene Münzen zu prägen –, um ein Unternehmen zu finden, das über eine solche Machtfülle verfügte wie United Fruit.

Der Agrokonzern besaß besonders gute Beziehungen zur Regierung Eisenhower. Als United Fruit Einfluss auf das Weiße Haus zu nehmen begann, um Árbenz zu stürzen, strebte Walter Bedell »Beetle« Smith, der vertraute Freund des Präsidenten und Staatssekretär im Außenministerium, eine Position in dem Unternehmen an. Nach dem Putsch wurde er in den Verwaltungsrat von United Fruit berufen. Henry Cabot Lodge, der als Eisenhowers Botschafter bei der UNO für United Fruit und gegen Árbenz Stellung bezog, gehörte zu einer der blaublütigen Bostoner Familien, deren Vermögen mit dem Bananenkonzern eng verflochten war. John Moors Cabot, der Leiter der Abteilung für lateinamerikanische Angelegenheiten im Außenministerium, war der Bruder des ehemaligen Vorstandsvorsitzenden von United Fruit. Selbst die persönliche Sekretärin des Präsidenten, Ann Whitman, war mit United Fruit verbunden: Ihr Ehemann war der Public-Relations-Direktor des Unternehmens. Aber United Fruit hatte keine mächtigeren Freunde in der Administration als die Dulles-Brüder.

Foster und Allen Dulles waren seit ihren frühesten Tagen bei Sullivan & Cromwell die Anwälte von United Fruit gewesen. Am Vorabend des Ersten Weltkriegs unternahm der junge Foster im Auftrag der Firma, die sich über Arbeiterunruhen sorgte und Angst vor einer kommunistischen Unterwanderung ihres Tropenimperiums hatte, eine diskrete Tour durch Mittelamerika.[61] Bei der Rückkehr von seiner wirtschaftlichen Spionagemission schrieb Foster einen vertraulichen Bericht an seinen Onkel, Robert Lansing, der nicht nur ehemaliger Justiziar von United Fruit war, sondern Präsident Woodrow Wilsons Außenminister.

Allen Dulles besuchte als Firmenanwalt von United Fruit Guatemala so häufig, dass er anfing, Clover mitzunehmen, die von der Schönheit und Kultur des Landes bezaubert war. Das Haus des Paars auf Long Island im Tudorstil war mit farbigen indigenen Textilien und Teppichen geschmückt, die sie von ihren Reisen in die Bananenkolonie mitgebracht hatten, was ihrer sonst konventionellen Behausung einen exotischen Hauch verlieh. Aber Dulles' Interesse an guatemaltekischen Artefakten schloss nicht die Menschen ein, die sie hergestellt hatten.

Das Alarmgeschrei von United Fruit über Árbenz' Landreform zeitigte bald die gleichen Resultate wie die Proteste von Anglo-Iranian Oil über den Iran. Die Administration von Eisenhower und den Dulles-Brüdern sorgte rasch für die Isolierung Guatemalas und bezeichnete das Land als sowjetischen »Brückenkopf« in der westlichen Hemisphäre. Die Árbenz-Regierung, so Fosters Vorwurf, zwinge dem guatemaltekischen Volk ein »Terrorregime kommunistischen Typs« auf.[62] John Peurifoy, der von den Dulles-Brüdern handverlesene US-Botschafter für Guatemala, versuchte, Árbenz zu bestechen, um ihn wieder auf Linie zu bringen. Er bot ihm zwei Millionen Dollar, um seine Landreformen zu begraben. Als diese erprobte Taktik zur Gewinnung lateinamerikanischer Diktatoren nichts fruchtete, wurde Árbenz physisch bedroht. Als auch das nichts half, um den resoluten Staatsführer zu überzeugen, begannen die Dulles-Brüder, seinen Sturz in die Wege zu leiten.

Die CIA trieb einen verdrossenen guatemaltekischen Oberst im Exil namens Carlos Castillo Armas auf, der zu dieser Zeit als Möbelverkäufer in Honduras arbeitete, um einen Aufstand gegen Árbenz anzuzetteln. Seine revolutionäre »Armee« erwies sich als zusammengewürfelter Haufen von Söldnern und anderem Pack. In zerbeulten Kleintransportern schaffte Castillo Armas diesen Trupp über die Grenze nach Guatemala. Die eigentliche Bedrohung für Árbenz' Präsidentschaft stellten jedoch die sporadischen Bombenangriffe von CIA-Piloten auf die Hauptstadt dar, die in der Bevölkerung Panik auslösten, sowie die erfolgreiche Unterwanderung des guatemaltekischen Militärs durch den amerikanischen Geheimdienst. Ein Armeekommandeur soll 60 000 Dollar erhalten haben, um seine Truppe zu übergeben.

Als Árbenz klar wurde, dass er bei der Verteidigung der Hauptstadt nicht mehr auf seine Armeeoffiziere zählen konnte, wusste er, dass das Spiel aus war. Nicht gewillt, in die Berge zu fliehen und einen Guerillakrieg wie jenen in der Sierra Maestre zu führen, mit dem die kubanischen Revolutionäre bald Geschichte schreiben sollten, begann Árbenz seinen langen, verwickelten Abstieg, der in einem Hotelbadezimmer in Mexiko-Stadt sein Ende fand.

Am 27. Juni 1954, kurz vor seiner Flucht aus dem Präsidentenpalast, verurteilte er in einer letzten Radioansprache die United Fruit Company und ihre Verbündeten in »Führungskreisen der USA«, die auf Guatemala »Feuer und Tod« herabregnen ließen. Nur wenige Mitbürger hörten Árbenz' Abschiedsrede: In einem letzten Sabotageakt gegen seine Regierung störte die CIA die Ausstrahlung. Am Ende seiner Rede erklärte Árbenz, er sei sich gewiss, dass trotz seines persönlichen Sturzes die Sache des Fortschritts in Guatemala triumphieren würde. Die sozialen Errungenschaften der letzten Jahre könnten, so insistierte er, nicht rückgängig gemacht werden. Die Geschichte zeigte, dass er sich schrecklich irrte.

Nachdem Árbenz gestürzt war, versammelte Dulles seine Guatemala-Einsatzgruppe im Weißen Haus, um den Präsidenten über die siegreiche Operation Bericht zu erstatten, die siegesgewiss den Codenamen PBSUCCESS trug.[63] Weniger als ein Jahr nach dem Putsch im Iran bot sich dem CIA-Direktor und seinem Team damit eine zweite Gelegenheit, sich stolz in die Brust zu werfen. PBSUCCESS schmiedete tiefe, lebenslange Bande zwischen Dulles und seiner Guatemala-Mannschaft, darunter Richard Bissell, Tracy Barnes, Howard Hunt, David Phillips und David Morales. Viele aus dem Team wurden später für die Schweinebucht rekrutiert. In späteren Jahren gerieten einige der Guatemala-Veteranen unter noch weit zwielichtigeren Umständen ins Rampenlicht.

Als sich die CIA-Agenten der Operation PBSUCCESS im Kinosaal des Ostflügels des Weißen Hauses zu ihrer Guatemala-Diavorführung einfanden, waren sie auf der Höhe ihres Ruhms. Der Saal war mit den höchsten Würdenträgern der Regierung besetzt, darunter dem Präsidenten selbst, seinem Kabinett und dem Vizepräsidenten. Hinterher fragte Eisenhower, stets der Soldat, Dulles, wie viele Männer er verloren habe. Nur einen, antwortete Dulles. »Unglaublich!«, rief der Präsident aus.

Aber die wahre Zählung der Opfer in Guatemala begann erst nach der Invasion, als das von der CIA unterstützte Regime von Castillo Armas damit begann, das Land von politisch unerwünschten Personen, Gewerkschaftlern und Bauern zu »säubern«, die allzu eifrig Árbenz' Landreform befürwortet hatten. Es war der Beginn einer blutgetränkten Ära, die Guatemala in eines der schändlichsten Schlachthäuser des 20. Jahrhunderts verwandelte. Der »makellose« Putsch, wie einige seiner CIA-Anstifter ihn gern nannten, mündete in einer Welle von Morden, willkürlicher Folter, Hinrichtungen und Massakern von Todesschwadronen, denen ganze Dörfer zum Opfer fielen. Als der Aderlass nach vier Jahrzehnten zu Ende ging, waren über 250 000 Menschen eines Landes getötet worden, das eine Einwohnerzahl von weniger als vier Millionen hatte, als die Terrorherrschaft begann.

Der Berichterstattung der US-Presse über den Staatsstreich in Guatemala war nur eine bereinigte Darstellung der Ereignisse zu entnehmen, die nach Manipulation durch die CIA roch. Die führenden Tageszeitungen behandelten den Sturz der Regierung Árbenz als tropisches Husarenstück oder als eine »Opera buffa«, wie es Hanson Baldwin nannte, ein Vertrauter von Dulles bei der *New York Times*.[64] Dennoch habe, berichtete Baldwin, die Operation »globale Bedeutung«. Genau so wollte Dulles seine Auslandsunternehmungen dargestellt wissen: als unterhaltsame Spionagestreiche mit ernsten Konsequenzen für den großen Kampf des Kalten Kriegs. Der Herausgeber der *New York Times*, Arthur Hays Sulzberger, tat während der verdeckten Operation Dulles den Gefallen, seinen Auslandskorrespondenten Sydney Gruson, der aus Sicht des Geheimdienstchefs nicht gefügig genug war, aus Guatemala herauszuhalten, und sicherte dem CIA-Direktor sogar zu, Grusons künftige Artikel »mit weitaus größerer Sorgfalt als üblich« zu durchleuchten.[65]

Der seltsam unbeschwerte Ton der US-Berichterstattung über Guatemala färbte noch jahrelang auf die Geschichtsbücher und Dulles-Biografien ab. In Wahrheit war das Geschehen in Guatemala weniger eine Opera buffa als ein groteskes Horrorstück à la Grand Guignol.

Die mörderische Intrige begann lange vor dem tatsächlichen Putsch. Bereits im Januar 1952 machte sich die CIA daran, ein Komplott zur Beseitigung der führenden Vertreter der Regierung Árbenz zu planen. Howard Hunt hätte vielleicht lieber die Peinlichkeit einer Ermordung von Árbenz in aller Öffentlichkeit vermieden, aber die CIA hatte keine Skrupel, bei der Planung des Staatsstreichs eine geheime »Beseitigungsliste« von mindestens achtundfünfzig guatemaltekischen Führungspersonen aufzustellen.[66] Das Memo zu ihrer geplanten Ermordung fand sich unter mehreren Hundert Dokumenten über den Putsch von 1954, die der Geheimdienst 1997 bei einer seiner gelegentlichen, sorgfältig überwachten Übungen in »Offenheit« freigab. Ein Kritiker bezeichnete die Offenlegung als »brillantes Täuschungsmanöver der Öffentlichkeit« – und dennoch, die Dokumente waren aufschlussreich genug, um weltweit Schlagzeilen zu machen.

In einem der freigegebenen Dokumente gab sich ein ungenannter CIA-Agent am Vorabend des Guatemala-Putsches zuversichtlich, dass »die Eliminierung der Führungspersonen der [Árbenz-]Regierung ihren Sturz bewirken wird«. Ein weiteres Dokument – ein grausig detaillierter, neunzehnseitiger Mordleitfaden mit dem Titel »A Study of Assassination« – zeigte den Agenten die besten Wege auf, um die Führung Guatemalas abzuschlachten. »Die schlichtesten Mordmethoden sind häufig die effizientesten«, so der hilfreiche Rat des Leitfadens. »Ein Hammer, eine Axt, ein Schraubenschlüssel, ein Schraubenzieher, ein Feuerhaken, ein Küchenmesser, ein Lampenständer oder jeder andere harte Gegenstand genügt.« Der Leitfaden riet Attentätern auch, welche Körperteile sie angreifen sollten, um die tödlichste Wirkung zu erzielen, und merkte an, dass »Stichwunden am Rumpf nicht unbedingt zuverlässig töten, es sei denn, das Herz wird getroffen. … Absolut sicher ist die Durchtrennung des Rückenmarks im Zervikalbereich.« Die Autoren des Leitfadens streifen auch flüchtig die moralische Frage, die sich mit der Ermordung eines gewählten Staatsoberhaupts eines souveränen Landes verbindet. »Mord ist moralisch nicht gerechtfertigt«, räumen die Verfasser ein. »Moralisch überempfindliche Personen sollten davon Abstand nehmen.«

Die CIA stellte ihre Todesliste mit bürokratischem Fleiß auf, ließ die Namen der nominierten Todeskandidaten in ihren Abteilungen und unter den Verschwörern im guatemaltekischen Militär zirkulieren und bat um Kommentare sowie Anregungen zur Aufnahme weiterer Zielpersonen. Weil die CIA die Namen auf der Liste schwärzte, bevor sie freigegeben wurde, lässt sich nicht angeben, ob und wenn ja, wie viele dieser geplanten Morde an den achtundfünfzig prominenten Guatemalteken schließlich tatsächlich ausgeführt wurden. Wohl aber lässt sich sagen, dass die CIA, indem sie die neuen Militärherren Guatemalas zu politischen Morden anleitete und anstiftete, tödliche Sporen in den Blutkreislauf des Landes injizierte, die in den folgenden Jahrzehnten entsetzliches Unheil anrichteten.

Bald nachdem Diktator Castillo Armas im Präsidentenpalast installiert war, machte der amerikanische Geheimdienst Druck, linke Elemente in Guatemala zu säubern.[67] Seine Armee nahm viertausend mutmaßliche

Kommunisten gefangen, doch wie sich bei den Verhören herausstellte, hatten nur wenige der Häftlinge je von Karl Marx gehört oder waren Mitglieder der Kommunistischen Partei – ihre eigentliche »Schuld« bestand vielmehr darin, demokratischen Parteien, Gewerkschaften und Landarbeitergenossenschaften anzugehören. Sie waren alle mit den gefährlichen Ideen der Árbenz-Ära infiziert, weil sie, wie es ein Beobachter ausdrückte, »glaubten, [dass] in einer Demokratie das Volk die Regierung wählt, Guatemala eine Landreform brauche und die Arbeiter gesetzlichen Schutz verdienten«.

Das Regime von Castillo Armas unternahm alles, was in seiner Macht stand, um Guatemala solche Gedanken auszutreiben. Die CIA, die Gefallen an unheilvollen Listen gefunden hatte, half dem neuen Regime, eine *lista negra* von Subversiven aufzustellen, die bald auf siebzigtausend Namen anschwoll. Die schwarze Liste umfasste schließlich atemberaubende zehn Prozent der erwachsenen Bevölkerung des Landes. Viele der Namen stammten aus Árbenz' Regierungsdokumenten, die der amerikanische Geheimdienst bei der Durchsuchung des Präsidentenpalastes in Beschlag genommen hatte. Im August 1954 leitete Castillo Armas mit dem Erlass 59 den Beginn einer faschistischen Rechtsordnung in Guatemala ein. Die Verfügung gab seinem Regime das Recht, jede Person auf der schwarzen Liste zu verhaften und bis zu sechs Monate ohne Prozess zu inhaftieren. Wer das Pech hatte, gefasst zu werden, kam in die Obhut von José Bernabé Linares, den berüchtigten Chef der Guardia Judicial, der dafür bekannt war, Häftlingen mit Elektroschockbädern und eisernen Schädelkappen Geständnisse abzupressen.

Guatemaltekische Journalisten, die über die Missbräuche des Regimes zu berichten versuchten, wurden ins Gefängnis geworfen und gefoltert. Doch während Castillo Armas mit tatkräftiger Unterstützung der CIA sein brutales Regime konsolidierte, nahm die US-Botschaft in Guatemala-Stadt das Regime in Schutz und versicherte, es gebe »wenig Grund zu der Befürchtung …, dass sich das Land bald in einen brutalen Polizeistaat verwandeln könnte«.

Unterdessen breitete sich die Barbarei auf das Land aus, wo Bauernführer standrechtlich hingerichtet wurden, Präzedenzfälle für das spätere Wüten der guatemaltekischen Todesschwadronen. Ins Exil geflohene Guatemalteken berichteten, das Regime ermutige »Bürgerwehren« zum Plündern und Morden mit dem Versprechen, dass »keine Polizei da sein wird, um euch zu behelligen«. Das schlimmste Massaker zu dieser Zeit fand in Tiquisate statt, einem Zentrum der Landarbeiterbewegung, wo Soldaten bis zu tausend Bauern von den Plantagen der United Fruit Company und lokaler Despoten zusammentrieben und vor ausgehobenen Gräben mit Maschinengewehren niedermähten.[68]

Castillo Armas fand selbst ein blutiges Ende, als er im Juli 1957 von seiner eigenen Palastwache ermordet wurde. Doch sein Tod änderte nichts, das Abschlachten setzte sich unvermindert fort. Jahrzehntelang kam es immer wieder zu Massakern, die während der Präsidentschaft Ronald Reagans neue Gipfel der Grausamkeit erreichten. Einer der Militärdiktatoren, die Castillo Armas nachfolgten, schwor: »Wenn es notwendig ist, das Land in einen Friedhof zu verwandeln, um es zu befrieden, werde ich nicht zögern, es zu tun.«[69]

In den langen Jahren ihres Exils lastete das große Leid des guatemaltekischen Volkes schwer auf Jacobo und Maria Árbenz. »Es verfolgte meine Großeltern jeden Tag«, erzählte mir Erick Árbenz. »Das war ein weiterer Grund, warum unsere Familie so sehr unter Depressionen litt. Sie durchlebte den guatemaltekischen Holocaust jeden Tag. Sie hatte versucht, in Guatemala einen politischen Frühling einzuleiten – und dann nicht nur ihre eigene Niederlage erlitten, sondern mit ansehen müssen, was mit ihrem Volk geschah … es war eine überwältigende Tragödie.«

Der Schmerz der Árbenz-Familie schien kein Ende zu nehmen. 2004 folgte Maria und Jacobos zweite Tochter, Maria Leonora, dem Weg ihrer Schwester und nahm sich das Leben. »Sie hatte ihr ganzen Leben das Gefühl, bedrängt und verfolgt zu werden«, sagte Erick. »Dieses Gefühl wurde sie nie los.«

Nachdem die Eisenhower-Administration Jacobo Árbenz gestürzt hatte, brüsteten sich US-Offizielle damit, dass sie Guatemala in eine »Vorzeigedemokratie« verwandeln würden. Es wurde stattdessen ein Land nicht enden wollender Trauer.

11 Seltsame Liebe

Als im Oktober 1951 das letzte von sechs Ausscheidungsspielen zwischen den beiden New Yorker Baseballmannschaften der Yankees und Giants stattfand, markierte das Match zugleich die Wachablösung zweier legendärer Spieler: Während der zunehmend von Verletzungen geplagte Yankee Joe DiMaggio das Ende seiner Karriere bekanntgab, feierte sein Nachfolger, der bald nicht minder berühmte Mickey Mantle, sein Debüt.

Auf der Tribüne des Yankee-Stadions saßen an jenem Tag auch zwei gut gekleidete deutsche Herren in den Vierzigern, begleitet von einem jüngeren Mann, ihrem CIA-Führungsagenten. Wie DiMaggio war der ältere Deutsche, Reinhard Gehlen, eine legendäre Gestalt, aber seine Leistungen lagen auf einem gänzlich anderen Feld. Gehlen, ein schmächtiger Mann mit Schnäuzer, zurückgehendem Haar und fledermausartig gespitzten Ohren, war keine beeindruckende Erscheinung. Sein Teint war blass und wirkte auf seinen Begleiter von der CIA »beinahe durchsichtig«.[1] Nur seine auffallend blauen Augen gaben einen Hinweis auf den enormen Ehrgeiz, der Gehlen seine ganze Karriere über angetrieben hatte.

Während des Kriegs hatte Gehlen als Hitlers Geheimdienstchef an der Ostfront gedient. Seine Abteilung Fremde Heere Ost suchte unermüdlich nach Schwächen der sowjetischen Verteidigung, während sich der deutsche Kriegsmoloch nach Osten voranwälzte. Gehlens Organisation hatte in den von der deutschen Armee überrannten »bloodlands« zudem Juden, Kommunisten und andere »Reichsfeinde« aufgespürt, die dann von den hinter der Front operierenden deutschen Todesschwadronen, den Einsatzgruppen, festgenommen und exekutiert werden konnten. Einen großen Teil der Nachrichten, die Gehlens Männer sammelten, stammte aus dem riesigen Heer in deutsche Kriegsgefangenschaft geratener sowjetischer Soldaten, das schließlich auf vier Millionen anschwoll. Gehlens herausragender Ruf als Geheimdienstgenie, der ihm die Bewunderung des Führers und den Rang eines Generalmajors eingetragen hatte, basierte auf dem verbreiteten Einsatz von Folter.[2]

Viele Zuschauer in der Yankee-Arena an jenem Tag wären höchst unangenehm berührt gewesen, wenn sie von Gehlens Identität erfahren hätten, doch der deutsche Agentenführer mit der dunklen Sonnenbrille, sein Markenzeichen, konnte das ausgelassene Treiben im Stadion unbehelligt genießen. Das Spiel selbst war für Gehlen von geringem Interesse; der fanatische Baseballfan war sein deutscher Gefährte Heinz Herre, Gehlens unersetzlicher Stellvertreter in ihren gemeinsamen Tagen an der Ostfront.[3] Während des Kriegs hatte Herre mit gleicher Leidenschaft den sowjetischen Feind studiert, Russisch gelernt und sich in die Politik und Kultur des Landes vertieft. Jetzt richtete sich seine zwanghafte Neugier auf alles Amerikanische.

Der große, schlanke Heinz Herre hatte ein gewinnendes Lächeln und war geschickt darin, sich bei seinen amerikanischen Kollegen einzuschmeicheln, anders als der in Gesellschaft unbeholfene Gehlen, dem die Leichtigkeit im Umgang mit den Amerikanern abging, wiewohl er wusste, wie wichtig diese Fähigkeit war. In den letzten Kriegstagen war Gehlen klugerweise zu dem Schluss gelangt, dass die amerikanisch-sowjetische Allianz unweigerlich zerbrechen würde, was mindestens einem Teil der Nazihierarchie die Gelegenheit bieten würde, zu überleben, indem sie ihre Kräfte mit dem Westen gegen Moskau vereinte. Er wusste, dass sein eigenes Schicksal von seiner Fähigkeit abhing, seine neuen amerikanischen Herren von seinem strategischen Wert im heraufziehenden Kalten Krieg zu überzeugen. Gehlen tat dies, indem er beim Herannahen der amerikanischen Truppen in die bayerischen Berge floh und dort kistenweise Mikrofilme vergrub, die das geheimdienstliche Wissen der Deutschen über die Sowjetunion enthielten. Dieses Wissen zusammen mit seinen Untergrundverbindungen nach Osteuropa nutzte der deutsche Geheimdienstchef dann, um das amerikanische Militär von seiner Unersetzlichkeit als Experte für die sowjetische Bedrohung zu überzeugen.[4]

Gehlens schlaues Manöver trug ihm und seinen höchsten Mitarbeitern einen Flug mit einem DC-3-Militärtransporter aus dem kriegsverwüsteten Deutschland in die Vereinigten Staaten ein, wo sie in einem komfortablen Quartier in Fort Hunt, Virginia, untergebracht wurden. Hier wurde Gehlen seinen amerikanischen Pendants vorgestellt, darunter Allen Dulles, der, nachdem er sich die Argumente des Deutschen angehört hatte, entschied, dass die US-Regierung die ehemalige Naziorganisation unter ihre Aufsicht stellen sollte.

Statt den Sowjets als Kriegsverbrecher übergeben zu werden, wie Moskau es verlangte, wurden Gehlen und seine Führungsriege auf einem Truppenschiff zurück nach Deutschland gebracht.

Wieder in der Heimat, kam Gehlens Spionageteam in der ehemaligen Reichssiedlung Rudolf Heß in der Nähe der Ortschaft Pullach bei München unter, eine Mustersiedlung der Nazis für den Stab des Hitler-Vertrauten Martin Bormann. Gehlens Traum vom Wiederaufbau von Hitlers militärischem Geheimdienst innerhalb des nationalen Sicherheitssystems der USA stand vor seiner Erfüllung. Mit großzügiger Unterstützung der US-Regierung gedieh die sogenannte Organisation Gehlen in Pullach bald prächtig und wurde zum Vorläufer des wichtigsten Geheimdienstes der Bundesrepublik, des Bundesnachrichtendienstes.

Als 1948 die US-Armee sich zunehmend um die Art von Gehlens Agenten und die Qualität ihrer Spionage sorgte, beschloss die CIA nach einer hitzigen internen Debatte, selbst die Aufsicht über die Organisation Gehlen zu übernehmen.[5] Gehlen hatte der US-Armee versprochen, keine ehemaligen SS- und SD-Leute einzustellen. Aber als seine Organisation wuchs, fanden bei ihr einige der berüchtigtsten Täter des Naziregimes wie Dr. Franz Six Unterschlupf. Six war Juraprofessor an der Berliner Universität gewesen und hatte den Lehrsaal verlassen, um zu einem der geistigen Architekten der »Endlösung« und, als Befehlshaber von SS-Todesschwadronen hinter der Ostfront, auch persönlich zu einem ihrer enthusiastischsten Vollstrecker zu werden. Nach dem Krieg wurde Six von der Organisation Gehlen angeheuert, bis er von Abwehragenten der US-Armee verhaftet wurde. Six wurde wegen Kriegsverbrechen zu zwanzig Jahren Haft verurteilt, verbrachte aber nur vier Jahre im Gefängnis, da er vom US-Hochkommissar McCloy begnadigt wurde. Binnen Wochen war er wieder für Gehlens Pullacher Geheimdienst tätig.[6]

Viele in der CIA waren vehement gegen die Verbindung mit einer derart stigmatisierten Organisation, darunter Admiral Roscoe Hillenkoetter, der erste Direktor des Geheimdienstes, der Präsident Truman 1947 drängte, sie zu »liquidieren«.[7] Im folgenden Jahr äußerte der CIA-Stationschef in Karlsruhe seinen Abscheu vor einer Zusammenlegung mit Gehlens Truppe und nannte sie eine Seilschaft alter Nazioffiziere, »die in der Lage sind, sehr vielen Leuten, die vom Standpunkt eines künftigen demokratischen Deutschlands unerwünschte Elemente sind, einen sicheren Hafen zu bieten«.[8] Aber Gehlen hatte in Washington einflussreiche Unterstützer.

Rückhalt fand Gehlen vor allem in der Dulles-Fraktion des nationalen Sicherheitsestablishments der USA – die sich wieder einmal durchsetzte. Im Oktober 1948 erhielt James Critchfield, der neue Stationschef der CIA in München, die Aufgabe, die Operation Gehlen zu beurteilen und eine Empfehlung für oder gegen sie abzugeben. Der einunddreißigjährige Critchfield war ein Dulles-Mann: Eleanor Dulles hatte sein Talent entdeckt, als er in Wien für den Geheimdienst der US-Armee arbeitete, später holte ihr Bruder ihn zur CIA. In seinem Abschlussbericht kam Critchfield zu dem eindeutigen Schluss, dass die CIA Gehlens Gruppe unter ihre Fittiche nehmen sollte. Es war der Beginn einer verhängnisvollen Beziehung, die die Politik des Kalten Kriegs auf Jahrzehnte prägen sollte.

Im Juli 1949 übernahm die CIA offiziell die Verantwortung für die deutsche Spionageorganisation und ernannte James Critchfield zum Aufseher Gehlens. Critchfield bezog in Pullach sein Hauptquartier und richtete sein Büro in Bormanns ehemaligem Schlafzimmer ein. Gehlen hatte Pullach in eine eigene separate Welt verwandelt, mit über zweihundert Mitarbeitern, die mit ihren Frauen und Kindern auf dem Gelände der Siedlung lebten. Bevor Critchfield hier einzog, hatten der deutsche Agentenführer und seine Frau selbst in Bormanns zweistöckigem Haus gewohnt. Ironisch als »Weißes Haus« bekannt, bewahrte sein Dekor noch einen Hauch von Nazikitsch, darunter einen steinernen deutschen Adler über der Eingangstür, dessen Krallen nun leer waren, da US-Soldaten das Hakenkreuz aus seinen Fängen gemeißelt hatten.

Nachdem Critchfields CIA-Stab mitsamt Familien in Gehlens umzäunte Gemeinde eingerückt war, entwickelten sich enge soziale Beziehungen zwischen den ehemaligen Feinden. Deutsche und Amerikaner arbeiteten und feierten zusammen, ihre Kinder besuchten dieselbe Zwergschule, und die Familien fuhren in den nahen Bayerischen Alpen gemeinsam Ski. Bis 1953 waren die CIA und die Organisation Gehlen so miteinander verwoben, dass sich Washingtoner Regierungsvertreter, darunter der stellvertretende Verteidigungsminister Roger Keyes, sehr besorgt äußerten.

Nur wenige Jahre zuvor waren Gehlen und sein Führungskader – zu dem ehemalige hochrangige Offiziere des deutschen Generalstabs, der Abteilung Fremde Heere Ost und sogar der SS gehörten – treu ergebene Soldaten des Dritten Reichs gewesen. Und doch gab sich Critchfield überzeugt, dass, von einigen Grenzfällen in Randbereichen der Organisation Gehlens abgesehen, das »gesamte Schlüsselpersonal … aus dem Kriege und den Nürnberger Kriegsverbrecherprozessen mit halbwegs sauberer Weste herausgekommen« war.[9]

Critchfield war der Sohn eines Kleinstadtarztes aus North Dakota und einer Lehrerin, hatte an der State University von North Dakota sein Studium absolviert und war am Vorabend des Kriegs zur Armee gegangen. Mit seinem dicken, welligen, dunklen Haar und seinem guten Aussehen wirkte er wie die ideale Filmbesetzung eines Kriegshelden. Critchfield diente in Nordafrika und Europa, stieg bei der Armee zu einem der jüngsten Obristen auf und wurde zweimal für Tapferkeit ausgezeichnet. Als er mit seiner mobilen Einsatzgruppe in den letzten Kriegswochen den Rhein überquerte, war der junge Oberst einer der ersten amerikanischen Offiziere, die aus erster Hand die Resultate von Hitlers »Endlösung« zu Gesicht bekamen. Ende April stieß seine Einheit auf ein Außenlager von Dachau. Das Lager war leer, aber allenthalben fanden sich noch die Belege für das Grauen, das hier geherrscht hatte. Einmal beobachteten der junge Armeeoberst und seine Soldaten in »schockiertem Schweigen«, wie zwei skeletthafte Überlebende einen fliehenden SS-Wachmann verfolgten, ihn zu Boden warfen und erstickten.[10]

Trotz seiner Kriegserfahrungen hielt sich Critchfield etwas darauf zugute, dass er ehemaligen Nazikommandeuren, mit denen er später zusammenarbeitete, mit Unvoreingenommenheit begegnete. »Gehlen und sein Führungsstab und ihre Frauen (von denen viele in Pullach arbeiteten) beeindruckten uns alle durch ihre ungewöhnliche Intelligenz und Bildung«, bemerkte Critchfield. »Was persönliche Merkmale, offenkundige Werte und Gedanken zur Zukunft Deutschlands und Europas anging, erschienen mir diese [ehemaligen Nazi-]Offiziere nicht wesentlich verschieden von meinen Zeitgenossen in der US-Armee.«[11]

Critchfield wusste seit Beginn seiner beruflichen Beziehung mit Gehlen, dass er es mit einer »schwierigen Persönlichkeit« zu tun hatte. Gehlen ließ bei seinem CIA-Vorgesetzten einmal eine dreistündige Tirade über die amerikanische Einmischung in die Angelegenheiten seiner Spionageorganisation ab.[12] Trotz Gehlens gelegentlicher Eskapaden äußerte Critchfield seine Bewunderung für den pragmatischen, geschäftsmäßigen Stil seines deutschen Kollegen und seine willkommene Gewohnheit, »sofort auf den Punkt zu kommen«. Hätten die US-Geheimdienste Gehlen nach dem Krieg nicht gerettet, wäre er in Nürnberg sicherlich als Kriegsverbrecher verurteilt worden. Doch Critchfield sah gnädig über Gehlens Vergangenheit hinweg. Dieser habe, sagte er später ohne einen Funken Ironie, »feste moralische Prinzipien und deutlich erkennbare christliche Überzeugungen [besessen], in denen er von seiner Frau Herta und der gesamten Familie bestärkt wurde«.[13] Diese schlichte, vertrauensvolle amerikanische Haltung machte Critchfield zur leichten Beute für Gehlen und andere aufgeweckte Naziveteranen, die er beaufsichtigte.

Reinhard Gehlen war ein Mann von rattenhafter Wendigkeit. Er hatte sich in der Hierarchie des Wehrmachtsgeheimdienstes nach oben gearbeitet, hatte gegen Kriegsende Hitlers Unmut über seine zunehmend düsteren Geheimdienstberichte überlebt und war nicht nur der Henkersschlinge in Nürnberg entgangen, sondern hatte die Amerikaner sogar überredet, ihm eine führende Rolle in ihrem Schattenkrieg gegen die Sowjetunion zu geben. Sein vorrangiges Ziel war der Wiederaufbau des Nazimachtnetzwerks und die Rückkehr Deutschlands zu einer dominanten Rolle auf der europäischen Bühne. Gehlen hegte zutiefst gemischte Gefühle über die amerikanischen Eroberer; er hatte unterwürfigen Respekt vor ihrer Macht und ihrem Geld, aber nur mit größtem Widerwillen nahm er es hin, sich vor ihnen verantworten zu müssen. Er behandelte seine Führungsagenten, darunter Critchfield, häufig eher wie Feinde als Verbündete, ließ sie im Dunkeln über seine Operationen und spionierte ihnen sogar nach.

»Es besteht kein Zweifel«, räumte Critchfield später gegenüber einem Reporter der *Washington Post* ein, »dass sich die CIA dazu hinreißen ließ, einige ziemlich üble Leute anzuwerben.«[14] In einem geheimen Memo von 1954, das später freigegeben wurde, gab der Geheimdienst zu, dass mindestens dreizehn Prozent der Organisation Gehlen aus ehemaligen überzeugten Nazis bestand.[15] Trotzdem beharrte Critchfield bis an sein Lebensende darauf, dass Gehlen keiner von diesen »üblen Leuten« war.

»Ich lebe damit nun seit [beinahe] fünfzig Jahren«, erzählte Critchfield der *Washington Post* 2001. »Fast alles Negative, was über Gehlen geschrieben wurde – dass er als glühender Ex-Nazi beschrieben wird, als einer von Hitlers Kriegsverbrechern –, das ist alles weit von den Tatsachen entfernt.«[16]

In seliger Arglosigkeit über Gehlens wahren Charakter arbeitete Critchfield hart daran, während ihrer sechsjährigen Partnerschaft in Pullach ein gutes Verhältnis zu ihm aufzubauen. Es war Critchfield, der im Herbst 1951 für Gehlen und sein Alter Ego Heinz Herre die Amerikareise mit dem Highlight des letzten Spiels der Baseball-World-Series arrangierte. Gehlens CIA-Aufpasser sah den ausgedehnten Trip – zu dem hochrangige Treffen in Washington ebenso wie eine Bahnreise nach Kalifornien gehörten – als einen Weg, die Beziehung der CIA zu dem verschlossenen Deutschen zu zementieren und umgekehrt Gehlens Bande zu Amerika zu festigen.

Als Critchfield die Reisestationen für Gehlen und Herre ausarbeitete, wurde den CIA-Oberen klar, dass der Besuch der Deutschen mit potenziellen Problemen befrachtet war. In amerikanischen Sicherheitskreisen blieb Gehlen umstritten, manche drängten noch immer darauf, sich von ihm zu trennen. Ein CIA-Bericht vom Oktober 1950 über Gehlen kommentierte seine Neigung zu Wutausbrüchen und Forderungen an seine amerikanischen Aufseher. Der Verfasser kanzelte den Deutschen als »Zwerg« ab, »und wie Zwerge nun einmal sind, [ist er] ein ziemlich unscheinbarer … Er leidet unter einem ›Zwergenkomplex‹«.[17] In einer Flut interner CIA-Memos am Vorabend von Gehlens USA-Reise kam die Sorge zum Ausdruck, dass »dieser Trip offensichtlich eine Vielzahl politischer Peinlichkeiten produzieren« könne; Gehlen, so eine der Befürchtungen, werde sich »auf dieser Reise nicht leicht kontrollieren lassen«.[18]

Am Ende wurde der Besuch für Gehlen und seine Unterstützer in der CIA zu einem Triumph. Dulles arrangierte am 8. Oktober 1951 in Washington ein Treffen mit CIA-Direktor Beetle Smith und war Gastgeber eines privaten Dinners im Metropolitan Club für die Deutschen und mehrere CIA-Vertreter, mit denen sie sich wohlfühlten, darunter Richard Helms, der nach dem Krieg die amerikanischen Geheimdienstoperationen in Deutschland leitete.

Die Reise von 1951 besiegelte die Beziehung zwischen »UTILITY«, wie Gehlens Deckname bei den Amerikanern lautete, und der CIA. Über die Jahre kamen Mitarbeitern der Behörde gelegentlich Gewissenbisse angesichts dieses Bündnisses, doch solche Zweifel wurden unfehlbar unterdrückt. 1954 bezeichnete ein CIA-Memo an den Chef der Osteuropaabteilung des Geheimdienstes eine Reihe von Personen, die Gehlen beschäftigte, als »besonders abscheulich«. Zur Illustration fügte der unbekannte Autor Kurzbiografien mehrerer der abstoßendsten Mitarbeiter bei, darunter Konrad Fiebig, der später wegen der Ermordung von elftausend Juden in Weißrussland während des Kriegs angeklagt wurde. Dennoch zog das Memo den Schluss: »Es ist ein bisschen spät, mehr zu unternehmen als UTILITY daran zu erinnern, dass es politisch klug wäre, solche Typen fallenzulassen.«

Doch die intime CIA-Beziehung zu Gehlen hatte in der globalen Arena einen Preis. Sowjetische Propagandisten schlachteten sie weidlich aus, und selbst die Verbündeten beim britischen Geheimdienst machten aus ihrer Empörung keinen Hehl. In einem Memo von August 1955 an Dulles berichtete der Chef der Osteuropaabteilung der CIA über ein Mittagessen mit Diplomaten in Bonn, bei dem britische Offizielle ihren amerikanischen Freunden die Meinung sagten. »Sie äußerten ganz unverblümt ihr Gefühl, dass die Amerikaner mit ihrem hektischen und hysterischen Wunsch, der militärischen Stärke der Sowjets etwas entgegenzusetzen, ihre Seele an die Deutschen verkauft hätten.«[19]

Allen Dulles blieb von der Kontroverse, die sich um seinen deutschen Kollegen entspann, ungerührt. Er wischte die Bedenken über Gehlens Taten während des Kriegs leichthin beiseite. »Ich weiß nicht, ob er ein Schuft ist«, bemerkte er. »Bei der Spionage gibt es nur wenige Erzbischöfe … Außerdem muss man ihn ja nicht in den Club einladen.«[20] Doch tatsächlich taten Dulles und Helms genau das, denn wann immer der deutsche Agentenführer Washington besuchte, luden sie ihn in ihre Clubs ein – darunter den Metropolitian und Chevy Chase Club. Dulles hatte keine Vorbehalte, mit solchen Leuten zu arbeiten, warum also sollte er nicht auch mit ihnen speisen und ein Gläschen trinken? Er nahm sogar Clover mit zu solchen Gelegenheiten, wenn Gehlens gesprächige Frau Herta ihn nach Amerika begleitete.

Dulles gab sich alle Mühe, eine angenehme Beziehung mit Gehlen aufrechtzuerhalten, schickte ihm Geschenke und herzliche Grußkarten zu Weihnachten und zum Geburtstag und sogar zu den Jahrestagen ihres beruflichen Bündnisses. Eines von Gehlens Lieblingsgeschenken von Dulles war eine kleinen Holzfigur mit Mantel und Degen, die »finster« dreinschaute, wie der Deutsche fand, die aber dennoch zeit seines Lebens seinen Schreibtisch zierte.[21] Gehlen seinerseits telegrafierte dem amerikanischen Geheimdienstchef Freundschaftsbekundungen und schickte ihm einmal ein Goldmedaillon des heiligen Drachentöters Georg – das Emblem der Organisation Gehlen – »als Symbol unserer Arbeit gegen den Bolschewismus«.[21]

Dulles wusste, dass Gehlen ein hingebungsvoller Familienmensch war. Der deutsche Geheimdienstchef kümmerte sich um die Geschicke seiner weitverzweigten Familie und brachte einige ihrer Mitglieder in der »Firma« unter, wie seine Behörde bei den Beschäftigten genannt wurde. Ende 1954, als Dulles erfuhr, dass Gehlen für seine älteste Tochter Katharina ein gutes amerikanisches College suchte, begann er sofort, Erkundigungen für sie einzuholen. Radcliffe, die Schule, auf die seine eigene Tochter Joan gegangen war, machte klar, dass es nicht gewillt war, der Tochter eines ehemaligen Nazikommandeurs eine Sonderbehandlung zu geben. Doch das Hunter College in New York City nahm Katharina Gehlen auf. Sie folgte später der Familientradition und arbeitete bei Gelegenheit für ihren Vater als Nachwuchsspionin, indem sie geheime Päckchen über Grenzen schmuggelte. Gehlen erzählte seinen amerikanischen Kollegen stolz, dass Katharina bei einer solchen Mission die Umsicht besessen hatte, die Diplomatensendung in ihrem Koffer »unter einer Schicht schmutziger Damenunterwäsche« zu verstecken, als sie die Grenze passierte. In jenen prüderen Zeiten beendete der neugierige Zollbeamte prompt seine Inspektion, als er auf die Dessous stieß.

Als die CIA 1955 die Übergabe der Organisation Gehlen an die Bundesrepublik in die Wege leitete, unterstützte sie Gehlen weiterhin großzügig und gab ihm genug Geld, um ein Haus am See in der Nähe von Pullach zu kaufen, wo er am Wochenende gern segeln ging. Critchfield behauptete, Gehlen habe das Anwesen mit einem bescheidenen zinslosen Darlehen von 48 000 DM von der CIA erworben, das Gehlen, wie er selbst insistierte, auch voll zurückzahlte. Berichte in der Presse des Sowjetblocks stellten das Haus als Geschenk von Dulles mit einem Wert von 250 000 DM dar.[23]

Gehlen war Dulles, dem er den Decknamen »der Gentleman« gab, für seine unermüdliche Unterstützung zutiefst dankbar. »In all den Jahren meiner Zusammenarbeit mit der CIA hatte ich keine persönlichen Dispute mit Dulles«, schrieb Gehlen in seinen Erinnerungen. »Ich schätzte ihn wegen seiner durch jahrelange Erfahrung gesammelten Weisheit; er war zugleich väterlich wie ungestüm und wurde ein enger persönlicher Freund von mir.«[24]

Trotz seiner tiefen Zuneigung zu Dulles fühlte sich Gehlen frei, sich über die amerikanische Politik zu beklagen, wann immer er das Gefühl hatte, dass die Wachsamkeit der Amerikaner im Kalten Krieg nachließ.

Die Organisation Gehlen sah den Kalten Krieg als letzten Akt der unterbrochenen Offensive des Reichs gegen die Sowjetunion. Im August 1955, nach Eisenhowers tentativen Friedensbemühungen auf dem Genfer Gipfeltreffen, berichtete ein CIA-Memo, dass »UTILITY unverblümte Kritik an der US-Position in Genf übte. Er äußerte die Meinung, dass man im Bereich der internationalen Politik niemals einem Russen sagen sollte, dass man nicht auf ihn schießt, und unter keinen Umständen sollte man diese Position so überzeugend vertreten wie Präsident Eisenhower in Genf.«[25]

Westliche Führer verhandelten mit Moskau auf eigene Gefahr, so Gehlens feste Überzeugung. Die Sowjetunion lockte sie mit diesem oder jenem Köder, aber unter dem Rock »wird der Pferdefuß des Teufels zum Vorschein kommen«.[26]

Gehlen behielt seine martialische Diktion seine ganze Karriere über bei. Thomas Hughes, der als Direktor für Auslandsaufklärung in Kennedys Außenministerium diente, erinnerte sich an einen Abend ganz zu Beginn von Kennedys Präsidentschaft, als Dulles Gehlen eine Plattform für seinen Militarismus gab. »Allen Dulles hatte eine Schwäche für die – sehr großzügig definierten – ›guten Deutschen‹«, sagte Hughes. »Einer meiner ersten offiziellen Anlässe in der Geheimdienstgemeinde der Kennedy-Administration war ein Dinner, das Allen Dulles eines Abends im Chevy Chase Club zu Ehren von Gehlen gab, der aus seinem Münchner Hauptquartier zu Besuch gekommen war. Gehlen führte die Diskussion und riet uns, wie wir mit ›dem Bären‹ umgehen sollten, sein Ausdruck für die sowjetische Bedrohung. J. Edgar Hoover saß neben mir und murmelte immerzu: ›Der Bär, der Bär. Das ist es. Der Bär.‹«[27]

Gehlen sagte gern, dass seine finstere Sicht des sowjetischen Gegners aus seiner hart erworbenen Erfahrung an der Ostfront stamme. Aber sie war auch kalkuliert, um den amerikanischen Falken gefällig zu sein, besonders seinen Meistern, den Dulles-Brüdern. Einige Kritiker in westlichen Sicherheitskreisen kritisierten die ideologische Voreingenommenheit von Gehlens Geheimdienstberichten, die zur Übertreibung der militärischen Stärke und nuklearen Schlagkraft des Sowjetblocks neigten. Doch die »frisierten« Nachrichten dienten den Dulles-Brüdern als Munition für ihre militante Position im Kalten Krieg.

Der verdeckte Kalte Krieg im Westen war in einem beunruhigenden Ausmaß das Gemeinschaftswerk des Dulles-Regimes und Reinhard Gehlens. Die pathologische Angst des deutschen Chefspions vor Russland und sein in der Ideologie von Hitlers Drittem Reich wurzelnder Hass auf das Land verbanden sich nahtlos mit dem antisowjetischen Absolutismus der Dulles-Brüder. Tatsächlich zeigte die Dulles-Politik der massiven atomaren Vergeltung eine beängstigende Ähnlichkeit zur Vernichtungsideologie der Nazis – eine Verbindung, die Stanley Kubrick 1964 in seinem Film *Dr. Seltsam oder: Wie ich lernte, die Bombe zu lieben* in einer schwarzen Satire auf Korn nahm. Kein anderes Kunstwerk der Zeit fängt die absurde Morbidität des Kalten Kriegs, seine wagnerianische Lust am Untergang, so vollkommen ein. Wir leben »in einem Zeitalter, wo der Krieg eine Hauptaktivität des Menschen ist«, schrieb Gehlen in seinen Erinnerungen, »mit dem Hauptziel der totalen Vernichtung des Feindes«.[28] Man kann das faschistische Ethos nicht knapper auf den Punkt bringen.

In den Monaten vor der Übergabe der Organisation Gehlen an die Bundesrepublik entbrannte in Washington und Bonn eine neue Debatte über Gehlen, die so hitzig wurde, dass die Presse davon Wind bekam. Zu dieser Zeit führte die Bundesrepublik unter der rigiden Führung des alten, konservativen Katholiken Konrad Adenauer mit den Vereinigten Staaten Verhandlungen über die Aufnahme Westdeutschlands in die NATO. Als Adenauer im Oktober 1954 Washington besuchte, sprach ihn General Arthur Trudeau, Chef des militärischen Geheimdienstes der USA, persönlich auf das Gehlen-Problem an und sagte dem Bundeskanzler, dass er »dieser schaurigen Nazibande in Pullach« nicht über den Weg traue. Trudeau gab Adenauer zu verstehen, dass die Deutschen besser erst reinen Tisch machten, bevor Westdeutschland in die NATO aufgenommen werden könne.

Als Allen Dulles erfuhr, dass Trudeau in seinem Revier wilderte, brach in Washington die Hölle los. Obwohl sich die Vereinigten Stabschefs hinter Trudeau stellten, wurde bald klar (wenn es noch eines solchen Beweises bedurft hätte), wer in Geheimdienstfragen unter Eisenhower das Sagen hatte. Trudeau wurde auf einen entlegenen Posten im Fernen Osten versetzt und schied ein paar Jahre später unauffällig aus dem Dienst.[29]

Während dieser turbulenten Übergangsphase erwuchs Reinhard Gehlen ein starker Herausforderer um den westdeutschen Spionagethron. Tatsächlich war Otto John, der Leiter des Bundesamtes für Verfassungsschutz, der einzige ernstzunehmende Rivale, den Gehlen in seiner langen Amtszeit in Pullach hatte. Als Überlebender der glücklosen Operation Walküre zur Ermordung Hitlers war John nicht mit einer abstoßenden Vergangenheit belastet. Nach dem Scheitern des Putsches war er nur knapp mit dem Leben davongekommen und hatte sich nach London gerettet, wo er für den Rest des Kriegs für den britischen Geheimdienst MI6 arbeitete und nach Hitlers Niederlage nach Deutschland zurückkehrte, um bei der Verfolgung von Nazikriegsverbrechern zu helfen.

John, der sich selbst als Liberalen bezeichnete, machte sich Sorgen über die »Renazifizierung« Deutschlands, als er die wachsende Macht Gehlens und vieler anderer ehemaliger Funktionsträger des Dritten Reiches sah, die in Bonner Schlüsselpositionen aufstiegen. An vorderster Stelle unter diesen war Kanzler Adenauers rechte Hand, Hans Globke, der die Nürnberger Rassengesetze mitverfasst hatte, der erste Schritt auf dem Weg zur Vernichtung der deutschen Juden.

Eine vergleichende CIA-Analyse von Gehlen und Otto John kam zu dem wenig überraschenden Schluss, dass »John der moralischere von beiden« sei.[30] Allerdings fuhr der Bericht fort, dass John »im Gemenge der deutschen Geheimdienstpolitik kein Vergleich zu UTILITY« sei – wie sich bald erweisen sollte.

Im Mai 1954 flog John in die Vereinigten Staaten, um sich mit Vertretern der Regierung Eisenhower zu treffen und seine demokratische Vision für Nachkriegsdeutschland zu erläutern. Dulles lud ihn zum Lunch in sein Haus in Georgetown ein, hinterher spazierten sie durch seinen Garten und plauderten. Dulles war erpicht darauf, Johns Ansichten zur westdeutschen Wiederbewaffnung zu hören, eine damals heiß diskutierte Frage, die von Kalten Kriegern wie Dulles entschieden bejaht wurde. John versicherte dem CIA-Direktor, dass auch er für die Wiederbewaffnung sei, aber nur, wenn sie in demokratischer Weise von unten erfolge, durch Bildung lokaler Verteidigungseinheiten statt »von oben herab«, was nur die Militaristen aus Deutschlands Vergangenheit wiedererstarken lassen würde.[31] Dulles war nicht erfreut über das, was er da hörte. »Mein ganzer Eindruck von John«, schrieb er in einem Memo ein Jahr später, »war, dass er kein sehr ernster Charakter war.«[32]

Dulles war von vornherein gegen John eingenommen. Gehlen hatte dem CIA-Direktor giftige Berichte über seinen deutschen Geheimdienstrivalen eingeflüstert, in denen er als »unstet und wurzellos«, professionell unerfahren und sogar zum Alkoholismus neigend charakterisiert wurde. Was Gehlen an John am meisten beunruhigte, war jedoch zweifellos seine heroische Vergangenheit als Widerstandskämpfer gegen die Nazis. Seine moralische Statur, besonders bei den britischen Alliierten, machte ihn für Gehlen zu einem bedrohlichen Konkurrenten.

Johns Begegnung mit Dulles besiegelte wahrscheinlich sein Schicksal. Nach seiner Heimkehr wurde der Verfassungsschutzchef zum Ziel einer von Gehlen inszenierten verdeckten Kampagne, um ihn politisch unmöglich zu machen. Bald sollte Otto Johns Leben eine sensationelle Wendung nehmen. Im Juli, auf dem Weg nach Westberlin zu einer Gedenkfeier anlässlich des zehnten Jahrestags des gescheiterten Putsches gegen Hitler, verschwand John spurlos. Die Nachricht vom Verschwinden des westdeutschen Sicherheitschefs erregte weltweit großes Aufsehen. Aber die Geschichte wurde bald noch seltsamer, denn John tauchte später in Ostdeutschland wieder auf und klagte Adenauers Wiederbewaffnungspolitik und die Schwäche seiner Regierung für ehemalige Nazis an. Gehlen konnte seine Häme über den Abtritt seines Gegners von der Bonner Bühne nicht verhehlen. »Einmal Verräter, immer Verräter«, bemerkte der Mann, der die Gegnerschaft gegen Hitler noch immer als Hochverrat betrachtete.[33]

Dann kam die letzte bizarre Wendung in diesem Spionagedrama. Im Dezember 1955, als der Bundestag mit einer Untersuchung der Affäre begann, tauchte John plötzlich wieder in Westdeutschland auf und behauptete, er sei unter Drogen gesetzt und gegen seinen Willen nach Ostberlin entführt worden. Die westdeutschen Behörden glaubten Johns Geschichte nicht, er wurde verhaftet und wegen Landesverrats zu vier Jahren Haft verurteilt. Doch für den Rest seines Lebens beharrte John darauf, das Opfer eines politischen Komplotts geworden zu sein, und ließ deutlich durchblicken, dass Reinhard Gehlen, der Mann, der am meisten von seinem Sturz profitierte, dafür verantwortlich sei.

Die Ausschaltung Otto Johns ebnete Gehlen den Weg zur Konsolidierung seiner Macht. Im Februar 1956 hob die Bundesregierung mit dem Bundesnachrichtendienst (BND) einen eigenen Auslandsspionagedienst aus der Taufe, bald darauf wurde Gehlen mit Dulles' starker Rückendeckung zu seinem ersten Chef ernannt. Gehlens Triumph war perfekt: Mit skrupelloser Entschlossenheit hatte er seinen nationalsozialistischen Geheimdienstapparat in die Organisation Gehlen umgewandelt und schließlich in den BND, was ihm, zweifellos zum Neid seiner ehemaligen Wehrmachtskameraden, eine offizielle Machtbasis und Legitimität verschaffte.

Im März 1956 bereitete sich Gehlens Stab darauf vor, das Sternenbanner einzuholen, das seit Hitlers Niederlage über dem Gelände von Pullach geweht hatte, und es durch die schwarz-rot-goldene Fahne der Bundesrepublik Deutschland zu ersetzen. Als James Critchfield und seine Frau ihre Habe zusammenpackten, um in den Nahen Osten umzusiedeln, gab es für den scheidenden CIA-Stationschef noch eine wichtige Angelegenheit zu erledigen. Nachdem er am 13. März von einer Woche geheimer Sitzungen in Bonn zurückgekehrt war, bat Gehlen Critchfield allein in sein Büro, um »eine Angelegenheit von einiger Wichtigkeit und beträchtlicher Brisanz« zu erörtern.[34] Der deutsche Agentenführer litt unter einer Erkältung und sah erschöpft aus, doch sein Anliegen duldete offenbar keinen Aufschub.

Gehlen ließ die Nettigkeiten schnell hinter sich und gab dem Amerikaner einen dringenden Bericht zur europäischen Sicherheitslage. Frankreich und Italien, sagte er, schienen sich auf die »Wiederherstellung von [Mitte-Links-]Volksfront-Regierungen« zuzubewegen. Ebenso könnten Tendenzen in Westdeutschland zum Sturz der konservativen Adenauer-Regierung und ihre Ersetzung durch eine Koalition aus »Adenauer feindlich gesinnten Elementen der Rechten« und den Sozialdemokraten führen. Obwohl selbst nicht kommunistisch, würde eine solche Regierung unweigerlich eine weichere, »neutralistische« Haltung gegenüber der Sowjetunion einnehmen, sagte Gehlen voraus; er selbst würde in einer entspannungsfreundlichen Atmosphäre als Geheimdienstchef »nicht überleben«. Wenn eine Regierung wie diese in Bonn ans Ruder käme, warnte Gehlen, wäre sie »für politische Infiltration und schließlich Kontrolle durch den Osten anfällig«.

Nachdem er dieses düstere Bild gemalt hatte, kam Gehlen zum Kern. Er sei darauf vorbereitet, drastische Maßnahmen zu ergreifen, um ein solches Szenario in Bonn zu verhindern – bis hin zur Beseitigung der Demokratie in Westdeutschland, falls nötig. Critchfield berichtete über seine bestürzende Unterhaltung mit Gehlen sofort in einem Telex an Dulles nach Washington. Im Falle eines Linksrucks in Bonn, informierte Critchfield den CIA-Direktor, »fühlt sich UTILITY moralisch berechtigt, alle notwendigen Maßnahmen zu treffen, einschließlich der Errichtung eines illegalen Apparats in der Bundesrepublik, um Elemente zu bekämpfen, die eine prosowjetische Politik in Deutschland unterstützten«. Gehlen, fügte Critchfield hinzu, würde mit seinem Freund Dulles gern, »streng vertraulich«, einen »Plan für eine solche Eventualität erörtern«.

Es ist unwahrscheinlich, dass Dulles von Gehlens Vorschlag einer Wiederherstellung des Faschismus in Deutschland schockiert war, da CIA-Offizielle seit langem mit der Organisation Gehlen und anderen rechtsgerichteten Elementen in Deutschland einen solchen autoritären Notfallplan ins Auge gefasst hatten. 1952 entdeckte die westdeutsche Polizei, dass die CIA die zweitausend Mitglieder starke neonazistische Jugendorganisation Bund Deutscher Jugend unterstützte, die von ehemaligen Nazioffizieren geführt wurde und ihre eigenen alarmierenden Pläne zur Beseitigung der Demokratie verfolgte. Polizeiermittler deckten auf, dass die Gruppe eine schwarze Liste von Personen erstellt hatte, die als »unzuverlässig« betrachtet wurden und im Fall eines Konflikts mit der Sowjetunion »liquidiert« werden sollten.[35] Auf der Liste fanden sich nicht nur westdeutsche Kommunisten, sondern die im Bundestag sitzenden Führer der Sozialdemokratischen Partei ebenso wie nach links tendierende staatliche Amtsträger. Im deutschen Parlament schlug die Empörung hoch, aber das US-Außenministerium arbeitete hinter den Kulissen unermüdlich daran, die Geschichte unter den Teppich zu kehren. Ähnlich alarmierende Pläne wurden während des gesamten Kalten Kriegs im Stillen erwogen.

Solche Planungen waren Teil einer umfassenden verdeckten Strategie, die in den frühen Tagen des Kalten Kriegs von amerikanischen Geheimdienstlern wie Allen Dulles entwickelt wurde, um einer möglichen sowjetischen Invasion Westeuropas durch ein »zurückbleibendes Netzwerk« von bewaffneten Widerstandskämpfern zu begegnen, das gegen die Rote Armee kämpfen sollte. Diese geheimen, von der CIA finanzierten autoritären Netzwerke (Codename Operation Gladio) zogen neonazistische, faschistische und kriminelle Elemente an, von denen einige später in Westdeutschland, Frankreich und Italien subversiv tätig wurden und durch Terrorakte, Verschwörungen und Morde die Demokratien in diesen Ländern gefährdeten.

Am Ende sah Gehlen keine Veranlassung, die bundesrepublikanische Demokratie zu stürzen, doch immer wieder untergrub seine Behörde in den folgenden Jahren die demokratischen Institutionen des Landes. Mit Rückendeckung des amerikanischen Geheimdienstes schuf Hitlers früherer Agentenführer ein weitgespanntes Überwachungsnetz zur Ausforschung westdeutscher Amtsträger und Bürger, deren private Briefe geöffnet und deren Telefone angezapft wurden. Gehlen verteidigte die Schnüffelei als Maßnahme der inneren Sicherheit zur Enttarnung sowjetischer und ostdeutscher Spione, doch er warf sein Netz immer weiter aus, bis es ein immer breiteres Spektrum der Bevölkerung erfasste, darunter Führer von Oppositionsparteien, Gewerkschaftsfunktionäre, Journalisten und Lehrer.[36] Gehlen benutzte seinen Spionageapparat sogar, um Überlebenden der Operation Walküre hinterherzuschnüffeln, darunter Hans Gisevius, mit dem Dulles während des Kriegs zusammengearbeitet hatte. Sie alle verdächtigte er, Agenten der Sowjetunion zu sein.

»Gehlen wird größenwahnsinnig«, klagte einer seiner moralischeren Mitarbeiter. »Er will jetzt für die Amerikaner Gestapo spielen.« Der BND-Chef handelte nicht nur auf Geheiß seiner amerikanischen Schutzherren, sondern auch seiner Bonner Vorgesetzten. Selbst einige CIA-Mitarbeiter waren besorgt, dass Gehlen sich zu sehr von Hans Globke dafür einspannen ließ, Informationen über politische Gegner zu sammeln und die Macht der Adenauer-Regierung zu stärken. Gehlen, warnte eine CIA-Depesche aus Bonn, »hat sich von Globke höchst wahllos für dessen Machtstreben einspannen lassen«.[37] Einmal, in den 1950er Jahren, besuchte Globke Gehlen in seinem Pullacher Hauptquartier, sah die Dossiers verschiedener deutscher Politiker durch – und nahm gleich die Gelegenheit wahr, seine eigene Akte zu entfernen.[38]

Während Gehlens Dienst die Ausforschung politischer Gegner als notwendige Abwehrmaßnahme gegen feindliche Infiltration rechtfertigte, wurde er ironischerweise selbst berüchtigt dafür, unterwandert zu sein. Heinz Felfe war der berühmteste sowjetische Maulwurf in Gehlens Karriere – tatsächlich war die Affäre einer der größten Spionageskandale des Kalten Kriegs. Felfe, ein ehemaliger Nazischläger, der in der »Reichskristallnacht« 1938 eine randalierende Bande angeführt hatte, wurde 1951 von der Organisation Gehlen angeworben. Kurz darauf wurde der anpassungsfähige Felfe sowjetischer Doppelagent, und da er des Weiteren Gehlen als Spion außerordentlich beeindruckte, stieg er in der Pullacher Hierarchie rasch auf. Schließlich ernannte der geblendete Geheimdienstchef Heinz Felfe zum Leiter der antisowjetischen Gegenspionage, eine Position, die den Doppelagenten in ständigen Kontakt zur CIA und anderen westlichen Spionagediensten brachte. Felfes Tätigkeit als hoher sowjetischer Maulwurf beim deutschen Nachrichtendienst erstreckte sich über ein Jahrzehnt. Als er schließlich erwischt wurde, war der angerichtete Schaden unabsehbar. Dutzende altgedienter Agenten Gehlens waren hinter dem Eisernen Vorhang verhaftet, zahlreiche Codes und geheime Kommunikationskanäle verraten worden. Ein beträchtlicher Teil der deutschen und amerikanischen Spionage musste eingestellt und wieder ganz neu aufgezogen werden.

Als der Felfe-Skandal 1963 aufflog, versuchte Gehlen, die Bedeutung des umfassenden Geheimnisverrats herunterzuspielen. Er hielt sich zwar die folgenden Jahre noch mit knapper Not im Amt, aber er erholte sich nie wieder ganz von den politischen Folgen. Adenauer vergab Gehlen nie. Für den »Zwerg«, der sich nach der väterlichen Zustimmung Adenauers sehnte, war das Zerwürfnis mit dem Kanzler ein schmerzlicher Schlag. Gehlen war bei Adenauer bereits wegen eines anderen Skandals im Jahr zuvor in Ungnade gefallen, als er dafür verantwortlich gemacht wurde, dass geheime Pläne zur nuklearen Bewaffnung Westdeutschlands an den *Spiegel* durchsickerten. Das Leck – das wohl Adenauers Verteidigungsminister beschädigen sollte, ein weiterer Rivale Gehlens – hatte den Kanzler derart erzürnt, dass er erwog, Gehlen verhaften zu lassen, was er schließlich aber doch bleiben ließ aus Sorge, dass dadurch der politische Flurschaden für die Regierung nur noch größer würde.

So war Adenauer noch immer schlecht auf Gehlen zu sprechen, als im Juni 1963 Allen Dulles zu einem Besuch im Bonner Kanzleramt hereinschneite. Damals war Dulles selbst gerade von Präsident Kennedy entlassen worden, aber er bereiste die Welt weiterhin so, als stünde er noch immer an der Spitze der CIA. Dabei fand er, in welche Hauptstadt er auch kam, stets offene Türen. An jenem Tag in Bonn wollte Adenauer von Dulles rundheraus wissen, was er von Gehlen halte. Laut einem CIA-Memo »erwiderte [Dulles], wie gewöhnlich, dass er [Gehlen] seit langem und gut kenne und ihn für einen resoluten und ehrlichen Mann halte«.[39]

Adenauer war mit der Antwort nicht zufrieden. Der alternde Staatsmann, der das Gefühl hatte, dass Dulles ihm Gehlen aufgezwungen hatte, war nicht in der Stimmung, sich von dem amerikanischen Geheimdienstler um den Finger wickeln zu lassen. Er erwiderte »überraschend«, so das CIA-Memo weiter, »indem er [Dulles] fragte, ob irgendjemand, der mit seinem Metier zu tun habe, wirklich ehrlich sein könne, woraufhin [Dulles] fragte, ob [Adenauer] ihn nicht für einen ehrlichen Mann halte.« Der Kanzler gab eine ausweichende Antwort.

Auch im folgenden Monat war Adenauers Wut auf Gehlen noch immer nicht verflogen. Eines Nachmittags im Juli ließ er den US-Botschafter mitten aus einem Bonner Mittagessen herausholen, um ihm sein Leid über Gehlen zu klagen. Seiner Meinung nach, sagte Adenauer, »ist [Gehlen] dumm und ist immer dumm gewesen«, was das Felfe-Fiasko rot unterstrichen habe. Es gebe nur einen Grund, sagte der Kanzler, warum er den Geheimdienstler all die Jahre über ertragen habe: wegen Dulles' »persönlichen Interesses« an Gehlen.[40]

Nachdem Dulles die CIA verlassen hatte, war das Verhältnis zwischen dem Geheimdienst und Gehlen nie wieder so einträchtig. Der Deutsche stellte seine Besuche in Amerika ein, und die alten Spannungen lebten wieder auf. 1966 äußerte Gehlen sogar den Verdacht, dass die CIA das Haus seiner Familie überwachen ließ, wobei er, wie ein CIA-Mitarbeiter sagte, »anscheinend eher traurig als wütend« wirkte.[41]

Doch als er in den Ruhestand ging, waren all die unangenehmen Dinge vergessen, und der amerikanische Geheimdienst gab sich alle Mühe, den langjährigen Kollegen aufwändig zu verabschieden. Im September 1968 versammelte sich bei einem Washingtoner Bankett zu Gehlens Ehren eine illustre Schar von CIA-Agenten und US-Militärs. In den Monaten vor seiner Abschiedsfeier grübelte die CIA über die angemessene Medaille, die sie dem Deutschen verleihen sollte – die Intelligence Medal of Merit des Geheimdienstes oder die National Security Medal? Auch Dulles war unter den geladenen Gästen. Hinterher schickte er seinem alten Kollegen Richard Helms, der mittlerweile seinen Platz an der Spitze des Geheimdienstes eingenommen hatte, einen herzlichen Brief, in dem er ihm für die Einladung zum Gehlen-Dinner und die große Freude dankte, die ihm die Gelegenheit bereitet habe, »so viele alte, gemeinsame Freunde des Generals wiederzusehen«.[42]

Reinhard Gehlen verbrachte seinen Lebensabend in seinem Haus am See im Kreis seiner Familie – sein Sohn bewohnte mit Ehefrau und Kind eines der zwei Häuser auf dem Anwesen. Sein deutscher Schäferhund war die einzige Sicherheitsvorkehrung, die er für notwendig hielt. An windigen Tagen genoss er es weiterhin, in seinem Segelboot, auch dieses ein Geschenk der CIA, über den See zu kreuzen.

Journalisten, die ihn gelegentlich besuchten, fanden ihn guter Dinge. Gern schwelgte er in Erinnerungen und und gab seine Gedanken zur Weltpolitik zum Besten. Während seiner Herrschaft in Pullach hatte er strenge Enthaltsamkeit geübt und zu den Mahlzeiten nur Mineralwasser getrunken. Nun gönnte er sich, wenn Besuch kam, ein Glas Sherry. Gehlen zeigte keine unguten Gefühle, wenn die Rede auf die Kriegsjahre kam; er schien es zu genießen, über seine Tätigkeit an der Ostfront zu plaudern, und die Journalisten waren meist von der großzügigen Sorte. Sie stellten die Art von Fragen, die man für gewöhnlich an Staatsmänner und Unternehmensführer im Ruhestand richtet.

»Wenn Sie auf Ihr Leben zurückblicken, wie sehen Sie es?«, fragte die Reporterin einer dänischen Tageszeitung, als Gehlen mit ihr durch seinen Garten am See schlenderte.

»Ich kann nur dem Schicksal danken«, erwiderte er nachdenklich. »Jeder macht Fehler im Leben. [Allerdings] weiß ich in diesem Moment nicht, welche fundamentalen Fehler ich selbst begangen habe.« Was ihn »besonders« glücklich mache, sagte Gehlen, sei, dass er der Welt so viel »menschliche« Hilfe habe spenden können.[43]

12 Hirnkrieg

Am 10. April 1953 hielt CIA-Direktor Allen Dulles eine alarmierende Rede über die jüngste Geheimwaffe der Russen: ein heimtückisches Programm zur Gedankenkontrolle, das Dulles als »Hirnkrieg« bezeichnete.[1] Dulles hatte eine idyllische Umgebung für seinen Vortrag gewählt, eine mit alten Kommilitonen aus Princeton besetzte Alumni-Konferenz in Hot Springs, Virginia, ein modischer Erholungsort in einer grünen Talmulde der Allegheny Mountains, wo auch Thomas Jefferson einst zur Kur weilte. »Ich frage mich«, sagte Dulles der Versammlung, »ob uns klar ist, wie finster der Kampf um die Köpfe geworden ist, den die Sowjets führen. … Der menschliche Geist ist das empfindlichste aller Instrumente. Er ist so fein angepasst, so anfällig für äußere Einflüsse, dass er in den Händen finsterer Menschen zu einem formbaren Instrument wird. Die Sowjets benutzen heute Pervertierungstechniken des Hirns als eine ihrer Hauptwaffen im Kalten Krieg. Einige dieser Techniken sind so subtil und unserem Lebensstil so zuwider, dass wir davor zurückgeschreckt sind, ihnen ins Auge zu blicken.«

Dulles berichtete, dass die Sowjets eine abartige Wissenschaft betrieben, mit der sie nach der Herrschaft über das menschliche Bewusstsein strebten, indem sie »die Gedanken und mentalen Prozesse der Vergangenheit aus dem Gehirn auswaschen« und menschliche Automaten für den Staat erzeugten, die gegen ihren eigenen Willen redeten und handelten.

Dulles sorgte dafür, dass seine Rede die breite Aufmerksamkeit der Medien fand. Sie läutete eine neue finstere Phase des Kalten Kriegs ein, eine Militarisierung der Wissenschaft, die nicht nur darauf zielte, Einfluss auf die öffentliche Meinung zu nehmen, sondern das menschliche Gehirn umzuformen. Was Dulles seinem Publikum in Hot Springs verschwieg, war, dass er einige Tage zuvor ein CIA-Programm zur Gedankenkontrolle mit dem Codenamen MKULTRA autorisiert hatte, das alle ähnlich gearteten Bemühungen hinter dem Eisernen Vorhang in den Schatten stellen sollte. Während er die sowjetische »Gehirnwäsche« verdammte, wusste Dulles in Wirklichkeit, dass die Armee und die Geheimdienste der USA seit mehreren Jahren an eigenen Programmen zur »Hirnkriegsführung«

arbeiteten. Diese Geheimexperimente wurden nun im Rahmen des MKULTRA-Programms der CIA massiv ausgeweitet. Von Dulles mit 300 000 Dollar auf den Weg gebracht, wuchs dieses »Manhattan-Projekt des Geistes« zu einem viele Millionen Dollar schweren Programm heran, das ein Vierteljahrhundert lang weitergeführt wurde und Dutzende von Universitäten und Kliniken sowie Hunderte von Forschern für Studien einspannte, die häufig ethische Grundsätze verletzten und ihre menschlichen Versuchspersonen als »entbehrlich« behandelten.

Richard Helms, der die Aufsicht über MKULTRA führte, teilte Dulles mit, dass die von dem Programm finanzierte Forschung unter strengster Geheimhaltung durchgeführt werden müsse, weil die meisten angesehenen Wissenschaftler sich sehr »sträuben würden, schriftliche Vereinbarungen irgendeiner Art einzugehen, die sie mit dieser Art von Tätigkeit in Zusammenhang bringen, da eine solche Verbindung ihren wissenschaftlichen Ruf gefährden würde.«[2] Bei vielen Projekten von MKULTRA kamen experimentelle Drogen zum Einsatz wie LSD, das Helms als potenzielle »Atombombe des Gehirns« betrachtete. Das Ziel bestand darin, den Geist des Probanden nach dem Willen des Geheimdienstes zu beugen.

Die meisten Leute, die für die Spionage gewonnen wurden, waren zwielichtige, unzuverlässige Charaktere, die von Gier, Rache, Wollust oder anderen wenig ehrbaren Impulsen motiviert waren. Die Agentenführer der CIA träumten jedoch davon, ihr Handwerk auf eine völlig neue technologische Ebene zu heben, eine, die mit den fantastischen Möglichkeiten der Science-Fiction-Literatur liebäugelte. Sie wollten menschliche Maschinen erschaffen, die auf Kommando handelten, selbst gegen ihr eigenes Gewissen. Dulles war besonders erpicht darauf, LSD im Hinblick auf die Möglichkeit zu untersuchen, damit zombiehafte Saboteure und Auftragsmörder zu programmieren. Unermüdlich, so erinnerte sich ein Wissenschaftler, löcherte er Sidney Gottlieb, den führenden Drogenexperten der CIA, ob sich die psychedelische Substanz nicht dazu verwenden ließe, »ausgewählte Individuen zur Verübung schwerer Sabotage- oder Gewaltakte zu bewegen, darunter Mord«.

Richard Condons Bestseller *Botschafter der Angst* von 1959, der auch verfilmt wurde, dramatisierte dieses Konzept eines Roboters aus Fleisch und Blut, eines Menschen, der so tief programmiert ist, dass er sich auf Kommando in einen kaltblütigen Mörder verwandeln lässt. Es war eine paranoide Fantasie, die ihre Wurzeln im Koreakrieg hatte, jenem verwirrenden Debakel in einem entlegenen asiatischen Land, das die amerikanische Öffentlichkeit nicht losließ, bis ein weiteres asiatisches Unheil des Weges kam. Während des Koreakriegs gestanden drei Dutzend in Kriegsgefangenschaft geratene amerikanische Piloten, dass sie über Nordkorea und China biologische Waffen abgeworfen hatten, die Milzbrand, Cholera, Beulenpest und andere giftige und krankheitserregende Stoffe enthielten. Die Anschuldigungen wurden von der US-Regierung vehement bestritten, und als die Flieger nach dem Krieg heimkehrten, zogen sie – unter Androhung, andernfalls wegen Hochverrats vor Gericht gestellt zu werden – ihre Geständnisse zurück mit der Begründung, sie seien von ihren kommunistischen Häschern einer Gehirnwäsche unterzogen worden.

Aggressiv von Experten wie Edward Hunter verbreitet, der im Sold der CIA stand und behauptete, den Begriff geprägt zu haben, grub sich die Geschichte der »Gehirnwäsche« während des Koreakriegs tief in die Fantasiewelt der Amerikaner. Hunter, der Bestseller über diese angebliche kommunistische Technik schrieb und bei Kongressanhörungen dramatische Aussagen darüber machte, »modernisierte im Wesentlichen die Idee der dämonischen Besessenheit«, wie es ein Beobachter ausdrückte.[3] Der selbsternannte »Propagandaspezialist« beschrieb, wie durch und durch amerikanische junge Männer Opfer einer heimtückischen Kombination asiatischer Hypnose und sowjetischer Folterwissenschaft geworden waren, die jeden der gefangenen Piloten in eine »lebende Marionette – einen menschlichen Roboter« verwandelt hatte, »mit neuen Überzeugungen und neuen, den Körpern der Gefangenen eingepflanzten Denkprozessen«.[4]

Am Ende stellte sich heraus, dass die Geschichte von der koreanischen Gehirnwäsche – die so viele abstoßende Fantasiegespinste des Kalten Kriegs hervorbrachte – selbst größtenteils erfunden war. Dulles schlachtete sie in seiner Rede in Hot Springs weidlich aus und beschwor in empörtem Ton das Bild »amerikanischer Jungs« herauf, die gezwungen worden waren, Verrat an ihrem Land zu begehen und »durch und durch falsche Geständnisse abzulegen«, sie hätten einen bakteriologischen Krieg gegen China und Nordkorea geführt. Eine später von Dulles bei zwei renommierten Neurologen des Cornell Medical Center in Auftrag gegebene Studie widerlegte indes die Gehirnwäschepanik weitgehend. Die Forscher wiesen Berichte zurück, wonach die Kommunisten esoterische Techniken zur Gedankenkontrolle benutzten, da sie keinerlei Belege für den Einsatz von Drogen oder Hypnose oder eine Beteiligung von Psychiatern oder anderen Wissenschaftlern bei sowjetischen oder chinesischen Verhören gefunden hätten.[5]

Die meisten Missbräuche, die Kriegs- und politische Gefangene in kommunistischen Ländern erlitten, so die Cornell-Neurologen, bestünden aus nichts Raffinierterem als Isolationshaft und Stresspositionen, wie stundenlanges Stehen auf einer Stelle, sowie auf der gelegentlichen Anwendung roher Gewalt. »Es gibt keinen Grund, diesen Methoden Glanz zu verleihen, indem man sie mit einer Aura des wissenschaftlichen Rätsels umgibt oder sie mit Begriffen wie ›Mentizid‹ oder ›Gehirnwäsche‹ belegt, die nahelegen, dass es sich um wissenschaftlich organisierte Techniken von vorhersagbarer Effizienz handele«, lautete die Schlussfolgerung der Wissenschaftler.

In Reaktion auf das von der CIA selbst heraufbeschworene Schreckgespenst der Gehirnwäsche schuf der Geheimdienst sein eigenes vielschichtiges Programm zur Gedankenkontrolle, mit Anklängen an die Science-Fiction teils eines George Orwell, teils eines Philip K. Dick. In Hot Springs beklagte Dulles, dass die Vereinigten Staaten anders als die skrupellosen Sowjets keinen Zugang zu »menschlichen Versuchskaninchen« für Hirnexperimente hätten. In Wirklichkeit probierte die CIA ihre Techniken der »Hirnperversion« längst an wehrlosen Opfern aus. Dulles begann damit, sowjetische Häftlinge und gefangene Doppelagenten in sein erbarmungsloses psychologisches Räderwerk einzuspeisen, später Drogenabhängige, Psychiatriepatienten, Häftlinge und andere »entbehrliche« Personen. Am Ende gab Allen Dulles seine eigenen Familienmitglieder in die Hände verrückter CIA-Wissenschaftler.

Im Juni 1952 flog Frank Olson – ein einundvierzigjähriger Biochemiker der CIA mit schütterem Haar, langgezogenem Gesicht, schwermütigen Augen und einem Lächeln, das eine vorstehende obere Schneidezahnreihe offenbarte – nach Frankfurt am Main, wo er am Flughafen abgeholt und zwanzig Kilometer nördlich nach Camp King chauffiert wurde, ein Lager der Amerikaner für verschärfte Verhöre von der Art, die später als »schwarze Verhörzentren« bekannt wurden. Olson war einer der Leiter eines Labors zur Entwicklung biologischer Waffen, das die US-Armee gemeinsam mit der CIA in Camp Detrick in Maryland betrieb. Zur streng geheimen Arbeit dieser Abteilung gehörte neben der Suche nach Stoffen zur biologischen Kriegführung wie jenen, die in Korea eingesetzt wurden, auch die Entwicklung von Giften für Mordanschläge und die Erforschung von Gedankenkontrolle mittels LSD.

Olsons Sonderabteilung forschte auch auf einem Gebiet, das euphemistisch »Informationsgewinnung« genannt wurde – extreme Methoden zur Nachrichtengewinnung von unkooperativen Gefangenen. In den vorangegangenen zwei Jahren war der Wissenschaftler zu geheimen Zentren in Europa gereist, wo sowjetische Gefangene und andere menschliche Versuchskaninchen experimentellen Verhörmethoden unterzogen wurden. Noch bevor er Direktor des Geheimdienstes geworden war, hatte sich Allen Dulles selbst an die Spitze dieser CIA-Forschung gesetzt, als Verantwortlicher eines Geheimprogamms, das MKULTRA voranging und den Codenamen Artichoke trug (benannt nach dem bevorzugten Gemüse des Agentenführers). Die CIA säuberte später die diesbezüglichen Akten, aber in einem der wenigen erhaltenen Dokumente mit Datum vom 12. Februar 1951 berichtete Dulles seinem stets zuvorkommenden Stellvertreter Frank Wisner über »die Möglichkeiten der Steigerung der üblichen Verhörmethoden durch Einsatz von Drogen, Hypnose, Schock etc. ... Die beigefügte Mappe ›Verhörmethoden‹ wurde in meiner medizinischen Abteilung ausgearbeitet, um Ihnen den geeigneten Hintergrund zu vermitteln.«[6]

Es waren Geheimgefängnisse im Ausland wie Camp King, wo die CIA viele ihrer Versuchspersonen für die Artichoke-Verhöre fand: Überläufer, Doppelagenten und andere Unglückselige aus dem Osten, die den Amerikanern in die Hände gefallen waren. Manche der Häftlinge waren von der Organisation Gehlen, die eine Zeitlang von Camp King aus operierte, bevor sie nach Pullach umzog, an die CIA übergeben worden. Während des Kriegs war Camp King ein Verhörzentrum der Nazis für gefangene amerikanische und britische Piloten gewesen, später wandelte die US-Armee es in ein Militärgefängnis für prominente Nazikriegsgefangene wie die Propagandistin von Radio Berlin Mildred Gillars und den von der Nazipropaganda als tollkühnen Draufgänger hochgejubelten SS-Offizier Otto Skorzeny um.[7] 1948 fungierte das Lager dann als Zentrum für verschärfte Verhöre von sowjetischen Gefangenen, ein Programm, das in einem skrupellosen Bündnis von CIA-Wissenschaftlern mit ehemaligen Naziärzten geführt wurde, die während des Kriegs in Konzentrationslagern medizinische Experimente an den Insassen durchgeführt hatten. In Camp King gaben die Wissenschaftler des amerikanischen Geheimdienstes und ihre deutschen Kollegen ihren Opfern gefährliche Drogencocktails – darunter Benzedrin, Natriumpentothal, LSD und Meskalin –, nach einem Forschungsprotokoll, das die Versicherung enthielt: »Die Beseitigung der Leiche ist kein Problem.«[8]

Mehr als sechzehnhundert für amerikanische Forschungsprojekte wie dieses rekrutierte Naziwissenschaftler wurden im Rahmen eines als Operation Paperclip bekannten CIA-Programms mit ihren Familien zu einem komfortablen Leben in die USA umgesiedelt.

Einer der Forscher, die im Sold der CIA bei den Artichoke-Verhören in Deutschland mitwirkten, war ein in Harvard ausgebildeter Arzt namens Henry Knowles Beecher. Er sollte bei sowjetischen Spionen in Camp King Amnesie auslösen, nachdem sie den Verhörmethoden des Geheimdienstes unterzogen worden waren. Beecher, Chef der Anästhesiologie des Massachusetts General Hospital in Boston, war ein ausdrücklicher Verfechter des Nürnberger Kodex, der medizinische Experimente an Menschen ohne ihre informierte Einwilligung verbot. Doch er war einer von vielen namhaften amerikanischen Ärzten und Wissenschaftlern, die während des Kalten Kriegs ihre moralische Orientierung verloren, geködert mit großzügiger CIA-Patronage, zu der nahezu unbegrenzte Forschungsmittel und uneingeschränkte Forschungsparameter gehörten. In eine Welt gelockt, wo im Namen der nationalen Sicherheit beinahe alles erlaubt war, begann Beecher sogar, sich auf die Forschungen zu stützen, die Naziärzte in Dachau betrieben hatten.[9]

Nachdem er 1947 in einem beschlagnahmten Gestapo-Bericht gelesen hatte, dass sich Meskalin als effektives Verhörmittel einsetzen ließ, machte sich Beecher auf eine ein Jahrzehnt währende Suche nach einem magischen »Wahrheitsserum«, das Gefangene zwingen würde, all ihre Geheimnisse preiszugeben, ein Unterfangen, das sich später – mit Versuchen an nichtsahnenden Personen in Deutschland und Patienten in seinem Krankenhaus in Boston – auf LSD konzentrierte. Beecher drängte die CIA auf die Ausweitung der Erforschung von LSD als einer »Offensivwaffe«; er verabreichte unwissenden Versuchspersonen starke Überdosen des Halluzinogens, obwohl er wusste, dass es bei seinen Opfern »akute Panik«, »paranoide Reaktionen« und andere traumatische Erlebnisse auslösen konnte – eine »Miniaturpsychose«, wie er in einem Bericht für seinen staatlichen Auftraggeber kühl bemerkte, die »interessante Möglichkeiten bietet«.

Im Gefolge der Nürnberger Prozesse einigten sich die internationalen Institutionen auf die Ächtung körperlicher und seelischer Misshandlung wehrloser Menschen. »Niemand darf der Folter oder grausamer, unmenschlicher oder erniedrigender Behandlung oder Strafe unterworfen werden«, erklärte 1948 die Generalversammlung der Vereinten Nationen mit Nachdruck. Im folgenden Jahr wiederholte die dritte Genfer Konvention dieses grundlegende Misshandlungsverbot: »Zur Erlangung irgendwelcher Auskünfte dürfen die Kriegsgefangenen weder körperlichen noch seelischen Folterungen ausgesetzt, noch darf irgendein Zwang auf sie ausgeübt werden. Die Kriegsgefangenen, die eine Auskunft verweigern, dürfen weder bedroht noch beleidigt noch Unannehmlichkeiten oder Nachteilen irgendwelcher Art ausgesetzt werden.« Doch das von Leuten wie Allen Dulles geprägte Regime der nationalen Sicherheit konnte, indem es den Kalten Krieg als schonungslosen Kampf außerhalb jeglicher Normen militärischen Verhaltens und menschlichen Anstands definierte, das Völkerrecht schamlos missachten. Wenige der Leute, die am Hirnkrieg der CIA beteiligt waren, drückten irgendwelche ethischen Bedenken über ihre Arbeit aus. »Ich habe mir nie Gedanken über Legalität oder Moral gemacht«, gab ein CIA-Agent nach seiner Pensionierung bereitwillig zu. »Ehrlich gesagt, habe ich gemacht, was funktionierte.«[10]

Anders Frank Olson, dem bezüglich seiner Arbeit schwere moralische Bedenken kamen, was zu einer ernsten Krise innerhalb der CIA führte. Nachdem er zu verschiedenen Forschungszentren des Geheimdienstes in

England, Frankreich, Norwegen und Westdeutschland gereist war und Menschenexperimente mit angesehen hatte, die an diesen geheimen Orten durchgeführt wurden, kamen Dr. Olson ernste Zweifel. Besonders erschüttert war er nach seiner Deutschlandreise im Sommer 1952, bei der er Haus Waldhof besuchte, ein berüchtigtes sicheres Haus der CIA auf einem Landgut in der Nähe von Camp King. Sowjetische Gefangene wurden im Haus Waldhof besonders harten Verhörmethoden unterzogen, bei denen sie manchmal zu Tode kamen. Die Grausamkeit, die er dort erlebte, erinnerte Olson an die Konzentrationslager der Nazis. Laut seiner Frau und Kollegen lastete das Erlebte nach seiner Rückkehr in die Vereinigten Staaten immer stärker auf seinem Gewissen. »Nach Deutschland hatte er eine schwere Zeit … Drogen, Folter, Gehirnwäsche«, erinnerte sich Norman Cournoyer, ein Forscher in Camp Detrick, mit dem Olson an Projekten gearbeitet hatte, auf die er einst stolz gewesen war, wie die Entwicklung von Schutzkleidung für die Soldaten, die am D-Day in der Normandie landeten.[11]

Olson und Cournoyer hatten auch an Projekten zusammengearbeitet, die ihn weniger stolz machten. Nach dem Krieg waren sie durch die Vereinigten Staaten gereist und hatten das Ausbringen biologischer Stoffe mit Sprühflugzeugen überwacht. Bei einigen der Tests in Städten wie San Francisco und ländlichen Gegenden des Mittleren Westens waren harmlose Chemikalien zum Einsatz gekommen, bei anderen jedoch gefährliche Gifte. In Alaska, wo die beiden Männer ihre Experimente in einer Umgebung durchführten, die Russland im Winter ähnelte, »benutzten wir Sporen, die Milzbrand sehr ähnlich sind«, erinnerte sich Cournoyer. »Insofern taten wir also schon etwas, das nicht koscher war.« Einer ihrer Forschungskollegen, ein Bakteriologe namens Dr. Harold Batchelor, lernte Techniken des Versprühens von Chemikalien aus Luft von dem berüchtigten Dr. Kurt Blome, Leiter des Programms für biologische Kriegführung der Nazis. Jahre später fand eine Kongressuntersuchung diese von den Wissenschaftlern in Camp Detrick durchgeführten Freiluftexperimente »erschreckend«.

Olson begann sich zu sorgen, welchen Gebrauch das Militär von seinen Sprühtests machen würde. Laut seiner Frau war ihr Ehemann nicht nur zutiefst verstört über die Verhörmethoden, die er in Deutschland mit angesehen hatte, sondern ihn beschlich auch der Verdacht, dass die Vereinigten Staaten in Korea biologische Kriegführung betrieben. Als er aus Deutschland zurückkehrte, stürzte Olson laut seiner Familie in eine »moralische Krise« und überlegte ernsthaft, seine wissenschaftliche Karriere aufzugeben und Zahnarzt zu werden.[12]

Olsons Bedenken gegen die Hirnkriegsforschung der CIA ließen in der Bürokratie von Camp Detrick anscheinend die Alarmglocken schrillen.

Laut einem Dokument aus Olsons Personalakte aus der Zeit nach seiner Rückkehr aus Deutschland ließ sein Verhalten »eine Verletzung der Sicherheit«[13] befürchten.

Im November 1953, noch bevor Frank Olson sein Leben ändern konnte, wurde er ein weiteres unwissentliches Opfer des CIA-Programms zur Gedankenkontrolle. Eine Woche vor Thanksgiving wurden Olson und mehrere andere Wissenschaftler der Sonderabteilung zum Wochenende in ein abgelegenes Heim der CIA in der Nähe des Deep Creek Lake eingeladen, ein reich bewaldetes Erholungsgebiet im Westen Marylands. Die Wissenschaftler wurden hier vom Chef des Technischen Dienstes gegrüßt, Sidney Gottlieb, gewissermaßen der Oberhexenmeister der Zaubertrankabteilung der CIA. Gottlieb war einer der originelleren Charaktere des Geheimdienstes, ein stotternder, klumpfüßiger Biochemiker, den Freunde als unbändiges Genie beschrieben. Trotz seiner Gebrechen frönte Gottlieb so leidenschaftlichen wie unwahrscheinlichen Hobbys wie Volkstanz und Ziegenhüten. Der Sohn orthodoxer ungarischer Juden lehnte das Judentum ab und verbrachte sein Leben auf der Suche nach seiner eigenen Form von Erleuchtung, probierte Zen-Buddhismus aus und wurde ein früher Zelebrant des LSD-Kults. Gottlieb widmete sich enthusiastisch dem CIA-Programm zur Hirnmanipulation und verabreichte Hunderten von nichtsahnenden Amerikanern experimentelle Drogen. Der CIA-Chemiker machte Jagd auf »Leute, die sich nicht wehren konnten«, wie ein Geheimer sagte, wie zum Beispiel sieben Patienten in einer Drogenklinik des Bundes in Kentucky, die von einem mit Gottlieb kooperierenden Arzt, der das Entzugsprogramm des Anstalt leitete, siebenundsiebzig Tage hintereinander unter LSD gesetzt wurden. Gottlieb war auch ein Meister im Anrühren seltener Gifte und im Erfinden raffinierter Verabreichungsmechanismen zur Ermordung von Leuten, die von der CIA als politische Feinde betrachtet wurden. Gottlieb hielt sich an die Ethik von Dulles, dass es im Krieg keine Regeln gab. »Wir waren im Modus ›Zweiter Weltkrieg‹«, sagte ein CIA-Psychologe und Vertrauter Gottliebs. »Der Krieg ging für uns nie wirklich zu Ende.«[14]

Am zweiten Tag des Aufenthalts in Deep Creek präparierte Gottliebs Stellvertreter nach dem Abendessen eine Flasche Cointreau und bot sie dem nichtsahnenden Olson und seinen Kollegen an. Es war für Olson der Beginn eines albtraumhaften Martyriums, das eine Woche später mit seinem Tod endete, als der Wissenschaftler durch das Fenster eines Hotelzimmers in Midtown Manhattan krachte und aus dem zehnten Stock in die Tiefe stürzte. Nachdem er in Deep Creek unter Drogen gesetzt worden war, schien sich Olson nicht mehr zu erholen; er blieb die ganze folgende Woche, die zu seinem verhängnisvollen Sturz führte, verwirrt und hatte panische Angst. Die CIA-Leute, die sich in dieser Woche um ihn kümmerten und ihn in dem Hotelzimmer festgehalten hatten, behaupteten später, sie hätten vorgehabt, ihn in psychiatrische Behandlung zu geben. Doch stattdessen verfrachteten sie ihn von einem Ort zum nächsten und brachten ihn zu einem New Yorker Allergologen im Sold der CIA namens Dr. Harold Abramson, der für den Geheimdienst LSD-Toleranzexperimente durchführte, und sogar zu einem Magier namens John Mulholland, der CIA-Agenten beibrachte, wie sie mit Zaubertechniken ihr Spionagehandwerk verbessern konnten. Als die Tage verstrichen, wurde Olson immer aufgewühlter und erzählte Dr. Abramson – nicht ohne Grund –, dass die CIA versuche, ihn zu vergiften.

Kurz nachdem Olson aus seinem Hotelzimmer im Statler (heute Hotel Pennsylvania) in den Tod gestürzt war, rief jemand aus eben diesem Zimmer bei Dr. Abramson an, um ihm eine kurze Mitteilung zu machen. »Tja, er ist weg«, sagte der Anrufer. »Hmm, das ist ein Jammer«, erwiderte Abramson, dann hängte der Anrufer auf.[15]

Agenten des CIA-Sicherheitsbüros – eine Abteilung aus ehemaligen FBI-Beamten und Polizisten, die für den Geheimdienst den Schmutz wegräumten – fielen rasch im Hotel ein und drängten die New Yorker Polizei beiseite. James McCord, später bekannt für seine Rolle beim Watergate-Einbruch, gehörte zu den Sicherheitsagenten, die sich für die CIA um die Olson-»Untersuchung« kümmerten. Der Geheimdienst bezeichnete Olsons Tod als Selbstmord, das tragische Ende eines emotional instabilen Mannes, dann verschwand die Angelegenheit zwei Jahrzehnte lang in der Versenkung.

1975 tauchte der Fall Olson bei einer Untersuchung der von Präsident Gerald Ford eingesetzten Rockefeller-Kommission zur Aufklärung von Missbräuchen der CIA wieder auf. Olsons Witwe und erwachsene Kinder wurden von Ford ins Weiße Haus eingeladen, wo sich der Präsident im Namen der Regierung bei ihnen entschuldigte. Der Olson-Fall ging als eines der empörendsten Beispiele für die Selbstüberhebung und die wahnwitzigen Forschungen der CIA in die Geschichte ein. Mit den Jahren jedoch gelangte die Olson-Familie immer stärker zu der Überzeugung, dass Frank Olsons Tod kein bloßer tragischer Selbstmord, sondern Mord war.

»Frank Olson starb nicht infolge eines Drogenexperiments, das schiefging«, ließ die Familie 2002 in einer Erklärung verlauten. Er starb, so war sie überzeugt, weil er zu viel wusste und ein Sicherheitsrisiko darstellte.

1994 entschloss sich Franks ältester Sohn Eric, seinen Vater zu einer zweiten Autopsie exhumieren zu lassen. Das Pathologen-Team wurde von James Starrs geleitet, Professor für Recht und Forensik an der George-Washington-Universität. Das Gremium fand (mit einer abweichenden Stimme) Belege, dass Olson ein Schädel-Hirn-Trauma durch stumpfe Gewalteinwirkung und eine Brustverletzung erlitten hatte, bevor er in die Tiefe stürzte – Belege, die »in krasser Weise einen Mord« nahelegten. Starrs sagte der Presse: »Ich stehe der Ansicht, dass Dr. Olson allein durch das Fenster sprang, außerordentlich skeptisch gegenüber.«[16]

Allerdings scheiterten Olsons Kinder mit dem Versuch, den Prozess auf Grundlage der neuen Beweislage neu aufzurollen. 2012 wies ein Bundesrichter die Klage der Familie gegen die CIA auf Entschädigung sowie Zugang zu Dokumenten über den Tod ihres Vaters ab. In dem in erster Linie formal begründeten Urteil bemerkte der Richter dennoch, »dass die öffentlich zugänglichen Akten viele der Mutmaßungen [gegen die CIA] stützen, so weit hergeholt sie klingen mögen«.

Allen Dulles war von kalter Effizienz, wenn es darum ging, Sicherheitsprobleme des Geheimdienstes aus dem Weg zu räumen. Am Abend des 31. März 1953, einige Monate vor Frank Olsons Tod, lud Dulles einen alten Freund und Protegé namens James Kronthal in sein Haus in Georgetown zum Dinner ein, um mit ihm eine dienstliche Angelegenheit zu besprechen. Wie sich herausstellte, war die dringendste Angelegenheit an jenem Abend Kronthals eigenes Schicksal.[17]

Der zweiundvierzigjährige Kronthal war ein aufgehender Stern der CIA und passte perfekt in Dulles' Eliteschema, nur die »Allerbesten« zum Geheimdienst zu holen. Sohn eines prominenten New Yorker Bankiers, hatte Kronthal eine Ausbildung in Yale und Harvard genossen und während des Kriegs beim OSS unter Dulles in Bern gedient. Vor dem Krieg hatte er die Bankkarriere, die seine Familie für ihn ins Auge gefasst hatte, abgelehnt und es vorgezogen, in Harvard Kunstgeschichte zu unterrichten. Er wurde in der Folge im Kunsthandel tätig, wo er einen wachen Geschäftssinn bewies, und etablierte sich in den 1930er Jahren als Kunstmakler für Göring, Himmler und andere Nazigrößen, die von jüdischen Kunsthändlern geraubte Kunstwerke verkauften. Nach dem Krieg war er um Wiedergutmachung bemüht, indem er geplünderte Kunstschätze aufspürte und an ihre rechtmäßigen Eigentümer zurückgab.

Der schmächtige, brillante junge Mann wurde einer von Dulles' Lieblingen; der Agentenführer half Kronthal 1947, die CIA-Station in Bern zu übernehmen, nachdem sie zu einem der ersten CIA-Außenposten in Übersee geworden war. Als Dulles 1953 CIA-Direktor wurde, holte er Kronthal zurück ins Hauptquartier nach Washington mit großen Plänen für die Geheimdienstkarriere des jungen Manns.

Kronthal war kein charmanter Extrovertierter wie Dulles, aber seine Vorgesetzten erkannten hinter seiner zurückhaltenden Art eine seltene Intelligenz. Helms war einer jener, die Dulles' Bewunderung für den vielversprechenden Agenten teilten: Kronthal sei ein »erstklassiger Agent, der seinen Untergebenen mehr durch erwiesenes Wissen und IQ als durch persönliche Wärme und Liebenswürdigkeit Respekt abnötigt«.

Kronthal, von Dulles liebevoll »Jimmy« genannt, erinnerte den CIA-Direktor an seinen einzigen Sohn, Allen jr., auch er ein sensibler, hochintelligenter junger Mann, dessen Leben Großes verhieß. Aber im November 1952 erlitt der junge Dulles im Koreakrieg eine schwere Kopfverletzung, ein Hirnschaden, von dem er sich nie wieder ganz erholte. Für den Rest seines Lebens kam er immer wieder in Krankenhäuser, Sanatorien und private Pflegeheime und entfernte sich immer mehr von seinem Vater. Und an jenem Märzabend des Jahres 1953 sollte Dulles auch Kronthal verlieren, einen Mann, den er als Familienmitglied und möglichen Nachfolger betrachtete.

Dass Kronthal sich von der Geheimdienstarbeit angezogen fühlte, verdankte sich zum Teil dem Umstand, dass er zeit seines Lebens ein persönliches Geheimnis verbarg: Er war homosexuell und hatte eine Schwäche für kleine Jungen. Die Gestapo entdeckte seine sexuelle Vorliebe, als er vor dem Krieg auf dem deutschen Kunstmarkt arbeitete. Später, als Kronthal die CIA-Station in Bern leitete, bekam der sowjetische Geheimdienst NKWD durch die Infiltration der Organisation Gehlen Zugang zu Kronthals Gestapo-Akte. Die Sowjets stellten Kronthal in der Schweiz eine »Honigfalle« mit chinesischen Knaben als Köder. Er wurde heimlich gefilmt und erpresst, und als er im Mai 1952 zurück nach Washington reiste, war James Kronthal ein Doppelagent im eisernen Griff des NKWD.

Es war Oberst Sheffield Edwards, der ehemalige Geheimdienstoffizier der Armee, der das Sicherheitsbüro der CIA leitete, der Dulles darüber informierte, dass sein Protegé umgedreht worden war. Edwards interne Sicherheitsabteilung hatte den Auftrag, die CIA vor feindlicher Infiltration zu schützen. Die Abteilung war auch zuständig für die Bereitstellung von »Vollstreckern«, die jede mögliche Bedrohung oder Bloßstellung des Geheimdienstes eliminierten.

Am Abend des 31. März konfrontierte Dulles beim Dinner in seinem Haus Kronthal mit den Enthüllungen des Sicherheitsbüros. Im Nebenzimmer hörten zwei Agenten aus Edwards' Abteilung heimlich mit. Das Gefühl, verraten worden zu sein, muss für Dulles überwältigend gewesen sein. Aber der CIA-Direktor, dessen Wutanfälle legendär waren, hielt seinen Zorn an jenem Abend im Zaum. Der Agentenchef klang nachdenklich und traurig, als er mit dem Verräter sprach, in den er so viel Hoffnung gesetzt hatte, er sprach über das Rätsel persönlicher Dämonen und wie sie die verheißungsvollsten Karrieren in Flammen setzen konnten.

Nachdem die beiden Männer Kronthals unmögliche Situation und seine düsteren Optionen erwogen hatten, kehrte der Agent, am Boden zerstört, nach Hause zurück, ein weißes Backsteingebäude mit einem kleinen Garten mit Narzissen davor nur zwei Blocks von Dulles' Haus entfernt. Die beiden CIA-Sicherheitsleute folgten ihm. Als Kronthals Haushälterin am nächsten Morgen eintraf, war seine Schlafzimmertür noch immer verschlossen, und er hatte eine Notiz geschrieben, dass er nicht gestört werden wolle. Später an jenem Morgen kamen zwei Männer, die sich als Kollegen Kronthals ausgaben, zu seinem Haus und sagten der Haushälterin, dass sie ihn zu einer dringenden Sitzung mitnehmen müssten. Als sie die Schlafzimmertür öffneten, fanden sie Kronthal leblos auf seinem Bett ausgebreitet, voll angekleidet mit einer leeren Ampulle neben seinem Leichnam.

Die Untersuchung von Kronthals Tod zog rasch Lieutenant Lawrence Hartnett von der Washingtoner Metropolitan Police an sich, ein Mordermittler, der in der Vergangenheit der CIA immer wieder geholfen hatte, Probleme aus dem Weg zu räumen. Hartnett fand einen Brief Kronthals an Richard Helms, in dem er offenbarte, dass er sich »wegen des beruflichen Drucks geistig ausgebrannt« fühle. Auch Allen Dulles hatte er einen Brief hinterlassen. Die Autopsie ergab, dass sich Kronthal das Leben genommen hatte, aber der Bericht ließ mehr Fragen offen, als er beantwortete, und klärte weder die Todesursache noch den Inhalt der im Schlafzimmer gefundenen Ampulle. Einige Zeit vor seinem Tod hatte Kronthal in einem Brief an seine Schwester seine Homosexualität gestanden (was für sie keine Überraschung war) und von den »enormen Schwierigkeiten« erzählt, die ihm seine sexuelle Identität bereite. Er verabschiedete sich dann in einer verwirrenden Weise. Kronthals letzte Worte an seine Schwester waren: »Ich kann 1984 kaum erwarten. In Liebe, Jim«. War das ein sarkastischer Hinweis, dass er den erstickenden Autoritarismus von Big Brother bereits für unerträgliche Realität hielt?

Der Fall James Kronthal war, wie die Geschichte Frank Olsons später in jenem Jahr, ein weiterer Schlamassel, den Dulles' Sicherheitsbüro bereinigen musste. Wenn Kronthals Tod Selbstmord war, hatte dabei anscheinend jemand Beistand geleistet, glaubte zumindest der hochrangige CIA-Mann Robert Crowley. Auf die eine oder andere Weise, sagte er nach seiner Pensionierung dem Journalisten Joseph Trento, wurde Kronthal dazu gebracht, zum Wohl des Geheimdienstes und der Männer, die in der Behörde seine Förderer gewesen waren, das Richtige zu tun. »Allen [Dulles] hatte wahrscheinlich einen speziellen Trank vorbereitet, den er Kronthal gab, sollte der Druck zu groß werden«, spekulierte Crowley. »Dr. Sidney Gottlieb und die Leute von der medizinischen Abteilung stellten alle möglichen Gifte her, die bei einer normalen Obduktion nicht nachzuweisen waren.«[18]

Dulles äußerte sich nach Kronthals Tod nie mehr öffentlich über ihn. Die Bemühungen seiner Schwester, von der CIA mehr Einzelheiten über seine Todesumstände herauszubekommen, blieben fruchtlos; die Presse unternahm nur geringe Anstrengungen, den Fall zu recherchieren. James Kronthal verschwand in der dunklen Versenkung, in der die CIA ihre »Komplikationen« begrub.

Bis zu seiner Verwundung in Korea war Allen Macy Dulles jr. die strahlende Hoffnung seiner Familie. Er war ein brillanter Schüler auf der Phillips Exeter Academy, schaffte die Universität Princeton in drei Jahren und ging im Anschluss nach Oxford, wo er seinen Abschluss in Geschichte mit einer Arbeit über das System der permanenten Staatssekretäre im britischen Außenministerium machte. »Sonny«, wie ihn sein Vater nannte, überragte den älteren Dulles, dessen akademische Leistungen nur mittelmäßig gewesen waren.

Wenn Dulles stolz auf die schulischen Leistungen seines Sohnes war, so ließ er es sich nicht anmerken. Irgendwann ließen seine beiden älteren Töchter Toddie und Joan die Hoffnung fahren, je die Aufmerksamkeit ihres Vaters zu erlangen. Aber sie hofften weiterhin, dass er schließlich den außergewöhnlichen Geist ihres Bruders anerkennen würde. »Meine Schwester und ich, wir hätten uns beide gewünscht, dass mein Vater ihm Anerkennung zollt und das Gefühl gibt, dass mit ihm die nächste Generation außergewöhnlicher Menschen [der Familie] angekommen war«, bemerkte Joan später.[19]

»Ich nehme an«, sagte sie bei anderer Gelegenheit, »dass mein Bruder, besonders mein Bruder, darunter litt, dass mein Vater ihn nicht sonderlich beachtete.«[20]

Allen jr. stand seiner Mutter näher und teilte ihr sensibles, einfühlsames Temperament. Er hatte eine äußerst empfindliche Antenne für Clovers Stimmungen und die Spannungen in ihrer Ehe. Einem Beobachter der Familie kam es so vor, als hätte der ältere Dulles das Gefühl gehabt, von seinem Sohn verurteilt zu werden.

Sonny war in der abgeschlossenen Jungenwelt von Exeter aufgeblüht. Aber anders als sein Vater zog sich der junge Dulles von dem innigen, um die Studentenclubs kreisenden gesellschaftlichen Leben Princetons zurück. Er wurde nicht in einen der Herrenclubs der Uni gewählt und fand die intellektuelle Atmosphäre Princetons nicht anregend genug.

Einer von Allen juniors Klassenkameraden in Exeter, ein Freund, der mit ihm auch nach seiner Kopfverletzung noch Kontakt hielt, war schwul. Es gab Gerüchte, dass Sonny ähnliche Neigungen hatte.

»Na ja, die Jungs mochten ja in der Schule alles Mögliche ausprobieren«, bemerkte Joan dazu. »Ich weiß nichts davon, nur dass [mein Bruder] Interesse an Mädchen zeigte und eine Freundin hatte. … ich habe ihn nie mit Mädchen gesehen, aber es gab eine, die er mochte – mir fällt ihr Name gerade nicht ein. … Natürlich war das damals eine Zeit, wo man es in keiner Weise verraten hätte.«

Selbst vor seinem Hirnschaden schien Allen jr. in seiner eigenen Welt zu leben. »Er war sehr introvertiert«, sagte Joan. »Er schlug in dieser Hinsicht nach meiner Mutter. Und er war jemand, der anderen nicht so große Beachtung schenkte. Ich meine … man ging mit ihm in New York spazieren und er lief fünf Meter vor einem.«[21]

1950, kurz nach seinem Abschluss in Oxford, als der Koreakrieg ausbrach, verblüffte Sonny seine Familie mit der Bekanntmachung, zur Marineinfanterie zu gehen. Onkel Foster ließ seine Beziehungen spielen, um ihm einen komfortablen Bürojob in den Staaten fernab von jeder Gefahr zu verschaffen, aber der einundzwanzigjährige Rekrut meldete sich freiwillig an die Front. Es war, als versuche er noch immer, die Bewunderung seines Vaters zu erheischen, indem er den alten Mann überbot. Der alte Dulles hatte beide Weltkriege in Bars und Hotels ausgefochten, umgeben von weltläufigen ausländischen Agenten und entgegenkommenden Geliebten, aber nie einen Schuss abgefeuert. Sonny würde ihm zeigen, aus welchem Holz echte Helden waren.

Seine Briefe an seinen Vater aus dem Marinekorps zeugten von einem neuen Selbstbewusstsein.[22] Er hielt dem alten Dulles Vorträge über die Mängel des Militärs, füllte Seite um Seite mit einer detaillierten Kritik des verschwenderischen und korrupten Versorgungs- und des unfairen Belobigungssystems. Er machte sogar Vorschläge zur Verbesserung der Rekrutierungsmethoden der CIA. Dulles' Antwortbriefe, die er mit »Liebe Grüße« unterzeichnete, waren nicht sonderlich warmherzig, bewiesen aber Respekt für die verwickelten Gedankengänge seines Sohnes.[23]

Im Sommer 1952 befand sich Allen jr. an der Front in Korea als Leutnant der 1. Marineinfanteriedivision. Er legte im Kampf ein Draufgängertum an den Tag, das manchmal verantwortungslos war. Am Abend des 14. November führte der junge Leutnant einen Schützenzug, der sich in einer vorgeschobenen Position eingegraben hatte. Obwohl von einem nordkoreanischen Schrapnellsplitter am Bein gestreift, griff er trotz heftigen Gegenfeuers allein ein feindliches Scharfschützennest an. Sein Gewehr wurde ihm aus der Hand geschossen, er wurde am Handgelenk verletzt, doch an jenem Tag hatte er noch Glück. »Er hätte nichts davon tun müssen, aber ich glaube, er musste sich etwas beweisen«, sagte Robert Abboud, einer von Sonnys Kommandeuren, der ihn seit ihren gemeinsamen Schultagen kannte. »Er wollte nie anders behandelt werden als der Rest von uns.«[24]

Wieder zusammengeflickt, kehrte Leutnant Dulles am nächsten Morgen zu seinem umkämpften Vorposten zurück. Abermals unter schwerem Maschinengewehrfeuer und Mörserbeschuss, führte Dulles einen Mörserangriff der Marines gegen die Nordkoreaner und kroch, bewaffnet mit Gewehrgranaten, bis auf dreißig Meter an die feindliche Stellung heran. Kurz bevor sich der Feind zurückzuziehen begann, wurde der Leutnant von Fragmenten einer 82-Millimeter-Mörsergranate am Kopf getroffen, die in sein Gehirn eindrangen. »Ich war da, als sie ihn zurückbrachten«, erinnerte sich Abboud. »Er wollte ständig von der Bahre steigen und zurücklaufen. Einige seiner Männer weinten. Ich habe nie wieder jemanden wie ihn getroffen.«

Allen jr. wurde in ein US-Marinehospital in Japan evakuiert, wo er sich einer Hirnoperation unterzog. Clover, die bei einem ihrer Therapieaufenthalte in der Schweiz weilte, flog zu ihm. Von seinen Chirurgen erfuhr sie, dass nicht alle der tief sitzenden Schrapnellsplitter aus Sonnys Gehirn entfernt werden konnten und er nie wieder vollständig genesen würde.

Ende Februar war der junge Dulles kräftig genug für den Nachhauseflug. Sein Vater, der am folgenden Tag als CIA-Direktor bestätigt werden sollte, begrüßte ihn auf der Andrews-Luftwaffenbasis. Ein Fotograf hielt fest, wie sich Dulles besorgt über den Sohn beugte, der auf einer Bahre aus dem Flugzeug getragen wurde, den Kopf mit dicken Bandagen umwickelt. »Wie fühlst du dich, mein Sohn?«, fragte er. »Du siehst gut aus.« Sonnys geflüsterte Antwort war unhörbar.[25]

Nach weiterer Behandlung im Bethesda Naval Hospital schien der junge Mann etwas von seiner alten Persönlichkeit zurückzugewinnen. Er erkannte Menschen, machte Witze und fragte nach den neuesten Weltnachrichten. Aber zu anderen Zeiten starrte er in die Ferne, zitterte vor Angst oder bekam Wutausbrüche gegen die Menschen, die ihn gerade umgaben.

Als Sonny ins elterliche Haus in Georgetown entlassen wurde, war Clover bald klar, dass sie bei seiner Betreuung Hilfe benötigen würde. Ein junger Marinesoldat wurde als Gefährte für Allen jr. gewonnen, und der junge Kriegsversehrte versuchte, wieder eine Art normales Leben zu beginnen. Dulles senior besorgte ihm einen anspruchslosen Büroposten im Außenministerium, und der Sohn unternahm sogar wieder Ausflüge mit Freunden im Auto. Doch diese Experimente der Unabhängigkeit gingen nicht gut aus.

Noch immer blitzte gelegentlich Allen juniors Brillanz auf. Er las weiter unersättlich, aber er hatte Schwierigkeiten, sich an den Inhalt des Gelesenen zu erinnern. Einst in Geografie bewandert, war sie nun ein Buch mit sieben Siegeln für ihn. Er fühlte sich am wohlsten in New York, daher durfte er versuchsweise kurze Aufenthalte dort verbringen. Doch der junge Mann hatte seine »exekutiven Funktionen« verloren, wie die Hirnforschung das nannte. Es fiel ihm schwer, seine Gedanken zu ordnen und seinen Weg durchs Leben zu finden. »Er konnte nicht wirklich denken, und er konnte nicht wirklich zwei und zwei zusammenzählen«, erzählte Joan. »Und er fing an, wirklich depressiv und verrückt zu werden.«[26]

Sonnys geistige Debilität wurde für die Familie zu einer emotionalen und finanziellen Belastung. In den folgenden beiden Jahrzehnten beanspruchte er immer wieder teure Klinikaufenthalte und Heimpflege. Anders als sein Bruder war Allen Dulles kein reicher Mann. Sein Gehalt als CIA-Direktor betrug 14 800 Dollar (nach heutigem Wert 130 000 Dollar) im Jahr, das war genug, um das komfortable Heim der Familie auf Long Island zu unterhalten. Dulles hatte jedoch schon seit langem seine Kapitalbeteiligung an Sullivan & Cromwell aufgezehrt und konnte sich sein zweites Wohnhaus in Washington nur mieten, weil sich der Eigentümer, ein Verwandter eines alten Kollegen, mit einem symbolischen Betrag begnügte. Die Ersparnisse der Familie, einschließlich Clovers bescheidenen Erbes, waren bald durch die Kosten der Privatbehandlung und medizinischen Untersuchungen arg strapaziert.[27]

Obwohl es sich Dulles kaum anmerken ließ, war Sonnys herabgesunkener Zustand ein schwerer Schlag für die Moral der Familie. Allen jr. war auf dem Weg zu einer hervorragenden Karriere an der Universität oder im öffentlichen Leben gewesen, nun hatte er seine liebe Not, den Nachhauseweg zu finden, wenn er zum Mittagessen aus war. Gelegentlich starrte er seinen Vater – auch seinen Onkel Foster und seine Tante Eleanor – mit einem derart wütenden Blick an, dass Dulles erschauderte.[28] Manchmal beschimpfte er seinen Vater zornig als Nazifreund und Nazikollaborateur, Ausbrüche, die seine Familie als »paranoid« bezeichnete, die der Wahrheit aber nahe genug kamen, um den alten Dulles zu verunsichern.[29] »Ich weiß nicht, was wir mit ihm anstellen sollen«, sagte Dulles immer öfter zu Clover.[30]

1954 wandte sich Dulles verzweifelt an Ärzte, die Forschungsmittel des MKULTRA-Programms der CIA erhielten. Es ist unklar, ob er für die Behandlung seines Sohnes durch diese Ärzte bezahlte oder ob sie in Form großzügiger Forschungsaufträge des Geheimdienstes dafür kompensiert wurden.

Der erste Mediziner, den Dulles auf diesem Weg für die Behandlung seines Sohnes gewann, war der angesehene Dr. Harold Wolff, Chef der Neurologie am New York Hospital, Cornell Medical Center, und ehemaliger Präsident der American Neurology Association, der einer der führenden Hirnexperten des Geheimdienstes wurde. Wolff war ein weltgewandter und gebildeter Wissenschaftler, der sich für seine Forschung über Migräne, unter der er selbst gelegentlich litt, internationales Renommee erworben hatte. Auf der Liste seiner Patienten aus aller Welt standen der Schah von Persien und dessen politischer Erzfeind, Premierminister Mossadegh.

Wolff, ein eindringlicher, stets angespannter Mann, hatte sich zum Ziel gesetzt, jeden Tag ein neues Experiment durchzuführen. Dr. Donald Dalessio, sein Assistenzarzt und später wissenschaftlicher Mitarbeiter, bemerkte, dass Wolffs »unablässiger Leistungsdrang die Migränepersönlichkeit verkörperte, die er so lebhaft bei Hunderten von Patienten dokumentierte«.[31] Ausgebildet vom berühmten russischen Vater der Verhaltensforschung Iwan Pawlow, verbrachte Wolff lange Stunden in seinem Labor im sechsten Stock des New York Hospital, um die Geheimnisse des Gehirns zu erforschen.

Wolff war extrem selbstbewusst und neigte zum Dogmatismus. Als ihn einmal ein Kollege fragte, warum er sich nie offiziell als Neurologe hatte zertifizieren lassen, war er zuerst verdutzt, dann erwiderte er: »Aber wer sollte mich denn prüfen?«[32] Als ihm die CIA die wissenschaftliche Leitung des MKULTRA-Programms antrug, hatte Wolff keinerlei moralische Bedenken. Er selbst würde die ethischen Grenzen seiner Experimente zur Gedankenkontrolle festlegen.

Wolff war sich allerdings der professionellen und möglichen rechtlichen Fallstricke der MKULTRA-Forschung hinreichend bewusst, um sicherzustellen, dass die CIA die Verantwortung für die riskantesten Experimente übernahm. In einer aufschlussreichen Passage in seinem CIA-Projektantrag schrieb er, das Cornell-Forschungsteam würde für den Geheimdienst »potenziell nützliche Geheimdrogen (und verschiedene hirnschädigende Verfahren) auf [ihre] grundlegende Wirkung bezüglich der menschlichen Hirnfunktion und der Stimmung der Versuchsperson testen«. Wolff legte jedoch sorgsam fest, dass jegliche gefährlichen Experimente in CIA-Einrichtungen, nicht in seinem Krankenhaus durchgeführt werden durften. »Wo solche Studien eine potenzielle Schädigung der Versuchsperson mit sich bringen, erwarten wir, dass die Behörde geeignete Versuchspersonen und einen passenden Ort für die Durchführung der Experimente bereitstellt.«[33]

1955 willigte Wolff ein, Präsident der Society for the Investigation of Human Ecology zu werden, das war die zentrale Tarnorganisation der CIA für die Kanalisierung von Geldern in eine ganze Bandbreite medizinischer, psychologischer und soziologischer Forschungsprojekte zur Gedankenkontrolle. Wolffs Prestige wurde zu einem bedeutenden Aktivposten der CIA, um Wissenschaftler für ihre Ziele im Kalten Krieg einzuspannen. Der Neurologe profitierte außerordentlich von der Beziehung, erhielt CIA-Forschungsmittel von bis zu 300 000 Dollar für seine eigenen Forschungsprojekte und leitete Millionen weiterer Dollar an Kollegen verschiedener Disziplinen weiter.

Wolff freundete sich mit Dulles an und war gelegentlich zum Abendessen in dessen Haus in Georgetown. Seine dominierende Persönlichkeit machte ihn zu einem der wenigen Männer, die sich in Dulles' Gesellschaft behaupten konnten. Es war nur natürlich, dass der CIA-Direktor den prominenten Neurologen fragte, ob er etwas für seinen Sohn tun könne. Ohne zu zögern, willigte Wolff ein, Allen jr. zu behandeln – es war das Mindeste, was er für so einen wichtigen Wohltäter tun konnte. So wurde Sonny zu einem weiteren Opfer des MKULTRA-Programms seines Vaters.

Joan hat schmerzliche Erinnerungen an ihre Besuche bei ihrem Bruder im New York Hospital, wo dieser einer quälenden Insulinschocktherapie unterzogen wurde, eines der von der CIA bei ihren »menschlichen Versuchskaninchen« eingesetzten experimentellen Verfahren.[34] Vor allem zur Behandlung von Schizophrenie verwendet, sollten Insulinüberdosen Patienten ruckartig aus ihrem Wahn reißen. Die Prozedur führte zum Koma, manchmal zu heftigsten Krämpfen. Das Risiko war enorm, die Patienten konnten sterben oder Gehirnschäden davontragen, wenn auch eine damals verfasste Studie darin einen wohltuenden Effekt zu erkennen glaubte, da dadurch die »Spannung und Feindseligkeit« der Patienten verringert würde.

»Sie benutzten im New York Hospital Insulin«, erinnerte sich Joan. »Ich glaube, diese Initiativen … Gott weiß, ob sie von meinem Vater kamen. Ich weiß es nicht, aber ich habe mich das immer gefragt, denn es klang nicht nach einer guten Idee.« Besuche im Krankenhaus bei ihrem Bruder waren schwer zu ertragen. Immerzu fragte er: »›Kannst du etwas für mich tun? Ich werde verrückt.‹ Damals wusste ich nicht, was er meinte oder was ich tun sollte. Ich besuchte ihn nur.«

Erst Jahre später, als Joan Berichte über MKULTRA las, wurde ihr klar, wie weit ihr Vater im Namen der Hirnforschung gegangen war – sogar bei seinem eigenen Sohn. »Wenn man einmal auf die dunkle Seite gewechselt ist, gibt es anscheinend kein Halten mehr.«

Nachdem er die Insulinbehandlungen durchgestanden hatte, zeigte Sonny keinerlei Anzeichen der Besserung, allerdings schrieb er seinem Vater einen rührenden Brief aus New York, in dem er eine neue Fügsamkeit an den Tag legte und dem großen Wunsch Ausdruck gab, seiner Familie keine weiteren Schwierigkeiten zu bereiten.[35]

Trotz Wolffs Scheitern wandte sich Dulles als Nächstes an Dr. Wilder Penfield, ein bekannter Neurochirurg an der Montrealer McGill University, dessen Psychiatrieeinrichtung, das Allan Memorial Institute, zu einem der wichtigsten Zentren der CIA-Experimente zur Gedankenkontrolle wurde. Dulles war dankbar für Penfields Bereitwilligkeit, seinen ärztlichen Rat zu Allen jr. abzugeben, was er bis zu seiner Pensionierung 1960 weiterhin tat.

Wie Wolffs Arbeit am New York Hospital-Cornell profitierte auch Penfields medizinische Hochschulforschung von ihrer Beziehung zur CIA.

Penfield holte einen bekannten schottischen Psychiater namens Donald Ewen Cameron, den Dulles seit dem Krieg kannte, als Leiter des neuen Allan Memorial Institute for Psychiatry zur McGill-Universität. Cameron hatte Dulles bei den Nürnberger Prozessen kennengelernt, wo er als Gutachter zur Geisteskrankheit von Rudolf Hess hinzugezogen wurde. 1957 erhielt Cameron durch Dr. Wolffs Society for Human Ecology einen steten Strom von CIA-Geldern, um an der McGill-Universität Gehirnwäsche-Experimente durchzuführen, die später weithin als barbarisch verurteilt wurden.

Ungeachtet seiner tadellosen Referenzen sah sich Cameron als ikonoklastischer Innovator, der in der Psychiatrie die neuesten pharmazeutischen Mittel einsetzte und sich aktuelle Erkenntnisse der aufstrebenden, immer einflussreicheren Verhaltensforschung zunutze machte.[36] Zu Camerons Experimenten im berüchtigten »Schlafsaal« des Allan Memorial Institute gehörte es, Patienten in »elektrische Träume« zu versetzen, wie es ein Opfer ausdrückte, durch Insulinüberdosen, massive Infusionen von Halluzinogenen wie LSD und anderen experimentellen Drogen sowie häufigen, alarmierend hoch dosierten Elektroschocks – ein Prozess, den er »Musterauflösung« nannte, weil er das Gehirn von »schlechten Verhaltensmustern« säubern sollte. Nachdem er diese negativen Gedanken gewissermaßen weggeschockt hatte, versuchte Cameron, sie durch gute zu ersetzen, was er als »psychische Steuerung« bezeichnete: das Abspielen von auf Tonband aufgezeichneten Botschaften, die seine nahezu komatösen Patienten sechzehn bis zwanzig Stunden am Tag Woche für Woche zu positivem Verhalten aufriefen, während sie immer wieder zu Bewusstsein kamen und neue Schocks erhielten. In einem Fall wurde ein Patient in Camerons Schlafraum 101 Stunden lang der Umprogrammierung unterzogen.

Die Patienten, die zu Cameron kamen – oft waren es Frauen –, suchten im Allgemeinen Erleichterung von alltäglichen psychischen Erkrankungen wie Depressionen und Angstzuständen, sogar von Eheproblemen. Wie die Autorin Naomi Klein später schrieb, brachte Camerons »Schockkrieg gegen das Gehirn« nur noch größeres Elend über die Menschen, die sich in seine Obhut begaben.[37] »Er war zwar ein Genie im Zerstören von Menschen, doch er konnte sie nicht wieder neu aufbauen«, bemerkte Klein. »Eine Folgeuntersuchung nach Camerons Weggang vom Allan Memorial Institute kam zu dem Ergebnis, dass es 75 Prozent seiner ehemaligen Patienten nach der Behandlung schlechter ging als vor ihrer Einlieferung.«[38]

Cameron selbst deutete an, dass das wahre Ziel seiner von der CIA finanzierten Forschung nicht die Verbesserung des Lebens der Patienten war, sondern einen Beitrag zu den Bestrebungen im Kalten Krieg zu leisten, die Wissenschaft der Gedankenkontrolle zu perfektionieren. Er verglich seine Patienten mit Kriegsgefangenen, die verhört wurden und die »wie Gefangene der Kommunisten« versuchten, gegen die Behandlung »Widerstand zu leisten, und dieser musste gebrochen werden«.[39]

Gail Kastner, eine vielversprechende junge Krankenschwester in der Ausbildung an der McGill-Universität, wurde eines der Opfer von Camerons Experimenten. Sie hatte sich an Cameron mit Angstproblemen gewendet, verursacht durch ihr Verhältnis zu ihrem sie misshandelnden Vater. Ein kleiner Mann mit blassblauen Augen, strahlte Cameron eine väterliche Wärme aus und sprach seine Patientinnen mit weichem schottischem Akzent mit »Mädchen« an. Aber am Ende war der Doktor für Kastner zur »Monsterkoryphäe« geworden – er war der distinguierte Herr im weißen Kittel, der sich über sie beugte, wenn ihr so viel Elektrizität durch den Körper gejagt wurde, dass ihre Zähne und ihre Wirbelsäule brachen, während sie sich auf dem Tisch aufbäumte.[40]

Jahre später erzählte Kastner der Autorin Naomi Klein, wie es sich anfühlte, im Schlafsaal zu liegen. »Ich höre Menschen schreien, jammern, stöhnen, sie sagen ›nein, nein, nein‹. Ich erinnere mich, wie es war, in jenem Raum aufzuwachen, ich war schweißgebadet, mir war übel, ich übergab mich – ich hatte so ein ganz merkwürdiges Gefühl im Kopf. Als hätte ich da einen Klumpen, keinen Kopf.«[41]

Das Gehirn der Patienten wurde zur Tabula rasa; sie verloren einen Großteil ihrer Erinnerung und dadurch viel von ihrem Leben. »Sie versuchten, mich auszulöschen und wieder neu aufzubauen«, sagte Kastner. »Aber es hat nicht funktioniert.«

Val Orlikow, eine junge Mutter, die nach der Geburt ihres Kindes unter postpartaler Depression litt, war eine weitere Patientin, deren Leben von Cameron entleert wurde. Als sie aus dem Allan Memorial Institute nach Hause entlassen wurde, konnte sich Orlikow nicht mehr an ihren Ehemann David erinnern, der Mitglied des kanadischen Parlaments war, noch an ihre Kinder. Ihr Verstand war auf den eines Krabbelkindes reduziert. Sie konnte nicht einmal mehr allein auf die Toilette.[42]

Mitte der 1970er Jahre, nach Camerons Tod, drangen die Geheimnisse des Schlafsaals und anderer unmenschlicher MKULTRA-Forschungszentren langsam an die Öffentlichkeit, als Journalisten in den USA dank des Gesetzes für Informationsfreiheit Anträge auf Freigaben stellten und der Kongress eine Untersuchung der CIA-Schreckenskammern eröffnete. Schließlich zahlte die CIA 750 000 Dollar Schmerzensgeld an neun Familien, deren Leben von Camerons Experimenten auf den Kopf gestellt worden war – damals die höchste Schadensersatzsumme, die je gegen den Geheimdienst verhängt worden war. Die CIA tat so, als seien ihre Experimente zur Gedankenkontrolle isolierte Relikte der Vergangenheit. In seiner Aussage bei einer Senatsanhörung 1977 nannte der CIA-Psychologe John Gittinger MKULTRA »einen dummen Fehler ... einen schrecklichen Fehler«.[43]

Aber die Arbeit von Cameron und anderen MKULTRA-Wissenschaftlern lebt im Geheimdienst weiter, aufgenommen in einen Folterleitfaden der CIA von 1963 namens *Counterintelligence Interrogation*, der benutzt wurde, um von Gefangenen in den Kriegen in Vietnam und Mittelamerika Aussagen zu erpressen ebenso wie von den Häftlingen der geheimen, nach den Anschlägen vom 11. September 2001 eingerichteten amerikanischen Verhörzentren. US-Behörden und ihre ausländischen Verbündeten betrieben ihre eigenen Versionen von Camerons Schlafsälen weiter, wo Gefangene ähnlichen Arten des Reizentzugs ausgesetzt wurden und Elektroschocks und Drogenüberdosen über sich ergehen lassen mussten, bis ihr Widerstand gebrochen war.[44]

Allen Dulles war sich der Experimente, die an der McGill-Universität durchgeführt wurden, vollauf bewusst, als er seinen eigenen Sohn dorthin schickte. Joan glaubt nicht, dass ihr Bruder in die Hände von Dr. Cameron fiel, als er dort Patient war. Doch was immer mit Sonny in Montreal geschah, war für ihn keine angenehme Erfahrung.

Als Allen juniors Behandlung an der McGill-Universität begann, gab sich Dr. Wilder Penfield zuversichtlich, den Zustand des jungen Mannes verbessern zu können. Doch Sonny kannte mittlerweile seine Beschränkungen und fühlte sich durch die aufgezwungene Behandlung nur noch schlechter. »Er glaubte, mein Bruder könne sich verbessern«, erinnerte sich Joan. »Aber mein Bruder war wütend, weil ihm klar war, dass er es eben nicht konnte.«[45]

Am Ende räumte Penfield ein, dass selbst die medizinische Zauberkunst der McGill-Universität nicht reichte, um Sonny zu helfen. Im Februar 1959, im Jahr vor seiner Pensionierung, schrieb der Neurochirurg Allen Dulles einen Brief, in dem er seine Niederlage eingestand. »Ich wünschte, ich hätte ihm helfen können«, so Penfield. »Was für ein Verlust diese Entgleisung des Gehirns ist – für ihn, seine Eltern, ja für die Welt, denn er hatte einen so vortrefflichen Verstand.«[46]

Nachdem Penfield Allen juniors Zustand für hoffnungslos erklärt hatte, zerbrach sich Clover weiter den Kopf über seine Pflege. Sie vertraute ihre Sorgen häufig Mary Bancroft an, die mittlerweile in New York lebte. Im November schrieb sie Mary, dass Allen juniors Pflege sie unablässig auf Trab halte. Sie sei froh, ihren Sohn »in Reichweite« zu haben, aber wenn er zu Hause bei seinen Eltern in Georgetown war, »erforderte [sein] Kommen und Gehen – unter [Mithilfe] von Georgetown-[Universitäts-]Studenten etc. pp. – unglaublich viel Planung, Telefonanrufe und was nicht alles. Ich will Dich nicht mit der ganzen Litanei belasten.«[47]

In einem anderen Brief an Mary schrieb Clover: »Alles ist in Ordnung und im Argen, wie immer man es sehen will. Der große Allen ist sehr angespannt, kein Wunder bei der ganzen Bürde, die er trägt, dem jungen Allen geht es nicht allzu gut; der große Allen ist allzu beschäftigt, um sich um all die Dinge zu kümmern, zu denen ich [Sonny] bringen muss, und zu zerschlagen von allem. Du weißt, es ist immer alles zu viel oder nicht genug, und ich bin so voller Angst die ganze Zeit und es gibt nichts, was sich daran ändern lässt.«

Von Zeit zu Zeit bekam Sonny Wutanfälle. Nachdem sie im Februar 1960 einen davon überstanden hatte, schrieb Clover an Joan: »Es war nicht wirklich beängstigend, aber fast.« Sie versicherte ihrer Tochter, dass »nichts zerbrochen« wurde, aber sie gestand auch, dass es eine »fürchterliche Ungewissheit« gebe, »wie sich alles entwickeln wird. Einer der Medizinstudenten der Georgetown-Universität war hier und einer von Vaters Mitarbeitern und ein weiterer kam aus dem Büro. Ich habe das Krankenhaus angerufen, aber zuerst haben sie gesagt, dass sie nicht über die Distriktgrenze kommen können, und dann musste der Mitarbeiter erst eine halbe Stunde Pause für sein Abendessen bekommen, bevor er losfahren konnte!«

Allen jr. war »im Allgemeinen endlos geduldig«, erinnerte sich Joan. Aber er rebellierte heftig, wenn seine Familie versuchte, ihn in ein Heim zu geben. Manchmal »brauchte es drei Leute, um ihn hinunterzudrücken, wenn er wirklich wütend wurde – weil er nicht zurück ins Krankenhaus wollte«.[48]

Ihr sensibler, verwundeter Sohn erinnerte Clover an ihren verlorenen Bruder Paul, für den das Leben eine zu beängstigende Herausforderung war. Sie hatten das gleiche künstlerische Temperament, die gleiche körperliche Unbeholfenheit. Paul hatte »die Hände eines Menschen, der denkt, aber nicht handelt«, schrieb sie in ihr Tagebuch. »Mein Sohn hat sie auch.«[49] 1959 informierte Reverend John Sutherland Bonnell, ein prominenter New Yorker Presbyterianer, der dem jungen Allen eine Zeitlang seine geistliche Führung angeboten hatte, dass Sonny »glaubt, dass in ihm latent die Neigung schlummere, die ›bei Paul Todd aktiv war und dazu führte, dass er sich umgebracht hat‹«. Es war eine weitere emotionale Last, die Clover zu tragen hatte, die Angst, dass sich die Familientragödie wiederholen könnte.

Allen jr. war nicht das einzige Sorgenkind der Dulles-Familie. Die älteste Tochter Toddie litt im frühen Erwachsenenleben unter manischer Depression, ein Leiden, das sie, wie Clover befürchtete, von ihr geerbt hatte. Auch sie unterzog sich einer Behandlung mit Elektroschocks. Es ist nicht bekannt, ob CIA-Ärzte bei Toddies Elektroschocktherapie beteiligt waren, aber Dulles hatte keinerlei Skrupel, leidende Verwandte zu Ärzten zu schicken, die mit dem MKULTRA-Programm verbunden waren.

Lobotomien gehörten zu den extremeren Methoden dieses CIA-Programms. An einem Punkt sorgte Dulles dafür, dass bei seiner Nichte Edith – die Tochter seiner Schwester Margaret – von einem CIA-Gehirnchirurgen eine Lobotomie durchgeführt wurde. »Sie hatte Krebs und große Schmerzen«, erinnerte sich Joan. »Sie versuchten es mit einer Lobotomie bei ihr – alles kam von meinem Vater, er war derjenige, der den Arzt vorschlug. Es wirkte überhaupt nicht, es beendete nicht ihre Schmerzen. Sie wurde nur merkwürdig.«[50]

Manchmal meinte Clover, unter der ganzen Traurigkeit und Angst in ihrem Leben zusammenzubrechen. Sie hatte das Gefühl, als »ginge sie am Boden des Meeres«, schrieb sie Mary 1961.[51] »Es ist nicht lustig, sich die ganze Zeit so unmöglich zu fühlen«, vertraute sie ihrer Freundin bei einer anderen Gelegenheit an. Das geheime Leben ihres Ehemanns – zu dem, wie sie argwöhnte, weiterhin andere Frauen gehörten – und seine Gefühlskälte vergrößerten ihre Einsamkeit nur noch mehr.

Irgendwann empfahl ein wohlmeinender CIA-Arzt Clover, zu Dr. Cameron zu gehen.[52] Sie kannte Cameron von CIA-Dinner-Partys ihres Mannes und hatte sich in seiner Gegenwart aus irgendeinem Grund immer unwohl gefühlt. Doch aus Verzweiflung stimmte sie zu, sich mit dem Psychiater bei seinem nächsten Besuch in Washington im Mayflower Hotel zum Lunch zu treffen. Beim Mittagessen klagte sie Cameron ihre vielen Nöte – auch die Affären ihres Ehemanns –, während er sie intensiv anstarrte. Nachdem sie geendet hatte, erklärte Cameron ihr, dass die sexuellen Fehltritte ihres Mannes nur die natürliche Folge seiner komplexen und angespannten Persönlichkeit seien und sie diese Eskapaden nicht persönlich nehmen solle. Er lud sie nach Montreal ein, wo er sie in seiner Klinik behandeln und ihr helfen könne, eine positivere Sicht auf ihr Leben zu gewinnen. Clover verbrachte Tage damit, sich das Angebot durch den Kopf gehen zu lassen, entschloss sich am Ende jedoch dagegen. Sie ahnte nicht, dass sie, indem sie Camerons Schlafsaal aus dem Weg ging, ihre geistige Gesundheit gerettet haben dürfte.

1962 besorgte Clover auf Rat ihrer langjährigen Analytikerin Jolande Jacobi ihrem Sohn einen Platz in dem Schweizer Sanatorium Bellevue am Bodensee, dessen Leitung enge Bande zum Jung-Institut im nahen Zürich und zu dem großen Psychiater selbst unterhielt. Nach all den frustrierenden und grauenvollen Behandlungen, die Allen jr. in den vorangehenden zehn Jahren über sich hatte ergehen lassen müssen, war Clover überzeugt, dass es an der Zeit für einen weicheren, jungianischen Ansatz sei mit Gesprächstherapie, Traumanalyse und der Möglichkeit für den Patienten, seinen Gefühlen künstlerisch Ausdruck zu geben.

Nach einiger Zeit in Bellevue schlug Sonnys Vater vor, dass es an der Zeit sei, in die Vereinigten Staaten zurückzukommen, aber er wehrte sich mit Händen und Füßen gegen die Idee. »Niemals!«, schrie er. »Ich werde niemals wieder nach Hause kommen. Nie!«[53]

Allen jr. verließ Bellevue erst, als sein Vater tot war. Joan holte ihn schließlich aus dem Sanatorium nach Santa Fe, wo sie ihre eigene Zuflucht gefunden hatte und sich um ihren Bruder kümmern konnte, und wurde sein gesetzlicher Vormund. Sonny kehrte nie wieder in ein Heim zurück.[54] Die beiden älteren Geschwister leben bis heute in Santa Fe, nun im selben Haus, wo beide in je eigener Weise mit dem Sinn ihrer Vergangenheit ringen.

13 Gefährliche Ideen

Am 12. März 1956, kurz nach 21 Uhr, beendete Jesús de Galíndez, ein Dozent für Spanisch und Politik an der New Yorker Columbia-Universität, ein Graduiertenseminar und machte sich auf den Nachhauseweg. Einer seiner Studenten bot ihm an, ihn noch mit dem Auto bis zur U-Bahnstation Columbus Circle mitzunehmen, um von dort die U-Bahn zu seiner Wohnung in Greenwich Village zu nehmen. Seine Freunde und Kollegen sahen ihn nie wieder.

Galíndez war ein charmanter vierzigjähriger Junggeselle, bei seinen Studenten beliebt, bei den Frauen begehrt. Der Sohn einer prominenten baskischen Familie in Spanien und studierter Jurist war groß, schlank und gut gekleidet, ein gutaussehender Mann mit tiefschwarzen Augen, dessen hohe Stirn ihn noch distinguierter wirken ließ. Er strahlte eine warme, wenn auch ein wenig melancholische Intelligenz aus. Er wirkte wie jemand, der vielleicht etwas zu viel von der Welt gesehen hatte, aber entschlossen war, sich davon nicht entmutigen zu lassen.

Während des Spanischen Bürgerkriegs hatte Galíndez in einer baskischen Brigade gegen Francos Truppe gekämpft. Nach dem Sieg der Faschisten war er nach Frankreich geflohen und hatte eine Schiffspassage in die Dominikanische Republik gekauft, deren Herrscher Rafael Trujillo den spanischen Exilanten Asyl angeboten hatte. 1939 traf er in Santo Domingo ein, der Landeshauptstadt, die der Diktator nach sich selbst in Ciudad Trujillo umbenannt hatte. Hier fand Galíndez eine Stelle als Geschichts- und Sprachdozent und wurde später Berater der Regierung. Aber wie die meisten seiner geflohenen Landsleute entdeckte er bald, dass sie »aus Francos Pfanne in Trujillos Feuer gesprungen waren«, wie es ein dominikanischer Diplomat ausdrückte.[1]

Rafael Trujillo hatte die Dominikanische Republik seit 1930, mit einem operettenhaften Terrorregime regiert, in dem der Prunk ebenso blühte wie die Gewalt. Zu den blutrünstigen Stücken in seinem Theater des Grauens gehörte 1937 die massenhafte Abschlachtung von Tausenden haitianischer Arbeitsmigranten, darunter Frauen und Kinder, von denen viele mit Macheten zu Tode gehackt wurden. Trujillos politische Feinde wurden verhaftet und in dem berüchtigten Konzentrationslager in Nigua und im Kerker La Cuarenta gefoltert. Andere wurden ermordet und ihre Leichen in makabren Umzügen zur Schau gestellt, wie der Rebellenführer Enrique Blanco, dessen Leiche auf einen Stuhl festgebunden durch seine Heimatprovinz paradiert wurde, wo seine Anhänger unter den Bauern gezwungen wurden, mit ihm zu tanzen.[2]

Wer bei Trujillos Regime in Ungnade fiel, lebte in mörderischer Angst davor, von der berüchtigten Klatschkolumne der führenden Regierungszeitung *El Caribe* bloßgestellt zu werden, eine Hinrichtung »langsamer und perverser« als bei denjenigen, die Trujillo »erschossen, erschlagen oder den Haien zum Fraß vorgeworfen hatte«, wie der Romancier Mario Vargas Llosa bemerkte.[3] »Der Chef«, wie er gemeinhin genannt wurde, war ein Meister der Angst. In den späteren Jahren seines Regimes in den 1950er Jahren musste nur einer der schwarzen VW-Käfer seiner Sicherheitsleute auftauchen, um eine ganze Nachbarschaft in Panik zu versetzen. Sie erzeugten in den Worten einer Historikerin »das Gefühl, ständig unter Trujillos Beobachtung zu stehen«.[4]

Trujillo war auch als Kleptokrat berüchtigt und riss sich alle Schlüsselindustrien des Landes unter den Nagel, darunter die Erdöl-, Zement-, Fleisch-, Zucker- und Reisindustrie, ja sogar die Prostitution. Indem er die Dominikanische Republik als Familienunternehmen führte, häufte er ein Privatvermögen an, das ihn zu einem der reichsten Männer Lateinamerikas machte. Trujillos sexueller Appetit war ebenso unersättlich und trug ihm auf den Straßen der Hauptstadt den Spitznamen »der Ziegenbock« ein. Er verbrauchte drei Ehefrauen, zwei Geliebte und zahllose junge Frauen, deren körperliche Reize ihn kurzzeitig gefangen nahmen. Trujillo, dessen Mutter eine haitianische Mulattin war, stand auf plumpe, weiße Frauen – das Schönheitsideal der örtlichen Aristokratie, die den ehemaligen Armeefeldwebel nie voll akzeptierte.

Trujillo sicherte seine Kontrolle über den Präsidentenpalast, indem er Tausenden junger Männer aus den unteren Schichten, darunter Mestizen, Schwarze und andere traditionelle Außenseiter der Gesellschaft, in der öffentlichen Verwaltung und bei der Armee Aufstiegschancen bot, Letztere nach der venezolanischen bald die zweitstärkste Armee Lateinamerikas. Zudem hofierte er hartnäckig die Supermacht im Norden, schwor den USA im Zweiten Weltkrieg und im Kalten Krieg Bündnistreue und überhäufte Washingtoner Politiker und Lobbyfirmen mit Geld. Trujillos Buhlen um Washington zahlte sich aus. 1955 feierte John Foster Dulles den starken Mann als »einen der führenden Sprecher der Hemisphäre gegen die kommunistische Bewegung«.[5] Später in jenem Jahr besuchte Vizepräsident Richard Nixon die Dominikanische Republik und machte Aufhebens davon, Trujillo öffentlich zu umarmen. Die Vereinigten Staaten sollten die notorischen Mängel des dominikanischen Diktators übersehen, riet Nixon dem Kabinett Eisenhowers später, schließlich »hätten die Spanier viele Talente, die Regierungsführung gehöre aber nicht dazu«.[6]

Trujillo erhielt von Washington Hilfsgelder in Höhe von jährlich 25 Millionen Dollar, von denen ein Großteil auf seinen privaten Bankkonten landete, und war eifrig bemüht, den Strom amerikanischer Dollars nicht abreißen zu lassen. Die CIA füllte die Taschen des Diktators noch mehr durch geheime Zahlungen. Wann immer er zu Versammlungen der Vereinten Nationen nach New York kam, ließ sie Koffer voller Bargeld in seine Hotelsuite bringen.[7]

Trujillo gelang es, jede Opposition im eigenen Land zu zerschlagen, 1956 wurde der internationale Ruf seines Regimes jedoch von einem Mann namens Jesús de Galíndez bedroht. Galíndez wohnte in einer mit Büchern angefüllten Wohnung an der unteren Fifth Avenue in New York und besuchte abends gern lateinamerikanische Tanzclubs. Seinen Kollegen an der Columbia-Universität mochte sich nicht erschließen, was an ihm so gefährlich sein sollte, doch Trujillo sah in Galíndez eine verräterische Schlange, die es wagte, die öffentliche Meinung über sein Regime zu vergiften. Kurz vor seinem Verschwinden hatte Galíndez seine Dissertation zur Erlangung der Doktorwürde eingereicht, eine vernichtende, 750-seitige Arbeit über die verhasste Herrschaft des Diktators, die »Ära Trujillo«. Wissenschaftliche Arbeiten wecken normalerweise keine Mordgelüste, doch Trujillo wusste, dass Galíndez, der im öffentlichen Dienst der Dominikanischen Republik gearbeitet hatte, Insider-Informationen über sein barbarisches, korruptes Regime besaß. Der Chef betrachtete Galíndez' Monografie als Dolchstoß in den Rücken und brütete darüber, wie er sie aus der Welt schaffen könnte. Seine Agenten versuchten, Galíndez das Manuskript für stattliche 25 000 Dollar abzukaufen, doch der Wissenschaftler weigerte sich. Der Diktator kam zu dem Schluss, dass ihm nur noch ein Ausweg blieb.

Galíndez sah seine wissenschaftliche Enthüllung der Trujillo-Tyrannei als Teil eines breiteren Freiheitskampfes. Mitte der 1950er Jahre regierten Regime wie das von Trujillo in Lateinamerika mit eiserner Faust; dreizehn der zwanzig Länder der Region wurden von Diktatoren beherrscht. Die Regierung Eisenhower fand in diesen Despoten nützliche Verbündete im Kalten Krieg; sie ermöglichten es US-Konzernen, die Völker und Ressourcen dieser Ländern auszubeuten, und sie verhinderten unter dem Banner der Bekämpfung des Kommunismus soziale Unruhen und die Mobilisierung der Arbeiterschaft. Galíndez' wissenschaftlicher Aktivismus – mit zahlreichen in Mexiko und den Vereinigten Staaten veröffentlichten Artikeln und Pamphleten, in denen er Trujillos Regime angriff und sich für die Einhaltung der Menschenrechte stark machte – war Teil einer neuen intellektuellen Bewegung, die die alte Ordnung herausforderte.

Es war seine Erfahrung als baskischer Freiheitskämpfer im Exil, die bei ihm Sympathie für die sozialen Kämpfe der Region weckte. Das vereitelte Streben seines eigenen Volkes nach Selbstbestimmung ließ »die Probleme der Puerto-Ricaner in New York … oder den Trommelschlag eines schwarzen Kariben« in ihm widerhallen.[8]

Es war ein verwickeltes Leben auf der Höhe des Kalten Kriegs, das der politisch aktive Flüchtling Galíndez in New York führte. Er war nicht nur gegen Trujillo aktiv, sondern diente auch als Vertreter der baskischen Exilregierung in den USA. Galíndez unterhielt außerdem unscharfe Verbindungen zu FBI-Beamten. Seine Flucht in die Vereinigten Staaten 1946 war ohne Zweifel durch die Tatsache erleichtert worden, dass er während des Kriegs heimlich als FBI-Informant die Amerikaner über verdächtige nazifreundliche Aktivitäten in der Karibik unterrichtet hatte. Nach seiner Ankunft in New York bat ihn das FBI, Mitglieder des Widerstands gegen Franco mit kommunistischen Verbindungen auszuspionieren. Im Mai 1951 teilte der verantwortliche Agent des New Yorker Büros FBI-Chef Hoover mit, Galíndez sei »ein unschätzbarer Informant«, der »extrem detaillierte, genaue und gründliche« Berichte liefere.[9]

Aber die FBI-Berichte vermerkten auch, dass der baskische Exilant die amerikanische Außenpolitik der Eisenhower-Dulles-Ära extrem kritisch sah.[10] Er verurteilte die amerikanische Regierung dafür, dass sie die Aufnahme von Francos Spanien in die Vereinten Nationen und Diktatoren wie Trujillo und Anastasio Somoza in Nicaragua unterstützte. Im April 1955 sagte Galíndez einem FBI-Informanten in Miami, dass »die Vereinigten Staaten angefangen hätten, die schwärzesten Seiten der internationalen Beziehungen zu schreiben, seit John Foster Dulles auf der Bildfläche erschienen sei. Nie zuvor in der Weltgeschichte habe eine einzige Regierung effektiver diktatorische Mächte in freien Ländern unterstützt.«

Trotz seiner vernichtenden Bemerkungen über die Politik von Eisenhower und Dulles, die ihren Weg in Galíndez' FBI-Akte fanden, setzte die Polizeibehörde weiterhin Vertrauen in ihn und zahlte ihm für seine Informationen bis zu 125 Dollar pro Monat plus Spesen. Das FBI half Galíndez auch, die dauerhafte Aufenthaltserlaubnis für die USA zu erhalten. Der intellektuelle Aktivist setzte der Zusammenarbeit mit dem FBI allerdings Grenzen. So weigerte er sich zum Beispiel, öffentlich gegen mutmaßliche Kommunisten auszusagen, weil er dadurch seine Tarnung verlieren würde. Galíndez betrieb im Exil ohne Frage ein mehrgleisiges Spiel, und vielleicht nahm er an, durch seine Beziehung zum FBI für sich und seine strittigen Anliegen etwas Schutz zu gewinnen.

Die amerikanische Bundespolizei wusste jedoch, dass Galíndez nicht sicher war. Am 6. März 1956 – fünf Tage vor seinem Verschwinden – bemerkte ein FBI-Beamter in einem Memo, dass Galíndez' Dissertation über Trujillo »den Informanten in persönliche Schwierigkeiten bringen könnte … diese Sache wird genau beobachtet und die Behörde auf dem Laufenden gehalten.«[11]

Galíndez war sich seiner gefährlichen Situation sehr bewusst. Trujillo unterhielt in den USA einen Agentenring, der bereits mindestens einen Gegner seines Regimes in New York getötet hatte. Seltsame Notizen wurden ihm auf dem Campus in seine Bücher gesteckt, er erhielt zu Hause beunruhigende Anrufe. Eines Tages saßen zwei Dominikaner, harte Burschen, in bunten tropischen Hemden in einem seiner Seminare.

Aber nicht Trujillos Schläger waren verantwortlich für Galíndez' Verschwinden an jenem frostigen Märzabend, nachdem er seine letzte Seminarstunde gegeben hatte. Seine Entführung war ein geschickt eingefädeltes Unternehmen von Robert A. Maheu & Associates, eine mit ehemaligen CIA- und FBI-Mitarbeitern besetzte Privatdetektei, die der Geheimdienst als außenstehenden Handlanger für die schmutzige Arbeit innerhalb der USA benutzte, da es der CIA gesetzlich verboten war, auf ihrem Territorium aktiv zu werden.

Maheus Leute erwarteten Galíndez in seiner Wohnung, setzten ihn unter Drogen und fuhren ihn mit einem Krankenwagen zu einem kleinen Flughafen in Amityville auf Long Island. Dort wurde er in ein zweimotoriges, besonders für Langstreckenflüge ausgerüstetes Beech-Flugzeug verfrachtet und mit nur einem mitternächtlichen Zwischenstopp zum Auftanken in West Palm Beach weiter nach Süden in die Dominikanische Republik ausgeflogen. Nach der Landung in Trujillos Königreich wurde Galíndez – noch halb bewusstlos – zur Casa de Caoba gefahren, einem bevorzugten Rückzugsort des Diktators. Dort trat Trujillo dem Verräter im Reitanzug entgegen und konfrontierte ihn mit dem Beweis seines Verrats: eine Kopie der Dissertation, die seine Agenten gestohlen hatten. »Friss«, kommandierte er. Der benommene Galíndez nahm den Stapel Blätter, konnte ihn aber nicht halten und ließ ihn zu Boden fallen, während sein Kopf wieder auf die Brust sackte. »*Pendejo!*«, brüllte der Diktator in seiner quietschenden Stimme und traktierte Galíndez' Kopf mit seiner Reitpeitsche.

Galíndez wurde in eine Folterkammer in der Hauptstadt gebracht, wo er nackt ausgezogen, mit einem Flaschenzug an den Händen nach oben gezogen und langsam in einen Bottich mit kochendem Wasser herabgelassen wurde. Was von ihm übrig blieb, wurde den Haien zum Fraß vorgeworfen, eine Lieblingsmethode des Diktators zur Beseitigung seiner Feinde.[12]

Die Entführung des Akademikers der Columbia-Universität von den Straßen Manhattans ist das erste eklatante Beispiel dessen, was während des Kriegs gegen den Terror mit bürokratischer Banalität als »extralegale

Auslieferung« bekannt wurde – die geheime Praxis der CIA, Feinde Washingtons zu entführen und sie den gnadenlosen Sicherheitsbehörden ungenannter fremder Länder zu überlassen.

Während seines letzten Seminars hatte Galíndez mehrfach erwähnt, dass er »von Trujillos Leuten bedroht« werde. Maria Joy, eine seiner Studentinnen, hielt das für Angeberei. Später, als sie in der Zeitung von seinem Verschwinden las, war sie entsetzt – nicht nur, weil Galíndez verschwunden war, sondern weil so etwas »in den Vereinigten Staaten geschehen konnte«.[13]

»Wenn so etwas hier passieren kann, was bleibt dann noch?«, schrieb sie in einem von *The New Republic* abgedruckten Brief. »Es gibt keine Hoffnung. … Jeder Mensch mit Verantwortungsgefühl, dessen Herz für Demokratie und Freiheit schlägt, sollte besorgt sein.«

Galíndez' Verschwinden löste in der Öffentlichkeit große Sorge aus. Am 24. April bat eine Gruppe von Professoren der Columbia-Universität das Justizministerium, dem Verdacht nachzugehen, dass ihr Kollege vom Trujillo-Regime ermordet worden war. Am folgenden Tag wurde der Fall sogar bei einer Pressekonferenz von Präsident Eisenhower angesprochen. Ein Reporter fragte, ob die Regierung die Absicht habe, den Vorwurf zu klären, dass »die Agenten einer Diktatur, die diplomatische Immunität genießt, Personen ermorden, die unter dem Schutz der Flagge der Vereinigten Staaten stehen?«[14] Eisenhower erwiderte, ihm sei die Galíndez-Affäre nicht bekannt, er würde der Sache aber nachgehen.

In Wahrheit hatte die CIA rasch dafür gesorgt, die Angelegenheit zu vertuschen. Da es sich bei dem Fall des Verschwundenen um eine Angelegenheit der nationalen Sicherheit handelte, legte die New Yorker Polizei die Sache in die Hände ihrer Geheimdienstabteilung Bureau of Special Services (BOSS). Die CIA, die keine Befugnis hatte, bei inländischen Kriminalfällen zu ermitteln, benutzte Polizeieinheiten wie BOSS, um heikle Angelegenheiten in den USA aus der Welt zu schaffen. Dulles selbst setzte die New Yorker Polizei von der Wichtigkeit des Galíndez-Falles in Kenntnis und bat die Behörde, einen Detektiv zur Wohnung des Dozenten in Greenwich Village zu schicken, um den Inhalt seiner Aktentasche an sich zu nehmen.[15] Polizeipräsident Stephen Kennedy sorgte dafür, dass die Bitte des CIA-Direktors prompt erfüllt wurde, und die Papiere aus Galíndez' Aktentasche wurden Dulles ausgehändigt. Kennedy schärfte dem Detektiv ein, über den Botengang Stillschweigen zu bewahren.

John Frank, der Agent Maheus, der die Entführung von Galíndez organisiert hatte, unterhielt enge Beziehungen zu einigen der wichtigsten mit dem Fall betrauten Inspektoren von BOSS. Frank war ein geschäftstüchtiger, ehrgeiziger Bursche, der, wie Maheu selbst, seine Karriere während des Zweiten Weltkriegs beim FBI begonnen hatte, bevor er zur CIA ging.

Der zweiundvierzigjährige Frank lebte in Washington, wo Maheus Detektei ihren Sitz hatte. Als der dominikanische Diktator immer wichtiger für Maheus Firma wurde, richtete sich Frank auch ein Büro auf der Karibikinsel in Trujillos lachsfarbenem, im Renaissancestil gehaltenem Palast ein. Frank gewann das Vertrauen des sprunghaften Diktators und wurde bei dessen Besuchen in Europa und in den USA sein Leibwächter. Die Maheu-Detektei zog zudem einen lukrativen Vertrag zur Verbesserung von Trujillos Sicherheit in der Dominikanischen Republik an Land.

Obwohl Frank gern mit Freunden aus Spionagekreisen Tennis spielte und sich rühmte, Voltaire auf Französisch zu lesen, gehörte er nicht zum inneren Georgetown-Zirkel.[16] Männer wie Frank und sein Boss Maheu waren CIA-Auftragnehmer, die mit einigen der riskantesten und dreckigsten Aufgaben des Geheimdienstes betraut wurden. Sie waren nicht die Art von Männer, die Allen Dulles zu einem Match auf dem Tennisplatz hinter dem Haus einlud. Maheu behauptete später, dass die TV-Serie *Mission: Impossible* auf den Operationen seiner Firma basiere: ein Geheimteam, dessen Aktionen von der Regierung »geleugnet« wurden, falls einer seiner Agenten »gefangen oder getötet« wurde. Männer wie Maheu und Frank waren entbehrlich.

Robert Maheu war vom Typ her eher ein FBI-Schnüffler als ein CIA-Agent. Der kahl werdende Mann mit teigigem Gesicht hatte helle Augen und das leutselige Aussehen eines Komödianten, der seinem Publikum allzu eifrig gefallen will. Aber sein Blick konnte plötzlich erkalten, seine Miene grimmig werden. Maheu stammte aus bescheidenen Verhältnissen, die Eltern, fromme Katholiken, waren aus dem französischen Teil Kanadas eingewandert und betrieben eine kleine Soda-Abfüllfabrik in einer Textilstadt in Maine. Maheu arbeitete sich hoch, absolvierte das College of the Holy Cross, studierte danach Jura an der Rechtsfakultät der Georgetown-Universität und erhielt eine Stelle beim FBI, wo er während des Kriegs heikle, die nationale Sicherheit betreffende Fällen bearbeitete. Aber Maheu war nicht zufrieden damit, einer von J. Edgar Hoovers Beamten zu sein.

1954 gründete er seine eigene Sicherheitsfirma, deren Hauptkunde die CIA wurde, die ihm ein monatliches Beraterhonorar von 500 Dollar zahlte. Die CIA benutzte Maheu & Associates als Tarnfirma, in der sie verdeckte Agenten unterbrachte. Der Geheimdienst schanzte Maheu außerdem viele sehr heikle – und lohnende – Aufträge zu, darunter einen Großauftrag des griechischen Großreeders Stavros Niarchos, der die Detektei zu einem führenden Spieler auf dem Gebiet der privaten Sicherheit machte: Maheus Firma sollte einen Vertrag zwischen Niarchos' Geschäftsrivalen Aristoteles Onassis und der saudischen Königsfamilie sabotieren, dessen Unterzeichnung, wie das internationale Ölkartell und die Dulles-Brüder befürchteten, zu Engpässen im Frachtschiffgeschäft geführt und westliche Interessen geschädigt hätte. Dabei bediente man sich einer Reihe anrüchiger Mittel, um Onassis' Ruf zu schädigen – möglicherweise sogar noch skrupelloserer Machenschaften, um Befürworter des Onassis-Geschäfts am saudischen Hof zu beseitigen. Nach erfolgreichem Abschluss der Operation schickte der dankbare Reeder Maheu einen Bonus, der groß genug war, um einen dunkelblauen Cadillac und ein Terrassenhaus in Sleepy Hollow, Virginia, zu kaufen, dem er noch einen Swimmingpool hinzufügen ließ. Maheu wurde einer der bestbezahlten Sicherheitsunternehmer des Landes und übernahm vertrauliche Aufträge für Vizepräsident Nixon und den exzentrischen Milliardär Howard Hughes, der ihn später anheuerte, um sein Las-Vegas-Imperium zu leiten.

Maheu pflegte keinen gesellschaftlichen Umgang mit führenden CIA-Leuten wie Helms, Angleton und Wisner. Er traf Dulles nur einmal. »Es war Zufall«, erinnerte sich Maheu Jahre später. Es gab etwas an dem vertraulichen Machtduo der Dulles-Brüder, dass Maheu nicht gefiel. »Es hat mich immer gestört, dass Allen Dulles' Bruder Außenminister war. Man kann keinen Respekt für das Diplomatengepäck haben und gleichzeitig beim Geheimdienst sein. Das Außenministerium sollte nicht wissen, wie man an die Information gekommen ist.«[17]

Es waren seine CIA-Führungsagenten – Sheffield Edwards, der das Sicherheitsbüro des Geheimdienstes leitete, und Edwards Stellvertreter, der hünenhafte Jim O'Connell –, denen Maheu vertraute und die er zu sich nach Hause einlud. Sie waren die Cops der CIA – harte Männer, viele von ihnen ehemalige FBI-Beamte und Katholiken, die, wie Maheu, nicht davor zurückscheuten, sich die Hände schmutzig zu machen. Die CIA stand im Ruf einer Elite, aber innerhalb der Organisation gab es ein klar strukturiertes Klassensystem: An der Spitze standen die Leute aus den Eliteuniversitäten; die mittlere Ebene besetzten die harten Burschen, ehemalige FBI-Beamte und Polizisten; ganz unten waren die noch skrupelloseren und entbehrlichen Auftragskiller.

An Sonnabenden traf sich Maheu mit seinen Führungsagenten Edwards, O'Connell und anderen Washingtoner Sicherheitsleuten wie Scott McLeod, ein eifernder Kommunistenfresser, den Foster Dulles während McCarthys Hexenjagd auf Rote zur Säuberung seines Außenministeriums angeheuert und danach tunlichst wieder entlassen hatte. Sie schauten gemeinsam Football-Spiele von Notre Dame und veranstalteten in Maheus Garten feuchtfröhliche Grillpartys. Zu den Stammgästen gesellten sich an solchen Nachmittagen immer wieder weitere Gäste, eine seltsame Bandbreite, die von Senatoren bis zu Gangstern reichte – sie alle Teil von Maheus schillernder Welt, in der sich die Mächtigen mit den Ruchlosen mischten.

Zusammen mit Sheffield Edwards' Team und dessen Kontakten zur Geheimdienstabteilung der New Yorker Polizei gelang es Maheu und Frank zunächst, die Galíndez-Geschichte einzudämmen. Der Präsident der Columbia-Universität, Grayson Kirk – ein Freund von Dulles und Treuhänder mehrerer Stiftungen, die als Kanäle für CIA-Gelder dienten – unternahm nichts, um den Fall des verschwundenen Dozenten zu verfolgen, was der Universität den Vorwurf der »Gleichgültigkeit« eintrug.[18] Unterdessen verbreitete das Trujillo-Regime das Gerücht, Galíndez habe »unter Verfolgungswahn gelitten« und sei wahrscheinlich aus persönlichen Gründen verschwunden.[19] Aus ganz Lateinamerika und sogar von den Philippinen wurden falsche Sichtungen von Galíndez gemeldet.

Gleichzeitig streute die CIA an freundliche gesinnte Presseleute weitere Falschinformationen über Galíndez wie die Geschichte, der verschwundene Wissenschaftler sei mit über einer Million Dollar CIA-Geldern durchgebrannt, die der Geheimdienst ihm angeblich gegeben hatte, um in Spanien eine Untergrundbewegung gegen Franco aufzubauen.[20] Andere CIA-Dokumente, die bis hinauf in Dulles' Büro zirkulierten, stellten Galíndez als ein »wissentliches Werkzeug der Kommunisten« hin. Dem Geheimdienst gelang es, mit der Schmutzkampagne von dem schockierenden Verbrechen abzulenken und den Charakter von Galíndez ins Zentrum der Aufmerksamkeit zu rücken. Das öffentliche Interesse begann zu erlahmen.

Doch im Dezember, gerade als die Geschichte in Vergessenheit zu geraten schien, goss Diktator Trujillo Öl ins Feuer. Seinem Ruf gerecht werdend, ordnete er die Ermordung des jungen amerikanischen Piloten an, der Galíndez in die Dominikanische Republik ausgeflogen hatte. Der dreiundzwanzigjährige Gerald Murphy hatte zeit seines Lebens davon geträumt, Pilot zu werden, war aber wegen seines schlechten Augenlichts von der US-Luftwaffe abgelehnt worden. Daher hatte er eine Karriere als Charterpilot eingeschlagen und war in der Dominikanischen Republik gelandet, wo er Missionen für Trujillo flog. »Das schlägt Oregon um Längen«, erzählte der hübsche junge Mann aus Portland – der einen James-Dean-Look inklusive Ray-Ban-Sonnenbrille pflegte – einem Freund über das Leben in den Tropen. Aber Murphys Leben nahm eine schicksalhafte Wendung, als er von John Frank angeheuert wurde, um den stark sedierten Galíndez nach Ciudad Trujillo zu fliegen.[21]

Frank hatte Murphy erzählt, Galíndez sei ein reicher, sehr kranker Mann, der vor seinem Tod noch einmal Verwandte in der Dominikanischen Republik besuchen wolle. Doch als Fotos von Galíndez in der Presse erschienen, entdeckte der Pilot die wahre Identität seines Passagiers. Murphy, eine Plaudertausche, wenn er getrunken hatte, fing an, in den Kneipen von Ciudad Trujillo mit der sensationellen Geschichte zu prahlen, deren Geheimhaltung er sich vom dominikanischen Regime vergolden lassen würde. Trujillo allerdings bevorzugte eine zuverlässigere Methode, für das Stillschweigen des Piloten zu sorgen. Frank richtete Murphy aus, ihm sei eine Audienz beim Chef selbst gewährt worden, und brachte ihn in den Nationalpalast. Es war das letzte Mal, dass der Pilot lebend gesehen wurde. Am 4. Dezember fand man den Ford des jungen Amerikaners bei einem Kliff in der Nähe eines Schlachthofs, dessen ins Meer geworfene Fleischabfälle Schwärme von Haien anlockten. Bekannt als der »Swimmingpool«, war die Lagune der bevorzugte Entsorgungsplatz für Trujillos Feinde.

Murphys verdächtiges Verschwinden löste neue Entrüstung aus. Charles Porter, Kongressabgeordneter für Oregon, forderte von der Regierung Eisenhower, das neueste mit Trujillo in Verbindung stehende Rätsel aufzuklären. Im März 1957 schaltete sich selbst Stuyvesant Wainwright, der reiche republikanische Kongressabgeordnete von Long Islands Gold Coast, in die wachsende Kontroverse ein, da er eine persönliche Verbindung zu dem Fall verspüre, schließlich habe Murphy Galíndez von einem Flughafen auf Long Island aus in sein Verderben geflogen. Wainwright schrieb seinem Nachbarn Dulles direkt und bat um mehr Informationen über die Galíndez-Affäre, die er »eine unglaubliche Verletzung des persönlichen Schutzes einer Person in unserem Land« nannte.[22] Dulles erwiderte teilnahmslos, dass die CIA auf amerikanischem Boden keine Zuständigkeit besäße, daher würde der Kongressabgeordnete seine Anfrage besser an das FBI richten.

Der Galíndez-Fall entwickelte sich tatsächlich zu einer beträchtlichen Spannungsquelle zwischen den beiden Bundesbehörden. Hoover, der Justizminister Herbert Brownell jr. mitteilte, dass Galíndez ein geschätzter Informant des FBI gewesen war, nahm den wahrscheinlichen Mord an ihm persönlich. Was ihn zusätzlich wütend machte, war das verdächtige Verschwinden des jungen Gerald Murphy und die neuen peinlichen politischen Auswirkungen des Falles. Schlimmer noch, das FBI brachte bald John Frank mit den Verbrechen in Verbindung, einen Mann, der nicht nur früher für die Bundespolizei gearbeitet hatte, sondern, wie sein Boss Maheu, zu jenem schattenhaften Orbit der CIA gehörte, das sorglos außerhalb des Gesetzes operierte. Wie üblich, wenn Hoover sich rächen wollte, ließ er viel von der Galíndez-Geschichte an die Presse durchsickern. Ende Februar brachte das Magazin *Life* eine dramatische Darstellung der Affäre unter der Überschrift »Die Geschichte eines finsteren internationalen Komplotts«.[23]

Eisenhowers Justizministerium erkannte, dass trotz der heiklen internationalen Auswirkungen des sensationellen Falls jemand dafür den Kopf hinhalten musste, und John Frank war die offensichtliche Wahl. Doch als

Bundesstaatsanwälte eine Anklage wegen Verschwörung, Entführung und Mord gegen Frank zu zimmern begannen, steckten CIA-Justiziar Lawrence Houston und Dulles besorgt die Köpfe mit dem Justizminister zusammen. Brownell versicherte der CIA, dass der Fall äußerst diskret gehandhabt würde, um weitere Lecks zu vermeiden, da er sich der »ausgesprochenen« Relevanz der Affäre für die nationale Sicherheit bewusst sei. Im März 1957 beklagte sich der stellvertretende Justizminister Warren Olney III. in einem Memo an Brownell: »Aus meiner Sicht ist die Ihnen von der CIA gegebene Information vage und unsicher und löst nicht die Frage, ob [Frank] tatsächlich in irgendeiner Funktion von der CIA benutzt wurde.« Olney empfahl, die CIA »direkt und definitiv aufzufordern«, ihre genaue Beziehung zu dem Mann im Zentrum des Galíndez-Rätsels aufzudecken.[24]

Nach verwickelten Verhandlungen zwischen Justizministerium und CIA wurde John Frank schließlich eines erstaunlich geringfügigen Vergehens angeklagt: wegen des Versäumnisses, sich als ausländischer Agent zu registrieren. »Mir ist völlig klar, dass die Anklage einer Person, die möglicherweise bei Entführung und Mord mitgewirkt hat, wegen Verletzung des Registrierungsgesetzes so ist, als würde man einen Mann mit einer Feder schlagen, auf den man mit einem Stein eindreschen sollte«, machte ein Offizieller des Justizministeriums seinem Unmut Luft. Aber angesichts der politisch aufgeladenen Atmosphäre in dem Fall, so fügte er hinzu, sei dies die einzige Möglichkeit, den Täter nicht »gänzlich ungeschoren davonkommen zu lassen«.[25]

Im Dezember 1957 wurde Frank in mehreren Anklagepunkten wegen Verletzung des Registrierungsgesetzes schuldig gesprochen und zu einer Höchststrafe von acht Monaten bis zwei Jahren in einem Bundesgefängnis verurteilt. Doch im folgenden Jahr wurde das Urteil von einem Bundesberufungsgericht im Distrikt von Columbia wieder aufgehoben mit der Begründung, dass Frank wegen »des Versuchs der Staatsanwaltschaft, ihn vor der Jury mit der Galíndez-Murphy-Affäre in Zusammenhang zu bringen«, keinen fairen Prozess bekommen habe. Als das Verfahren in die zweite Runde ging, machte Frank klar, dass er im Galíndez-Fall nicht die Absicht habe, für die CIA den Sündenbock zu spielen. Vor Prozessbeginn spielte Frank seine Trumpfkarte aus und ließ wissen, dass er seine Verteidigung darauf aufbauen würde, während der ganzen Affäre im Auftrag des amerikanischen Geheimdienstes gearbeitet zu haben. Als Franks Rechtsanwalt Anträge auf Vorladung mehrerer CIA-Zeugen stellte, beeilten sich die CIA, ihre Aussage zu blockieren, wodurch der Prozess platzte. Das Justizministerium war gezwungen, einer Verständigung in dem Strafverfahren zuzustimmen, und im März 1959 bezahlte Frank eine bescheidene Strafe, unterschrieb eine Einverständniserklärung, nicht weiter als ausländischer Agent zu arbeiten, und verließ als freier Mann den Gerichtssaal. Niemand wurde je für die Morde an Jesus de Galíndez und Gerald Murphy belangt.

Allen Dulles' CIA glaubte an die Macht der Ideen. Ausgebildet an Eliteuniversitäten, verstand die Führungsmannschaft des Geheimdienstes nur zu gut, warum das Trujillo-Regime so besessen von der Doktorarbeit eines obskuren Akademikers gewesen war. Die CIA wusste, dass Ideen zählten: Sie flogen wie Samen durch die Luft, der Wind trug sie über Berge und Meere, bis sie an den unerwartetsten Orten Wurzeln schlugen. Der Kalte Krieg war tatsächlich ein Krieg der Ideen, der in erster Linie in der symbolischen Sphäre ausgetragen wurde, durch Propagandakampagnen und »Stellvertreter«-Konflikte statt durch das direkte Aufeinanderprallen der Supermächte auf dem Schlachtfeld.

Auch Joseph Stalin verstand die Macht des Wortes und nannte Schriftsteller »die Ingenieure der menschlichen Seele«. Der Sowjetführer befleißigte sich auch in Bezug auf Menschen einer unverhohlen industriellen Ausdrucksweise. »Die Produktion von Seelen«, erklärte er, »ist wichtiger als die Produktion von Panzern.«[26] Stalin sorgte für die Konformität sowjetischen Denkens, indem er Schriftsteller, Intellektuelle und Künstler, die von der Parteilinie abwichen, hinrichten ließ oder ins Exil der eisigen Gulags verbannte.

Die CIA-Methoden der kulturellen Einflussnahme waren weit subtiler, aber nicht weniger effektiv. Der Geheimdienst gab ein gewaltiges Vermögen für den Krieg der Ideen aus, subventionierte das intellektuelle und kreative Schaffen derjenigen, die als politisch korrekt galten, und war umgekehrt bestrebt, all jene zu marginalisieren, die den »irrwitzigen Realismus« der Orthodoxie des Kalten Kriegs herausforderten. Die wichtigste Tarnorganisation der CIA zur großzügigen Verteilung von Geldern und Einflussnahme war der 1950 ins Leben gerufene Congress for Cultural Freedom, »eine Art kulturelle NATO«, gegründet, um der sowjetischen Propaganda etwas entgegenzusetzen.[27] Der Congress of Cultural Freedom wurde einer der größten Kunstmäzene der Weltgeschichte und finanzierte eine beeindruckende Bandbreite von neuen Verlagen und Literaturmagazinen – darunter einflussreichen Publikationen wie *Encounter* und *Paris Review* – ebenso wie Kunstausstellungen, Literaturpreise, Konzerttourneen und internationale Konferenzen in Paris, Berlin und im italienischen Bellagio Center der Rockefeller-Stiftung mit Blick auf den Comer See.

Viele führende Künstler und Intellektuelle reihten sich in den von der CIA großzügig finanzierten Kulturkrieg ein, darunter Arthur Schlesinger jr., Mary McCarthy, Robert Lowell, Dwight Macdonald, Daniel Bell, Isaiah

Berlin, George Plimpton, Peter Matthiessen und Mark Rothko.[28] Aber für die Unterstützung durch die CIA zahlten die Empfänger einen Preis: ihre geistige Unabhängigkeit. »Von den Personen und Institutionen, die von der CIA subventioniert wurden«, bemerkte der Historiker Frances Stonor Saunders, »wurde erwartet, dass sie sich in den Dienst … eines Propagandakriegs stellten.«[29] Diejenigen, die Geld vom Geheimdienst annahmen, wurden nach dem denkwürdigen Ausdruck von C. Wright Mills zu »fröhlichen Robotern«. Mills, einer der wenigen prominenten amerikanischen Gelehrten, die dem Sirenengesang der Intelligenzija des Kalten Kriegs widerstanden, wurde, wie vorherzusehen, von diesen Kreisen angegriffen. Während er von Publikationen wie *Encounter*, die von der CIA finanziert wurden, unter Beschuss genommen wurde, stellten sich linke Intellektuelle in Europa hinter ihn, wie Ralph Miliband (Vater des ehemaligen britischen Labour-Führers Ed Miliband) und der Historiker Edward Thompson, der erklärte, Wright habe »Glück mit seinen Feinden«.[30]

Mills war auch in anderer Hinsicht glücklich. Seine intellektuelle Begabung und seine persönliche Standhaftigkeit erlaubten es ihm, selbst auf der Höhe der Konformität des Kalten Kriegs in Amerika eine prominente öffentliche Position zu erlangen. Aber die meisten, die sich dem obligatorischen Geist des amerikanischen Triumphalismus versagten, fanden sich bald im intellektuellen Abseits und im beruflichen Nirgendwo wieder. Unter der Herrschaft des von der CIA abgesegneten Denkens wurden unangenehme Realitäten über das US-Imperium zum Sperrgebiet der wissenschaftlichen oder journalistischen Erkundung, darunter die blutigen Regimewechsel in Iran und Guatemala und der brodelnde Kessel der Rassenungleichheit daheim. Die Stipendien, die Literatur- und Journalismuspreise und die akademischen Stiftungsfonds gingen an diejenigen, die Amerika als Hoffnung für die Welt sahen, nicht an jene, die seine großen Mängel erkannten.

Der CIA genehme Intellektuelle, die es wagten, ihre Unabhängigkeit zu bekräftigen, stellten fest, dass Türen, die ihnen einst offengestanden hatten, nun verschlossen waren. 1958 brach Dwight Macdonald – ein häufiger intellektueller Sparringspartner seines Freundes Mills – aus der Denkblase des Kalten Kriegs aus und schrieb einen verschrobenen Artikel für *Encounter* mit dem Titel »America, America«, in dem er über die Idiotie der Massenkultur des Landes wetterte. Es gab nichts sonderlich Überraschendes an MacDonalds hochgestochener Klage über die Ausbreitung einer primitiven Popkultur. Doch die Herausgeber von *Encounter* erklärten den Artikel für unannehmbar, und obwohl Macdonald ehemals selbst Redakteur des Magazins gewesen war, lehnte es seine Publikation ab.

Wie viele von der CIA finanzierte Literaturprojekte reflektierte *Encounter* die ästhetischen Vorlieben von James Jesus Angleton, dem inoffiziellen

Kulturkommissar des Geheimdienstes, der die modernistische Lyrik, besonders ihren Hohepriester T. S. Eliot, verehrte. Angletons Geschäftsbereich bei der CIA war denkbar vielseitig und reichte von der Kunstpolitik bis zur Metaphysik des Auftragsmords. Im Dezember 1954 ernannte ihn Dulles offiziell zum Chef der Spionageabwehr, der Abteilung, die damit betraut war, die feindliche Infiltration des Geheimdienstes zu verhindern.

Angletons Aktivitäten reichten vom Diebstahl von Dokumenten aus ausländischen Botschaften über das Öffnen der Post amerikanischer Bürger (er nannte sich selbst einmal scherzhaft den »Postmeister«) bis hin zum Abhören der Schlafzimmer von CIA-Mitarbeitern. Es war sein Job, alle und jeden zu verdächtigen, und in einem verschlossenen Tresorraum seines Büros hortete er einen Schatz heikler Akten und Fotos. Jeden Morgen erstattete Angleton seinem Chef Dulles Bericht über seine »Fischzüge«, wie sie die Abhöraktionen nannten, denen alles Mögliche vom Partytratsch Georgetowns bis zum Washingtoner Bettgeflüster ins Netz ging.[31]

Dulles war klar, dass Angleton auch explosive Geheimnisse über den CIA-Direktor selbst gesammelt hatte. Das sei der Grund gewesen, warum Dulles ihn mit dem heikelsten Posten des Geheimdienstes belohnt habe, vertraute Angleton dem Journalisten Joseph Trento ganz am Ende seines Lebens an. »Wissen Sie, warum ich mit der Spionageabwehr betraut wurde? Ich willigte ein, Allen Dulles und sechzig seiner engsten Freunde keinen Lügendetektortests und ihre Vergangenheit keiner genauen Untersuchung zu unterziehen. Sie hatten Angst, dass ihre Geschäfte mit Hitler-Freunden herauskommen würden.«[32]

Dass ausgerechnet Angleton als oberster Jäger sowjetischer Maulwürfe ausgewählt wurde, kam vielen im Geheimdienst seltsam vor. Während und nach dem Krieg war Angleton von einem engen Freund beim britischen Geheimdienst, dem legendären Doppelagenten Kim Philby, komplett zum Narren gehalten worden. Der geistreiche, trinkfreudige, stotternde Philby, der seine Klasse und sein Land verraten hatte, als er als junger Cambridge-Absolvent in den 1930er Jahren heimlich zum sowjetischen Geheimdienst ging, hatte mit Angleton in London während des Kriegs enge Freundschaft geknüpft. Philby und der anglophile Angleton, die beide auf das piekfeine Internat Malvern gegangen waren, erneuerten ihre Freundschaft, als Philby 1949 als Verbindungsbeamter des britischen Geheimdienstes nach Washington, D. C., versetzt wurde. Die beiden Männer zelebrierten lange, feuchtfröhliche Mittagessen im Harvey's Restaurant, ein Washingtoner Treffpunkt der Mächtigen, wo auch Hoover und sein Gefährte Clyde Tolson gern hingingen.

Angletons Kinder erinnerten sich an die betrunkenen Kindergartenspiele von Philby und seinen Freunden Guy Burgess und Donald Maclean, die demselben Spionagering aus Cambridge angehörten, wenn sie in Angletons Haus in Arlington zum Abendessen eingeladen waren. »Diese Männer mit ihren Eton-Schlipsen fingen an, sich gegenseitig in so einer kleinen Töff-Töff-Eisenbahn durchs Haus zu jagen«, erinnerte sich Siri Hari Angleton, die jüngste Tochter des Spions, »schreiend und lachend!« Bei einer anderen lärmenden Party »wurde Philbys Frau ohnmächtig und lag einfach auf dem Boden. Mami sagte: ›Oh, Kim, willst du nicht nachsehen, wie es Mrs. Philby geht?‹ Und er antwortete: ›Ach …‹ und stieg über sie hinweg, um sich noch einen Drink zu holen.«

Angleton war eine dürre Gestalt und in Geheimdienstkreisen als »Grauer Geist« bekannt – eine große, gebeugte Figur mit aschfarbenem Gesicht und einer knochigen Kleiderständerstatur, die in eleganten, maßgeschneiderten Anzügen aus Europa steckte und von den gewohnten Rauchkringeln umkränzt war, doch wenn er mit Philby zusammen war, schien er zum Leben zu erwachen, ja förmlich zu strahlen. Zusammen waren sie wieder zwei Jungs im Internat.

Nach Philbys Enttarnung und seiner Flucht nach Russland verhärteten sich Angletons antisowjetische Gefühle zu einem Fundamentalismus, der sein Urteil trübte. »Ich habe keinen Zweifel, dass sich die Enttarnung von Kim Philby in sein tiefstes Innerstes grub«, kommentierte Helms später.[33] Wenn er zu der Sorte Mensch gehörte, die Leute umbringt, vertraute er einem Freund beim britischen Geheimdienst an, »würde ich Philby töten«.[34] Der Verrat ging Angleton schmerzlich nahe und nährte in ihm einen finsteren Verfolgungswahn. Als er zum Chef der Spionageabwehr ernannt wurde, witterte er überall Verräter und Anzeichen sowjetischer Heimtücke. Seine zwanghafte Jagd auf Maulwürfe ruinierte die Karrieren Dutzender CIA-Agenten und fügte dem Geheimdienst mehr Schaden als Nutzen zu. »Ich konnte nicht feststellen, dass wir unter James je einen Spion fingen«, sagte William Colby, der CIA-Direktor, der Angletons Amtszeit 1975 schließlich beendete.[35]

Aber unter Dulles hatte Angleton freie Hand, seinen Dämonen hinterherzujagen. Er bildete sich Phantasmen des Kalten Kriegs und Finsterlinge ein und erfand dann nur allzu reale Methoden, diese grässlichen Erscheinungen zu vernichten. Er betrieb eine Art virtueller CIA innerhalb der CIA und berichtete nur Dulles selbst – und selbst der ranghöchste Spion war nicht über alle seine dunklen Aktivitäten im Bilde.

Die Beziehung von Dulles und Angleton reichte weit zurück, ins dunkle Gewirr von Rom nach dem Krieg. Wie Helms bewunderte Dulles Angletons komplexen Geist und die tiefe Berechnung hinter seiner Spionagearbeit. »Jim«, sagte Dulles einmal zu Angletons Frau Cicely, »ist mein Augapfel.«[36] Angleton seinerseits fasste große Zuneigung zu Dulles, zu dem er als Vaterfigur aufblickte, und auch zu Clover Dulles, mit der er ein kreatives Temperament teilte.

»Angleton war faszinierend«, erinnerte sich Joan (Dulles) Talley. »Meine Mutter mochte ihn sehr, er war sehr gesprächig, sehr intellektuell. Er war ein seltsamer Kauz, er machte viel Wirbel um seine Orchideenzucht – eine, wie ich finde, wunderbare Obsession von ihm –, und er trank zu viel. Aber es machte großen Spaß, sich mit ihm zu unterhalten, man wusste nie, wo die Unterhaltung hinging. Er sprang von Orchideen zu Fliegenfischen zu Lyrik und Musik. Er war ein echter Gelehrter und ein seltsamer Vogel. Ein völlig einzigartiger Typ.«[37]

Angleton äußerte Bewunderung für Clovers Kunst und bat sie einmal um ein Selbstporträt, das sie gemalt hatte. Clover hegte den Verdacht, dass der ästhetisch gesinnte Spion »einen im Tee« hatte, trotzdem war sie bereit, es ihm zu geben, wie sie Tochter Joan später erzählte, »weil Jim Tag und Nacht für CIA und Dad schuftet«.[38] Die beiden Paare fühlten sich wechselseitig wohl in ihrer Gesellschaft, und die Angletons wurden oft zum Abendessen in die Q-Street eingeladen.

Dulles und Angleton waren sich einig in ihrer Verachtung der Washingtoner Bürokratie und der Aufsicht durch die Regierung, die zu einem funktionierenden demokratischen System gehört. Später, in den 1970er Jahren, als der Church-Ausschuss im Gefolge des Watergate-Skandals die Gesetzesbrüche der CIA untersuchte, wurde Angleton aufgerufen, Rechenschaft für sich abzulegen. Nach seiner Zeugenaussage erhob sich der Graue Geist von seinem Stuhl und murmelte, in der Annahme, die Äußerung sei nicht mehr öffentlich: »Es ist undenkbar, dass ein staatlicher Geheimdienst allen offenen Anordnungen der Regierung Folge leisten muss.«[39] Es war ein bündiger Ausdruck von Angletons Philosophie: Die CIA war aus seiner Sicht eine Priesterkaste, der erlaubt werden musste, ungehindert und über dem Gesetz zu operieren, weil das Schicksal der Nation in ihre Hand gelegt worden war.

»Allen war kein Bürokrat und Daddy auch nicht«, sagte Angletons Tochter über ihn. »Wissen Sie, damals waren die Leute so viel interessanter. … Ich glaube nicht, dass sie sich an der Bürokratie störten, weil die Bürokratie ihnen einfach nie in irgendeiner Weise nahekam, warum sollten sie sich also daran stören? Sie hatten wahrscheinlich einfach das Gefühl, etwas jenseits davon, etwas darüber zu stehen.«[40]

Dulles vertraute Angleton die wichtigsten und heikelsten Missionen des Geheimdienstes an. Er war der Hauptverbindungsmann zu den entscheidenden ausländischen Geheimdiensten, darunter der Frontstaaten des Kalten Kriegs wie Frankreich, Westdeutschland, Türkei, Taiwan und Jugoslawien, sowie zu Israel. Angleton entwickelte eine besonders enge Beziehung zum israelischen Mossad, mit dem er ein realpolitisches Bündnis schmiedete, wobei beide Seiten geflissentlich über Angletons Rolle als Nazi-Fluchthelfer nach dem Krieg hinwegsahen. Die Israelis unterhielten bis zu seinem Tod enge Bande zum amerikanischen Spionageorakel. Einige Mitglieder des Mossad besuchten Angleton zu Hause, als er im Frühjahr 1987 im Sterben lag, um ihm ihren Respekt zu erweisen – und vielleicht auch, um sich zu vergewissern, dass der Graue Geist tatsächlich kurz davorstand, die Mühsal des Erdenlebens hinter sich zu lassen.

Dulles legte auch die Beziehung der CIA zum FBI in Angletons Hände – eine heikle Aufgabe in Anbetracht der Rivalität der beiden Behörden. Während Angleton mit dem FBI zusammenarbeitete, um gegen das organisierte Verbrechen zu kämpfen, strebte er auch eine Partnerschaft mit der Mafia an. Angleton besaß einen jener seltenen Intellekte – und Charaktere –, die ein Leben voller Widersprüche führen können. Er wechselte mit Leichtigkeit zwischen der Oberwelt Washingtons und der kriminellen Unterwelt hin und her. Er war die Art von Mann, die eine neue Orchidee züchten, eine köstliche Pasta mit geraspeltem Trüffeln aus dem Ristorante Passetto in Rom kochen und sich hinsetzen kann, um die Feinheiten des Mordens zu erörtern. Obwohl er zu Dinner und Drinks in der feinen Gesellschaft von Georgetown verkehrte, brachte Angletons Arbeit ihn auch in engen Kontakt mit den härteren Typen, darunter Sheffield Edwards' Sicherheitsleute, die Angletons Wanzen deponierten, und William Harvey, den trinkfesten Waffennarr, der eine wichtige Rolle bei einer Reihe von Morden des Geheimdienstes spielte.

Es gehörte alles zusammen im kompliziert verdrahteten Hirn von James Angleton: die Bekämpfung gefährlicher Ideen durch Veröffentlichung von geheimdienstlich überwachter Literatur und die Beseitigung der Intellektuellen und Anführer, die solche Ideen verfochten. Eines Tages, kurz nach Fidel Castros Machtergreifung in Havanna, kam Angleton ein Einfall, woraufhin er zwei jüdische CIA-Agenten zu sich bestellte, einer von ihnen Sam Halpern, der kürzlich zum Kuba-Team des Geheimdienstes gekommen war.[41] Angleton bat sie, nach Miami zu fliegen und sich dort mit Meyer Lansky zu treffen, dem Finanzchef des organisierten Verbrechens, der vor Castros Revolutionären aus Havanna hatte fliehen müssen und dort ein äußerst lukratives Kasinoimperium der Mafia zurückließ. Lansky gehörte zum jüdischen organisierten Verbrechen, unterhielt aber enge Geschäftsbeziehungen zur italienischen Mafia in den USA. Im Auftrag Angletons sollten Halpern und sein jüdischer Kollege versuchen, Lansky davon zu überzeugen, Castros Ermordung einzufädeln.

Angletons Emissäre trafen sich mit Lansky, aber der Verbrecherkönig verlangte einen zu hohen Preis für seine Dienste, und so platzte die Abmachung. Das war jedoch erst der Beginn der endlosen Kapitän Ahabs Waljagd gleichenden Versuche, das karibische Ungeheuer zur Strecke zu bringen. Der kubanische Revolutionär war nicht nur intellektuell beeindruckend und politisch mutig; er sicherte seinen Traum von nationaler

Befreiung mit Waffen. Castro und sein ebenso charismatischer Genosse Che Guevara machten von Anfang an klar, dass sie nicht die Absicht hatten, das Schicksal von Jacobo Árbenz in Guatemala zu teilen: Sie würden auf Feuer mit Feuer antworten. Che, ein fünfundzwanzigjähriger Arzt und Abenteurer auf der Suche nach einem höheren Sinn des Lebens, hielt sich in Guatemala-Stadt auf, als Árbenz gestürzt wurde. Er hatte gesehen, was passierte, als Árbenz' moderate Reformen mit der imperialen Macht von United Fruit und der CIA kollidierten.

»Ich bin weder Christ noch Philanthrop, alte Dame«, schrieb Che seiner Mutter Celia in dem neckischen Stil, den er sich bei ihr zugelegt hatte, kurz bevor er sich mit Fidel und dessen Guerillabande auf der Yacht »Grandma« von Mexiko ausschiffte, um in Kuba Geschichte zu schreiben. »Ich kämpfe mit allen mir zur Verfügung stehenden Mitteln für die Dinge, an die ich glaube, und versuche, den anderen zur Strecke zu bringen, damit ich nicht ans Kreuz oder sonstwo genagelt werde.«[42]

Um Árbenz' Schicksal zu entgehen, unternahmen Castro und Guevara alles, was er unterlassen hatte: Sie ließen die schlimmsten Verbrecher des alten Regimes standrechtlich erschießen, jagten die CIA-Agenten aus dem Land, säuberten die Streitkräfte und mobilisierten das kubanische Volk. Indem sie ihren Traum militarisierten, wurden Fidel und Che zu einer verwegenen Bedrohung des amerikanischen Imperiums. Sie repräsentierten die gefährlichste revolutionäre Idee von allen – die Weigerung, sich vernichten zu lassen.

Es war schon nach Mitternacht, als Fidel Castro am 20. September 1960 nach Harlem fuhr. Die weiße Terrakottafassade des Hotels Theresa an der Seventh Avenue und West 125th Street – »das Waldorf Harlems« – leuchtete im Licht einer Batterie von Polizeischeinwerfern so hell wie bei einer Filmpremiere in Hollywood. Vor dem Hoteleingang hatte sich in Erwartung der politischen Berühmtheit aus dem Ausland, die dem Gerücht nach hier absteigen würde, trotz des niederprasselnden Regens und der einschüchternden Phalanx von Polizisten eine lärmende, stetig anschwellende Menge eingefunden. Plötzlich, als ein offiziell wirkender Wagen vor dem Hotel vorfuhr und eine vertraute, große, bärtige Gestalt aus dem Fahrzeug stieg, erhoben sich Schreie aus dem Gedränge. »Cuba sí, yanqui no!«, rief die Menge, als ein strahlender Castro grüßend seine Arme hob, bevor er ins Hotel geschoben wurde.

In ihrer Unterkunft in der Stadt, dem Shelburne Hotel, waren der kubanische Führer und seine fünfzigköpfige Delegation, die sich zur Jahresversammlung der Vereinten Nationen in New York eingefunden hatten, nicht so warmherzig empfangen worden. Als die kubanische Delegation dort zwei Tage zuvor abgestiegen war, wurde sie von einer militanten

Castro-feindlichen Gruppe von Exilkubanern in Empfang genommen, die sich La Rosa Blanca nannte (»Die weiße Rose«) und damit drohte, das Hotel in die Luft zu sprengen. Das Management des Shelburne verlangte von Castros Gruppe prompt eine Kaution von 20 000 Dollar, woraufhin Castro wutentbrannt erwiderte, dass seine Regierung keinen schnellen Zugang zu so hohen Summen habe und die Delegation das Hotel verlassen und, falls nötig, vor dem UN-Gebäude kampieren würde.

Castros New-York-Reise von 1960 markierte einen scharfen Wendepunkt in den Beziehungen zwischen Kuba und den Vereinigten Staaten. Im Jahr zuvor, im April 1959, war der kubanische Führer bei einem elftägigen Besuch der USA ein gastfreundlicherer Empfang bereitet worden. So kurz nach seinem revolutionären Sieg am Neujahrsabend war Fidel zu dieser Zeit für die Regierung Eisenhower noch eine politische Unbekannte, und die Medien hießen ihn als eloquenten Eroberer willkommen, der das kubanische Volk von der Gangsterherrschaft Fulgencio Batistas befreit hatte. Während seines früheren Besuchs in New York – eine Stadt, die er liebte – streifte Fidel, gefolgt von einem Rudel von Reportern und Fotografen, durch die Straßen, schaute bei einer Grundschule in Queens vorbei, wo alle Kinder Pappbärte zu seinen Ehren trugen, und stattete Bronx' Zoo eine Visite ab, wo er einen Hotdog und eine Eiswaffel aß und die Zoowärter in Alarm versetzte, als er seine Hand durch die Gitterstäbe steckte, um die Wange eines bengalischen Tigers zu streicheln. »Das ist wie ein Gefängnis – auch ich habe im Gefängnis gesessen«, sagte Fidel, der Batistas Kerker überlebt hatte.[43] Selbst die CIA schien bei seinem Besuch 1959 von Castro eingenommen. Nachdem er sich mit dem kubanischen Führer in seiner New Yorker Hotelsuite getroffen hatte, berichtete ein begeisterter CIA-Agent: »Castro ist nicht nur kein Kommunist, er ist ein entschlossener antikommunistischer Kämpfer.«[44]

Doch im Lauf des folgenden Jahres hatte sich viel verändert, denn Castro machte sich daran, die Versprechen der Revolution einzulösen, die Zucker- und Erdölindustrie zu verstaatlichen und Kuba von einem Vasallen der USA in eine souveräne Nation zu verwandeln. Bis 1960 hatte Allen Dulles die Debatte innerhalb des Geheimdienstes um Castros wahre Identität entschieden: Castro war nach seinem Urteil ein engagierter Kommunist und eine Bedrohung der Sicherheit der Vereinigten Staaten. Die sich verhärtende Linie des CIA-Direktors spiegelte die Haltung seiner Freunde aus der Wirtschaft wider wie William Pawley, den globetrottenden Unternehmer, dessen große Investitionen in kubanische Zuckerplantagen und Havannas städtisches Transportsystem durch Castros Revolution verloren gingen. Pawley gehörte zu einem Kreis international tätiger, energisch antikommunistischer Geschäftsleute, die den Geheimdienst mit Informationen über andere Länder versorgten, Kontakte herstellten sowie Waffen und Geld lieferten. Diese Gruppe begann bereits, die Eisenhower-Regierung zu einer aggressiveren Haltung gegenüber Castro zu drängen, als dieser noch in den zerklüfteten Bergen der Sierra Maestra gegen Batistas Soldaten kämpfte. Als Fidel im Januar 1959 auf einem Panzer in Havanna einfuhr, ergriff ein »pathologischer Hass auf Castro« von Pawley Besitz, wie es Eisenhower formulierte. Der Unternehmer erklärte sich sogar bereit, persönlich für die Ermordung des Revolutionsführers zu bezahlen. Als die Eisenhower-Administration eine zunehmend kriegerische Haltung gegenüber dem Castro-Regime einnahm, stand Pawley im Zentrum des Geschehens und brüstete sich damit, »in täglichem Kontakt mit Allen Dulles« zu stehen.[45]

Die Regierung Eisenhower reagierte auf die Enteignung von Plantagen, Fabriken und Versorgungsunternehmen in amerikanischem Besitz mit der Kürzung der kubanischen Zuckerimporte – die wirtschaftliche Hauptschlagader des Landes – und mit einer geheimen Sabotage-Kampagne gegen die Castro-Regierung. Im Februar 1960 warfen Söldnerpiloten der CIA Bomben auf kubanische Zuckerfabriken, im März flog ein mit belgischen Waffen beladener französischer Frachter im Hafen von Havanna in die Luft, wobei Dutzende von Matrosen und Hafenarbeiter ums Leben kamen. Eine zweite Explosion tötete noch mehr Menschen, darunter Feuerwehrleute und Sanitäter, die den Verletzten zu Hilfe eilten. Im selben Monat billigte Präsident Eisenhower einen Plan, paramilitärische Kräfte außerhalb Kubas für eine künftige Invasion der Insel zu trainieren. Die Operation, an deren Spitze sich Vizepräsident Nixon und die CIA stellten, sollte im Jahr darauf in der Invasion der Schweinebucht kulminieren.

Die Explosion im Hafen Havannas war ein Meilenstein der kubanischen Revolution. Bei der Beerdigungszeremonie am folgenden Tag auf dem Friedhof Cristóbal Colón schwor Castro, dass Kuba angesichts der US-Aggression »niemals feige klein beigeben wird«. Er beendete seine Grabrede mit einem Aufruf, der zum klingenden Leitspruch der kubanischen Revolution wurde: »Patria o muerte! Venceremos!« (Vaterland oder Tod! Wir werden siegen!) Entschlossen, Kuba nicht zu einem weiteren Guatemala werden zu lassen, wandte sich Castro an die Sowjetunion mit der Bitte um wirtschaftliche und militärische Hilfe, und der tragische Tanz begann, der Kuba, die Vereinigten Staaten und die UdSSR auf Jahre hin in eine schicksalhafte Umklammerung trieb und beinahe in einem nuklearen Inferno endete.

Als Castro und seine Gefolgschaft am 18. September 1960 auf dem New Yorker Idlewild-Flughafen landeten, schien er in »gedämpfter Stimmung«, wie die *New York Times* berichtete, aus Gründen, die dem amerikanischen Volk noch nicht bekannt waren. Die kubanische Linienmaschine, mit der die kubanische Delegation in die USA flog, musste sofort aufgetankt werden und zurückfliegen, um nicht aufgrund von Ansprüchen, die amerikanische Unternehmen gerichtlich gegen den kubanischen Staat geltend gemacht hatten, beschlagnahmt zu werden. Das war nur eine der Drangsalierungen, denen Castros Delegation während ihres einwöchigen Aufenthalts in New York ausgesetzt war, denn die Administration Eisenhower ging auf breiter Ebene gegen den kubanischen Führer vor. Als die Kubaner zum Verlassen des Shelburne Hotels gezwungen waren, schien Castro in New York Persona non grata zu sein. Das Außenministerium hatte verfügt, dass die kubanische Delegation Manhattan nicht verlassen durfte, doch dort war kein großes Hotel mehr bereit, sie aufzunehmen. Wenn New York nicht in der Lage sei, den Führern der Welt Gastfreundschaft zu gewähren, wetterte Castro wutentbrannt, sollten die Vereinten Nationen vielleicht in eine andere Stadt verlegt werden, zum Beispiel Havanna.

Doch dann münzte Castro seine Demütigung in einen Propagandaerfolg um. Als die kubanische Delegation ihre Abreise aus dem Shelburne vorbereitete, brachte sie ein politischer Sympathisant mit dem Führer der Black Muslims, Malcolm X, in Kontakt, der sich beim Betreiber des Hotels Theresa für sie einsetzte. Mit dreizehn Stockwerken das höchste Gebäude Harlems, war es ein – wenn auch ein wenig heruntergekommenes – Wahrzeichen der schwarzen Gemeinde. Zu seinen Hochzeiten hatte das Theresa eine glanzvolle Abfolge afroamerikanischer Berühmtheiten beherbergt, die in den Hotels der New Yorker Innenstadt nicht willkommen waren, darunter Josephine Baker, Louis Armstrong, Duke Ellington, Nat King Cole und Lena Horne. Im Juni 1938 feierte Joe Louis im Theresa seinen Sieg im Schwergewicht über Max Schmeling, die große weiße Boxhoffnung Nazideutschlands, während Tausende Fans draußen auf der Straße jubelten.

Als sich die Kunde verbreitete, dass die kubanische Delegation nach Nordmanhattan umzog, geriet Love B. Woods, der Manager des Theresa, sofort unter denselben politischen Druck wie die anderen New Yorker Hotelbetreiber. Selbst Harlems freimütiger Kongressabgeordneter Adam Clyton Powell jr. war gegen Castros Umzug nach Harlem, den er einen »Publicity-Trick« nannte. Powel sagte Reportern: »Wir Schwarzen haben schon genug eigene Probleme ohne die zusätzlich Last von Dr. Castros Konfusion.«[46] Aber Woods, ein älterer, gelassener Mann, der im rassistischen Süd-Carolina aufgewachsen war, wusste, was es heißt, wenn einem ein Dach über dem Kopf verwehrt wird. Er blieb standhaft und öffnete Castros Delegation die Tür zu Harlems feinstem Hotel. »Wir diskriminieren niemanden«, sagte er.[47]

Andere Harlemer Prominente wagten es ebenfalls, sich für Castro einzusetzen. Da er wusste, dass Woods aufgrund der wachsenden Spannungen zwischen den beiden Ländern wohl Schwierigkeiten bekommen würde, die kubanischen Schecks einzulösen, bat der Harlemer Anwalt Conrad Lynn einen örtlichen Glücksspielkönig, 1 000 Dollar für die Hotelkosten der Delegation zu spenden. Der Gangster war weder »Kommunist noch politisch interessiert«, erinnerte sich Lynn, »aber etwas sagte mir, dass er ein ganzer Mann war und helfen wollte. Und das tat er.«[48]

Junge Harlemer Aktivisten scharten sich um Castro, wie Preston Wilcox, der unter der Menge war, die dem kubanischen Führer vor dem Theresa zujubelte. Wilcox erkannte eine »spirituelle Verbindung« zwischen Fidels Entscheidung, nach Harlem zu kommen, und der wachsenden Dynamik der Bürgerrechtsbewegung.[49] Er bemerkte den Unterschied der Hautfarbe zwischen den gegnerischen Gruppen von Kubanern in der Menge: Die schwarzen Kubaner waren für Castro, während diejenigen, die ihn lauthals verurteilten, eine hellere Haut hatten. Wann immer Juan Almeida, Castros schwarzer Militärkommandeur und ein Held der Revolution, das Hotel verließ und durch die Nachbarschaft spazierte, umschwirrte ihn eine enthusiastische Menge. *New York Citizens-Call*, eine afroamerikanische Zeitung, kommentierte: »Für Harlems unterdrückte Ghettobewohner war Castro ein bärtiger Revolutionär, der … das weiße Amerika zur Hölle geschickt hatte.«[50]

Harlems Gastfreundschaft für Castro wurde für die Regierung Eisenhower zum Public-Relations-Desaster. Durch seinen Umzug nach Harlem beschämte der kubanische Führer nicht nur die US-Regierung wegen ihrer schlechten Manieren, sondern richtete zugleich ein scharfes Schlaglicht auf die brodelnden Rassenspannungen des Landes. Einige der nobelsten Hotels boten der kubanischen Delegation plötzlich ganze Etagen umsonst an, doch Castro weigerte sich, umzuziehen. Als bedeutende Staatsmänner – darunter Chruschtschow, Nasser und Nehru – mit Kamerateams im Gefolge nach Nordmanhattan fuhren, um sich mit Castro zu treffen, wuchs Washingtons Beschämung nur noch mehr.

Castros meisterliche Beherrschung des Spiels mit Medien kam während seines Aufenthalts in Harlem voll zur Geltung. Nachdem Eisenhower ihn brüskierte hatte, indem er ihn nicht zu einem offiziellen Empfang lateinamerikanischer Führer einlud, antwortete der kubanische Premier, indem er die rein schwarze Belegschaft des Theresa zu einem Steak-Dinner im Bankettsaal des Hotels mit ihm und dem populären Almeida einlud. Als in New Yorker Zeitungen plötzlich Meldungen auftauchten, das Theresa sei von Huren überlaufen, parierte Fidel abermals den Propagandaangriff, indem er in seiner Rede vor der UNO erklärte: »Es wurden überall auf der Welt Nachrichten gestreut, dass die kubanische Delegation in einem Bordell untergekommen sei. Für manche kann ein bescheidenes Hotel in Harlem, ein Hotel, das von schwarzen US-Amerikanern bewohnt wird, offensichtlich nichts anderes als ein Bordell sein.«

Als er am 26. September seine Rede vor der UN-Generalversammlung hielt, hatte Castro in seinem hitziger werdenden Wortkrieg mit Washington die überlegene moralische Stellung erobert. Seine UNO-Rede, eine Marathonveranstaltung, die sich über vier Stunden hinzog, war eine leidenschaftliche Verteidigung der kubanischen Unabhängigkeit. Viele Jahre habe seine kolonialisierte Nation keine Stimme in den Angelegenheiten der Welt gehabt, beklagte Castro vor der internationalen Versammlung. »Kolonien sprechen nicht. Kolonien werden in der Welt nicht anerkannt. Das ist der Grund, warum [unsere Nation] und ihre Probleme dem Rest der Welt unbekannt waren. … Es gab keine unabhängige Republik; es gab nur eine Kolonie, wo die Befehle vom Botschafter der Vereinigten Staaten erteilt wurden.« Doch nun, zu guter Letzt, verlieh Castro Kuba eine volltönende Stimme.

Was hatte denn diese kleine, verarmte Nation getan, um den mächtigen Nachbarn so gegen sich aufzubringen, fragte Castro? »Wir führten eine Agrarreform durch, die die Probleme der landlosen Bauern löste, die das Problem mangelnder Grundnahrungsmittel löste, die das große Arbeitslosenproblem auf dem Land löste, die, ein für allemal, das bittere Elend beendete, das in den ländlichen Regionen unseres Landes herrschte.«

Und mit der rhetorischen Gewandtheit, die er als junger Rechtsanwalt aufgeboten hatte, als sein eigenes Leben in Batistas Gerichtssälen auf dem Spiel stand, fragte Castro: »War sie radikal? Sie war nicht sonderlich radikal. … Wir waren damals keine 150-prozentigen Kommunisten. Wir wirkten nur leicht rötlich eingefärbt. Wir konfiszierten kein Land. Wir schlugen schlicht vor, es zwanzig Jahre später zu bezahlen, und der einzige Weg, auf dem wir uns das leisten konnten, war die Ausgabe von Staatsanleihen – Staatsanleihen mit einer Laufzeit von zwanzig Jahren zu einer Verzinsung von 4,5 Prozent, die sich jährlich akkumuliert hätte.« Seht her, so sagte Castro der Welt, das revolutionäre Kuba war bereit, sich an kapitalistische Regeln zu halten. Aber das sei Washington nicht genug gewesen. Kubas neue Regierung »war zu kühn. Sie hatte sich mit den Bergbaukonzernen angelegt, mit den Interessen der United Fruit Company, und sie hatte sich mit den mächtigsten Interessen der Vereinigten Staaten angelegt. Daher musste das Beispiel, das die kubanische Revolution gegeben hatte, seine Strafe erhalten. Die Verwegenheit der revolutionären Regierung musste mit Strafaktionen jeder Art beantwortet werden – ja mit der Zerstörung des wagemutigen kubanischen Volks.«[51]

Der Journalist I. F. Stone nannte Castros Rede – die er Stunde um Stunde mit nicht mehr als einem Zettel Notizen aus dem Stegreif hielt – eine »Tour de force«.[52] Sie war anders als alles, was man bislang in den Vereinten Nationen gehört hatte: eine gelehrte, eloquente, tief empfundene Breitseite gegen die Arroganz imperialer Macht, gehalten in der Weltfinanzhauptstadt von einem charismatischen Rebellenführer, der sein Leben riskiert hatte, um diese Macht herauszufordern. Wenn Allen Dulles' imperiale Garde noch irgendwelche Zweifel gehegt hatte, wie ernst die Bedrohung war, die Fidel Castro darstellte, so wurden sie von seinem dramatischen Auftritt vor der UN an jenem Tag vertrieben.

Die CIA wusste, welchen verführerischen Reiz Fidel ausübte – selbst im Westen, besonders unter Studenten, Intellektuellen und Künstlern. Im April 1960 rüttelte Robert Taber – der erste afroamerikanische Reporter bei CBS News, der während Castros Guerillakampf in den Bergen ein Exklusivinterview mit dem Revolutionär ergattert hatte – mit einem leidenschaftlichen Plädoyer für die kubanische Revolution in Form einer ganzseitigen Anzeige in der *New York Times* das liberale Amerika wach. Unterzeichnet von einem beeindruckenden Aufgebot illustrer Namen – darunter Jean-Paul Sartre, Simone de Beauvoir, Norman Mailer, James Baldwin und Truman Capote –, löste der Aufruf eine Welle des öffentlichen Interesses an der kubanischen Sache aus, die zur Gründung eines Unterstützerkomitees führte, des Fair Play for Cuba Committee (FPCC).[53] Innerhalb von sechs Monaten gewann das Komitee siebentausend Mitglieder in siebenundzwanzig »Erwachsenenortsgruppen« im ganzen Land und traf einen Nerv an den Universitäten, wo vierzig Unterstützergruppen gegründet wurden.

Während Castros Aufenthalt im Theresa organisierte das FPCC im schäbigen Ballsaal des Hotels ein Fest zu seinen Ehren. Unter den Gästen waren Allen Ginsberg, Langston Hughes und C. Wright Mills, von dessen eigener leidenschaftlichen Verteidigung der kubanischen Revolution, *Listen, Yankee*, binnen weniger Monate vierhunderttausend Exemplare über die Ladentheken gingen. Mills' Buch basierte auf seiner kurzen Tour durch die Insel, darunter drei achtzehnstündige Tage in der unermüdlichen Gesellschaft von Fidel, einem Mann, der, mit den Worten seines Freundes Gabriel García Márquez, »süchtig nach der Gewohnheit des Gesprächs war … er ruht sich beim Reden aus«.[54]

Das waren die frühen Tage, die Flitterwochen der Revolution, bevor sich Castros Caudillo-Allüren verhärtet hatten und bevor die sowjetische »Partnerschaft« mit Kuba sich in eine eigene Art von Kolonialismus verwandelt hatte. Dem unerbittlichen amerikanischen Druck auf die Insel gelang es nie, Castro zu stürzen, aber er trug dazu bei, das Land in den tropischen Polizeistaat zu verwandeln, der er laut CIA-Propagandisten von Anbeginn gewesen war, was in gewisser Weise als Sieg der Washingtoner Hardliner betrachtet werden kann.

Doch Castros Stern strahlte noch, als er mit seinem Gefolge im Hotel Theresa wohnte. Es war der Beginn der 1960er Jahre, die graue Herrschaft von Eisenhower und Dulles neigte sich dem Ende, und neue Möglichkeiten schienen auf der Welt aufzuscheinen. Der elektrisierendste Augenblick von Castros Woche in Harlem ereignete sich eines Abends, als Malcolm X – in einer schwarzen Lederjacke mit breitem Revers und Schlips – am Presserudel in der Eingangshalle vorbeilief und zu Fidels Zimmer im neunten Stock geleitet wurde. Fidel lud Malcolm ein, sich zu ihm aufs Bett zu setzen, der einzige komfortable Fleck in einem Raum voller Zigarrenrauch, in dem sich Berater, Leibwächter und einige wenige speziell ausgesuchte Mitglieder der afroamerikanischen Presse drängten. Die beiden Revolutionsikonen waren anfangs zurückhaltend, ihre Kommunikation durch Sprachschwierigkeiten gehemmt. Aber als sich Castro mit seinem unsicheren Englisch voranwagte, fanden sie langsam Gemeinsamkeiten. Fidel sagte Malcolm, dass die Kubaner den herzlichen Empfang zu schätzen wüssten, der ihnen in Harlem bereitet worden war. »Ich glaube, Sie werden feststellen, dass die Leute in Harlem nicht so süchtig nach der Propaganda sind, die im Stadtzentrum aufgetischt wird«, erwiderte Malcolm.[55]

Castros junger Außenminister Raúl Roa Kourí äußerte später seine Auffassung, dass das Treffen der beiden Revolutionäre, obwohl es nur eine halbe Stunde dauerte, historische Bedeutung gewann, weil es dazu beitrug, die engen ethnischen Parameter des Führers der Black Muslims zu weiten. Malcolm fing an zu begreifen, dass die Schwarzen nicht die einzige arme und unterdrückte Gruppe waren, so Kourí, »und dass der Kampf aller ein gemeinsamer Kampf war«. Hinterher behielt Malcolm ein starkes Interesse an der kubanischen Revolution. »Der einzige weiße Mensch«, sagte er, »den ich wirklich mochte, war Fidel.«[56] Er plante einen Kubabesuch, hatte jedoch nie die Möglichkeit.

Die Begegnung von Fidel und Malcolm sandte eine Schockwelle durch US-Sicherheitskreise, denen eine mögliche Allianz zwischen dem kubanischen Revolutionär und den schwarzen Radikalen ein Albtraum war. Sein sich weitender politischer Horizont, eine Entwicklung, die sich nach seinem Bruch mit der Nation of Islam 1964 noch beschleunigte, machte Malcolm zu einer immer gefährlicheren Figur – und Kourí war, wie andere, überzeugt, dass dies zu seiner Ermordung im Jahr 1965 führte. Tatsächlich war eine der Personen, die sich an jenem Abend in Castros Hotelschlafzimmer drängten, ein verdeckter FBI-Agent, der später der Polizeibehörde von der Unterhaltung der beiden Männer berichtete. Laut einem vertraulichen FBI-Memo, das auf diesem Bericht fußte, sagte Malcolm dem Kubaner, er sei sehr empfänglich dafür gewesen, ihn zu mögen, weil man »bei Leuten, die von den USA als Gegner angesehen würden, gewöhnlich etwas Gutes fände«.[57]

Als Castro nach Harlem kam, war auch er zunehmend zum Ziel unheildrohender Nachforschungen des amerikanischen Geheimdienstes geworden. Wenige Tage bevor die kubanische Delegation im Hotel Theresa eincheckte, traf sich Robert Maheu – auf Weisung der CIA – in einem anderen Hotel in Manhattan mit Johnny Roselli, einem gutaussehenden, silberhaarigen Mafiaboss, der über das Las-Vegas-Imperium der Unterwelt residierte, um einen Plan zur Ermordung Castros auszuhecken. Zu Maheus und Rosellis Treffen im Plaza Hotel gesellte sich auch James O'Connell, Maheus Führungsagent im Sicherheitsbüro der CIA. O'Connell gab sich als amerikanischer, von der kubanischen Revolution enteigneter Geschäftsmann aus, der bereit war, für Castros Beseitigung zu zahlen. Aber der ausgefuchste Roselli ließ sich nicht zum Narren halten; bald war ihm klar, dass die Mafia für einen streng geheimen Regierungsauftrag angeheuert werden sollte.

Wieder fand sich Robert Maheu im Zentrum einer tödlichen CIA-Operation. Gegen Ende seines Lebens erinnerte er sich, was er durchgemacht hatte, als ihn die CIA bat, beim Castro-Mordkomplott als wichtigster Verbindungsmann zur Mafia zu dienen. Während er mit zwei Besuchern in seinem Ranchhaus am Rande eines Golfparcours in Las Vegas saß und an einem Wodka on the rocks nippte, während immer wieder einmal ein Golfball auf das Dach plumpste, erinnerte sich Maheu, dass er nach der CIA-Anfrage eine lange, durchgrübelte Nacht verbracht hatte. Sheffield Edwards und James O'Connell hatten das Angebot in Worte gekleidet, die ein guter Katholik verstand: Der Mord an Castro sei ein Akt des »gerechten Kriegs«, sagten sie; er würde Tausende von Menschenleben retten. Sie machten klar, dass der Mordauftrag von der Spitze des Geheimdienstes kam, vom alten Mann Dulles selbst. Dennoch war Maheu bewusst, dass »Blut an [seinen] Händen kleben würde«.[58]

Um sich die moralisch heikle Frage durch den Kopf gehen zu lassen, ging Maheu in seinen Entspannungsraum im Keller seines Hauses in Virginia, wo er alle seine großen Entscheidungen traf. Auf seiner ultramodernen Stereoanlage, die ihm die CIA in den Keller gestellt hatte, hörte er die ganze Nacht klassische Musik. Maheu war später bemüht, es wie eine quälende Gewissensentscheidung klingen zu lassen, doch in Wirklichkeit dürfte sich die Mitwirkung eines Auftragnehmers des Geheimdienstes von selbst verstanden haben. Die CIA hatte für Robert Maheus Karriere gesorgt – er verdankte alles dem Geheimdienst, selbst die extravagante Stereoanlage, die seine Bach- und Glen-Miller-Platten erklingen ließ, als käme die Musik »von überall, selbst aus dem Papierkorb«. Das alles würde er kaum aufgeben, um das Leben eines bärtigen, aufgeblasenen kubanischen Revolutionärs zu schonen. Maheu nahm das Angebot der CIA an. Letzten Endes störte es ihn nicht, Castros Blut an den Händen zu haben, oder, was das anging, das seines Bruders Raúl Castro oder Che Guevaras.

Es war der Beginn einer langen CIA-Kampagne zur Ermordung des kubanischen Führers, die sich über mehrere Präsidentschaften erstreckte und unzählige Komplizen einbezog – darunter Mafiosi, Glücksritter, enttäuschte Mitglieder des Regimes in Havanna und externe Auftragsnehmer wie Maheu.

Als Castro sich am Ende seiner stürmischen Woche in New York auf die Heimreise machte, gab er am Flughafen eine temperamentvolle Pressekonferenz. Warum reiste die kubanische Delegation in einem sowjetischen Jet ab?, rief ein Reporter. Weil die Vereinigten Staaten alle kubanischen Flugzeuge aufgrund von Forderungen gegen seine Regierung beschlagnahmten, erwiderte er. »Was sollen wir Ihrer Meinung nach tun?«, klagte Castro. »Sie lassen uns ohne Erdöl – Chruschtschow gibt uns Erdöl. Sie [beschneiden] die Importe unseres Zuckers – Chruschtschow kauft uns unseren Zucker ab. ... Sie nehmen uns die Flugzeuge weg – Chruschtschow gibt uns seine Flugzeuge.«

Die CIA wusste, was Castro tun sollte. Kurz nach seiner Rückkehr nach Havanna, als der kubanische Führer vom Balkon des Präsidentenpalastes aus zu einer dicht gedrängten Menge sprach, explodierte im Park hinter dem Palast eine Bombe, binnen einer Stunde folgte eine zweite Explosion. Später an jenem Tag erschütterte eine dritte Bombe – noch stärker als die beiden anderen – die Hauptstadt. Die von der CIA entfachte Terrorkampagne zur Beseitigung Castros und seiner Regierung eskalierte rasch.

Zwei Wochen, nachdem Fidel Castro aus dem Hotel Theresa ausgecheckt war, erschien ein anderes junges Kraftpaket im Hotel. Am Nachmittag des 12. Oktober 1960 führte John F. Kennedy seinen Präsidentschaftswahlkampf nach Harlem, wo er von einer vor dem Hotel errichteten Plattform vor einer großen Menge sprach. Kennedy war sich durchaus bewusst, dass Castro das Harlemer Hotel gerade ins Bewusstsein der Weltöffentlichkeit gehoben hatte. Er war fasziniert von dem charismatischen Kubaner, dessen Biografie einige Ähnlichkeit mit seiner eigenen aufwies. Beide Männer waren Sprösslinge katholischer Immigrantenfamilien, die sich zu Reichtum und Erfolg hochgearbeitet hatten (Castros Vater war aus Spanien immigriert); beide waren die zweiten Söhne geschäftstüchtiger Väter und frommer Mütter; beide waren an Eliteschulen erzogen worden; und beide hatten ihr Klassenprivileg zurückgewiesen und sich der Verbesserung des Lebens der weniger Glücklichen und der Transformation ihrer Länder in Leuchttürme des Wandels verschrieben.

Nach Castros Triumph über Batista fand Kennedy warme Worte für den siegreichen Revolutionär. »Fidel Castro ist einer der Nachfahren Bolivars, der seine Männer mit dem Schwur ›Krieg bis zum Tod‹ gegen die spanische Herrschaft über die Anden führte …«, erklärte er.[59] Der junge Senator kritisierte die Eisenhower-Regierung, Castro »in der Stunde seines Triumphs«, als er 1959 Washington besuchte, nicht freundlicher begrüßt zu haben.

Doch im Präsidentschaftswahlkampf bezog Kennedy, entschlossen, sich von Nixon nicht als Weichling hinstellen zu lassen, eine sogar noch militantere Position zu Kuba als der republikanische Kandidat. Castro habe »die Ideale der kubanischen Revolution verraten«, sein Regime sei »eine kommunistische Bedrohung, der erlaubt wurde, vor unserer Nase nur 150 Kilometer vor unserer Küste ihr Haupt zu erheben«.[60] Kennedy ging so weit, ein entschlossenes Vorgehen der Vereinigten Staaten zu fordern, um diese Bedrohung zu beseitigen. Seine militante Wahlkampfrhetorik provozierte eine hitzige Reaktion Castros, der Kennedy in seiner epischen UNO-Rede ein »ungebildetes, ignorantes Millionärssöhnchen« nannte, dem es an Verständnis für Kubas Misere fehle.

In Wahrheit war Kennedy sich der kolonialen Geschichte Kubas höchst bewusst und ein entschiedener Kritiker der Ausplünderung des Landes durch amerikanische Geschäftsinteressen. In derselben Wahlkampfrede, in der er Castro als einen »gefährlichen Feind auf unserer Türschwelle« bezeichnete, geißelte Kennedy die Ausbeutung Kubas durch amerikanische Unternehmen und die politische Beherrschung der Insel durch Washington in erstaunlich unverblümten Worten. Er verurteilte die schändliche Washingtoner Praxis, »in ganz Lateinamerika Diktatoren zu stützen«, darunter den »blutrünstigen und repressiven« Batista.

Kennedys Wahlkampfrhetorik zu Kuba offenbarte einen Mann, der mühsam darum rang, sich eine für ihn selbst – und sein Land – richtige Position zu den revolutionären Erschütterungen rund um die Welt zu erarbeiten. Er wollte in Bezug auf die kommunistische Ausbeutung dieser nationalen Befreiungsbewegungen nicht naiv erscheinen. Aber noch mehr sorgte er sich, dass die Vereinigten Staaten auf der richtigen Seite der Geschichte standen, indem sie die Hoffnungen der Völker Lateinamerikas, Afrikas und Asiens, die ihre kolonialen Fesseln abwarfen, unterstützten.

An jenem frischen Herbsttag auf der Plattform vor dem Hotel Theresa, wo sich eine eindrucksvolle Schar von demokratischen Würdenträgern eingefunden hatte, um Kennedy den Rücken zu stärken, darunter Eleanor Roosevelt und der Kongressabgeordnete Powell, klang der Präsidentschaftsbewerber eher wie ein Unterstützer im Kielwasser des bärtigen Revolutionärs als sein Feind. »Ich bin glücklich, zu diesem Hotel zu kommen, ein bisschen spät, aber ich bin glücklich, hier zu sein«, hob er an, was ihm den lauten Applaus der Menge eintrug. »Hinter der Tatsache, dass Castro zu diesem Hotel gekommen ist, und Chruschtschow zu Castro, steht ein anderer großer Reisender in der Welt, und das ist die Reise einer Weltrevolution, einer Welt in Aufruhr. Ich bin erfreut, nach Harlem zu kommen, und ich glaube, die ganze Welt sollte herkommen und die ganze Welt sollte erkennen, dass wir alle Seite an Seite leben, ob hier in Harlem oder auf der anderen Seite des Globus. Wir sollten froh sein, [dass Castro und Chruschtschow] in die Vereinigten Staaten gekommen sind. Wir sollten das 20. Jahrhundert nicht fürchten, denn die weltweite Revolution, die wir überall um uns herum sehen, ist Teil der ursprünglich amerikanischen Revolution.«[61]

Der Mann, der bald der jüngste gewählte Präsident Amerikas werden würde, zeigte Harlem an jenem Tag, dass auch er eine Rede halten konnten – vielleicht mit weniger Feuer als Castro, aber mit ebensolcher Leidenschaft und Vision und etwas mehr Esprit. Er erklärte, dass die revolutionären Ideale Amerikas weiterhin die Welt inspirierten: »Es gibt Kinder in Afrika namens George Washington. Es gibt Kinder in Afrika namens Thomas Jefferson. Es gibt im Kongo keine, die Lenin oder Trotzki oder Stalin heißen … oder Nixon. Es mag ein paar geben, die Adam Powell genannt werden«, fügte er unter dem lauten Gelächter des Publikums hinzu, dem die Reputation des Kongressabgeordneten als Schürzenjäger nicht verborgen geblieben war.

Amerika könne nicht fortfahren, die Welt zu inspirieren, so Kennedy weiter, sofern es nicht zu Hause »praktiziert, was es predigt«. »Wenn ein schwarzes Baby hier geboren wird und ein weißes Baby nebenan, dann hat das schwarze Baby gegenüber dem weißen eine Chance von 60 Prozent, die Highschool zu beenden. Die Chance dieses Babys, ein College zu absolvieren, beträgt etwa ein Drittel. Seine Chance, arbeitslos zu werden, ist viermal so hoch.« All das müsse sich verändern, sagte Kennedy. »Weiße sind eine Minderheit auf der Welt.« Sie könnten nicht länger die Träume der übrigen aufhalten. Kennedy schwor, dass er im Fall seiner Wahl auch Amerika auf den Weg des Wandels bringen werde. »Ich halte es für wichtig, dass der Präsident der Vereinigten Staaten die Ideale unserer Gesellschaft verkörpert, für sie eintritt und uns mit dem großen Kampf um Gleichheit verbindet.«

In den folgenden drei Jahren, als Kuba zum Brandherd der US-Außenpolitik wurde, rang Kennedy weiter mit seiner Beziehung zu Castro und dem revolutionären Wandel, den er repräsentierte. Als Präsident wurde seine Haltung zu Kuba langsam weicher, das Weiße Haus bewegte sich unbeholfen auf eine friedliche Koexistenz mit dem Nachbarn zu, den Kennedy einst »gefährlich« genannt hatte. Der holprige Prozess der Annäherung zu Kuba setzte in Washington jedoch eine heftige Gegenreaktion in Gang, besonders innerhalb der nationalen Sicherheitskreise, die immer noch von den Dulles-Falken beherrscht wurden. Nach Ansicht dieser Männer war nicht nur Havanna als Treibhaus gefährlicher Ideen bedrohlich, sondern auch das Weiße Haus unter Kennedy.

Allen und Clover Dulles zur Zeit ihrer Hochzeit 1920. Die sensible, künstlerisch veranlagte Clover empfand die Geheimnisse ihres Mannes zunehmend als Belastung. »Mein Mann unterhält sich nicht mit mir ... über *nichts*«, vertraute sie ihrem Tagebuch an.
(Mit freundlicher Genehmigung von Joan Talley)

SS-Oberst Eugen Dollmann (Mitte) übersetzt eine Unterhaltung zwischen dem italienischen Luftwaffenmarschall Italo Balbo und Adolf Hitler. Der anpassungsfähige Dollmann wechselte geschmeidig zwischen der Welt des dekadenten italienischen Adels und den Mächtigen des Nazireichs – und machte sich später beim amerikanischen Geheimdienst nützlich.
(bpk / Bayerische Staatsbibliothek / Heinrich Hofmann)

Zu den Teufeln, mit denen Dulles während des Zweiten Weltkriegs still und heimlich verhandelte, gehörten Reichsführer SS Heinrich Himmler (hier beim Handschlag mit Hermann Göring, ganz rechts) und SS-General Karl Wolff (direkt hinter Himmler).
(ullstein bild)

Göring, nach Hitler zweithöchster Befehlshaber des Dritten Reichs, amüsiert sich beim Kriegsverbrechertribunal 1946. William Donovan, Allen Dulles' Chef beim OSS, versuchte sogar – zur Empörung des amerikanischen Chefanklägers – einen Handel zugunsten von Göring zu schließen. *(Kurt Hutton/Getty Images)*

Unten links: Reinhard Gehlen, Hitlers Spionageleiter an der Ostfront, gehörte zu den »Ratten«, die nach dem Krieg von Dulles gerettet wurden. Mit Dulles' Hilfe wurde Gehlen zum mächtigen Chef des westdeutschen Nachrichtendienstes. *(AP Photo). Unten rechts:* William Gowen, ein junger Agent des US-Armeegeheimdienstes, spürte Nazi-Kriegsverbrechern nach, die auf der »Rattenlinie« über Italien zu fliehen versuchten, doch war er Dulles und seinem Spionageabwehr-Protegé James Jesus Angleton in keiner Weise gewachsen. *(Mit freundlicher Genehmigung von William Gowen)*

Clover Dulles *(links)* und Mary Bancroft wurden lebenslange Freundinnen, als sie sich in den letzten Kriegstagen in der Schweiz kennenlernten. Die beiden Frauen gingen dazu über, Dulles – den kalten, unerbittlichen Mann, der ihr Leben dominierte – »den Hai« zu nennen. *(mit freundlicher Genehmigung von Joan Talley)*

Unten: Der Quäker und humanitäre Helfer Noel Field war eine der unschuldigen »kleinen Mäuse«, die während des Kalten Kriegs in Dulles' Falle tappten. *(© Corbis)*

Oben: Der junge Kongressabgeordnete Richard Nixon, hier 1948 *(ganz rechts)* mit Kollegen aus dem Ausschuss für unamerikanische Umtriebe, ritt mit Hilfe der Dulles-Brüder auf der Welle der antikommunistischen Inquisition an die Macht. *(© Bettmann/Corbis)*

Oben links: Harry Dexter White, der gefeiertste Ökonom des New Deal, war eines von Nixons Opfern. *(© Bettmann/Corbis)*

Oben rechts: Senator Joseph McCarthy, hier mit seinem Mitarbeiter Roy Cohn (rechts), wurde durch die Ausschlachtung der Angst vor der »roten Gefahr« so mächtig, dass er zu einer Bedrohung für Präsident Eisenhower und die Dulles-Brüder wurde.
(© Bettmann/Corbis)

Außenminister John Foster Dulles (links) und Präsident Dwight D. Eisenhower wachten über die Ausdehnung des amerikanischen Imperiums, die sie mit unablässigem Atomterror und CIA-Intrigen vorantrieben. *(Mit freundlicher Genehmigung von Joan Talley)*

Links: Der eigenwillige Soziologe C. Wright Mills, der ein selbst zusammengebautes Motorrad fuhr, war der scharfsinnigste Kritiker der »Machtelite« des Kalten Kriegs in den USA. Seine provozierenden Schriften gewannen eine große Anhängerschaft – und sorgten dafür, dass er selbst nach seinem vorzeitigen Tod 1962 von der CIA als intellektuelle Bedrohung eingestuft wurde. *(Foto von Yaroslava Mills, mit freundlicher Genehmigung von Estate of C. Wright Mills)*

Oben links: Der Schah von Persien, Mohammed Reza Pahlavi, und Königin Soraya treffen im August 1953 nach ihrer Flucht vor dem demokratischen Aufstand in ihrem Land auf dem Flughafen von Rom ein. Ein von der CIA eingefädelter Putsch sollte den Schah bald zurück auf den Pfauenthron bringen. *(© Bettmann/Corbis)*
Oben rechts: Kubas neuer Führer Fidel Castro war bei seinem Besuch in New York im April 1959 amüsiert über Berichte eines Attentatkomplotts gegen ihn. *(© Corbis)* Doch die Kampagne zur Ermordung Castros wurde zu einer weitaus ernsteren Angelegenheit, als die CIA die Sicherheitsfirma von Robert Maheu anheuerte, um die Mafia in ihr mörderisches Komplott einzubinden..

Unten: Die Programmierung eines Attentäters in dem Politthriller *Botschafter der Angst* mit Angela Lansbury und Laurence Harvey von 1962 beschwor in unheimlicher Weise das umfassende CIA-Programm zur Gedankenkontrolle – Codename MKULTRA – herauf, das Allen Dulles 1953 auf den Weg brachte. *(Mit freundlicher Genehmigung von MGM Media Licensing).*

Der kurze Augenblick postkolonialer Euphorie im Kongo endete im Dezember 1960, als Patrice Lumumba, der erste demokratisch gewählte Ministerpräsident des Landes, von rebellierenden Truppen unter Anleitung der CIA verhaftet wurde. *(ullstein bild / Keystone)*

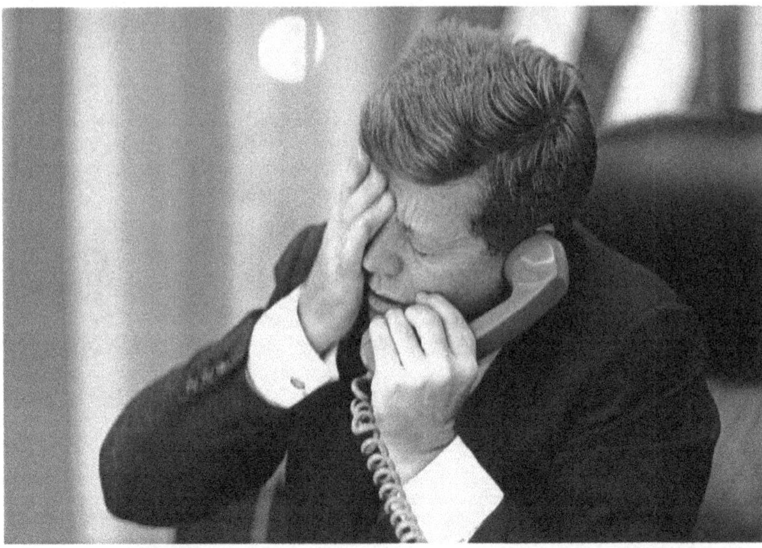

Präsident John F. Kennedy, ein entschiedener Befürworter der afrikanischen Unabhängigkeitsbestrebungen, war entsetzt, als er im Februar 1961 einen Anruf vom US-Botschafter bei den Vereinten Nationen, Adlai Stevenson, erhielt, der ihn über Lumumbas brutale Hinrichtung informierte. Die CIA hatte die Nachricht vom Mord an Lumumba fast einen Monat lang vor dem frisch gewählten Präsidenten geheim gehalten. *(© The Estate of Jacques Lowe)*

Der gewählte Präsident Kennedy begrüßt im Januar 1961 Berater Arthur Schlesinger jr. vor dem Haus des Harvard-Historikers in Cambridge, Massachusetts. Schlesingers Tagebücher liefern bemerkenswerte Einblicke in die Präsidentschaft Kennedys, während sie von innen durch Konflikte um die nationale Sicherheit zerrissen wurde. *(© Bettmann/Corbis)*

Allen Dulles, gefolgt von Ehefrau Clover, stapft durch den Schnee zu Präsident John F. Kennedys Amtseinführung. Kennedy beschloss zwar, Dulles als CIA-Direktor im Amt zu lassen, bald jedoch kam es zu einem bitteren Bruch zwischen den beiden Männern über die desaströse Operation in der Schweinebucht im April 1961. *(Alfred Eisenstaed/Getty Images)*

Kennedy und sein Kandidat für das Amt des Vizepräsidenten Lyndon B. Johnson bei einem Wahlkampfauftritt 1960. »Einer von vier Präsidenten ist im Amt gestorben«, erwiderte Johnson zu Clare Boothe Luce, als diese ihn fragte, warum er sich mit dem zweiten Platz im Präsidentschaftsgespann zufriedengegeben hatte. »Ich bin ein Spieler, Darling.« *(© Bettmann/Corbis)*

Spitzenbeamte der CIA wie Richard Helms *(links)* und wichtige Feldagenten wie Howard Hunt standen weiter loyal zu Dulles, selbst nachdem Präsident Kennedy ihn aus dem Dienst entlassen hatte. *(Beide Fotos © Bettmann/Corbis)*

Lee Harvey Oswald war ein geborener »Sündenbock«, wie er sich nach seiner Verhaftung wegen des Attentats auf Präsident Kennedy selbst nannte. Seine Frau Marina – zusammen mit ihrem Baby im Juni 1962, dem Jahr, in dem er aus Russland in die USA zurückkehrte – glaubte, dass Lee »nicht wusste, wem er eigentlich diente. ... Er versuchte, mit den großen Jungs zu spielen.« Senator Richard Schweiker erkannte später überall an dem verlorenen jungen Mann »die Fingerabdrücke des Geheimdienstes«. *(© Corbis)*

Oben links: Der internationale Geschäftsmann und CIA-Informant George de Mohrenschildt nahm Oswald in Dallas unter seine Fittiche. Er bereute später zutiefst, ihn für das Attentat präpariert zu haben. *(© Bettmann/Corbis)*

Oben rechts: Die Quäker Ruth und Michael Paine freundeten sich ebenfalls mit den Oswalds an. Mit der Arroganz der Wohlmeinenden bestritten die Paines später, in Dallas eine geheimdienstliche Rolle gespielt zu haben. Aber die Paine-Familie war Dulles und seiner Geliebten Mary Bancroft gut bekannt. *(© Bettmann/Corbis)*

Der Vorsitzende des Obersten Gerichtshofs Earl Warren übergibt im September 1964 den Kommissionsbericht über die Ermordung von Präsident Kennedy dessen Nachfolger, Präsident Johnson. Dulles (zweiter von rechts) setzte alle Hebel in Bewegung, um in die Warren-Kommission berufen zu werden – ein Gremium, das er so gründlich dominierte, dass es besser in »Dulles-Kommission« umbenannt worden wäre. *(© Bettmann/Corbis)*

David Lifton, hier um die Zeit, als er 1965 Dulles nach einem Vortrag an der Universität von Kalifornien über die Mängel des Warren-Berichts attackierte, war ein Student der Ingenieurswissenschaft und Physik und der Einzige, der je Dulles in der Öffentlichkeit wegen des Attentats zur Rede stellte. Er erinnerte sich später, an jenem Abend das Gefühl gehabt zu haben, in der Gegenwart des »Bösen« zu sein.
(Mit freundlicher Genehmigung von David Lifton)

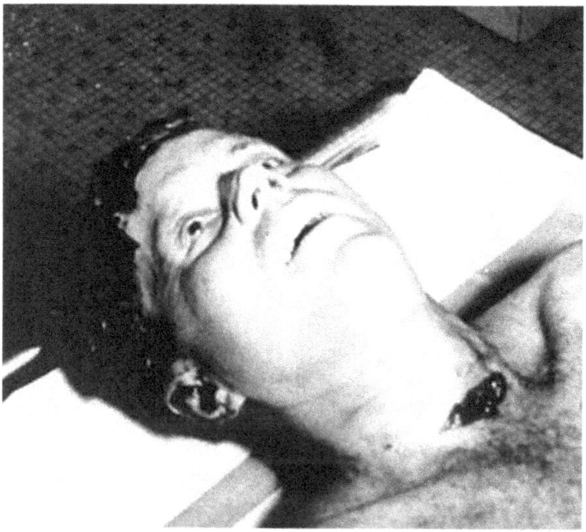

Ein Autopsiefoto von Präsident John F. Kennedy nach seiner Ermordung in Dallas am 22. November 1963. Die beiden Chirurgen im Parkland Memorial Hospital, die vergeblich versuchten, das Leben des tödlich verwundeten Präsidenten zu retten, fanden klare Anzeichen, dass ihn Kugeln von vorn und von hinten getroffen hatten, was bewies, dass er das Opfer einer Verschwörung war. Doch aus Angst, zu offenbaren, was sie in der Notaufnahme festgestellt hatten, schwiegen sie viele Jahre.
(Apic/Getty Images)

Senator Robert F. Kennedy am Grab seines Bruders im März 1967. Trotz der Angst in seiner Familie warf er sich im folgenden Jahr in das Präsidentschaftsrennen und vertraute engen Beratern an, die Untersuchung des Mordes an seinem Bruder neu aufrollen zu wollen.
(ullstein bild / TopFoto)

James Jesus Angleton, das legendäre Abwehrgenie der CIA, auf einem Foto von 1976, nachdem er endlich aus dem Geheimdienst entfernt worden war. Er diente Dulles mit ergebenem Sendungsbewusstsein, war jedoch am Ende seines Lebens überzeugt, dass die Erzengel der CIA keine gottgefälligen Menschen waren.
(Foto von Richard Avedon © The Richard Avedon Foundation)

14 Die Fackel wird weitergereicht

Der grausame Zirkus der amerikanischen Politik hat es an sich, das Innere eines Kandidaten bloßzulegen, besonders beim turbulenten Ringen vor den Kongresswahlen, ein Nahkampf auf heimischem Territorium. Auch Allen Dulles stürzte sich im August 1938 kurzzeitig in die politische Arena, als er sich bei den republikanischen Vorwahlen für den 16. Kongressdistrikt an der Upper East Side Manhattans, wo er und Clover ein Haus hatten, als Kandidat meldete. Wie Foster, der später einen ähnlich glücklosen Wahlkampf für den US-Senat ausfocht, besaß Allen ein nuanciertes Gespür für Macht, aber nicht für Politik. Die Brüder waren vom Ethos des öffentlichen Dienstes durchdrungen, doch die Demokratie war in ihren Augen etwas, das vor dem Volk beschützt werden musste. »Demokratie funktioniert nur, wenn die sogenannten intelligenten Leute dafür sorgen, dass sie funktioniert«, sagte Allen der Presse am Vorabend seines Wahlkampfs. »Man kann nicht dasitzen und die Führung der Demokratie sich selbst überlassen.«[1]

Dulles' patrizische Haltung kam im Wahlkampf nicht gut an, nicht einmal bei den feinen republikanischen Wählern der Upper East Side. Dabei brachte er, wie ein Firmenanwalt, der penibel seinen Fall aufbaut, während des Wahlkampfs alle richtigen Elemente zusammen. So verschaffte er sich die Unterstützung prestigeträchtiger Republikaner wie Elihu Root jr., der Sohn von Teddy Roosevelts Außenminister, der als sein Ehrenwahlkampfleiter diente. Er sicherte sich auch den Rückhalt der führenden New Yorker Zeitungen, darunter *New York Times* und *Herald Tribune*. Schließlich eröffnete er ein Wahlkampfbüro im Belmont Plaza Hotel, wo Clover – wie die Vorsitzende eines Frauenwohltätigkeitsvereins, die sich für ihr Lieblingsprojekt einsetzt – pflichtbewusst Hunderte von Briefen schrieb, um weibliche Wähler des Distrikts zu werben. Doch in Dulles' Wahlkampf fehlte die Leidenschaft. Seine Reden waren gestelzt, seine Debattenauftritte advokatenhaft und blutleer.

In dem einmonatigen Vorwahlkampf trat Dulles gegen den Amtsinhaber an, einen konservativen demokratischen Kongressabgeordneten namens John J. O'Connor, der in die republikanischen Vorwahlen gewechselt war, nachdem Präsident Roosevelt seine Absicht verkündet hatte,

O'Connor als Verräter am New Deal zu säubern. In dem kurzen Rennen versuchte Dulles, seine Angriffe auf den populären Präsidenten vorsichtig zu dosieren, Sympathie für die »breiten sozialen Ziele« des Präsidenten zum Ausdruck zu bringen, während er gleichzeitig seine »diktatorische Attitüde« verurteilte.[2] Aber O'Connor – der sich als einer der wirkungsvolleren Gegner des New Deal im Kongress in Stellung gebracht hatte – präsentierte sich als schlagkräftigerer Gegner Roosevelts. Und als das kampferprobte politische Schlachtross seine Schmähungen gegen Dulles richtete und ihn beschuldigte, sein Land an »internationale Interessen« und Wall-Street-Titanen wie J. Pierpont Morgan »zu verhökern«, brachte Dulles nur eine rational klingende, schlappe Erwiderung zuwege.[3]

Am Wahltag, dem 21. September, erlitt Dulles eine schmachvolle Niederlage und verlor die republikanische Nominierung mit einem Rückstand von zwei zu drei an einen Mann, der nicht einmal der Partei angehörte. Dulles kehrte prompt in die Welt der diskreten Macht zurück, die er am besten kannte, und setzte sich nie wieder den Fallstricken und Pfeilen des Wahlkampfes aus.

An der Oberfläche schien John F. Kennedy ähnlich ungeeignet für das Hickhack der Demokratie. Privilegiert, reserviert und körperlich schwach, war Jack Kennedy weit entfernt von seinen händeschüttelnden Vorfahren wie seinem Großvater mütterlicherseits, John »Honey Fitz« Fitzgerald, der ewige Bostoner Politiker, der mit seiner Gabe für Gesang und Schmeichelei um die Wählergunst buhlte. Auch später in seiner Karriere machte sich JFK noch Sorgen, dass er für die Politik zu introvertiert sei. Im Januar 1960, drei Tage nachdem er seine Präsidentschaftskandidatur erklärt hatte, vertraute er Freunden beim Abendessen an: »Ich bin kein politischer Typ.« Im Gegensatz zu seinem Großvater, der »mit allen reden wollte«, fügte Kennedy hinzu, »lese ich lieber ein Buch in einem Flugzeug, als mit dem Nachbarn neben mir zu plaudern.«[4]

Als er 1949 sein politisches Debüt gab und sich im 11. Bezirk Boston-Cambridge für den Kongress bewarb, war der achtundzwanzigjährige Kennedy weit entfernt davon, ein sicherer Gewinner zu sein, trotz des Reichtums und der Verbindungen seines Vaters. Zu dem weitläufigen Distrikt gehörten viele harte irische und italienische Arbeiterviertel und Slums, und der in einer Privatschule (Choate Rosemary Hall) und in Harvard erzogene Kandidat schien zu abgehoben, um das Rudel erfahrener Polit-Profis auszustechen, gegen das er in den demokratischen Vorwahlen antreten musste. Joe Kennedy versuchte, seinem Sohn die besten Wahlkampfberater an die Seite zu stellen, die für Geld zu haben waren, aber JFK zog es vor, mit jungen Kriegsveteranen zu arbeiten wie er selbst. Er bemühte sich um Dave Powers, einen Luftwaffenveteran, der in dem verwahrlosten irisch-katholischen Charlestown aufgewachsen und eine lokalpolitische Größe war. Als Sohn eines Hafenarbeiters, der starb, als Powers zwei Jahre alt war, und seiner Witwe acht Kinder hinterließ, kannte er die Träume und den Kummer von Familien, die sich auf engstem Raum in den dreistöckigen Mietshäusern zusammendrängten. Powers diente jeden Sonntag in der St. Catherine's Church als Platzanweiser bei fünf Messen und spielte in der Baseballmannschaft der Gemeinde den zweiten Baseman. Er kannte in Charlestown praktisch jeden.[5]

Als ihn Kennedy zuerst in einer Kneipe in Charlestown bat, bei seinem Wahlkampf mitzumachen, lehnte Powers rundheraus ab. Ein Millionärssohn, der in einem Schnaps-und-Bier-Bezirk kandidieren will? Er hatte keine Chance. Kennedy schien nicht für Bostons ruppige Politik gemacht. Tatsächlich schien dem jungen Mann – dem bald eine Nebenniereninsuffizienz diagnostiziert und eine Lebenserwartung von nicht mehr als fünfundvierzig Jahren in Aussicht gestellt wurde – kein langes Leben beschieden. Als der Wahlkampf 1946 begann, litt Kennedy unter schweren Rücken- und Bauchschmerzen, die ihm seit seiner Jugend zu schaffen gemacht und sich während seines Militärdienstes im Südpazifik noch verschlimmert hatten, wo er sich auch mit Malaria infizierte. Er war bedenklich dünn, und seine Haut hatte eine ungesunde, gelbliche Färbung – ob von der Einnahme von Mepacrin gegen seine Malaria oder durch die Nierenerkrankung, ist unklar.

Kennedys schüchterne Art und sein jungenhaftes gutes Aussehen ließen ihn auf Powers eher wie einen Dichter als einen Politiker wirken, aber er entdeckte bald, dass JFK »aggressiv schüchtern« war.[6] Selbst nachdem Powers ihn in der Bar abgelehnt hatte, blieb ihm Kennedy auf den Fersen, besuchte ihn einige Tage später im Mietshaus seiner Familie und löcherte ihn mit Fragen.

Einige Tage später, als Kennedy ihn zu seinem ersten Wahlkampfauftritt einlud, fügte sich Dave Powers in sein politisches Schicksal. JFK sprach in der American Legion Hall von Charlestown vor einer Gruppe von Gold Star Mothers, Frauen, die Söhne oder Töchter im Krieg verloren hatten. Als Kennedy zu sprechen begann, verstummte die Menge höflich. Powers stand hinten im Saal, und der Politiker – der an die aufrüttelnden Reden von Bostoner Legenden wie James Michael Curley gewöhnt war – zuckte bei dem, was er da hörte, zuerst zusammen. Der junge Kandidat war quälend nervös, stotterte und rang sichtlich um einen Zugang zu seinem Publikum. Und dann geschah es. Kennedy – dessen eigene Familie ihren Erstgeborenen, Joseph Patrick Kennedy jr., in den letzten Kriegstagen verloren hatte – fand seine Stimme. »Ich bin ein bisschen nervös geworden«, erinnerte sich Powers Jahre später, »und dann schaute [Jack] auf all die wunderbaren Damen und sagte: ›Ich glaube, ich weiß, wie Sie sich fühlen, weil meine Mutter auch ein Kind im Krieg verloren hat.‹ Und all die Jahre, in denen ich in der Politik war, in all den qualmverhangenen Sälen von Maine bis Anchorage … war diese Reaktion unglaublich. Er war sofort umringt von all diesen Charlestown-Müttern, und im Hintergrund höre ich, wie sie sagen: ›Er erinnert mich an meinen eigenen John oder Joe oder Pat‹, einen Lieben, den sie verloren hatten. Selbst ich war überwältigt.«

Als sie nach dem Auftritt zurück zu Kennedys Hotelzimmer an der Beacon Street gingen, fragte der junge Kandidat, wie er gewesen war. »Es war großartig«, erwiderte Powers.

»Und dann streckte er seine Hand aus und sagte: ›Dann machen Sie also bei mir mit?‹ Und ich schüttelte seine Hand und blieb bei ihm von dem Tag an bis Dallas.«[7]

Kennedy gewann die demokratischen Vorwahlen und die Parlamentswahl mit Erdrutschsiegen. Er verbrachte den Rest seines Lebens in der Politik, ein Beruf, den er als ehrbar ansah und in dem er ein einzigartiges Talent bewies, auch wenn er sich mit der Schaustellerei, die mit ihm verbunden war, nie ganz wohl fühlte. Als er sich auf den Präsidentschaftswahlkampf vorbereitete, gab er der Hoffnung Ausdruck, dass das Land bereit für einen neuen Politikstil wäre. Vielleicht war es nicht nötig, ein schulterklopfender »glücklicher Krieger« zu sein wie Hubert Humphrey, 1960 ein führender Rivale um die demokratische Nominierung. »Ich glaube einfach nicht, dass man diese Art von Persönlichkeit haben muss, um heute in der Politik erfolgreich zu sein«, sagte Kennedy Freunden zu Beginn seines Wahlkampfs etwas sehnsüchtig. »Ich glaube, man muss fähig sein, ein Gefühl der Überzeugung und Klugheit und wirklich etwas Integrität zu vermitteln. … Diese drei Qualitäten, auf die kommt es wirklich an.«[8]

Jedes große Leben in der Politik hat ein Thema. Bei John F. Kennedy war es sein Grauen vor dem Krieg und dem endlosen Leid, das er mit sich bringt. Er empfand es in einer Weise, die die meisten Politiker, ungerührt von den Grausamkeiten und der Idiotie des Krieges, nie verspüren. »Jeder Krieg ist dumm«, hatte Kennedy als Leutnant zur See im Südpazifik, wo er beinahe sein eigenes Leben verloren hätte, als sein Patrouillenboot von einem japanischen Zerstörer zerschossen wurde, nach Hause geschrieben.[9] Der Tod seines älteren Bruders bestätigte nur sein tiefes Misstrauen gegen den Krieg. »Er stand meinem Bruder Joe sehr nahe, und es war für ihn persönlich ein vernichtender Verlust«, erinnerte sich Senator Edward M. Kennedy, sein jüngster Bruder gegen Ende seines Lebens. »Er war ein anderer, als er aus dem Krieg heimkehrte. Ich glaube, das brannte in ihm.«[10]

Auch Allen Dulles hatte die Auswirkungen des Kriegs persönlich zu spüren bekommen, als sein gleichnamiger Sohn mit einer unheilbaren

Verletzung aus dem Koreakrieg zurückkam. Aber trotz seiner eigenen Familientragödie zermarterte sich Dulles nicht das Hirn über das Leid des Kriegs und seine zentrale Rolle in der Washingtoner Gewaltmaschinerie. Der CIA-Direktor sprach gern in einer Weise, die beinahe prahlerisch klang, über seine Fähigkeit, Männer – darunter seine eigenen loyalen Agenten – in den Tod zu schicken. Ganz anders Kennedy, der während seiner Jahre im Weißen Haus um Wege rang, Blutvergießen zu vermeiden, und ein ums andere Mal den kriegerischen Rat seiner Sicherheitsberater in den Wind schlug. Dulles sah darin bald Schwäche, während Kennedy zu dem Schluss kam, dass sein CIA-Direktor ein Mann der Vergangenheit war, der im Kalten Krieg leichtfertig Konfrontationen provozierte, während die Welt nach einer neuen Vision rief. Obwohl es vor der Öffentlichkeit weitgehend verborgen blieb, beherrschte das Duell zwischen Kennedy und Dulles die Washingtoner »Schattenpolitik« der 1960er Jahre.

Dulles begegnete Kennedy zum ersten Mal im Winter 1954, als sich JFK im Haus seiner Familie in Palm Beach von einer weiteren qualvollen Runde von Rückenoperationen erholte.[11] Der frischgebackene Senator aus Massachusetts, der sich politisch noch nicht profiliert hatte, erschien der ergrauenden Washingtoner Machtinstitution nicht wie die Art von Mann, mit der er eines Tages die Klingen kreuzen würde. Kennedy war so geschwächt von seinem jüngsten chirurgischen Martyrium – bei dem er ins Koma fiel, sodass ein Priester ihm schon die Sterbesakramente erteilte –, dass er kaum ein paar Schritte humpeln konnte. Er lag die meisten Tage mit Krankenschwestern auf dem Bett, die ihm beim Umdrehen und Lesen halfen und denen er Notizen für einen Artikel diktierte, der zu einem erfolgreichen Buch mit dem Titel *Zivilcourage* anschwellen sollte.

Von früh auf hatten Kennedys Leiden ihm einen gesteigerten Sinn für seine Sterblichkeit gegeben. »Mindestens die Hälfte der Tage, die er auf der Erde verbrachte«, bemerkte sein Bruder Robert später, »waren Tage intensiven physischen Schmerzes.«[12] Als Präsident war JFK das Inbild jugendlicher Kraft und politischer Erneuerung. Aber im Privaten, besonders in Zeiten extremer körperlicher Pein, schien Kennedy ebenso dem jenseitigen wie dem diesseitigen Leben anzugehören. Im Oktober 1953, als er sich nach seiner Heirat auf Cape Cod entspannte, rezitierte er für seine neue Frau Jacqueline sein Lieblingsgedicht, »I Have a Rendezvous with Death«. Verfasst von einem jungen amerikanischen Dichter namens Alan Seeger – der Onkel des Folksängers Pete Seeger –, bevor er im Ersten Weltkrieg im Kampf fiel, sprach das Gedicht von den Schatten auf Kennedys Seele, selbst noch in der Blüte der Ehe mit einer schönen, lebhaften jungen Frau.[13]

Dulles war ein häufiger Hausgast bei den Nachbarn der Kennedys in Palm Beach, Charles und Jayne Wrightsman. Charles Wrightsman war ein globetrottender Ölmillionär, der seine viel jüngere Frau kennengelernt hatte, als er selbst stramm auf die fünfzig zuging und sie ein vierundzwanzigjähriges Badeanzugmodel in einem Kaufhaus war. Unter seiner tyrannischen Anleitung entwickelte sich Jayne Wrightsman zu einer weltbekannten Kunstsammlerin und High-Society-Gastgeberin, die später die First Lady Jacqueline Kennedy bei der aufwändigen Umgestaltung des Weißen Hauses beriet.[14]

Charles Wrightsman war ein sehr grobschlächtiger ehemaliger Ölsucher, dessen schroffe republikanischen Werte direkt aus einem Roman von Ayn Rand stammten. Wrightsman und Dulles, der während seiner Zeit bei Sullivan & Cromwell als Anwalt des Ölmanns diente, schmiedeten eine enge Freundschaft zum beiderseitigen Vorteil. Wrightsman teilte großzügig seinen luxuriösen Lebensstil mit dem weniger begüterten Dulles und lud den Geheimdienstchef häufig zu Winteraufenthalten in sein im spanischen Stil gehaltenes Haus in Palm Beach mit seinen Renoirs und Vermeers und seinen aus dem Palais Royal in Paris erworbenen Parkettböden. Der Ölbaron lockte Dulles manchmal auf Jachtexpeditionen im Mittelmeer und Flugabenteuer in ihrem Learstar Jet. »Jayne und ich reisen am 20. August von Paris nach Stavanger, Norwegen, und zu Orten nördlich davon«, schrieb Wrightsman an Dulles im Juli 1953 aus dem Hôtel du Cap d'Antibes an der Côte d'Azur. »Wenn du uns begleiten willst, verspreche ich, während der gesamten Kreuzfahrt nicht zu erwähnen, dass Senator McCarthy der nächste Präsident der Vereinigten Staaten werden könnte.«[15]

Clover störte es, wie leicht sich ihr Ehemann vom Luxus verführen ließ, den Millionäre wie Wrightsman anboten. Ihre Zeit in dieser vergoldeten, privilegierten Welt zu verbringen, in der Allen diente, zu der er aber nicht ganz gehörte weckte bei Clover gemischte Gefühle.

Es waren die Wrightsmans, die das Ehepaar Dulles mit dem jungen Jack Kennedy bekanntmachten. Charles Wrightsman war kein Freund von Vater Joe Kennedy, ein Anhänger des New Deal, aber er und seine Frau fanden Jack und Jackie, die wie ein amerikanisches Königspaar wirkten, charmant. Jahre später, nach Kennedys Tod, erinnerte sich Dulles an jenen Tag Anfang 1954, als er den jungen Senator kennenlernte. Eingeladen von Joe Kennedy, im Heim der Familie in Palm Beach vorbeizuschauen, während er bei den Wrightsmans weilte, begegnete Dulles zuerst JFK, der flach auf dem Rücken lag. »Er litt ziemlich große Schmerzen und lag dort auf dem Sofa im Arbeitszimmer in Joe Kennedys Haus«, erinnerte sich Dulles, »und das war das erste Mal, dass ich ihn sah.« Während die beiden Männer über verschiedene internationale Krisenherde sprachen, stand er, vor Schmerz zusammenzuckend, auf und machte behutsam ein paar Schritte, bevor er zum Sofa zurückkehrte. »Er wollte offenkundig etwas lernen«, urteilte Dulles.

Bei einer anderen Gelegenheit war JFK zum Dinner bei den Wrightsmans eingeladen, als die beiden Dulles-Brüder anwesend waren. »Jack Kennedy war in jenen Tagen ein ganz bescheidener Mann«, erinnerte sich der CIA-Chef. »Ich entsinne mich, dass mein Bruder da war, [und] ich sage nicht, [Kennedy] war übermäßig beeindruckt, aber er war sehr respektvoll.«[16]

So begann die Beziehung, die Dulles als Lehrer-Schüler-Verhältnis betrachtete – die Erziehung eines vielversprechenden jungen Mannes, der die angemessene Achtung vor den Älteren besaß. »Er war immer bestrebt, Informationen zu erhalten – ich meine nicht besonders Geheimnisse oder Dinge dieser Art, sondern er war wissbegierig. Er wollte meine Meinung wissen, und wenn mein Bruder da war, auch seine Ansichten darüber, was wir über die Dinge dachten, und wir hatten viele, viele Gespräche zusammen.« Das war, aus Sicht der Dulles-Brüder, die angemessene Ordnung der Dinge: Kennedy als Prinz und Gefolgsmann, die Dulles-Brüder als Hofregenten.

Wenn Dulles' Haltung zum jungen Kennedy herablassend war, so war seine Frau von ihm überwältigt. Clovers erste echte Gelegenheit, mit JFK bekanntzuwerden, ergab sich im August 1955, als sie und Allen mit den Wrightsmans Ferien an den Stränden Südfrankreichs machten. »In Antibes machten wir das Übliche«, schrieb Clover ihrem Sohn Allen jr., »in der Strandhütte sitzen, schwimmen, in guten Restaurants gut essen«. Aber die denkwürdigste Begebenheit war, als sie mit dem Kennedy-Clan speisten, der in Frankreich Urlaub machte. »Joe Kennedys Sohn, der Senator, war dort. Er ist 36 [tatsächlich war er 38], aber wirkt nicht älter als ein College-Junge, ist hübsch und so geradeheraus, ehrlich, intelligent, attraktiv und liebenswert, dass ich seit ewiger Zeit nicht mehr so enthusiastisch über jemanden war.« Der alternde Dulles, der sich noch immer für eine Art Mann der Frauen hielt, muss von dem schulmädchenhaften Schwarm seiner Frau für den jungen Senator etwas entnervt gewesen sein. Aber JFK, der sie an ihren eigenen, behinderten Sohn erinnerte, weckte auch zärtliche, mütterliche Gefühle in Clover. »Wir haben von Dir gesprochen«, schrieb Clover an Allen jr., »denn er wurde auch verwundet und hatte erst letzten Winter eine Operation am Rücken, sodass er auf Krücken gehen musste.«[17] Mit dem klugen, jungenhaft schönen und aufmerksamen Senator zu sprechen muss Clover daran erinnert haben, was hätte sein können, wenn ihr eigener Sohn in Korea nicht so schlimm verletzt worden wäre.

Die Dulles-Brüder brauchten lange, um zu erkennen, dass es sich beim jungen Senator Kennedy, wenn er denn ihr Schüler war, um einen aufsässigen Zögling handelte. Kennedy fing an, das rigide Paradigma des Kalten Kriegs in Frage zu stellen, das die Politik Washingtons seit Beginn 1951 beherrschte, als er, noch Kongressabgeordneter, eine Sondierungsmission nach Asien unternahm. Sein Besuch in Vietnam, wo das französische Kolonialregime mit einer wachsenden, von Ho Chi Minh geführten nationalen Revolution zu kämpfen hatte, machte auf Kennedy einen besonders tiefen Eindruck. Als er in Saigon landete, war der amerikanische Kongressabgeordnete mit dem prominenten Familiennamen sofort von französischen Offiziellen umschwärmt, aber er stahl sich davon und traf sich mit unabhängig denkenden Diplomaten und Journalisten. Saigon war im Oktober 1951 eine Stadt in prekärer Lage, in der Ferne donnerten Explosionen, französische Agenten verhafteten des Nachts Verdächtige von der Straße, am Morgen trieben kopflose Leichen im Saigon-Fluss. Im Dachrestaurant des Hotels Majestic mit Blick auf die von Gaslampen erleuchteten Straßen mit ihrem Pariser Flair zu ihren Füßen traf sich Kennedy mit einem scharfsinnigen amerikanischen Botschaftsangestellten namens Edmund Gullion.[18] Der Diplomat sagte dem wissbegierigen Kennedy, dass die Franzosen den Krieg niemals gewinnen würden. Er erklärte, dass Ho Chi Minh – der einst als Bäcker in JFKs Bostoner Lieblingshotel, dem Parker House, gearbeitet hatte und von den leuchtenden Idealen der Amerikanischen Revolution inspiriert war – als Nationalheld betrachtet werde. Ho hatte Tausende seiner vietnamesischen Landsleute wachgerüttelt, die lieber sterben wollten als unter den französischen Kolonialherren weiterzuleben.

Im April 1954, als Kennedy vor den Senat trat, um die Unterstützung der Regierung Eisenhower für den zum Scheitern verurteilten Krieg der Franzosen in Vietnam zu kritisieren, war er zu einem informierten Kritiker des westlichen Imperialismus geworden. Selbst, als Frankreich in Dien Bien Phu auf ein neues Waterloo zusteuerte, bestand die Eisenhower-Regierung darauf, dass massive US-Militärunterstützung und Feuerkraft das Blatt für die Franzosen wenden könne. Aber, wie Kennedy dem US-Senat sagte, »Geld, Material und Männer in den Dschungel Indochinas zu pumpen … wäre gefährlich fruchtlos und selbstzerstörerisch«.[19] Der junge Senator hatte ein weit klareres Verständnis der Realitäten nationaler Aufstände als Eisenhower und sein alternder Außenminister. »Ich bin, offen gesagt, der Auffassung, dass kein Maß an amerikanischer Militärhilfe in Indochina einen Feind besiegen kann, der überall ist und nirgendwo, ›ein Feind aus dem Volk‹, der die Sympathie und die heimliche Unterstützung des Volkes genießt.« Die Geschichte sollte bald erweisen, wie recht er damit hatte.

Kennedy verspürte instinktiv Sympathie für die in den Staub getretenen Untertanen imperialer Mächte, ein Gefühl, das in seinem irischen Erbe wurzelte. In seiner politischen Rhetorik klang häufig eine noch größere Leidenschaft durch, wenn er das Thema von Volksaufständen gegen imperiale Herrschaften anschnitt.

Im Juli 1957 bezog Kennedy abermals eine harte Haltung gegen den Kolonialismus, dieses Mal gegen den blutigen Krieg Frankreichs gegen die algerische Unabhängigkeitsbewegung, bei der sich die Regierung Eisenhower wieder einmal auf der falschen Seite der Geschichte fand. Vor dem Senat erklärte Kennedy zwei Tage vor dem Unabhängigkeitstag:

»Die mächtigste einzelne Kraft auf der heutigen Welt ist weder der Kommunismus noch der Kapitalismus, weder die Wasserstoffbombe noch die Lenkrakete – es ist das ewige Streben des Menschen nach Freiheit und Unabhängigkeit. Der große Feind dieser gewaltigen Kraft heißt, aus Ermangelung eines genaueren Wortes, Imperialismus – und heute bedeutet das sowjetischer Imperialismus und, ob es uns gefällt oder nicht und obwohl sie nicht gleichgesetzt werden können, westlicher Imperialismus. Daher ist heute der wichtigste einzelne Prüfstein für die amerikanische Außenpolitik, wie wir der Herausforderung des Imperialismus begegnen, was wir tun, um den Wunsch der Menschen nach Freiheit zu fördern. An diesem Prüfstein mehr als an jedem anderen wird diese Nation von den freien Millionen in Asien und Afrika kritisch gemessen, in diesem Licht wird sie von den immer noch hoffnungsvollen Freiheitsliebenden hinter dem Eisernen Vorhang bangen Herzens beobachtet werden. Wenn es uns nicht gelingt, der Herausforderung sowohl des sowjetischen wie des westlichen Imperialismus zu begegnen, dann kann es keinem Maß an Auslandshilfe, keiner Aufstockung der Bewaffnung, keinen neuen Bündnissen oder Doktrinen oder hochrangigen Konferenzen gelingen, weitere Rückschläge für unseren Kurs und unsere Sicherheit zu vermeiden.«[20]

Kennedys Rede war eine mutige Herausforderung der Weltsicht Eisenhowers und der Dulles-Brüder, die alle internationalen Ereignisse durch das Prisma des Kalten Kriegs interpretierten und Entwicklungsländern keinen Raum ließen, ihren eigenen Pfad zum Fortschritt zu beschreiten. Mit seiner Abkehr von der Orthodoxie des Kalten Kriegs, die in der Demokratischen ebenso wie in der Republikanischen Partei vorherrschte, legte JFK nahe, dass der sowjetische Expansionismus nicht der einzige Feind des Weltfriedens war; Gleiches galt für die Kräfte des westlichen Imperialismus, die die rechtmäßigen Aspirationen von Völkern in der ganzen Dritten Welt zerschmetterten.

Kennedys Auffassung von der Befreiung der Dritten Welt als historischem Imperativ war bemerkenswert fortschrittlich. Selbst heute würde es kein landesweit prominenter Politiker in den Vereinigten Staaten wagen, die imperialistische Politik in Frage zu stellen, die Amerika in einen militärischen Albtraum nach dem anderen gestürzt hat. Kennedy verstand, dass Washingtons militärischer Widerstand gegen die revolutionären Kräfte der Welt nur »eine bittere Ernte« einfahren würde. Wenn die Vereinigten Staaten diese legitimen Kräfte der nationalen Selbstbestimmung erstickten, sagte er, dann würden kommende Generationen rund um die Welt vor eine trostlose Wahl »zwischen Radikalismus und Feudalismus« gestellt.

Kennedys Algerien-Rede war eine politische Bombe. Eisenhower wetterte über JFKs Rede in einer Kabinettssitzung, in der er säuerlich kommentierte: »Schön und gut – jeder mag Unabhängigkeit. Wir können alle brillante Reden halten. Aber diese Dinge stellen ziemlich schwierige Probleme dar, und vielleicht sollte jemand eine Rede halten, um den Senator daran zu erinnern, dass sie nicht so leicht sind.«[21] Eisenhower fing an, Kennedy »diesen kleinen Bastard« zu nennen.[22] Unterdessen teilte Außenminister Dulles der Presse mit eisiger Miene mit, dass der Senator aus Massachusetts, wenn er einen Kreuzzug gegen den Imperialismus führen wolle, vielleicht die sowjetische Variante aufs Korn nehmen sollte.

Kennedy wischte die Kritik Eisenhowers und Dulles' als vorhersehbare Unkenrufe aus Washingtons Ancien Régime beiseite. Er hegte wenig Respekt für Eisenhower, den er als desinteressierten Staatsmann betrachtete, der lieber mit seinen Millionärskumpeln Golf spielen ging als den neuen Realitäten der Welt ins Auge zu sehen. »Ich könnte ja verstehen, wenn er die ganze Zeit mit alten Freunden aus der Armee Golf spielen würde«, sagte Kennedy einmal zu Arthur Schlesinger, »aber niemand ist seinen alten Freunden so wenig treu wie Eisenhower. Er ist ein furchtbar kalter Mensch. Seine Golfpartner sind lauter reiche Leute, die er seit 1945 kennengelernt hat.«[23] Was Foster anging, so tat ihn Kennedy als alternden Wichtigtuer ab, der die Welt durch Schlagwörter betrachtete – simpelste Axiome wie »gottloser Kommunismus« oder »sowjetischer Generalplan«, die zunehmend »falsch [klangen] oder irrelevant für die neue Phase der kompetitiven Koexistenz, in der wir leben«.[24]

Daheim brachte Kennedys Verurteilung des französischen Kolonialismus in Algerien dem Senator heftige Kritik ein – selbst von Standartenträgern der Demokraten wie Adlai Stevenson, der sie »schrecklich« nannte, und von der *New York Times*, die befand, der Rede fehle es an »Feingespür«.[25] Im Ausland, besonders in Afrika, ein Kontinent, durch den ein antikolonialistischer Sturm fegte, weckte sie dagegen Hoffnung. Würdenträger aus afrikanischen Ländern begannen regelmäßig in Kennedys Büro auf dem Capitol Hill vorbeizuschauen und lobten ihn für seine »mutige Position« zu Algerien (wie es ein angolanischer Revolutionär ausdrückte). Einer der Mitarbeiter des Senators verbrachte viel Zeit damit, für den steten Strom afrikanischer Besucher in Washington trotz Rassentrennung Unterkünfte zu finden.

Wenn Zimmer 362 des Senatsgebäudes zum Zentrum afrikanischer Aspirationen wurde, blieb die Administration Eisenhower eine reaktionäre Bastion. Der Präsident und seine obersten Berater waren überzeugt, dass die afrikanischen Völker noch nicht bereit waren, die Verantwortung für ihre eigenen Angelegenheiten zu übernehmen; jeder revolutionäre Unfug auf dem Kontinent würde nur den Kommunisten in die Hände spielen. In einer Sitzung des Sicherheitsrats bemerkte Vizepräsident Nixon: »Einige Völker Afrikas sind erst seit etwa fünfzig Jahren von den Bäumen geklettert«, woraufhin der Budgetdirektor (und spätere Handelsminister Nixons) Maurice Stans sekundierte, er habe »den Eindruck, dass viele immer noch auf die Bäume gehörten«.[26] Der Präsident tat nichts, um das Diskussionsniveau zu heben, sondern äußerte mit Gewissheit, dass in Afrika »die Gefühle der Menschen noch immer die Herrschaft über den Verstand ausüben«. Bei anderen Gelegenheiten machte Eisenhower seinem Unmut Luft, dass er »diese Nigger« zu diplomatischen Empfängen einladen musste – womit er afrikanische Würdenträger meinte.

Aber im Frühjahr 1959 neigte sich das Regime von Eisenhower und den Dulles-Brüdern dem Ende. Foster baute rasch ab, als sich der Darmkrebs, gegen den er seit 1956 gekämpft hatte, in seinem Körper ausbreitete. Am 11. April wurde Allen, der zu dieser Zeit mit den Wrightsmans in Palm Beach Urlaub machte, von seinem Bruder in das nahe Anwesen Hobe Sound des Staatsministers im Außenministerium C. Douglas Dillan gerufen, wo sich Foster zwischen Krankenhausaufenthalten ausruhte. Allen traf einen abgemagerten Foster im Bett an, der auf einem der gelben Notizblöcke, die er immer griffbereit hielt, sein Rücktrittsgesuch verfasste. »Ich konnte sehen, dass mein Bruder große Schmerzen litt«, erinnerte sich Allen später. »Er sagte mir, er fühle, dass die Zeit gekommen sei, zurückzutreten, und bat mich, zum Präsidenten zu gehen und ihn zu überreden, sein Rücktrittsgesuch anzunehmen.«[27]

Allen charterte ein Flugzeug und flog nach Augusta, Georgia, wo Eisenhower in seinem »kleinen Weißen Haus« auf dem grünen Teppich des berühmten Golfparcours wohnte. Zuerst lehnte der Präsident Fosters Rücktrittsgesuch ab – eine Geste des Respekts für die zentrale Bedeutung des Außenministers in der Regierung, für die Allen ihm immer dankbar blieb. Aber Foster, dessen Rücktritt am 22. April in Kraft trat, war bald gezwungen, ins Walter Reed Hospital in Washington zurückzukehren, wo er am 24. Mai 1959 kurz nach Tagesanbruch im Alter von einundsiebzig verstarb.

Fosters unerbittliche Philosophie des Kalten Kriegs blieb bis zum Ende, als er die narkotischen Schmerzmittel ablehnte und stoisch in den Tod ging, starr intakt. Der einzige Ausbruch von Leidenschaft in seinem geschäftsmäßigen Rücktrittsschreiben war eine Stelle, an der er Eisenhower an ihren langen Kampf gegen die »furchtbare und gnadenlose Herausforderung des internationalen Kommunismus« erinnerte, eine böse Kraft, die es ihren Regierungen »offenkundig schwer« gemacht habe, »die fürchterliche Katastrophe des Kriegs zu vermeiden«.[28] In seinen Gesprächen auf dem Sterbebett mit seinem Bruder und anderen ihm nahestehenden Amtsträgern der Administration mahnte und warnte Foster, nicht vom wachsamen Kurs abzulassen und nicht dem Sirenengesang des Friedens zu erliegen, den der Feind anstimmte. Pflichtbewusst machte sich Nixon Notizen, während er den weisen Abschiedsworten seines Mentors lauschte. Fosters jüngerer Bruder tat dasselbe.

»Foster hatte nur noch Tage, vielleicht Stunden zu leben, und das war ihm bewusst«, schrieb Allen. »Als der Krebs von ihm Besitz ergriff, fiel ihm das Sprechen schwer. Ich sah, dass es etwas ganz Besonderes war, das er mir mitteilen wollte. Jedes Wort, das er aussprach, war ein Kampf und kostete Schmerzen. Dies ist sein letztes Erbe an mich.«[29]

Fosters Testament, wie es Allen festhielt, war ein bemerkenswerter Kriegsruf, ungemildert durch die Schmerzen oder den schleichenden Nebel des Todes – es war das schmiedeeiserne Vermächtnis eines sterbenden Ritters an seinen loyalen Waffenbruder. Erinnere dich, sagte Foster seinem jüngeren Bruder, Amerika steht »keinem gewöhnlichen Widersacher [gegenüber]. ... Die Sowjets suchten keinen Platz an der Sonne, sondern strebten nach der Sonne selbst. Ihr Ziel sei die Weltherrschaft.« Irgendwie müsse das amerikanische Volk »dazu gebracht werden, die Probleme, seine Verantwortung und die Notwendigkeit der amerikanischen Führung allenthalben, vielleicht sogar überall auf der Welt zu begreifen. Das war es, was mein Bruder mir an jenem Maitag sagte. Es war seine letzte Botschaft an mich.«

Den unerbittlichen Kommunismus besiegen, die amerikanische Macht »überall auf der Welt« zur Geltung bringen – Allen Dulles war entschlossen, den heiligen Krieg seines Bruders fortzuführen. Doch nun, als Foster auf dem Nationalfriedhof Arlington begraben lag, hatte der jüngere Dulles seinen Hauptverbündeten in Washington verloren. Allen hatte Eisenhower nie so nahegestanden wie Foster. Der Präsident hatte seinen CIA-Direktor an der langen Leine gelassen, aber seinem Urteil nie voll vertraut. Die Beziehung zwischen den beiden Männern erlitt im Mai 1960 einen schweren Bruch, als ein hoch fliegendes U-2-Spionageflugzeug der CIA über der Sowjetunion abgeschossen wurde – was ein bevorstehendes Gipfeltreffen mit Chruschtschow sabotierte und Eisenhowers letzte Chance auf einen Durchbruch im Kalten Krieg zunichtemachte. Eisenhower war sich des politischen Risikos schmerzlich bewusst, das er mit der Autorisierung der U-2-Spionagemissionen über sowjetischem Territorium einging. Die immer wieder suspendierte und neu erteilte Genehmigung für die Überwachungsflüge nannte er eine der »schwersten Gewissensprüfungen, die ein Präsident erleben kann«. Doch Dulles hatte Eisenhower wiederholt versichert, dass die große Höhe der Spionageflugzeuge sie vor russischen Boden-Luft-Raketen schütze.

Am 1. Mai, als eine sowjetische Rakete in ein über das Uralgebirge fliegendes U-2-Flugzeug schlug, was zum Absturz der Maschine und zur Gefangennahme des CIA-Piloten Francis Gary Powers führte, fand der Präsident heraus, dass die Versicherungen des CIA-Direktors leer waren. Der Spionageflug am Vorabend des Pariser Gipfeltreffens schien zeitlich so schlecht abgepasst, dass mindestens ein Beobachter, Luftwaffenoberst L. Fletcher Prouty, den Verdacht hegte, dass die CIA den Zwischenfall absichtlich provoziert hatte, um die Friedenskonferenz zu torpedieren und die fortgesetzte Herrschaft des Dogmatismus der Dulles-Brüder sicherzustellen. Prouty, Verbindungsoffizier zwischen Pentagon und CIA, der von Dulles stets gerufen wurde, wenn die CIA-Spionageflüge in Schwierigkeiten gerieten, schrieb später, der Beschuss der U-2 sei »ein höchst ungewöhnliches Ereignis«, entstanden aus einem »ungeheuren verborgenen Kampf [zwischen] den von Präsident Eisenhower angeführten Friedensstiftern« und dem »inneren Zirkel« von Dulles.[30]

John Eisenhower, der seinem Vater in der Regel nur widerwillig Ratschläge erteilte, war so beunruhigt darüber, wie Dulles die U-2-Affäre handhabte, dass er Ike drängte, ihn zu feuern. Der Präsident explodierte und »brüllte mich aus vollem Leib an, ich solle mich zum Teufel zu scheren«.[31] Aber der junge Eisenhower spürte, dass die Wut seines Vaters aus der Einsicht herrührte, dass er Dulles lange zuvor hätte entlassen sollen. Der Präsident sagte seinen Beratern Andrew Goodpaster und Gordon Gray, dass er Dulles nie wieder zu sehen wünsche.[32]

In den letzten Tagen seiner Präsidentschaft erhielt Eisenhower abermals einen Katalog von Empfehlungen, um Allen Dulles' CIA unter Kontrolle zu bekommen, dieses Mal vom Beratergremium des Präsidenten für Auslandsaufklärung. Es riet, die Nacht-und-Nebel-Aktionen des Geheimdienstes zurückzufahren und die CIA stärker auf Nachrichtensammlung und -auswertung zu fokussieren. Aber es war viel zu spät für Eisenhower, noch etwas gegen seinen Chefspion und die Parallelregierung zu unternehmen, die er zu betreiben schien. »Ich habe es versucht«, sagte er zu Gray. »Ich kann Allen Dulles nicht ändern.«[33]

Bei einer Sitzung der nationalen Sicherheitsberater im Weißen Haus zur Erörterung der Reformvorschläge wischte Dulles jede Kritik, seine Führung sei mangelhaft, zurück. Es wäre töricht von ihm, insistierte er, wenn er die Verantwortung für die Leitung des Geheimdienstes delegieren würde. Ohne seine Führung wäre der Geheimdienstapparat des Landes »ein in dünner Luft dahinsegelndes Gebilde«.[34]

Angesichts dieser arroganten Haltung platzte Eisenhower endlich doch der Kragen. Er hatte zu viel von seiner Präsidentschaft an die Dulles-Brüder delegiert und hegte den Verdacht, dass ihn die Geschichtsschreibung nicht glimpflich behandeln würde. Die CIA, schimpfte er, sei schlecht organisiert und schlecht geführt, und als Oberkommandierender sei er absolut machtlos gewesen, daran irgendetwas zu ändern, trotz einer präsidentiellen Expertenkommission nach der anderen. Er würde dem nächsten Präsidenten »einen Scherbenhaufen hinterlassen«.[35]

Dulles hatte wenig Grund, sich Eisenhowers Worte zu Herzen zu nehmen. Er hatte sich bereits für die Fortsetzung seiner Herrschaft in der ins Amt kommenden Administration Kennedys abgesichert.

Als der Präsidentschaftswahlkampf von 1960 seinen Höhepunkt erreichte, wurde die Kritik Kennedys an der Außenpolitiker von Eisenhower und Dulles schärfer und konzentrierte sich ebenso auf das unverantwortliche Spiel mit der atomaren Auslöschung der republikanischen Regierung wie auf die beunruhigende Ignoranz der Regierung in internationalen Angelegenheiten. (Foster, der wenig Interesse für die Welt jenseits der großen Machtpole hatte, verwechselte einmal Tunesien und Indonesien, und sein Stab im Außenministerium hatte Schwierigkeiten, Niger und Nigeria auseinanderzuhalten.) Doch Allen Dulles ließ Kennedys häufig schneidende Wahlkampfrhetorik keinen Schatten auf ihre Beziehung werfen. Er wusste, das Rennen zwischen Kennedy und Nixon würde eng werden. Er war zuversichtlich, das Kommando über die CIA zu behalten, wenn der republikanische Kandidat, ein langjähriger Anhänger der Dulles-Brüder, die Wahlen im November gewann. Aber wenn seine Amtszeit auch nach einem demokratischen Präsidentschaftssieg fortdauern sollte, musste er, so viel war ihm klar, mehr Charme und Anstrengung in Kennedy investieren.

Während Kennedys Wahlkampf um das Weiße Haus erhielt Dulles Insider-Berichte aus dessen Lager von einer Reihe gemeinsamer Freunde, darunter Charles Wrightsman und Mary Bancroft. Als der Wahltag näher rückte, berichtete Wrightsman, dessen Verbindungen zu Kennedy anscheinend schwerer wogen als seine republikanischen Werte, Dulles von der wachsenden Siegeszuversicht im Kreis der Kennedy-Familie. Unterdessen war Mary Bancroft, die John und Robert Kennedy durch ihr Engagement in der Demokratischen Partei New Yorks kennengelernt hatte, immer mehr von JFK angetan. Im Juli 1959 schrieb Bancroft, nachdem sie Kennedy bei einer politischen Veranstaltung in New York kennengelernt hatte, einen überschwänglichen Brief, in dem sie schwor, seine Ambitionen zu unterstützen »voll und ganz – und nicht nur für ’60 – sondern immer«.[36]

Dulles und Kennedy führten während des Wahlkampfs 1960 ein vorsichtiges Menuett auf. Beide Männer wussten, dass sie unterschiedlichen politischen Welten angehörten, aber es gab zwischen ihren Kreisen gesellschaftliche Überschneidungen, und keiner von beiden sah einen Grund, den anderen gegen sich aufzubringen. Kennedy wusste, dass Dulles ein mächtiges Reich regierte, das seinen Wahlkampf stützen oder beschädigen konnte, und war bemüht, sich die Gunst des Chefspions zu erhalten. Er ging sogar so weit, den Namen von Dulles’ verstorbenem Bruder zur »Ehrenliste« der politischen Helden hinzuzufügen, über die er in seinem Buch *Zivilcourage* schrieb.[37]

Es war Jackie Kennedy, die Dulles auf den Genuss von Ian Flemings James-Bond-Romanen brachte, als sie ihm ihr Exemplar von *Liebesgrüße aus Moskau* lieh, das zu einem seiner Lieblingsspionagebücher wurde.[38] Feuer und Flamme für Ian Fleming, schickte der CIA-Direktor von nun an neue James-Bond-Romane an den Senator und seine Frau, sobald er sie in die Finger bekam.

In typischer Manier machte Dulles in beiden Lagern des Präsidentschaftswahlkampfs von 1960 gut Wetter und schmeichelte sich sowohl bei Kennedy wie bei Nixon ein. Am 23. Juli traf sich der CIA-Direktor mit dem demokratischen Kandidaten im Haus der Kennedy-Familie in Hyannis Port, um ihn über die Sicherheitslage zu unterrichten. Nach der Wahl warf Nixon Dulles vor, seinem Gegner bei diesem Treffen einen unfairen Vorteil verschafft zu haben, indem er JFK über die Pläne der CIA zu einer paramilitärischen Invasion Kubas aufklärte. In seinen Erinnerungen *Six Crises* warf Nixon seinem Gegenkandidaten vor, diese Insider-Information als Knebel gegen ihn benutzt zu haben.[39] Als Kennedy am Vorabend der letzten Präsidentschaftsdebatte militärische Maßnahmen gegen Kuba verlangte, war Nixon – der nicht offenbaren durfte, dass die Administration solche Schritte bereits in Planung hatte – gezwungen, eine vorsichtige Haltung einzunehmen und Kennedy wegen seiner »gefährlich unverantwortlichen Empfehlungen« zu rügen.

Dulles stritt Nixons Anschuldigung später vehement ab und beharrte darauf, Kennedy erst nach seiner Wahl über die geplante Operation in der Schweinebucht unterrichtet zu haben. Aber sein Dementi klang schlüpfrig. »Nixon deutete an, er sei seiner Meinung nach aufs Kreuz gelegt worden«, erzählte Dulles dem ehemaligen CIA-Kollegen Tom Braden 1964. »Ich erwiderte, dass sei alles ein Missverständnis, denn *meines Wissens* war Präsident Kennedy nicht über die Ausbildung [der exilkubanischen Paramilitärs] informiert – *jedenfalls nicht von mir*. … Er erfuhr von mir nichts darüber bis nach der Wahl.«[40] Dulles ging nicht näher darauf ein, ob irgendein anderer CIA-Offizieller mit Genehmigung des CIA-Chefs Kennedy einen Tipp gegeben haben könnte.

Wenn Dulles seine Berichte an Kennedy dazu nutzte, um bei dem demokratischen Kandidaten zu punkten, so nutzte er diese privaten Sitzungen auch, um Insider-Informationen für das Nixon-Lager zu gewinnen. An einem Samstagabend im September 1960 rief Robert Kennedy – der notorisch aggressive Wahlkampfmanager seines Bruders – Dulles zu Hause an und störte ihn bei einem Abendessen mit Gästen, um den CIA-Direktor zu informieren, dass Jack am Montagmorgen in seinem Haus in Georgetown eine weitere nachrichtendienstliche Lageunterrichtung wolle.[41] An brüske Forderungen dieser Art von Bobby, der nicht für seine Geduld oder einnehmenden Manieren bekannt war, wenn es um die dringenden Bedürfnisse seines Bruders ging, sollten sich CIA-Offizielle noch gewöhnen. Dulles war es nicht gewohnt, in so gebieterischer Weise herbeizitiert zu werden, besonders nicht von politischen Funktionären wie Bobby Kennedy, der drei Jahrzehnte jünger war als er. Doch er war weiterhin darauf bedacht, den Wünschen der Kennedys entgegenzukommen, und erschien zur genannten Zeit in JFKs Haus. Als ihn der Präsidentschaftskandidat, der gerade in einer Besprechung mit Senator Albert Gore sr. aus Tennessee war, eine halbe Stunde warten ließ, beklagte sich Dulles nicht, und er war sogar so liebenswürdig, einen weiteren wartenden Gast, einen kleinen Prinzen aus dem Nahen Osten, vorzulassen. Doch nach Dulles' halbstündigem Treffen mit dem demokratischen Kandidaten verfasste der Chefspion prompt ein Memo über ihre Unterhaltung an Andy Goodpaster im Weißen Haus, wohl wissend, dass Eisenhowers Stab es an Nixons Wahlkampfteam weiterleiten würde.

Das Memo vom 21. September richtete das Augenmerk auf die U-2-Kontroverse, aus der Kennedy bereits ein Wahlkampfthema gemacht hatte. Der CIA-Direktor, der sich seiner Verantwortung für die Krise und ihre Ausschlachtung durch die Demokraten höchst bewusst war, informierte Goodpaster, dass JFK ihn um seine Meinung zu einem neuen Buch des pensionierten Armeegenerals J. B. Medaris gebeten habe, *Die Zukunft wird heute entschieden*, das heftige Kritik am Umgang der Regierung Eisenhower mit der U-2-Affäre übte. »Wie ich Ihnen gegenüber erwähnte«, schrieb Dulles in einem Anschluss-Memo ein paar Tage später, »habe ich angesichts gewisser Äußerungen von Senator Kennedy, als ich ihn letzten Montag unterrichtete, Grund zu der Annahme, dass dieses Buch im Wahlkampf zitiert werden wird.«[42]

Trotz Dulles' Bemühungen, dem Vizepräsidenten durch Informationen über Kennedys Wahlkampf zu helfen, ebbte Nixons Groll gegen den CIA-Chef wegen dessen Doppelzüngigkeit nicht ab. Bis zum Ende seiner Washingtoner Karriere blickte er mit Argwohn auf die CIA und ihre politische Heimtücke. Nixon, seit der Affäre Alger Hiss ein Wasserträger der Dulles-Brüder, hatte mit der kompromisslosen Unterstützung des Geheimdienstchefs für seine Bewerbung um das Weiße Haus gerechnet. Doch Dulles scherte sich nicht um persönliche oder politische Loyalität. Indem er auf beide Seiten der hart umkämpften Wahl von 1960 setzte, stellte er sicher, dass er der Sieger sein würde, ganz gleich wer gewann.

Am Mittwochabend, dem 9. November, einen Tag nach JFKs atemberaubend knappem Sieg, lud der gewählte Präsident mehrere Mitglieder seines inneren Kreises zu Cocktails im Wohnzimmer des Kennedy-Hauses in Hyannis Port, um sich von der Tortur der Nacht zu erholen und den hart errungenen Sieg zu genießen. Irgendwann kam das Gespräch darauf, was Präsident Kennedy als Erstes tun sollte.[43] Sie waren sich des historischen Wendepunktes und der einzigartigen Gelegenheiten äußerst bewusst, die sich JFK mit dieser Wachablösung der Generationen boten. Als Erstes solle er J. Edgar Hoover feuern, schlug ein Berater vor. Und wenn er schon einmal dabei war, solle Kennedy auch gleich Allen Dulles entlassen. Beide Männer waren Symbole der reaktionären Vergangenheit – und ihre endlose Herrschaft hatte etwas Sinistres an sich. Ein entspannter Kennedy ermutigte den freien Fluss der Unterhaltung, und die Gäste zogen sich an jenem Abend in ihre Zimmer mit dem Eindruck zurück, dass der neue Präsident ihre Empfehlungen guthieß. Aber am nächsten Morgen waren sie unangenehm überrascht, dass die Zeitungen bereits über Kennedys Entschluss berichteten, sowohl Hoover wie Dulles zu behalten.

Gegenüber Arthur Schlesinger äußerte Kennedy später, dass er in Anbetracht des knappen Siegs nicht das Gefühl hatte, genügend politisches Kapital zu besitzen, um Washingtoner Pfeiler wie Hoover und Dulles auszureißen. Sich von diesen »nationalen Ikonen« zu trennen, wie Schlesinger sie nannte, hätte eine heftige Gegenreaktion des einflussreichen Netzwerks von Verbündeten provoziert, das sie in der Washingtoner Bürokratie und der Washingtoner und Manhattaner Gesellschaft aufgebaut hatten.

Schlesinger, stets bestrebt, die Handlungen Kennedys ins beste Licht zu rücken, nannte später JFKs Entscheidung, prominente Republikaner in seiner Administration zu behalten – wie Dulles und C. Douglas Dillon, der zum Finanzminister ernannt wurde – Teil der »Strategie der Beruhigung« des jugendlichen Präsidenten. Der Harvard-Historiker spielte eine einzigartige Rolle in Kennedys Leben: Sonderberater des Präsidenten, Hofchronist und Verbindungsmann zu den liberalen und intellektuellen Zirkeln, mit denen JFK eine komplizierte und häufig gereizte Beziehung hatte. »Hier kommt Arthur«, bemerkte JFK eines Abends trocken, als sein Berater zu einer zwanglosen Zusammenkunft seines Stabs im Oval Office stieß. »Er war mal ein Linker. Vielleicht kann er erklären, warum sie diese verrückten Sachen machen.«[44] Der Fliege tragende, bebrillte Akademiker schien ein unwahrscheinliches Mitglied des inneren Kennedy-Zirkels, wo gutaussehende Tatsmenschen vorherrschten – der Typ von Mann, der beim Football einen weiten, engen Spiralwurf hinbekam und ein Segelboot steuern konnte. Aber Kennedy hatte eine respektvolle, manchmal neckische Beziehung zu Schlesinger und benutzte ihn oft als Resonanzboden für neue Ideen und Ernennungen, die er erwog, ebenso wie als Stimme des Gewissens.

Als Schlesinger dem Präsidenten die wachsende Besorgnis der Liberalen über seine politischen Ernennungen mitteilte, erwiderte Kennedy, dass er sie verstehe, »aber sie brauchen sich keine Sorgen zu machen. Was zählt, ist das Programm.«[45] JFK versicherte seinem Berater, dass er eine solide linksliberale Politik betreiben werde, ganz gleich, welche Positionen seine Administration vertrete. Nebenbei bemerkt, fügte Kennedy hinzu, habe er Männern wie Dulles nur eine zeitweilige Gnadenfrist gewährt – sie würden früh genug verschwunden sein. »Wir müssen damit etwa ein Jahr weitermachen. Dann möchte ich einige neue Leute holen.« Aber Kennedy war nicht naiv, was die Mechanismen der Washingtoner Macht anging. Nach einer nachdenklichen Pause fügte er hinzu: »Ich schätze, es wird schwer, diese Leute loszuwerden, wenn sie einmal drin sind.«

Kennedy wusste bereits, durch wen er Dulles ersetzen wollte: durch den großen, gescheiten Richard M. Bissell jr., den in Groton und Yale ausgebildeten Chef der Abteilung für verdeckte Operationen der CIA. Bissell, ein populäres Mitglied der feinen Georgetowner Gesellschaft, hatte es geschafft, die politischen Konsequenzen des U-2-Desasters zu überstehen, obwohl er für das Progamm der Luftspionage gegen die Sowjetunion (»spy-in-the-sky«) verantwortlich war. Mit seinen beeindruckenden akademischen Referenzen, darunter ein Abschluss an der London School of Economics, und seinem Verständnis der neuesten Überwachungstechnik erschien Bissell JFK als Mann der Zukunft.

Im Februar, bald nach Kennedys Amtseinführung, organisierte Dulles einen geselligen Umtrunk für seine CIA-Führungsspitze und den Stab des Weißen Hauses im Alibi Club, seiner Lieblingsbar in Washington. Der ehrwürdige Herrenclub – gelegen in einem alten Backsteinhaus, das sich seit seiner Errichtung in der Kotelettenzeit von Präsident Chester A. Arthur kaum verändert hatte – umsorgte eine exklusive Liste von Mitgliedern, darunter Richter am Obersten Gericht, Vorsitzende der Vereinigten Stabschefs und ehemalige Präsidenten. Nachdem das Eis mit einem »wohltuenden Drei-Cocktail-Dinner« gebrochen war, wie es ein Gast nannte, standen die CIA-Männer einer nach dem anderen auf, um den Mitarbeitern des Weißen Hauses ihre geheimnisvollen Rollen zu erklären. Dulles selbst dominierte gewöhnlich solche Anlässe, doch an diesem Abend war es Bissell, der ins Rampenlicht trat. Dulles' Stellvertreter stellte sich mit den Worten vor: »Ich bin Ihr grundlegender menschenfressender Haifisch«, eine Eröffnung »mit genau der richtigen Mischung aus Prahlerei und Selbstironie, um die Vertreter der New Frontier für sich einzunehmen«, wie der Historiker Evan Thomas bemerkte.[46]

Der Präsident machte aus seinem Plan, die CIA umzubauen und Dulles durch seinen Stellvertreter zu ersetzen, keinen Hehl. Kennedys Vater hatte im Beratungsgremium für Auslandsaufklärung gesessen und Präsident Eisenhower gedrängt, die Führungsstruktur des Geheimdienstes umzubauen. Joseph P. Kennedy hatte seinen Sohn vollauf über Dulles' gefährlich unbeaufsichtigten Führungsstil in Kenntnis gesetzt. Nach den Novemberwahlen fragte ein Mitglied von Kennedys Übergangsteam, der seine geringe Meinung von der CIA-Führung kannte: »Es muss doch jemand geben, dem Sie innerhalb der Geheimdienstgemeinde wirklich vertrauen. Wer ist es?« Kennedy fiel nur ein Mann ein. »Richard Bissell«, antwortete er.[47]

Aber Allen Dulles hatte keinerlei Absicht, irgendwann in naher Zukunft die Macht abzugeben, nicht einmal an seine rechte Hand Bissell. Für Dulles war der Übergang zur Kennedy-Administration nur ein weiterer saisonaler Wechsel, den man mit Schlauheit überstehen musste. In den Tagen vor Kennedys Amtseinführung waren die Zeitungen angefüllt mit all den frischen, neuen Gesichtern in Washington. Aber viele von Kennedys Ernennungen hatten engere Bande zu Dulles' alter Garde als zum neuen Präsidenten.

Unter ihnen war McGeorge Bundy, der eulenhafte Harvard-Dekan, den Kennedy zum nationalen Sicherheitsberater ernannte. Das weit zurückreichende Band zwischen Dulles und dem Mitglied des Bostoner Altadels war noch gestärkt worden, als der CIA-Direktor Mac Bundys Bruder, CIA-Agent William Bundy, vor McCarthys Scheiterhaufen rettete. Mac Bundy betrachtete Dulles als gutmeinenden Onkel und führte eine herzliche Korrespondenz mit ihm, die bis zum Lebensende des älteren Mannes fortdauerte.[48] Als Bundy 1953 Dekan des Fachbereichs für Kunst und Wissenschaft der Harvard-Universität wurde – im Alter von vierunddreißig der jüngste in der Geschichte der Universität –, nutzte er seine Position, um unter den besten und gescheitesten seiner Studenten künftige Kandidaten für die CIA auszusuchen.[49] Dulles konnte sicher sein, dass er mit Mac Bundy im Weißen Haus – und mit dem Umzug seines Bruders William in Kennedys Verteidigungsministerium, wo ihn die Presse den »Außenminister des Pentagons« taufte[50] – Augen und Ohren in zwei der wichtigsten Kommandostellen der Kennedy-Administration besaß.

Kennedys New-Frontier-Mannschaft war im Auswärtigen Dienst und den nationalen Sicherheitsbehörden allenthalben noch mit weiteren Dulles-Loyalisten durchsetzt. General Lyman Lemnitzer, der Vorsitzende der

Vereinigten Stabschefs, den Kennedy von Eisenhower übernahm, blickte auf eine lange Partnerschaft mit Dulles zurück, die bis in die Zeit ihrer Kooperation bei Operation Sunrise zurückreichte. Kennedys Kandidat für den Posten des Außenministers, Dean Rusk, war den Dulles-Brüdern aus ihrer Mitgliedschaft im Council on Foreign Relations und der Rockefeller-Stiftung gut bekannt, wo Rusk als Präsident und Foster als Treuhänder diente. Rusks Außenministerium blieb weiterhin mit Dulles-Leuten besetzt, darunter Eleanor Dulles selbst, die weiter die Deutschlandsektion leitete. Selbst Jackie Kennedys persönliche Sekretärin Letitia Baldrige hatte Anfang der 1950er Jahre für die CIA gearbeitet, wo sie sich auf psychologische Kriegführung spezialisierte.[51] Die »Doyenne der Etikette« hatte außerdem als Assistentin von Dulles' enger Verbündeter, Botschafterin Clare Booth Luce, in der US-Botschaft in Rom gearbeitet.

Der CIA-Chef war so zuversichtlich, dass die Dulles-Ära unter JFK weitergehen würde, dass er auf Washingtoner Dinnerpartys in Hörweite von Kennedy-Getreuen damit angab. Kurz nachdem Kennedy ins Amt kam, besuchte der Maler William Walton, ein enger Freund von JFK und Jackie, ein Beisammensein in Walter Lippmanns Haus, bei dem Dulles ebenfalls zugegen war. »Nach dem Abendessen saßen die Männer noch eine Weile in altmodischer Weise beisammen, und [Dulles] fing an, damit zu prahlen, dass er noch immer die Außenpolitik seines Bruders Foster verfolge. Er sagte: ›Wissen Sie, das ist eine viel bessere Politik. Ich habe mich entschlossen, ihr zu folgen.‹« Walton, der den CIA-Boss verabscheute, konnte Dulles' Dreistigkeit nicht fassen. Der Chefspion wusste, dass Walton zum inneren Zirkel Kennedys gehörte, aber er fühlte sich nicht bemüßigt, den Mund zu halten. Dulles schickte dem neuen Präsidenten eindeutig eine Botschaft – und Kennedys enger Freund überbrachte sie pflichtschuldig. Früh am nächsten Morgen rief Walton JFK im Weißen Haus an und berichtete, was Dulles Lippmann und seinen Gästen gesagt hatte. »Zum Teufel!«, fluchte Kennedy. »Hat er das wirklich gesagt?«[52]

»Die Fackel ist an eine neue Generation von Amerikanern übergeben worden«, erklärte Kennedy in seine Einführungsrede. Aber in Wirklichkeit sträubte sich Dulles' alte Garde zutiefst, ihre Macht an das Kennedy-Team abzutreten. Tatsächlich hatte der Machtkampf zwischen dem neuen Präsidenten und seinem CIA-Direktor bereits begonnen, bevor Kennedy seinen Amtseid ablegte, als Dulles die Übergangsphase bis zum Amtsantritt der neuen Administration zu einem dreisten Akt der Insubordination nutzte.

Patrice Lumumba floh um sein Leben. Weniger als sechs Monate zuvor, nach dem Ende der brutalen belgischen Kolonialherrschaft, zum ersten demokratisch gewählten Ministerpräsidenten des Kongos vereidigt, war Lumumba nun auf der Flucht vor den kongolesischen Streitkräften, die von der CIA zu seiner Absetzung angestiftet worden waren. Lumumba hatte sich am Abend des 27. November 1960 aus dem Hausarrest in der Hauptstadt Leopoldville befreit und war nun durch einen tropischen Sturzregen auf dem Weg nach Stanleyville, dem heutigen Kisangani, einer Bastion loyaler Nationalisten etwa tausend Kilometer im Osten des Landes, wo er hoffte, eine Armee aufstellen und sein Amt zurückerobern zu können. In einem Konvoi aus drei Wagen, in dem noch weitere Mitglieder seiner gestürzten Regierung saßen, fuhr Lumumba mit seiner Frau Pauline Opango und ihrem zweijährigen Sohn Roland in einem neuen blauen Peugeot.

Die Wahl Lumumbas im Juni 1960 hatte den Kongo elektrisiert, ein Land, das von den belgischen Kolonialherrschern versklavt und ausgeplündert worden war. Im späten 19. Jahrhundert hatte König Leopold II. aus diesem rückständigen afrikanischen Territorium ein kleines Imperium gestampft, mit Hilfe eines Zwangsarbeitssystems, das so entsetzlich war, dass Joseph Conrad es als Vorbild für seinen kolonialen Albtraum in *Herz der Finsternis* benutzte. Er nannte Leopolds Vergewaltigung des Kongos »die verkommenste, beutegierigste Balgerei, die je die Geschichte des menschlichen Gewissens verunstaltet hat«.[53] Die abgehackten Hände kongolesischer Männer, die sich weigerten, unter dem Joch der Kolonialherren zu arbeiten, wurden zu einem weltweiten Symbol der niederträchtigen belgischen Herrschaft. Nach Leopold ging die Plünderung weiter, an die Stelle von Kautschuk und Elfenbein traten als Objekte westlicher Begehrlichkeit Gold, Diamanten, Kupfer und Zinn. Multinationale Bergbaukonzerne verwandelten das rohstoffreiche afrikanische Land in ihre private Schatztruhe, aus der in Brüssel, London und New York gewaltige Vermögen angehäuft wurden.

Patrice Lumumbas Wahl bedrohte diese lange Herrschaft der Gier. Lumumba, ein schlanker, anmutiger Mann mit Brille, einem gestutzten Schnäuzer und Ziegenbärtchen, sah eher wie der Postbeamte aus, der er einst gewesen war (einer der wenigen Berufe des öffentlichen Dienstes, die unter belgischer Herrschaft Afrikanern offenstanden), als ein hitziger nationalistischer Führer. Aber er sprach mit einer von Herzen kommenden Eloquenz, die seine Anhänger überwältigte und seine Feinde alarmierte.

Am 30. Juni fand im fahnengeschmückten Nationalpalast in Leopoldville die förmliche Unabhängigkeitsfeier des Kongos statt. König Baudouin von Belgien, ein junger Monarch, der seine Rolle nie ganz annahm und als »der traurige König« bekannt wurde, hielt eine alberne Rede, in der er seine königlichen Vorgänger dafür pries, der primitiven Nation das »Gewebe der Zivilisation« geschenkt zu haben. Der ansehnliche König, der eine weiße Kolonialuniform und Nickelbrille trug, die ihm die großen Augen des Stummfilmkomödianten Harold Lloyd verlieh, schien sich der schändlichen Vergangenheit des Landes nicht bewusst zu sein. Als Lumumba dem König ans Mikrofon folgte, musste er ihn zurechtweisen. Die Kolonialgeschichte des Kongos, sagte der neue Premierminister, sei »viel zu schmerzlich, um vergessen zu werden«. Lumumba sprach leidenschaftlich vom Kampf seines Volkes gegen »die erniedrigende Knechtschaft, die uns aufgezwungen wurde« – Jahre, die »von Tränen, Feuer und Blut erfüllt« gewesen seien. Aber er endete mit einer hoffnungsvollen Note. »Wir werden der Welt zeigen, was die Schwarzen erreichen können, wenn sie in Freiheit arbeiten, und wir werden den Kongo in den Stolz Afrikas verwandeln.«[54]

Lumumbas glühende Rede richtete das kongolesische Volk auf, das auf den Straßen der Hauptstadt zur Feier seiner Freiheit tanzte. Doch König Baudouin und die anderen Vertreter des Westens, die der Unabhängigkeitsfeier beiwohnten, fühlten sich von den offenen Worten des Premierministers beleidigt. Lumumba hatte »die Zeremonie getrübt«, schnaubte die *New York Times*.[55]

Nach Lumumbas Unabhängigkeitsrede begannen Offizielle der Sicherheitsräte in Washington und Brüssel – die den Aufstieg des charismatischen kongolesischen Führers bereits wachsam verfolgten –, ihn als ernsthafte Bedrohung westlicher Interessen in der Region anzusehen. Mehr noch als seine trotzige Rhetorik war es Lumumbas Weigerung, sich von den multinationalen Konzernen, die Kongos Reichtum kontrollierten, kaufen zu lassen, die unzweifelhaft sein Schicksal besiegelte. In Reden an seine Anhänger gab Lumumba Einblick in die korrupten Hinterzimmergeschäfte, die in afrikanischen Hauptstädten der neokolonialen Ära weiter blühten. Die Vereinigten Staaten, erklärte er, rieben sich schon die Hände über Kongos Uranlagerstätten – dieselben Lagerstätten, die den Rohstoff für die Atombomben auf Hiroshima und Nagasaki geliefert hatten. Vor den Gästen eines Abendessens bei einer politischen Veranstaltung im Oktober 1960 erwähnte Lumumba, dass er Millionen von Dollar hätte machen können, wenn er bereit gewesen wäre, »die nationale Souveränität zu verpfänden«.[56]

Dulles, Doug Dillon (damals Staatssekretär im Außenministerium) und William Burden, der US-Botschafter in Belgien, sorgten innerhalb der Eisenhower-Administration dafür, Lumumba erst zu dämonisieren und dann zu beseitigen. Alle drei Männer hatten finanzielle Interessen im Kongo. Die Investmentbank der Dillon-Familie besorgte die Ausgabe kongolesischer Staatsanleihen. Dulles' alte Anwaltskanzlei vertrat die American Metal Company (später AMAX), einen Bergbaugiganten mit Interessen im Kongo, und Dulles war mit dem Vorstand des Unternehmens, Harold Hochschild, sowie mit dessen Bruder und Nachfolger Walter befreundet, der während des Kriegs beim OSS diente. Botschafter Burden war ein Direktor des Unternehmens gewesen, und Frank Taylor Ostrander jr., ein ehemaliger US-Geheimdienstmitarbeiter, diente den Hochschild-Brüdern als politischer Berater.

Amerikanische Manager von Konzernen mit bedeutenden Beteiligungen und Geschäftsinteressen in Afrika konnten bei prestigeträchtigen Organisationen wie dem Africa-America Institute mit Sitz in Manhattan zwanglos mit Offiziellen aus nationalen Sicherheitskreisen der USA zusammenkommen und sich mit ihnen beraten. Das Institut, das Harold Hochschild 1953 mit aus der Taufe hob, förderte die amerikanische Ausbildung künftiger afrikanischer Führer, ein Ziel, dass die CIA für strategisch für wertvoll genug hielt, um die Organisation zu finanzieren. Jahre später, nachdem das Africa-America Institute als CIA-Tarnorganisation aufgeflogen war, schien Hochschild verdrossen, als sein Sohn Adam auf das Thema zu sprechen kam. Der jüngere Hochschild war einer der Gründer des Magazins *Mother Jones* und schrieb später *Schatten über dem Kongo*, eine wuchtige Anklage der belgischen Terrorherrschaft im Kongo. Nachdem die Verbindungen des Instituts zur CIA ans Licht gekommen waren, war es seinem Vater, wie sich Adam später erinnerte, »unbehaglich. Er verteidigte die Verbindung, es habe in den frühen Jahren keine andere Anlaufstelle für das Institut gegeben, von der es genug Geld für diese Arbeit geben konnte. Aber er schämte sich eindeutig, dass die ganze Sache geheim gehalten werden musste.«[57]

Die zunehmend militante Politik der Eisenhower-Administration gegenüber Lumumba nahm bei Cocktails an Orten mit Klubatmosphäre wie dem Africa-America Institute und dem Council on Foreign Relations Gestalt an. Die Männer, die diese Politik forcierten, brachten wenig Gefühl für das Leid oder die Sehnsucht des kongolesischen Volkes auf. Botschafter Burden war ein Vanderbilt-Erbe – ein großer, dickbäuchiger High-Society-Schluckspecht, der mit all dem Schwachsinn und den Vorurteilen seiner Klasse vollgestopft war; er mochte Juden nicht und behandelte die Legionen seiner namenlosen Dienerschaft wie Schuldknechte. Nicht besonders hell im Kopf, repräsentierte er das, was seine Enkelin Wendy später das »tote Ende des Genpools« nannte.[58] Alles in Burdens Welt war »fabelhaft«. Er sagte es »in der Art wie eine Figur aus einem Fitzgerald-Roman«, erinnerte sich Wendy in ihren Familienmemoiren. »*Fah-belhaft*. Er sagte es etwa hundert Mal am Tag, als wäre es das einzige Adjektiv, dass sich eignete, um die Talente eines Küchenchefs oder einen Teller Belon-Austern oder den Chateau Petrus zu beschreiben, den er trank, oder wie er sich beim Sturz der libyschen Regierung fühlte.«[59]

Burden, der seinen Botschafterposten einer riesigen Spende für Eisenhowers Wahlkampf 1956 verdankte, verbrachte seine Tage in Brüssel auf diplomatischen Empfängen, wo er zusammen mit dem besten Champagner die Rassenvorurteile des schrumpfenden belgischen Imperiums aufsaugte. Es war Burden, der angesichts des Aufstiegs Patrice Lumumbas, den die Belgier erst gestern noch einen »dreckigen Affen« genannt hatten, nun aber als »Satan« verdammten, in Washington als Erster Alarm schlug. Schon lange vor der Wahl Lumumbas fing Botschafter Burden an, Dulles aufgeregte Telexe zu schreiben, in denen er nahelegte, die wachsenden Hoffnungen des kongolesischen Volkes seien von der Sowjetunion inspiriert, und darauf drängte, energische Maßnahmen zu ergreifen, um Unruhen in Afrika zu ersticken »Lieber Allan [*sic*]«, schrieb Burden in einem Telex vom November 1959. »Hat Deine Behörde und [das] Verteidigung[sministerium] in letzter Zeit eingehend die Art von Unruhen untersucht, die in den verschiedenen Ländern Afrikas auftreten oder auftreten könnten, [und] in welchem Maß neue Waffen, wie einige neuere Gase, es ermöglichen könnten, solche Schwierigkeiten zu kontrollieren?«[60] Im folgenden Sommer telegrafierte Burden nach Washington, die Regierung Lumumba als Bedrohung »unserer elementaren Interessen im Kongo … zu vernichten«.

Dulles machte sich die Idee Lumumbas als diabolischen Agenten kommunistischer Subversion rasch zu eigen. In Wahrheit hatte Lumumba weniger mit Moskau zu tun als irgendein anderer afrikanischer Führer. Er versuchte ausdrücklich, sein sich mühendes Volk aus dem Strudel der Supermächte herauszuhalten, und schwor, dass der Kongo »nie ein Satellitenstaat Russlands oder der Vereinigten Staaten« würde.

»Wir wollen keinen Anteil am Kalten Krieg«, erklärte Lumumba. »Wir wollen, dass Afrika afrikanisch bleibt, mit einer Politik der Neutralität.«[61] Doch in der Weltsicht von Dulles gab es so etwas wie Neutralität nicht; jeder, der solche Ansichten äußerte, gehörte ins Lager des Feindes. Bei einer Sitzung des Nationalen Sicherheitsrats am 22. Juli 1960 im Weißen Haus – nur drei Wochen nach Lumumbas Unabhängigkeitstagsrede – verurteilte Dulles den kongolesischen Führer als einen »Castro oder Schlimmeres. … Man kann sicher von der Annahme ausgehen, dass Lumumba von den Kommunisten gekauft wurde.«[62]

Doug Dillon stellte sich vehement hinter Dulles' wirre Einschätzung Lumumbas als Komplizen der Sowjets. Es war eine alarmistische Sicht, um Eisenhower zu überzeugen, dass der afrikanische Führer eliminiert werden musste. Wie sich herausstellte, brauchte der Präsident wenig Überredung. Im Sommer 1960 war Ike krank, müde und launenhaft – und er hatte wenig Geduld oder Verständnis für den Freiheitskampf in der Dritten Welt. Bei einer Unterredung mit dem britischen Außenminister Lord Home scherzte Eisenhower, er hoffe, »Lumumba würde in einen Fluss voller Krokodile fallen«.[63] Auf einer Sitzung des Nationalen Sicherheitsrats im August 1960 gab Eisenhower dem CIA-Direktor die direkte

Genehmigung, Lumumba zu »eliminieren«. Robert Johnson, der bei dem Treffen Protokoll führte, erinnerte sich später an den Schock, der durch den Raum ging. »Es gab ein bestürztes Schweigen, das etwa fünfzehn Sekunden dauerte, dann ging die Sitzung weiter.« Johnson sagte, es habe nichts Zweideutiges an Eisenhowers Mordbefehl gegeben. »Ich war erstaunt, dass ich jemals einen Präsidenten etwas wie dieses in meiner Gegenwart oder der Anwesenheit einer Gruppen von Leuten sagen hörte. Ich war bestürzt.«[64]

Im Lauf der nächsten Monate fädelte die CIA in Zusammenarbeit mit ihren Verbündeten im belgischen Geheimdienst einen Militärputsch unter Führung eines großspurigen, skrupellosen neunundzwanzigjährigen Oberst namens Joseph Mobutu ein, der Lumumba aus dem Amt zwang und ihn unter Hausarrest stellte. Aber das war der CIA noch nicht genug. Lumumba werde »eine ernste Gefahr bleiben«, sagte Dulles am 21. September 1960 im Nationalen Sicherheitsrat, »solange er noch nicht beseitigt ist«.[65] Drei Tage später machte Dulles klar, dass er Lumumbas dauerhafte Beseitigung wünsche. »Wir möchten jede mögliche Hilfestellung geben«, telegrafierte er der CIA-Station in Leopoldville, »jegliche Möglichkeit einer Rückkehr Lumumbas in eine Regierungsposition zu eliminieren.«[66]

Washington schrieb Lumumba so etwas wie Hexerei zu. Dulles wunderte sich über seine Überlebensfähigkeit, Dillon staunte über seine Überzeugungskraft. »Er hat so eine ungeheure Fähigkeit, eine Menge oder Gruppe aufzustacheln«, so Dillon. »Und wenn er freigekommen wäre und angefangen hätte, zu einem Bataillon der kongolesischen Armee zu sprechen, hätte er es wahrscheinlich in fünf Minuten in der Hand gehabt.«[67]

Um das zu verhindern, rekrutierte die CIA in Europa zwei Auftragsmörder aus der Unterwelt, denen sie die Codenamen QJ-WIN und WIROGUE gab. Bei dem Killerpärchen handelte es sich um derart abscheuliche Söldner, dass selbst ihre CIA-Führungsagenten sie »widerwärtig« fanden.[68] ROGUE war die Art von moralisch gestörter Persönlichkeit, »die alles mindestens einmal ausprobiert«, ohne von »Gewissensbissen« behelligt zu werden, wie sein CIA-Aufseher sagte. Während sich ROGUE daranmachte, ein »Exekutionskommando« zur Ermordung Lumumbas aufzustellen, konzentrierte sich WIN darauf, den schützenden Ring von UN-Soldaten zur durchdringen, der das Haus umgab, in dem der kongolesische Führer gefangen gehalten wurde. QJ-WIN war mit einer Tube vergifteter Zahnpasta ausgerüstet, die der CIA-Station Leopoldville von Sidney Gottlieb geliefert worden war, dem Giftgenie des Geheimdienstes. Dr. Ewen Cameron hatte am berüchtigten Allan Institute auf Bitte der CIA Lumumba analysiert und war zu dem Schluss gelangt, dass er seine Zähne regelmäßig putzen müsse, da sie auf den Fotos strahlend weiß aussahen. Deshalb, versicherte Cameron dem CIA-Chef, seien chemisch veränderte Zahnprodukte der Schlüssel zur Erledigung Lumumbas.

Am Ende zog die CIA das Zahnpastakomplott nicht durch, anscheinend aus der Überlegung heraus, dass die Vergiftung eines populären, unter dem Schutz der UNO stehenden Politikers in seinem eigenen Haus eine zu schamlose Tat wäre – die, könnte man sie zum Geheimdienst zurückverfolgen, zu unangenehmen internationalen Verwicklungen führen würde. Es wäre klüger, beschloss die CIA, Lumumba an seine mörderischen politischen Rivalen im Kongo auszuliefern und die Arbeit ihnen zu überlassen. Und so floh Lumumba aus dem Hausarrest – oder ihm wurde erlaubt zu fliehen –, schaffte es wundersamerweise nicht nur an den ihn schützenden UNO-Soldaten vorbei, sondern auch an Mobutus feindseligen Streitkräften, und eilte Richtung Stanleyville.

Während Lumumbas Konvoi weiter über holprige Lehmpisten fuhr, folgten ihm kongolesische Soldaten unter Führung von Hauptmann Gilbert Pongo, Mobutus berüchtigtem Sicherheitschef. Pongo selbst flog in einem Hubschrauber hinter Lumumbas Gruppe her, den freundlicherweise Clare Timberlake zu Verfügung gestellt hatte, der adrette, Schnäuzer tragende US-Botschafter, der eng mit der CIA-Delegation im Kongo zusammenarbeitete. Lumumbas Flucht wurde verlangsamt, wann immer er durch Dörfer kam, wo er von den Einwohnern umringt und gedrängt wurde, eine Rede zu halten. Wann immer er sprach, verlieh er ihren Träumen eine Stimme. »Unser Programm ist klar: vollständige Unabhängigkeit, der Kongo für die Kongolesen«, sagte er eines Abends an einem Lagerfeuer. »Vierzehn Millionen Kongolesen wollen arbeiten, eine bessere Zukunft für sich und ihre Kinder. Sie wollen Bürger mit vollen politischen Rechten sein, sie wollen ein neues Leben.«[69]

Wenn Lumumbas Verfolger zu dicht aufschlossen, verzögerten die Dorfbewohner ihr Fortkommen, indem sie Straßensperren errichteten und Brücken einrissen. Am Abend des 1. Dezember erreichte Lumumbas Gruppe das kleine Dorf Lodi am Westufer des Sankuru-Flusses. Dieser breite, schlammige Fluss war das letzte Hindernis, das zwischen der Gruppe und ihrer Zuflucht Stanleyville lag. Die andere Seite des Flusses war eine Bastion der Nationalisten, die hinter Lumumba standen. Es gab nur ein Boot am Ufer. Lumumba und einige seiner höchsten Berater setzten als Erste über. Als sie aus dem Einbaum stiegen, drang der Lärm eines Aufruhrs vom anderen Ufer zu ihnen. Mobutus Soldaten hatten die Zurückgelassenen eingeholt, darunter Mobutus Frau und Kind.

Lumumbas Landsleute baten ihn, nicht über den Fluss zurückzukehren, denn »das Leben der ganzen Nation steht auf dem Spiel«.[70] Doch er ertrug es nicht, die Schreie seiner Frau zu hören. »Wer für sein eigenes

Land kämpft«, sagte er, als er zurück ins Boot stieg, »muss mit einem tragischen Ende rechnen.«[71] Als Lumumbas Boot zurück ans andere Ufer glitt, wateten die Soldaten ins Wasser und ergriffen ihn. Lumumba versuchte, Mobutus Männer auf seine Seite zu ziehen. Eine Weile schien die Magie seiner Worte zu wirken – die Soldaten waren bereit, sich der Sache der Freiheit anzuschließen und mit ihm nach Stanleyville zu marschieren. Aber Hauptmann Pongo schritt ein und erinnerte seine Soldaten an die schlimmen Konsequenzen für sie und ihre Familien, wenn sie ihrer Pflicht nicht nachkämen. Sie lenkten ein und begannen sofort, auf ihn und sogar seinen kleinen Sohn einzuschlagen.

Lumumba wurde in Pongos Helikopter verfrachtet und nach Leopoldville geflogen, wo er ins gleißende Scheinwerferlicht gezerrt wurde, um vor laufenden TV-Kameras abermals von Mobutus Schlägern brutal misshandelt zu werden. Während der ganzen Zeit bewahrte Lumumba die gelassene Würde des Märtyrers, der er bald werden würde. »Auf Lumumbas benommenem Gesicht lag der Ausdruck eines Mannes, der noch nicht glauben kann, dass sich das Schicksal der Gerechtigkeit für sein Volk entgegenstellen konnte«, bemerkte Andrée Blouin, die schöne »schwarze Passionsblüte« des kongolesischen Unabhängigkeitskampfes und Protokollchefin von Lumumbas Regierung. »Sein weißes Hemd war mit Blut bespritzt, aber er hielt den Kopf noch aufrecht. Er verkörperte das Beste der Menschen schwarzer Rasse, die nie wieder Sklaven sein würden.«[72]

Während die Symbolfigur des afrikanischen Freiheitskampfes in einem Militärgefängnis südlich von Leopoldville schmachtete, wurde ihr Schicksal in den folgenden Wochen zum Gegenstand eines bewegten internationalen Dramas. Ausländische Staatschefs – darunter Chruschtschow, Nasser und der ghanaische Präsident Kwame Nkrumah – plädierten leidenschaftlich für seine Freilassung, wobei der Sowjetführer versprach, dass die »Kolonialisten ein für allemal aus dem Kongo geworfen« würden. Lumumbas Anhänger beteten, dass er bis zur Amtseinführung Kennedys, dessen Wahl der Kongolese gepriesen hatte, überleben würde.

Aber in Leopoldville arbeiteten amerikanische und belgische Agenten fieberhaft daran, dass es dazu nicht kam. Der Mann im Zentrum der Intrige war Lawrence R. Devlin, der CIA-Stationschef im Kongo, ein Harvard-Mann, der von seinem Dekan Mac Bundy für den Spionagedienst persönlich empfohlen worden war. Devlins aggressive Kampagne gegen Lumumba trug ihm die Bewunderung der CIA-Führung ein, auch die von Dulles. Ende November, als Mobutus Soldaten Lumumba auf den Fersen waren, war Devlin nach Rom geflogen, um sich dort mit Richard Bissell zu treffen, den Dulles mit der Ermordung Lumumbas betraut hatte. Die

CIA war noch immer entschlossen, Eisenhowers Mordbefehl auszuführen. Aber Devlin und seine CIA-Vorgesetzten wussten, dass die Zeit knapp wurde.

Beim amerikanischen Geheimdienst sorgte man sich auch nach Lumumbas Gefangennahme weiter über die Lage im Kongo. Mobutus Herrschaft war noch wackelig, die kongolesische Politik ein Chaos, daher ließ sich Lumumbas Haft, wie Devlin erkannte, nicht in alle Ewigkeit gewährleisten. Tatsächlich schien am Ende der zweiten Januarwoche 1961, als Lumumbas Gefängniswärter kurzzeitig meuterten und damit drohten, ihn freizulassen, seine Gefangenschaft weniger sicher denn je.

Unterdessen stand Dulles und seinem Kongo-Team klar vor Augen, dass der Präsidentenwechsel in Washington ihre Lumumba-Operation gefährdete. Kennedy, dessen Amtseinführung für den 20. Januar angesetzt war, hatte bereits signalisiert, dass er die amerikanische Politik zugunsten afrikanischer Nationalisten wie Lumumba ändern würde. Ende Dezember, nachdem sie von einer fünfwöchigen Tour in den Kongo und andere afrikanische Länder zurückgekehrt war, kündigte eine Sondierungsmission der Demokratischen Partei, zu der auch JFKs Bruder Edward M. Kennedy gehörte, an, dass die neue Administration sich mit der »Bewegung für Freiheit und Selbstbestimmung« des Kontinents verbünden würde, und drückte ihre große Sympathie für Lumumba aus.[73] Ted Kennedy ging später noch weiter, rief zur Freilassung Lumumbas auf und gab zu verstehen, dass sein Bruder diese Position teilte.

Der um Lumumbas Schicksal tobende Kampf schwappte auf die amerikanische Presse über, als CIA-Aktivposten in den Medien drastische Konsequenzen vorhersagten, falls der kongolesische Führer an die Macht zurückkehren sollte. Als die Kongo-Krise ihren Höhepunkt erreichte, tauchte ein neuer Korrespondent der *New York Times* in Leopoldville auf, der entschieden gegen Lumumba eingenommen war. Paul Hofmann war ein kleinwüchsiger, kultivierter Österreicher mit einer schillernden Vergangenheit. Während des Kriegs hatte er in Rom als Übersetzer des deutschen Luftwaffengeneralleutnants Kurt Mälzer gearbeitet, der später wegen des Massakers in den Adreatinischen Höhlen zu lebenslanger Haft verurteilt wurde. Irgendwann wurde Hofmann Informant des italienischen Widerstands und arbeitete später eng mit James Angleton zusammen.[74] Die Angleton-Familie half dabei, Hofmann im Rom-Büro der *New York Times* unterzubringen, wo er seinen Freunden beim US-Geheimdienst weiterhin nützliche Dienste leistete, Berichte von Quellen innerhalb des Vatikans übersetzte und an Angleton weiterreichte. Hofmann wurde einer der führenden Auslandskorrespondenten der *New York Times*, übernahm schließlich das römische Büro und flog gelegentlich zu internationalen Brennpunkten wie dem Kongo.

War die Berichterstattung der *New York Times* über die Kongo-Krise auch vorher schon dem kongolesischen Ministerpräsidenten gegenüber nicht freundlich gesinnt, da Lumumba als »unerfahren und verantwortungslos« und als »Quasi-Diktator« bezeichnet wurde,[75] so war Hofmanns Kongo-Berichterstattung über den abgesetzten Premier derart feindselig, dass sie wie ein Teil der »psychologischen Kriegführung« des US-Geheimdienstes wirkte. Hofmann porträtierte Lumumba als gefährlichen Finsterling, einmal als »verschlagenen« Verschwörer, dann wieder als geistig derangierten Hanswurst (»der wirrste Charakter in einer Art Alice im Tropenwunderland«)[76]. Selbst hinter Gittern führe Lumumba sein unheilvolles Werk fort, schmiede Komplotte zur Ermordung Weißer und hole Massen sowjetischer Waffen ins Land, während er im Militärgefängnis ein Luxusleben »mit drei Haus-Boys zu seinen Diensten« führe.[77] Die Botschaft hinter Hofmanns unerbittlichem Trommelfeuer war klar: Trotz der von der Sowjetunion über Lumumbas Elend vergossenen »Krokodilstränen« verdiente kein Mensch Gnade, der so heimtückisch war wie er.

In ihrem explosiven Bericht über die CIA-Mordkomplotte gegen ausländische Staatsführer sprach die Church-Kommission 1975 den Geheimdienst von der Verantwortung für den Tod Lumumbas frei. »Aus den Beweisen ergibt sich in keiner Weise, dass die Vereinigten Staaten in die Tötung verwickelt waren«, folgerte der US-Senatsausschuss. Diese Behauptung wurde zu einem bequemen Mythos, der immer noch routinemäßig in der Presse wiederholt wird. Die Wahrheit ist weit weniger tröstlich.

Zahlreiche neuere Forschungsarbeiten legten offen, dass die CIA Lumumbas gewaltsames Ende sicherstellte, indem sie dafür sorgte, dass er in die Hände seiner Todfeinde ausgeliefert wurde. Unter seinen Peinigern in seinen letzten Lebensstunden befanden sich Schläger im Sold der CIA. Devlin, der CIA-Mann im Kongo, gab später in Bezug auf die Lumumba-Affäre den Ahnungslosen, ja er stellte sich als einen Menschen hin, der Mord moralisch abstoßend fand. Der ehemalige Kongressmitarbeiter und Forscher Stephen Weissman kommt freilich zu einem anderen Urteil: »Die CIA war kein unschuldiger Zaungast und ihre Agenten im Kongo waren nicht die Paradebeispiele moralisch sensibler Professionalität, die sie zu sein vorgaben. Insbesondere Devlin war entscheidend an dem Beschluss der Regierung im Kongo *beteiligt*, Lumumbas tödliche Auslieferung zu billigen.«[78]

Tatsächlich scheint Devlin eher eine treibende Kraft hinter den Ereignissen gewesen zu sein, die zu Lumumbas Tod führten, als nur ein Tatbeteiligter. Am 17. Januar 1961 – drei Tage vor Kennedys Amtseinführung – wurde Lumumba aus seiner Gefängniszelle geholt und in ein belgisches Charterflugzeug verfrachtet. Die kongolesischen Behörden ergriffen diese Maßnahme auf starken Druck Devlins, den Königsmacher hinter Mobutus Regime. Mit Devlins vollem Wissen wurde Lumumba dann nach Katanga geflogen, eine rohstoffreiche Provinz, die sich vom Kongo abgespalten hatte und von gewalttätigen Feinden Lumumbas beherrscht wurde. Der CIA-Stationschef gab später zu, dass Lumumbas Transfer nach Katanga auf eine Todesstrafe hinauslief. »Ich glaube, als wir erfuhren, dass er nach Katanga geschickt worden war, ging man allgemein davon aus, dass er erledigt war«, sagte Devlin Jahre später vor dem Church-Komitee aus.[79]

Devlin wusste am 14. Januar von Lumumbas kurz bevorstehender Verlegung, drei Tage vor dem Abtransport. Aber er unternahm nichts, um Washington bis zum 17. Januar zu informieren, als Lumumba bereits auf dem Weg in sein Verderben war. Devlin wusste, dass er mit einem Telex an Washington Gefahr lief, die Afrikaexperten der ins Amt kommenden Kennedy-Administration auf den Plan zu rufen, die wahrscheinlich interveniert hätten, um Lumumba zu retten. Indem er Stillschweigen bewahrte, besiegelte Devlin Lumumbas Schicksal.[80]

Lawrence Devlin war kein krimineller Geheimagent – er war ein aufstrebender Geheimdienstler, dessen Unternehmungen im Kongo ihm daheim im CIA-Hauptquartier dicke Pluspunkte einbrachten. Die Entscheidung des Stationschefs im Kongo, das Schicksal Lumumbas zu verschweigen, bis es zu spät war, um irgendetwas dagegen zu unternehmen, fiel eindeutig in Absprache mit seinen Vorgesetzten. Devlin wurde für seine Handlungen im Kongo nicht getadelt, vielmehr entwickelte sich seine Karriere im Geheimdienst nach Lumumbas Tod prächtig. Bevor er sich 1974 aus der CIA zurückzog, um in der lukrativen Diamantenindustrie des Kongos zu arbeiten, stieg er in der CIA zum Leiter der Afrikaabteilung auf.

Während seiner letzten Stunden auf Erden durchlitt Patrice Lumumba ein schreckliches Martyrium. Er wurde während des Flugs nach Katanga blutig geschlagen, ihm wurden Haarbüschel ausgerissen. Als die Maschine gelandet war, wurde er von bewaffneten Wachen ergriffen, die Moïse Tschombé geschickt hatte, der Herrscher Katangas, und von diesen weiter misshandelt. Unter den auf ihn eintrommelnden Schlägen bewahrte er ein resigniertes Schweigen. Er wurde zu einem Jeep geschleift und zu einer entlegenen Farm gebracht, wo eine Gruppen von Männern mit Verbindungen zum amerikanischen und belgischen Geheimdienst ihn zu Tode prügelte, eine Orgie des Sadismus, die sich über mehrere Stunden hinzog. Laut einer Darstellung erschienen selbst Tschombé und seine Minister, um sich an Lumumbas Folter zu beteiligen, und schlugen und traten auf den nahezu leblosen Körper ein.[81]

Trotz der Ausflüchte des Geheimdienstes hatte CIA-Agent John Stockwell, der in der turbulenten Zeit nach Lumumbas Ermordung im Kongo stationiert war, keinen Zweifel, wer für den Tod des afrikanischen Führers verantwortlich war. »Er wurde schließlich nicht durch unser Gift getötet, sondern zu Tode geprügelt, anscheinend von Männern, die Decknamen der Behörde trugen und Sold von ihr erhielten«, folgerte Stockwell.[82] Jahre nach Lumumbas Tod kam Stockwell mit einem seiner seltsameren Kollegen ins Gespräch, ein Mann mit einer »glänzenden Glatze«, den er »Goldfinger« taufte. Der Mann erzählte Stockwell von einem Abend, an dem er durch die Hauptstadt von Katanga gefahren war, mit Lumumbas zerschundener Leiche im Kofferraum, und »überlegte, was er damit anstellen sollte«.[83]

Nach Kennedys Amtseinführung fuhr die CIA fort, Lumumbas Tod zu verheimlichen. Am 26. Januar unterrichtete Dulles den neuen Präsidenten über den Kongo. Der CIA-Direktor erwähnte Lumumbas Ermordung mit keinem Wort, obwohl sein Schicksal bis dahin im Geheimdienst wohlbekannt war. Anfang Februar wurden Devlin und Botschafter Timberlake nach Washington zurückgerufen, um mit dem Kennedy-Team an einer Diskussion über die Kongo-Politik teilzunehmen. Die alten Kongo-Hasen waren alarmiert von dem neuen Positionspapier der Regierung, das vorschlug, Mobutu zu entwaffnen und Lumumba zu befreien.[84] Devlin hielt JFKs Bewunderung für den aufstrebenden afrikanischen Nationalismus für naiv. Timberlake, der sich mit Kennedy im Weißen Haus traf, argumentierte, dass das kongolesische Volk zu primitiv für eine funktionierende Demokratie sei. Weder Timberlake noch Devlin nahmen die Gelegenheit wahr, Kennedy oder seinen Stab darüber zu informieren, dass sich jede Diskussion über Lumumbas Zukunft erübrigte.

Kennedys Weißes Haus blieb einen ganzen Monat nach dem Mord im Dunkeln über Lumumbas Schicksal. Als JFK schließlich von seinem Tod erfuhr, kam die Nachricht nicht von Dulles, sondern vom amerikanischen UN-Botschafter Adlai Stevenson.

Jacques Lowe, der junge Fotograf, der unaufdringlich Kennedys Geschichte seit den frühesten Tagen seines Präsidentschaftswahlkampfs dokumentierte, war im Oval Office, als JFK den Anruf von Stevenson erhielt. Lowe, ein deutscher Jude, der den Krieg als Kind überlebt hatte, indem er sich unsichtbar machte, blieb geschickt im Hintergrund, während sich das Familiendrama der Kennedys entspann, und machte Schwarz-Weiß-Fotos von John und Robert und ihrem Clan, die in ihrer schlichten Intimität zu Ikonen wurden. Nach JFKs Sieg bat der gewählte Präsident Lowe, »in der Nähe zu bleiben und meine Regierung zu dokumentieren. Keine Angst«, fügte er hinzu, »ich werde dafür sorgen, dass es sich für Sie lohnt.«[85]

Kennedy erfüllte sein Versprechen. Die Fotos, die Lowe während der intensiven Hektik seiner kurzen Präsidentschaft schießen durfte, sind ein Fenster in seine aufgewühlte Seele. Keines war eindringlicher als jenes, dass der junge Fotograf in dem Moment schoss, als Kennedy von Lumumbas Schicksal erfuhr. Das Foto ist eines der ergreifendsten der Kennedy-Präsidentschaft. Als er die Nachricht am Telefon erfährt, sieht Kennedy in der Totalen körperlich getroffen aus, mit zugekniffenen Augen und einer Hand vor dem Gesicht. Es war ein Bild solchen Kummers, dass es aus einer erschütternden Phase weit später in seiner Präsidentschaft zu kommen schien, nicht aus der Zeit ihres Aufblühens. Das Bild enthält all den Schmerz, der noch kommen sollte.

Lowe erinnerte sich an den Augenblick. »In den ersten Tagen seiner Präsidentschaft war ich einmal bei ihm im Oval Office … Während ich fotografierte, sagte Jack »Oh nein!« und griff sich bestürzt an die Stirn. Soeben hatte er erfahren, dass Patrice Lumumba … ermordet worden war. … Es war ein harter Schlag für Jack. Er hatte gehofft, mit einigen afrikanischen Führern, die bisher als linkslastig galten, einen Neuanfang wagen zu können. … Er hatte das Gefühl, dass sich in Afrika dem Westen eine Chance bot, und als Amerikaner hatte er, unbehindert von einem kolonialen Erbe, Freunde in Afrika gewonnen. … Der Anruf brach ihm das Herz, denn er wusste, dass nach dem Mord Chaos ausbrechen würde … es war ein ergreifender Augenblick.«[86]

Als die Ermordung Lumumbas schließlich bekannt wurde, kam es vielerorts auf der Welt zu wütenden Protesten, von Neu-Delhi über Warschau bis Tokio. Lumumbas Amtskollegen in der Dritten Welt – darunter Ägyptens Nasser und Ghanas Nkruhma, der ein Mentor für ihn gewesen war – waren über seine Ermordung besonders aufgebracht und kritisierten den Westen und die UNO heftig dafür, ihn nicht ausreichend beschützt zu haben. Brasilianische Delegierte bei den Vereinten Nationen gaben ihrem »Grauen und Entsetzen« über Lumumbas Ermordung Ausdruck. Aber sosehr die Welt auch trauerte, die westliche Presse fuhr mit ihrer abschätzigen Berichterstattung über Lumumba fort und exhumierte den Märtyrer nur, um ihn noch mehr zu schmähen. Das Magazin *Time* kicherte über die traditionelle Art, wie seine Witwe ihn betrauerte, indem sie im Trauermarsch durch die Straßen von Leopoldville mit entblößten Brüsten schritt.[87] Unterdessen fuhr die *New York Times* fort, Lumumba herabzusetzen, wobei sie zuweilen in die abgedroschensten neokolonialistischen Stereotype abglitt: »Lumumba … verband die Fähigkeiten des verstorbenen Senators McCarthy mit der Aufdringlichkeit eines Wahlwerbers und dem magischen Hauch eines afrikanischen Medizinmanns«, schrieb Henry Tanner im *New York Times Magazine*. »Dann war da [sein] Name – musikalisch, leicht auszusprechen in allen Sprachen und doch exotisch, afrikanisch klingend wie die Trommeln des Busches.«[88]

In seinem letzten Brief an seine Frau schwor Patrice Lumumba: »Weder Brutalität noch Grausamkeit noch Folter werden mich je dazu bringen, um Gnade zu bitten, denn ich ziehe es vor, mit ungebeugtem Kopf zu sterben.« Es war ein Schwur, den Lumumba während seines ganzen Martyriums hielt. »Die Geschichte wird eines Tages das Wort haben, aber es wird nicht die Geschichte sein, die in Brüssel, Paris, Washington oder bei den Vereinten Nationen gelehrt wird. … Afrika wird seine eigene Geschichte schreiben, und nördlich und südlich der Sahara wird es eine glorreiche und würdige Geschichte sein.«[89]

Dieses Versprechen bewahrheitete sich für den Kongo nicht. Die Trauernden an Lumumbas Grab wussten, wie schwerwiegend der Verlust war und was er für ihre Nation bedeutete. »Es gibt für uns jetzt nichts zu tun«, murmelte Lumumbas Schwager. »Er ist fort. Da ist niemand, der seinen Platz einnehmen kann.«

Nun, da Afrikas strahlendstes Licht verlöscht war, glitt der Kongo in einen endlosen Albtraum der Tyrannei und Korruption ab. Gestützt von den USA, begann Mobutu eine zweiunddreißigjährige Diktatur, die den Reichtum des Kongos plünderte und das Land in Ruinen zurückließ. In seiner zügellosen Raubgier ahmte Mobutu König Leopold nach. So überheblich war der Diktator in seiner Herrschaft mit eiserner Faust, dass er Lumumba zum Nationalhelden erklärte, ein kranker Witz, über den zu lachen nur er sich leisten konnte.

Die für Lumumbas Mord verantwortlichen CIA-Mitarbeiter änderten ebenfalls ihre Meinung über den Mann, der sie einst umgetrieben hatte. 1962, kurz nach seinem Ausscheiden aus der CIA, bemerkte Dulles: »Ich glaube, wir haben die sowjetische Gefahr überschätzt, sagen wir, im Kongo.«[90] Devlin seinerseits beharrte darauf, dass er nie geglaubt habe, dass Lumumbas Ermordung für die Sicherheit der USA von wesentlicher Bedeutung sei: »Ich betrachtete Lumumba nicht als die Art von Person, die einen dritten Weltkrieg auslösen würde«, sagte er später dem Church-Komitee. Diese Äußerungen der Reue – wenn man sie denn überhaupt so nennen will – kamen viel zu spät für den Mann, der die Hoffnung des Kongos war.

Teil III

15 Verachtung

Am Montag, den 17. April 1961, als über vierzehnhundert von der CIA ausgebildete Exilkubaner ans Ufer der Schweinebucht in Kuba wateten – eine Operation, die bald zum größten Debakel in Allen Dulles' Karriere werden sollte –. sonnte sich der CIA-Direktor etwa tausenddreihundert Kilometer entfernt in einem Urlaubsort in Puerto Rico. Dulles, der an jenem Wochenende nach San Juan hinuntergeflogen war, trat dort auf einer Konferenz der Young Presidents' Organization, ein globales Netzwerk von Unternehmenslenkern unter vierzig mit Verbindungen zur CIA, als Gastredner auf. Die Versammlung fand in La Concha statt, einem neuen Luxushotel am Meer, das die karibische Lässigkeit der tropischen Architekturmoderne verkörperte. Das Markenzeichen des Hotels war das Restaurant in Form einer riesigen Muschel mit einem Wellenwurf von Fensteröffnungen, um das Sonnenlicht und die Meeresbrise hereinzulassen. Dulles verbrachte das Wochenende beim Schwimmen und Golfspielen mit den jungen Firmenchefs.

Am Montagmorgen, als Dulles auf die Bühne trat, um seine Ansprache zu halten, wirkte er wie ein Mann ohne die kleinste Sorge auf der Welt. Die Rede des CIA-Direktors – der eine Podiumsdiskussion mit der Ethnologin Margaret Mead und dem Kinderarzt und Psychiater Dr. Benjamin Spock zum Thema »Lassen wir unsere Kinder im Stich?« folgte – war ein auf weltläufige amerikanische Geschäftsleute zugeschnittenes Plädoyer, sich dem Geheimkrieg gegen den Kommunismus anzuschließen. Hinterher blieb Zeit zur Entspannung am Pool. Der Chefspion hatte Clover auf die Reise mitgenommen, was das unbeschwerte Bild abrundete. Sie erschienen aller Welt wie ein beliebiges anderes wohlhabendes amerikanisches Paar, das ein langes Wochenende in der karibischen Sonne verbrachte. Doch am Abend, als Dulles und seine Frau nach Hause flogen, stand die Operation in der Schweinebucht am Rand des Zusammenbruchs – und damit die lange, legendäre Karriere des Spionagechefs.

Richard Bissell, den Dulles mit der Leitung der Invasion betraut hatte, schickte einen seiner Topleute aus der Kuba-Task-Force, um ihn vom Flughafen abzuholen in der Annahme, dass der CIA-Direktor sicher umgehend über das drohende Unheil informiert werden wollte. Richard Drain,

Einsatzleiter der Schweinebucht-Expedition, fuhr in seinem altgedienten CIA-Chevrolet zur Landebahn des Friendship Airport in Baltimore, als Dulles' kleines Flugzeug zum Abstellplatz rollte. Der CIA-Chef stieg mit seiner Frau und einem jungen Mitarbeiter aus dem Flugzeug, im Dinnerjackett und mit dem entspannten Lächeln eines Müßiggängers. Drain trat vor und streckte seine Hand aus.

»Ich bin Dick Drain. Ich soll Sie auf den aktuellen Stand bringen, Sir.«[1]

»Oh, ja, Dick, wie geht's?«

Drain zog Dulles von den anderen fort.

»Also, wie läuft es?«, fragte Dulles.

»Nicht sehr gut, Sir.«

»Ach, tatsächlich?« Dulles setzte ein seltsam gedankenversunkenes Lächeln auf, als wäre die sich entwickelnde Tragödie zu entrückt, um ihn zu berühren.

Zurück in Quarters Eye, dem CIA-Hauptquartier in der Washingtoner Innenstadt, waren kampfgestählte Männer am Rande der Hysterie. Bissell, der sich etwas auf seine kühle Besonnenheit unter Druck einbildete, war wie versteinert. Am Rande des Scheiterns fehlte der Kuba-Operation die tatkräftige Führung, die vonnöten gewesen wäre, um die Männer, die von Castros Streitkräften umzingelt worden waren, zu retten. Drain hoffte, dass Dulles die Rettung brächte, aber er fand die unerschütterliche Ruhe des Alten beunruhigend.

Clover und der junge Mitarbeiter wurden in den Chevrolet gesetzt, während Dulles und Drain im Cadillac des Direktors zurück nach Washington fuhren. »Es ist eine sich rapide zuspitzende Situation«, sagte ihm Drain. »Wir hängen am seidenen Faden.«

Dulles paffte ruhig an seiner Pfeife, während sein Mitarbeiter den Wagen auf die Autobahn Richtung Hauptstadt lenkte.

»Der heutige Luftschlag wurde abgeblasen«, berichtete Drain – eine verblüffende Nachricht. Dulles wusste, dass die Operation zum Scheitern verurteilt war, falls Präsident Kennedy nicht zustimmte, sie durch die Luftunterstützung der US-Luftwaffe zu eskalieren, um die bedrängte Anti-Castro-Brigade zu retten.

»Warum haben sie das getan?«, fragte Dulles leise. Es lag keine Wut oder Empörung in seiner Stimme.

Die Emotion war ganz auf Drains Seite. »Wenn ich raten soll, geht das Ding zum Teufel.«

Am desaströsen Ende der Operation, als Castros Streitkräfte über hundert Eindringlinge getötet und den Rest gefangen genommen hatten, war Drain so mitgenommen, dass er sich übergeben musste. Wie der Rest des CIA-Planungsteams hatte Drain eng mit den Anführern der Exilkubaner zusammengearbeitet, die nun auf dem trostlosen Landstreifen aus Sand und Gestrüpp in der Falle saßen, und sie nahmen das Schicksal dieser Männer persönlich. Doch als Drain Dulles zu seinem Haus in Georgetown fuhr, schien der CIA-Chef in Gedanken woanders zu sein. Sie fuhren lange schweigend dahin, bis Drain einer letzten Gefühlsaufwallung Luft machte.

»Ich möchte nicht anmaßend klingen, Sir, aber ich wünschte, Ihr Bruder wäre noch am Leben.« Drain war der CIA-Verbindungsmann zu Foster in dessen letzten Monaten gewesen. Wenn er gehofft hatte, dass die Erwähnung von Dulles' verstorbenem Bruder den Chefspion aufrütteln würde, hatte sich Drain getäuscht. Dulles nickte schlicht und starrte auf die Straße. Als sie das Haus an der Q-Street erreichten, fühlte sich Drain zutiefst unbehaglich in der Gegenwart seines Bosses und brannte darauf, auf seinen Kommandoposten zurückzukehren. Aber Dulles bestand darauf, dass er noch mit auf einen Drink ins Haus kam.

Als die beiden Männer sich mit Scotch-Gläsern in der Hand in Dulles' Bibliothek in den Lehnstühlen niederließen, dachte Drain, dass ihn der Chef endlich über die Details der scheiternden Operation ausfragen würde. Stattdessen wurde der Abend nur noch surrealer.

»Dick, Sie haben in Griechenland gedient, nicht wahr?«, fragte Dulles. »Ich muss morgen ins Weiße Haus zu einem Empfang für [den griechischen Premierminister Konstantinos] Karamanlis. Könnten Sie meine Erinnerung über ihn auffrischen?«

Der verblüffte CIA-Agent reimte sich irgendeine Antwort zusammen und nahm bald darauf seinen Abschied.

Noch Jahre nach dem Desaster an der Schweinebucht versuchten Insider und Zeithistoriker Dulles' fahnenflüchtiges Verhalten während der entscheidenden CIA-Operation zu enträtseln. Einige meinten, seine Abwesenheit sei Teil seiner Vorgehensweise gewesen – er hatte die Angewohnheit, am Vorabend einer entscheidenden Mission Washington zu verlassen, um es so aussehen zu lassen, als stünde nichts Bedeutsames bevor. Dulles selbst tat seinen zu so seltsamer Zeit anberaumten Puerto-Rico-Trip leichthin ab. Er habe den Redeauftritt bereits Monate zuvor geplant, erklärte er, und wenn er ihn in letzter Minute abgesagt hätte, so hätte dies nur Verdacht erregt. Außerdem, fügte er hinzu, habe er ja gewusst, dass er »in Fluggeschwindigkeit zurück sein konnte; es war nur eine Frage von sechs oder acht Stunden«.[2] Doch die eigene, offizielle Geschichte des Geheimdienstes zum Kubafiasko, die Ende der 1970er, Anfang der 1980er Jahre verfasst wurde, kam zu dem Schluss, dass Dulles' Abwesenheit »unentschuldbar« war. Dulles, so fügt der Bericht hinzu, »war der einzige Mann, der den Präsidenten hätte überzeugen können, den D-Day-[Luft-]Schlag zu genehmigen.«[3]

Einige der schärfsten Kritikpunkte an der Schweinebucht-Operation kamen tatsächlich aus dem Geheimdienst selbst. Als er später mit Jack

Pfeiffer sprach, dem CIA-Historiker, der den umfänglichen Bericht über die Schweinebucht verfasste, war Richard Drain einer derjeningen, die Dulles unter Beschuss nahmen. Drain war ein Draufgängertyp, der bis hin zu seiner Mitgliedschaft im Skull-and-Bones-Club der Universität Yale (Jahrgang '43) dem bevorzugten Profil des Geheimdienstes entsprach. Jahre nachdem er Dulles vom Flughafen Baltimore abgeholt hatte, machte er seinem Ärger über den Umgang der CIA mit dem verlorenen Kuba-Unternehmen Luft. Er sei erstaunt gewesen über die schlechte Qualität der Einsatzkräfte bei einer Operation, bei der so viel auf dem Spiel stand, sagte Drain dem Historiker, trotz Dulles' Behauptung, sie würde von den Besten und Klügsten der CIA geführt. »Allen Dulles, der immer meinte, was er sagte, ließ wiederholt verlauten: ›Ich will die allerbesten Leute bei diesem Projekt. Es gibt nichts Wichtigeres, was wir machen, als das. … Ich möchte, dass Leute aus dem Ausland zurückbeordert werden, falls nötig. Dieses Ding braucht Personal.‹«[4]

Aber in Wahrheit, sagte Drain, bekam die Schweinebucht-Operation »Ausschuss«, die Überflüssigen, die nicht gebraucht wurden. »Wir kriegten die Leute, die die [CIA-]Abteilungsleiter für ›überschüssig‹ hielten, was meistens bedeutete, diejenigen, die sie ungenügend fanden. Mit vielen bemerkenswerten Ausnahmen bekamen wir nicht die allerbesten verfügbaren Leute.«

Auch er selbst, räumte Drain ein, sei nicht qualifiziert gewesen, eine führende Rolle bei der Operation zu spielen. »Ich möchte nicht übermäßig unbescheiden [*sic*] klingen, aber ich hatte keine Qualifikationen für diese [Aufgabe] außer, dass ich da war und nichts zu tun hatte – ich sprach kein Wort Spanisch, und meine ganze Außendiensterfahrung bestand aus Viehhüten in Arizona 1940. Das bringt einen bei Lateinamerika und Latinos und all dem nicht viel weiter. Ich hatte nie bei einer amphibischen Operation mitgemacht, und wenn das charakteristisch für meine Qualifikation war, dann charakterisierte es in Wirklichkeit die ganze verdammte Operation – über die, wie mir scheint, ein Haufen wohlmeinender Heuchelei verbreitet wurde.«

Drains Kritik an dem Unternehmen ist ein Widerhall eines früheren, ätzend kritischen CIA-Berichts von Generalinspekteur Lyman Kirkpatrick in den Monaten unmittelbar nach dem Desaster. Der Kirkpatrick-Bericht, eine der erstaunlich ehrlichsten Selbsteinschätzungen, die je von der CIA hervorgebracht wurden, stellte fest, dass trotz Dulles' Beharren auf »hoch qualifiziertem Personal« die Schweinebucht-Operation weitgehend mit den Nieten des Geheimdienstes besetzt war.[5] Laut CIA-Akten rangierten siebzehn der zweiundvierzig Agenten, die der Operation zugeteilt worden waren, im unteren Drittel des Geheimdienstes, und neun im untersten Zehntel. Der Bericht des Inspektors kam zu dem Schluss, dass Dulles seinen Abteilungsleitern erlaubt hatte, »ihre Entsorgungsfälle« zum Kuba-Projekt abzuschieben.

Robert Amory jr., der hoch angesehene CIA-Chefauswerter, war einer derjenigen, die unerklärlicherweise von der Schweinebucht-Operation ferngehalten wurden, trotz seiner ausgedehnten Erfahrung mit Landemanövern als Offizier der Pioniercorps der Armee im Südpazifik während des Zweiten Weltkriegs. Amory – der tatsächlich ein Standardwerk zu dem Thema verfasst hatte – war verblüfft über Dulles' und Bissells' Entscheidung, ihn an der Seitenlinie zu lassen. Die CIA-Leute, die nach Miami gingen, um mit den Anführern der Exilkubaner zusammenzuarbeiten, und nach Guatemala, um dort die *brigadistas* auszubilden, waren »ein Haufen von Burschen, die andernorts nicht gebraucht wurden«, erinnerte sich Amory. »Es war eine merkwürdige Truppe mit Erfahrung in Deutschland, arabischen Ländern und Ähnliches. Und die meisten von ihnen konnten kein Spanisch … und hatten nicht das geringste Gespür für die politischen Empfindlichkeiten dieser [Exilkubaner]. … Ich glaube, wir hätten ein A-Team haben können statt ein C-minus-Team.«[6]

Der Kirkpatrick-Bericht listete noch eine Reihe anderer eklatanter Fehler von Dulles, Bissell und ihrem Schweinebucht-Team auf. Als die Pläne für die Kuba-Invasion ehrgeiziger wurden und bereits Anfang November 1960 an die Presse durchzusickern begannen, hätte die CIA ihre Rolle bei der Mission beenden sollen, da sie über die verdeckte Operationsfähigkeit des Geheimdienstes hinausgewachsen war: »Als das Projekt an jeden Zeitungsleser verraten worden war«, bemerkte der Bericht mit ätzender Kritik, »hätte die Behörde die Dienstaufsicht in Kenntnis setzen müssen, dass sie nicht länger in ihrer Domäne operierte.«[7] Ein Kritikpunkt reihte sich an den anderen, jeder vernichtender als der andere. »Als das Projekt wuchs, setzte die Behörde die Anführer der Exilkubaner auf den Status von Marionetten herab. … Das Projekt war schlecht organisiert. … Der Geheimdienst vertiefte sich so sehr in die militärische Operation, dass er versäumte, eine realistische Einschätzung der Erfolgsaussichten vorzunehmen. Ferner unterließ er es, [den Präsidenten und seine] Regierung adäquat und realistisch über die wesentlichen Bedingungen für den Erfolg zu unterrichten.«[8]

Kirkpatrick, der diesen vernichtenden Bericht mit Hilfe von drei Ermittlern verfasste, wies den von der CIA ins Feld geführten Hauptgrund für das Scheitern der Mission zurück: dass Kennedy die Schuld daran trug, weil er die in letzter Minute vorgebrachte Bitte des Geheimdienstes um Luftschläge ablehnte. Die Invasion sei vielmehr von Anfang an aufgrund der schlechten Planung »zum Scheitern verurteilt« gewesen, so das Fazit des Inspekteurs. Selbst wenn die Luftschläge es dem Invasionstrupp erlaubt hätten, ins Inland vorzustoßen, wäre er »schließlich von Castros gebündelten, durch Militärmaterial aus dem Sowjetblock gestärkten Streitkräften aufgerieben worden«.[9]

Vielleicht die vernichtendste Enthüllung über die CIA-Operation tauchte Jahre später auf, 2005, als der Geheimdienst gezwungen war, das Protokoll einer Sitzung der Kuba-Task-Force vom 15. November 1960 zu veröffentlichen, eine Woche nach Kennedys Wahl. Die Gruppe, die erörterte, wie sie den gewählten Präsidenten über die bevorstehende Invasion unterrichten sollte, kam zu einem aufschlussreichen Ergebnis. Angesichts der strengen Sicherheitsmaßnahmen, die Castro eingeführt hatte, räumte die Einsatzgruppe ein, dass der Invasionsplan »nun als unerreichbar erachtet wird, es sei denn als gemeinsame Aktion [von CIA und Verteidigungsministerium]«.[10] Mit anderen Worten, die CIA erkannte, dass die Schweinebucht-Expedition zum Scheitern verurteilt war, falls ihre Exilbrigade nicht durch die Macht des US-Militärs verstärkt würde. Aber die CIA teilte diese ernüchternde Einschätzung nie dem Präsidenten mit.

Noch unterrichteten Dulles und Bissell den Präsidenten über ihre andere »magische Kugel« für den Erfolg in Kuba: das fortdauernde Komplott der Behörde mit der Mafia zur Ermordung Castros, das von Eisenhower genehmigt worden war. Die CIA war sich sicher: Hatte man die kubanische Revolutionsregierung erst enthauptet, würde das Regime bald stürzen. Aber der kubanische Führer hatte aus den Annalen der imperialen Geschichte gelernt und weise Vorkehrungen gegen solche Komplotte getroffen. Während er sich von einem jungen Hitzkopf zu einer graubärtigen Legende wandelte, vereitelte er jahrzehntelang alle Angriffe seiner Feinde.

Dulles und Bissell wussten, dass Kennedy tief gespalten war, was den Plan der Kuba-Invasion anging. Seine Verurteilung des westlichen Imperialismus hatte in der ganzen Hemisphäre große Hoffnungen geweckt, dass die Tage der Yankee-Einmischung zu Ende gingen. »Kennedys Wahl hat in ganz Lateinamerika enorme Erwartungen geweckt«, bemerkte Schlesinger in seinem Tagebuch Anfang Februar 1961. »Man sieht ihn als einen neuen Franklin D. Roosevelt; man erwartet Großes von ihm.«[11] Aber Kennedy hatte im Wahlkampf auch eine energische, wenn auch nicht näher definierte Reaktion auf Castro gefordert. Eisenhowers letzter Rat an ihn war, den kubanischen Führer zu ermorden – und er hinterließ ihm den Invasionsplan und das Mordkomplott, um genau das zu tun. Der alte General hatte Kennedy, wie William Bundy bemerkte, »eine Granate mit gezogenem Stift« überreicht – wenn er sie nicht benutzte, würde sie ihm im Gesicht explodieren, mit gravierenden politischen Konsequenzen.[12]

Kennedy quälte sich bis zuletzt, dem Schweinebucht-Plan seine Zustimmung zu geben. Er verkleinerte ständig die Operation, damit sie so wenig »Lärm« wie möglich machte. »Was der Präsident eigentlich wollte, war anscheinend, dass die CIA das Kunststück fertigbrächte, in Kuba einzufallen, ohne wirklich hineinzugehen; eine unbefleckte Invasion gewissermaßen ... ohne die schmutzige Dinge auf dem Weg dahin«, bemerkte der Historiker James Rasenberger.[13]

Dulles wurde nicht müde, dem besorgten Kennedy entgegenzukommen, überzeugt, dass JFK, sobald die *brigadistas* einmal am Strand gelandet waren, gezwungen wäre, alles Notwendige zu tun, um den Erfolg zu gewährleisten – selbst wenn das bedeutete, sehr laut und schmutzig zu werden. Der gerissene CIA-Chef stellte Kennedy eine Falle, indem er den Präsidenten in dem Glauben wiegte, seine »unbefleckte Invasion« könne gelingen, obwohl Dulles wusste, dass dies nur amerikanische Soldaten und Flugzeuge gewährleisten konnten.

Jahre nach der Schweinebucht zeichneten Historiker – einschließlich des CIA-Historikers Jack Pfeiffer – ein Porträt von Dulles als eines Chefspions im Niedergang – ein herumstümpernder, abgehobener Mann, der mit achtundsechzig Jahren zu alt für die gebotene Rigorosität seines Postens war. Nur ein Geheimdienstchef, der das Ruder nicht mehr fest genug in der Hand hielt, habe die tiefen Mängel übersehen können, die in der Schweinebucht-Strategie verborgen lagen, so das Urteil.

Aber wie gewöhnlich hatte Dulles' scheinbare Achtlosigkeit Methode. Es ist heute klar, dass die Schweinebucht-Expedition der CIA nicht nur zum Scheitern verurteilt war, sie *sollte* scheitern. Und ihr Scheitern sollte die eigentliche Handlung auslösen: eine umfassende amerikanische Militärinvasion der Insel. Dulles stürzte sich in seine hoffnungslose, paramilitärische Mission – eine Expedition, die er mit »C-minus«-Agenten und entbehrlichen kubanischen »Marionetten« besetzt hatte –, weil er mit gelassener Zuversicht dem Augenblick entgegensah, in dem Kennedy in der Hitze der Schlacht gezwungen sein würde, die Marineinfanterie zu schicken, um mit brachialer Macht die kubanische Küste zu überrollen. Dulles setzte darauf, dass der junge, unerprobte Oberkommandierende dem Druck der Washingtoner Kriegsmaschine nachgeben würde, genau wie andere Präsidenten sich dem Willen des Chefspions gebeugt hatten.

Es war Richard Bissell, der Verantwortliche dieser hochkarätigen Operation, der am meisten zu verlieren hatte, wenn die zusammengewürfelte Brigade kubanischer Patrioten und Mordgesellen unweigerlich am Strand stecken bleiben würde. Für Dulles ging das völlig in Ordnung. Er war froh, dass es Bissell war, der die Führungsrolle in der Schweinebucht übernommen hatte – und seinen Kopf dafür hinhalten musste. Bissell stand hinter Dulles' Entscheidung, am Vorabend der Mission nach Puerto Rico zu fliegen. Der ehrgeizige Vizedirektor war erpicht darauf, seine eigene Vorstellung zu geben. JFK hatte angekündigt, dass Bissell Dulles im Juli ersetzen sollte, und der höchst zuversichtliche Bissell hielt die Zeit für gekommen, unter Beweis zu stellen, was er vermochte. »Ich war darauf vorbereitet, die Operation im Alleingang zu führen«, sagte er später. »Ich wurde ungeduldig, wenn Dulles zu viele Fragen aufwarf.«[14]

Dulles war nur zu froh, seinem aufstrebenden Stellvertreter entgegenzukommen. Als die Mission zum Teufel ging, war der CIA-Chef weit vom Washingtoner Inferno entfernt. Wenn Dulles aus Puerto Rico zurückkam, würde er wie einer der Erwachsenen aussehen, die zu Hilfe eilten. Der Chefspion und die Pentagon-Führung würden dem neuen Präsidenten vor Augen führen, dass er keine Wahl hatte: Er musste den Kampf in Kuba eskalieren und in Havanna einmarschieren. Wenn Bissell hinterher, nachdem sich der Staub gelegt hatte, einen unglücklichen Karriereknick erlitt, weil seine schlecht geplante Eskapade von den großen Jungs gerettet werden musste, war das eben nicht zu vermeiden. Schließlich war er das Gesicht der Kuba-Mission, genau wie Dulles ihn bei dem riskanten U-2-Unternehmen und bei den Mordkomplotten gegen ausländische Staatsführer zum Frontmann bestimmt hatte.

Jahre später räumte Robert Amory ein, dass Kennedy von der CIA bei der Schweinebucht tatsächlich »ein bisschen in die Falle gelockt« worden war, auch wenn Amory selbst nichts damit zu tun hatte. Aber wenn Dulles geglaubt hatte, er könne Kennedy dazu zwingen, seinen Kuba-Plan auszuführen, hatte er den jungen Mann im Weißen Haus ernstlich unterschätzt.

Am 18. April um Mitternacht, inmitten des sich entfaltenden Fiaskos, kamen nach der alljährlichen Kongressparty im Weißen Haus einige der Hauptbefürworter eines umfassenden Kriegs gegen Kuba im Büro des Präsidenten zusammen und unternahmen einen letzten Angriff auf Kennedy. Die Männer, die ihn zur Eskalation drängten, waren Bissell und zwei langjährige Verbündete von Dulles aus dem Pentagon, der Vorsitzende der Vereinigten Stabschefs Lyman Lemnitzer und Marinechef Arleigh Burke. Dulles war abwesend, er hielt Abstand zu dem Debakel in der Hoffnung, dass Bissell dafür den Kopf hinhalten musste. Der CIA-Direktor vertraute darauf, dass Lemnitzer und Burke, hoch dekorierte Soldaten, die kein Blatt vor den Mund nahmen, Kennedy so unter Druck setzen würden, dass er dem US-Militär den Marschbefehl erteilte. Der Präsident trug noch den Frack vom Fest, die Militärs ihre Galauniformen, doch der heftige Schlagabtausch zwischen ihnen im Oval Office hatte nicht Höfliches oder Dekoratives an sich.

Admiral Burke war besonders barsch zu Kennedy und kanzelte ihn ab wie einen kleinen Leutnant zur See mit Schiss in der Hose. Ohne den Präsidenten zu informieren, hatte sich Burke die Freiheit erlaubt, Zerstörer der Navy mit zwei Bataillonen Marinesoldaten vor die Küste Kubas zu schicken, »in der Erwartung, dass den US-Streitkräften der Einmarsch in Kuba befohlen werden könnte, um eine verpfuschte Invasion zu retten«.[15] Es war einer von vielen außergewöhnlichen Akten der Insubordination von Pentagon und CIA, mit denen sich Kennedy während seiner Präsidentschaft von Anfang an herumschlagen musste. Nun versuchte der Marinechef, Kennedy einzuschüchtern, die ersten Schritte einer breit angelegten Offensive gegen Castro in die Wege zu leiten.

»Lassen Sie mich zwei Jets losschicken, um die feindlichen Flugzeuge abzuschießen«, knurrte Burke, der als Kommandeur eines Zerstörergeschwaders im Südpazifik während des Kriegs wegen seiner legendär schnellen und kühnen Manöver den Spitznamen »31-Knoten-Burke« trug, während JFK zu dieser Zeit nur Kapitän eines Patrouillenboots war. Doch an diesem Punkt des sich ausweitenden Desasters war Kennedy nicht geneigt, noch weitere Ratschläge von seinen nationalen Sicherheitsberatern anzunehmen, selbst wenn sie Weltkriegshelden gewesen wären. »Was, wenn Castros Streitkräfte zurückschießen und den Zerstörer treffen?«, gab Kennedy vernünftigerweise zu bedenken.

»Dann machen wir sie fertig!«, bellte Burke.

Nun zeigte Kennedy etwas von seinem eigenen eisigen, wenn auch beherrschteren Temperament. Er hatte im Vorfeld die ganze Zeit deutlich seinen Willen zu verstehen gegeben, dass sich die Operation in der Schweinebucht nicht zu einer internationalen Krise mit den USA im Zentrum auswuchs – und hier stand sein Marinechef und verfolgte genau dieses Ziel. »Burke, ich will nicht, dass die Vereinigten Staaten da hineingezogen werden«, wiederholte er.

»Zum Teufel, Herr Präsident«, feuerte der Admiral zurück, »wir *sind* doch längst darin verstrickt.«

Aber Kennedy blieb standhaft. Wie er wiederholt gewarnt hatte, würde es keine Luftschläge geben, keine Landung der Marineinfanterie. Damit war das Schicksal der Operation in der Schweinebucht besiegelt.

»Sie waren sich sicher, dass ich nachgeben würde«, erzählte Kennedy später seinem Mitarbeiter Dave Powers. »Sie konnten nicht glauben, dass ein neuer Präsident wie ich nicht in Panik geraten und versuchen würde, sein Gesicht zu wahren. Nun, da hatten sie mich völlig falsch eingeschätzt.«[16]

Noch deutlicher äußerte sich JFK, als er mit einem anderen alten Freund sprach, Paul »Red« Fay jr., den Kennedy zum Staatssekretär der Marine ernannte. »Niemand wird mich zwingen, etwas zu tun, das aus meiner Sicht nicht im besten Interesse des Landes ist«, machte er seinem Ärger Luft. »Wir werden uns nicht in verantwortungslose Aktionen stürzen, nur weil eine fanatische Randgruppe im Land die sogenannte nationale Ehre über die nationale Vernunft stellt.«[17]

Als die letzten Kämpfer der exilkubanischen Brigade im Mangrovensumpf um die Bucht von Castros Truppen gefangen genommen wurden, war Dulles wie vom Schlag getroffen. Nie in seiner Karriere hatte er eine solche Demütigung erlitten. Auf der Suche nach Trost verabredete er sich für den Donnerstag zum Abendessen mit seinem alten Protegé Richard Nixon. Der Agentenführer war sich vollauf bewusst, dass die Ereignisse in Kuba einen anderen Verlauf genommen hätten, wenn Nixon im Weißen Haus gesessen hätte. Als er schließlich in Nixons Haus in Washington eintraf, über eine Stunde zu spät, schien Dulles nicht er selbst. Er wirkte auf Nixon, als stünde er unter »großem emotionalen Stress«. Er schlurfte in Pantoffeln ins Haus – ein Zeichen, dass er unter einem neuen schmerzhaften Gichtanfall litt, das wiederkehrende Leiden, das Dulles anscheinend immer dann zu schaffen machte, wenn er bei einer Operation unter großer Anspannung stand. Nachdem er um einen Drink gebeten hatte, sackte der Alte in einen Stuhl und stöhnte: »Das war der schlimmste Tag meines Lebens.«[18]

Wenn Dulles geglaubt hatte, Kennedys Zorn zu entgehen, indem er Bissell als Sündenbock vorschob, hatte er sich schwer getäuscht. Beide wurden sie schließlich entlassen, aber die Hauptschuld sah Kennedy direkt bei dem Mann an der Spitze des Geheimdienstes. Der CIA-Chef schwor später, er habe den Präsidenten nie über den Schweinebuchtplan getäuscht. »Man sollte nie jemanden hinters Licht führen«, sagte er einem Interviewer der John F. Kennedy Presidential Library.[19] Doch Kennedy kannte die Wahrheit. Dulles hatte ihm im Oval Office über die Erfolgsaussichten der Operation ins Gesicht gelogen. »Ich stand hier an Eisenhowers Schreibtisch«, hatte Dulles dem Präsidenten am Vorabend der Invasion versichert, »und prophezeite ihm, unser Unternehmen in Guatemala werde mit Sicherheit Erfolg haben, und, Herr Präsident, die Aussichten für diesen Plan sind noch besser als jene von damals.«[20]

Kennedy und Dulles hatten in den ersten Monaten der neuen Präsidentschaft keinen guten Start erwischt. Von Anfang an häuften sich kleinere Misshelligkeiten und Spannungen. Weiterhin dem Ancien Régime verhaftet, hängte Dulles im CIA-Hauptquartier nie ein offizielles Porträt von Präsident Kennedy auf. Der CIA-Direktor schuf sofort eine Atmosphäre des Misstrauens zwischen dem Geheimdienst und dem Weißen Haus und wies seine Stellvertreter an, dafür zu sorgen, alle sensiblen Dokumente, die sie dem Stab Kennedys vorgelegt hatten, zurückzuholen, damit sie nicht in die Akten des Weißen Hauses Eingang fanden. Dulles »fühlte sich mit Kennedy nie wirklich wohl«, bemerkte CIA-Mitarbeiter Robert Amory.[21]

Der Agentenführer betrachtete die jungen New-Frontiers-Leute, die Kennedy in die Administration holte, wie eine ausländische Truppe. Im

Februar 1961 machte Adam Yarmolinsky, einer der jungen Senkrechtstarter aus den Eliteuniversitäten, die Verteidigungsminister Robert McNamara um sich scharte, um die Verwaltung des Pentagons zu modernisieren, einen Termin bei Dulles aus. Vor dem Treffen forderte der CIA-Direktor bei seinem Justiziar Lawrence Houston einen Bericht über Yarmolinsky an, als träfe er sich mit dem Abgesandten einer ausländischen Regierung. Houston unterrichtete Dulles über Yarmolinskys linksliberale Neigungen und rief im Büro des Direktors an, um weitere Beobachtungen zur Person des jungen Kennedy-Beamten mitzuteilen. »Laut Herrn Houston ist [Yarmolinsky] ein extrem intelligenter Bursche«, berichtete der Dulles-Mitarbeiter, der den Anruf entgegennahm, »wenn auch persönlich nicht sonderlich attraktiv. Er hat einen russisch-jüdischen Hintergrund.«[22]

Dulles bestand darauf, das Weiße Haus stets selbst zu unterrichten, doch Kennedy – der weiter gereist und in internationalen Angelegenheiten bewanderter war, als sein Alter vermuten ließ – hielt nicht viel von den Präsentationen des CIA-Chefs. Er fand Dulles belehrend und uninformativ. Laut seinem Berater Theodore Sorensen war Kennedy »nicht sonderlich beeindruckt von Dulles' Berichten. Er fand, dass sie nicht viel Tiefgang hatten und ihm nichts mitteilten, was er nicht auch aus der Zeitung erfahren konnte.«[23]

Waren die Beziehungen zwischen Kennedy und Dulles schon vor dem Schweinebucht-Desaster angespannt, so waren sie danach kaum noch vorhanden. Kennedy gab zu verstehen, dass er nicht länger von Dulles unterrichtet werden wollte, daher fing der Geheimdienst an, ihm Berichte in Form von Heften mit kurzen Zusammenfassungen des Weltgeschehens zu schicken. Kennedy zog diese Methode eindeutig vor, hakte mit Fragen an die CIA nach und ließ sich Quellen schicken, etwa die kompletten Reden ausländischer Staatsführer oder die ungekürzten Versionen von CIA-Berichten.

In der Öffentlichkeit übernahm der Präsident die volle Schuld für das Kuba-Fiasko und blieb im persönlichen Umgang mit Dulles höflich. »Es gab nie irgendwelche Vorwürfe von Seiten des Präsidenten«, erinnerte sich Dulles später. »Ich mag wohl bis zu einem gewissem Maß das Vertrauen verloren haben, das er in mich setzte – das ist bei Dingen dieser Art unvermeidlich, wie ich glaube, aber ich darf sagen, in seiner persönlichen Haltung mir gegenüber, in den vielen Treffen, die wir hatten, ließ er das nie durchscheinen.«[24]

Doch hinter den Kulissen focht Dulles einen heftigen Kampf mit Kennedy um die Beeinflussung des Medienechos auf die Schweinebucht und seinen Verbleib an der Spitze der CIA. Der Geheimdienstchef unternahm umgehend Schritte zur Mobilisierung seiner Unterstützerbasis in der Wirtschaft. Am 1. Mai berief Dulles ein vertrauliches Treffen mit Wirtschaftsführern ein, um »aktuelle Probleme von Wirtschaftsunternehmen in Lateinamerika und spezifische Wege zur Ihrer Bewältigung« zu erörtern. Die Versammlung im New Yorker Metropolitan Club – »strikt inoffiziell«, wie Dulles betonte – gab dem Agentenführer und seinem Firmenklientel die Gelegenheit, ihre Strategie im Klima nach dem Schweinebucht-Fiasko neu zu bewerten.[25]

Dulles' Wirtschaftskreis bestärkte seine aggressive politische Taktik. Charles Hilles jr., Vizepräsident von ITT, gehörte zu jenen, die Dulles nach der Katastrophe in Kuba Mut zusprachen. »Ich hege die größte Bewunderung für Ihre Ruhe und Kraft und für Ihren hingebungsvollen Einsatz für das Wohl des Landes«, schrieb Hilles am 4. Mai, »und ich spüre, dass ich Teil einer überwältigenden Mehrheit bin.«[26] Im folgenden Monat schickte ein konservativer New Yorker Firmenanwalt namens Watson Washburn Dulles noch einen militanteren Zuspruch. Er solle das erste Scheitern hinter sich lassen und eine neue Invasion Kubas organisieren, um die Gefangenen der Schweinebucht aus Castros Gefängnis auf der Isla de la Juventud zu befreien. »Das wäre militärisch ein Kinderspiel«, versicherte Washburn, »und es würde als humanitäres Unternehmen statt als ›Imperialismus‹ gelten.«[27]

Wenn Dulles schon die Schlacht in der Schweinebucht verloren hatte, so war er entschlossen, den Krieg der Ideen um die gescheiterte Operation zu gewinnen. Er begann seinen psychologischen Krieg, indem er an alle CIA-Stationen ein Telex mit seiner Version des Kuba-Debakels verschickte. Laut Ralph McGehee, der fünfundzwanzig Jahre bei der CIA diente und damals in Vietnam stationiert war, legte Dulles' Schreiben an seine Truppe »nahe, dass wir, wenn die Ereignisse den geplanten Verlauf genommen hätten, mit [der] Invasion Kubas Erfolg gehabt hätten«.[28] Die klare Botschaft des Alten, die er den ganzen Rest seines Lebens weiter mit Nachdruck verbreitete, lautete: Die Mission scheiterte an Kennedys Nervenschwäche, oder, wie er es in seinem unveröffentlichten Artikel für *Harper's Magazine* diplomatischer formulierte, an dessen mangelndem »Willen zum Erfolg«.

Noch Jahre nach dem Schweinebucht-Fiasko nahm Dulles weiterhin Einfluss auf Reporter, Historiker und jeden anderen, der Interesse an der verblassenden Geschichte bekundete. Im April 1965, als ein Student der Harvard Business School namens L. Paul Bremer III. – der später als Präsident George W. Bushs Prokonsul im Irak seinen eigenen Platz in den Annalen amerikanischer Desaster finden sollte – Dulles seine Dissertation über die Schweinebucht schickte, gab sich der pensionierte Agentenführer alle Mühe, den Eindruck des jungen Mannes, die CIA habe versagt, zu zerstreuen. Es sei Kennedys »letzte Entscheidung« gewesen, »die Luftschläge zu unterbinden«, an der die Expedition gescheitert sei, schrieb

Dulles an Bremer. »Ich kann Ihnen versichern, dass sie nie in Angriff genommen worden wäre ... wenn auch nur der leiseste Verdacht bestanden hätte, dass dieses zentrale Element des Plans gestrichen würde.«[29]

Kaum war der Pulverdampf der Invasion verflogen, machte sich Dulles' Meinungsmache zur Schweinebucht in der Presse breit. Seine Version erhielt einen prominenten Platz in einem Artikel vom September 1961 im Magazin *Fortune* mit dem Titel »Kuba: Wie es wirklich war«. Er stammte von einem angestellten Journalisten namens Charles Murphy, der Dulles so eng verbunden war, dass er als Auftragsschreiber für ihn arbeitete. Im Jahr zuvor hatte Murphy unterwürfig die Aufgabe übernommen, Dulles' Erinnerungen zu Papier zu bringen: »Mit Ihrer Einladung, Ihnen bei der Abfassung Ihres Buches zur Hand zu gehen, lassen Sie mir eine große Ehre zuteilwerden, und ich freue mich auf die Zusammenarbeit.«[30] Ein Großteil von Murphys Artikeln, in denen er die Schuld dem Weißen Haus zuschob, klang wie von Dulles diktiert. Murphy behauptete später, Admiral Burke sei seine Quelle gewesen, während die Kennedy-Brüder den Verdacht hegten, dass auch Dulles' Stellvertreter, der General Charles Cabell, dabei die Hand im Spiel hatte.

Kennedy war wütend über den *Fortune*-Artikel und wies seinen Stab an, eine detaillierte Gegendarstellung vorzubereiten und dem Herausgeber Henry Luce zu schicken. Der im Umgang mit den Medien versierte Präsident hatte es im Krieg der Ideen um Kuba mit einem respekteinflößenden Gegner zu tun. Auf seiner ersten Pressekonferenz nach der Schweinebucht-Invasion warnte er das Washingtoner Pressekorps, dass er nicht überrascht wäre, wenn »Sie von interessierten Behörden mit Informationen überschüttet werden«.

Wenn der Präsident auch nicht über ein so weit gespanntes Netz von Handlangern in den Medien verfügte wie Dulles, konnte er sich im Public-Relations-Krieg mit der CIA doch auf seine eigenen beeindruckenden Fähigkeiten stützen. So war er sehr geschickt darin, der Eitelkeit einflussreicher Journalisten wie des Kolumnisten James »Scotty« Reston von der *New York Times* zu schmeicheln. Während das Desaster in der Schweinebucht noch seinen Lauf nahm, lud er Reston zum Mittagessen ins Weiße Haus ein und vertraute ihm an: »Es ist wohl ein Fehler von mir gewesen, Allen Dulles zu behalten. ... Ich habe nie mit ihm zusammengearbeitet und kann daher den Gehalt dessen, was er mir sagt, nicht genau einschätzen. .... Dulles ist eine Legende, und es ist schwer, mit Legenden zusammenzuarbeiten. ... Es ist ein verteufelt schwerer Weg, auf diese Weise dazuzulernen, aber eines habe ich aus dieser Angelegenheit mitgenommen, und das ist, dass wir uns mit der CIA befassen werden müssen.«[31]

Bald drang die Kunde ins CIA-Hauptquartier, dass Kennedy zwar öffentlich die Verantwortung für das Schweinebucht-Desaster übernahm, hinter verschlossenen Türen jedoch Dulles und die Behörde mit Schmähungen überzog und schwor, »die CIA in tausend Stücke zu zerschmettern und in alle Winde zu zerstreuen«.[32]

Kennedy setzte in dem Wortkrieg mit Dulles' Imperium zwei seiner leidenschaftlichsten Gefolgsleute im Stab des Weißen Hauses ein, Sorensen und Schlesinger. Beide trugen eine scharfe Eloquenz in das politische Duell. In der Woche nach dem Schweinebucht-Debakel bemerkte Schlesinger, der sich vehement gegen die Operation ausgesprochen hatte: »Nicht nur sehen wir wie Imperialisten aus … wir sehen wie dumme, wirkungslose Imperialisten aus. … Allen Dulles und Richard Bissell haben an einem Tag zerstört, was Kennedy geduldig und erfolgreich in drei Monaten aufgebaut hat.«[33]

Dulles wusste, dass Kennedy seine Absetzung in die Wege leitete, aber er machte klar, dass er nicht kampflos gehen würde. Am 23. Mai diskutierte Schlesinger das Schicksal des CIA-Direktors mit Mac Bundy, Dulles' Maulwurf im Weißen Haus. Zweifellos das Sprachrohr seines sturen Mentors, warnte Bundy Schlesinger, dass »es ernste Schwierigkeiten geben dürfte, Allen Dulles' Rücktritt zu erlangen«. Laut Bundy glaubte Dulles, dass »sein einziger Fehler darin bestanden habe, den Präsidenten nicht davon überzeugt zu haben, dass er die Marine schicken musste«.[34]

Als nationaler Sicherheitsberater war Bundy in einer verfänglichen Position. Einerseits musste er sich um das Vertrauen des Präsidenten bemühen, in dessen Dienste er gerade erst getreten war, während er sich gleichzeitig subtil für Dulles einsetzte. Inmitten der Schweinebuchtkrise versuchte Bundy, Bissell zum Sündenbock zu stempeln. Er sagte Schlesinger, dass Dulles »tatsächlich größere Bedenken bei dem Projekt gehabt habe, als er gegenüber dem Präsidenten jemals zum Ausdruck gebracht hat, und sie nur aus Loyalität zu Bissell verschwiegen habe«. Bundy fügte hinzu, dass »er persönlich nicht mehr in der Lage sei, [Bissells] Lagebeurteilungen einfach so zu akzeptieren«.[35] Bundy, der selbst den Schweinebuchtplan befürwortet hatte, handelte eindeutig zugunsten von Dulles, als er Bissell den Wölfen vorwarf. Doch es gelang ihm nicht, das Momentum, das sich im Weißen Haus für Dulles' Entlassung aufbaute, aufzuhalten.

Die Schlacht um seine Zukunft als CIA-Direktor spitzte sich durch die vom Präsidenten in Auftrag gegebene offizielle Untersuchung des Schweinebuchtdebakels noch zu. Einige Tage nach der gescheiterten Invasion ernannte Kennedy General Maxwell Taylor zu ihrem Vorsitzenden. Taylor, der später Kennedys Militärberater wurde, war eng mit Dulles verbunden. Fletcher Prouty, ein scharfsinniger Beobachter des weitgespannten Washingtoner Netzwerks des Geheimdienstchefs, nannte Taylor einen weiteren entscheidenden »CIA-Mann im Weißen Haus«. Dulles, der zusammen mit seinem Verbündeten Admiral Burke ebenfalls in die Taylor-Kommission berufen wurde, muss geglaubt haben, die Untersuchung fest im Griff zu haben – so wie die CIA-Expertenkommissionen während der Eisenhower-Ära.

Aber Max Taylor empfand auch Loyalität gegenüber Kennedy, der den gutaussehenden, kerzengeraden General verteidigt hatte, als dieser sich von der Eisenhower-Dulles-Politik der massiven Vergeltung abgekehrt und stattdessen eine nuanciertere Strategie vorgeschlagen hatte, die er »flexible Reaktion« nannte. JFK, der von Taylors Buch *The Uncertain Trumpet* von 1959 beeinflusst war (dt. *Und so die Posaune einen undeutlichen Ton gibt, wer wird sich zum Streite rüsten?*), nannte den gelehrten Taylor »meine Art von General«. Als Vorsitzender der Untersuchung hielt Taylor eine feine Balance. Er legt sich zwar mit diplomatischem Geschick ins Zeug, um der CIA und dem Pentagon nicht allzu viel Schuld aufzubürden, doch Taylors »stärkste Neigung« war nach Einschätzung des CIA-Historikers Jack Pfeiffer, »Kritik vom Weißen Haus abzuwenden«.[36]

Unterdessen nutzte Bobby Kennedy, der, wie Pfeiffer schelmisch bemerkte, »als des Präsidenten Alter Ego sämtliche Linien übertrat«,[37] seine Position in der Taylor-Kommission, um seinen Bruder von jedem Tadel zu entlasten. Der junge Justizminister mit den spitzen Ellbogen erwies sich als härterer Anwalt für das Weiße Haus als Dulles und Arleigh Burke für ihre jeweiligen Institutionen und hinderte die beiden Kennedy-Gegenspieler geschickt daran, dem Präsidenten die Schuld in die Schuhe zu schieben. Als die Kommission ihren Bericht abschloss, konnten Dulles und Burke nicht mehr bewirken, als Taylor zumindest zur Aufnahme einer Fußnote zu bewegen, die erklärte, für den Fall, dass Kennedy die Luftunterstützung der Landung bewilligt hätte, »diese sehr wohl eine Kettenreaktion in ganz Kuba mit der darauffolgenden Fahnenflucht mancher Milizen [Castros], einen Aufstand der Bevölkerung und schließlich den Erfolg der Operation bewirkt haben könnte«.[38] Doch dieses hypothetische Szenario war ein Luftschloss, das nur Dulles und Burke bewohnten.

Beinahe zwei Jahrzehnte später spiegelte sich in Pfeiffers Geschichte der Schweinebucht-Operation noch immer der Unmut der Behörde darüber, wie der Präsidentenbruder bei der Taylor-Untersuchung die CIA und das Pentagon ausmanövriert hatte. »Bei Schließung der Zeugenanhörung«, schrieb Pfeiffer, »war klar, dass Burke und Dulles … auf dem Weg zum Elefantenfriedhof waren – dank des Umstands, dass Robert Kennedy sie und ihre Behörden abgewertet hatte und, zu einem nicht geringen Teil, aufgrund der abgrundtief schlechten Leistung von Dulles als Zeuge.«[39] Am Ende der Untersuchung, so Pfeiffer, erörterten die unterlegenen Dulles und Burke »endlos untereinander«, wie viel von der Verantwortung für das Desaster die Marine mit der CIA teilen sollte.

Wenn die Taylor-Kommission, die Kennedy ihren Befund am 16. Mai präsentierte, Dulles schwer beschädigte, so besiegelte der Kirkpatrick-Bericht sein Schicksal. Groß, gutaussehend, athletisch und charmant, war Lyman Kirkpatrick einer der aufgehenden Sterne der Behörde gewesen. Der Absolvent der Deerfield Academy und der Universität Princeton diente im Krieg beim OSS und als Geheimdienstberater von General Omar Bradley. Der Familie Kirkpatrick schien der Wagemut im Blut zu liegen. Seine Schwester Helen war eine furchtlose Kriegskorrespondentin, die auf einem Panzer der freien französischen Streitkräfte zur Befreiung von Paris mitfuhr. Fotos der attraktiven Reporterin in Kampfhelm und maßgeschneiderter Uniform gaben ihren Beiträgen für die *Chicago Daily News* einen Hauch von Glamour. Nach dem Krieg ging Lyman Kirkpatrick zur frisch gegründeten CIA und stieg rasch bis zur rechten Hand von CIA-Direktor Beetle Smith auf. Kirkpatrick schien auf der Überholspur zur Spitze der Behörde zu sein, als Chef für verdeckte Operationen und dann vielleicht als ihr Direktor.

Doch 1952 erkrankte er bei einem Einsatz in Asien an Kinderlähmung. Nach einem langen Krankenhausaufenthalt – einschließlich eines albtraumhaften Martyriums im Walter Reed Hospital, in das er aufgenommen wurde, nachdem Dulles seine Beziehungen hatte spielen lassen – kehrte Kirkpatrick zur CIA zurück. Er war von der Hüfte abwärts gelähmt und an den Rollstuhl gefesselt, jedoch entschlossen, seine Karriere fortzusetzen. Dulles, der gerade die CIA übernommen hatte, ernannte Kirkpatrick zum Generalinspekteur – ein unpopulärer Posten, da er bedeutete, die inneren Angelegenheiten der Behörde zu überwachen. Mit der Annahme der Stelle gab Kirkpatrick seine Hoffnung auf den Posten des Direktors auf. Doch als Generalinspekteur bewies er Integrität und empfahl zum Beispiel, die CIA-Leute, die 1953 für den Tod des MKULTRA-Opfers Frank Olson verantwortlich waren, zu bestrafen, was allerdings nie geschah.[40] Er war innerhalb der Behörde auch einer derjenigen, die sich gegen die Ermordung von Lumumba aussprachen.[41]

Kirkpatrick, der mit Joseph Kennedy in Eisenhowers Geheimdienstbeirat zusammengearbeitet hatte, gehörte zur Kennedy-freundlichen Fraktion in der CIA. Er und John F. Kennedy waren befreundet. Der Präsident, der wusste, wie wichtig Schwimmübungen für den an Kinderlähmung erkrankten Franklin Roosevelt gewesen waren, lud Kirkpatrick ein, den Swimmingpool des Weißen Hauses zu benutzen, wo auch Kennedy selbst schwamm, um sein Rückenleiden zu lindern. Es war Kirkpatrick, der bemerkte, dass es kein offizielles Portrait von Präsident Kennedy im CIA-Hauptquartier gab, und nachdem Dulles die Behörde verlassen hatte, sorgte der Generalinspekteur dafür, dass endlich doch noch eines aufgehängt wurde.[42]

Dennoch, Kirkpatrick war ein lebenslanger CIA-Mann, und er schuldete die Chance zur Fortführung seiner Karriere Dulles. Umso mehr fühlte sich der Geheimdienstchef verraten, als Kirkpatrick ihm und seinem Stellvertreter Charles Cabell Kopien seiner überaus kritischen Autopsie der Schweinebucht-Operation übergab. Dulles kochte vor Wut und verurteilte den Bericht als »üblen Verriss«. Dulles und Cabell »waren beide außerordentlich schockiert und bestürzt, verärgert und ungehalten und zornig und alles andere obendrein«, erinnerte sich Kirkpatrick.[43]

Loyale CIA-Leute wie Sam Halpern verbreiteten die Kunde, dass Kirkpatrick aus Verbitterung gehandelt habe. Der Bericht sei »im Wesentlichen Kirks Rache an Bissell«, sagte Halpern Jahre später, immer noch ganz auf der Linie der Behörde. »Er war wirklich ein aufgehender Stern. Aber als er Kinderlähmung bekam, wurde er aufs Abstellgleis geschoben und verbitterte.«[44] Die Wahrheit ist jedoch, dass Kirkpatrick ein gewissenhafter Mensch war. »Wenn man ehrlich sagt, was andere falsch gemacht haben, tritt man ihnen auf die Füße«, sagte Kirkpatricks Sohn Lyman jr., Oberst a. D. des Armeegeheimdienstes. »Aber das war seine Aufgabe.«[45]

Dulles schaffte es, den Kirkpatrick-Bericht unter der Decke zu halten; er blieb Verschlusssache, bis die CIA 1998 schließlich doch zu seiner Veröffentlichung gezwungen war. Die Kunde von der harschen Kritik des Berichts jedoch machte in Washingtoner Kreisen die Runde und vermehrte die feindseligen Gefühle noch, die innerhalb der CIA gegen Kennedy aufflammten.

Das Debakel der Schweinebucht löste unter den mit Dulles verbündeten CIA-Agenten eine »stotternde Wut« aus, sagte der CIA-Veteran Joseph B. Smith – besonders unter jenen, die zur Kuba-Task-Force gehörten. »Ich hatte den Eindruck, dass es für diese [Agenten] dort fast so war, als wäre die Welt untergegangen«, erinnerte sich Smith.[46] Im August, Monate nach der gescheiterten Operation, als der langgediente CIA-Agent Ralph McGehee aus Vietnam ins Hauptquartier zurückkehrte, fand auch er die CIA in Aufruhr. Gerüchte verbreiteten sich, dass Kennedy durch eine massive Verminderung der Belegschaft, der die Behörde den Codenamen »701-Programm« gab, Rache nehmen wolle.

»[Wir] hatten den Eindruck, das Programm zum Stellenabbau zielte stärker auf die CIA als auf andere Behörden«, bemerkte McGehee. »Das war eine spannungsgeladene, trübselige Zeit. … Die Flure waren erfüllt von den angespannten, besorgten Mienen der bald Arbeitslosen.«

Als Kennedys Axt niederfuhr, war McGehee bestürzt über das Gemetzel. »Etwa einer von fünf Angestellten wurde gefeuert. Die Anspannung war für einige zu viel. Bei mehreren Gelegenheiten erschien einer meiner ehemaligen Bürokollegen sturzbesoffen auf der Arbeit und schaffte es so auf die 701-Liste.«[47]

Die Wut auf Kennedy innerhalb der CIA fand auch im Pentagon ihren Widerhall. »Den Teppich [unter den Invasoren der Schweinebucht] wegzuziehen«, schäumte der Vorsitzende der Vereinigten Stabschefs, sei »unglaublich … absolut verwerflich, beinahe kriminell« gewesen.[48] Auch viele Jahre später brachte der Name Kennedy »31-Knoten-Burke« noch immer in Rage. »Herr Kennedy«, sagte der Admiral einem Historiker des Naval Institute, »war ein sehr schlechter Präsident. … Er hat es zugelassen, dass die Nation in Gefahr geriet.« Das Kennedy-Team, fügte er hinzu, »erkannte nicht die Macht der Vereinigten Staaten oder wie man die Macht der Vereinigten Staaten einsetzt. Es war ein Spiel für sie. … Sie waren unerfahrene Leute.«[49]

Wenn die Mandarine der nationalen Sicherheit für Kennedy nur Verachtung übrig hatten, beruhte das Gefühl eindeutig auf Gegenseitigkeit. Als Lemnitzer nach der Schweinebucht-Operation auf militärische Aktionen in anderen Brennpunkten wie Laos drängte, erteilte ihm Kennedy eine Abfuhr. Er konnte es nicht einmal ertragen, mit den Männern, die ihn bei Kuba so in die Irre geführt hatten, im selben Raum zu sein. Kennedy »tat [Lemnitzer und die anderen] als einen Haufen alter Männer ab«, erinnerte sich Schlesinger Jahre später. »Er hielt Lemnitzer für einen Esel.«[50]

Kennedys Vizepräsident, Lyndon B. Johnson, war beunruhigt über die wachsende Entfremdung des Präsidenten vom Militär und von der CIA. »Natürlich war Johnson ein großer Bewunderer des Militärs«, erinnerte sich Jack Bell, ein Reporter von Associated Press im Weißen Haus. »Er glaubte, dass Kennedy den Militärführern nicht genug Aufmerksamkeit schenkte.«

Als er eines Tages mit Bell plauderte, merkte Johnson an: »Man sieht die Stabschefs gar nicht mehr [im Weißen Haus].« Wie Johnson schmerzlich bewusst war, gehörte er selbst auch nicht zu Kennedys innerem Zirkel – »er saß nur mit dem Daumen im Mund herum«, wie Bell es formulierte.[51]

Der unverzichtbare Partner des Präsidenten war Bobby, der von Johnson geschmähte harte kleine Bruder. »Jedes Mal, wenn sie eine Konferenz [im Weißen Haus] haben – machen Sie sich nichts vor, wer da der höchste Berater ist«, beklagte sich Johnson bei Bell. »Es ist nicht McNamara, es sind nicht die Stabschefs oder sonst jemand dieser Art. Bobby ist der Erste, der reingeht, und der Letzte, der rauskommt. Und Bobby ist der Junge, dem er zuhört.«[52]

Es war das kubanische Abenteuer der CIA, das den ersten Bruch zwischen Kennedy und der Hierarchie der nationalen Sicherheit erzeugte. Doch während die Schweinebucht noch immer die Schlagzeilen beherrschte, schlitterte die CIA in eine weitere internationale Krise, um die sich der Präsident dringend kümmern musste. Die verunglückte Kubainvasion löschte diese zweite Krise beinahe völlig aus dem Gedächtnis, doch die seltsamen Ereignisse, die sich im April 1961 in Paris zutrugen, verstärkten das beunruhigende Gefühl, dass Präsident Kennedy seine eigene Administration nicht im Griff hatte.

Paris befand sich in Aufruhr. Am Samstagmorgen, den 22. April, ergriff eine Gruppe pensionierter französischer Generäle die Macht in Algier, um Präsident Charles de Gaulle daran zu hindern, den langen, blutigen Krieg der Franzosen gegen die algerische Unabhängigkeitsbewegung zu beenden. Rasch verbreitete sich das Gerücht, dass die Verschwörer als Nächstes de Gaulle selbst attackieren und der Himmel über Paris von kampferprobten Fallschirmjägern und französischen Fremdenlegionären aus Algerien erfüllt sein würde. Im Bann der letzten Zuckungen seiner Kolonialherrschaft wappnete sich Frankreich zu einem unheilvollen Endkampf.

Die Bedrohung der französischen Demokratie lauerte tatsächlich noch in viel größerer Nähe zur Hauptstadt als befürchtet. Am Samstagabend lagerten zwei Fallschirmspringereinheiten von insgesamt zweitausend Mann im Wald von Orléans und im Wald von Rambouillet kaum mehr als eine Stunde von Paris entfernt.[53] Die rebellischen Fallschirmjäger warteten nur auf den Einsatzbefehl, zusammen mit Panzereinheiten aus Rambouillet auf die Hauptstadt vorzurücken, um dort den Élysée-Palast und andere entscheidende Kommandoposten zu besetzen. Bis Sonntag war Paris von Panik ergriffen. Der Flugverkehr über der Region wurde eingestellt, die Metro geschlossen, die Kinos blieben dunkel. Nur die Cafés, wo sich besorgte Pariser zusammendrängten, um die neuesten Gerüchte auszutauschen, blieben geöffnet.

Die Nachricht, dass der weithin bewunderte Maurice Challe, ehemaliger Chef der Luftwaffe und Kommandeur der französischen Streitkräfte in Algerien, den Putsch anführte, verblüffte de Gaulle und die gesamte Pariser Regierung. Challe, ein plumper, ruhiger Mann, war ein Held des Zweiten Weltkriegs und bis dahin anscheinend ein loyaler Gaullist. Aber die aufgepeitschten Leidenschaften des Kriegs in Algerien hatten Challe tief aufgewühlt und ihn empfänglich gemacht für die Überredungskunst radikaler französischer Offiziere. Er hatte den französischen Siedlern in Algerien und den profranzösischen Muslimen versprochen, sie nicht im Stich zu lassen. Nun empfand er es als seine soldatische Pflicht, seinen Schwur zu halten. Ebenso fühlte er sich dem Andenken der französischen Soldaten verpflichtet, die im Krieg ihr Leben verloren hatten. In seiner Radioansprache an das französische Volk erklärte der Putschanführer, dass er gegen de Gaulles »Kapitulationsregierung« Stellung beziehe, »damit unsere Toten nicht umsonst gestorben sind«.[54]

De Gaulle kam rasch zu dem Schluss, dass Challe mit Unterstützung der CIA handeln musste, und Mitarbeiter des Élysée-Palastes gaben die Information an die Presse weiter.[55] Kurz vor seinem Abschied aus der französischen Armee war Challe Oberbefehlshaber der NATO gewesen und hatte enge Beziehungen zu US-Offizieren im damaligen Hauptquartier der Allianz in Fountainebleau geknüpft. Challe und die amerikanischen Militärs waren mit de Gaulle äußerst unzufrieden. Der sture siebzigjährige Pfeiler des französischen Nationalismus war ein immer größeres Hindernis für die amerikanischen NATO-Pläne, weil er sich weigerte, die französischen Truppen unter das alliierte Kommando zu stellen, und auf eigenen Atomwaffen außerhalb der Washingtoner Kontrolle beharrte. De Gaulles Feinde in Paris und Washington waren außerdem überzeugt, dass die ungeschickten Schritte des französischen Präsidenten, Algerien in die Unabhängigkeit zu entlassen, die Gefahr einer »sowjetischen Basis« im strategischen, ölreichen Nordafrika heraufbeschworen.

In der von panischer Angst ergriffenen französischen Hauptstadt füllten Berichte über die US-Beteiligung an dem Putsch die Zeitungen aller Couleur. Geneviève Tabouis, Kolumnistin bei *Paris-Jour*, wies in einem Artikel mit dem Titel »Die Strategie des Allen Dulles« mit dem Finger direkt auf den CIA-Chef als Hauptschuldigen. Andere Berichte enthüllten, dass sich Jacques Soustelle – ein ehemaliger Generalgouverneur Algeriens und Mitglied der berüchtigten, de-Gaulle-feindlichen Terrorgruppe OAS (Organisation de l'Armée Secrète) – im vorangehenden Dezember in Washington mit Richard Bissell zum Essen getroffen hatte.[56]

De Gaulles Außenministerium war die Quelle einiger der provozierendsten Vorwürfe in der Presse. Danach war die CIA unter anderem bemüht, den Putsch von Challe durch multinationale Konzerne wie zum Beispiel belgische Bergbauunternehmen im Kongo finanzieren zu lassen. Aus dem Ministerium sickerte ferner durch, dass im Zusammenhang mit dem Putsch Amerikaner mit Verbindungen zu französischen Extremistengruppen in Paris aufgetaucht seien, darunter ein als »politischer Berater der Luce[-Medien]-Gruppe« identifizierter Mann, den man hatte sagen hören: »In Algier wird eine Operation vorbereitet, um den Kommunismus zu stoppen, und damit werden wir nicht scheitern wie in Kuba.«[57]

Bald tauchten auch in der amerikanischen Presse Geschichten über die französischen Intrigen der CIA auf. Ein Paris-Korrespondent der *Washington Post* meldete, Challe habe die Revolte angezettelt, »weil er von der rückhaltlosen Unterstützung der Amerikaner überzeugt ist« – diese Zusicherung, so habe man Challe weisgemacht, komme »von Präsident Kennedy selbst«. Auf die Frage der Zeitung, woher diese Zusicherung tatsächlich stamme, ob vom Pentagon oder von der CIA, erwiderte die französische Quelle: »Das kommt aufs selbe raus.«[58]

Dulles sah sich gezwungen, die CIA-Beteiligung am Putsch energisch zu dementieren. »Alle Berichte oder Behauptungen, dass die Central Intelligence Agency oder irgendeiner ihrer Mitarbeiter irgendetwas mit der Revolte der Generäle zu tun hatte, sind komplett falsch«, erklärte der Agentenführer und gab Moskau die Schuld, diese Anschuldigungen in die Welt gesetzt zu haben.[59]

Schützenhilfe bekam der Geheimdienst von C. L. Sulzberger, dem CIA-freundlichen Kolumnisten der *New York Times*, der im Ton eines Behördensprechers schrieb: »Um die Sache richtigzustellen: Unsere Regierung hat sich während des [französischen] Aufstands diskret, weise und anständig verhalten. Das gilt für alle staatlichen Organe [einschließlich] der CIA.«[60] Jahre später deckte der investigative Journalist Carl Bernstein die Bande zwischen Sulzberger und der CIA auf. »Der junge Cy[rus] Sulzberger hatte seinen Nutzen«, erzählte ein CIA-Mitarbeiter Bernstein. »Er war beflissen, er kooperierte sehr gern.«[61] (Was Bernstein bequemerweise nicht erforschte, war die lange Geschichte der Kooperation zwischen der CIA und seinem eigenen ehemaligen Arbeitgeber, der *Washington Post*).

Den besseren Zugang zur Stimmung im Weißen Haus besaß dagegen ein anderer Journalist der *New York Times*, Scotty Reston. Er griff die Vorwürfe in der französischen Presse auf und berichtete, die CIA sei tatsächlich »in eine beschämende Liaison mit den anti-gaullistischen Offizieren verwickelt«. Im Gefolge des Schweinebucht-Fiaskos und der französischen Affäre wachse in Kennedys innerem Zirkel die Wut über die skrupellosen Machenschaften der CIA, schrieb Reston. »All dies hat im Weißen Haus das Gefühl verstärkt, dass die CIA die Grenzen eines objektiven, Nachrichten sammelnden Dienstes überschritten hat und Personen und politische Ziele unterstützt, die die Regierung kompromittieren.«[62]

Wieder betrieb Allen Dulles seine eigene Politik, dieses Mal in Frankreich. Es gab eine lange Geschichte heftiger Animosität zwischen dem amerikanischen Geheimdienstchef und de Gaulle, die bis zurück in den Zweiten Weltkrieg und die verwickelte interne Politik der französischen Resistance reichte. Als OSS-Chef in der Schweiz hatte Dulles die Rechtsaußen-Fraktion der Resistance bevorzugt, die gegen de Gaulle war.[63] In seinen Kriegserinnerungen erhob de Gaulle die Anschuldigung, Dulles sei Teil eines »Komplotts« gewesen mit dem Ziel, den französischen General »zum Schweigen zu bringen oder ins Abseits zu schieben«.[64] Pierre de Bénouville, ein rechtsgerichteter Resistance-Anführer auf Dulles' OSS-Soldliste, wurde später beschuldigt, Jean Moulin, den schneidigen Repräsentanten de Gaulles im französischen Untergrund, an die Gestapo verraten zu haben. Nach seiner Festnahme wurde Moulin brutal gefoltert und zu Tode geprügelt – laut einigen Berichten von dem berüchtigten Kriegsverbrecher Klaus Barbie.

Nach seiner Wahl zum Präsidenten 1958 war de Gaulle bestrebt, Regierung und Behörden von CIA-Verbindungsleuten zu säubern. Unter Dulles hatte der amerikanische Auslandsgeheimdienst nach dem Krieg politische, kulturelle und nachrichtendienstliche Kreise Frankreichs stark infiltriert. Laut einigen französischen Berichten bezog Dulles bei seinen Besuchen in Paris eine Suite im Hotel Ritz, wo er an freundlich gesinnte Politiker, Journalisten und andere einflussreiche Personen säckeweise Bargeld austeilte. Andere wurden fürstlich bewirtet und mit schönen Pariser Prostituierten zur Mitarbeit verlockt.[65]

De Gaulle war besonders daran gelegen, die »Untergrundarmee« aufzulösen, die Dulles in Frankreich organisiert hatte – ein Netzwerk militanter Antikommunisten mit Zugang zu vergrabenen Waffenlagern, das ursprünglich rekrutiert worden war, um bei einer möglichen Sowjetinvasion Widerstand zu leisten, sich nun jedoch mit den rebellischen Generälen und anderen Gruppen zum Sturz der französischen Demokratie verschworen hatte.[66] De Gaulle wies seinen jungen Sicherheitsberater Constantin Melnik an, dieses finstere Netzwerk aus Faschisten, Spionen und Kriminellen zu zerschlagen, das auch Melnik als »sehr gefährlich für die Sicherheit Frankreichs« betrachtete. Aber Melnik, der von der RAND Corporation ausgebildet worden war, einer führenden Denkfabrik des amerikanischen nationalen Sicherheitskomplexes, war ein weiterer Bewunderer von Dulles, und so blieb der Untergrund in Frankreich intakt. Melnik – der Sohn eines weißrussischen Generals und Enkel des Leibarztes von Zar Nikolas II., den man zusammen mit der Kaiserfamilie hingerichtet hatte – war ein ebenso glühender Gegner der Sowjets wie seiner US-Kollegen.

Im Mai 1958, als de Gaulle nach zwölfjähriger Abwesenheit an die Macht in Paris zurückkehrte, flog Dulles zu einem persönlichen Gespräch mit dem legendären Franzosen nach Paris, um zu sondieren, ob sich ihre Differenzen beilegen ließen. Dulles hatte große Zuversicht in seine persönliche Überredungskunst, doch der stolze de Gaulle weigerte sich, den Agentenführer zu empfangen, und reichte ihn an einen seiner engen Vertrauten weiter, Michel Debré, der für Dulles und James Hunt, den CIA-Chef von Paris, ein förmliches Abendessen gab, bei dem auch Melnik zugegen war. Dulles schien von der Herabsetzung durch de Gaulle unbeeindruckt. Aber, wie der französische Journalist Frédéric Charpier später kommentierte: »Zurück im Hotel Ritz zog Dulles aus dem Abend, der seine Besorgnisse bestätigt hatte, seine Lehren. De Gaulle versprach ein harter und feindseliger Partner zu werden, der mit Sicherheit die Laissez-faire-Haltung, die bis dahin die [französische Regierung] gekennzeichnet hatte, beenden würde.«[67]

Staatschefs trotzten Allen Dulles auf eigene Gefahr – selbst Führer wie Charles de Gaulle, dessen Nation herzliche, geschwisterliche Beziehungen zu den Vereinigten Staaten pflegte, die bis zur Amerikanischen Revolution zurückreichten. Nach Dulles' Rückkehr in Washington nahmen die CIA-Berichte über de Gaulle einen schärferen Ton an. In einer Sitzung des Nationalen Sicherheitsrats im September 1958 wurden düstere Prognosen über die Fähigkeit des französischen Staatschefs abgegeben, die Algerienkrise zu Amerikas Zufriedenheit beizulegen. Die Möglichkeit, de Gaulle zu stürzen und ihn durch jemand zu ersetzen, der sich in größerer Übereinstimmung mit den amerikanischen Interessen befand, wurde offen diskutiert, jedoch fallengelassen, da man sie zum gegebenen Zeitpunkt für zu riskant hielt.[68]

Als jedoch Kennedy im Januar 1961 ins Amt kam, war die CIA auf einen Machtwechsel in Paris vorbereitet. Am 26. Januar schickte Dulles einen Bericht an den neuen Präsidenten über die Lage in Frankreich, der Kennedy auf die unmittelbar bevorstehende Beseitigung de Gaulles vorzubereiten schien, ohne einen Hinweis auf die Beteiligung der CIA an dem Komplott zu geben. »In Frankreich herrscht eine vorrevolutionäre Atmosphäre«, informierte Dulles Präsident Kennedy und fügte hinzu: »Armee und Luftwaffe sind entschieden gegen de Gaulle.« Damit übertrieb er das Ausmaß der Opposition im Militär, fast als wolle er den Sturz des französischen Präsidenten als Fait accompli hinstellen. »Mindestens 80 Prozent der Offiziere sind vehement gegen ihn. Sie haben nicht vergessen, dass er 1958 sein Ehrenwort gab, Algerien niemals aufzugeben. Nun bricht er sein Versprechen, und dafür hassen sie ihn. De Gaulle wird sicher nicht im Amt überdauern, wenn er versucht, Algerien aufzugeben. Ende des Jahres wird wahrscheinlich alles für ihn zu Ende sein: Entweder er wird abgesetzt oder ermordet.«[69] Dulles wusste eindeutig viel mehr, aber er teilte es Kennedy nicht mit.

Als drei Monate später der Coup gegen de Gaulle begann, tappte Kennedy noch immer im Dunkeln. Es war eine stürmische Zeit für seine junge Administration. Während er weiter mit den Nachwirkungen der Schweinebuchtkrise zu kämpfen hatte, wurde Kennedy plötzlich von den entrüsteten Protesten eines bedeutenden Verbündeten bestürmt, der den amerikanischen Sicherheitsdiensten vorwarf, in Frankreich aufrührerische Aktivitäten zu schüren. Die Sache war für den neuen amerikanischen Präsidenten, der im folgenden Monat zu einem Staatsbesuch in Paris eintreffen sollte, tief beschämend. Was den Affront noch verschlimmerte, war der Umstand, dass der Putsch durch de Gaulles Bemühungen ausgelöst worden war, die französische Kolonialherrschaft in Algerien zu beenden – ein Ziel, dass Kennedy selbst leidenschaftlich befürwortete. Die Unterstützung der CIA für den Coup war eine weitere trotzige Demonstration der Verachtung, die der Geheimdienst nicht nur de Gaulle, sondern auch Kennedy entgegenbrachte.

In einem Telefongespräch mit Hervé Alphand, dem französischen Botschafter in Washington, war der amerikanische Präsident bemüht, seine entschiedene Unterstützung für die Präsidentschaft von de Gaulle zu bekunden, und bat darum, seine Versicherung direkt nach Paris weiterzuleiten. Laut Alphand fügte Kennedy seinem Dementi einer offiziellen amerikanischen Verstrickung in den Putsch ein beunruhigendes Eingeständnis hinzu: Kennedy, berichtete Alphand, habe ihm gesagt, dass »die CIA ein so riesiger und schlecht kontrollierter Apparat sei, dass die unwahrscheinlichsten Manöver wahr sein könnten«.[70] Der amerikanische Präsident konnte für seinen eigenen Geheimdienst nicht die Hand ins Feuer legen.

Dieses Eingeständnis der Ohnmacht des Präsidenten, das Alphand an Paris weitergab, war ein alarmierender Augenblick der amerikanischen Außenpolitik, der heute weitgehend in Vergessenheit geraten ist. Kennedy unterstrich, wie tief er von seinem eigenen Sicherheitsapparat entfremdet war, mit dem außerordentlichen Schritt, Alphand um die Mithilfe der französischen Regierung bei der Ermittlung der US-Offiziellen zu bitten, die in den Coup verstrickt waren, und er versprach, sie zu bestrafen. »[Kennedy] sei absolut bereit, im Interesse guter franko-amerikanischer Beziehungen alle notwendigen Maßnahmen zu ergreifen, welchen Rang oder welche Funktion [die] beschuldigten Personen auch bekleideten«, telegrafierte Alphand an den französischen Außenminister Maurice Couve de Murville.

Um seiner Unterstützung für de Gaulle Nachdruck zu verleihen, wies Kennedy den US-Botschafter James Gavin an, dem französischen Präsidenten »jegliche Hilfe« anzubieten, die er brauchen könne – und gab damit deutlich seine Bereitschaft zu verstehen, amerikanische Truppen auch auf Rebellenkräfte aus Algerien schießen zu lassen, falls sie auf amerikanischen Militärbasen in Frankreich landen sollten. De Gaulle lehnte das Angebot stolz als »gut gemeint, aber unangemessen« ab – vielleicht entsetzt von der Aussicht, dass amerikanische GIs französische Soldaten auf französischem Boden töten könnten.[71] Aber Kennedy sorgte dafür, dass die Kommandeure der US-Stützpunkte die Landebahnen tarnten, um ihre Nutzung durch Rebellenflugzeuge zu unterbinden.

Im Gefolge der von seinen eigenen Sicherheitsbehörden ausgelösten Krisen in Kuba und Frankreich begann Kennedy, eine neue Kühnheit an den Tag zu legen. Die CIA, die offenbar damit gerechnet hatte, Kennedy während des französischen Putsches neutralisieren zu können, war von seiner Entschlossenheit überrascht. Agenten der Behörde hatten den Putschisten versichert, dass der Präsident »zu beschäftigt mit der Kuba-Affäre« sei, um entschieden gegen das Komplott vorzugehen. Aber Kennedy reagierte schnell auf die Krise und versetzte Botschafter Gavin, einen dekorierten Kommandeur der Fallschirmspringer im Zweiten Weltkrieg, auf den er zählen konnte, um die NATO-Truppen unter Kontrolle zu halten, in höchste Alarmbereitschaft. Kennedy entsandte auch seinen Französisch beherrschenden Sprecher Pierre Salinger nach Paris, um direkt mit Offiziellen im Élysée-Palast zu kommunizieren.

Wie das offizielle Paris wusste, war die Beziehung des neuen amerikanischen Präsidenten zu de Gaulle zwar bereits etwas gereizt, es war aber bekannt, dass Kennedy starke Gefühle für Frankreich hegte, und man sorgte mit gezielten Informationen an die Presse dafür, dass er von persönlicher Verantwortung für den Putsch entlastet wurde. Die Darstellungen der französischen Presse nannten die CIA einen »reaktionären Staat im Staate«, der außerhalb Kennedys Kontrolle operiere.[72]

Nach Kennedys Tod würdigte Alphand Kennedys Beziehung zu Frankreich. »Für ihn [Kennedy] waren harmonische Beziehungen zwischen den USA und Frankreich ein fundamentales Element des globalen Gleichgewichts. Er kannte Frankreich seit seiner Kindheit. Er kam in den Ferien nach Frankreich – nach Südfrankreich – und kannte das Land auch durch seine Frau. Jacqueline unternahm viele, sehr viele Reisen nach Paris. Ich weiß, dass Jacqueline ihm sehr dabei half, Frankreich zu verstehen. Sie liebt Frankreich – sie hat französisches Blut in den Adern –, sie spricht unsere Sprache sehr gut und hat ihm empfohlen, die Memoiren von General de Gaulle zu lesen.«[73]

Inmitten der Krise schickte der amerikanische Präsident de Gaulle eine öffentliche Botschaft, in der er sagte: »In dieser schweren Stunde für Frankreich möchte ich Sie meiner fortdauernden Freundschaft und Unterstützung ebenso wie der Freundschaft und Unterstützung des amerikanischen Volkes versichern.«[74] Kennedys entschiedene Unterstützung für de Gaulle stärkte gewiss das entschlossene Vorgehen der Franzosen gegen die rebellischen Generäle, doch es waren de Gaulle selbst und das französische Volk, die das Blatt gegen die Putschisten wendeten.

Am Sonntag, den zweiten Tag des Coups, hatte sich eine dunkle Vorahnung über Paris gelegt. »Ich bin überrascht, dass Sie noch leben«, sagte der Präsident der französischen Nationalversammlung de Gaulle an jenem Morgen schonungslos. »An Challes Stelle wäre ich in Paris eingeflogen; die Armee hier wird eher aus dem Weg gehen als schießen. … Wenn ich in der Position wäre, in die sich Challe gebracht hat, hätte ich Sie mit einer Kugel in den Rücken hier auf den Stufen hingerichtet und gesagt, dass Sie zu fliehen versuchten.«[75] Wenn Challe seine Truppen aus Algier nach Frankreich eingeflogen hätte, das wusste auch de Gaulle, »gab es nicht viel, was sie aufhalten konnte«.[76]

Doch am Abend um 20 Uhr, als fast ganz Frankreich vor dem Fernseher saß, hielt de Gaulle eine Fernsehansprache, die flammendste Rede seiner langen Karriere, in der er seine Landsleute aufforderte, ihn im Kampf gegen die Putschisten zu unterstützen. Er sah erschöpft aus, mit dunklen Ringen unter den Augen. Aber er hatte für den Anlass seine Uniform angelegt, und seine Stimme war voller Leidenschaft. Als Erstes verurteilte de Gaulle die rebellierenden Generäle. Die Nation sei von Männern verraten worden, »deren Pflicht, Ehre und Daseinsgrund es war, zu dienen und zu gehorchen«. Nun sei es die Pflicht jedes französischen Bürgers, die Nation vor diesen verräterischen Militärs zu schützen. »Im Namen Frankreichs«, rief de Gaulle und pochte auf den Tisch, »befehle ich, dass allen diesen Männern mit allen Mitteln – ich wiederhole: mit allen Mitteln – überall der Weg versperrt wird.« De Gaulles letzte Worte waren ein Schlachtruf. »Franzosen, Französinnen! Helft mir!«[77]

In ganz Frankreich eilten die Menschen der Nation zu Hilfe. Am folgenden Tag wurde aus Protest gegen den Putsch ein Generalstreik organisiert. Geführt vor allem von der Linken, darunter den Gewerkschaften und der Kommunistischen Partei, gewann der Massenprotest breite politische Unterstützung. Über zehn Millionen Franzosen beteiligten sich an den landesweiten Demonstrationen, Hunderttausende marschierten auf den Straßen von Paris und trugen Banner mit Parolen wie »Friede in Algerien« und »Der Faschismus wird nicht durchkommen!« Selbst Polizeiorganisationen drückten ihre »vollständige Solidarität« mit den Protesten aus, wie auch der katholische Arbeiterbund, der die »kriminellen Taten« der Putschisten verurteilte und davor warnte, »das Land in einen Bürgerkrieg zu stürzen«.[78]

Hunderte von Menschen stürmten die Flughäfen des Landes und blockierten die Landebahnen mit ihren Fahrzeugen, um die Landung von Challes Flugzeug zu vereiteln. André Malraux, der große Schriftsteller und amtierende Kulturminister, bahnte sich seinen Weg durch eine solche Menge und verteilte Helme und Uniformen.[79] Unterdessen übernahmen die Arbeiter der riesigen Renault-Fabrik am Rand von Paris das Werksgelände, bildeten Milizen und verlangten von der Regierung Waffen, um Rebellenangriffe abzuwehren.

»In vieler Hinsicht durchlebte Frankreich und besonders Paris am vergangenen Sonntag und Montag seine große revolutionäre Vergangenheit – die Vergangenheit revolutionärer Barrikaden, von Bürgerwehren und Arbeiterräten«, berichtete die *New York Times*.

De Gaulles eindringliche Worte an die Nation und die massive öffentliche Reaktion darauf hatten auf das französische Militär eine ernüchternde Wirkung. Challes Unterstützung begann rasch zu bröckeln, zu seiner Demütigung selbst innerhalb seiner eigenen Teilstreitkräfte, der Luftwaffe. Manche Piloten flogen ihre Flugzeuge aus Algerien hinaus, andere taten so, als hätten sie mechanische Probleme, sodass Challes Truppe für die Einnahme von Paris der Lufttransport fehlte.

Unterdessen schritt de Gaulle rasch zur Verhaftung der Militäroffiziere in Frankreich, die in den Coup verstrickt waren. Die Polizei stürmte die Pariser Wohnung eines Armeehauptmanns, der Straßenkrawalle zugunsten des Putsches organisierten sollte, und de Gaulles Innenminister setzte den General gefangen, der die in den Wäldern vor Paris bereitstehende Rebellentruppe befehligte. Ihres Führers beraubt, lösten sich die meuternden Einheiten kleinlaut auf.

Bis Dienstag war Challe klar, dass der Putsch gescheitert war. Am folgenden Tag ergab er sich und wurde nach Paris ausgeflogen. Als Challe aus dem Flugzeug stieg, »trug er selbst seinen Koffer, sah in seiner Zivilkleidung zerknittert und unbedeutend aus«, schrieb das Magazin *Time*. »Er stolperte auf der letzten Stufe und [fiel] heftig auf Hände und Knie.« Es war eine schmachvolle Heimkehr für den Mann, der völlig überzeugt gewesen war, dass er mit amerikanischer Unterstützung die Stelle des großen de Gaulle einnehmen würde. Challe erwartete ein Erschießungskommando, aber de Gaulles Militärtribunal zeigte sich erstaunlich milde und verurteilte den fünfundfünfzigjährigen General zu fünfzehn Jahren Gefängnis.

Nach dem gescheiterten Coup führte de Gaulle eine neue Säuberung seiner Sicherheitskräfte durch.[80] Er entließ General Paul Grossin, den mächtigen Chef des französischen Sicherheitsdienstes SDECE, und er löste dessen bewaffneten Arm auf, das 11. Fallschirmjäger-Sturmregiment (»11^{e} Choc«), in dem er einen Nährboden für den Putsch vermutete. Grossin, der ein enges Bündnis mit der CIA pflegte, hatte Frank Wisner beim Mittagessen erzählt, dass die Rückkehr de Gaulles an die Macht gleichbedeutend mit der Machtergreifung der Kommunisten in Paris sei.

Das 11. Sturmregiment hatte sich in eine gefährlich losgelöste Killereinheit verwandelt, die Vertreter der algerischen Unabhängigkeitsbewegung und ihre europäischen Unterstützer ermordete, sogar auf den Straßen Frankreichs. Als Feinde des französischen Imperiums gebrandmarkte Personen wurden niedergeschossen, in die Luft gesprengt oder vergiftet. Mit Hilfe ehemaliger Nazi-Agenten aus Gehlens Organisation erreichte das 11. Sturmregiment einen Punkt, »wo Liquidierungen fast tägliche Routine« waren, so Philippe Thyraud de Vosjoli, ein altgedienter SDECE-Agent, der als Verbindungsmann zur CIA fungierte.[81]

Kurz nach der Entlassung Grossins ließ de Gaulle auch seinen Sicherheitsberater Constantin Melnik fallen, Dulles' engen Verbündeten. Noch im Alter beharrte Melnik darauf, dass die CIA immer ein Freund de Gaulles gewesen sei – was den französischen Präsidenten überrascht hätte. In seinen Erinnerungen von 1999, *Politiquement incorrect*, erklärte

Melnik kategorisch: »Ich kann bezeugen, dass … trotz des verdächtigen Gekläffs von Anhängern des gaullistischen Lagers … die CIA immer ein treuer Verbündeter von General de Gaulle war, selbst seiner häufig quälenden Algerienpolitik.«[82] Nachdem de Gaulle ihn gefeuert hatte, bot Dulles – der mittlerweile selbst entlassen worden war – Melnik sofort einen Posten in einem neuen privaten Nachrichtendienst für die Dritte Welt an, den er plante. Melnik lehnte ab und schlug stattdessen eine Karriere in der französischen Publizistik und Politik ein.[83]

Während der verbleibenden Jahre seiner zehnjährigen Präsidentschaft, die 1969 mit seinem Rückzug aus der Politik endete, ergriff de Gaulle weiterhin energische Maßnahmen gegen Kräfte, die er als aufrührerisch betrachtete. 1962 wies er CIA-Stationschef Alfred Ulmer aus, einen Haudegen der Schauplätze von Dulles' Kaltem Krieg. 1967 musste auf Weisung de Gaulles auch die NATO Frankreich verlassen, um »die volle Souveränität [über] das französische Territorium zurückzugewinnen«, nachdem er entdeckt hatte, dass die Militärallianz westeuropäische Geheimdienste ermutigte, sich in die französische Innenpolitik einzumischen.

Nach dem Algerienputsch blieb de Gaulle ein Attentatsziel, besonders während der explosiven Monate vor und nach der Anerkennung der algerischen Unabhängigkeit im Juli 1962. Der dramatischste Mordversuch durch die OAS ereignete sich im folgenden Monat – ein Hinterhalt, der durch Frederick Forsyths Roman *Der Schakal* berühmt wurde. Als de Gaulles schwarzer Citroën mit dem Präsidenten und seiner Frau auf dem Rücksitz über die Avenue de la Libération in Paris jagte, eröffnete ein Dutzend Heckenschützen der OAS das Feuer auf das Fahrzeug. Zwei Leibwächter des Präsidenten auf Motorrädern wurden getötet, der von Kugeln durchsiebte Citroën geriet heftig ins Schleudern. Doch de Gaulle hatte das Glück eines geübten und loyalen Sicherheitsteams, und seinem Chauffeur gelang es, den Wagen wieder zu stabilisieren und in Sicherheit zu bringen, obwohl alle vier Räder zerschossen waren. Der Präsident und seine Frau, die während der Gewehrsalven die Köpfe nach unten gehalten hatten, entkamen unverletzt.

Der französische Präsident stellte unter Beweis, dass er bereit war, Feuer mit Feuer zu bekämpfen. Laut de Vosjoli rekrutierten de Gaulles Gefolgsleute im SDECE sogar ihre eigenen geheimen Auftragsmörder – darunter eine besonders gewalttätige Gruppe von Exilvietnamesen –, die in Algerien von Feinden de Gaulles frequentierte Cafés in die Luft sprengten und andere OAS-Kämpfer, die als Bedrohung des Präsidenten angesehen wurden, entführten, folterten und ermordeten.[84] Die Aufrechterhaltung der Demokratie in Frankreich Anfang der 1960er Jahre ist das Resultat eines Untergrundkampfes, den der alte französische General mit ebensolcher Grausamkeit zu führen bereit war wie seine Gegner. Aufgrund der strengen Sicherheitsmaßnahmen, die er ergriff, überlebte Charles de Gaulle seine stürmische Präsidentschaft. Er starb in dem Jahr, nachdem er aus dem Amt geschieden war, an einem Herzanfall kurz vor seinem achtzigsten Geburtstag – sank leise auf seinem Lehnstuhl vornüber, während er die Abendnachrichten schaute.

Präsident Kennedy traf nur einmal mit de Gaulle zusammen, bei seinem Staatsbesuch Ende Mai 1961 einen Monat nach dem gescheiterten Putsch. Bei einem Bankett im Élysée-Palast zu seinen Ehren beugte sich der alte General – überwältigt von der First Lady – nah zu ihr hinab, um sich keines der gehauchten Worte, die sie in fließendem Französisch an ihn richtete, entgehen zu lassen. Während des dreitägigen Besuchs erörterten die beiden Staatsoberhäupter viele drängende Probleme von Laos über Berlin bis Kuba, nur das heikle Thema des versuchten Staatsstreichs, ganz zu schweigen von der Verstrickung der CIA, sparten sie aus. »Warum«, fragte der französische Journalist Vincent Jauvert später, »alte Dämonen wecken, die gerade erst eingeschlafen waren?«[85]

Kennedy wusste, dass er sein Ringen mit diesen Dämonen wieder aufnehmen musste, sobald er nach Hause zurückgekehrt war. Er würde entscheiden müssen, wie durchgreifend er seine eigenen Sicherheitsdienste säuberte, wie es de Gaulle in Frankreich vormachte. Kennedy wusste, dass es erhebliche politische Kosten mit sich bringen würde, sich mit der CIA und dem Pentagon anzulegen. Doch war nicht von der Hand zu weisen, was Walter Lippmann zu Schlesinger gesagt hatte: »Kennedy wird nicht anfangen, Präsident zu sein, bis er mit Eisenhower bricht«.[86] Es war nun nicht länger die Sicherstellung der Kontinuität in Washington, um die sich der neue Präsident sorgte. Erschüttert von den traumatischen Ereignissen in Kuba und Frankreich, war Kennedy zum Umbau seiner Administration bereit.

Ein paar Wochen nach der Schweinebucht-Tragödie und dem vereitelten Putsch in Frankreich bat Kennedy seine Frau darum, Dulles zu Drinks oder Tee ins Weiße Haus einzuladen. Charles Wrightsman und seine Frau würden auch vorbeikommen, denn Kennedy wollte ihnen eine Lektion erteilen, hatte der Tycoon aus Florida Kennedy doch mitgeteilt, er würde sich bei seinem Washington-Besuch *nicht* mit seinem alten Freund Dulles verabreden – seine selbstgerechte Art, den CIA-Chef für die verpatzte Kuba-Operation zurechtzuweisen. Laut Jackie war der Präsident »empört« von Wrightsmans Treulosigkeit und ließ es sich daher nicht nehmen, auch den blamierten CIA-Chef zu dem Beisammensein ins Weiße Haus zu laden. Seit dem Desaster im April war genug Zeit verstrichen, und da Dulles bald aus dem Amt scheiden würde, war Kennedy dem Alten gegenüber großherzig gestimmt.

»Er [John] war immer unglaublich loyal, wenn irgendjemand in Schwierigkeiten steckte«, erinnerte sich die First Lady später. »Er kam extra frühzeitig aus dem Büro und setzte sich zu Jayne und Charlie Wrightsman, nur um Charlie zu zeigen, was er von Allen Dulles hielt. Und ich denke, das bedeutete Allen Dulles sehr viel. Ich empfing ihn etwa fünf oder zehn Minuten bevor Jack zu uns stieß. Er sah aus, ich weiß nicht, wie Kardinal Mindszenty vor Gericht«, sagte sie in Anspielung auf den ungarischen Prälaten, der in einem sowjetisch gesteuerten Schauprozess wegen Hochverrats zu einer lebenslangen Gefängnisstrafe verurteilt worden war. »Er war nur noch ein Schatten seiner selbst. Und dann kam Jack, legte seinen Arm um ihn und sprach mit ihm. ... Das war doch nett, nicht wahr? Er wollte Charlie Wrightsman eine Lehre erteilen. Aber es sagt auch etwas über Jack. Er wusste, dass Dulles wirklich Mist gebaut hatte. Trotzdem, er fühlte mit ihm.«[87]

Den »armen Allen Dulles«, wie Jackie ihn bald zu nennen pflegte, dürfte die Geste des Präsidenten wohl nicht gerührt haben. Die Verbitterung des CIA-Direktors über Kennedy wurde, während ihm langsam die Macht aus den Fingern glitt, Tag für Tag größer. Den Arm des jungen Mannes väterlich um seine Schulter gelegt zu fühlen hätte Dulles eher frösteln lassen als sein Herz zu wärmen. Der Oberspion hatte jedem Präsidenten seit Woodrow Wilson gedient. Und nun war er hier, getröstet von diesem schwachen Schönling, der nicht in dieselbe Gesellschaft gehörte wie die großen Männer, die ihm vorangingen. Es war erschreckend, dass er, *Allen Dulles*, sich von einem solchen Mann trösten lassen sollte.

Während Dulles selbst seine Wut sorgsam verbarg, machten seine loyalsten Mitarbeiter und politischen Verbündeten aus ihren Gefühlen für das Weiße Haus unter Kennedy keinen Hehl. Howard Hunt, der bei der Vorbereitung der Schweinebucht-Operation als politischer Verbindungsmann der CIA bei der sprunghaften kubanischen Exilgemeinde gearbeitet hatte, nannte Dulles und Bissell »Sündenböcke, um für die Schuld der Regierung zu büßen«. Hunt, dessen antikommunistische Leidenschaft der seiner militanten kubanischen *compadres* in nichts nachstand, war tief bewegt von der Haltung, die sein Chef während seines langsamen Ausscheidens aus der CIA wahrte. »Als Mitglied von Dulles' Stab«, erinnerte sich Hunt, »nahm ich mein Mittagessen in der Direktorenkantine ein und verfolgte, wie er von jeder Sitzung der [Taylor-]Kommission abgespannter und grauer zurückkehrte. Aber wenn er seinen Platz an der Spitze des Tisches einnahm, wechselte Herrn Dulles' Benehmen zu herzlicher Fröhlichkeit – ein Witz hier, eine Baseballwette da, von diesem bemerkenswerten Mann, dessen lange Karriere im Staatsdienst ungerechtfertigt von Männern zerstört worden war, die unablässig daran arbeiteten, ihr eigenes Bild in der Öffentlichkeit zu bewahren.«[88]

Im Sommer nach der Schweinebucht-Invasion luden Prescott Bush – der Mann der CIA im Senat – und seine Frau Dorothy Allen Dulles zum Dinner in ihr Haus in Washington ein. Der Agentenführer erschien mit John McCone im Schlepptau – dem republikanischen Geschäftsmann und ehemaligen Vorsitzenden der Atomenergiekommission, den Kennedy gerade zum Nachfolger von Dulles bestimmt hatte. Bush, der noch nicht wusste, dass Dulles offiziell abgesetzt war, war überrascht beim Anblick von McCone, den er, wie er später in einem Brief an Clover schrieb, »gar nicht als einen besonderen Freund von Allen vermutet hatte. Doch Allen brach prompt das Eis und sagte, er wolle uns seinen Nachfolger vorstellen. Die Bekanntgabe kam am nächsten Tag.« Die Unterhaltung am Tisch der Bushs an jenem Abend war recht unbeholfen. »Wir versuchten, einen angenehmen Abend daraus zu machen«, schrieb Bush, »aber ich war todtraurig und auch verärgert, denn es waren die Kennedy's [*sic*], die das Fiasko anrichtet [*sic*] haben. Und jetzt machten sie Allen zum Sündenbock, was er nicht war und nicht verdiente. Ich habe ihnen das nie verziehen.«[89]

Am 28. November 1961 wurde Dulles formell von der CIA verabschiedet bei einer Zeremonie, die im brandneuen Hauptquartier der Behörde in Langley stattfand, ein modernistischer Komplex, den man aus den Wäldern in Virginia gestampft hatte. Es war ein Tag widersprüchlicher Gefühle für Dulles. Der glänzende neue »Puzzlepalast«[90], den Dulles in Auftrag gegeben hatte, galt vielen als Monument seiner langen Herrschaft – doch er selbst würde nie das Büro des Direktors beziehen. Ein paar Witzbolde der Behörde tauften das Gebäude in Langley »Allen Dulles Gedächtnismausoleum«.[91]

Präsident Kennedy verlieh Dulles die höchste Auszeichnung der Behörde, die National Security Medal, und fand gnädige Abschiedsworte. »Ich betrachte Allen Dulles als eine beinahe einzigartige Gestalt in unserem Land«, sagte er in einem von sterilem Neonlicht erhellten Vorführsaal vor den Angehörigen Clover und Eleanor Dulles und den ebenso ernst dreinschauenden Mienen General Lemnitzers und J. Edgar Hoovers, die sich sicherlich fragten, wer von ihnen wohl als Nächster gehen musste. »Ich kenne keinen Mann«, fuhr der Präsident fort, »der in seine Arbeit ein größeres persönliches Engagement einbringt – und weniger Stolz auf sein Amt an den Tag legt – als ihn.«[92]

Diese letzte Schmeichelei war, wie Kennedy sehr wohl wusste, eine besonders krasse Übertreibung, denn es gab nur wenige Leute in seiner Administration, die so von Selbstbewunderung überflossen waren wie Allen Dulles. Der scheidende CIA-Direktor hatte dafür gesorgt, Einladungen zu seiner Ordensverleihung an das Who's who der *Fortune*-500-Manager verschicken zu lassen, darunter die Chefs von General Electric, General

Motors, Ford, DuPont, Coca-Cola, Chase Manhattan, U.S. Steel, Standard Oil, IBM, CBS und Time-Life.[93] Er sammelte sämtliche blumigen Abschiedsgrüße, die aus der Wirtschaft eingingen, darunter Briefe des Filmmoguls Spyros Skours von 20th Century Fox und des Mischkonzern-Tycoons J. Peter Grace, der schrieb: »Es ist fast nicht zu glauben, wie eine Familie zwei Männer Ihres Kalibers hervorbringen konnte, Sie und Ihren verstorbenen, bitter vermissten Bruder.«[94]

Aber nach der Feier sah Dulles ein wenig verloren und einsam aus, als er auf den Stufen des Hauptquartiers, das er nie beziehen würde, Kennedys abfliegendem Hubschrauber hinterherwinkte. Der folgende Tag war noch melancholischer für ihn, als der Präsident im alten CIA-Gebäude an der E-Street seinen Nachfolger McCone einschwor. Clover setzte ihn im Auto der Familie ab, da Dulles nicht länger auf eine CIA-Limousine mit Fahrer Anspruch hatte. »Clover, ich nehme später ein Taxi nach Hause«, sagte der Alte seiner Frau, als er aus dem Wagen stieg. Das hörte Lawrence »Red« White, der effiziente, pragmatische Verwalter der Behörde, der sofort darauf bestand, Dulles in einem offiziellen Wagen nach Hause bringen zu lassen. Dulles erhob theatralisch Einwände, nahm dann aber die freundliche Geste an – einer der wenige lichten Momente an einem, wie es Kollegen beschrieben, rabenschwarzen Tag für die Spionagelegende. »Seine Moral«, erinnerte sich White, »war an seinem letzten Tag als DCI [Director of Central Intelligence] ziemlich im Keller.«[95]

Auch im Ruhestand in seinem Heim in Georgetown hob sich die Begräbnislaune des alten Agentenführers nicht, während Kennedy fortfuhr, sich von den Überresten der gefallenen Dulles-Dynastie zu befreien. Als Erstes mussten seine Stellvertreter gehen, die am engsten mit der Schweinebucht-Operation in Verbindung standen, Richard Bissell und Charles Cabell. Dann entdeckte Justizminister Bobby Kennedy, der stets wachsame Wächter des Präsidenten, Eleanor Dulles, die immer noch still in der Deutschlandsektion des Außenministeriums arbeitete, und sorgte dafür, dass Außenminister Rusk sie entließ. »Ich will niemanden von der Dulles-Familie mehr sehen«, hörte man den Justizminister sagen.[96] Eleanor war am Boden zerstört. »Das war dumm von mir, nehme ich an«, bemerkte sie später. »Ich war sechsundsechzig, und viele meiner Freunde fragten, warum ich denn weiter arbeiten wollte. Na ja, das hatte psychologische und finanzielle Gründe. Mein Job im Auswärtigen war mir teuer. Außerdem hatte ich Schulden. Ich hatte zwei Kinder aufs College geschickt, ich brauchte das Gehalt.«[97]

Im Pentagon hatte Kennedy bereits damit begonnen, Dulles' Kampfgenossen im Kalten Krieg wie Arleigh Burke zur Retraite zu zwingen, der im August aus der Marine verabschiedet wurde. Als Nächstes kam Lemnitzer an die Reihe, der im November von Maxwell Taylor als Vorsitzendem der

Vereinigten Stabschefs abgelöst wurde, im selben Monat, in dem Dulles selbst seinen Abschied nehmen musste.

Kennedy unternahm noch weitere Schritte, um zu signalisieren, dass die Dulles-Ära vorüber war und man der CIA nicht länger erlauben würde, über die Stränge zu schlagen. Er stellte Agenten im Ausland unter die Aufsicht von US-Botschaftern und verlagerte die Verantwortung für paramilitärische Operationen wie die in der Schweinebucht an das Pentagon. Es waren die Kennedy-Brüder, nicht die Dulles-Brüder, die jetzt in Washington das Sagen hatten.

Dulles hatte Mühe, sich an ein Leben im politischen Abseits zu gewöhnen. »Es fiel ihm sehr schwer, sich zu entspannen«, sagte James Angleton, sein langjähriger Gefolgsmann.[98] Doch bald wurde klar, dass die Dulles-Dynastie noch nicht vollständig demontiert war.

In Wirklichkeit hatte Kennedys Säuberung die Reihen der Dulles-Gefolgsleute in der CIA weitgehend intakt gelassen. Topleute von Dulles wie Angleton und Helms blieben im Amt. Und die Schattenritter des Alten ließen ihren König nie im Stich. Sie fuhren fort, ihn in Georgetown zu besuchen – allein Angleton zwei- bis dreimal die Woche. Sie konsultierten ihn in Behördenangelegenheiten, als wäre er noch immer der oberste Geheimdienstchef der USA und nicht John McCone. Sie arbeiteten mit ihm bei Büchern und Filmprojekten zusammen. Sie knieten weiterhin vor Allen Dulles, ihren verbannten Kommandeur, und küssten seinen Ring. Und bald begann Dulles wieder aus seiner trüben Verbannung zum Vorschein zu treten, bereit zu neuen Taten. Mitte Januar 1962 schrieb der Agentenführer »im Ruhestand« einem alten Kameraden: »Wie Du weißt, glaube ich weder groß an den Ruhestand noch an lange Ferien.«[99] Das Haus in der Q-Street war bereits auf dem besten Weg, zum Sitz einer Exilregierung zu werden. Dulles war abgesetzt, doch seine Herrschaft ging weiter.

16 Rom am Potomac

Am Abend des 16. Juni 1962, als Arthur Schlesinger jr. in voller Montur samt Fliege in den Swimmingpool von Hickory Hill segelte, Robert und Ethel Kennedys Haus im vorstädtischen Virginia, war das Nassmachen von Partygästen schon zu einem Ritual von Kennedys New-Frontier-Mannschaft geworden. Dinnerpartys in Hickory Hill, wo Hunde und Kinder durch das Haus und auf dem wogenden Rasen herumtollten, waren in der Washingtoner Gesellschaft in aller Munde. Einladungen zu Bobby und Ethels Gartenfesten signalisierten, dass man zum Kreis der Eingeweihten des jugendlichen Kennedy-Hofstaats gehörte. Judy Garland sang, Harry Belafonte tanzte Twist, Nationalhelden wie Astronaut John Glenn wurden spaßige Mutproben abverlangt. An diesem besonderen Abend wurde Glenn, der erste Amerikaner, der die Erde im Weltraum umkreist hatte, von der ausgelassenen Ethel herausgefordert, sich zum Dinner zu ihr zu gesellen – auf eine prekär über den Swimmingpool gelegte Planke. Dem Astronauten gelang es, trocken zu bleiben, Ethel dagegen landete im Pool, als Schlesinger und ein weiterer Gast neckisch am wackeligen Brett wippten.[1] Kurz darauf, als Schlesinger sich kavalierhaft zu Ethel hinabbeugte, um sie aus dem Wasser zu ziehen, versetzte ihm ein Scherzkeks einen Schubs, und der angesehene Harvard-Historiker plumpste kopfüber in den Pool und riss die Gattin des Justizministers gleich wieder mit hinab.

Nach dem muffigen Eisenhower-Jahren nahm ein Großteil des Washingtoner Establishments die derben Possen der Kennedy-Schar mit dankbarer Erleichterung auf. Die Kennedy-Brüder und ihr Team legten in ihren Ämtern einen so unermüdlichen Elan an den Tag, dass man ihnen erlaubte, in ihrer Freizeit etwas Dampf abzulassen. Es hatte im Jahr zuvor zum Beispiel keine Schelte in der Presse gegeben, als Senator Edward M. Kennedy, der stets zu Späßen aufgelegte kleine Bruder des Präsidenten, nach seiner eigenen Swimmingpool-Taufe »als große, triefende Masse in einem nun hoffnungslos zerknitterten Dinnerjackett wiederauftauchte«, wie sich Schlesinger erinnerte.[2]

Doch im Juni 1962 stand die Kennedy-Administration von innen wie von außen unter heftigem Beschuss. Die ungezügelten Belustigungen des

Kennedy-Zirkels erschienen nun manchen als frivol. Drew Pearson bemerkte in seiner Kolumne, dass »Kongressabgeordnete aus dem Süden besonders an der Tatsache interessiert waren, dass Ethel Kennedy, die Schwägerin des Präsidenten, mit Harry Belafonte Twist tanzte, einem bekannten Negersänger«.[3] Unterdessen prangten Schlesingers übermütige Swimmingpoolspäße auf der Titelseite der Kennedy feindlichen gesinnten *New York Herald Tribune*. Als ein wichtiger Verbindungsmann Kennedys zur linken Intelligenzija und zum linken Flügel der Demokratischen Partei war der Berater des Weißen Hauses eine besonders verlockende politische Zielscheibe.

Henry J. Taylor, ein von mehreren Zeitungen gedruckter Kolumnist, führte die Pressekampagne gegen Schlesinger und nutzte die peinliche Publizität über seine Wasserspäße in Hickory Hill, um weitere Vorwürfe gegen den Hofphilosophen Kennedys vorzubringen. Taylor beschuldigte Schlesinger, den Ethikkodex des Weißen Hauses zu verletzen, indem er nebenbei als freier Schriftsteller arbeitete und politische Essays für Publikationen wie die *New York Times* und *Saturday Evening Post* sowie Filmkritiken für ein schickes neues Hochglanzmagazin namens *Show* produzierte.

Wie sich herausstellte, gab es im Weißen Haus kein Verbot einer freien publizistischen Tätigkeit, und Kennedy, ein glühender Filmliebhaber, genoss Schlesingers Kritiken sehr. Einmal, als Roger Vadims bemüht künstlerischer Vampirfilm *… und vor Lust sterben* im Weißen Haus vorgeführt wurde, stand Kennedy mittendrin auf und sagte Schlesinger, es würde ihm reichen, seine Kritik zu lesen. Bevor er ging, teilte der Präsident Schlesinger noch einige seiner eigenen recht anspruchsvollen Ansichten über Filme mit und drängte ihn, doch einmal einen Vergleich zwischen dem italienischen Film *Das Mädchen mit dem leichten Gepäck* und einem kaum bekannten unabhängigen Low-Budget-Film mit dem Titel *A Cold Wind in August* anzustellen. Kennedy äußerte sich enttäuscht über *Frühstück bei Tiffany* und meinte, Hollywood habe »keinen Mumm mehr, einen intelligenten oder interessanten Film zuwege zu bringen«.[4]

Taylors Angriff auf Schlesinger – in dem er vor dem schädlichen Einfluss des linken Historikers auf die Politik Kennedys warnte – verbreitete sich in den Medien, darunter im Magazin *Time*, das sich über Schlesingers frivoles Benehmen in Hickory Hill lustig machte und die gegenteilige Position zu Taylor bezog, indem es fragte, ob der »Sonderberater« von Präsident Kennedy eigentlich überhaupt irgendetwas Vernünftiges leiste. Thomas »Tommy the Cork« Corcoran, Roosevelts legendärer Berater und langjähriger politischer Weichensteller in Washington, gefielen die Prügel, die Schlesinger in der Presse einstecken musste, überhaupt nicht. Er rief ihn im Weißen Haus an und warnte seinen jungen Freund: »Ich wittere eine Menschenjagd. Das Herumreiten auf der Swimmingpool-Geschichte war der Startschuss. Sie sind hinter dir her.« Corcoran berichtete Schlesinger, er habe von einer hässlichen Geschichte gehört, die unter Republikanern zirkuliere, wonach sich ein angeblicher alter Harvard-Kommilitone von ihm gefunden habe, der »zu schwören bereit wäre, dass er dich damals als Mitglied der Kommunistischen Partei kannte«.[5]

Inmitten des Mediensturms war Schlesinger versucht, Kennedy seinen Rücktritt anzubieten. Eines späten Nachmittags, als Schlesinger in einer anderen Angelegenheit ins Oval Office ging, fragte ihn Kennedy, wie er damit zurechtkomme. »Ich hatte ein paar schlechte Tage«, antwortete der Berater, woraufhin Kennedy »teilnahmsvoll« erwiderte: »Mach dir darüber keine Sorgen. Jeder weiß, dass Henry Taylor ein Dämlack ist. Die machen nichts anderes, als auf mir herumzuhacken, indem sie auf dich eindreschen.«[6]

Der mediale Angriff auf Schlesinger trug die Fingerabdrücke der Dulles-Gruppe. Obwohl bereits ein halbes Jahr außer Dienst, hatte Dulles' seinen großen Einfluss in der Presse behalten, besonders bei den Luce-Publikationen wie *Time*. Auch Henry Taylor hatte Verbindungen zu den Dulles-Brüdern, hatte er doch vor seiner Laufbahn als Kolumnist in Fosters diplomatischem Dienst als Botschafter in der Schweiz gearbeitet.

Auf den ersten Blick schien Schlesinger keine gute Wahl als Zielscheibe für das Dulles-Netzwerk, schließlich unterhielt er seit dem Zweiten Weltkrieg, als der junge Historiker einer der vielen Intellektuellen war, die vom OSS angeworben wurden, freundliche Beziehungen zum Geheimdienstchef. Als OSS-Auswerter in London und Paris während des Kriegs vertrat Schlesinger entschieden antikommunistische Positionen; nach dem Krieg, als er sich der verdeckt von der CIA finanzierten antisowjetischen Propagandakampagne anschloss und die Bestrebungen unterstützte, den Einfluss der Kommunistischen Partei auf die Arbeiterbewegung im Bereich der Kultur und in Akademikerkreisen auszumerzen, wurde er zu einem Vordenker der gemäßigten Linken im Kalten Krieg.

Schlesinger glaubte leidenschaftlich an die linke Politik des New Deal, den er als einzigen Weg ansah, den Kapitalismus zu zivilisieren. Und er war ein ebenso glühender Antikommunist, der den Kreuzzug gegen die Roten als einen Weg verstand, die amerikanische Linke zu schützen, indem man sie von der stalinistischen Verseuchung befreite, die während Roosevelts notwendiger Allianz mit Moskau während des Kriegs in Kreise der Demokratischen Partei eingesickert war. Obwohl die gut organisierten Schocktruppen der Kommunistischen Partei hinter vielen der politischen und gewerkschaftlichen Siege in der Zeit des New Deal standen, war Schlesinger überzeugt, dass es von entscheidender Bedeutung war, diese Einflüsse zu eliminieren, um Angriffe von der Rechten abzuwehren, die versuchten, linksliberale Politik als abgeschwächten Marxismus-Leninismus hinzustellen.

1949 hatte Schlesinger eine krude Initiative von Luces *Life*-Magazin unterstützt – für das der junge, mit dem Pulitzer-Preis prämierte Historiker zuweilen schrieb –, eine schwarze Liste von Berühmtheiten aufzustellen, die das Magazin als »Werkzeuge und Weggefährten« der Kommunistischen Partei bezeichnete. Zusammen mit den vorhersehbaren Getreuen der äußersten Linken listete *Life* solche linksliberalen Koryphäen und Berühmtheiten wie Albert Einstein, Arthur Miller, Norman Mailer, Aaron Copland und Leonard Bernstein auf. Schlesinger gab der schwarzen Liste des Magazins seine Billigung und nannte sie »einen bequemen Weg, um die offenkundigeren kommunistisch kontrollierten Gruppen in Schach zu halten«.[7]

Obwohl ein eifriger Verfechter des New Deal, war Schlesinger auch ein verwöhnter Sprössling der amerikanischen Elite – der Sohn des geschätzten Harvard-Historikers Arthur M. Schlesinger sr., der mit fünfzehn die Phillips Exeter Academy absolviert hatte, mit zwanzig seinen Harvard-Abschluss mit summa cum laude machte und mit siebenundzwanzig für sein meisterhaftes Werk *The Age of Jackson* den Pulitzer-Preis gewann. In der exklusiven intellektuellen Atmosphäre von Cambridge groß geworden, wo Männer wie James Thurber, John Dos Passos, H. L. Mencken und Samuel Eliot Morison im Haus seiner Eltern ein- und ausgingen, »hörte [der junge Schlesinger] nie auf, wie der klügste Student im Seminar zu erscheinen«, wie die *New York Times* bemerkte.[8] Kritiker wie C. Wright Mills und der revisionistische Historiker William Appleman Williams erhoben den Vorwurf, dass sich Schlesinger – verhätschelt vom Ostküstenestablishment und subventioniert von CIA-Tarnorganisationen – an eine einseitige Sicht des Kalten Kriegs klammere und die alleinige Verantwortung für die Konfrontation der Machtblöcke bei Moskau sehe. Russland, so beharrte dagegen Schlesinger, habe nicht nur einen Schutzpuffer angestrebt, als es nach den epischen Zerstörungen im Zweiten Weltkrieg nach der Herrschaft über Osteuropa griff; aus seiner Sicht war die Sowjetunion vielmehr ein »messianischer Staat«, dessen »Ideologie zu einer steten Expansion der kommunistischen Macht zwang«.[9] Selbst nach dem Ende des Stalinismus erkannte Schlesinger keine bedeutsame Abschwächung des unerbittlichen sowjetischen Expansionsdrangs.

Es überraschte daher nicht, dass Schlesinger während der 1950er Jahre freundliche, wenn auch etwas distanzierte Beziehungen zu Allen Dulles pflegte. Der in demokratischen ebenso wie in republikanischen Kreisen vorherrschende Konsens des Kalten Kriegs sorgte für unwahrscheinliche Allianzen; Schlesinger zählte eine Reihe führender CIA-Leute zu seinen Freunden, darunter Helms, Wisner und Bissell, und gesellte sich auf Cocktailpartys in Georgetown häufig zu ihnen. Philip Graham, der Herausgeber der *Washington Post*, und der Kolumnist Joseph Alsop waren die Gastgeber der Partys, auf denen sich die disparaten Gefolgschaften von Dulles und Kennedy mischten.

Schlesinger hatte zwar Meinungsverschiedenheiten mit den CIA-Leuten, die bis in die Tage des OSS zurückreichten. So war er zum Beispiel abgestoßen von »der Idee, dass amerikanische Spione« wie Dulles und Wisner »fröhlich mit Leuten wie General Reinhard Gehlen verkehren. … Es hat etwas ästhetisch Anstößiges, wenn sich Amerikaner mit Nazis, die uns vor kurzem noch getötet haben, gegen Russen verschwören, deren Opfer den alliierten Sieg möglich machten.«[10] Während der Eisenhower-Dulles-Jahre fand Schlesinger noch anderes »ästhetisch anstößig« an der Herrschaft der Republikaner, wie auch seine erste Frau Marian. »Die Dulles-Brüder«, wie sie sagte, »waren selbstgerecht und egomanisch.« Als Kennedy ins Amt kam, war Allen Dulles für sie – die wie ihr Ehemann vom linksliberalen Cambridge geprägt war – »passé«.[11]

Doch im Namen der Waffenbrüderschaft im Kalten Krieg war Schlesinger bereit, seine eigenen politischen Kompromisse zu schließen – selbst mit Männern wie Allen Dulles, dessen Wall-Street-Republikanismus und tyrannischer Interventionismus im Ausland all das repräsentierte, was der Historiker ablehnte. Schlesinger war weiter um freundliche Beziehungen bemüht und hielt bis ins Alter des Geheimdienstlers eine herzliche Korrespondenz mit ihm wach. Als Dulles am 29. November 1961 aus der CIA verabschiedet wurde, schrieb ihm Schlesinger, es sei ein »Privileg« gewesen, mit ihm zusammenzuarbeiten, und drängte ihn, seine Memoiren zu schreiben. »Sie haben ein faszinierendes Leben, und Sie schulden es ihren Mitbürgern, es zu Papier zu bringen.« Dulles erwiderte zwei Wochen später herzlich, dass er über eine Reihe von Buchideen nachdenke und »vielleicht Ihren weisen Rat [dazu] einholen« werde.[12]

Niemand in Washington war in einer besseren Position als Arthur Schlesinger jr., die wachsende Kluft in der Kennedy-Administration zu beobachten. Er hatte eine führende Rolle bei der Bildung des Konsenses des Kalten Kriegs gespielt, der die gegnerischen politischen Lager in Washington zusammengehalten hatte. Aber dieser Konsens begann früh in der Präsidentschaft Kennedys zu Bruch zu gehen, und Schlesinger fand sich, mit einem Bein auf jeder Seite des Grabens, in einem heiklen Balanceakt wieder. In den Monaten nach der Schweinebuchtkrise, als Kennedy sich weigerte, den kriegerischen Rat seiner nationalen Sicherheitsberater anzunehmen, und sich stattdessen bemühte, seinen eigenen Weg durch die Minenfelder der Krisen in Kuba, Laos, Berlin und Vietnam zu finden, brachen immer weitere Risse in der Administration auf. Kennedy zog abermals den Zorn der Kriegsherren auf sich – von Männern wie Lemnitzer und Luftwaffenchef Curtis LeMay, den Kennedy für psychisch labil hielt –, als er ihr hartnäckiges Plädoyer für eine nukleare Konfrontation mit der Sowjetunion brüsk ablehnte und stattdessen einen Vertrag zum Verbot von Atomtests anstrebte, um den Wettlauf zum Weltuntergang zu verlangsamen.

Nach der Schweinebucht-Operation waren Schlesingers Beziehungen zu den CIA-Leuten angespannt, aber er wurde immer noch zu ihren Dinnerpartys eingeladen, und seine Freunde in Langley – wie Helms, Ray Cline und Cord Meyer – hielten ihn weiter über die Stimmung in der Behörde auf dem Laufenden. Unterdessen zog Kennedy, trotz seiner gelegentlichen Verwirrung über einige allzu akademisch wirkende linke Ansichten Schlesingers, den Historiker zunehmend in den innersten Führungskreis. Schlesinger punktete beim Präsidenten nicht nur, als er ihm von der Operation in der Schweinebucht abriet – »ein schwerer Fehler« –, sondern auch, als er anders als manch anderer in der Administration der Versuchung widerstand, sich nach dem Debakel bei der Presse damit zu brüsten.

Kennedy begann bald, bei allem den Rat des Historikers einzuholen, von der Atompolitik bis hin zum Umgang mit kratzbürstigen linken Kritikern wie Alfred Kazin, den Kennedy auf Schlesingers Rat für sich einzunehmen versuchte, indem er ihn im August 1961 zum Mittagessen ins Weiße Haus einlud. Kennedy war nervös vor dem Treffen mit dem furchteinflößenden New Yorker Intellektuellen und schlug vor, auch Jackie einzuladen – »sie kannte all diese obskuren französischen Autoren«.[13] Als Kazin im Weißen Haus eintraf, war Kennedy in Höchstform und offerierte faszinierende Einsichten über alle möglichen Leute von Malraux bis Chruschtschow, konnte die Erwartungen des Gelehrten aber dennoch nicht erfüllen. Später beschrieb er den Präsidenten als »aalglatt, kühl und bar einer politischen Vision«.[14] Als Schlesinger ihn daran erinnerte, dass linke Intellektuelle über Roosevelt das Gleiche gesagt hatten, erwiderte Kazin, er sei selbst einer derjenigen gewesen. »Und ich glaube noch heute, dass ich absolut recht hatte!«[15]

Schlesinger war jedoch der Typ von Intellektuellen, der nichts Falsches daran erkennen konnte, in den inneren Zirkel der Macht zu treten und einem Roosevelt oder Kennedy zu dienen. Er machte sich über die Akademiker in ihrem Elfenbeinturm, die sich an der Außenlinie hielten und über die Wirrungen und Wendungen der Geschichte spekulierten, aber nie tatsächlich an ihrer Zeit teilnahmen, lustig. Zu Beginn seiner Präsidentschaft machte es Kennedy etwas nervös, einen Bestsellerautor und Historiker im Stab des Weißen Hauses zu haben. Als er eines Tages an Schlesingers entlegenem Büro im Ostflügel vorbeikam und ihn eifrig in die Tasten seiner Schreibmaschine hämmern hörte, lächelte er. »Lass es sein, Arthur. Wenn die Zeit gekommen ist, schreibe ich *Das Zeitalter Kennedys*.« Aber nach der Schweinebucht-Krise, als er sich innerhalb der eigenen Administration zunehmend belagert fühlte, war Kennedy Schlesingers Rolle als Hofchronist willkommen. Der Präsident ermutigte ihn, bei den Sitzungen im Weißen Haus Notizen zu machen. »Du kannst dir verdammt sicher sein, dass die CIA ihre Dokumentation hat und die Vereinigten Stabschefs die ihre«, sagte er. »Wir sorgen besser dafür, dass wir hier bei uns unsere eigenen Aufzeichnungen haben.«[16]

Schlesingers Tagebucheinträge, Briefe und Memos liefern faszinierende und unschätzbare Einblicke in einen immer erbitterter ausgefochtenen Bürgerkrieg, der Kennedys Regierung auseinanderriss. Kritiker verurteilen Schlesinger häufig als Speichellecker der Macht, und es besteht kein Zweifel, dass er dem Zauber Camelots erlag, traute Wochenenden mit dem Präsidenten und seiner Gattin in Hyannis Port verlebte und mit den Kennedys an Bord ihres Segelboots vor Cape Cod und auf dem Potomac Champagner schlürfte. Während des Schweinebucht-Debakels musste Schlesinger einen besonders heftigen Schlag von der Linken einstecken, als C. Wright Mills »Kennedy und Co.« dafür verurteilte, »uns wieder der Barbarei überantwortet« zu haben, wobei er sich besonders den Haushistoriker des Präsidenten herausgriff, dem er vorwarf, »uns intellektuell und moralisch entehrt« zu haben.[17]

Doch Kritiker wie Mills waren nicht eingeweiht in die internen Kämpfe, die innerhalb der Administration wüteten. In Wirklichkeit waren Kennedy und seine Vertrauten wie Schlesinger entschlossen, die Kräfte der »Barbarei« im Zaum zu halten, nicht ihnen nachzugeben – und ihre Anstrengungen lösten einen machtvollen Gegenschlag aus der eigenen Administration aus. Der Kampf, der zwischen Kennedy und der nationalen Sicherheitselite ausgefochten wurde, als er versuchte, das Land aus dem Kalten Krieg herauszuführen, blieb vor den Augen des amerikanischen Volks weitgehend verborgen. Auch Beobachter wie Mills, der im März 1962 mit fünfundvierzig Jahren an einem Herzanfall starb, bevor das Drama des Kennedy-Hofes seinem gewaltsamen Höhepunkt zustrebte, verstanden ihn nicht völlig. Schlesinger selbst bekam die Kräfte, die im Spiel waren, nicht ganz in den Blick, als er das tägliche Getümmel der Kennedy-Präsidentschaft aufzeichnete. Aber das Bild, das sich Jahrzehnte später klar und deutlich aus der Lektüre seiner einsichtsvollen Tagebücher und Memoranden herausschält, ist das einer Regierung im Krieg mit sich selbst.

In der Beziehung zwischen Kennedy und Schlesinger ging es hin und her, während die beiden Männer begannen, Amerikas Politik des Kalten Kriegs einer Neubewertung zu unterziehen. Manchmal war es der Präsident, dessen Gedanken am kühnsten waren, bei anderen Gelegenheiten war es sein Berater, der den Präsidenten zu mehr Mut drängte. Kennedys feines Gespür für die amerikanisch-sowjetische Dynamik hatte den Effekt, Schlesingers eigene Philosophie des Kalten Kriegs weniger rigide und durchdachter zu machen. Bis 1963 war Kennedy zu der Einsicht gelangt, dass »sich die Falken in der Sowjetunion und den Vereinigten Staaten gegenseitig stärken« – eine weise Beobachtung, wie Schlesinger fand. Kennedy umgab sich gern mit intelligenten Menschen, aber er war gewöhnlich der scharfsinnigste im Raum. Er hatte eine Art, das Denken seiner »Besten und Hellsten« auf ein höheres Niveau zu heben.

Was die Innenpolitik anging, war Kennedy ein gewiefter Stratege, der seine Entscheidungen traf, indem er die Probleme mit seinen langjährigen politischen Vertrauten und Kämpen wie seinem Bruder Bobby und Sonderberater Kenny O'Donnell ausdiskutierte. Aber Kennedy war auch bewusst, dass sein politischer Pragmatismus manchmal seiner Vision abträglich war. Daher verließ er sich oft auf wahre Gläubige seines New-Frontier-Programms wie Schlesinger als Stimme des Gewissens und linker Prüfstein. Bei anderen Gelegenheiten benutzte er Schlesinger fast wie eine komische Kontrastfigur.

Eines Tages drängte Schlesinger den Präsidenten, Dean Rusk, ein Sprachrohr der nichtssagenden konventionellen Weisheiten des Council on Foreign Relations, durch einen stimulierenderen Außenminister zu ersetzen. Kennedy blickte von einem Papier auf seinem Schreibtisch auf, das er durchsah, und schaute seinen Berater an. »Das ist eine großartige Idee, Arthur«, sagte er. Als Schlesinger sein Büro verlassen hatte, wandte sich Kennedy zu O'Donnell, der den kühnen Vorschlag zur Wiederbelebung des Außenministeriums still mit angehört hatte, und lachte. »Arthur hat eine Menge guter Ideen«, kommentierte der Präsident.[18]

Schlesinger selbst stellte zuweilen seine Bedeutung in der Kennedy-Administration in Frage. »Ich habe das Gefühl, dass der Präsident meine Ansichten ein wenig abtut«, schrieb der Berater des Weißen Hauses im September 1962 in sein Tagebuch, »vor allem, weil er mich als Beschwerdeführer üblicher linker Positionen betrachtet, zum Teil auch, weil er mich als Intellektuellen und unzureichend praktisch und realistisch ansieht.«[19]

Aber 1963 sagte der Präsident selbst zu seinem Bruder und Phil Graham, dass er ernsthaft überlege, Rusk durch Robert McNamara zu ersetzen, der sich als kluger und verlässlicher Verbündeter von Kennedys Schlachten mit den Kriegsherren des Pentagons erwiesen hatte.

Arthur hatte wirklich eine Menge guter Ideen, und obwohl er sorgfältig darauf achtete, seine Grenzen nicht zu überschreiten, war er unfehlbar artikuliert und beharrlich in der Art, wie er sie verteidigte. Seine Einsichten und Anregungen hatten eine Art, sich in den Winkeln von Kennedys Hirn einzunisten. Der Präsident war seit seiner Kindheit ein eifriger Leser von

Geschichtsbüchern, und hier fand sich in seinem Stab jemand, der die großen historischen Fragen genau in dem Augenblick aufwerfen konnte, in dem die Regierung Geschichte machte. Kein Wunder, dass Kollegen wie Richard Rovere ein wenig ins Schwärmen gerieten und Schlesingers Rolle in Kennedys Weißem Haus mit der Voltaires und Aristoteles' an den Höfen von Friedrich II. und Alexander dem Großen verglich. Kein prominenter Intellektueller in der Geschichte der US-Präsidentschaften hatte je eine solche Stellung mit solchen Einflussmöglichkeiten innegehabt.

Schlesingers furchtlosester Augenblick in der Präsidentschaft Kennedys kam nach der Schweinebucht, als er den mutigen Plan fasste, die CIA unter die Kontrolle des Präsidenten zu bringen, was weder Truman noch Eisenhower fertiggebracht hatten. Es erforderte Mut, seinen alten Freunden im Geheimdienst entgegenzutreten, von denen ihn einige einen Verräter nannten. Die Schlacht zur Übernahme der CIA sollte zum schicksalhaftesten Drama der Präsidentschaft Kennedys werden.

Noch bevor sich der Rauch über dem Kuba-Debakel verzogen hatte, bemühte sich Schlesinger bei Kennedy darum, bei der Reorganisation der CIA eine wichtige Rolle spielen zu dürfen. Er wollte sicherstellen, dass der Sturm über der Behörde nicht einfach abebbte und nichts weiter als eine neue Expertenkommission hervorbrachte, die mit »Dulles' Strohmännern« besetzt war, wie er es nannte.[20] In einem Memo an den Präsidenten vom 21. April 1961 schrieb Schlesinger: »Es ist nach meinem Urteil wichtig, die CIA aus dem Club auszuschließen.« Schlesinger war nicht begeistert, dass Kennedy General Taylor, den er für einen »sehr angenehmen Mann, [jedoch] von begrenzten Interessen und beschränkter Vorstellungskraft« hielt, mit der Untersuchung des Weißen Hauses zur Schweinebucht beauftragt hatte. Noch war Taylor die Art von Kreuzzügler, der konsequent Kennedys wütendem Impuls folgen und »die CIA in tausend Splitter zerschlagen« würde. Der General, bemerkte Schlesinger, »ist sehr vorsichtig und scheint zu einer drastischen Neuorganisation der Geheimdienste nicht geneigt«.[21]

Dennoch, es war Schlesinger, den Kennedy ausersah, einen ambitionierten Plan zum Umbau der CIA auszuarbeiten, während Taylor auf die Untersuchung der Schweinebucht beschränkt blieb. Es gelang dem Historiker, den Präsidenten von seiner Qualifikation für die Aufgabe zu überzeugen. »Ich habe während des Kriegs beim OSS gedient«, erinnerte er ihn, »und ich war seither eine ganze Zeitlang CIA-Berater; so bin ich zwar weit davon entfernt, ein Profi auf diesem Gebiet zu sein, ich bin aber ein vergleichsweise erfahrener Amateur.«[22]

Schlesinger stürzte sich mit wissenschaftlicher Hingabe in die CIA-Studie und erstellte einen dicken Ordner, der detaillierte Kritikpunkte an der

Organisation von Washingtoner Linken wie George McGovern aufgriff und sich auf Informanten aus der CIA stützte, von denen einer schrieb: »Die Central Intelligence Agency ist krank.«[23] Schlesinger zog sogar diskreditierende und enthüllende Artikel und Essays über die Herrschaft von Dulles aus der linksliberalen Presse heran, darunter *The Nation* und *The New Republic*. Das waren keine Quellen, die üblicherweise eine Rolle spielten, wenn die CIA einer Überprüfung durch handverlesene Freunde von Allen Dulles unterzogen wurde.

Schlesinger schloss sein Memorandum zur Umgestaltung der CIA am 30. Juni ab. Er räumte ein, sein Vorschlag sei »ein ziemlich drastischer Umbau unseres gegenwärtigen Geheimdienstapparats«.[24] Das Grundproblem der CIA, wie Schlesinger es sah, bestand darin, dass sie außer Kontrolle geraten war. Nach seinem Plan sollten alle künftigen verdeckten Operationen eng von einem gemeinsamen Nachrichtendienstausschuss mit Vertretern des Weißen Hauses und des Außenministeriums überwacht werden. Außerdem sollte die CIA in zwei getrennte Organisationen aufgespalten werden: eine für Geheimoperationen, eine andere für die Sammlung und Auswertung von Nachrichten. Ferner sollte der Name der Behörde – eine befleckte Erinnerung an die Dulles-Ära – durch »irgendeinen untadeligen Titel« ersetzt werden, schlug Schlesinger vor, wie zum Beispiel »Nationaler Nachrichtendienst«. Kennedy hatte bereits deutlich gemacht, dass er diese letzte Empfehlung stark befürwortete. Wenn er das Dulles-Mausoleum schon nicht dem Erdboden gleichmachen konnte, so würde er ihm zumindest einen neuen Namen geben.

Was die Methoden der politischen Einflussnahme in Washington anging, war Schlesinger kein Anfänger, und so mobilisierte er Unterstützung für seinen Plan, noch bevor er ihn dem Präsidenten unterbreitete. Er schickte Kopien an den politisch einflussreichen Washingtoner Anwalt Clark Clifford, dem altgedienten Diplomaten Chip Bohlen und Kennedys treuem Mitarbeiter und Redenschreiber Ted Sorensen. Als er die Schlussfassung Kennedy übergab, war daraus ein komplexeres und unhandliches Werk geworden, als sein Autor ursprünglich beabsichtigt hatte. Sofort leisteten die Dulles-Kräfte, darunter Taylor selbst und die Verbündeten der CIA im Kongress, sturen Widerstand gegen den Plan. Kennedy musste erkennen, dass die Reform des US-Geheimdienstkomplexes ein weit vertrackterer politischer Prozess werden würde, als er gehofft hatte. Taylor argumentierte energisch gegen den Schlesinger-Plan, dies sei »keine Zeit für chirurgische Eingriffe, was die CIA betreffe, das würde die Moral der Mitarbeiter zu sehr beschädigen«.[25] Taylor war aus demselben Grund auch gegen jede Namensänderung.

Am Morgen des 15. Juli nahm Robert Kennedy Schlesinger im Weißen Haus beiseite und teilte ihm mit, dass die Neuorganisation der CIA gestoppt sei, bis ein Ersatz für Dulles gefunden sei. Unverzagt stürzte sich Schlesinger sofort in die Suche nach einem neuen Direktor. Der Präsident hatte kurzzeitig an Bobby gedacht, erkannte aber, dass sein aggressiver jüngerer Bruder politisch zu umstritten war. Außerdem fuhr Bobby bereits jeden Morgen auf dem Weg zur Arbeit im CIA-Hauptquartier in Langley vorbei, um die Behörde für den Präsidenten im Auge zu behalten. Der Präsident erwog sogar die Möglichkeit, Schlesinger auf Dulles' Stuhl zu setzen. »Ich schätze, der Präsident hat einen Witz gemacht«, merkte Schlesinger in seinem Journal dazu schlicht an.

Bald schälte sich Fowler Hamilton als führender Kandidat für den CIA-Posten heraus. Hamilton hatte solide Referenzen als erfolgreicher Wall-Street-Anwalt, ehemaliger Staatsanwalt in Roosevelts Justizministerium und Bombardierungsauswerter bei der Air Force während des Zweiten Weltkriegs. Schlesinger gab der Wahl seinen Segen, Hamilton sei ein »nüchterner, intelligenter, sachlicher Anwalt, der seine Arbeit gut machen wird«.[26] Doch irgendetwas an Hamilton erregte die Wut der Dulles-Anhänger. Vielleicht war es einfach der Umstand, dass er keiner der Ihren war, oder aber es hing mit der Tatsache zusammen, dass Hamilton unter Roosevelt die Einheit zur Aufklärung von Betrugsfällen im Krieg geleitet hatte und zu viel über die Dulles-Brüder wusste.

In jedem Fall war die Opposition gegen Hamilton in der CIA so stark, dass Kennedy beschloss, den Vorschlag fallenzulassen und stattdessen eine feste Größe der Eisenhower-Administration auf den Posten zu setzen: den ehemaligen AEC-Vorstand, republikanischen Berater und Militärindustriellen John McCone.

Nun war es an Schlesinger, in die Luft zu gehen. Einen Getreuen Eisenhowers mit der Führung der CIA zu betrauen wäre ein verheerender Zug, warnte er Kennedy. Es würde in genau dem Augenblick, da die Behörde von Grund auf umgekrempelt werden müsse, ein falsches Signal setzen. »Bei all seinen administrativen Qualitäten ist McCone ein Mann grober und undifferenzierter politischer Ansichten (oder, um genauer zu sein, politischer Emotionen)«, wetterte Schlesinger in einem Memo an den Präsidenten. »Er sieht die Welt in Form einer Reihe emotional aufgeladener Stereotype.« Aber Schlesinger scheiterte und konnte die Ernennung McCones im September nicht verhindern. Hinterher versuchte er, sich in seinem Tagebuch Mut zu machen: »Der möglicherweise tröstliche Gedanke ist, dass der Präsident die Angewohnheit hat, ›Linke‹ zu wählen, um ›konservative‹ Dinge zu tun, und vice versa. … Ich bin sicher, JFK weiß, was er tut, und möglicherweise wird sich meine Sorge hier als so unbegründet erweisen wie letzten Dezember bei der Ernennung von Doug Dillon [zum Finanzminister], aber ich bezweifle es.«[27]

Im Oktober schnitt Schlesinger, der immer noch über McCones Ernennung rätselte, das Thema bei Kennedy im Oval Office an. Er fragte den Präsidenten, ob er McCone gut kenne. Kennedy gab zu, dass er mit dem Ernannten nicht sehr vertraut sei, doch schien ihn die Aussicht, mit ihm zu arbeiten, nicht zu stören. Kennedy machte dann seinem Ärger über den scheidenden CIA-Chef Luft. »Er war sehr kritisch gegenüber Dulles«, bemerkte Schlesinger später, »und legte nahe, dass nach Dulles jeder andere recht sei.«[28]

Wenn Kennedy geglaubt hatte, mit McCone einen respektablen republikanischen Frontmann zu bekommen, der bei der CIA bereitwillig tun würde, was man ihm sagte, wurde er bitter enttäuscht. Im Mai 1962 kam Schlesinger auf einem Empfang der französischen Botschaft mit seinem Freund, dem Bankier und Diplomaten W. Averell Harriman ins Gespräch, der alte Weise der Demokratischen Partei, der als Roosevelts Botschafter in Moskau gedient hatte und nun als Kennedys Sonderbotschafter um den Globus reiste. Harriman gab Schlesinger eine ätzend kritische Bewertung des neuen McCone-Regimes, das kaum eine Veränderung gegenüber den Tagen von Dulles aufweise. Als Beispiel führte er die politischen Manöver in Laos an, dem südostasiatischen Nebenkriegsschauplatz, in den Kennedy nicht verwickelt werden wollte. Die Neutralitätspolitik des Präsidenten werde dort »systematisch vom Militär und der CIA« sabotiert, warnte Harriman. »McCone und die Leute in der CIA wollen, dass der Präsident einen Rückschlag erlebt. Sie wollen die [Interventions-]Position rechtfertigen, die die CIA vor fünf Jahren bezogen hat. Sie wollen beweisen, dass eine neutrale Lösung unmöglich ist und der einzige Weg darin besteht, Laos in eine amerikanische Bastion zu verwandeln.«

Harriman, ein Veteran der internen Washingtoner Machtkämpfe, gab Schlesinger dann einen Rat, wie das Weiße Haus mit den Aufrührern der CIA und des Militärs umgehen sollte. »General [George] Marshall sagte mir einmal, wenn du die Politik ändern willst, musst du auch die Leute austauschen. [Die] CIA hat dieselben Leute – an den Schreibtischen und im Feld –, die für die Desaster der Vergangenheit verantwortlich waren, und natürlich setzen sie alles daran, zu beweisen, dass sie recht hatten. Jede große Unternehmung der CIA im Fernen Osten war eine Katastrophe … und die für diese Katastrophen verantwortlichen Leute sind noch immer da.« [29] Kennedys Säuberung der CIA, so machte Harriman klar, war nicht durchgreifend genug.

Der Präsident hatte nur die obersten drei Leute der CIA ausgetauscht, aber Dulles' getreue Mitarbeiter – wie Helms und Angleton – gaben in Langley weiter den Ton an. McCone, ein CIA-Außenseiter, der die Ansichten des vorangegangenen Regimes weitgehend teilte, war mehr oder weniger zufrieden damit, die alte Politik von Dulles fortzusetzen. »McCone hat keinen Bezug zum [politischen Programm des Präsidenten]«, so Harriman zu Schlesinger im März 1963. Dulles' Nachfolger »glaubt nicht an diese Regierung«, fügte Harriman hinzu, und stecke »voller bösartiger Ideen und Projekte«.[30]

Zwei Jahre nach McCones Amtsantritt als CIA-Direktor veröffentlichte der für mehrere Zeitungen schreibende, zu den Dulles-Getreuen gehörende Kolumnist Henry Taylor einen erstaunlich kritischen Artikel über den Geheimdienst. Darin bezeichnete er die CIA als »kranken Elefanten« und forderte sie auf, »aufzuhören, durch die politischen Hinterzimmer anderer Länder zu trampeln und … ihr eigenes Imperium aufzubauen«.[31] Ein paar Tage später erhielt er ein empörtes Schreiben von Dulles, in dem dieser Taylor wissen ließ, dass er seine Kolumne als persönlichen Verrat betrachte und als »einen direkten Angriff auf mich, [da] das Meiste, was Sie [über den Geheimdienst] sagen, unter mir als Direktor geschah«. Taylor antwortete rasch mit einem langen, unterwürfigen Telegramm, in dem er geltend machte, dass nichts, was er geschrieben habe – oder je schreiben würde – als Kritik an der Spionagebehörde unter Dulles' Führung gemeint sei. »Natürlich müssen Sie wissen, dass jeder Angriff von mir auf Sie undenkbar ist. … Niemand hat diesem Land mit größerer Distinktion, Selbstlosigkeit und Erfolg gedient als Sie.« Doch Dulles machte Taylor deutlich, dass er im Geheimdienst weiterhin tonangebend blieb, weshalb jede Unterscheidung, die der Kolumnist zwischen seiner Amtszeit und derjenigen McCones treffe, falsch sei. »Seit meiner Pensionierung«, teilte Dulles Taylor mit, »hat es nur wenige wichtige Änderungen der Leitlinien gegeben, und ich unterstütze voll und ganz ihren neuen Chef und ihre jüngste Arbeit.«[32]

Genau das war es, was Schlesinger befürchtet hatte, als McCone im November 1961 die CIA übernahm: dass die Dulles-Ära ungestört weitergehen würde. Als Kennedys Sonderberater in jenem Monat die Fortschritte der neuen Administration beurteilte, konnte er nicht umhin, in eine trübe Stimmung zu verfallen. Jüngste Unterhaltungen mit linken Freunden und Kollegen, schrieb er in sein Tagebuch, »haben mir vor Augen geführt, dass es so etwas wie die New Frontier nicht gibt. Wir kamen letzten Januar nach einem Wahlkampf ins Amt, der dem amerikanischen Volk einen Neuanfang versprochen hatte, [aber] wir haben wirklich verflixt wenig getan, um neue, mutige Initiativen auf den Weg zu bringen. JFK hat wunderbare Reden gehalten, aber sie sind beinahe zu wunderbar. Die Worte wecken herrliche Hoffnungen; aber die Realität bleibt so trübselig wie eh und je.«[33]

Schlesinger befiel Beklemmung, wann immer er spürte, dass die alten »Eisenhower-Dulles-Kontinuitäten sich wieder durchzusetzen begannen«. Er sehnte sich nach einem Bruch Kennedys mit der politischen Vergangenheit. Der Präsident sollte die überkommenen »Weisheiten des

Establishments außer Acht lassen, seinen Instinkten folgen und die Konsequenzen aus seinem eigenen Wahlkampf ziehen«.[34] Seine Wünsche sollten bald in Erfüllung gehen.

1962 forderte Präsident Kennedy die Bastionen der amerikanischen Macht an mehreren Fronten heraus, auch die Kontrolle der Wirtschaft durch die Konzernelite. Die Krise der Stahlindustrie, die in jenem Frühjahr ausbrach, offenbarte die Spannungen zwischen dem Präsidenten und den amerikanischen Wirtschaftsführern. Am 6. April, nach einjährigen Verhandlungen zwischen den Stahlunternehmen und den Gewerkschaften – in die sich auch der Präsident eingeschaltet hatte –, wurde eine Einigung verkündet, die einen Anstieg der Stahlpreise verhinderte. Der Stahlkompromiss fußte auf Konzessionen der Gewerkschaften, die Unterhändler der Kennedy-Administration den Gewerkschaften abgerungen hatten, und war für Kennedy ein großer Sieg. Der von Industrie, Gewerkschaften und Regierung festgeklopfte trilaterale Pakt sicherte die Stabilität der Wirtschaft, da steigende Preise in dieser Schlüsselindustrie der größte inflationäre Faktor in der Nachkriegszeit waren. »Jedes Mal, wenn der Stahlpreis nach oben zuckt, zuckt deine Brieftasche – vor Schmerz«, sagte Estes Kefauver, der Vorsitzende des Unterausschusses des Senats zur Bekämpfung von Kartellen und Monopolen, amerikanischen Konsumenten 1959.[35]

Doch nur vier Tage nachdem der von Kennedy eingefädelte Stahlpakt unterschrieben war, vereinbarte der Chef von U.S. Steel, Roger Blough, einen Termin im Weißen Haus und verblüffte den Präsidenten mit der Mitteilung, dass er eine ab Mitternacht in Kraft tretende 3,5-prozentige Preissteigerung bekanntgeben werde – ein Schritt, der Preissprünge bei anderen Stahlunternehmen auslösen und der Wirtschaft einen neuen Inflationsschub bescheren würde.

Kennedy war wütend. In Bloughs doppeltem Spiel erkannte er zu Recht eine Herausforderung seiner Fähigkeit, die Wirtschaft zu lenken. »Mein Vater hat mir immer gesagt, dass alle Geschäftsleute Schufte sind«, sagte er auf der Höhe der Stahlkrise, »aber bis heute hatte ich es nie geglaubt« – eine Bemerkung, die er gern an *Newsweek* durchsickern ließ.[36]

Während der Präsident Blough als Verräter ansah, betrachtete Luces Magazin *Fortune* den Stahlmogul als kapitalistischen Helden und nannte ihn einen »Staatsmann der Wirtschaft«, der, indem er der Autorität des Präsidenten trotzte, nicht nur für seinen eigenen Konzern kämpfte, sondern für den ganzen Unternehmenssektor. U.S. Steel hatte im Pantheon der Wirtschaft eine zentrale Stellung inne, was sich auch an seinem Verwaltungsrat spiegelte. Blough verfügte über gute Beziehungen zur Machtelite – auch zu Dulles, mit dem er in Organisationen wie dem Council on

Foreign Relations und der zur Ford-Stiftung gehörenden Lafayette Fellowship Foundation gesessen hatte.

Kennedy war klar, dass es seine Führungskraft ernstlich untergraben würde, wenn Blough und die anderen mit ihm verschworenen Stahlmanager die Oberhand behielten, und das nicht nur daheim, sondern auch im Ausland. Mit der Vereinbarung stand seine Reputation bei den Gewerkschaften und den amerikanischen Verbrauchern auf dem Spiel – er steckte in »der schmerzlichsten Zwickmühle seiner Karriere«, wie es ein Berater des Weißen Hauses formulierte.[37] Ein Sieg der Stahlindustrie würde aller Welt deutlich machen, wer in Amerika das Sagen hatte.

Entschlossen, seine Präsidentschaft zu schützen, warf Kennedy in einer breit angelegten Offensive die ganze Macht der Bundesregierung in die Waagschale, um die Rebellion der Stahlindustrie zu ersticken. Justizminister Robert Kennedy gab die Einsetzung einer Grand Jury zur Untersuchung von Preisabsprachen in der Stahlindustrie bekannt und ließ der Ankündigung Offenlegungsbescheide für die persönlichen Unterlagen und Firmenakten der Stahlmanager und Hausdurchsuchungen durch FBI-Beamte folgen. »Wir wollten aufs Ganze gehen: ihre Ausgabenkonten und wo sie waren und was sie taten«, erinnerte sich der Bruder und politische Vollstrecker des Präsidenten später. »Ich holte mir all ihre Akten und wies das FBI an, sie allesamt zu befragen – am nächsten Tag in ihre Büros zu marschieren. Wir wollten nicht langsam vorgehen. … Bei allen [Stahlmanagern] schneite am nächsten Morgen Beamtenbesuch ins Haus.«[38] Unterdessen gab Robert McNamaras Verteidigungsministerium bekannt, alle Aufträge für die Stahlindustrie zu überprüfen, und machte klar, dass solche Unternehmen begünstigt würden, die sich nicht der Preiserhöhung von U.S. Steel anschlossen.

Kennedys energisches Durchgreifen führte zu schnellen Ergebnissen. Am 12. April gab Inland Steel – ein kleinerer, aber immer noch bedeutender Stahlproduzent – dem Druck nach und kündigte an, die Preise nicht zu erhöhen. Bethlehem Steel folgte auf dem Fuße, und einen Tag darauf schwenkte U.S. Steel selbst die weiße Fahne.

Im Sieg bewies Kennedy entspannten Großmut. Beim Abendessen im Weißen Haus am 3. Mai fragte Schlesinger Kennedy, was er Blough gesagt habe, als der Vorstand des Stahlkonzerns kapitulierte, woraufhin der Präsident lächelnd erwiderte: »Ich habe ihm gesagt, seine Männer können die Pferde für das Pflügen im Sommer behalten« – (eine Anspielung auf die Worte Generals Grants an den Konföderierten-General Lee bei dessen Kapitulation am 9. April 1865; A. d. Ü.).[39]

Doch die Feindseligkeit in der Wirtschaft, die im Kräftemessen mit der Stahlindustrie zum Vorschein gekommen war, verschwand nie. Firmenmanager setzten hinterrücks ihre Angriffe auf den Präsidenten fort und behaupteten, die Regierung habe durch die Maßregelung der Stahlindustrie das »Vertrauen der Wirtschaft« zerstört. Senator Barry Goldwater, die Stimme der erstarkenden Rechten der Republikaner, eskalierte die Rhetorik und nannte Kennedys harte Taktik gegen die Stahlbarone »einen Einsatz nackter politischer Gewalt, wie ihn diese Nation nie zuvor erlebt hat. ... Wir sind den Methoden eines Polizeistaats gefährlich nahegekommen«.[40]

»Ich verstehe jeden Tag besser«, merkte Kennedy am 4. Juni an, als er mit Schlesinger im Oval Office plauderte, »warum Roosevelt, der als so sanfter Bursche angefangen hat, am Ende so extrem wirtschaftsfeindlich wurde.«[41] Kennedy schwor, seine Kritiker in den Konzernen nicht zu beschwichtigen, indem er eine, wie O'Donnell es ausdrückte, »hinternküssende Haltung« einnahm. [42] Um den Angriff der Konzerne auf seine Präsidentschaft abzuwehren, sagte Kennedy, »müssen wir deutlich machen, wie eine kleine Gruppe die Regierung und die Wirtschaft büßen lässt, dass die Regierung nicht vor ihr kapituliert. So sieht es wirklich aus.«[43]

Schlesinger entdeckte, dass einige der Heckenschüsse aus der Wirtschaft gegen den Präsidenten aus der eigenen Administration kamen. Beim Abendessen im Haus von Joseph Alsop Ende Juli, der Tränke, an der Schlesinger Kontakt zur CIA-Schar hielt, hörte der Berater des Weißen Hauses mit Abscheu, wie McCone gegen Kennedys Wirtschaftspolitik, die der ehemalige Industrielle als gewerkschaftsfreundlich bezeichnete, vom Leder zog. Er habe, bemerkte Schlesinger in seinem Tagebuch, »selten einen Menschen erlebt, dem so vollständig jegliches Wohlwollen« für die Wirtschaftspolitik der Regierung abging. Die »Formel für wirtschaftlichen Stimulus« des CIA-Direktors laute, »den Gewerkschaften was aufs Maul zu geben«.[44]

Während ihm die Verdrossenheit in Wirtschaftskreisen bis in den Herbst hinein zu schaffen machte, wuchs in Kennedy der Wunsch, die Schlacht um die Wirtschaft zum Kernstück seiner Präsidentschaft zu machen. Schlesinger vertraute er an, dass er »nur wünschte, dass es keinen Kalten Krieg gebe, damit er mit den Wirtschaftsleuten über die Zukunft Amerikas debattierten« könne – eine bemerkenswerte und fast übersehene Aussage, die – wieder einmal – Kennedys visionäre Kraft vor Augen führt.[45]

Ein Jahr nach der heftigen Auseinandersetzung mit der Stahlindustrie im April 1962, als er zu den Gästen einer demokratischen Spendengala im Waldorf Astoria Hotel sprach, war Kennedy bemüht, die Kontroverse auf die leichte Schulter zu nehmen. Darauf angesprochen, dass die Stahlindustrie gerade in einem anderen Bankettsaal im selben Hotel Ex-Präsident Eisenhower ihre alljährlich vergebene Verdienstmedaille überreiche, grinste Kennedy spitzbübisch: »Ich war ihr Mann im letzten Jahr«, sagte er der Versammlung. »Sie wollten zum Weißen Haus kommen, um mir ihre Auszeichnung zu geben, aber der Secret Service wollte sie nicht hereinlassen.«[46]

Bedrängt von den wachsenden Spannungen innerhalb seiner Administration, kam Kennedy immer wieder einmal auf das Thema eines Attentats zu sprechen. In der Öffentlichkeit benutzte er es wie hier für heitere Einlagen, im Privaten jedoch, zum Beispiel im Beisammensein mit alten Freunden wie Red Fay, verdüsterte sich seine Stimmung, wenn er darüber sinnierte.

Das Klima des Konflikts, das die Kennedy-Präsidentschaft umgab, hatte es an sich, das makabre Thema zu evozieren. Empört über die harte Haltung des Präsidenten gegenüber der Stahlindustrie, beschwor Henry Luce in einem scharfen Leitartikel in *Fortune* das Schicksal Julius Cäsars herauf und warnte Kennedy, er möge sich »vor den Iden des April« hüten. Aber Kennedy gab bei seinem fortdauernden Duell mit der Stahlindustrie nie klein bei. Im Oktober 1963, nur wenige Wochen vor seiner Ermordung, leitete sein Justizministerium auf Grundlage von Bobbys Untersuchung der Grand Jury ein Verfahren wegen Preisabsprachen gegen U.S. Steel und andere Stahlunternehmen ein. Bis zum Ende seines Lebens machte Kennedy klar, dass es für jene mächtigen Konzerne, die versuchten, seine Präsidentschaft zu untergraben, kein »Hinternküssen« geben würde.

Nachdem Dulles Ende 1961 von Kennedy entlassen worden war, schloss der Freundeskreis des Alten rasch die Reihen um ihn. Die Luces boten Dulles sofort Beistand an und luden Clover und ihn ein, Neujahr in ihrem Winterdomizil in Phoenix zu verbringen. Clare Boothe Luce nutzte das Anwesen in Arizona mit seinem Kaktusgarten und seinem herrlichen Ausblick auf den Camelback Mountain häufig zur Erholung von ihren eigenen melancholischen Anfällen und schmiss LSD-Trips mit exzentrischen Freunden wie Gerald Heard, einem schwulen anglo-irischen Schriftsteller, Anhänger östlicher Mystik und psychedelischen Pionier. Clover empfand das Wüstenrefugium der Luces als angenehme Erholung von der Washingtoner Hektik, aber sie wusste, wie sie Mary Bancroft aus Phoenix schrieb, dass Allen ihre Gefühle nicht teilte: »Ich empfinde eine ungeheure Erleichterung, dass der Hai aus ist, was er selbst nicht spürt.«[47]

Dulles' wachsende Feindseligkeit gegenüber Kennedy wurde von den Luces geteilt, die John F. Kennedy kannten, seit er ein junger Leutnant zur See war. Joseph Kennedy hatte im Präsidentschaftswahlkampf 1960 um Henry Luces Unterstützung für seinen Sohn gebuhlt. Am letzten Abend des Demokratischen Konvents war er zu einem Hummerabendessen ins Appartement des Magazinmoguls an der Fifth Avenue gekommen und hatte sich zusammen mit ihm vor dem Fernseher angesehen, wie John die Nominierung der Partei annahm. »Es war ein denkwürdiger Augenblick in meinem Leben«, erinnerte sich Luce. »Es ist schon etwas, neben einem alten Freund zu sitzen und zuzuschauen, wie sein Sohn die Nominierung als Präsidentschaftskandidat für die Vereinigten Staaten annimmt.«[48]

Luce war jedoch nicht der Typ, der sein politisches Urteil von Gefühlen trüben ließ. Er blieb dem republikanischen Wahlkampfgespann treu, wenn auch das *Life*-Magazin, sein einflussreiches Flaggschiff, Nixon nur halbherzig unterstützte und die Tür für Kennedy offen hielt. Luce bezweifelte, dass Kennedy ein ausreichend aggressiver Feind des Kommunismus sein würde. Tatsächlich warnte er Joseph Kennedy nach Beendigung des Hummerdinners an jenem Abend, dass er es nicht tolerieren würde, wenn Kennedy sich im Weißen Haus als zu großer Freund des Kompromisses erweisen würde. »Wenn er allgemein Anzeichen von Schwäche bei der antikommunistischen Sache zeigt, oder, um es positiver auszudrücken, irgendeine Schwäche bei der Verteidigung und Förderung der Sache der freien Welt, nun, dann werden wir zweifellos gegen ihn sein«, versprach Luce dem Paterfamilias der Kennedys.[49]

Die Flitterwochen der Luces mit der Kennedy-Regierung waren von kurzer Dauer. Nach der Schweinebucht wurde Luces Berichterstattung über die Präsidentschaft immer negativer. Im Frühjahr 1963 war Kennedy so aufgebracht über das unerbittliche Trommelfeuer der Kritik aus dem Hauptquartier von *Time-Life* in New York, dass er die Luces zum Lunch ins Weiße Haus lud, um zu sehen, ob er das mächtige Paar nicht milder stimmen konnte. Als der Pressebaron eine lange Tirade über Kuba abließ und verlangte, dass Kennedy auf der Insel einmarschierte, bezeichnete Kennedy Luce als »Kriegstreiber«, und der Nachmittag kam zu einem unschönen Ende; noch vor dem Dessert marschierten die Luces aus dem Weißen Haus. Kurz darauf rief Luce einen bemerkenswerten Kriegsrat seiner leitenden Redakteure bei *Time-Life* ein und erklärte, falls die Regierung Kennedy nicht mutig genug sei, Castro zu stürzen, werde sein Unternehmen die Aufgabe übernehmen. Mit stillschweigender Unterstützung der CIA finanzierten Luce und seine Frau bereits Überfälle auf Kuba. Nun wollte der Medienzar seinen Kreuzzug gegen das Castro-Regime in offener Missachtung Kennedys eskalieren.

Wie das *Time-Life*-Gebäude in Manhattan war Dulles' Backsteinhaus in der Washingtoner Q-Street ein brodelndes Zentrum der Kennedy-Opposition. Der Agentenführer im aktiven »Ruhestand« hatte einen geschäftigen Terminkalender voller Verabredungen nicht nur mit alten pensionierten CIA-Kollegen wie Frank Wisner und Charles Cabell, sondern mit einem steten Strom von Führungskräften der Behörde wie Angleton, Helms, Cord Meyer und Desmond Fitzgerald. Noch erstaunlicher war, dass Dulles auch mit Agenten der mittleren Ebene konferierte wie Howard Hunt, James Hunt (ein wichtiger Stellvertreter von Angleton und nicht verwandt mit Howard) sowie Thomas Karamessines (Helms' rechte Hand). Auch McCone schaute regelmäßig bei seinem Vorgänger vorbei, dinierte mit ihm und schickte ihm freundliche Mitteilungen.

Obwohl Howard Hunt nicht auf derselben gesellschaftlichen Ebene wie Dulles stand, waren die beiden in Bitterkeit verbunden: Sie hatten beide das Gefühl, zu Sündenböcken für Kennedys Nervenschwäche bei der Schweinebuchtinvasion gemacht worden zu sein. Der pensionierte CIA-Chef schickte Hunt sein Foto, und Hunt gab ihm ein Exemplar seiner zornigen Kuba-Erinnerungen. »Ich habe dieses Buch als Mittel gegen die Verzweiflung geschrieben, die mich nach dem Kuba-Projekt befallen hat«, erklärte Hunt in einem Brief vom August 1962, »und ich hoffe, dass es Ihnen nun einige Ablenkung verschafft.«[50] Dulles gedient zu haben, schrieb Hunt in einem früheren Brief, sei »eine Ehre, die ich immer hochhalten werde«.

Aus Sorge, dass seine Laufbahn wegen seiner Rolle beim Schweinebuchtfiasko versanden würde, suchte Hunt die Hilfe von Dulles, um ins private Sicherheitsgeschäft zu wechseln. »Mir kam die Idee, dass einer Ihrer vielen Geschäftskontakte vielleicht Verwendung für mich im Ausland hat, besonders, wenn etwas von meinem Hintergrund bekannt würde«, schrieb Hunt an Dulles.

Dulles, der Helms sagte, er habe »immer gut von Hunt gedacht«, und bereit war, ihm unter die Arme zu greifen, verabredete sich im September mit ihm. Hinterher beschloss Hunt, bei der CIA zu bleiben, während er nebenbei für Dulles als Auftragsschreiber arbeitete.[51] Hunt war ein Vielschreiber und hatte seit dem Zweiten Weltkrieg unter verschiedenen Künstlernamen Spionageromane verfasst. Dulles – der im Ruhestand vier Bücher schrieb: seine Kriegserinnerungen, ein Geheimdiensthandbuch und zwei Bände Spionageabenteuer – arbeitete an seinen literarischen Projekten auch mit einem jungen CIA-Mitarbeiter namens Howard Roman zusammen, dessen Frau Jane bei Angletons tief untergetauchter Spionageabwehr arbeitete.

Die CIA fuhr fort, dem ehemaligen Direktor neben der Bereitstellung von Auftragsschreibern und Forschungsmaterial vielfältige größere und kleinere Dienste zu erweisen. Sheffield Edwards, der Leiter der internen Sicherheitsabteilung der Behörde, schaltete sich Anfang 1963 sogar ein, um Dulles' Führerschein im Distrikt von Columbia zu erneuern, damit er in seiner alternden Pontiac-Limousine weiterhin durch die Straßen von Washington kreuzen konnte.[52] Geld anzuhäufen war Dulles nie wichtig gewesen, wohl aber erwartete er, bedient und umsorgt zu werden, und die CIA fuhr fort, ihm entgegenzukommen.

Dulles blieb auch in Kontakt mit seinem ausgedehnten Netzwerk von Freunden und Unterstützern im US-Militär, die ihn weiterhin einluden, Vorträge in Verteidigungsseminaren zu halten und auf Militärbasen zu golfen. Er speiste mit seinem Leidensgenossen Arleigh Burke, wie er ein Opfer der Schweinebucht-Operation, im Metropolitan Club. Nachdem Kennedy ihn aus der Marine gedrängt hatte, fand Burke rasch einen neuen Posten in Washingtons ausladendem nationalem Sicherheitskomplex und wurde Vorsitzender des neuen, von ihm selbst zusammen mit David Abshire gegründeten Center for Strategic Studies an der Georgetown-Universität (heute Center for Strategic and International Studies), eine Plattform, die er nutzte, um öffentlich seinem Kummer über die Kennedy-Administration Luft zu machen. Burke machte dunkle Andeutungen über die »diktatorischen« Tendenzen des Weißen Hauses und erhob den Vorwurf, dass seine Büros in Georgetown 1963 Gegenstand eines verdächtigen Einbruchs gewesen seien.

Auch aufstrebende republikanische Politiker suchten den pensionierten Spionagechef auf, darunter ein junger Kongressabgeordneter namens Donald Rumsfeld, der Jahrzehnte später wegen seiner eigenen nationalen Sicherheitsherrschaft berüchtigt wurde. Rumsfeld lud Dulles zu einem Vortrag über die CIA und Kuba zum 88. Kongressclub im März 1963 ein, ein Ereignis, das der ehrgeizige Kongressabgeordnete später zu einem »ungeheuren Erfolg« erklärte.[53]

Kuba blieb innerhalb der Kennedy-Administration die Quelle der größten Reibungen. Im Oktober 1962 kamen diese Spannungen während der Kubakrise fast zur Explosion, als praktisch der gesamte nationale Sicherheitskreis um den Präsidenten ihn bedrängte, aggressive Maßnahmen zu ergreifen, die einen atomaren Flächenbrand ausgelöst hätten. Kennedys einsam durchgehaltener Standpunkt – der innerhalb des inneren Rats nur von seinem Bruder und McNamara unterstützt wurde – war ein meisterhafter Beweis von Führungsstärke. Als die Welt den Atem anhielt, arbeitete der Präsident Punkt für Punkt einen gesichtswahrenden Handel mit Chruschtschow aus, der den sowjetischen Regierungschef überzeugte, die Atomwaffen von der Insel abzuziehen.

Kennedy erreichte den Kompromiss, indem er zustimmte, US-Raketen aus der Türkei abzuziehen, die von der Sowjetunion als ebenso bedrohlich empfunden wurden. Tatsächlich hatte der Präsident seit über einem Jahr versucht, die obsoleten Jupiter-Raketen zu demobilisieren, war aber von der Hinhaltetaktik des Außenministeriums daran gehindert worden – nur ein weiteres Beispiel der Unnachgiebigkeit und Insubordination, die seine Regierung plagte. Kennedy war außer sich, als er erfuhr, dass sein Befehl zur Entfernung der Jupiter-Raketen aus der Türkei ignoriert worden war. »Der Präsident hielt es für selbstverständlich, dass seine Wünsche befolgt würden, wenn er sie als Präsident ausdrücklich klarmachte, er setzte daher den Abbau der Raketenbasen voraus«, schrieb Robert Kennedy später in *Dreizehn Tage,* seiner Geschichte der Kubakrise.[54] *Der Präsident hielt es für selbstverständlich, dass seine Wünsche befolgt würden ...* es war ein frappierender Ausdruck, der deutlich machte, wie unsicher Kennedys Griff am Ruder der Macht war.

Die intensive Erfahrung, am Rande der atomaren Auslöschung zu taumeln, schmiedete zwischen Kennedy und Chruschtschow ein Band der Überlebenden. Kennedy lernte die bodenständige Weisheit des sowjetischen Führers und seine überraschende Beredsamkeit für den Frieden schätzen. »Auf dem Höhepunkt der Ereignisse um Kuba war Brandgeruch in der Luft«, so atmosphärisch begann Chruschtschow eine Rede einige Wochen nach der Raketenkrise, in der er die »Militaristen« geißelte, die eine atomare Konfrontation suchten. Kennedy las einen Teil der Rede Schlesinger vor und fügte hinzu: »Chruschtschow hat wirklich ein paar gute Schreiber.«[55]

Die Achtung war wechselseitig. Der sowjetische Führer äußerte sich später bewundernd über Kennedys Verhalten während der Kubakrise. »Er bewies wirkliche Klugheit und echtes staatsmännisches Können, als er den rechtsgerichteten Kräften in den Vereinigten Staaten, die ihn zu einer militärischen Aktion gegen Kuba aufzustacheln versuchten, den Rücken kehrte.«[56]

Kennedys aufrichtiger Wunsch nach Frieden beeindruckte Chruschtschow auch im folgenden Juni, als der US-Präsident an der American University eine elektrisierende Rede hielt, in der er die kriegerischen Annahmen des Kalten Kriegs entschlossen zurückwies. Die Ansprache, die als Friedensrede in die Geschichte einging, hatte Anklänge an Chruschtschows inständige Bitten auf dem Höhepunkt der Kubakrise, als er dem amerikanischen Präsidenten mitteilte, dass das russische Volk weder aus »Barbaren« noch aus »Wahnsinnigen« bestünde und die Russen das Leben genauso liebten wie die Amerikaner. In seiner Friedensrede beschwor Kennedy in der poetischen Wendung des Redenschreibers Sorensen dieselben Gefühle herauf. »Letzten Endes besteht unsere grundlegendste Gemeinsamkeit darin, dass wir alle auf diesem kleinen Planeten leben. Wir alle atmen dieselbe Luft. Uns allen liegt die Zukunft unserer Kinder am Herzen. Und wir sind alle sterblich.«[57]

Kennedy unterstrich seine bahnbrechende Rede im folgenden Monat durch die Entsendung von Averell Harriman nach Moskau, um mit Chruschtschow einen Vertrag zur Begrenzung von Atomtests auszuhandeln – der erste diplomatische Durchbruch im Kampf um die Zügelung des Wettrüstens. Als Harriman triumphierend heimkehrte, strömten seine

Nachbarn in Georgetown auf die Straße vor seinem Backsteinhaus in der P-Street, um seine Leistung zu feiern. Eine junge Frau mit einem Baby auf dem Arm sagte dem alten Diplomaten: »Ich habe ihn mitgebracht, weil das, was Sie in Moskau erreicht haben, ihm ermöglichen wird, auf ein erfülltes und glückliches Leben vorauszuschauen.«[58] Der bärbeißige Millionär war gerührt vom überschwänglichen Empfang der Nachbarschaft. Indem Kennedy ihn für die Mission ausgewählt habe statt einen der üblichen Abgesandten des Kalten Kriegs, sagte Harriman zu Schlesinger, habe er »Chruschtschow überzeugt, dass wir wirklich eine Einigung wollten« und nicht nur »so taten als ob«. Chruschtschow mochte Harriman, den er »mein Freund, der Imperialist« nannte.

»Ich bin fast ein ›Friede-um-jeden-Preis‹-Präsident«, vertraute Kennedy einmal William Walton an.[59] Es war eine ironische Anspielung auf die Beleidigung, die Barry Goldwater politischen Gegnern entgegenzuschleudern begann, deren Kurs aus seiner Sicht nicht hart genug war, als er sich auf den Präsidentschaftswahlkampf von 1964 einzuschießen begann. Bis 1963 war den Militärs und Geheimdienstlern in Kennedys Administration das Engagement ihres Oberbefehlshabers für den Frieden nur allzu deutlich vor Augen getreten – sein zunehmender Einsatz für eine Entspannung mit der kommunistischen Welt, der nach Auffassung der Oberkommandierenden der nationalen Sicherheit nur Kennedys Naivität und Schwäche demonstrierte und das Land in Gefahr brachte. Die Führungsriegen des Pentagons und der CIA waren überzeugt, dass die Kubakrise eine ideale Gelegenheit für Kennedy gewesen war, das Castro-Regime mit dem Befehl zu einer umfassenden Militärinvasion oder sogar einem Atomschlag endlich zu erledigen. Die friedliche Beilegung der Krise ließ Kennedys Krieger in einer hässlichen Stimmung zurück. Daniel Ellsberg, der später Berühmtheit erlangte, als er die Pentagon-Papiere an die Presse weitergab, bemerkte die brodelnde Wut bei den Offizieren in Uniform, als er als junger Auswerter im Verteidigungsministerium arbeitete: »Es gab in Kreisen des Pentagons praktisch eine Putschatmosphäre. Nicht, dass ich befürchtete, dass es gleich einen Putsch geben würde – ich dachte nur, dass es eine Stimmung des Hasses und der Wut war. Die Atmosphäre war giftig, giftig.«[60]

Die feindseligen Gefühle gegenüber Kennedy waren besonders in der Luftwaffe unter dem Kommando des Zigarre kauenden Generals Curtis LeMay virulent, der im Zweiten Weltkrieg mit einem brutalen Feuerbombenangriff auf Tokio seine brutale Handschrift in der Geschichte hinterlassen hatte. Der Präsident und der General betrachteten einander mit kaum verhohlener Verachtung. Fünfundzwanzig Jahre nach Kennedys Tod, als sich LeMay und seine höchsten Luftwaffengeneräle im Rahmen des offiziellen Oral-History-Projekts der Air Force zur Vergangenheit befragen ließen, brüteten sie immer noch über Kennedy. »Die Kennedy-Regierung«, knurrte LeMay, »dachte, dass unsere Stärke die Russen provozierte und wahrscheinlich einen Krieg auslösen würde. Wir in der Luftwaffe und ich persönlich glaubten das genaue Gegenteil.«

Noch immer ritten LeMay und seine Generäle auf der »verpassten Gelegenheit« der Kubakrise herum: Es sei der Moment gewesen, da »wir die Kommunisten aus Kuba herausbekommen hätten«, erklärte LeMay. »Wir sind mit Chruschtschow zum Rand eines Atomkriegs gegangen, er schaute über die Kante und hatte keinen Mumm«, sagte General David Burchinal, der während der Krise als LeMays Stellvertreter diente. »Wir hätten damals unser eigenes Buch geschrieben, aber unsere Politiker haben nicht verstanden, was passiert, wenn man so ein Maß an Überlegenheit hat, wie wir es besaßen, oder sie wussten einfach nicht, wie man es nutzt. Sie waren zu sehr damit beschäftigt, das Gesicht der Sowjets zu wahren und Zugeständnisse zu machen und die … Jupiters aufzugeben, die im Ausland stationiert waren – wo wir doch einfach hätten tun und lassen können, was wir wollten.« [61]

Im Frühjahr 1963, nach zwei turbulenten Jahren, war klar, dass Kennedy einen Weg suchte, um Kuba als internationalen Krisenherd zu entschärfen. Der Präsident hielt sich an die Vereinbarung mit Chruschtschow und begann, gegen Castro-feindliche Überfälle von Florida aus vorzugehen und militanten Exilkubanergruppen die Mittel zu streichen. Im April gab der Führer des in Miami beheimateten Cuban Revolutionary Council, die Dachorganisation der Castro-Gegner, seinen Rücktritt bekannt und warf der US-Regierung vor, eine Abmachung mit Moskau getroffen zu haben, mit Castro zu »koexistieren«. Es war jetzt klar, dass Kennedy – ungeachtet seiner Solidaritätsbekundungen mit den kubanischen »Freiheitskämpfern« – es nicht ernst mit dem Sturz des Regimes in Havanna meinte. Das markierte den fatalen Wendepunkt: als die fanatischen, von der CIA finanzierten Aktivitäten, die sich gegen Castro richteten, ihren Fokus auf Kennedy verlagerten.

Als der US-Präsident die Kampagne gegen Havanna deeskalierte, ging das gewalttätige Anti-Castro-Netzwerk aus Spionen, politischen Extremisten, paramilitärischen Abenteurern und Attentätern in den Untergrund. Die in Treibhäusern exilkubanischer Agitation wie Miami, New Orleans und Dallas geschmiedeten Ränke wurden im Frühjahr und Frühsommer 1963 bösartiger. Mysteriöse Gestalten mit blutunterlaufenen Augen traten auf die Bühne des Weltgeschehens.

Eines Tages rief Dulles seine ehemalige Geliebte Clare Luce an, um sie vor den bevorstehenden Razzien der Kennedy-Administration gegen die Bootsüberfälle zu warnen, die sie mitfinanzierte. »Er sagte, ich solle aus dem Bootsgeschäft aussteigen – er war darüber übrigens genau im Bilde –, weil das Neutralitätsgesetz nun wieder durchgesetzt werde und es gegen das Gesetz war, den Kubanern bei jeglichem Versuch, ihr Land zu befreien, zu helfen oder Vorschub zu leisten.«[62]

Dulles' alter Freund William Pawley, der rechtsgerichtete Unternehmer aus Miami, der lange mit der CIA bei Geheimmissionen zusammengearbeitet hatte, wurde ebenfalls vor seiner Verwicklung in die Bootsüberfälle der Exilkubaner gewarnt. Aber er blieb trotzig und brütete einen so ehrgeizigen Plan aus, dass er Kennedy selbst zu Fall bringen würde, wie er behauptete. Im April schrieb Pawley einen langen Brief an seinen politischen Freund Richard Nixon. »Alle Kubaner und die meisten Amerikaner in diesem Teil des Landes glauben, dass man, wenn man Castro entfernen will, zuerst Kennedy entfernen muss, und dass wird nicht einfach werden«, schrieb Pawley. Sein Plan bestand darin, eine Besatzung aus Mafia-Killern und kubanischen Desperados zusammenzustellen und mit seiner zwanzig Meter langen Jacht in kubanische Gewässer zu segeln, begleitet von einem Reporter und Fotografen vom Magazin *Life*, um die kühne Mission zu dokumentieren. Einmal in Kuba an Land gegangen, sollten die Invasoren zwei auf der Insel stationierte sowjetische Militäroffiziere treffen, die überlaufen wollten, und sie in die USA bringen, mit explosiven Beweisen, dass Chruschtschow Kennedy hinters Licht geführt und die Raketen nie abgezogen hatte. Aus der Mission wurde nichts: Es gab keine Raketen oder sowjetischen Überläufer, und die Invasoren selbst verschwanden, vermutlich in den Fängen von Castros Sicherheitskräften.

Jahre später behaupteten zwei Söldner, die sich Anfang der 1960er Jahre in der Castro-feindlichen Unterwelt Miamis getummelt hatten, dass Pawleys Überfall in Wirklichkeit eine Tarnung für einen weiteren CIA-Mordversuch an Castro in Zusammenarbeit mit der Mafia war. Die Komplotte gegen den kubanischen Führer blühten weiter, selbst nachdem die CIA der Regierung Kennedy versichert hatte, dass sie die Allianz mit der Mafia beendet habe. Zwei Emissäre der CIA informierten Bobby Kennedy im Mai 1962 bei einem Treffen in seinem Büro im Justizministerium über die Mordkomplotte. Der Justizminister, der sich seinen Ruf als Strafverfolger als aggressiver Kämpfer gegen die Mafia erworben hatte, lauschte den CIA-Männern mit kaum unterdrückter Wut. »Ich hoffe, wenn Sie je wieder Geschäfte mit dem organisierten Verbrechen machen – mit Gangstern –, geben Sie Ihrem Justizminister Bescheid«, sagte er mit eisigem Sarkasmus. Die CIA-Leute versicherten Bobby, dass die von Eisenhower gebilligten Komplotte eingestellt worden seien – doch in Wahrheit gingen sie ohne sein Wissen während Präsident Kennedys gesamter Regierungszeit und noch viele Jahre danach weiter.

Immer eklatanter wucherte in den Clubs und Büros der permanenten Administration Washingtons die Respektlosigkeit gegenüber Präsident

Kennedy. Im Frühjahr 1963 war sich der Präsident schmerzlich der schweren Fehleinschätzung bewusst, Überbleibsel der Eisenhower-Dulles-Regierung übernommen und Konservative mit der Durchsetzung einer linksliberalen Politik betraut zu haben – besonders im Fall von John McCone. Im März nahm die geheime Abhöranlage des Weißen Hauses eine hitzige Unterhaltung zwischen den Kennedy-Brüdern über ihren zunehmend unloyalen CIA-Direktor auf. McCone, informierte sein Bruder Bobby, lief in Washington herum und fütterte die Presse mit Kennedy-feindlichen Informationen. »Er ist ein echter Bastard, dieser John McCone«, sagte der Präsident. »Tja, damals war er nützlich«, erwiderte Bobby. »Ja«, stimmte der Präsident reumütig zu, »aber, Junge, das ist wirklich verpufft.«[63]

Unterdessen verspürte Dulles – der zu Beginn seines Ruhestands demonstrative Harmonie mit dem Weißen Haus an den Tag gelegt und Freunden erzählt hatte, er würde den Präsidenten weiter beraten – keine Notwendigkeit mehr, die Heuchelei aufrechtzuerhalten. Er wurde immer offener in seiner Kritik an Kennedy, trotz seiner früheren Verschwiegenheit »zum Wohl des Landes«. Im Juni, nach einem Vortrag in Cold Spring Harbor in der Nähe seines Hauses auf Long Island, sagte Dulles Reportern, er »bezweifle«, dass er je gewillt sein würde, wieder für die Regierung Kennedy zu arbeiten.[64] Er machte außerdem deutlich, dass es der Präsident nicht ernst damit meine, Castro zu stürzen. »Mir fällt nichts ein, was man bei Kuba tun könnte – außer eine Intervention«, sagte er. »Wenn sich ein kommunistisches Regime einmal in einem Land festgesetzt hat und das militärische Regime aufgebaut ist, dann ist es schwer, dieses [Regime] auszuwechseln.«

Im Oktober 1963 äußerte Dulles in der Öffentlichkeit seine unverblümteste Kritik an der Regierung Kennedy, eine militante Ansprache mit dem Titel »Die Kunst der Überzeugung: Amerikas Rolle im ideologischen Kampf«. Darin spottete er über die »Sehnsucht« der Regierung »vom Rest der Welt ›geliebt‹ zu werden«. Doch das verbot sich aus seiner Sicht von selbst: »Kein Land, das wirklich populär sein möchte, sollte eine Führungsrolle anstreben oder annehmen.« Die Vereinigten Staaten seien »zu reich und zu mächtig«, um geliebt zu werden – und so müssten sie bleiben.

»Ich würde es weit eher vorziehen, wenn uns die Leute respektierten, statt um ihre Liebe zu buhlen«, fuhr er fort. »Sie sollten erkennen, dass wir vorhaben, wirtschaftlich und militärisch stark zu bleiben, dass wir feste Prinzipien und eine stetige Außenpolitik haben und mit dem Kommunismus keine Kompromisse eingehen oder ihn beschwichtigen.«[65] Hier war sie endlich, Dulles' Kritik an der Kennedy-Präsidentschaft im grellen Rampenlicht. Der Präsident war ein Beschwichtiger, ein weicher Führer, der von Freunden und Feinden geliebt werden wollte, während der Mann im Weißen Haus gefürchtet und geachtet werden sollte.

Dulles behielt das ganze Jahr 1963 über einen geschäftigen Terminkalender – hielt Vorträge, reiste und traf sich mit einer faszinierenden Mischung aus Geheimdienstkollegen, mächtigen Freunden und, zumindest bei einer Gelegenheit, einem Mitglied der Castro-feindlichen Halbwelt. Die Seiten von Dulles' randvollem Kalender von 1963, die später von der CIA freigegeben wurden, enthalten zahlreiche Lücken und Schwärzungen. Aber selbst mit den merkwürdigen Leerstellen erweckt sein Verabredungsbuch den Eindruck eines aktiven Spionageprofis, der in der verdeckten Welt noch voll aktiv ist. Dulles' Kalenderseiten und andere freigegebene Dokumente geben evokative Hinweise auf das Leben des pensionierten Spionagechefs, darunter die Identitäten einiger der obskuren Personen, mit denen er Umgang hatte. Hier war ein Mann, sagen diese Seiten, der noch immer als jemand angesehen wurde, der Probleme löst.

Im Sommer 1963 geriet Peter Dale Scott, ein junger Professor für englische Literatur in Berkeley, mitten hinein in die gärende Kennedy-Feindschaft. Scott, Sohn des distinguierten kanadischen Dichters F. R. Scott, ein Mentor Leonard Cohens, hatte als kanadischer Diplomat in Polen gedient. Nachdem er als Dozent nach Berkely gegangen war, spielte sich ein großer Teil seines gesellschaftlichen Lebens in leidenschaftlich antisowjetischen polnischen Emigrantenkreisen ab. Eines Tages lud ein ehemaliger polnischer Armeeoberst, der sich mit Scott angefreundet hatte, ihn zu einer Dinnerparty in Palo Alto im Haus von W. Glenn Campbell ein, der als Leiter der Hoover Institution der Universität Stanford zum Wegbereiter der konservativen Renaissance in Amerika wurde. Als das Gespräch der etwa sechzehn Gäste an jenem Abend in Campbells Haus auf den Mann im Weißen Haus kam, wurde es hitzig. »In jenen Tagen war ich politisch nicht sehr aktiv, aber ich war erstaunt, ja geschockt, wie reaktionär das Gespräch am Tisch wurde«, erinnerte sich Scott später. »Ein Großteil der Unterhaltung konzentrierte sich auf die Gefahr, die ein in die Irre gehender Präsident, John F. Kennedy, für die Nation darstellte. Sein Scheitern, Castro zu stürzen, besonders während der Raketenkrise, mag eine der Hauptklagen gewesen sein, aber es war beileibe nicht die einzige. Die Klagen drohten sich endlos fortzusetzen, bis einer der Gäste mit Nachdruck einschritt. Ich bin mir nicht sicher, aber vielleicht ist er dafür sogar aufgestanden.«[66]

Die auffällige Person, die die Aufmerksamkeit der Gruppe bannte, war ein russischer orthodoxer Priester in dunkler Soutane mit einem Kruzifix um den Hals. Er sprach leise, aber selbstbewusst und versicherte der Gruppe, dass sie sich nicht zu sorgen brauche. »Der Alte wird sich darum kümmern«, sagte er schlicht.

Damals nahm Scott an, dass der Priester den alten Joseph Kennedy meinte, auf den man mutmaßlich zählen konnte, um den Sohn zur Räson zu bringen. Aber 1963 war der Patriarch der Kennedys nach einem schweren Schlaganfall im Dezember 1961, der ihn sehr geschwächt hatte, an den Rollstuhl gefesselt. Erst Jahre später wurde Scott klar, dass der russische Priester eher von jemand anderem gesprochen hatte. Mittlerweile war der Berkeley-Professor ein angesehener Vorreiter der Forschergemeinde, die sich mit der Untersuchung des Kennedy-Attentats befasste, und hatte Jahre damit verbracht, die politischen Kräfte hinter dem Mord am Präsidenten zu erforschen. In einer Unterhaltung mit einem anderen Kennedy-Forscher wurde Scott eines Tages an den Spitznamen erinnert, unter dem Allen Dulles in Geheimdienstkreisen bekannt war: der Alte.

An jenem Sommerabend 1963 sprach der russische Priester mit der ruhigen Gewissheit eines Mannes, der etwas wusste, das den anderen unbekannt war. *Der Alte wird sich darum kümmern*. Das war genug, um die hitzige Diskussion am Tisch zu beruhigen. Der Alte wird sich um das Problem Kennedy kümmern.

Unter den merkwürdigen Gestalten, mit denen sich Dulles im Frühjahr und Sommer 1963 traf, war ein militanter Castro-Gegner im Exil namens Paulino Sierra Martinez, dessen Hintergrund und Verbindungen so undurchsichtig waren, dass die CIA ihn in einem Memo vom 20. November 1963 als »einen geheimnisvollen Mann« bezeichnete.[67] Laut einem internen CIA-Dokument vereinbarte Sierra mit Dulles und dem pensionierten Armeegeneral Lucius D. Clay ein Treffen für den 15. April 1963 in Washington. Dulles und Clay waren eine ungewöhnliche Gesellschaft für einen Mann, der vor kurzem noch als Judolehrer in Miami gearbeitet hatte, während er für seine Juraprüfungen büffelte.[68]

Wie Dulles hatte General Clay Spitzenpositionen des amerikanischen Establishments bekleidet. Nachdem er nach dem Krieg als US-Militärgouverneur in Deutschland gedient hatte, arbeitete Clay mit Dulles an Propagandaprojekten des Kalten Kriegs wie dem »Kreuzzug für Freiheit« zusammen und kehrte 1961 als Berater Präsident Kennedys während der Berlin-Krise nach Deutschland zurück. Clay eskalierte den Konflikt ohne Genehmigung des Präsidenten gefährlich, als er drohte, die eben erst errichtete Mauer mit amerikanischen Panzern niederzuwalzen. Es erforderte das ganze diplomatische Geschick der Kennedy-Brüder, die Konfrontation am Checkpoint Charlie über informelle Kanäle zu entschärfen. Ein angewiderter Clay warf Kennedy später vor, die »Nerven« verloren zu haben. 1963 hatte Clay den Militärdienst aufgegeben und war Seniorpartner bei der Investmentbank Lehman Brothers geworden sowie Aufsichtsratsmitglied bei General Motors und anderen Großunternehmen.

Paulino Sierra Martinez war nicht die Art von Mann, mit der Dulles oder Clay im Army and Navy Club oder im Metropolitan Club üblicherweise speisten. Der Sohn eines kubanischen Polizeiobermeisters hatte sich in der Gesellschaft Havannas nach oben gearbeitet und einen Posten in Fulgencio Batistas Außenministerium ergattert. Allerdings hegten einige seiner Bekannten den Verdacht, dass Sierras Regierungsposten eine Tarnung seiner wahren Tätigkeit als Auftragsmörder Batistas war. Nach seiner Flucht aus Kuba nach Castros Machtübernahme siedelte sich Sierra zuerst in Miami an, später, nach Ablegung seiner Anwaltsprüfung, arbeitete er bei der Union Tank Car Company mit Sitz in Chicago, eine Eisenbahnfrachtfirma der Rockefeller-Familie. Hier in Chicago war es, wo Sierra plötzlich in der verwirrenden, zerstrittenen Welt der exilkubanischen Bewegung als ein mysteriöser Spieler in Erscheinung trat.

Im Mai 1963, nach seinem Treffen mit Dulles und Clay in Washington, berief Sierra – der in Castro-feindlichen Zirkeln praktisch unbekannt war – eine Versammlung der kubanischen Exilführer im Royalton Hotel in Miami ein. Die Anführer begegneten dem großen, gut gekleideten Mann aus Chicago mit dem schlichten, langen Gesicht, das manche Leute an Lincoln erinnerte, mit Skepsis. Doch die Anti-Castro-Bewegung befand sich in Auflösung, nachdem Kennedy ihr die Unterstützung gestrichen hatte, und Sierra kam mit einem verlockenden Angebot nach Miami – und dem Versprechen großer Geldbeträge.

Sierra erzählte der Gruppe, er sei der Repräsentant einer Allianz großer US-Konzerne, die ihre verlorenen Investitionen in Kuba zurückholen wollten. Er nannte keinen Firmennamen, aber bei anderen Gelegenheiten ließ er die Namen großer amerikanischer Firmen wie United Fruit, U.S. Steel, DuPont und Standard Oil fallen. Sierra behauptete, diese Unternehmen seien bereit, bis zu dreißig Millionen Dollar aufzubringen, wenn sich die zersplitterte Bewegung der Castro-Feinde wieder vereine und eine Invasion der Insel auf die Beine stelle. Eine solche Operation, erklärte er, hätte nicht die offizielle Genehmigung Washingtons, würde aber von Offizieren innerhalb des US-Militärs unterstützt, die Waffen und Ausbildungsstützpunkte bereitstellen würden.

Freigebig Geld verteilend, gewann Sierra genug Unterstützer aus dem Netzwerk der Castro-Gegner, um eine Koalition zu bilden, die er ehrgeizig Junta der kubanischen Regierung im Exil nannte. Er reiste kreuz und quer durchs Land, trommelte Unterstützung für die neue Organisation zusammen und ging auf Waffeneinkaufstour. Die Quellen von Sierras Mitteln, die er über Union Tank Car erhielt, blieben etwas rätselhaft, wenn auch ein Artikel in den *Miami News* andeutete, dass mindestens etwas davon von den Bossen des organisierten Verbrechens stammte, die darauf brannten, ihre Spielcasinos und Prostitutionslizenzen in Havanna zurückzubekommen, die vor Castro für die Unterwelt eine Quelle gewaltiger Profite gewesen waren.

Das FBI fing an, Sierra zu überwachen, während er seiner schattenhaften Agenda folgte, doch im Juni beendete es seine Ermittlungen, nachdem es zu dem Schluss gekommen war, dass es um nicht mehr ging als einen »Schwindel«. Das Chicagoer Büro des amerikanischen Inlandsgeheimdienstes, des Secret Service, hegte allerdings den Verdacht, dass Sierra eine dunklere Gestalt war. Bis November 1963 war Chicago – wie Miami, New Orleans und Dallas – eine Brutstätte Kennedy-feindlicher Verschwörungen geworden. Am 2. November vereitelten örtliche Agenten des Secret Service einen gut organisierten Attentatsplan gegen den Präsidenten.[69] Nach Landung seiner Maschine auf dem O'Hare-Flughafen an jenem Tag sollte Kennedy in einer Autokolonne zum Soldier Field zum jährlichen Football-Spiel von Armee und Marine fahren. Doch der Wagenkonvoi wurde gestrichen, als der Secret Service ein Komplott aufdeckte, dem zufolge von einem hohen Lagergebäude aus ein Attentat auf den Präsidenten verübt werden sollte, wenn seine Limousine an einer Haarnadelkurve langsamer fahren musste. Das Komplott, an dem ein Scharfschützenteam aus einem unzufriedenen ehemaligen US-Marinesoldaten, der in dem Gebäude arbeitete, und mindestens zwei kubanischen Schützen beteiligt war, wies in einer Reihe von Einzelheiten eine beunruhigende Ähnlichkeit zu dem Anschlag auf, dem Kennedy zwanzig Tage später in Dallas zum Opfer fallen sollte.

Der Secret Service konnte Sierra nicht mit dem Chicago-Komplott in Verbindung bringen, doch sein Name tauchte in Zusammenhang mit einem anderen beunruhigenden Bericht auf. Am 21. November, dem Tag vor Kennedys Ermordung, stieß ein freimütiger Anführer der Exilkubaner namens Homer Echevarria eine Drohung gegen Präsident Kennedy aus. Bei der Aushandlung eines illegalen Waffenkaufs soll Echevarria gesagt haben, dass er »einen Haufen Geld« habe und den Handel abschließen würde, »sobald wir uns um Kennedy gekümmert haben«. Quellen erzählten dem Secret Service, dass Echevarrias Waffenkauf von Sierra mit Mafiageld finanziert werde. Nach der Ermordung des Präsidenten bereitete der Inlandsgeheimdienst eine Untersuchung der Echevarria-Spur und des Sierra-Waffenhandels vor, aber sie wurde vom FBI eingestellt, nachdem Präsident Johnson dem FBI die Verantwortung für den Fall übertragen hatte.

Nach Kennedys Tod verschwand Paulino Sierra Martinez langsam aus der Frontlinie der Anti-Castro-Kampagne. Vom Justiziar von Union Tank Car beschuldigt, die Mittel der Junta verschwendet zu haben, wurde er schließlich als Leiter der Organisation abgelöst. Doch laut Angehörigen Sierras verfolgte er seinen Untergrundkrieg gegen Castro und andere linksgerichtete Führer in Lateinamerika weiter. Hart wirkende Männer mit verborgenen Gewehren tauchten von Zeit zu Zeit in Sierras Chicagoer Wohnung auf – Männer, die eines seiner Kinder als »Vaters Banditen« bezeichnete. Sierra, der häufig selbst eine Waffe trug, sogar als er einmal mit seiner kleinen Enkeltochter in den Zoo ging, unternahm bis in die Siebzigerjahre hinein weiterhin viele Reisen, darunter nach Chile, wohin er während der von der CIA orchestrierten Unruhen, die 1973 zum Sturz Präsident Salvador Allendes führten, kurzzeitig umzog.

Obwohl Sierra mit seinem Sohn Paul nie über sein verborgenes Leben sprach, gelangte Paul Sierra zu der Überzeugung, dass sein Vater mit dem US-Geheimdienst in Verbindung stand. »Ich glaube persönlich, dass Vaters Patriotismus und sein Hass auf die Kommunisten ihn dazu gebracht haben, etwas zu weit zu gehen«, lautete die Schlussfolgerung des jüngeren Sierra.[70]

Über ein Dutzend Jahre nach den abgebrochenen Bemühungen des Secret Service, mehr über Paulino Sierra Martinez herauszufinden, warf der Sonderausschuss des Repräsentantenhauses zur Untersuchung von Attentaten – der in den Siebzigerjahren den JFK-Fall wiederaufrollte – abermals Fragen über Sierra auf. Die ausgedehnte Untersuchung kam schließlich zu dem Schluss, dass Kennedy das Opfer einer Verschwörung war, aber es gelang ihr nicht, die Identität der Beteiligten oder die Quelle ihrer Geldmittel aufzudecken. Ermittler des Ausschusses waren gebannt von Sierras anruchigen Verbindungen, darunter zu den drei zwielichtigen Männern, die im September 1963 zusammen mit Lee Harvey Oswald am Haus von Silvia Odio, der Tochter eines prominenten Anti-Castro-Aktivisten, auftauchten. Doch am Ende kam der Ausschuss aus Mangel an Zeit und Ressourcen, alle Spuren zu verfolgen, notgedrungen zu dem Schluss, dass die »Relevanz« von Sierras Aktivitäten »für das Attentat unbestimmt blieb«.

Wenigstens hatte sich der Sonderausschuss zur Untersuchung von Attentaten bemüht, Licht auf Sierra und seine Hintermänner zu werfen. Die erste offizielle Untersuchung des Kennedy-Attentats – durchgeführt von der Warren-Kommission 1964 – unternahm keine ernsthafte Anstrengung, die mögliche Beteiligung Castro-feindlicher Militanter wie Sierra und ihre Verbindungen zur CIA und zum organisierten Verbrechen zu klären. Trotz der Verdachtsmomente des Secret Service gegen Sierra taucht sein Name nirgendwo in den sechsundzwanzig Bänden des Warren-Berichts auf. Allen Dulles, ein prominentes Mitglied der Warren-Kommission, hätte offenbaren können, was er über Sierra wusste. Aber Dulles erwähnte Sierras Namen nie – noch informierte er jemals die anderen Kommissionsmitglieder, dass er sich mit jemandem getroffen hatte, den der Secret Service als eine Person von Interesse für das Kennedy-Attentat betrachtete.

Die Geschichte bleibt eines der vielen fortdauernden Geheimnisse des Kennedy-Falls. Warum traf sich Dulles im April 1963 mit Paulino Sierra Martinez? Was brachte den ehemaligen CIA-Direktor und einen obskuren Castro-feindlichen Verschwörer mit Mafiaverbindungen und einer Neigung zu gewalttätigen Aktionen zusammen? Wie Dulles nur zu gut wusste, war die Organisation einer paramilitärischen Operation gegen die kubanische Regierung im Frühjahr 1963 eine Verletzung der Politik der Kennedy-Regierung und des Bundesrechts. Indem er sich mit einer Gestalt wie Sierra traf, machte Dulles mehr als deutlich, wie wenig Achtung er vor der Autorität des Präsidenten hatte – und vielleicht vor seinem Leben.

17 Das Abschiedsglas

Im Sommer 1963 flog Präsident Kennedy nach Europa. Es sollte die letzte Reise seines Lebens werden. Doch auch fern von Washington blieben die Kräfte des politischen Aufruhrs, die seine Präsidentschaft auf den Plan gerufen hatte, nicht untätig, sondern wirkten hinter den Kulissen weiter, wie bei seinem offiziellen Rombesuch, wo die Fremdenführer der antiken Reichshauptstadt noch immer auf die Steinstufen zeigten, auf denen Julius Cäsars Blut vergossen wurde.

Am schwülheißen Abend des 1. Juli war Kennedy zu Gast beim italienischen Präsidenten Antonio Segni im Quirinalspalast, seit dem 16. Jahrhundert die Residenz von Päpsten, Königen und Staatschefs. Bei dem förmlichen Bankett – bewacht von den Corazzieri, der Leibgarde des Staatspräsidenten in extravaganten, eng anliegenden weißen Uniformen und goldenden Helmen mit Pferdeschwänzen – pries Segni bei seinem Toast Kennedys Friedensrede an der American University. Das »dynamische« Streben des Präsidenten nach Frieden, erklärte Segni, sei eine willkommene Abwechslung von der »statischen« Ära des festgefahrenen atomaren Patts.[1] Im Anschluss stand Kennedy auf und wiederholte seine Friedenbotschaft. Krieg, sagte er vor den versammelten Würdenträgern, »ist nicht unausweichlich, und ein wirkungsvolles Ende des Wettrüstens würde größere Sicherheit bieten als seine endlose Fortsetzung«.[2] Unter Verweis auf die wechselhafte politische Geschichte Italiens warnte Kennedy vor »dem Sirenengesang der Rechts- und Linksaußen, die scheinbar schnelle und leichte Antworten parat haben«. Es liege an jenen, die für »soziale Gerechtigkeit, Fortschritt und Menschenrechte« eintreten, die schwierigeren Ideale der Demokratie bei allen Völkern auf der ganzen Welt zur Realität werden zu lassen.

Kennedys italienischer Reiseplan, zu dem auch eine Audienz beim neuen Papst Paul VI. im Vatikan und ein Ausflug nach Neapel gehörten, war das Finale einer triumphalen Europatour, deren Höhepunkte ein sentimentaler Zwischenstopp in Irland und Kennedys widerhallende Herausforderung der sowjetischen Tyrannei vor dem Schöneberger Rathaus waren (»Ich bin ein Berliner ...«). Die Menschenmenge, die Kennedys Konvoi in Rom begrüßte, war vergleichsweise klein, als die Präsidentenlimousine mit der Motorradeskorte der Polizei ihre lange und gewundene Fahrt durch die Boulevards und engen Straßen der Hauptstadt zum Quirinalspalast zurücklegte. Die Ewige Stadt konnte es sich leisten, beim Besuch von Würdenträgern gleichgültig zu bleiben, zumal bei solch drückender Sommerhitze. Doch unter der ungerührten Oberfläche verursachte der Besuch des amerikanischen Präsidenten – der besonders im Kontrast zu den alternden, weißhaarigen Politikern Italiens eine solche *bella figura* abgab – einen Schauder der Aufregung. Selbst *L'Unità*, das Organ der Kommunistischen Partei Italiens, würdigte anerkennend das gute Aussehen des großen, gebräunten Kennedy und seinen stilvollen blaugrauen Anzug mit lilafarbener Krawatte.[3]

Doch während der junge amerikanische Präsident im Quirinalspalast ins Rampenlicht trat, formierten sich in Rom auch die gegen ihn gerichteten Kräfte. Hinter den aufwendigen Feierlichkeiten im Palast an jenem Abend spielte sich ein dramatisches politisches Tauziehen mit internationalen Auswirkungen ab. Seit Mitte der 1950er Jahre hatte Italien heiß über eine »Öffnung nach links« diskutiert (*l'apertura a sinistra*), ein politischer Handel, der die Sozialistische Partei von der traditionell mit ihr verbündeten Kommunistischen Partei lösen und in eine Mitte-links-Koalition mit den herrschenden Christdemokraten führen sollte. Pietro Nenni, der zweiundsiebzigjährige Chef der Sozialistischen Partei, ein listiger politischer Überlebenskünstler, war seit der sowjetischen Invasion in Ungarn 1956 eifrig bemüht, seine Partei von ihrer Allianz mit den Kommunisten abzubringen. Nenni hoffte, dass der weitsichtige neue Präsident der Vereinigten Staaten – die seit dem Zweiten Weltkrieg die italienische Politik still und leise dominierten – der *apertura* endlich seinen Segen erteilen würde.

Die Eisenhower-Regierung hatte die Öffnung zur Linken rundweg abgelehnt, da sie eine sozialistische Partnerschaft mit den Christdemokraten als Einfallstor einer kommunistisch beherrschten Regierung in Rom betrachtete. Eisenhowers Sicherheitskreise sorgten sich, dass die Sozialisten Rom auf einen neutralen Kurs zwischen Washington und Moskau steuern würden, wenn man ihnen den Eintritt in die italienische Regierung erlaubte. Die CIA – die nach ihrer gut finanzierten verdeckten Kampagne zur Verhinderung eines kommunistischen Wahlsiegs 1948 das Land gewissermaßen als ihren rechtmäßigen Erbhof betrachtete – betrieb zusammen mit ihren Verbündeten im italienischen Geheimdienst ihre üblichen Komplotte zur Blockade der Öffnung. An der Spitze der Strategie gegen die Linke stand der in Italien tief verwurzelte James Angleton, der Rom zu einem der wichtigen Schlachtfelder des Kalten Kriegs erkoren hatte. Widerstand gegen die *apertura* leistete zudem verstärkt Clare Booth Luce, die Botschafterin der Eisenhower-Administration in Rom.

Es war Arthur Schlesinger, der Präsident Kennedy überzeugte, mit der Politik Eisenhowers zu brechen und Italiens Öffnung zur Linken zu unterstützen. »Es ist mein Eindruck, dass [Nenni] aufrichtig mit den Kommunisten gebrochen hat«, teilte der Berater des Weißen Hauses Kennedy im März 1962 in einem Memo mit.[4] Schlesinger hatte seine eigene sentimentale Erinnerung an Italien, die in seine Kindheit zurückreichte, als sein Vater dem italienischen Sozialisten, Historiker und Mussolini-Gegner Gaetano Salvemini an der Geschichtsfakultät von Harvard Zuflucht gewährte.

Angleton war so aufgebracht über die Unterstützung der Kennedy-Regierung für Nennis Sozialisten, dass er das Gerücht in die Welt setzte, Schlesinger sei ein sowjetischer Agent. Unterdessen agitierte Botschafterin Luce hektisch gegen die Öffnung und schrieb Kennedy im Februar 1963 einen langen, etwas inkohärenten Brief voller wahlloser Beobachtungen über die wachsende Gefahr von links. »Italiens prowestliche Regierung steht seit siebzehn Jahren mit einem Fuß auf der Moskauer Bananenschale«, bemerkte sie. Würde man die »prokommunistischen Sozialisten« an die Macht gelangen lassen, würde »die Kommunistische Partei Italiens die Zukunft des Landes mit der UDSSR aushandeln«. Zum Schluss warnte Luce den Präsidenten, bei seinem Rombesuch nicht in die linke Falle zu tappen. »Im gegenwärtigen Klima gibt es eine reale Möglichkeit, dass Sie sehr in Verlegenheit kommen werden durch den enthusiastischen Empfang, den Sie von den Kommunisten erhalten werden! Ich habe die Banner schon vor Augen: ›Vivo [*sic*] Kennedy und Chruschtschow!‹«[5]

Frustriert vom sturen bürokratischen Widerstand, den Kennedys eigene Administration seiner Änderung der Italienpolitik entgegensetzte, schickte Schlesinger dem Präsidenten im Januar 1963 ein aufgebrachtes Memo. »Falls Sie glauben, dass Sie die US-Regierung führen: die [Italien-]Angelegenheit wird noch diskutiert«, bemerkte sein Berater sarkastisch.[6]

Doch schließlich ignorierte Kennedy den politischen Widerstand und stellte sich hinter Italiens *apertura*. Er erwärmte sich so für die Idee der Bildung einer starken Mitte-links-Koalition als Ruhepol der turbulenten italienischen Politik, dass er die Führer der amerikanischen Gewerkschaft United Auto Workers, Walter und Victor Reuther, zu denen er starke politische Bande unterhielt, darum bat, Nennis Partei finanziell unter die Arme zu greifen. Kennedys Reise nach Rom gab ihm Gelegenheit, die Öffnung zur Linken offiziell abzusegnen.[7]

Nach dem Abendessen im Quirinalspalast nutzte er den Rest des Abends, um den führenden italienischen Politikern, die zu dem Ereignis zusammengekommen waren, beim Wandeln über die Kieswege des üppigen Palastgartens einzeln seine Ansichten darzulegen, darunter auch

Palmiro Togliatti, der Chef der mächtigen Kommunistischen Partei Italiens, mit dem er ein paar Worte wechselte. Als ein italienischer Fotograf einen Schnappschuss von den beiden Männern im Gespräch machte, bat ihn Kennedy später um den Film, besorgt über die Auswirkungen, die das Foto in Italiens aufgeladenem politischen Klima haben könnte. Erstaunlicherweise kam der Fotograf der Bitte des amerikanischen Präsidenten nach.[8]

In einer entfernten Ecke des Gartens war für den Präsidenten eine hölzerne, in Scheinwerferlicht getauchte Plattform aufgestellt worden, um den italienischen Würdenträgern dort seine Privataudienzen zu gewähren. Die längste Unterhaltung führte Kennedy an jenem Abend mit dem alten sozialistischen Kämpen Pietro Nenni. Als die beiden Männer auf der kleinen Bühne die Köpfe zusammensteckten, wobei sich beinahe ihre Gesichter berührten, boten sie einen markanten Kontrast: Kennedy groß, jugendlich und glamourös, Nenni klein, bebrillt und nahezu kahlköpfig. Bei allen äußeren Unterschieden erkannte Nenni in Kennedy einen Seelenverwandten. Im Jahr zuvor hatte der italienische Sozialist das außenpolitische Establishment der USA mit einem Aufsatz in *Foreign Affairs* attackiert, in dem er die neutralistische Haltung seiner Partei im Kalten Krieg verteidigte, den westlichen Imperialismus angriff und den Vereinigten Staaten und europäischen Regierungen vorwarf, in der Dritten Welt »Diktaturen faschistischen Typs« zu unterstützen. »Sie haben Hunderte von Millionen Dollar ausgeben, um morsche Verhältnisse zu stützen, die in jedem Fall zum Untergang verurteilt sind«, schrieb Nenni. »Sie haben Kommunisten die Tür geöffnet, statt demokratische und sozialistische Kräfte zu unterstützten, die in der Lage gewesen wären, den kolonialisierten Völkern den Impuls der Freiheit zu vermitteln.«[9] Nun, während eine lange Schlange weiterer italienischer Politiker ungeduldig darauf wartete, mit Kennedy zu sprechen, war Nenni gebannt in das Gespräch mit einem amerikanischen Präsidenten vertieft, der die gleichen Ansichten geäußert hatte wie er.

Als die Audienz schließlich zu Ende ging, war Nenni laut einem anwesenden Vertreter der US-Botschaft »so absolut hingerissen und glücklich wie nur möglich«.[10] Als er von der Plattform hinunterstieg, nahm der alte Mann seine Frau in die Arme und flüsterte ihr etwas ins Ohr. Als sie fortgingen, wischte sich Nenni Tränen aus den Augen. Später sagte seine Frau einer Gruppe amerikanischer Diplomaten, die bei dem Ereignis im Quirinalspalast anwesend waren, dass ihr Ehemann von Kennedy »bezaubert« sei. Der Sozialistenführer war überzeugt, dass sein politischer Traum kurz vor der Verwirklichung stand: Nach Jahren entschlossenen amerikanischen Widerstands würde Italiens demokratische Linke zu einem Teil der Regierung werden.

Auch der Präsident hielt seinen Italienbesuch für einen »beträchtlichen Erfolg«. Nach seiner Rückkehr nach Washington berichtete er Schlesinger, dass er »ein gutes Gespräch« mit Nenni gehabt habe, und fügte hinzu: »Soweit ich sehen konnte, ist jeder in Italien für eine Öffnung zur Linken.«[11]

Doch Allen Dulles und seine alten Kohorten in der CIA-Station in Rom teilten den Enthusiasmus des Präsidenten für die politischen Entwicklungen in Italien überhaupt nicht und setzten unverfroren Funktionäre der italienischen Christdemokraten über ihren Einspruch in Kenntnis – eine bemerkenswerte, bis heute unbekannte Geschichte, die ein weiteres Schlaglicht auf die wachsenden Risse in der Kennedy-Administration wirft. Kurz nachdem Kennedy aus Italien heimgeflogen war, traf sich Dino John Pionzio, ein maßgeblicher CIA-Agent in Italien, zu einer Unterredung mit Sereno Freato, dem Sekretär Aldo Moros – ein aufgehender Stern der Christdemokratischen Partei, der bald italienischer Premierminister werden würde.[12] Pionzio, in Yale Mitglied von Skull and Bones (Jahrgang '50) und ein eifernder Kalter Krieger, war vehement gegen die Öffnung nach links. Der CIA-Mann wollte wissen, was Moro mit Kennedy einige Tage zuvor bei seinem nachmittäglichen Spaziergang durch den Garten des Quirinalspalasts erörtert hatte, und erfuhr zu seiner Bestürzung, dass Moro und Kennedy übereingekommen waren, die *apertura* voranzutreiben.

Dulles und die CIA betrachteten seit den frühen Tagen des Kalten Kriegs, als die Behörde anfing, die italienischen Christdemokraten finanziell zu unterstützen, die Partei gewissermaßen als ihr Eigentum. Dulles selbst hatte dieses Arrangement bei einem Treffen mit Moro, das in Freatos römischem Büro stattfand, als CIA-Direktor bestätigt. Nach dieser Unterredung kam die Christdemokratische Partei in den Genuss von CIA-Mitteln, die sofort monatlich ausgezahlt wurden. Anfang der 1960er Jahre erhielt die Partei von der amerikanischen Spionagebehörde sechzig Millionen Lire pro Monat (etwa 100 000 Dollar). Zu Beginn war es Freato, der das Bargeld in einem großen Koffer abholte, später übernahmen andere Sekretäre der Partei diese Aufgabe. Außer diesen monatlichen Bestechungsgeldern erhielten die Christdemokraten zusätzlich Zahlungen der CIA für verschiedene Wahlkämpfe.

Pionzios Treffen mit Freato konnten die Christdemokraten entnehmen, dass ihre aufkeimende Allianz mit den Sozialisten in Washington keine volle Unterstützung genoss, besonders nicht in Kreisen der nationalen Sicherheit. Hinterher konnte man es Moro, der binnen Tagen widersprüchliche Botschaften von Kennedy und der CIA erhalten hatte, nachsehen, dass er verwirrt darüber war, wer eigentlich die US-Regierung führte. Das Bestreben der CIA, die *apertura* zu hintertreiben, war ein weiteres eklatantes Beispiel, wie der Geheimdienst versuchte, die Präsidentschaft Kennedys ebenso wie die italienische Demokratie zu untergraben.

Im November 1963 bildete Aldo Moro schließlich eine Koalitionsregierung mit den Sozialisten, trotz der alles andere als freundlichen Reaktion der Schutzherren der Christdemokraten bei der CIA. Die Führung der Sozialisten hoffte darauf, dass mit der historischen Mitte-links-Partnerschaft ein neues goldenes Zeitalter des sozialen Fortschritts in Italien anbrechen würde. Doch ihre Träume wurden nicht wahr. Bereits vor Kennedys Ermordung am 22. November konspirierten die eingefleischten Gegner der *apertura* in der CIA und im italienischen Geheimdienst, um die Einigung zu sabotieren. Als im Sommer 1963 William K. Harvey in Italien eintraf, um die CIA-Station in Rom zu übernehmen, nahm die Offensive gegen die Demokratie in Italien und den Vereinigten Staaten eine dunkle Wendung.

William Harvey war eine seltsame Wahl als Stationschef in Rom. Er sprach kein Italienisch und besaß keine Affinität zum italienischen Volk oder Interesse an seiner Geschichte oder Kultur. Ein barscher, dickbäuchiger Mann mit einer quakenden Stimme, war Harvey in einer Kleinstadt in Indiana geboren und aufgewachsen und besaß nichts vom kosmopolitischen Raffinement seiner CIA-Kollegen von den Eliteuniversitäten. Er begann seine Geheimdienstkarriere als Schnüffler beim FBI, doch seine Neigung zum Trinken kam in J. Edgar Hoovers strenger Verbotskultur nicht gut an, daher wechselte er 1947 zur neu gegründeten CIA. Der rüde, Pistole tragende Harvey passte auch nicht gut zur CIA, doch die Behörde fand Wege, ihn nutzbringend einzusetzen. Aus Sicht von Dulles und Helms hatte er eine »Bullenmentalität«; Harvey seinerseits tat die Führungsriege der CIA als »Cowboys von der Fifth Avenue« und »beschissene Muttersöhnchen« ab. Er war kein Bauerntölpel, wie er seine Kollegen zu erinnern müssen glaubte: Er war von einer alleinstehenden Mutter großgezogen worden, die es zur Professorin an der Indiana State University brachte, und besaß selbst einen Abschluss in Jura. Er brachte gern die Typen von den Elite-Unis aus der Fassung, indem er in Sitzungen eine der vielen Pistolen zückte, die er besaß, den Zylinder drehte und die Munition kontrollierte, als wollte er gleich damit losballern.

Seine Tage als Kommunistenjäger beim FBI, als er in Washington Rote und deren Sympathisanten hetzte, hatten Harvey davon überzeugt, dass die feine Gesellschaft mit Verrätern gespickt war. Harveys Klassenressentiment spielte zweifellos eine Rolle, als er als erster CIA-Agent Kim Philby auf die Schliche kam, dem geistreichen, kultivierten, an der Universität Cambridge in England ausgebildeten britischen Doppelagenten, der von 1949 bis 1951 in Washington stationiert war. Bei einer von Philbys feuchtfröhlichen Partys zeichnete Guy Burgess – das extravaganteste Mitglied des Cambridge-Spionagerings – eine obszöne, die Genitalien offenbarende Karikatur von Harveys Frau Libby, ein trinkfreudiges Mädchen aus Indiana, das nie zur CIA-Gesellschaft passte.[13] Der betrunkene Harvey stürzte sich auf Burgess und musste von Angleton aufgehalten werden. Es war der »Bulle« aus Indiana, der durch Philby hindurchsah, nicht Angleton, der für immer von seinem britischen Freund getäuscht blieb. Angleton und Harvey waren das sonderbare Pärchen der CIA-Spionageabwehr – »der Dichter und der Bulle«, wie ein Beobachter sie nannte.[14] Immer wieder gerieten sie im Lauf ihrer Karriere aneinander, um danach wieder gemeinsame Sache zu machen.

Harveys Stern beim Geheimdienst ging auf, nachdem er Philby enttarnt hatte. Er wurde nach Deutschland an die vorderste Front des Kalten Kriegs geschickt, wo er in den 1950er Jahren die CIA-Station in Berlin leitete. Sein Ruf wuchs unablässig, da er ständig nach Wegen suchte, die Schlacht zum sowjetischen Feind zu tragen. In seiner Zeit in Deutschland arbeitete er eng mit Reinhard Gehlens berüchtigter Organisation zusammen, und Gehlen betrachtete ihn bald als »hoch geschätzten [und] wirklich verlässlichen Freund«.[15]

Der Berliner Spionagetunnel – ein Abhörprojekt, das sich in den russischen Sektor der Stadt bohrte und der CIA erlaubte, die Kommunikation des Feindes anzuzapfen – war Harveys dramatischster Coup. Dulles, der immer eine Schwäche für die Theatralik spektakulärer Spionageoperationen hatte, nannte Harveys Tunnel »eine der kühnsten und wertvollsten Operationen aller Zeiten«, obwohl die Sowjets die unterirdische Anlage bald entdeckten und sie benutzten, um die Amerikaner mit Falschinformationen zu füttern.[16] Trotz Harveys grobschlächtiger Art und seiner Neigung zu unbeherrschten Handlungen half Dulles, der *Action*-Helden brauchte, um das Image des Geheimdienstes zu heben, ihn in eine CIA-Legende zu verwandeln, und verlieh ihm die höchste Auszeichnung der Behörde, die Distinguished Intelligence Medal.

1959 holte Dulles Agent Harvey zurück nach Washington. Mittlerweile hatte er zum zweiten Mal geheiratet, Clara Grace (»CG«) Harvey, eine beliebte, lebhafte Frau, die beim US-Militär und in der CIA Karriere gemacht hatte. Bei einem ihrer Geheimaufträge begleitete CG Harvey Raketenwissenschaftler der Nazis einschließlich Wernher von Braun mitsamt ihren Familien in die Vereinigten Staaten, wo sie an amerikanischen Raketen- und Weltraumprojekten arbeiteten.[17] Als William und CG – die er »Mommy« nannte – in die USA zurückkehrten, brachten sie ihre Adoptivtocher Sally mit, ein Findelkind, das sie in einem Schuhkarton auf der Treppe ihres Westberliner Hauses gefunden hatten. Zurück in Washington, trug sich Harvey mit großen Ambitionen: Er wollte die Sowjetabteilung der Behörde leiten, eine Spitzenposition, die er sich durch sein aggressives Vorgehen in Deutschland verdient zu haben glaubte. Doch die CIA-Elite betrachtete ihn weiter als »Bullen« und lenkte ihn zu härteren Aufträgen.

Dulles ernannte Harvey zum Leiter der Abteilung D des Geheimdienstes, die für Signalaufklärung zuständig war – Nachrichtensammlung durch verschiedene Abhörmethoden, die die CIA mit der National Security Agency (NSA) teilte. Aber Abteilung D schien auch noch geheimnisvollere Aufgaben zu haben. Im Oktober 1960 unternahm Harvey einem CIA-Dokument zufolge eine Reise nach Europa, bei der er vor allem kriminelle Unterweltfiguren für geheime CIA-Missionen rekrutieren sollte. Unten denen, die er ausfindig machte, waren Tresorknacker und Einbruchspezialisten.[18] Harvey sollte bald mit Männern zu tun haben, deren Fähigkeiten gewaltsamerer Natur waren.

Im November 1963 wurde Harvey die Verantwortung für eine streng geheime CIA-Operation zur Ermordung Castros mit dem Codenamen ZR/RIFLE übertragen.[19] Er drängte rasch Robert Maheu beiseite, den unabhängigen CIA-Auftragnehmer, den die CIA ursprünglich angeheuert hatte, um ihr illegales Mordunternehmen in der Karibik zu leiten, und fing an, direkt mit dem Sonderbotschafter der Mafia Johnny Roselli zusammenzuarbeiten.

Der plumpe Bulle mit den flatternden Hosen und der adrette, silberhaarige Gangster in maßgeschneiderten Anzügen gingen eine enge, wenn auch außergewöhnliche Verbindung ein. Harvey lud Roselli zum Abendessen in das geräumige Haus seiner Familie im Bezirk Chevy Chase in Maryland ein, wo die kleine Sally ihn bald »Onkel Johnny« nannte. Die beiden Männer trafen sich auch zu einem geheimen, mit Martinis aufgelockerten Rendezvous im Raum Miami, wo die CIA ihre größte Station, JM/WAVE, sowie ein betriebsames Netzwerk von paramilitärischen Ausbildungsstützpunkten und sichere Häuser in den schicken Vierteln Coral Gables und Key Biscayne unterhielt. Harvey lieferte Roselli Giftampullen und Waffenvorräte, um sie an die von der Mafia angeheuerten Attentäter in Kuba weiterzuleiten. Aus den Kuba-Plänen der beiden wurde nie etwas, Castro ging es weiter bestens. Doch Harvey verlor nie den Glauben an seinen Partner von der Mafia. Ungeachtet seines kriminellen Hintergrunds sei Roselli, was ihn betreffe, »ein Mann von Integrität«, sagte er Jahre später Senatsermittlern. Roselli sei in seinen Geschäften mit ihm stets loyal und verlässlich gewesen.[20]

»Ich liebte Roselli«, sagte CG Harvey in einem Interview 1999 in ihrem Altersheim in Indianapolis ein Jahr vor ihrem Tod. »Mein Mann pflegte zu sagen: ›Wenn ich als Leibwächter arbeiten würde, dann würde ich diesen Burschen als Partner mitnehmen. Viel besser als alle Polizisten.‹ Roselli war die Art von Bursche, der zu dir hält, wenn er dir seine Wünsche mitgeteilt und seine Freundschaft angeboten hat. Und er war eindeutig ein Mafioso und eindeutig ein Gauner und hatte mit der Mafia eindeutig alle möglichen Nummern abgezogen. Aber er war ein Patriot, er glaubte an die Vereinigten Staaten. Und er wusste, dass mein Mann ein Patriot war, und das war es, was ihn zu Bill hinzog.«[21]

1962 beförderte Helms – zusammen mit Angleton nun statt des »pensionierten« Dulles der wichtigste Förderer Harveys – den »Schläger« des Geheimdienstes zum Chef der gesamten Kuba-Operation der CIA, Task Force W. Helms und Harvey hielten einen Großteil der Operation, einschließlich der Attentatspläne gegen Castro, vor Präsident Kennedy und CIA-Direktor McCone geheim.[22] Harvey entwickelte eine tiefe Verachtung für die Kennedy-Brüder, die er als reiche Jüngelchen betrachtete, die mit der Sicherheit der Nation spielten. Er kam zu dem Schluss, dass Operation Mongoose, ihr Programm zur Unterwanderung Kubas mit dem Ziel, Castro zu stürzen, nur eine Schauveranstaltung war. Harvey hielt wenig von dem Mann, den Kennedy mit Mongoose betraut hatte, Luftwaffenoffizier Edward Lansdale, der mitten in ihren Sitzungen den Hintern hob und eine Furz losließ oder sein Messer zückte, um seine Fingernägel zu maniküren.[23]

Am meisten hasste Harvey den CIA-Aufseher, der ihm ständig an den Fersen klebte, Bobby Kennedy. Dieser machte Harvey bei einer Sitzung im Weißen Haus über Kuba derart zur Schnecke, dass Max Taylor dem Justizminister später sagte: »Sie könnten eine ganze Stadt feuern und würden es genießen.« Harvey ging dazu über, Bobby »diesen Scheißer« zu nennen und legte nahe, dass einige der Handlungen des Justizministers an Hochverrat grenzten.[24]

»Bobby Kennedy und mein Mann waren absolute Feinde, einfach pure Feinde«, erinnerte sich CG Harvey in ihrem Altersheim und machte sich noch Jahre später zum Sprachrohr von Harveys tiefem Hass. »[Bobby] war ein Idiot … er hatte kein Vertrauen in sich selbst, weil sein Bruder ihn auf einen Posten gesetzt hatte, mit dem er nicht fertig wurde. Er sorgte bei den Leuten in der Strafverfolgung für einen Haufen Stress.«

Die Spannungen zwischen den beiden Männern explodierten im Oktober 1962, als Harvey auf dem Höhepunkt der Kuba-Krise mit dem Pentagon eine Serie von Überfällen auf Kuba ausheckte, um den Weg für eine amerikanische Militärinvasion freizumachen, die, wie die Falken in der Administration hofften, kurz bevorstand. Robert Kennedy war außer sich über Harveys fahrlässiges Verhalten inmitten einer atomaren Konfrontation, die auf Messers Schneide stand. »… Sie hatten mit Menschenleben zu tun«, rief der jüngere Kennedy-Bruder aus, »und dann kommen Sie mit einer derart unausgegorenen Operation wie dieser?«[25]

Harveys Beschützer handelten schnell, bevor Bobby Kennedy ihn absägen konnte. Helms erkannte, dass er Harvey vom Kuba-Kommando abziehen und aus Washington entfernen musste. Ihm Rom zu geben war Angletons Idee.[26] Angleton war der Meinung, dass die dortige CIA-Station weich geworden war und nicht genug unternahm, um die sowjetischen Komplotte in der Ewigen Stadt auszuspionieren, und nicht hart genug daran arbeitete, der Öffnung zur Linken einen Riegel vorzuschieben. Harveys Rücksichtslosigkeit war bei den Kennedys in Washington nicht gut angekommen, aber sie war genau das, was Angleton in Rom wollte.

Helms und Angleton sagten McCone nichts von Harveys neuem Posten und stellten ihn vor vollendete Tatsachen. Sie wussten, dass McCone »ein kleiner Snob und Puritaner« war, wie es ein Mitarbeiter ausdrückte – die Art von Vorgesetzter, der seine Hände sauber halten will – und der fiese Harvey »war einfach nicht sein Bier«.[27]

Viele imperiale Agenten Amerikas hätten Rom als Traumaufgabe betrachtet. Aber Harvey und seine Frau fanden an Italien nie Gefallen; sie »mochten Deutschland, an Rom gefiel ihnen nichts«, so ein CIA-Mitarbeiter. William verachtete das italienische Volk, das er als »goddam waps«, »gottverdammte Spagettifresser« bezeichnete.[28] CG beklagte sich darüber, dass sie von den Einheimischen ständig übers Ohr gehauen wurde, wann immer sie auf den Markt ging, und sie konnte sich nicht daran gewöhnen, im massigen Ford Kombi der Familie durch die engen Kopfsteinpflasterstraßen zu navigieren. Einmal, als CG mit Sally und der Tochter eines anderen CIA-Agenten auf dem Weg zum Meer auf der antiken Via Appia fuhr, knurrte sie: »Ich verstehe einfach nicht, warum sie all das hier nicht planieren und eine Autobahn bauen.«[29] Wie ihr Ehemann, der sich, den 38er Revolver griffbereit, stets mit dem Rücken zur Wand setzte, wenn er in Rom essen ging, fühlte sich CG von Feinden belagert. Sie behauptete, dass Leute von einem »kommunistischen Anwesen« nahe der Villa der Harveys Ratten über die Mauer in ihren Garten warfen, die sie dann aus ihrem Esszimmer scheuchen musste. [30]

Laut CG war es eine der weniger appetitlichen Aufgaben ihres Mannes, Prostituierte für Präsident Kennedy zu suchen, als dieser in Rom weilte. »Als Jack in Rom die Botschaft besuchte, musste mein Mann zwei Leute zu den [Secret-]Service-Männern abstellen, die ihn beschützten. Und diese beiden Männer mussten italienische Prostituierte in Jacks Bett bringen, immer zwei auf einmal. ... Ich meine [die Kennedys] waren ein mieser Haufen, ich meine, wirklich Abschaum.« Trotz Kennedys Ruf als Casanova ist es höchst unwahrscheinlich, dass sich der Präsident auf einen notorisch Kennedy-feindlichen CIA-Agenten als Zuhälter verlassen hätte, den sein Bruder verabscheute und dem er misstraute. Harvey hatte außerdem noch gar nicht das Kommando über die CIA-Station in

Rom übernommen, als Kennedy die Stadt besuchte. Tatsächlich war es Harvey selbst, der in Rom ein leichtfertiges Sexleben führte. In der römischen CIA-Station gingen Gerüchte über seine Fehltritte, darunter die Geschichte, dass Harvey seine junge Sekretärin geschwängert hatte.

In Rom waren die Harveys in einer hübschen, hellbraunen Villa auf dem Gianicolo untergebracht, die der American Academy gehörte. Galileo hatte einst im Garten der Villa die Sterne beobachtet. Doch William und CG Harvey hatten wenig Interesse an Geschichte. Sie wendeten viel Zeit und Geld für die Renovierung des Hauses auf – »mit schlechtem Geschmack«, wie Harveys Stellvertreter F. Mark Wyatt fand. Wenn die Harveys die stereotypen hässlichen Amerikaner waren, so waren Wyatt und seine Frau Ann die idealen Aushängeschilder Amerikas. Die Wyatts, die sich als junge CIA-Agenten nach dem Krieg in Rom verliebt hatten, waren bezaubert von der Stadt und sprachen fließend Italienisch. Ann Wyatt nahm ihre drei Kinder auf weitschweifige Ausflüge durch die Stadt mit, auf denen sie Werke von Caravaggio und anderen Meistern in den Museen und Kirchen aufspürten und einmal über die Dreharbeiten zu dem amerikanischen Monumentalfilm *Kleopatra* stolperten, der gerade in Rom gedreht wurde. Eines Abends lief den Wyatts in einem Restaurant zufällig Marcello Mastroianni über den Weg, und sie brachten ein Autogramm von ihm mit nach Hause.

Mark Wyatt, der gute Beziehungen zu den örtlichen Behörden pflegte, sollte als eine Art Puffer zwischen dem barschen Harvey und ihren CIA-Pendants im italienischen Nachrichtendienst fungieren. Doch rasch machte sich Harvey den Weg zum Porzellanladen frei und polterte in ihm herum. Der militärische Nachrichtendienst, Servizio Informazioni Forze Armate (SIFAR), unterhielt eine lange, unterwürfige Beziehung zur CIA, belieferte die Amerikaner mit den Ergebnissen des Ausspionierens italienischer Politiker und kollaborierte mit den USA bei Operation Gladio, den paramilitärischen Kräften, die bei einem weiteren Vorrücken der Sowjets nach Westeuropa hinter den feindlichen Linien Widerstand leisten sollten.

Doch Harvey drängte die SIFAR zu weit aggressiveren Taten. Der CIA-Stationschef stachelte den Abwehrchef von SIFAR, Oberst Renzo Rocca, dazu auf, die Mitte-links-Partnerschaft, die durch Kennedys Besuch einen entscheidenden Impuls erhalten hatte, zu sabotieren. Der Amerikaner drängte Rocca, seine »Schwadronen« einzusetzen, um Bombenattentate auf christdemokratische Parteibüros und Zeitungen zu verüben – Terrorakte, die den Linken in die Schuhe geschoben werden sollten.[31]

Wyatt war kein Mauerblümchen, wenn es um verdeckte Aktionen ging. Er hatte bei den italienischen Wahlen von 1948 als CIA-Geldverteiler fungiert und im Luxushotel Hassler mit Blick auf die Spanische Treppe kofferweise Bargeld an italienische Offizielle verteilt. Später war Wyatt einer der Verbindungsagenten zwischen CIA und Operation Gladio und besuchte häufig das Gladio-Hauptquartier auf Sardinien. Wyatt war auch keiner jener zartbesaiteten Schreibtischhengste, die noch nie ihr Leben aufs Spiel gesetzt hatten. Er war auf dem Farmland um Sacramento aufgewachsen und hatte nach der Schule Obst für die Konservenfabrik seines Vaters gepflückt. Während des Kriegs, in dem er als junger Marineoffizier im Südpazifik diente, war Wyatts Schiff von japanischen U-Booten und Kamikazefliegern angegriffen worden, und er hatte mit eigenen Augen gesehen, wie Kameraden in Stücke geschossen wurden.

Doch Wyatt hatte seine Grenzen, wenn es darum ging, Harveys Befehle auszuführen. Nicht nur fand William Harvey nichts Falsches daran, die italienische Souveränität zu verletzen, er betrachtete Mord auch als legitimes politisches Mittel. Eines Tages war Wyatt fassungslos über den Vorschlag seines Bosses, Auftragsmörder der Mafia anzuheuern, um italienische Kommunisten zu ermorden.[32] Als Wyatt Einwände erhob, bekam Harvey einen Wutanfall. Bei einem heftigen Streit zwischen den beiden Männern zog Harvey seine Pistole und richtete sie auf Wyatt.[33]

Harveys geheime Anstrengungen, Italiens Mitte-links-Regierung zu unterminieren, erreichten 1964 ihren Höhepunkt, als General Giovanni de Lorenzo – ehemaliger Direktor von SIFAR und Chef der Carabinieri, Italiens paramilitärischer Polizei – drohte, die Regierung zu stürzen und Hunderte von linken Politikern zu verhaften, falls die Sozialisten nicht ihre Reformvorschläge aufgäben und eine schwächere Rolle in der Koalitionsregierung akzeptierten.[34] Der betagte Nenni, der während Mussolinis Regime Gefangenschaft und Exil erduldet hatte, war tief besorgt über eine mögliche Rückkehr der Faschisten an die Macht und gab den Forderungen von General de Lorenzo rasch nach. Wyatt beharrte später darauf, dass er an dem Putschkomplott nicht beteiligt gewesen sei. Doch de Lorenzo galt weithin als Handlanger der CIA, und es besteht wenig Zweifel daran, dass Harvey eine Rolle bei dem brutalen und erfolgreichen Versuch spielte, die demokratische Regierung Italiens einzuschüchtern. Mittlerweile war Kennedy tot und konnte das fragile politische Experiment Italiens nicht mehr schützen, so wie er 1961 gegen den französischen Militärputsch interveniert hatte. Als Nenni bei Schlesingers Besuch in Rom im Frühjahr 1964 besorgt nachfragte, ob man auf Lyndon B. Johnson zählen könne, die Italienpolitik seines Vorgängers fortzusetzen, musste Schlesinger dem alten Mann die entmutigende Wahrheit sagen.[35]

Mark Wyatt weilte mit William Harvey zu einer Tagung in der Gladio-Basis auf Sardinien, als er hörte, dass Präsident Kennedy zur Mittagszeit in Dallas erschossen worden war. Als das Telex am frühen Abend Ortszeit eintraf, ging Wyatt zu Harvey und fand ihn auf dem Bett, wo er nach einer Runde Martinis eingenickt war.[36] Als Wyatt ihn weckte, platzte Harvey mit provozierenden Bemerkungen über die Ereignisse in Dallas heraus, die Wyatt den Rest seines Lebens nicht mehr losließen. Laut seinen drei Kindern hegte Wyatt, der 2006 im Alter von achtundsechzig starb, seither den Verdacht, dass Harvey im Voraus vom Kennedy-Attentat wusste oder in irgendeiner Weise darin verstrickt war.

»Mein Dad redete manchmal von Harvey im Zusammenhang mit der Kennedy-Ermordung«, erzählte Wyatts Sohn Tom. »Er sprach über die Verbindung von Harvey und der Mafia – nicht nur seine Verbindung zu Johnny Roselli, sondern zur Mafia in Italien. Diese Verbindungen in Italien beunruhigten meinen Vater sehr.«[37] Wyatts Verdacht gegen seinen Boss in Rom war so stark, dass seine Tochter Susan ihn 1978 ermutigte, vor dem Sonderausschuss zur Untersuchung von Attentaten auszusagen, doch er konnte sich nicht dazu überwinden. »Mein Vater glaubte wirklich an die CIA – er wollte wirklich daran glauben und loyal zu ihr sein, trotz aller Mängel«, erinnerte sich Susan. »Und er wollte wirklich nichts unternehmen, was ihr schaden konnte.«[38]

Doch die mögliche Verbindung von Harvey zum Kennedy-Attentat verfolgte Wyatt bis zum Ende seines Lebens. 1998, als ein französischer Journalist namens Fabrizio Calvi zu einem Interview über Operation Gladio Wyatt in seinem Altersheim am kalifornischen Lake Tahoe besuchte, schnitt der ehemalige CIA-Agent plötzlich das Thema aus dem Nichts heraus an, als Calvi aufbrach. »Als er mich hinaus zu meinem Auto begleitete, hat Wyatt plötzlich gesagt: ›Wissen Sie, ich habe mich immer gefragt, was Bill Harvey wohl im November 1963 in Dallas wollte‹«, erinnerte sich Calvi. »Wie bitte?«, fragte der verblüffte Franzose, dem klar war, dass Harvey Anwesenheit in Dallas in jenem Monat extrem bemerkenswert war.

Wyatt erklärte, dass er einige Zeit vor dem Attentat Harvey zufällig in einem Flugzeug nach Dallas begegnet war, und als er seinen Boss fragte, wohin er fliege, habe dieser eine vage Antwort gegeben, in der Art: ›Ich bin hier, um zu schauen, was geschieht.‹«[39]

Als Calvi versuchte, das Gespräch zu vertiefen, beendete es Wyatt so abrupt, wie er es begonnen hatte, und verabschiedete sich. Calvi selbst erinnerte sich erst wieder Jahre später an Wyatts Bemerkungen.

»Ich wäre nicht überrascht zu erfahren, dass Harvey im November 1963 in Dallas war«, bemerkte der Ermittler des Attentats-Ausschusses Daniel Hardway, der mögliche CIA-Verbindungen zur Ermordung Kennedys untersuchen sollte, Jahre später. »Wir hielten Harvey von Anfang an für einen unserer Hauptverdächtigen. Er hatte alle entscheidenden Verbindungen: zum organisierten Verbrechen, zur CIA-Station in Miami, wo die Komplotte gegen Castro gesteuert wurden, zu anderen Hauptverdächtigen der CIA wie David Phillips. Wir versuchten, Harveys Reisegutscheine und Sicherheitsakte von der CIA zu bekommen, aber wir wurden immer abgeblockt. Allerdings stießen wir auf viele Memos, die nahelegten, dass er in dem Monat vor dem Attentat viel gereist war.« (Weitere rechtliche Schritte des Autors zur Erlangung von Harveys Reiseunterlagen von der CIA erwiesen sich als fruchtlos, trotz des Offenlegungsgesetzes von 1992, JFK Records Act, das alle Bundesbehörden verpflichtet, Dokumente im Zusammenhang mit der Kennedy-Ermordung freizugeben.)

CIA-Offizielle sprachen später über Harveys Zeit in Rom als trauriges Exil eines einstmals illustren Agenten – ein betrunkenes letztes Gefecht vor seinem beschämenden Austritt aus dem Dienst. Doch so sah Harvey selbst – oder sein Stellvertreter – sein römisches Zwischenspiel durchaus nicht. Harvey betrachtete sich noch als Mittelpunkt der Handlung, er kroch durch die kriminelle Unterwelt, häufte Waffenberge an, konspirierte mit Offizieren der italienischen Sicherheitskräfte – kurz, er tat alles, was für die Sache der Freiheit notwendig war. Was Wyatt anging, so sah er seinen Chef als gefährlichen Charakter, nicht als eine lächerliche Figur – ein Mann, den er immer in Verdacht hatte, eine zutiefst sinistre Rolle in der amerikanischen Geschichte gespielt zu haben.

Wenn bei Kennedys Aufenthalt in Rom im Hintergrund politische Intrigen brodelten wie nirgends sonst auf seiner Europatour, so war sein viertägiger Zwischenstopp in Irland Ende Juni 1963 für ihn die Etappe mit den stärksten Emotionen. Es gab keinen zwingenden politischen Grund für den Präsidenten, die Grüne Insel zu besuchen, wie ihm Kenny O'Donnell sagte, der zwar wie der Präsident ein irischstämmiger Bostoner, aber zugleich ein knallharter politischer Berater war. »Es wäre Zeitverschwendung. Du hast alle irischen Stimmen in diesem Land, die du je kriegen wirst. Wenn du nach Irland gehst, werden die Leute sagen, dass es eine Vergnügungsreise ist.«[40]

Doch in den Ohren des Präsidenten – der erschöpft war vom Trommelfeuer der Krisen des Kalten Kriegs und vom Aufruhr in seiner eigenen Administration – klang das genau so, wie er es haben wollte: eine Vergnügungsreise nach Irland.

Für Kennedy – dessen acht Urgroßeltern alle im Zuge der herzzerreißenden Entvölkerung der Insel unter britischer Kolonialherrschaft nach Boston ausgewandert waren – war Irland zugleich Heimkehr und Abschied. Als erster, obendrein irisch-amerikanischer US-Präsident, der die Insel besuchte, wurde Kennedy bei seiner Inseltour, auf der er die Häuser seiner Vorfahren besuchte, mit seinen wenigen verbliebenen irischen Verwandten Tee trank und Sandwiches mit kaltem Lachs aß, vom irischen Volk als einer der Ihren empfangen. Jung und Alt strömten auf die Straßen von Dublin und Galway und Cork und Limerick, jubelten und winkten mit amerikanischen Fähnchen und riefen »Gott schütze dich«, als seine offene Präsidentenlimousine mit einem strahlenden, im Fond stehenden Präsidenten langsam über das verwitterte Kopfsteinpflaster rollte. Schulkinder sangen »Danny Boy« und »The Boys of Wexford«, seine irischen Lieblingslieder. Auf der gerammelt vollen O'Connell Street in der Dubliner Innenstadt führte eine Gruppe von Nonnen für Kennedy spontan einen Freudentanz auf.

Der Secret Service hatte die örtlichen Sicherheitsleute gewarnt, dass Kennedy in sicherer Distanz vor den überschwänglichen Menschenmengen gehalten werden sollte, weil sein fragiler Rücken in dem Gedränge Schaden nehmen könne. Doch Kennedy selbst ignorierte seine Leibwächter und mischte sich unter die Trauben von Menschen, die ihn anfassten und umarmten und ihm auf den Rücken klopften. Statt ihn zu ermüden, war die Reise für Kennedy unverkennbar eine Verjüngungskur. Als der Präsident zu Beginn der Reise in Dublin eintraf, wo er und sein Tross logierten, wirkte er »sehr müde … und schien in sehr nachdenklicher Stimmung«, sagte Dorothy Tubridy, eine langjährige irische Freundin der Kennedy-Familie. »Aber mit jedem weiteren Tag wurde er glücklicher und entspannter.«[41]

»Von dem Augenblick an, da er [auf dem Shannon-Flughafen] aus dem Flugzeug stieg, war es Liebe auf den ersten Blick«, erinnerte sich Dave Powers später, Kennedys anderer unverzichtbarer Bostoner Ire. »Er verliebte sich in den vier Tagen immer mehr in Irland. Und das irische Volk verliebte sich in ihn … weil er einer der Ihren war. Er wusste es und sie wussten es. … Er war der Präsident der Vereinigten Staaten und er war einer von ihnen.«[42]

Irland war noch immer arm, immer noch durch Religion und die britische Herrschaft geteilt, exportierte immer noch seine Söhne und Töchter über den Ozean als Arbeiter und Hilfskräfte. Doch hier war John Fitzgerald Kennedy, ein leuchtendes Symbol der irischen Widerstandskraft und des Erfolgs, endlich zu ihnen zurückgekehrt. »Da war er, ein gutaussehender Mann, herrliche Zähne, volles Haar, schöne Frau und Kinder, ein wacher Geist – ein Ire *und* ein Katholik«, freute sich ein Dubliner Journalist, der über Kennedys majestätischen Besuch berichtete. »Er hätte irgendeiner unserer Cousins sein können.«[43]

Der Abstecher brachte Kennedys feinen, trockenen Witz zum Vorschein. Er schien bei jedem öffentlichen Ereignis lockerer zu werden. »Als mein Urgroßvater von hier fortging, um Böttcher in East Boston zu werden, hatte er nichts bei sich außer zwei Dingen: einen starken religiösen Glauben und einen starken Wunsch nach Freiheit«, sagte er vor einer Menge in der Hafenstadt New Ross, wo Patrick Kennedy sich hundert Jahre zuvor eingeschifft hatte, nur um zehn Jahre später an der Knochenarbeit in seiner neuen Heimat zu sterben und vier kleine Kinder zurückzulassen. Doch Kennedy besaß die irische Gabe, Trauer in Gelächter zu verwandeln. »Wenn er nicht gegangen wäre, hätte er dort drüben für die Albatros Company gearbeitet«, sagte er und zeigte in Richtung der örtlichen Düngemittelfirma, während die Menge in lautes Gelächter ausbrach. »Oder«, fügte Kennedy nach einer geübten Pause hinzu, »vielleicht für John V. Kelly«, ein örtlicher Pubbesitzer, was ihm weitere Lacher aus dem Publikum eintrug.[44]

In Wexford sagte Kennedy der Menge: »In Washington herrscht der Eindruck, dass es in Irland keine Kennedys mehr gibt, sondern alle in Washington sind, deshalb frage ich mich, ob sich irgendwelche im Publikum befinden.« Ein paar Arme reckten sich in die Luft. »Nun«, lächelte Kennedy, »dann bin ich froh, ein paar Cousins zu sehen, die nicht das Schiff genommen haben.«[45]

Doch Kennedy war sich des irischen Gefühls des Verlustes und der süßen Tragödie des Lebens höchst bewusst, und er entzückte das Publikum mit Versen irischer Dichtung, Bruchstücken auf Gälisch – der uneroberten Sprache – und Zitaten der literarischen Helden der Insel. Er hatte vor der Reise seine Hausaufgaben gemacht, viel gelesen und auswendig gelernt und war tief ins kulturelle Erbe Irlands eingetaucht. Er wusste, dass Worte der Schlüssel zum Herzen der Nation waren. Im Februar, als er seine Irlandreise vorbereitete, hatte Kennedy die Clancy Brothers eingeladen, eine populäre irische Sängergruppe, um im Weißen Haus aufzutreten. Die Folkband beendete all ihre Konzerte mit einem traditionellen Trinklied mit dem Titel »The Parting Glass« (»Das Abschiedsglas«) – eine schmerzlich schöne Weise, die all die vielen irischen Abschiede durch die Jahre hindurch einfing.

Als Kennedy die Grüne Insel bereiste, trug er jenes einzigartige irische Gespür in sich, jenes tiefe Wissen um die Unausweichlichkeit und Erhabenheit des Scheiterns – und den unstillbaren Drang, dem eigenen Schicksal zum Trotz weiterzumachen. »Er wäre nie Präsident geworden, wenn er nicht Ire gewesen wäre«, schrieb Jackie Kennedy später Éamon de Valera, dem achtzigjährigen irischen Präsidenten und legendären Rebellenführer, der Kennedy bei seinem Besuch beherbergt hatte. »Die ganze Geschichte Ihres Volkes ist ein langes Streben, Hindernisse zu überwinden. Er spürte die Last auf sich als junger Ire in Boston – und es gab so viele Hindernisse in seinem Leben: seine Religion, seine angeschlagene Gesundheit, seine Jugend. Er kämpfte gegen jedes, seit er ein Junge war, und ewig strebend wurde er schließlich Präsident. Er war sich seines Erbes so sehr bewusst – und so stolz darauf.«[46]

Zu O'Donnell und Powers sagte Kennedy später im Rückblick auf die Reise, der emotionale Höhepunkt sei für ihn der Besuch von Arbour Hill gewesen, der geheiligten Stätte des irischen Volks. Hier hatte man die Führer des Osteraufstands von 1916, die von den Briten im Kilmainham-Gefängnis hingerichtet worden waren, zur letzten Ruhe gebettet. Kennedy, der einen Kranz auf ihre Gräber legte, war das erste ausländische Staatsoberhaupt, das die Märtyrer des irischen Nationalismus ehrte. Es war ein ergreifender Augenblick, als die irische Armeekapelle Chopins Trauermarsch und einen traurigen Folksong namens »Flowers of the Forest« spielte, wobei der junge irisch-amerikanische Präsident schweigend neben dem gebrechlichen, halbblinden de Valera stand, dem als junger Rebellenführer im Kilmainham-Gefängnis ebenfalls die Henkersschlinge gedroht hatte.

Kennedy war von der Geschichte des Aufstands des kleinen Irlands gegen das mächtige britische Reich fasziniert und wurde nicht müde, während seiner Reise de Valera zu seiner Rolle bei der Rebellion auszufragen. Wie hatte de Valera dem Schicksal der anderen Rebellenanführer entgehen können, wollte Kennedy wissen. Nur weil er in New York geboren sei, erwiderte der irische Präsident, und die Briten – eifrig bemüht, die Amerikaner zum Eintritt in den Ersten Weltkrieg zu bewegen – ihren wichtigen Verbündeten nur ungern vor den Kopf stoßen wollten. »Aber es gab viele Male, wo der Schlüssel in meiner Zellentür umgedreht wurde und ich dachte, dass mein Stündchen geschlagen hatte«, erzählte der alte Mann.[47]

Nachdem er den Kranz auf Arbour Hill niedergelegt hatte, hielt John F. Kennedy vor dem irischen Parlament eine im nationalen Fernsehen übertragene Ansprache. Die Rede machte klar, wo Kennedys Sympathien im langen Kampf um Irlands Unabhängigkeit lagen – der Kampf, der in Nordirland weiterging, wo die Briten noch immer die Herrschaft ausübten. Das unbezwingbare Volk von Irland habe die Welt inspiriert, sagte Kennedy der Versammlung. »Denn jede Nation weiß, dass Irland das erste der kleinen Länder im 20. Jahrhundert war, das seinen Kampf um Unabhängigkeit gewonnen hat.« Indem es sich gegen »Fremdherrschaft erhob, ist Irland zum Beispiel und zur Inspiration jener geworden, die endlose Jahre der Unterdrückung erduldet haben«.[48] Kennedy hatte – unmittelbar nach seiner Rede in Berlin – zweifellos die sowjetisch beherrschten Völker Osteuropas im Sinn. Aber seine Worte waren auch ein Widerhall seiner Freiheitsrhetorik in früheren Reden über die antikolonialen Kämpfe in Vietnam und Algerien.

Wie Schlesinger bemerkte, weckten Kennedys Reden die Kräfte der Freiheit auf der ganzen Welt. In Irland elektrisierte sein Besuch eine neue Generation, die um die Befreiung von der mittelalterlichen Vorherrschaft der katholischen Kirche und die Überwindung jahrhundertelanger kolonialer Rückständigkeit rang. Später, 1965, als er an seinen Erinnerungen über das Weiße Haus arbeitete, hämmerte Schlesinger eine beiläufige Bemerkung in seine Schreibmaschine, in der er die einzigartige weltweite Ausstrahlungskraft der Kennedy-Aura einfing: »JFK erreichte eine Amerikanisierung der Welt, die weit tiefer & subtiler war als alles, was sich JFD [John Foster Dulles] je erträumt hatte – nicht eine Welt, die amerikanisiert wird im Sinne einer Übernahme der Plattitüden & Großspurigkeiten des freien Unternehmertums, sondern eine Welt amerikanisiert in den Wahrnehmungen & Rhythmen des Lebens. JFK eroberte den Trm der Jgnd [*sic*]; er durchdrang die Welt, wie Jazz sie durchdrang, wie Bogart und [J. D.] Salinger und Faulkner sie durchdrangen; nicht die Welt der Staatskanzleien, sondern die untergründige Welt der Fantasie & Hoffnung.«[49]

Aber wenn Kennedys Präsidentschaft Träume weckte, so löste sie andererseits auch Angst aus und rief reaktionäre Kräfte auf den Plan. Für das Establishment des Kalten Kriegs und andere Bastionen der alten Garde war Kennedy nicht das charismatische Symbol des Wandels, sondern eine massive Bedrohung. Es war zu diesem Zeitpunkt seiner umkämpften Präsidentschaft klar, warum Kennedy von den Legenden der irischen Märtyrer so begeistert war. Ihr Tod war die Vorwegnahme seines eigenen. Als er sich auf die Irlandreise vorbereitete, war Kennedy dem Zauber eines irischen Gedichts über einen gefallenen Anführer bei den Alten namens Eoghan Ruadh O'Neill verfallen und rezitierte die Verse so oft im Weißen Haus, dass sie den Mitgliedern seines Stabs im Gedächtnis blieben.[50] Das Gedicht von dem irischen Patrioten und Dichter Thomas Davis aus dem frühen 19. Jahrhundert, der selbst im jungen Alter von dreißig starb, war eine Klage um einen geliebten, ermordeten Führer, vergiftet von heimtückischen Agenten britischer Niedertracht.

Soft as woman's was your voice, O'Neill! Bright your eye,
O! why did you leave us, Eoghan? Why did you die?
Your troubles are all over, you're at rest with God on high,
But we're slaves, and we're orphans, Eoghan! – why did you die?
(Sanft wie eine Frau war deine Stimme, O'Neill! Strahlend dein Blick,
Ach!, warum hast du uns verlassen, Eoghan? Warum starbst du?
Deine Sorgen sind nun vorbei, du ruhst bei Gott in der Höhe,
Aber wir sind Sklaven und wir sind Waisen, Eoghan! – warum starbst du?)

Kennedys Reise in das Land seiner Vorfahren war eine Feier, aber zugleich eine Trauerklage. Eine melancholische Note schwebte über den Zeremonien, ein Gefühl vergangenen und kommenden Verlustes selbst dort, wo Kennedy bestrebt war, die Stimmung zu heben. An seinem letzten Tag in Irland, als er sich von einer Menschenmenge in Limerick verabschiedete, versprach Kennedy »im Frühling« wiederzukommen – dasselbe Versprechen, das Millionen von jungen irischen Frauen und Männern abgegeben hatten, die hier beim Aufbruch zu fernen Gestaden ihre Liebsten zurückgelassen hatten.

Kennedys Tage in Irland waren die glücklichsten seiner Präsidentschaft. »Die Reise bedeutete ihm mehr als jede andere in seinem Leben«, schrieb Jackie Präsident de Valera nach dem Tod ihres Mannes. »Ich werde meine Kinder zu so stolzen Iren erziehen, wie er einer war. … Wann immer sie etwas Schönes oder Gutes sehen, werden sie sagen: ›Das muss irisch sein.‹«

Jackie, die zu dieser Zeit schwanger war, hatte Kennedy nicht auf die Reise begleiten können. Doch sie schrieb de Valera wie einem Blutsverwandten, als würde sie den alten irischen Staatsmann seit langen Jahren kennen. »Ich weiß, wir waren alle so gesegnet, ihn so lange zu haben, wie es dauerte«, schloss sie den Brief, »aber ich werde nie verstehen, warum Gott ihn jetzt zu sich nehmen musste.«[51]

18 Das große Ereignis

Anfang Oktober 1963 schickte Dulles ein signiertes Exemplar seines neuen Buches mit dem Titel *Im Geheimdienst* an Arthur Schlesinger, um es Präsident Kennedy zu geben. Schlesinger fand die Widmung, die Dulles hineingekritzelt hatte, »ein bisschen lahm«.[1] Mittlerweile hatte der Historiker des Weißen Hauses durchschaut, was er später als Dulles' »falsche Bonhomie« beschrieb. Doch bemüht, weiterhin höfliche Beziehungen zur CIA-Schar aufrechtzuerhalten, um seinetwillen und um des Präsidenten willen, verfasste er einen »annehmbaren« Dankesbrief, den Kennedy an Dulles schicken konnte und der mit den vage aufmunternden Worten schloss: »Ich hoffe, Sie werden recht bald einmal wieder vorbeischauen und mich besuchen.« Als er den Brief überflog und unterschrieb, sagte der Präsident zu Schlesinger: »Das ist eine gute rooseveltsche Zeile.« Es war Schlesinger nicht aufgefallen, aber ihm war sofort klar, dass Kennedy recht hatte. Der Brief, den er Dulles geschrieben hatte, erinnerte in der Tat an Franklin D. Roosevelt, einen Meister der höflichen Zurückweisung.

Dulles' Buch wurde von seinem Freund publiziert, Cass Canfield, dem legendären Verleger von Harper & Row. Dulles würzte es zwar mit ein paar farbigen Spionagegeschichten, doch im Wesentlichen war es ein Argument für die Art von aggressivem Geheimdienst-Establishment, das er aufgebaut hatte. Er zeichnete ein düsteres Bild vom Spionageschlachtfeld des Kalten Kriegs, wo Sowjetagenten die finstersten Mittel anwandten, um den Sieg zu erringen, während ihre westlichen Widersacher – behindert durch den Umstand, in offenen, demokratischen Gesellschaften operieren zu müssen – gezwungen waren, sich an zivilisiertere Spielregeln zu halten. Der sowjetische Spion sei »ganz und gar durchdrungen von den politischen und philosophischen Glaubenssätzen des Kommunismus und der aus diesem Glauben stammenden Überzeugung, dass der Zweck die Mittel heiligt…«, schrieb Dulles.[2] Die politische Führung der USA, bemerkte er mit einem weiteren Schlag gegen die Kennedy-Philosophie der friedlichen Koexistenz, scheute unterdessen vor der Schonungslosigkeit sowjetischen Stils zurück, und Schuld daran sei »[u]nser Wunsch, ›geliebt‹ zu werden«.[3]

Dulles' Buch *Im Geheimdienst* war ein eigentümlicher Blick in den Spiegel. Viele der extremen Maßnahmen, die Dulles der sowjetischen Spionage vorwarf, waren tatsächlich übliche Vorgehensweisen der CIA, darunter »geheime Morde« als politische Waffe. Dulles zufolge hatte der sowjetische Spionagedienst KGB eine »Exekutivabteilung« zur Ermordung von Staatsfeinden gebildet. Genau das also, was Dulles selbst bei der CIA getan hatte.

Dulles brandmarkte noch ein weiteres eklatantes Beispiel des »kaltblütigen Pragmatismus« der Sowjets: die »massive Anwerbung« von Nazikriegsverbrechern »für die Spionagetätigkeit«.[4] Dies aus dem Mund des Mannes, der Reinhard Gehlen und unzählige andere Handlanger Hitlers gerettet hatte – ja tatsächlich geholfen hatte, den westdeutschen Nachrichtendienst aus den vergifteten Überresten des Dritten Reichs aufzubauen –, war von solcher Unverfrorenheit, dass der Vorwurf im Kreml gewiss heulendes Gespött auslöste.

Dulles war ein solcher Meister der »Kunst der Spionage«, dass er manchmal seinen eigenen Lügen auf den Leim zu gehen schien. 1965 gab er John Chancellor von NBC News ein bemerkenswertes Interview für eine TV-Sendung, die im Titel Aufklärung über »die geheime Wissenschaft der Spionage« versprach (*The Science of Spying*), jedoch eher um die Moral der CIA kreiste. Chancellor sprach mit Dulles in dessen Arbeitszimmer in Georgetown, wo der pensionierte Agentenführer gewöhnlich seinen kunstvoll zurechtgelegten, von seinen regelmäßigen Interviewern gewöhnlich kritiklos aufgesogenen Unsinn auftischte. Doch Chancellor brachte einen skeptischeren Ton in die Unterhaltung mit Dulles als andere Reporter, und der Alte sah sich genötigt, sich stärker zu rechtfertigen als gewöhnlich. Operierte die CIA auf einem höheren moralischen Niveau als der KGB?, fragte Chancellor. Gewiss doch, erwiderte Dulles. Die sowjetische Spionagebehörde sei »eine der finstersten Organisationen, die je gebildet wurden. ... Soweit ich weiß, führen wir keine Ermordungen oder Entführungen oder Dinge dieser Art durch. Soweit ich weiß, haben wir das nie getan.«[5]

Folglich, fuhr Chancellor fort, hatte sich Dulles selbst an »moralische Standards« gehalten, als er noch Direktor der CIA war? Dulles hielt kurz inne, und ein kalkulierender Blick huschte über sein Gesicht. Dann lehnte er sich vertraulich in die Kamera vor. »Ja, das habe ich – und warum? Weil ich nicht glaube ... angesichts des Kalibers der Männer und Frauen, die für mich gearbeitet haben ... ich wollte sie nicht bitten, etwas zu tun, das *ich selbst* nicht getan hätte.« Als hätte er Chancellors Gedanken gelesen, fühlte sich Dulles gehalten, seinen persönlichen Sinn für Moral noch weiter zu verteidigen. »Alles, was ich sagen kann«, fuhr er fort, »ist ... das .. äh ... ich der Sohn eines Pfarrers bin, und als Presbyterianer erzogen wurde. Vielleicht als Calvinist – vielleicht hat mich das zu einem Fatalisten gemacht, ich weiß nicht. Aber ich *hoffe*, dass ich einen vernünftigen moralischen Standard hatte.«

Bei Gelegenheit gab Dulles Journalisten kurze Einblicke in die dunklere Wahrheit der CIA, nur um ihnen sofort wieder etwas vorzumachen. Als der Washingtoner Kolumnist Andrew Tully ihn für sein 1962 erschienenes Buch befragte, das versprach, »hinter die Kulissen« des Geheimdienstes zu schauen, fragte er die Spionagelegende, was seine Organisation unternehmen würde, wenn ein ausländischer Agent die Sicherheit der Vereinigten Staaten bedrohte. »Wir würden ihn töten«, erwiderte Dulles nüchtern. Aber dann nahm sein Gesicht einen leutseligen Ausdruck an, und er versicherte Tully, dass diese Frage hypothetisch sei und er sich »überhaupt nicht vorstellen« könne, dass sich ein solches unschönes Szenario wirklich ereignen könnte.[6]

Als Cass Canfiel Dulles bat, ein Buch zu schreiben, in dem er aus seiner langen Karriere als Geheimer schöpfte, blieb Dulles zunächst vage und erwiderte dem Verleger: »Zunächst einmal muss ich mich erst selbst überzeugen, dass ich die Eignung und Fähigkeiten besitze, wirkungsvoll zu schreiben, da ich nicht sonderlich an ›Schreiber‹ glaube«[7] – noch eine nicht gerade wahrheitsgemäße Aussage, denn Dulles verließ sich bei der Abfassung seiner Bücher, Artikel und Reden immer auf andere, darunter CIA-Mitarbeiter und Aktivposten in der Presse. Dulles war zwar pensioniert, doch *Im Geheimdienst* war ein Projekt der Behörde, das sich auf die Schreibkünste von Howard Hunt, Howard Roman und den freundlich gesinnten Reporter Charles Murphy vom Magazin *Forbes* stützte, ebenso wie auf die Recherche und redaktionellen Fähigkeiten des CIA-Topauswerters Sherman Kent sowie Dulles' ehemalige rechte Hand Frank Wisner, der bereits 1962 wegen zunehmender mentaler Probleme aus dem Dienst ausgeschieden war. Dulles machte sich auch seine ausgedehnten akademischen Kontakte zunutze wie W. Glenn Campbell von der Hoover Institution in Stanford, der ihm bereitwillig Zugang zu seinem umfassenden Archiv über die kommunistische Bedrohung gab. Kent schlug auch vor, Dulles solle seine »starken Bande nach Princeton dienstbar machen« und den langjährigen Dekan der Princetoner Geschichtsfakultät Joseph Strayer »beschwatzen«, den historischen Abschnitt in Dulles' Buch über die mittelalterlichen Ursprünge der Spionage zu schreiben.[8]

Dulles unterhielt so enge Beziehungen zur Welt der Medien, dass die freundliche Aufnahme von *Im Geheimdienst* fast sicher war, als das Buch 1963 erschien. Die *Washington Post* feierte das, was wenig mehr als eine vorhersagbare Tirade des Kalten Kriegs war, als »eines der faszinierendsten Bücher unserer Zeit«. Der Kritiker der *New York Times* fand einen cleveren Weg, das Buch zu preisen, das sehr wenig von Dulles' eigentlichem Spionagehandwerk offenbarte, indem er seine »brillant selektive Offenheit« lobte.[9] Diese Kritik enthielt noch weitere klappentexttaugliche Zitate für das Buch, wie etwa: »Hier gibt es genügend Material von Schnüffeleien auf atemlos hohem Niveau, um Helen MacInnes und Ian Fleming mit der Abfassung aller möglichen Thriller beschäftigt zu halten« – ein absurd übertriebener Kommentar angesichts des kalkuliert harmlosen Inhalts des Buches.

Dulles unterhielt mit der Führung und den Redakteuren der *New York Times* eine viele Jahre währende herzliche Beziehung. Als er CIA-Direktor wurde, gratulierte der Geschäftsführer der Zeitung, Julius Ochs Adler – »Julie«, wie Dulles ihn liebevoll nannte – seinem Freund »Allie« von Herzen. Der Manager versicherte Dulles, seine Ernennung sei »die beste Nachricht, die ich seit langem gehört habe«.[10]

Wenn Dulles irgendeiner Versicherung bedurft hätte, dass er auch nach seinem Ausscheiden aus der CIA ein mächtiger Spieler geblieben war, so erhielt er sie bei der Veröffentlichung von *Im Geheimdienst*. Gefeiert von führenden Publikationen, wurde das Buch sofort zum Bestseller und trug ihm Einladungen zu Vorträgen an der ganzen Ostküste ebenso wie aus Kalifornien ein. Dulles wurde auch nach Texas eingeladen, wo er sich zwischen dem 25. und 29. Oktober mit alten Freunden in Houston und Dallas traf und vor dem Dallas Council on World Affairs sprach.

Der ehemalige Geheimdienstchef nutzte seine Vortragsengagements und seine Ferien häufig als Deckmantel für ernste Unternehmungen, und sein Abstecher nach Texas trägt alle Züge eines solchen Vorgehens. Sein Aufenthalt in Texas sticht als Anomalie in einer im Übrigen von Auftritten an den beiden Küsten beherrschten Buchtour heraus. Der Terminkalender während seiner Texasreise ließ typischerweise so viel aus, wie er offenbarte, mit großen Lücken zwischen den Terminen während seines Aufenthalts dort. Dulles war gut mit der texanischen Erdölindustrie verknüpft – für die seine Anwaltskanzlei Sullivan & Cromwell viele Jahre tätig gewesen war –, ebenso wie mit der politischen Hierarchie, darunter dem Bürgermeister von Dallas Earle Cabell, dem jüngeren Bruder seines ehemaligen CIA-Stellvertreters Charles Cabell, wie er ein Opfer von Kennedys Hausputz nach dem Schweinebuchtdesaster. Angesichts des in einigen Wochen stattfindenden Kennedy-Besuchs in Texas war der Präsident ein heißes Thema in diesen Kreisen.

Dulles' äußerst kritische Ansichten zur Kennedy-Präsidentschaft wurden von Leuten in seinem texanischen Milieu geteilt, wo der Mann im Weißen Haus weithin als gefährlich schwacher Staatschef gesehen wurde. E. M. (Ted) Dealey, der reaktionäre Verleger der *Dallas Morning News*, hielt so wenig von Kennedy, dass er ihn einmal bei einem Mittagessen im Weißen Haus vor einer Gruppe texanischer Verleger beschimpfte. »Wir können Russland auslöschen, und das sollten Sie der sowjetischen Regierung klarmachen«, belehrte Dealey den Präsidenten. »Die allgemeine Meinung an der Basis in diesem Land ist, dass Sie und Ihre Administration schwache Schwestern sind. Wir brauchen einen Mann im Sattel, der diese Nation führt, und viele Leute in Texas und im Südwesten glauben, dass Sie das Dreirad von [Ihrer Tochter] Caroline fahren.«

Der kühle Kennedy ließ seiner Wut nicht in öffentlichen Versammlungen freien Lauf. Aber er fixierte Dealey – dessen Familienname den Platz zierte, auf dem er sterben würde – mit strengem Blick. »Der Unterschied zwischen Ihnen und mir, Mr. Dealey«, erwiderte Kennedy in seinem eisigsten Bostoner Staccato, »ist, dass ich der gewählte Präsident dieses Landes bin und Sie nicht. Ich trage die Verantwortung für das Leben von 180 Millionen Amerikanern, Sie nicht. … Es ist leichter, über Kriege zu reden, als sie auszutragen. Ich bin genauso hart wie Sie – ich bin nicht wegen meiner schwachen Urteilsfähigkeit zum Präsidenten gewählt worden.«[11]

Die texanischen Ölleute waren auch wütend auf Kennedy, weil er sich anschickte, ihre Steuerschlupflöcher zu stopfen, insbesondere die Möglichkeit, die Gewinne aus der Ölförderung mit dem damit einhergehenden Wertverlust der Quelle zu verrechnen, was die Ölleute Millionen – vielleicht Milliarden – von Dollar Einbußen pro Jahr kosten konnte. Ein derartiger Unsinn des Staates wäre in den Eisenhower-Dulles-Jahren undenkbar gewesen. Als Vizepräsident sollte Lyndon B. Johnson – ein gebürtiger Texaner – sicherstellen, dass der Mann im Weißen Haus nicht ihren Reichtum anrührte. Aber im Herbst 1963 war der einst mächtige Johnson – der ehemalige Mehrheitsführer im Senat und Meister der Hinterzimmerabsprachen – eine verblassende Figur in Washington, unfähig, für die Ölbarone zu sorgen, die ihm den Weg zur Macht geebnet hatten. »Er hatte versprochen, sie zu beschützen«, sagte Edward Clark, ein Anwalt der Ölindustrie, »und er konnte es nicht einlösen. Er konnte es nicht *einlösen*!«[12]

Kennedy hatte Johnson 1960 in sein Präsidentschaftsgespann geholt, um den Süden zu gewinnen. Doch als die Wahl von 1964 näher rückte, hatte Johnson so viel von seiner Macht südlich der Mason-Dixon-Linie verloren – weitgehend wegen seiner unterwürfigen Rolle in Kennedys linksliberaler, sich für die Bürgerrechte stark machenden Präsidentschaft –, dass er nicht einmal mehr sicher seinen Heimatstaat gewinnen würde. Da der Süden für Kennedy zunehmend verloren zu gehen drohte, wurde es immer wichtiger, Staaten im Norden und Westen zu sichern, die 1960 an Nixon gegangen waren. Johnson sah immer weniger wie ein attraktiver Vizepräsidentschaftskandidat aus, anders als jemand wie Gouverneur Pat Brown aus Kalifornien. Am 13. November 1963, als Kennedy seine erste wichtige Strategiesitzung für die Wahl von ’64 im Weißen Haus abhielt, wurden weder Johnson noch sein Stab eingeladen. Der zunehmend panische Vizepräsident nahm dies als weiteres Zeichen, dass die Kennedys dabei waren, ihn vom nächsten Wahlkampfgespann der Demokraten auszuschließen.

Wenn die Kennedys wirklich vorhatten, Johnson loszuwerden, bot sich ihnen in jenem Herbst eine perfekte Gelegenheit durch einen aufkommenden Skandal in Washington, in den Robert Baker verstrickt war, der Mehrheitssekretär des Senats, der Johnson lange als Lobbyist, Erpresser, Botenjunge und Zuhälter gedient hatte. Im September tauchten grelle Geschichten über Bakers weites Korruptionsnetz in der Presse auf – darunter der Bestechungsgeldfonds des Wahlkampfs und »Partyhäuser« auf dem Kapitol mit vollbusigen, alle ausgefallenen sexuellen Wünsche erfüllenden Prostituierten, mit denen sich Baker die Loyalität Washingtoner Politiker erkaufte. Die erregenden Enthüllungen führten bald zu Johnson, von dem jeder wusste, dass er Bakers Marionettenspieler war. Baker, der in der Presse als Johnsons »Protegé« und »Klein-Lyndon« tituliert wurde, trat von seinem Senatsamt zurück, als sich der Skandal ausweitete, in der Hoffnung, den Mann zu beschützen, den er sklavisch als »den Führer« bewunderte. Doch die Hitze unter Johnson wurde nur noch größer, und bald war der Vizepräsident überzeugt, dass es sein langjähriger Quälgeist Bobby Kennedy war, der die Flammen schürte, indem er die Presse mit abträglichen Informationen fütterte.

Lyndon Johnson trat zu den Vorwahlen um die demokratische Präsidentschaftsnominierung von 1960 mit großspuriger Selbstgewissheit an. Seit er 1955 Mehrheitsführer geworden war, hatte er den US-Senat geführt wie ein persönliches Lehen. Er war der Macher und Motor der Partei, der Leitwolf des demokratischen Rudels von 1960, und er war zuversichtlich, dass ihm die Nominierung sicher war. Selbst als er durch Kennedys Wahlkampf – unter der listigen Leitung Bobbys – in jenem Juli auf dem Konvent der Demokraten in Los Angeles ausmanövriert wurde, schwor Johnson, nicht aufzugeben und sich nicht mit der Position des Vizepräsidenten zu begnügen. »Hand aufs Herz«, sagte er seinen Freunden in Los Angeles, den allgegenwärtigen Henry und Clare Boothe Luce, »ich würde nicht in [JFKs] Team eintreten, wenn er mich auf Knien darum bitten würde«.

Monate später, im VIP-Bus zu Kennedys Amtseinführungsball, saß Clare neben Johnson und stichelte, dass er sich am Ende doch mit dem zweiten Platz begnügt hatte. »Sag die Wahrheit, Lyndon«, lächelte sie boshaft, »wie hat es sich für den prahlerischen Texaner angefühlt, auf dem hinteren Rang zu sitzen?« Der große Mann lehnte sich nahe zu ihr und flüsterte: »Clare, ich hab nachgesehen. Einer von vier Präsidenten ist im Amt gestorben. Ich bin ein Spieler, Darling, und das ist die einzige Chance, die ich habe.«[13] Es war ein weiteres Beispiel für Johnsons kruden

Humor. Aber es offenbarte auch eine dunklere Seite an dem Mann. Er *war* sich der präsidentiellen Sterberate unzweifelhaft äußerst bewusst.

1963 war es jedoch Johnson, der wie ein Geist umherspukte: ein einstmals gebieterischer Mann, dessen Zukunft mit jedem Tag trüber aussah – und er wusste es. Im März berichtete Joseph Alsops stets dienliche Frau, Susan Mary Alsop, Schlesinger, dass Johnson ihrem Ehemann sein Herz ausgeschüttet habe, als der Kolumnist »*a trois* mit Lyndon und [dessen Gattin] Lady Bird dinierte«. Laut Alsops Frau »war Lyndon sehr düster und verbittert über seine Frustrationen und Aussichten«. Nachdem er die Dinner-Beichte in seinem Tagebuch festgehalten hatte, fügte Schlesinger seine eigene Beobachtung über Johnson hinzu: »Er ist wirklich erstaunlich in den Hintergrund getreten und wandert unglücklich umher, ein geisterhafter und vorzeitiger Elder Statesman.«[14] Johnson begann sogar körperlich zu verblassen, als die Monate ins Land gingen, und verlor so viel Gewicht, dass seine Jacketts locker an den Schultern herabzuhängen begannen und seine Augen tiefer die in die Augenhöhlen zu sinken schienen.

Im Januar 1963, nachdem er einer inspirierenden Rede von Bobby Kennedy bei den National Archives zur Feier des hundertsten Jahrestags der Emanzipationsdeklaration Lincolns zur Abschaffung der Sklaverei gelauscht hatte, schob der Bürgerrechtsanwalt Joseph Rauh Schlesinger eine Notiz zu. »Armer Lyndon« stand darauf. Als Schlesinger ihn fragte, was er meine, erwiderte Rauh, ein Anhänger des linken Flügels der Demokratischen Partei: »Lyndon muss bewusst sein, dass er am Ende ist. Bobby wird der nächste Präsident.«[15]

Die Kennedys hatten den prahlerischen Johnson in eine nutzlose Figur verwandelt. Johnson drückte es mit einer seiner denkwürdigen rustikalen Metaphern aus. »Vizepräsident, das ist, als wäre man ein kupierter Hund«, sagte er seinem alten Mentor, dem ehemaligen Sprecher des Repräsentantenhauses Sam Rayburn.[16] Er wusste, dass er der Außenseiter in der glamourösen, von Elite-Uni-Absolventen gepflegten Welt der New Frontier war. »Sie versuchen, einen Hinterwäldler aus mir zu machen«, beklagte er sich bei Scotty Reston von der *New York Times*. Und, wie gewöhnlich, fokussierte er seine Verbitterung auf Bobby Kennedy, den er – nicht ohne Grund – beschuldigte, ihn zu isolieren und herabzusetzen. »Bobby symbolisierte alles, was Johnson hasste«, bemerkte der Kennedy-Berater Richard Goodwin, der später in Johnsons Weißem Haus arbeitete. »Er wurde ein Symbol für alles, was Johnson nicht war … mit diesen Eigenschaften von Reichtum und Macht und Ungezwungenheit und Ostküsteneleganz; während Johnson sich immer als den Burschen sah, den man als ungebildet, unhöflich und grob betrachtete. Sie lachten hinter seinem Rücken über ihn. Ich glaube, er spürte das alles.«[17]

Es war eine demütigende Position, in der sich Lyndon Johnson da befand – ein pathologisch ehrgeiziger Mann mit einem Ego, das ebenso gewaltig wie zerbrechlich war. Und doch sollte alles noch schlimmer kommen für den Vizepräsidenten, als Kennedy sich auf seinen Besuch von Johnsons Heimatstaat im November vorbereitete. Am 14. November, dem Tag nach der Strategiesitzung im Weißen Haus zum Wahlkampf 1964, bestätigte der Präsident in einer Unterhaltung mit seiner Sekretärin vertraulich, dass Johnson nicht zum Wahlkampfgespann gehören würde. Der Präsident erzählte ihr, dass er in seiner zweiten Amtszeit große Reformen plane, und um seine ehrgeizige Agenda umzusetzen, brauche er einen Vizepräsidenten, »der daran glaubt, wie ich es tue«. Kennedy teilte Lincoln mit, dass er zu Terry Sandford neige, dem jungen, moderaten Gouverneur des Wechselstaats North Carolina. »Aber es wird nicht Lyndon sein«, fügte er hinzu.[18]

Richard Nixon, der seine eigene »Weg-mit-Nixon«-Bewegung überstanden hatte, als 1956 Eisenhowers Wiederwahlkampagne näher rückte, hatte eine äußerst feine Antenne für Johnsons wachsende Demütigung. Nixon war der erste bedeutende Bundespolitiker, der Johnsons quälende Angst ansprach – und mit typischer Durchtriebenheit wählte er als Ort dafür Johnsons eigenen Hinterhof. Nixon tauchte am 21. November 1963 in Dallas auf, am Tag bevor Kennedys Präsidententross in der Stadt eintreffen würde. Er hatte geschäftlich in Dallas zu tun – er kam zu einer Sitzung der Pepsi Cola Company, ein Klient seiner New Yorker Anwaltskanzlei –, aber gerne nahm er die Gelegenheit wahr, ein wenig Unruhe in der örtlichen Politik zu stiften, indem er seine Voraussagen mit der Lokalpresse teilte. Lyndon Johnson sei eine »politische Bürde« geworden, sagte Nixon texanischen Reportern, und wenn die kommende Präsidentschaft nahe, würde Kennedy nicht zögern, ihn fallenzulassen, prophezeite er.[19]

Nixons Voraussage, die am 22. November an prominenter Stelle in den *Dallas Morning News* prangte, war ein weiterer Schlag für Johnsons Ego. Aber er hatte noch größere Sorgen. Später an jenem Morgen war eine Sitzung eines Teams investigativer Journalisten von *Life* in den New Yorker Büros des Magazins anberaumt, um eine genauere Untersuchung von Johnsons Verstrickung in den Korruptionsskandal um Robert Baker in die Wege zu leiten. William Lambert, der Rechercheleiter, war sich sicher, dass es sich um eine explosive Geschichte handelte, die den Vizepräsidenten zu Fall bringen konnte. »Dieser Bursche sieht für mich wie ein Bandit aus«, sagte er dem Redaktionsleiter George Hunt: Johnson habe sein öffentliches Amt missbraucht, um ein Vermögen anzuhäufen, Geld und Konsumgüter gegen Gefälligkeiten angenommen und sogar einen Versicherungsmanager unter Druck gesetzt, ihm eine teure Stereoanlage zu schenken, die seine Frau haben wollte.[20] Johnson, wie

Robert Baker später kommentierte, war »immer auf der Suche nach diesem oder jenem Groschen«.

Tatsächlich sollte der Versicherungsmanager – Don Reynolds – in einer weiteren Sitzung am 22. November, einer geschlossenen Tagung des Satzungsausschusses des Senats, über Johnsons schäbigen Einflusshandel aussagen. Die beiden Sitzungen – die eine in New York, die andere in Washington – hätten wahrscheinlich das politische Schicksal von Lyndon Baines Johnson besiegelt, wären sie nicht von den Ereignissen in Dallas an jenem Tag überschattet worden.

Lyndon Johnsons Tage als Vizepräsident mochten gezählt sein, aber er war in Washington nicht von allen verlassen. Während Johnson rasch die Gunst der Kennedy-Regierung verlor, hatte er es geschafft, die Unterstützung von vielen Schlüsselfiguren des nationalen Sicherheitsestablishments zu behalten. Johnson war lange die dominante politische Figur in einem Bundesstaat mit boomender Verteidigungs- und Luftfahrtindustrie gewesen und unterhielt lang kultivierte Beziehungen zu Generälen und hochrangigen Leuten aus dem Nachrichtendienst.

Zu Beginn der Kennedy-Präsidentschaft hatte Johnson einen seltsamen Griff nach der Macht unternommen, als er versuchte, den Präsidenten zu bewegen, ihm außerordentliche Aufsichtsbefugnisse über den gesamten Sicherheitsapparat des Landes zu gewähren, einschließlich des Verteidigungsministeriums, der CIA, des Außenministeriums und des Office of Civil and Defense Mobilization. Kennedy machte sich nicht einmal die Mühe, auf Johnsons Manöver zu reagieren, und ignorierte den von Johnson zur Unterzeichnung ins Oval Office geschickten Exekutiverlass mit Begleitbrief schlicht. Doch Johnsons Machtpoker mit dem »Exekutiverlass« wurde im Weißen Haus nie vergessen. Selbst ein Freund Johnsons – der langjährige demokratische Präsidentenberater Jim Rowe – war »entgeistert«, als Johnson ihm den vorgeschlagenen Erlass zeigte, und nannte ihn »offen gesagt, das vermessenste Dokument, das je ein Vizepräsident seinem Präsidenten geschickt hat«.[21] Trotz der Zurückweisung durch das Weiße Haus pflegte Johnson während Kennedys Herrschaft weiterhin besondere Beziehungen zu den Falken der nationalen Sicherheit, machte sich häufig ihre aggressiven Positionen zu Kuba und anderen Brandherden zu eigen und stach Informationen über politische Entwicklungen im Weißen Haus an seine Kontaktleute im Pentagon und in der CIA durch.

Dulles gehörte zu jenen, die herzliche Beziehungen zum Vizepräsidenten unterhielten, selbst als die Sterne beider Männer am Hof Kennedys sanken. Im Ruhestand lud der Agentenführer Johnson weiterhin zu Washingtoner Veranstaltungen ein. Und im Sommer 1963 hatte Johnson Dulles auf seiner Ranch in Texas Hill Country neunzig Kilometer westlich von Austin zu Gast. Dulles' Besuch auf Johnsons Ranch tauchte nicht in seinem Kalender auf, aber er wurde in einem Pressefoto dokumentiert, das am 15. August in der *Chicago Tribune* abgedruckt wurde und den Vizepräsidenten zu Pferd zeigt, während eine strahlende Lady Bird und Dulles zuschauen. Bedenkt man, wie entfremdet beide Männer von Kennedy waren – und wie notorisch intrigant –, kann das Bild im Weißen Haus nur Verwirrung ausgelöst haben.

Jene resoluten Stimmen im öffentlichen Leben Amerikas, die weiterhin die Existenz einer Verschwörung zur Ermordung Präsident Kennedys leugnen, argumentieren, dass in diesem Fall schon »irgendjemand geredet hätte«. Dieses Argument wird häufig von Journalisten vorgebracht, die selbst keine Anstrengung unternommen haben, den wachsenden Fundus an Beweisen zu sichten und selbst zu recherchieren. Das Argument verrät ein rührend naives Vorurteil über die Medien: den Glauben, dass man auf das amerikanische Medien-Establishment, den großen schlummernden Wachhund, zählen könne, um ein so monumentales Verbrechen aufzuklären, eines, das gerade jenem Herrschaftssystem entsprang, von dem die Medienunternehmen ein fester Bestandteil sind. Die offizielle Version des Kennedy-Attentats bleibt – trotz Myriaden von Unwahrscheinlichkeiten, die mit der Zeit nur noch unglaubwürdiger geworden sind – fest im Bewusstsein der Medien verankert, so wenig in Frage gestellt wie das Gesetz der Schwerkraft.

Tatsächlich *haben* viele Leute im letzten halben Jahrhundert geredet, darunter einige, die in direkter Beziehung zum Komplott gegen Kennedy standen. Aber die Medien haben sich schlicht geweigert, ihnen zuzuhören. Eines der fesselndsten Beispiele dafür ist die Beichte, die der alte und kränkliche Howard Hunt vor seinem Sohn Saint John ablegte.

Saint, wie sein Vater ihn schlicht nannte, war ein loyaler, liebevoller Sohn, der wie der Rest der Familie unter den Verwerfungen im Leben des Spions litt. Eines späten Abends im Juni 1972 im Haus der Familie in Witches Island im vorstädtischen Maryland hatte Hunt seinen achtzehnjährigen Sohn ganz aufgelöst geweckt. »Ich muss dich bitten, genau zu tun, was ich dir sage, und keine Fragen zu stellen«, bat Hunt, der so verschwitzt und zerzaust aussah, wie ihn sein Sohn nie zuvor gesehen hatte.[22] Er befahl Saint John, Fensterreiniger, Lappen und Gummihandschuhe aus der Küche zu holen und ihm zu helfen, Fingerabdrücke von einem Haufen Spionageausrüstung abzuwischen, darunter Kameras, Mikrofone und Funksprechgeräte. Später half Saint seinem Vater, die Ausrüstung in Koffer zu verstauen, die sie dann in den Kofferraum des Pontiac Firebird seines Vaters legten. Hunt und sein Sohn fuhren durch die Dunkelheit zum Chesapeake and Ohio Canal, wo der Agent ausstieg und die Koffer in das trübe Wasser warf. Auf dem Weg zurück nach Hause erzählte Hunt seinem Sohn, dass er einen Spezialauftrag für das Weiße Haus erledigt habe, der schiefgegangen sei.

Es war der Beginn des Watergate-Skandals, bei dem Howard Hunt eine Hauptrolle als Anführer der »Klempner des Weißen Hauses« spielte, fünf Einbrecher, die verhaftet wurden, als sie in das nationale Hauptquartier der Demokratischen Partei eindrangen. Alle fünf Männer waren langjährige Bekannte von Hunt aus den frühesten Tagen des Untergrundkriegs gegen Castro, und mindestens zwei – Frank Sturgis und Virgilio Gonzalez – spielten Gerüchten zufolge eine Rolle beim Mord an Kennedy.

Während der Watergate-Skandal seinen Lauf nahm, zog Hunt seinen Sohn Saint und seine übrige Familie tiefer in sein sich auflösendes Leben. Saints geliebte Mutter Dorothy – eine exotische Schönheit mit eigenem Spionagehintergrund – starb bei einem Flugzeugabsturz inmitten der Watergate-Krise, als sie für ihren Mann einen geheimnisvollen Kurierauftrag erledigte. Als ihre Maschine vom Washingtoner Dulles Airport bei der Landung auf dem Chicagoer Midway Airport im Dezember 1972 verunglückte, trug Dorothy Hunter über zwei Millionen Dollar Bargeld und Zahlungsanweisungen bei sich, von denen einige später zu Präsident Nixons Wiederwahlkomitee zurückverfolgt werden konnten.

Zwielichtige Geldsummen wurden hin- und hergeschoben, als Nixon seine Verstrickung in den immer weitere Kreise ziehenden Skandal hektisch zu vertuschen suchte. Verzweifelt war der Präsident bemüht, Hunts Schweigen sicherzustellen; bei einem Treffen im Weißen Haus äußerte Nixon die Einschätzung – wie die Abhöranlage aufzeichnete –, dass es »eine Million in bar« kosten würde. »Wir könnten uns eine solche Summe beschaffen.« Hunt war der Meinung, dass Nixon ihm und seinem Team etwas schuldig war. »Ich hatte fünf Männer, deren Familien unterstützt werden mussten«, sagte Hunt später. »Und ich hatte ein großes Haus, Ställe für sechs Pferde, Kinder auf der Privatschule – ich brauchte einen Beitrag, der größer war als bei durchschnittlichen Leuten. … Es gibt eine lange Tradition: Wenn ein Kämpfer in Gefangenschaft gerät, sorgt der Kommandeur für seine Familie.«

Nixon wusste, dass Howard Hunt eine führende Rolle bei einigen der dunkelsten Geheimnisse Amerikas gespielt hatte. Am 23. Juni 1972 – während er den Watergate-Einbruch mit H. R. Haldeman erörterte, seinem ergebenen politischen Vertrauten und Stabschef im Weißen Haus – ist Nixon auf dem Abhörband mit den Worten zu hören: »Hunt … wird eine Menge Dinge aufdecken. Wenn der Schorf aufbricht, kommt verdammt viel Zeug heraus. … Das betrifft diese Kubaner, Hunt und einen Haufen böse Sachen, mit denen wir selbst nichts zu tun haben.«

Nixon wollte, dass sein Stabschef Richard Helms, den damaligen CIA-Direktor, mit einer Warnung unter Druck setzte: Wenn die Spionagebehörde nicht mithalf, den sich ausweitenden Watergate-Skandal zu ersticken, »ist der Präsident der Meinung, dass das diese ganze Schweinebuchtsache aufrollen wird … und dass es die CIA schlecht aussehen lässt, es wird Hunt schlecht aussehen lassen, und es wird wahrscheinlich die ganze Schweinebuchtsache auffliegen lassen … und wir glauben, das wäre sehr unglücklich für die CIA und für das Land zu dieser Zeit.«[23]

Nixons List ging nicht auf. Als Haldeman den CIA-Direktor in sein Büro holte und ihm die kaum verhohlene Drohung des Präsidenten über »die Schweinebuchtsache« vortrug, explodierte der normalerweise eiskalte Helms. »Die Schweinebucht hatte nichts mit dieser Sache zu tun!«, schrie er. Nixon erreichte nur, eine sehr mächtige Washingtoner Institution, die noch zu weit größerer Verschlagenheit fähig war als er selbst, noch mehr gegen sich aufzubringen.

Was meinte Nixon mit »diese ganze Schweinebuchtsache«? Laut Haldeman war es Nixons Art, sich auf das Unaussprechliche zu beziehen: das Kennedy-Attentat. Andere Historiker haben spekuliert, dass es ein Kürzel für die CIA-Mafia-Komplotte gegen Castro war. In jedem Fall war »diese Schweinebuchtsache« ein passender Codename – er beschwor den ganzen Intrigensumpf herauf, der die Kennedy-Regierung zu umgeben begann, nachdem Allen Dulles und seine Behörde in Kuba ihre Demütigung erfahren hatten, alles, was die CIA tief verborgen halten wollte. Und Howard Hunt steckte bis zum Hals in diesem Morast.

Hunts Spionageeskapaden rissen seine Familie schließlich auseinander und sorgten dafür, dass er für beinahe drei Jahre in ein Bundesgefängnis kam. 2003 lebte der pensionierte Agent mit seiner zweiten, siebenundzwanzig Jahre jüngeren Frau Laura in einem bescheidenen Ranchhaus in Nord-Miami. Sie hatte sich in ihn verliebt, als sie ein Interview mit ihm aus dem Gefängnis über den Watergate-Fall sah. »Ich mochte all diese Männer – das muss Ihnen komisch vorkommen«, erzählte Laura Hunt dem Reporter vom *Miami Herald*. »Nicht wegen dem, was er getan hatte – das bewundere ich nicht –, aber ich habe ihn dafür bewundert, dass er seiner Regierung gedient hat, und ich habe seinen Intellekt bewundert.«[24]

Mit vierundachtzig schien Hunt auf sein Ende zuzugehen, er litt unter einer Vielzahl von Krankheiten, darunter Arteriosklerose, was zur Amputation seines linken Beins geführt hatte und ihn an den Rollstuhl fesselte. Mit den zwei Kindern, die er mit Laura hatte, lebte er nun in einer neuen Familie. Doch Saint John Hunt spürte, dass es für seinen Vater an der Zeit war, um seiner ersten Familie willen endlich reinen Tisch zu machen. Nach Jahren der Entfremdung verbrachte Saint John wieder Zeit mit seinem Vater, schaute mit ihm in seinem Haus in Miami gemeinsam seine

Lieblingsnachrichtensendung auf Fox News und grub, wenn der alte Herr dazu aufgelegt war, in der Vergangenheit. Laura wollte nicht, dass Saint John die alten Geschichten aufwärmte, aber er hatte das starke Gefühl, dass sein Vater ihm aufrichtige Antworten schuldig war.

Nachdem seine Familie auseinandergefallen war, war Saint John als Rockmusiker durchs Land gezogen und hatte mit Drogen gehandelt, bis es ihn schließlich in die Küstenmammutwälder Nordkaliforniens verschlug. Als er wieder Kontakt zu seinem Vater knüpfte, war Saint ein nüchterner, gesetzestreuer Bürger in mittleren Jahren, bestrebt, seinem früheren Leben einen Sinn zu geben. Er war besonders daran interessiert, mit seinem Vater über das Kennedy-Attentat zu sprechen – mit dem sein Vater, wie er aus der Verschwörungsliteratur wusste, seit langem in Verbindung gebracht wurde.

Saints Vater hatte immer darauf beharrt, mit Kennedys Tod nichts zu tun zu haben, und behauptet, am Tag seiner Ermordung zu Hause in Washington gewesen zu sein, nicht in Dallas, wie viele JFK-Forscher vermuteten. Nach eigener Aussage hatte Hunt an jenem Abend in einem chinesischen Lebensmittelladen Einkäufe für das Abendbrot mit seiner Frau getätigt, als die Nachricht über Kennedy im Autoradio kam. Aber Saint, der zu dieser Zeit in der fünften Klasse war, erinnerte sich nicht, dass er seinen Vater an jenem Tag zu Hause antraf, als er früher aus der Schule entlassen wurde, und er kam auch nicht später am Abend. Das Alibi der Einkäufe für ein chinesisches Abendessen, das Hunt in einem mit dem Kennedy-Attentat in Verbindung stehenden Prozess unter Eid angab, fand Saint John absurd. »Ich kann Ihnen sagen, das ist der größte Schwachsinn aller Zeiten«, sagte er 2007 dem *Rolling Stone*. »Mein Vater in der Küche? Beim Gemüseschnipseln mit seiner Frau? Tut mir schrecklich leid, aber das wäre nie passiert. Nie.«

Seine Mutter erzählte Saint John um die Zeit des Attentats herum, dass sein Vater in Dallas war. Das Geheimnis des Aufenthaltsorts seines Vaters plagte Saint viele Jahre. Er war entschlossen, seinen Vater auf das Thema anzusprechen, bevor es zu spät war.

2003 war Howard Hunt endlich bereit zu reden. Er fürchtete, dass sein Ende nahte, und bereute sehr, seiner Familie nur wenig hinterlassen zu können nach allem, was sie durchgemacht hatte. Eine Zeitlang liebäugelte er mit der Idee, die ganze Geschichte dem Schauspieler Kevin Costner zu erzählen, der die Hauptrolle in Oliver Stones Film *JFK* gespielt hatte. Costner lockte Hunt mit einem großen Geldbetrag, falls er alles offenbarte, was er über Dallas wusste, aber als das Geld nie kam, tat Hunt den Schauspieler schließlich als »Hohlkopf« ab. Dennoch drängte Saint John seinen Vater weiter, die ganze Wahrheit zu erzählen, solange er noch bei klarem Verstand war. Er bat ihn darum in einem langen Brief, in dem er schrieb, es sei an der Zeit, endlich zu offenbaren, was er wusste – er sei es »sich selbst, der Nation und seiner Familie [schuldig], ein Erbe der Wahrheit zu hinterlassen statt des Zweifels«.

Bald darauf rief Hunt seinen Sohn in Kalifornien an und rief ihn zu sich nach Miami. Am 7. Dezember 2003 flog Saint John nach Florida – wo sich ein so großer Teil des Lebens seines Vaters abgespielt hatte –, um sein Testament zu hören.[25]

Als er im Haus seines Vaters am Ende einer Sackgasse an der Biscayne Bay eintraf, fand Saint seinen Vater schwach und ausgezehrt im Bett. Aber der alte Mann richtete sich auf, als er seinen Sohn sah. Er bat Saint, ihn mit dem Rollstuhl ins Fernsehzimmer zu fahren, wo sie etwas Suppe zu Mittag aßen und ein wenig Fox News schauten, wegen der Schwerhörigkeit des alten Hunt bei voller Lautstärke. Schließlich schnitt Saint das Thema an, über das zu reden er gekommen war. »Papa, können wir über meinen Brief reden?«

Hunt schlug vor, ihn zurück in sein Schlafzimmer zu bringen, falls seine Frau zurückkehrte. »Wir wollen sie damit nicht beunruhigen. Sie glaubt, was ich ihr erzählt habe: dass ich nichts über Kennedys Ermordung weiß.«

»Ich finde, Laura ist ganz schön ahnungslos, was die dunklere Seite der Politik angeht«, erwiderte Saint John.

»Ja, das ist einer der Gründe, warum ich sie so liebe«, antwortete der Vater.

Dann, nachdem er Saint John das Versprechen abgenommen hatte, dass er nie verraten würde, was er nun zu hören bekommen würde, begann Hunt eine bemerkenswerte Geschichte über das Komplott zur Ermordung John F. Kennedys. Es war – selbst so spät in Hunts Leben – eine immer noch sorgfältig dosierte Erzählung. Er sagte eindeutig nicht alles, was er wusste – und er spielte offenbar seine eigene Rolle bei dem Verbrechen ebenso wie die Komplizenschaft seiner ehemaligen CIA-Vorgesetzten, denen gegenüber er loyal blieb, herunter. Zudem kleidete er einen Großteil seiner Geschichte in eine seltsam spekulative Form, als ob er sich der genauen Ausgestaltung des Komplotts nicht ganz sicher wäre. Dennoch, was Hunt seinem Sohn Saint John an jenem Tag verriet, war erstaunlich genug. In den folgenden Monaten schilderte der alte Agent weitere Details seiner Geschichte, wenn sich seine Gesundheit gelegentlich besserte. Einmal brachte Saint einen Experten mit, der über das Kennedy-Attentat und den Watergate-Einbruch bestens Bescheid wusste, Eric Hamburg, ein Schriftsteller und Produzent aus Los Angeles und ehemaliger Berater von Senator John Kerry. Hamburg sollte ihm helfen, die Gespräche mit seinem Vater auf Video aufzunehmen.

Schließlich schritt Ehefrau Laura ein und beendete Hunts außergewöhnliche Reise zur Wahrheit. Bevor Hunt 2007 starb, hinterließ er Video-Interviews, Tonbänder und Notizen von eigener Hand – ebenso wie recht aufschlussreiche Memoiren mit dem Titel *American Spy*. Hunts Erinnerungsschatz ist unter dem Strich eine gequälte Anstrengung zu offenbaren, was er wusste, gleichzeitig jedoch die Gefühle seiner Familie zu schonen, alte Loyalitäten zu wahren und das zu retten, was von seinem guten Namen noch übrig geblieben war. Nach dem Tod seines Vaters unternahm Saint John einen beherzten Versuch, Hunts Geständnisse – die in die Schlagzeilen hätten kommen müssen – den Türhütern der großen Medien anzubieten. Ein Produzent von *60 Minutes* verbrachte Tage damit, Saint Johns reichhaltiges Material durchzusehen, musste sich aber schließlich dafür entschuldigen, dass die Story von seinen Vorgesetzten abgesägt worden war. Am Ende berichtete nur *Rolling Stone* – zusammen mit verstreuten alternativen Medien – über Howard Hunts erstaunliche letzte Aussage über das Verbrechen des Jahrhunderts. Saint Johns eigenes Erinnerungsbuch über die Taten seines Vaters und das Leid seiner Familie, *Bond of Secrecy*, erschien in einem kleinen Verlag in Oregon und fand kaum Förderung oder Aufmerksamkeit.

Und dies ist die Geschichte, die Howard Hunt hinterließ. Irgendwann 1963, erzählte Hunt, wurde er von Frank Sturgis zu einem Treffen in einem der sicheren Häuser der CIA in Miami eingeladen. Sturgis war ein Glücksritter, der unter Hunt im Castro-feindlichen Untergrund gearbeitet hatte – ein Mann, mit dessen Namen Hunt für immer verbunden bleiben würde, nachdem sie später zusammen wegen des Watergate-Einbruchs verhaftet wurden. Ebenfalls anwesend bei dem Treffen war David Morales, ein weiterer CIA-Veteran der Anti-Castro-Kampagne, der Hunt gut bekannt war. Morales war ein großer, einschüchternder Mann, der in einer armen mexikanisch-amerikanischen Familie in Phoenix aufgewachsen war und nicht zum polierten Profil der CIA passte. Aber der Geheimdienst fand Verwendung für »El Indio«, wie er von seinen Kollegen wegen seiner markant indigenen Züge genannt wurde.

»Dave Morales erledigte die Drecksarbeit für den Geheimdienst«, sagte Wayne Smith, ein Diplomat, der mit Morales in der US-Botschaft in Havanna zusammengearbeitet hatte, bevor Castro die Macht übernahm. »Wäre er bei der Mafia gewesen, hätte man ihn einen Auftragskiller genannt.«[26]

Thomas Clines, ein Kollege von Morales in der Miami-Station der CIA, war in seiner Beschreibung schmeichelhafter, aber sie lief auf dasselbe hinaus: »Wir fanden ihn alle verdammt bewundernswert. Er trank wie verrückt, aber er war blitzgescheit. Er konnte Leuten vormachen, dass er dumm war, indem er sich dumm benahm, aber er hatte überall auf der

Welt ein Gespür für kulturelle Unterschiede. Die Leute hatten Angst vor ihm. Er war groß und aggressiv und hatte so etwas Geheimnisvolles an sich. Im Geheimdienst kursierten lauter Geschichten über ihn. Wenn die Behörde jemanden brauchte, der handfest durchgreifen konnte, stand er ganz oben auf der Liste. Wenn die US-Regierung aus politischen Gründen etwas oder jemanden aus der Welt schaffen wollte, übernahm das Dave, auch Sachen, die für viele Leute abstoßend waren.«[27]

Laut Morales' Tochter war er der »peon« der CIA, ihr Handlanger. Ihr Vater sei dem Geheimdienst völlig ergeben gewesen. »Er hat getan, was immer man ihm gesagt hat. Die Behörde hat ihm einen Lebensstil verschafft, den er unter anderen Umständen nie gehabt hätte. … Er hat alles für die Firma getan. Seine Familie war nicht sein Leben – die Firma war sein Leben.«[28]

Bei dem geheimen Treffen in Miami sagte Morales zu Hunt, er sei von William Harvey, mit dem El Indio eng beim ZR/RIFLE-Projekt zur Ermordung Castros zusammengearbeitet hatte, für eine »inoffizielle« Operation rekrutiert worden. Ziel dieser Operation, wie bald klar wurde, war die Ermordung von Präsident Kennedy. Morales und Sturgis nannten den geplanten Tod des Präsidenten »das große Ereignis«.[29]

In dieser Darstellung des Treffens präsentierte Hunt Harvey und Morales als die Schlüsselfiguren des Komplotts; Harvey war bei der Zusammenkunft nicht anwesend, aber er schien über ihr zu schweben. Laut Hunt übernahm Harvey die Aufgabe, Scharfschützen anzuheuern, um Kennedy zu töten, und die benötigten Waffen nach Dallas zu transportieren. Laut Hunt wurden die Killer wahrscheinlich aus der korsischen Unterwelt rekrutiert. Wie Harvey einmal angemerkt hatte, war bei heiklen Aufträgen die Arbeit mit korsischen Gangstern vorzuziehen, weil sie schwieriger zur CIA zurückzuverfolgen waren als Auftragsmörder aus der italienischen oder amerikanischen Mafia.

Für Hunt waren Harvey und Morales beunruhigende Typen. Die beiden Männer »hätten aus demselben Holz geschnitzt sein können«, schrieb Hunt in seinen Erinnerungen. »Beide waren viel trinkende, harte Kerle, möglicherweise komplett amoralisch. Von Morales ging das Gerücht, dass er ein kaltblütiger Killer war, die feste Adresse bei schwarzen Operationen, wenn die Regierung jemanden neutralisiert haben wollte. Ich versuchte, so wenig Kontakt mit ihm zu haben wie möglich, da er schnell in Rage geriet.«[30]

Für Morales war Kennedy »der nichtsnutzige, verfickte Hurensohn«, der verantwortlich für den Tod der Männer war, die er für die Schweinebuchtmission ausgebildet hatte. »Um das Arschloch haben wir uns gekümmert, stimmt's?«, sagte Morales zu seinem Anwalt Robert Walton 1973, nachdem ihm ein Abend mit reichlich Alkohol die Zunge gelöst hatte.[31] Es war ein weiteres Geständnis, das die Medien ignorierten, selbst nachdem es von einem der Ihren berichtet worden war, Gaeton Fonzi, ein investigativer Journalist aus Philadelphia, der als Ermittler für den Sonderausschuss zur Untersuchung von Attentaten einige der wichtigsten Spuren zum Kennedy-Fall entdeckte.

Hunt mochte bei Männern wie Harvey und Morales auf der Hut sein, aber er teilte ihre giftige Haltung zu Präsident Kennedy. Gegen Ende des Treffens in Miami forderte Sturgis Hunt dazu auf, mitzumachen: »Sie sind jemand, zu dem wir aufblicken. … Wir wissen, wie Sie über den Mann [Kennedy] denken. Sind Sie dabei?«[32]

Hunt nannte der Gruppe seinen wichtigsten Vorbehalt. Es war ein taktischer, kein moralischer Grund. »Schau mal«, sagte er Sturgis, »Wenn Bill Harvey irgendetwas damit zu tun hat, könnt ihr mich abschreiben. Der Mann ist ein Alkoholiker und ein Psycho.« Sturgis lachte. »Sie haben recht – aber der Bastard hat den Mumm dazu.«

So, wie Hunt die Geschichte seinem Sohn berichtete, blieb seine eigene Beteiligung schwammig. Am Ende, sagte er, habe er bei der Ermordung Kennedys nur die Rolle eines peripheren Ersatzmanns gespielt, während Harvey die Führung übernahm. Trotz Harveys Ruf als Trunkenbold hatte der Attentatschef der Behörde die Erfahrung und Verbindungen, um etwas wie »das große Ereignis« durchzuziehen. Bei der Aufstellung seiner Teams zur Ermordung Castros hatte Harvey seine Fühler zu verschiedenen Profis aus der Unterwelt ausgestreckt, darunter (mit Helms' Erlaubnis) zu dem berüchtigten Auftragsmörder mit dem Codenamen QJ-WIN, den die CIA für die Beseitigung von Patrice Lumumba angeheuert hatte. Und Harvey war als Chef der CIA-Station in Rom gut aufgestellt, um sich in der europäischen Unterwelt abermals sorgfältig nach einem Killerteam umzutun und es nach Dallas zu schicken.

Tatsächlich befand sich unter den seltsamen Typen und Mordgesellen, die sich im November 1963 in Dallas einfanden, ein berüchtigter französischer OAS-Spezialkämpfer namens Jean Souetre, der mit dem Komplott gegen Präsident de Gaulle in Verbindung stand. Souetre wurde nach dem Kennedy-Attentat in Dallas verhaftet und nach Mexiko ausgewiesen – was eine dringende Anfrage des französischen Geheimdienstes bei der CIA über Suetres Aufenthaltsort auslöste, da de Gaulle kurz vor einem Staatsbesuch in Mexiko stand.

Hunts Spekulationen über die Kennedy-Konspiration passten zu den Verdachtsmomenten des Sonderausschusses des Repräsentantenhauses. Als die Kongressuntersuchung 1976 begann, konzentrierten sich die energischsten Ermittler auf die gegen Castro gerichtete Operation der CIA als Brutstätte, der das Mordkomplott gegen Kennedy entsprungen war. Und William Harvey war bald ihr Hauptverdächtiger.

»Wir haben versucht, Harveys Reisegutscheine und Sicherheitsakte von der CIA zu bekommen, aber es ist uns nie gelungen«, erinnerte sich Dan Hardway. Hardway war der gescheite Jurastudent der Cornell Law School, dem der Kongressausschuss die gewichtige Aufgabe übertrug, die möglichen Verbindungen der CIA zum Attentat zu untersuchen. »Einer der CIA-Offiziellen sagte mir: ›Sie sind also vom Kongress – was, zum Teufel, sollte uns das kratzen? Sie sind in ein paar Jahren über alle Berge, aber wir sind dann immer noch hier.‹«

Trotzdem gelang Hardway ein Teilerfolg. »[W]ir sind auf Dokumente gestoßen, die zeigten, dass Harvey in den Wochen vor dem Attentat viel gereist war, während er angeblich die CIA-Station in Rom leitete. … Gegen Ende unserer Untersuchung habe ich ein Memo getippt, in dem ich die Beweise dargelegt habe, die für Harvey als führende Figur des Verbrechens sprachen. Ich habe es im sicheren Raum des Ausschusses auf gelbem Sicherheitspapier mit violettem Rand und der Aufschrift ›Top Secret‹ getippt. Das Memo ist seither verschwunden.«[33]

Die Verschwörer von Miami machten zwar klar, dass William Harvey eine zentrale Rolle bei dem »großen Ereignis« spielen würde, sie versicherten Hunt jedoch, dass die Befehlskette weit höher reiche als Harvey. Vizepräsident Johnson selbst habe das Komplott abgesegnet, behauptete Morales. Hunt fand das plausibel. Wie er in seinen Erinnerungen bemerkt, »war Lyndon Johnson ein Opportunist, der nicht zögern würde, Hindernisse in seinem Weg auszuräumen«.

Hunt kannte das strenge Washingtoner »Kastensystem«, dennoch war er überzeugt, dass »Harveys Rang und Position von solcher Art waren, dass ein Vizepräsident mit ihm sprechen konnte«.

Hier fängt Hunt an, die Geschichte zu vernebeln. Es gibt keine Belege dafür, dass Lyndon Johnson und William Harvey jemals näher in Kontakt kamen, und tatsächlich waren »Rang und Position« der beiden ungleichartig genug, um eine Kommunikation unwahrscheinlich zu machen. Es ist schlicht nicht glaubwürdig, dass ein Mann von Johnsons Rang etwas so außerordentlich Heikles wie die Ermordung eines Präsidenten mit einem Mann von Harveys Stellung in der nationalen Sicherheitshierarchie hätte erörtern sollen.

Der Mann aus Geheimdienstkreisen, den Johnson wirklich kannte, war Allen Dulles. Anders als Harvey hatte Dulles die Statur und die Macht, um einem Mann wie Johnson zu versichern, dass die Verschwörung die Unterstützung von höchster Ebene hatte, die sie brauchte, um erfolgreich zu sein.

Howard Hunt kannte die Sitzordnung an der Washingtoner Machttafel genau. Tatsächlich wusste er, dass Dulles in diesem exklusiven Zirkel höher rangierte als Johnson. Hunt war zweifellos klar, dass der Vizepräsident ein passiver, vielleicht sogar ein aktiver Komplize sein mochte bei dem, was das Verbrechen des Jahrhunderts werden sollte. Aber Johnson war gewiss nicht der Drahtzieher. Und doch, loyal bis zum Ende, konnte sich Hunt selbst auf dem Sterbebett nicht überwinden, Dulles beim Namen zu nennen – jenen »bemerkenswerten Mann«, wie Hunt einst schwärmte, dem zu dienen ihm eine »Ehre« war.

In seinen Erinnerungen bediente sich Hunt eines Taschenspielertricks, indem er über die wahrscheinliche Identität der Verschwörer spekulierte, als sei er sich nicht sicher. Aber gegenüber Saint John äußerte sich Hunt deutlicher zu den Verschwörern. Neben Harvey und Morales nehmen die Namen David Atlee Phillips und Cord Meyer in Hunts »Spekulationen« einen prominenten Platz ein.

Phillips war der Spionageabwehrspezialist der CIA, der beim Guatemala-Putsch und der Invasion der Schweinebucht eng mit Hunt zusammengearbeitet hatte. Wie Harvey und Morales gehörte Phillips nicht zur Elite der CIA aus den Spitzenuniversitäten. Der aus Texas gebürtige, recht gutaussehende, kettenrauchende Phillips war im Zweiten Weltkrieg Bugschütze gewesen, kein OSS-Gentleman-Spion. Nach dem Krieg streifte er durch Lateinamerika und versuchte sich als Schauspieler und Verleger, bevor er von der CIA angeworben wurde. Seine verdeckte Arbeit brachte ihm die Bewunderung von Helms ein, der ihn zum Chef der Kuba-Operationen ernannte, nachdem Harvey aus der Schusslinie nach Rom geschickt worden war, um dem Zorn Bobby Kennedys zu entgehen. In dieser Position konnte sich Phillips frei in der »gärenden« Welt des Aufruhrs gegen Castro und Kennedy bewegen, wie es Senator Gary Hart nannte.

Meyer gehörte zur Georgetown-Schar des Geheimdienstes. In Yale hatte er von einer Karriere als Schriftsteller geträumt und engagierte sich – nachdem er, von einer japanischen Granate getroffen, teilweise erblindet aus dem Krieg im Südpazifik zurückgekehrt war – eine Zeitlang für den Weltfrieden. Doch nachdem er in die Bruderschaft der Spione aufgenommen worden war – wo ihn James Angleton in seinen Bann schlug –, wurde er Chef des Kulturkriegs der CIA und verteilte heimlich Geld an Literaten, in deren Reihen er sich einst selbst gesehen hatte. Nachdem ihn seine schöne Frau, die Malerin Mary Pinchot Meyer, verlassen hatte, wurde Meyer ein zunehmend verbitterter Kalter Krieger – und seine Stimmung wurde nur noch finsterer, als sie die Geliebte John F. Kennedys wurde.

Hunt hütete sich sorgsam, in seiner Beichte den Namen Dulles zu erwähnen, aber beinahe jeder CIA-Agent, den er belastete, führte direkt zum Alten. Dulles hatte sie angeworben oder befördert oder ihnen die heikelsten Aufgaben der Behörde übertragen. Besonders Meyer war Dulles verpflichtet, denn der CIA-Chef hatte 1953 seine Karriere gerettet, als Joseph McCarthy versuchte, den Geheimdienst von Agenten zu säubern, die einmal jugendliche Idealisten gewesen waren. Im Herbst 1963 war Meyer in den Wochen vor dem Kennedy-Mord mehr als einmal zu Gast im Haus von Dulles – zusammen mit einem anderen wichtigen Mitglied aus Angletons Stall, James Hunt (nicht mit Howard verwandt) sowie mit Angleton selbst.

Howard Hunt mochte sich hüten, sich einem von William Harvey eingefädelten Komplott gegen John F. Kennedy anzuschließen. Aber wenn er wusste, dass Allen Dulles an der Spitze der Befehlskette stand, hätte ihm das die nötige Zuversicht eingeflößt. Trotz seiner Scheu in Bezug auf seine eigene Rolle glauben einige, dass Hunt viel mehr war als ein bloßer »Ersatzmann«. Einmal schien die CIA selbst kurz davor zu stehen, Hunt zum Prügelknaben für das Verbrechen zu machen. In den 1970er Jahren, als Ermittler des Kongresses unbehaglich nahe an einige der beunruhigendsten Geheimnisse der CIA rückten, erwogen Hunts eigene Kollegen ernsthaft, ihn den Wölfen zum Fraß vorzuwerfen.

Im August 1978, als der Sonderausschuss des Repräsentantenhauses zur Untersuchung von Attentaten in die letzte Phase seiner Ermittlungen trat, veröffentlichte ein ehemaliger CIA-Mitarbeiter namens Victor Marchetti einen brisanten Artikel im Magazin *The Spotlight*, einer von der rechtsgerichteten Liberty Lobby herausgegebenen Publikation, deren Seiten häufig die giftsprühenden Ansichten des exzentrischen Gründers der Gruppe, Willis Carto, wiedergaben. Marchetti schrieb, dass Verantwortliche bei der CIA beschlossen hätten, Hunt und einige seiner Handlanger wie Sturgis zu Sündenböcken zu machen, falls der Untersuchungsausschuss der Wahrheit zu nahe käme. »[Hunt] hat das Glück verlassen, und die CIA hat beschlossen, ihn zu opfern, um den Geheimdienst zu schützen«, schrieb Marchetti. »Die Behörde ist wütend auf Hunt, weil er sie öffentlich in den Nixon-Schlamassel hineingezogen und sie erpresst hat, nachdem er verhaftet worden war. Außerdem ist Hunt verwundbar – ein leichtes Ziel, wie man im Spionagegeschäft sagt. Sein Ruf und seine Integrität sind zerstört. … Bei öffentlichen Anhörungen wird die CIA ›zugeben‹, dass Hunt an der Verschwörung zur Ermordung Kennedys beteiligt war. Die CIA könnte so weit gehen, ›zuzugeben‹, dass es drei Schützen gab, die auf Kennedy schossen.«[34]

Marchetti bezeichnete diesen CIA-Plan als klassische Strategie des »begrenzten Eingeständnisses«: Man offenbart einige der verborgenen Fakten, um die Öffentlichkeit von der größeren, explosiveren Geschichte abzulenken. *The Spotlight* war zwar eine zwielichtige Publikation, Marchetti selbst jedoch besaß Glaubwürdigkeit. Der ehemalige Fachmann für das sowjetische Militär bei der CIA war bis zum Sonderassistenten von Helms aufgestiegen, bevor er 1969 wegen Meinungsverschiedenheiten über die Politik der Behörde seinen Hut nahm. 1973 schrieb Marchetti ein kritisches Buch über den Geheimdienst, das der Verleger Alfred A. Knopf auf Druck der CIA nur mit zahllosen Schwärzungen veröffentlichen durfte. Doch Marchetti blieb im Herzen loyal und bewahrte starke Bande zur CIA.

In der folgenden Erregung über den *Spotlight*-Artikel strengte Hunt eine Verleumdungsklage an, in der er darauf beharrte, dass er mit dem Kennedy-Mord nichts zu tun habe. Am Ende verlor er den Prozess. Dem Rechtsanwalt von Liberty Lobby, dem berühmten Kennedy-Forscher Mark Lane, gelang es, die Jury zu überzeugen, dass Hunt tatsächlich in Dallas gewesen sein konnte, wie auch sein eigener Sohn schließlich glaubte.

In dem Prozess deckte Lane die überraschende Identität von Marchettis Quellen auf: James Angleton und William Corson, ein ehemaliger Marineoffizier, der mit Dulles' Sohn in Korea gedient hatte und später für den Agentenführer arbeitete. Marchetti fungierte eindeutig als Lautsprecher eines tiefen Grollens innerhalb von Langley. Sein Artikel war ein faszinierendes Fenster in die organisatorische Psychologie der CIA in einer Phase größter Bedrängnis.

Marchetti war selbst beunruhigt über die unbeantworteten Fragen im Zusammenhang mit dem Kennedy-Attentat. »Das ist eine Sache in meinem Kopf, die nicht hundertprozentig sicher ist ... da gibt es zwei bis drei Prozent, die offen sind«, sagte er. Ein Großteil von Marchettis Argwohn fokussierte sich auf Hunt. »Er könnte dort unten [in Dallas] aus einem anderen Grund gewesen sein ... wer weiß?« Einige der Beweise über Hunt, die der Prozess gegen Liberty Lobby aufdeckte, fügte Marchetti hinzu, »waren einfach sehr, sehr merkwürdig«.[35]

Als die CIA ihre Strategie des »begrenzten Eingeständnisses« über das Kennedy-Attentat vorbereitete, war Hunt nicht der Einzige, der vom Geheimdienst als »entbehrlich« angesehen wurde. Auch William Harvey hatte das Gefühl, dass man ihn im Regen stehen ließ, als er vom Church-Ausschuss vorgeladen wurde, um über die Attentatskomplotte der CIA gegen ausländische Staatsführer auszusagen. In Washington machte das Wort die Runde, Harvey sei »kriminell« geworden. Wie Kurtz in Joseph Conrads Roman *Herz der Finsternis*, so wurde geflüstert, war er bei seinen Unternehmungen in der Spionagewildnis außer Rand und Band geraten – sein Denken sei gestört. Harvey war mit der CIA-Maschinerie des Rufmords bestens vertraut und stellte nun fest, dass er zu ihrer Zielscheibe geworden war: Er war nie einer der Cowboys von der Fifth Avenue gewesen, und nun wandten sie sich gegen ihn. Lange nach seinem Tod hegte Harveys Familie immer noch Groll gegen die CIA-Führungsriege wegen der Art, wie sie ihn behandelt hatte. Sie »warfen ihn den Wölfen vor«, wie seine Tochter Sally sagte.[36]

Harveys Witwe CG war sich des Klassensystems innerhalb der CIA bitter bewusst. »Bill boten sich immer gute Chancen, zu reisen und dazuzulernen«, sagte sie, noch immer ihren Ehemann gegen die Vorurteile der Behörde verteidigend. »Und dass diese Leute ihre Nase gerümpft und gesagt haben, Bill sei nichts wert, nur weil er an der Jurafakultät der Universität von Indiana seinen Abschluss gemacht hatte, hat auf mich immer den Eindruck gemacht, dass sie neidisch auf ihn waren und ihm nicht das Wasser reichen konnten, wenn es um Nachrichtenbeschaffung ging. … Bill hat sein Leben für dieses Land gegeben.«[37]

All die Geschichten, die über Harveys Berserkertum aus dem Geheimdienst drangen – seine Vernarrtheit in Waffen, seine Vorliebe für salatschüsselgroße Martinis, seine geifernd hasserfüllten Triaden gegen die Kennedys –, das alles sollte zeigen, dass er die Art von Mann war, der ausrastete, jemand, dem alles zuzutrauen war. Aber die glänzenden CIA-Beurteilungsbögen, die Harvey beständig ausgestellt wurden, erzählen eine andere Geschichte. Es gab nichts »Kriminelles« an William Harvey auf diesen Seiten: Er wurde als engagierter und hoch geschätzter Profi porträtiert. Selbst nachdem Harvey Bobby Kennedy mit seinen Kuba-Eskapaden in Rage gebracht hatte, erntete er von seinen Vorgesetzten weiterhin enthusiastische Beurteilungen. »Es ist schwer, einen Beurteilungsbogen über diesen herausragenden Mitarbeiter zu schreiben, vor allem, weil Formulare nicht geeignet sind, seine vielen einzigartigen Charakteristika zu messen«, begann Harveys Beurteilung vom Oktober 1962, die sein »professionelles Wissen … sein unbeirrbares Urteil und seine feste Haltung« hervorhob. Harvey, so schloss der Bericht, »ist einer der wenigen deutlich herausragenden Agenten« im Feldeinsatz.[38]

Auch nachdem der zu Gewalttätigkeit neigende Harvey seinen Stellvertreter in Rom, F. Mark Wyatt, derart schockiert hatte, dass er um Versetzung in die Heimat bat, wurde Harvey von seinen Vorgesetzten weiterhin als »herausragend« bewertet. Harveys Beurteilung vom März 1965 lobte »seine Entschlossenheit, seine grundlegenden Ziele ungeachtet der Hindernisse zu erreichen, auf die er dabei stößt«. Die CIA-Station »muss mit fester Hand geführt werden«, fuhr der Bericht fort, »wozu Herr Harvey sehr befähigt ist«. Richard Helms hatte Wyatt nach Rom geschickt, um ein Auge auf Harvey zu werfen. Aber als Wyatt nach Langley zurückbeordert wurde und Helms von den extremen Methoden berichtete, die Harvey in Rom anwandte, unternahm die CIA nichts, um ihn zu disziplinieren. Stattdessen war es Wyatts Karriere, die ins Stocken geriet.

Harvey leugnete stets vehement, ein skrupelloser Außenseiter zu sein. In seiner Zeugenaussage vor dem Church-Ausschuss beharrte er darauf, dass er nie etwas getan habe, »das nicht autorisiert oder zügellos war oder in irgendeiner Weise außerhalb des Rahmens meiner Aufgaben und Pflichten als Mitarbeiter der Behörde stand«. Das wahrhaft Alarmierende ist, dass Harvey wahrscheinlich die Wahrheit sagte. Doch die Leute, die seine extremen Taten autorisiert hatten, waren vollauf gewillt, ihm die Schuld zuzuschieben. Wie Hunt war er »ein leichtes Ziel« für die Führungsriege der CIA.

William Harvey und Howard Hunt waren beide stolz darauf, zur oberen Riege des Geheimdienstes zu zählen. Aber so wurden diese Männer von der Führungsspitze der CIA nicht gesehen. Hunt prahlte gern mit seinen familiären Banden zu Wild Bill Donovan selbst, der ihn in den OSS aufgenommen hatte, die Keimzelle des amerikanischen Nachrichtendienstes. Aber wie sich herausstellte, verdankte sich seine Einstellung einem Gefallen, den Donovan Hunts Vater schuldete, der Lobbyist im Norden des Bundesstaates New York war, kein Wall-Street-Anwalt wie der OSS-Chef. Alle wussten, dass Hunt Schriftsteller war, aber sie wussten auch, dass er nicht wie Ian Fleming schrieb.

Hunt erkannte nicht, wie ihn diese Männer wirklich sahen, bis es zu spät war. »Ich dachte – irrigerweise –, dass ich es mit ehrbaren Leuten zu tun hatte«, sagte er am Ende seines Lebens.

Für die Georgetown-Schar hatten Männer wie Hunt immer etwas Billiges – ebenso wie Harvey und Morales. Die CIA war eine kalte Hierarchie. Männer wie diese wurden nie zum Lunch mit Dulles in den Alibi Club oder zum Tennis mit Richard Helms im Chevy Chase Club eingeladen. Diese Männer waren unverzichtbar – bis sie entbehrlich wurden.

Hunt, Harvey und Morales gehörten zu den entbehrlichen Leuten, die im November 1963 nach Dallas geschickt wurden. Aber der Entbehrlichste von allen war ein junger ehemaliger Marinesoldat mit einer verblüffenden Vergangenheit namens Lee Harvey Oswald.

19 Die Fingerabdrücke des Geheimdienstes

Lee Harvey Oswald war einer jener intelligenten, verlorenen, vaterlosen Jungen, bei denen die Gesellschaft erfinderische Wege geht, um sie zu missbrauchen. Seinen Vater Robert lernte er nie kennen, er starb vor seiner Geburt an einem Herzanfall. Seine Mutter Marguerite litt unter einem nervösen Temperament und war emotional schlecht ausgerüstet für die Sorge um ihre drei Söhne. Als Lee drei Jahre alt war, steckte seine Mutter ihn in ein Waisenhaus in New Orleans, das Bethlehem Children's Home, wo bereits seine beiden älteren Brüder untergebracht waren. Einige der Kinder dort wurden von den Betreuern sexuell missbraucht, und Lee soll im zarten Alter solche Missbrauchsszenen mit angesehen haben.[1] Marguerite holte Lee nach einem Jahr aus Bethlehem zurück nach Hause, seine beiden Brüder kamen einige Monate später nach. Aber das Leben in der Familie Oswald verlief weiter turbulent. Marguerite heiratete zum dritten Mal und ließ sich scheiden, schickte ihre ältesten Söhne in eine Militärschule in Mississippi und zog mit Lee nach Fort Worth um. Nachdem Lees ältere Brüder vor dem heimischen Chaos zum Militär geflohen waren, trieb er mit seiner allzeit unsteten Mutter allein umher.

Im Sommer 1952, als Lee beinahe dreizehn war, packte Marguerite ihre Siebensachen und zog nach New York zu ihrem ältesten Sohn John, der nun verheiratet war und in einer Wohnung in der Upper East Side lebte. In New York wurde Lees Leben nicht beständiger, er schwänzte häufig die Schule, fuhr mit der U-Bahn kreuz und quer durch die Stadt und streunte durch die Straßen. Wegen fortgesetzten Schulschwänzens verhaftet, wurde Oswald für drei Wochen zur psychologischen Beurteilung in ein geschlossenes Heim, das Youth House, gesteckt.

Dr. Renatus Hartogs, ein in Deutschland ausgebildeter Arzt und leitender Psychiater des Jugendheims, hielt den intelligenten Streuner Oswald für einen derart interessanten Fall, dass er den Dreizehnjährigen zum Gegenstand eines seiner Seminare machte.[2] Hartogs psychiatrisches Profil Oswalds – das er für die Warren-Kommission ein Jahrzehnt später wiederholte – gab den pathologischen Rahmen vor, innerhalb dessen der mutmaßliche Mörder viele Jahre beurteilt wurde. Oswald war laut Hartogs ein »emotional gestörter, mental beschränkter Jugendlicher«, der sich »argwöhnisch und trotzig gegenüber Autoritäten« verhielt. Während Lee nach Einschätzung eines Bewährungshelfers ein »kleiner, intelligenter, liebenswerter Junge« mit einer vernünftigen Erklärung für sein Schwänzen war – er hielt die Schule für »Zeitverschwendung«, und »die anderen Kinder hänselten ihn wegen seines texanischen Akzents und seiner Blue Jeans« –, erkannte Hartogs in Oswald eine tickende Zeitbombe. Der einzige Grund, warum er »seine Feindseligkeit nicht in aggressiver oder destruktiver Art auslebt«, bestand nach seiner Auffassung darin, dass er noch nicht »den Mut dazu entwickelt hat«.

Hartogs war selbst ein seltsamer Fall, einer jener furchtlosen Entdecker der menschlichen Seele, der – mit staatlicher Ermutigung und Finanzierung – bereit war, an die Grenzen der Wissenschaft vorzustoßen. Sein Lebenslauf umfasste einen Aufenthalt am Allan Memorial Institute in Montreal, wo Dr. Ewen Cameron seine diabolischen »Schlafsaal«-Experimente durchführte. Später arbeitete Hartogs mit Dr. Sidney Malitz vom New York State Psychiatric Institute zusammen, der mit Mitteln vom Army Chemical Corps und der CIA Drogenexperimente mit LSD und Meskalin an nichtsahnenden Patienten durchführte.[3] Nachdem Hartogs infolge eines sensationellen Sexskandals die Psychiatrie aufgeben musste, verwandelte er sich in der Folge in einen Hypnose-Experten.

Der junge Oswald war ein suchender Geist. Als der Teenager an einer New Yorker Straßenecke ein Pamphlet über Julius und Ethel Rosenberg in die Hand gedrückt bekam – die Spione, die wegen Verrats von Atomgeheimnissen an die Russen zum Tode verurteilt wurden –, wollte er mehr über den Kommunismus erfahren und zwang sich zur Lektüre der schweren deutschen Prosa von Karl Marx. Oswald träumte von einer aufregenden Welt jenseits des beengten, hysterischen Lebens von Marguerite – in der er aus sich machen konnte, was immer er wollte. Seine Lieblingsfernsehsendung war *I Led Three Lives* (»Ich führte drei Leben«) – eine Serie, die auf der wahren Geschichte von Herbert Philbrick fußte, einem freundlichen Bostoner Werbemanager, der zu einem verdeckten Agenten des FBI wurde. Die vielschichtige Heimlichkeit von Philbricks Leben sprach den Jungen an, der sich danach sehnte, der tristen Eindimensionalität seiner eigenen Existenz zu entfliehen. Aber zu Hause ignoriert und sich selbst überlassen, machten Lees Träumereien ihn nur zu einer leichten Beute. Als sich der Jugendliche in die Welt hinauswagte, war er ein Narr, der nur darauf wartete, ausgenutzt zu werden.

1954 mit seiner Mutter nach New Orleans zurückgekehrt, schloss sich der fünfzehnjährige Oswald der Civil Air Patrol an, einer Gruppe flugbegeisterter Jugendlicher. Der militärische Hilfstrupp, der während des Zweiten Weltkriegs gegründet worden war, um bei der Verteidigung der amerikanischen Küsten gegen deutsche und japanische Angriffe zu helfen, bildete nicht nur künftige Piloten aus, sondern impfte ihnen auch die damaligen patriotischen Werte des Kalten Kriegs ein. Einer der Gründer der Civil Air Patrol war David Harold Byrd, ein rechtsgerichteter texanischer Ölmann und Unternehmer im Verteidigungsbereich. Byrd gehörte auch das Texas School Book Depository, das Lagerhaus in Dallas, wo Oswald im Herbst 1963 eingestellt wurde und im sechsten Stock des Gebäudes mutmaßlich ein Scharfschützenversteck einrichtete. Es war nur eine der vielen Merkwürdigkeiten, die Lee Harvey Oswalds Leben kennzeichneten.

In New Orleans kreuzte der junge Oswald den Weg älterer Männer, die erkannten, in welcher Weise er von Nutzen sein konnte, darunter Charaktere, die später schillernde Statistenrollen in den mutigen, aber zum Scheitern verurteilten Ermittlungen zum Kennedy-Attentat von Bezirksstaatsanwalt Jim Garrison spielen sollten. David Ferrie – ein Pilot von Eastern Airlines, der auch den Ortsverein der Civil Air Patrol beaufsichtigte – war eine besonders exzentrische Persönlichkeit. Wegen seines Haarausfalls trug er eine schlecht sitzende, rötliche Perücke und ersetzte die fehlenden Augenbrauen durch dramatisch wirkende Theaterschminke. Katholisch erzogen und homosexuell, führte er ein verstohlenes und gequältes Leben. Er probierte an den jungen Kadetten unter seinem Kommando gern Hypnosetechniken aus und versuchte, sie in ein Drogenforschungsprogramm der Tulane-Universität zu locken, mit dem er verbunden war. Der leidenschaftliche Antikommunist Ferrie warf sich in New Orleans in die hitzige Agitation gegen Castro. Nach dem Debakel in der Schweinebucht schmähte er Kennedy in einer Rede vor einer Gruppe von Veteranen mit derart bösartiger Hemmungslosigkeit, dass er aufgefordert wurde, vom Podium zu steigen. Der Präsident »sollte erschossen werden«, erzählte Ferrie bald jedem, der es hören wollte.[4]

Im Oktober 1956 – kaum siebzehn Jahre alt und weniger als einen Monat nach Beginn seiner zehnten Klasse – folgte Oswald dem Weg seiner älteren Brüder, schüttelte Marguerites »Joch der Unterdrückung«, wie sie es nannten, ab und ging zur Marineinfanterie. Im folgenden Jahr wurde er nach Atsugi beordert, eine Marinebasis vor Tokio, die als Flugplatz für die streng geheimen U-2-Spionageflüge über die Sowjetunion diente. Der Atsugi-Stützpunkt war eines der Zentren der LSD-Experimente der CIA. Ein CIA-Memo mit dem Titel »›Wahrheitsdrogen‹ für Verhöre« offenbart die Praxis des Geheimdienstes, für Auslandsmissionen vorgesehenen Agenten LSD zu verabreichen, da die Erfahrung ihnen helfen würde, nicht so leicht zusammenzubrechen, wenn ihre Häscher ihnen Halluzinogene verabreichten.[5] Manche Biografen Oswalds legen nahe, dass er zu jenen Marinesoldaten gehörte, an dem die CIA LSD-Tests durchführte.[6]

Oswalds Auslandsstationierung war von Zwischenfällen geplagt. Er schoss sich mit einer Taschenpistole in den Arm, anscheinend aus Versehen. Er kam zweimal vor das Kriegsgericht, einmal wegen illegalen Waffenbesitzes, das zweite Mal, weil er in einem Kneipenstreit einem Feldwebel einen Drink über den Kopf gegossen hatte. Dennoch fiel er weiterhin wegen seiner Intelligenz und Neugier auf. Er fing an, Interesse an einer Reise nach Russland zu bekunden, um selbst zu sehen, wie es dort war. Kurz, er war die Art von Halbstarker – unfertig, wütend, trotzig und erfahrungshungrig –, die unter den anderen herausragt und Aufmerksamkeit bekommt.

Irgendwann fand Oswalds wachsende Neugier auf die Sowjetunion – das verbotene Land hinter dem Eisernen Vorhang, das zu fürchten und zu hassen man einer ganzen Generation von Amerikanern beigebracht hatte – Förderung und Anleitung. Im Dezember 1958 wurde Oswald zur Luftwaffenbasis El Toro in Südkalifornien verlegt, wo er sich dem Russischstudium widmete, eine herausfordernde Sprache, die sich schwer alleine lernt. J. Lee Rankin, der Justiziar der Warren-Kommission, brachte später die Möglichkeit ins Spiel, dass Oswald in der Sprachschule der Armee im Kalifornischen Monterey Unterricht erhalten haben könnte, die dafür bekannt war, in zahlreichen Sprachen und Dialekten Intensivkurse für Armee- und Geheimdienstpersonal anzubieten.

Oswald hatte sich nun in ein großes, nicht ganz selbst gewähltes Abenteuer begeben. Er verließ die Marineinfanterie mit der – falschen – Behauptung, seine Mutter habe sich verletzt und benötige Hilfe. Am 20. September 1959, neun Tage nach seiner Entlassung, machte er sich nach Russland auf, nahm zuerst ein Schiff nach England – wo er am 9. Oktober in Southampton an Land ging – und flog kurz darauf nach Helsinki. Oswald erzählte später seiner Frau Marina, dass er nach Finnland »mitgeflogen« sei – will sagen, er wurde in einem Transportflug des US-Militärs mitgenommen. Finnland war das Land, von dem aus die Einreise in die Sowjetunion am leichtesten war.[7]

Bei Oswalds Reise war ein wenig Magie im Spiel. Obwohl er ein mittelloser Ex-Soldat war und auf seinem Konto in den USA nur 203 Dollar zurückließ, stieg Oswald in den besten Hotels ab. In Helsinki wohnte er in zwei der besten Edelherbergen der Stadt, dem Torni und dem Klaus Kurki. Nach dem Auschecken besaß er immer noch genug Geld für eine Fahrkarte für den Nachtzug nach Moskau.[8]

Wenn Oswalds Schritte von einer unsichtbaren Hand gelenkt wurden, schien sein Auftritt in der US-Botschaft in Moskau – wo er an einem Samstagmorgen im Oktober aufkreuzte, um theatralisch seine Fahnenflucht zu verkünden – eine besonders unbeholfene schauspielerische Leistung. Die Art, wie er den Verzicht auf seine Staatsbürgerschaft erklärte und seine Absicht bekundete, Militärgeheimnisse an die Sowjets zu verraten, wirkte einstudiert. Der amerikanische Konsul Richard Snyder hatte den Eindruck, dass »dies Teil einer Szene war, die er geübt hatte, bevor er in die Botschaft kam. Es war eine im Voraus geplante Rede.«

Doch Oswald schien sich nie sicher zu sein, welche Rolle er in seinen eineinhalb Jahren in der Sowjetunion spielte. Er war eindeutig kein echter Überläufer, da die CIA und andere US-Nachrichtendienste auf seine provokative Vorstellung in der US-Botschaft mit bedachter Nonchalance reagierten, obwohl er doch gedroht hatte, geheime Informationen über seine Stationierung auf einem streng geheimen U-2-Stützpunkt zu verraten. Es dauerte ein ganzes Jahr, bevor sich Angletons Spionageabwehr endlich bequemte, eine Standard-201-Akte über den Fahnenflüchtigen anzulegen. Oswald schien auch den Sowjets nicht sonderlich bedrohlich. Die KGB-Offiziere fanden ihn zwar rätselhaft, betrachteten ihn aber nicht als CIA-Meisterspion. Er schnüffelte nicht in der Nähe geheimer Sperrgebiete herum. Und trotz seines Militärdienstes stellten die Russen fest, dass er ein schlechter Schütze war. Wenn Oswald mit dem Jagdclub seiner Fabrik in Minsk auf die Pirsch ging, traf er nie etwas.[9] Ein Kollege hatte einmal Mitleid mit ihm und schoss ein Kaninchen für ihn.

Ein KGB-Offizier beschrieb Oswald in einem Dokument als »eine leere Person«.[10] Er war der Typ, der von raffinierten Puppenspielern wie Angleton als »Köder« benutzt werden konnte, jemand, mit dem man Maulwürfe auffliegen lassen und herausfinden konnte, was die Sowjets über das U-2-Programm wussten. Im Kabuki-Theater von Angletons Hirn spielten Leute Rollen, deren Bedeutung nur er selbst verstand. Es war die offizielle Aktenspur – die »Legende« – die für Angleton zählte. Unter der Regie des Verhüllungsgenies gewann die Akte eines Menschen zuweilen ein Eigenleben voller Handlungen und Dialoge, die keine Beziehung zum realen Leben der Person aufwiesen. Für James Angleton war der junge, formbare Amerikaner, der die Rolle eines Überläufers spielte, eine Spielfigur, die noch nicht ihr volles Potenzial erreicht hatte. Er war jemand, den man über einen längeren Zeitraum hinweg beobachten musste.

Wenn es einen echten Oswald gab, dann zeichnete sich sein Bild nur in einem flackernden Licht ab, sichtbar allein für die wenigen Leute, die er an sich heranließ. Niemand war in einer besseren Position, Lee zu beobachten, als er sein neues Leben in Minsk begann – wo ihm die sowjetischen Behörden eine spärlich möblierte, aber komfortable Wohnung und eine Arbeitsstelle in einer Radiofabrik gaben –, als Ernst Titovets, ein Student der Medizin, der in Russland Oswalds bester Freund wurde. Die beiden jungen Männer verbrachten viel von ihrer Freizeit zusammen, jagten Frauen nach, hörten Platten in ihren Wohnungen, gingen in die Oper und debattierten die positiven und negativen Aspekte des Lebens unter dem Kapitalismus und Kommunismus. Titovets wurde zu einer Art frühem

Biografen Oswalds und zeichnete das alltägliche Leben des jungen Amerikaners in aufschlussreichen Erinnerungen auf, die ein halbes Jahrhundert später in Russland veröffentlicht wurden, in den Vereinigten Staaten aber weitgehend unbekannt geblieben sind.[11]

Titovets war besser gebildet und kulturell verfeinerter als sein amerikanischer Freund. Der Russe musste Oswald erklären, wer George Gershwin war. Doch trotz der Bildungslücken des Highschool-Abbrechers erkannte Titovets in Oswald einen jungen Mann mit natürlicher Intelligenz. »Ich hatte bei unseren Unterhaltungen ausgiebig Gelegenheit zu beobachten, wie schnell er das Wesen einer philosophischen Idee erfasste«, schrieb Titovets später in seinen Erinnerungen. »Ich gewann den Eindruck eines sehr intelligenten Menschen mit rascher Auffassungsgabe.«

Oswald, dessen prekäre Kindheit ihn für die Ausbeutung der Armen und Schwachen sensibilisiert hatte, war vom egalitären Versprechen des Marxismus angezogen und schien aufrichtig fasziniert vom Sowjetsystem. Aber im Kern blieb er Amerikaner und begann bald, sich an der Reglementierung des Lebens in Minsk zu reiben, er machte sich über die allgegenwärtigen Lenin-Plakate lustig, die über seiner Radiofabrik wachten, und murrte über die obligatorischen Übungsstunden und Propagandaversammlungen, an denen die Arbeiter teilnehmen mussten. Einmal begann er einen Ein-Mann-Streik gegen die aus seiner Sicht veralteten Arbeitspraktiken der Fabrik. Das Arbeitsleben in den Vereinigten Staaten sei kein Paradies, gab Oswald gegenüber Titovets zu, und der Rassismus sei eine nationale Schande. Aber alles in allem genossen amerikanische Arbeiter einen höheren Lebensstandard und mehr Freiheit, sagte er. »Ihr lebt wie die Sklaven!«, brüllte Oswald einmal seinem Freund bei einer besonders hitzigen Diskussion ins Gesicht.

Alles in allem erschien der junge Amerikaner Titovets nicht als der politische Extremist, als der er nach dem Kennedy-Attentat weithin dargestellt wurde. »Oswald erweckte nicht den Eindruck eines engstirnigen politischen Eiferers … und er zwang anderen auch nicht seine Ideen auf. Er war ein guter Zuhörer und bereit, Neues zu lernen und seinen Geist für neue Ideen offenzuhalten.« Titovets sah seinen amerikanischen Gefährten als einen noch im Werden begriffenen Menschen, jemand, der die Abgründe zwischen Ost und West überwinden und seine eigene politische Philosophie entwickeln wollte. Als er sich darauf vorbereitete, nach Amerika zurückzukehren, begann Oswald, seine Vision einer idealen Gesellschaft zu skizzieren, eine, die die besten Merkmale des Kapitalismus und Sozialismus vereinte und die er das »athenische System« nannte. Ein Biograf beschrieb Oswald später als einen »Pionier … einen einsamen amerikanischen Antihelden, der seiner Zeit um einige Jahre voraus war« und seine sozialen Theorien Tausende von Meilen von zu Hause entfernt ausarbeitete – Ideen, die die Anklänge an die partizipatorische Basisdemokratie hatten, die bald von der Neuen Linken verfochten werden sollte.[12]

Nichts an dem Oswald, den Titovets kannte, passte zu dem Profil eines zornigen Einzelgängers, das der Warren-Bericht zeichnete. Er war bei den Frauen beliebt und fand leichten Zugang zu Kindern. Wenn es zu spannungsgeladenen Konfrontationen mit anderen Männern kam – wie bei einem Streit mit einem Arbeitskollegen namens Max um eine Maschine –, setzte sich Oswald nicht zur Wehr. Selbst als Max ihn mit der Hand am Hemd packte und ihn gegen einen Stahlpfeiler stieß, stand Oswald nur ruhig da und betrachtete den Gegner, bis die Wut des Mannes verflogen war. »Nach dem zu urteilen, was ich über Oswald gelernt habe«, folgerte Titovets, der auf der Medizinfakultät Psychiatrie studierte, »wäre es psychologisch ausgeschlossen gewesen, dass er einen Menschen tötet.«

In seiner Minsker Zeit bewies Oswald ein waches Bewusstsein für die sowjetische Überwachung, das auf vorausgehendes Training deutete. Oswald beließ seine Wohnung in spartanischer Kargheit, als achte er sorgfältig darauf, nichts Verräterisches in ihr zu hinterlassen. Er durchsuchte seine Wohnung gewissenhaft nach KGB-Wanzen und drehte seinen Plattenspieler bei einigen Unterhaltungen laut, um das Abhören zu erschweren. In Oswalds Wohnung beschlich Titovets immer ein vage unbehagliches Gefühl. »Ich fragte mich, welches besondere Merkmal des Raums dieses unheimliche Gefühl der Einsamkeit, gemischt mit einem irrationalen, animalischen Gefühl der ständigen Überwachung, hervorrief. Schön zu bemerken, dass einen langsam selbst ein Gefühl der Paranoia beschlich.«

Wie als Junge blieb auch der erwachsene Oswald an der Scheinwelt der Spione interessiert. Als er eines Tages Titovets Sammlung englischsprachiger Bücher durchsah, suchte er sich Graham Greens *Der stille Amerikaner* aus, die beißend kritische Geschichte eines US-Agenten im französisch kolonialisierten Vietnam, der mit seinem strahlenden Idealismus nur Unheil anrichtet. Dennoch bezweifelte Titovets, dass Oswald ein amerikanischer Spion war. Er schien in seinen Jahren in Russland kein Interesse am Sammeln von Nachrichten zu haben. Es fehlt auch jeder Beleg, dass er vom KGB umgedreht wurde. »Oswald blieb während seiner russischen Phase seinem Land treu«, schrieb Titovets später. »Seine Loyalität offenbarte sich in kleinen Gesten, nicht in bombastischen Erklärungen. Er war stolz auf seinen Dienst bei der US-Marineinfanterie. Wann immer er Russland mit den Vereinigten Staaten verglich, stellte er sich unfehlbar auf die amerikanische Seite. … Er verteidigte die amerikanische Armee, das amerikanische Englisch, die amerikanischen Mädchen, das amerikanische Essen und die amerikanischen Eigenheiten – was auch immer.«

Doch wenn Oswald nicht als bezahlter Agent wirkte, so setzte er doch einen Schwall geheimer Tätigkeit in Gang. Anfang 1961, als er die US-Botschaft in Moskau verständigte, dass er nach Amerika zurückkehren wolle, wurde er Gegenstand einer enormen Fülle geheimer Schriftstücke in den hintersten Winkeln von CIA, FBI, US-Außenministerium und dem Nachrichtendienst der US-Marine.

Jahre später brachte Richard Schweiker – der republikanische Senator aus Pennsylvania, eines der ersten Kongressmitglieder, die den Versuch unternahmen, dem Geheimnis Lee Harvey Oswalds auf den Grund zu gehen, als Mitglied des Church-Ausschusses die Formbarkeit von Oswalds Leben eloquent auf den Punkt. »Wohin man bei ihm auch blickt, finden sich die Fingerabdrücke des Geheimdienstes.«[13]

Oswalds Rückkehr in die Vereinigten Staaten war absurd einfach angesichts seiner Verratsgeschichte. Er hatte versucht, seine Staatsbürgerschaft aufzugeben, er hatte seine Absicht erklärt, sein Land durch Preisgabe seiner eifersüchtig gehüteten Militärgeheimnisse zu verraten, er hatte weit über zwei Jahre wie ein Sowjetbürger gelebt. Und obendrein brachte er seine russische Frau Marina mit, die von einem Onkel aufgezogen worden war, der KGB-Offizier war.

Titovets konnte Marina von Anfang an nicht leiden; er sah sie als kettenrauchende, fluchende Frau ohne einen Funken von Oswalds intellektueller Komplexität. Aber Oswald verfiel sofort dem Zauber der Schönheit mit den traurigen Augen und den sinnlichen Lippen. »Das Mädchen strahlte eine rohe Sexualität aus, die mich abstieß, aber Lee vielleicht gerade anzog«, bemerkte Titovets. Lee und Marina wurden einander auf einem Tanzfest im Gewerkschaftshaus vorgestellt, eines der populären Unterhaltungszentren von Minsk. »Der tiefe Ausschnitt ihres Kleids betonte ihren großen Busen«, erinnerte sich Tritovets. Er hatte sofort den Verdacht, dass sie ein Köder des KGB für Oswald war. Als er sich später über Marina erkundigte, erfuhr Titovets, dass sie wegen Prostitution von den Leningrader Behörden aus der Stadt gewiesen worden war. »Bedenkt man ihre Vergangenheit und ihre rechtlichen Probleme«, folgerte er, »verschaffte dies dem KGB sicherlich die Möglichkeit, sie fest im Griff zu haben.« Einen Monat nachdem er ihr begegnet war, machte Oswald ihr einen Antrag.

Es war eine weitere seltsame Episode in Oswalds Leben. Und doch veranlasste nichts von seiner verdächtigen Vergangenheit oder der seiner Braut die US-Behörden, seine Rückkehr zu verhindern, ihn in Gewahrsam zu nehmen oder ihn strengen Verhören zu unterziehen. Auf dem Höhepunkt des Kalten Kriegs – als die Paranoia wegen Spionen, Subversiven und »gehirngewaschenen« GIs in ganz Amerika grassierte – wurde Oswald und seiner sowjetischen Frau erlaubt, völlig ungehindert ins Land einzureisen. Das Außenministerium stellte sogar ein Darlehen von 435 Dollar zur Verfügung, um dem Paar bei den Reisekosten zu helfen. Als der Liniendampfer »SS Maasdam« aus Rotterdam an dem regnerischen Nachmittag des 13. Juni 1962 mit den Oswalds und ihrer neugeborenen Tochter an einem Pier von Hoboken in New Jersey anlegte, warteten keine Bundesagenten auf den Fahnenflüchtigen.

Die Oswalds wurden nur von einem Sachbearbeiter der Travelers Aid Society namens Spas Raikin begrüßt. Trotz beharrlicher Gerüchte bestritt Raikin immer vehement, dass er für die CIA arbeitete. Doch Raikin – ein bulgarischer Flüchtling, der sich aktiv gegen den Kommunismus engagierte – war politisch aufgeweckt genug, um zu erkennen, dass Oswalds ereignislose Rückkehr in die Vereinigten Staaten etwas seltsam war. Es war ein weiteres Beispiel in Oswalds endlos rätselhaftem Leben, das nicht zusammenpasste. »Ich habe mich gefragt, warum da keine Beamten auf ihn gewartet haben«, erinnerte sich Raikin später in seinem Leben. »Meiner Meinung nach hätte man auf die Idee kommen können, dass er ein Spion war. … Ich hatte einen Verdacht, aber ich wollte nicht weiter in diese Sache verstrickt werden.«[14]

Am Tag nach ihrer Ankunft in den Vereinigten Staaten flogen die Oswalds nach Fort Worth, wo sie vorübergehend bei Lees Bruder Robert einzogen. Es dauerte beinahe zwei Wochen, bis das FBI die Zeit fand, Lee zu befragen.

Oswald betrat nun den letzten Akt seines verkürzten Lebens. Im Lauf der folgenden anderthalb Jahre schien der junge Mann ein zielloses Leben zu führen, driftete nach New Orleans, kehrte nach Texas zurück, unternahm einen Abstecher nach Mexiko-Stadt, während er von einem Job zum nächsten sprang, bis er schließlich im Texas School Book Depository landete. Aber bei genauerer Betrachtung hatten seine Bewegungen Methode. Während er in Texas war, kamen Oswald und seine Familie unter die wachsame Fürsorge von Leuten, die ihrerseits genau überwacht wurden. Er traf sich heimlich mit einem wichtigen CIA-Mann in Dallas. Er inszenierte in New Orleans und Mexiko-Stadt öffentliche Szenen, mit denen er als hitzköpfiger Militanter auf sich aufmerksam machte, wie er es in der Botschaft in Moskau getan hatte. Es hingen unsichtbare Strippen an Oswald – und einige der faszinierendsten führten zu Allen Dulles.

Lee Harvey Oswald neigte zu großartigen Tagträumen. Er hatte große Ideen, wie er die Welt verändern würde; er wollte Teil einer größeren Mission sein, als es seine bescheidenen Umstände erlaubten. Aber es gab andere, die ihre Pläne mit ihm hatten. »[Lee] wusste nicht, wem er diente«, sagte Marina Jahre später. »Er wurde manipuliert und wurde erwischt. Er hat versucht, mit den Großen zu spielen.«[15]

George de Mohrenschildt schneite in das fadenscheinige Leben der Oswalds in Fort Worth wie ein wohltätiger Märchenprinz. Großgewachsen, gepflegt, kosmopolitisch, mit einem Netzwerk hochgestellter Freunde, das sich von den Kreisen der Ölleute in Dallas bis in die europäische Aristokratie erstreckte, war »Baron« de Mohrenschildt – wie er sich gern nannte – alles, was Oswald nicht war. Er tauchte eines Nachmittags auf der Türschwelle des bescheidenen Heims der Oswalds auf – das er später als »Hütte in der Nähe von Sears Roebuck« bezeichnete, »soweit ich mich erinnere … sehr schlecht möbliert, heruntergekommen, an einer staubigen Straße«. De Mohrenschildt war ein weißrussischer Emigrant von adliger Geburt, der es in Amerika zu etwas gebracht hatte und nun einem verarmten jungen Paar, das kürzlich aus seinem Heimatland eingetroffen war, unter die Arme griff. De Mohrenschild, ein dekadenter Lüstling der Alten Welt, hielt nicht viel von Marina, als er sie an jenem Tag kennenlernte, fand sie »nicht sonderlich hübsch« und »eine verlorene Seele«, mochte aber sofort Oswald, den er »charmant« fand.[16]

In den folgenden Monaten warfen de Mohrenschildt und seine ebenso kultivierte Frau Jeanne – wie er eine hochwohlgeborene Russin, deren Vater Direktor der russischen Fernosteisenbahn nach China gewesen war – ein Auge auf die Oswalds, fanden Jobs für Lee, brachten die Familie in einem neuen Quartier unter, stellten sicher, dass Marinas verfaulende Zähne in Ordnung gebracht wurden und ihr Baby Schutzimpfungen erhielt, nahmen das Paar auf Partys mit und schlichteten bei ihren Streitigkeiten, wenn sie gewalttätig wurden. Wenn Leute später anmerkten, wie unwahrscheinlich ihnen die Freundschaft zwischen dem kultivierten Baron und dem Highschool-Abbrecher vorkam, zuckte de Mohrenschildt nur mit den Schultern. »Ich glaube, es ist ein Privileg des Alters, keinen Pfifferling darauf zu geben, was andere von einem halten. Ich wähle meine Freunde, weil sie mir gefallen. Und Lee hat mir gefallen.«

De Mohrenschildt erklärte, dass er die ablehnende Haltung seines jungen Freundes zur Rassentrennung im Süden der USA, wo er selbst herkam, bewunderte, ebenso wie Oswalds völliges Desinteresse an dem grassierenden Materialismus des amerikanischen Lebens – anders als Marina, die der Baron grobschlächtig und geldgierig fand. »Ich bin kein Truthahn, der nur lebt, um fett zu werden«, verkündete Oswald eines Tages lächelnd und hob sein Hemd, um de Mohrenschildt seinen flachen Bauch zu zeigen. »Lee, deine Lebensart ist so unamerikanisch, es macht mir Angst, mir vorzustellen, was aus dir noch werden könnte«, erwiderte der ältere Mann.

Es gab noch einen anderen Grund, warum er sich zu Oswald hingezogen fühlte, sagte de Mohrenschildt später. Der magere junge Mann mit den großen Ideen über das Leben habe ihn an seinen Sohn Sergei erinnert, der ein Jahr zuvor an Mukoviszidose gestorben war. Als er in Oswalds Leben trat, habe der immer noch trauernde de Mohrenschildt Lee bald »fast wie einen Sohn« betrachtet.

Doch es gab noch weniger sentimentale Gründe, warum sich der Baron mit dem eigensinnigen jungen Amerikaner anfreundete. De Mohrenschildt kümmerte sich um Oswald im Auftrag der CIA.

George de Mohrenschildt stammte aus jener verlorenen Welt russischer Kavallerieoffiziere und Palastbälle, die durch Krieg und Revolution ausgelöscht worden war. Sein Vater Sergius war zaristischer Beamter und Direktor von Nobel Oil, dem Erdölgiganten, der auf den reichen Ölfeldern Bakus fündig wurde. Als die Bolschewiki an die Macht kamen, wurde Sergius verhaftet und zu Arbeitslager in Sibirien verurteilt, aber die Familie floh nach Polen. Die de Mohrenschildts verloren bei ihrem Exodus alles bis auf ihr nacktes Leben, einschließlich Land, ihre Stellung und Georges Mutter, die dem Typhus erlag. Die überlebenden Familienmitglieder – besonders Sergius und Georges älterer Bruder Dimitri – entwickelten einen brennenden Kommunistenhass. Sein Vater »hasste den Kommunismus«, sagte George später. »Das war sein Lebenshass.«

Während des Zweiten Weltkriegs, als Polen im Kampf zwischen Hitlers Wehrmacht und Stalins Roter Armee zu einem Schlachthaus wurde, floh Sergius abermals nach Westen, nun nach Nazideutschland, wo er als Verbündeter im Vernichtungskrieg gegen den asiatischen Bolschewismus willkommen war. Sergius war kein eifriger Nazi, akklimatisierte sich aber bald in seinem neuen Vaterland und arbeitete für die Abwehr, den militärischen Nachrichtendienst. »George«, sagte er seinem Sohn, »die Nazis sind nicht gut, und Deutschland wird den Krieg verlieren, aber ich bin lieber in Deutschland als im sowjetischen Russland. Zumindest bin ich hier frei und niemand belästigt mich.« Doch die Geschichte holte Sergius schließlich ein: Er starb Ende des Kriegs bei einem alliierten Bombenangriff.

Unterdessen emigrierte Dimitri von Mohrenschildt (Georges Bruder zog die deutsche Version des Familiennamens vor) nach Amerika, wo er prosperierte – er gehörte zu jenen Weißrussen, die den Aufstieg in die oberste Gesellschaft der Ostküste schafften. Dimitri heiratete Winifred »Betty« Hoker, eine geschiedene Gesellschaftsdame von der Park Avenue, und wurde ein bekannter Gelehrter. 1950 wurde er der erste Dekan des Fachbereichs für russische Kultur des Dartmouth College, zudem gründete er die Zeitschrift *Russian Review*, ein antikommunistisches Journal. Dimitri bewegte sich in Kreisen, in denen sich Millionäre, Akademiker und Spione mischten. Er und seine Frau zählten die Bouviers – die Eltern der künftigen First Lady Jackie Kennedy – ebenso wie die Familie Bush zu ihren Freunden. Dimitris Mitherausgeber des *Russian Review* – der konservative Autor William Henry Chamberlin – war ein Freund von Allen Dulles, mit dem er beim Radio Liberty Committee zusammenarbeitete, eines der Propagandaprojekte des Kalten Kriegs, die Dulles mit seinen Verbündeten nach dem Krieg aus der Taufe hob. Dimitri selbst wurde im April 1950 Informant der CIA.

Dimitri hatte 1938 seinen jüngeren Bruder nach Amerika geholt. George – der eine Zeitlang bei Dimitri und seiner Frau in ihrem Apartment in der Park Avenue und in ihrem Haus auf Long Island wohnte – neidete ihnen ihr gutes Leben, schien aber unsicher, wie er es für sich selbst erreichen konnte. George fehlten die starken politischen Überzeugungen seines Bruders – nachdem er in jungen Jahren zwischen der Sympathie für die Nazis und die Kommunisten geschwankt hatte und später zwischen aristokratischem Paternalismus und einer sentimentalen Neigung zur Neuen Linken. George fehlte außerdem Dimitris professionelle Disziplin und Zielstrebigkeit. Nach seiner Ankunft in Amerika versuchte er sich mit seiner damaligen Freundin als Verkäufer für Sportkleidung, und als das Unternehmen scheiterte, wurde er kurzzeitig Parfümverkäufer. Später versuchte er sich im Versicherungsgeschäft, verkaufte aber keine einzige Police.

Schließlich verlegte sich George de Mohrenschildt auf das Ölgeschäft, um in die Fußstapfen seines Vaters zu treten. Er ging nach Texas, wo er an der Universität von Texas einen Abschluss in Erdölgeologie machte, nachdem er sich durch das Abschlussexamen gemogelt hatte. Im typischen Stil de Mohrenschildts wand er sich mit Charme aus den Schwierigkeiten, als er erwischt wurde, und erklärte mit aristokratischem Augenzwinkern, dass schließlich jeder im Leben betrüge.

De Mohrenschildt – der die ganzjährige Bräune eines Jachtbesitzers oder Skifahrers zur Schau trug – verließ sich weiterhin auf sein gutes Aussehen und seinen europäischen Charme und verfolgte eine Karriere im Ölgeschäft. Er hatte eine Gabe dafür, mit reichen Frauen ins Bett zu gehen und sie zu heiraten – darunter eine achtzehnjährige Debütantin aus Palm Beach –, um dann ihre Familien um Mittel für seine verschiedenen Erdölunternehmungen zu bitten. Die zweite seiner vier Frauen, Phyllis, war »ein bisschen wild – aber sehr attraktiv und abenteuerlustig«, erzählte der Baron der Warren-Kommission. Sie hatte die Angewohnheit, nur mit einem Bikini bekleidet in den rauen Ölfeldern der Colorado Rockies umherzuwandern, wo de Mohrenschildt damals arbeitete – ein neues Modeaccessoire in jenen Tagen, das die nach Öl bohrenden Raubeine zweifellos in seinen Bann schlug.

Keines von de Mohrenschildts Ölunternehmungen zahlte sich sonderlich aus, und bald trieb es ihn wieder zu einem neuen Spiel mit Hilfe eines reichen Verwandten oder Freundes. Sein wahres Können war die Kultivierung der Reichen und Einflussreichen. Einen seiner ersten Posten im Ölgeschäft erhielt er bei Pantepec Oil – der Erdölfirma, die der Vater von William F. Buckley jr. mitbegründet hatte, der mit der CIA verbundene konservative Autor und Kommentator.

Später nutzte de Mohrenschildt geschickt seine Beziehungen im Dallas Petroleum Club, einer Brutstätte der Kennedy-Feindschaft, deren führende Mitglieder – darunter die Ölleute Clint Murchinson sr., H. L. Hunt und Sid Richardson – mit Dulles, Lyndon Johnson und J. Edgar Hoover im Bunde standen. Der Petroleum Club zählte auch D. H. Byrd, den Eigentümer des Texas School Book Depository, und Major Earle Cabell, den Bruder des ehemaligen Stellvertreters von Dulles, zu seinen regelmäßigen Gästen. De Mohrenschildt holte Byrds Frau in den Aufsichtsrat des Wohltätigkeitsvereins, den er gegründet hatte, um die Mukoviszidose-Forschung zu finanzieren.[17] Alles kam im Petroleum Club zusammen – die Deals, die guten Werke und die dunkleren Dinge – bei Drinks in den holzgetäfelten Räumlichkeiten des Clubs im Stadtzentrum im eleganten Baker Hotel.

Das internationale Ölgeschäft und der amerikanische Geheimdienst bildeten sich überschneidende Welten, und de Mohrenschildt stand bald mit einem Bein in jeder von beiden. Er deutete kryptisch an, er sei »in einem kontroversen Geschäft ... einem internationalen Geschäft« tätig. Doch der Justiziar der Warren-Kommission Jenner lenkte die Unterhaltung rasch fort von diesen gefährlichen Klippen und wechselte mit einer dämlichen Überleitung das Thema: »Außerdem stelle ich fest, dass Sie ein ziemlich lebhafter Mensch sind.«

De Mohrenschildt war wirklich ein schillernder Charakter, wie Jenner mehr als einmal in der Anhörung anmerkte, doch war das ein weniger relevanter Aspekt seines Lebens als seine Verstrickung in den amerikanischen Geheimdienst. Ende der 1950er Jahre hörte er auf, in Texas und Colorado Bohrlöcher anzulegen, und fing an, als Berater von Erdölprojekten in Lateinamerika, Europa und Afrika zu arbeiten. Seine Arbeit führte ihn manchmal in Brandherde des Kalten Kriegs wie Jugoslawien (das ihm als mutmaßlichen Spion die Einreise verweigerte) und Kuba. Wenn er von seinen Auslandsreisen zurückkehrte, erstattete de Mohrenschildt routinemäßig seinem CIA-Führungsagenten in Dallas, J. Walton Moore, Bericht.

Der Baron beharrte stets darauf, kein CIA-Agent zu sein, allerdings konnten seine Dementis recht verworren klingen. »Ich kann nicht sagen, dass ich nie ein CIA-Agent war, ich kann es nicht beweisen«, schrieb er gegen Ende seines Lebens in seinen unveröffentlichten Erinnerungen. »Ich kann nicht beweisen, dass ich es je war. Niemand vermag das.« Wahrscheinlich stimmt es, dass de Mohrenschildt kein offizieller Agent war, doch er war ganz sicher ein Informant der CIA, der auf seinen Auslandsreisen unter seinem »kommerziellen Denkmantel«, wie der Geheimdienstes das nannte, Informationen sammelte.

De Mohrenschildts Antrieb war weder Ideologie noch Patriotismus. Er war nicht wie sein Bruder, den er beinahe amüsiert als »wirklich grimmigen Antikommunisten« beschrieb. Der Baron »glaubte an nichts, weder etwas Religiöses noch Politisches«, sagte sein Nachbar in Dallas, ein weißrussischer Landsmann namens Igor Voshinin. De Mohrenschildt glaubte nur an sich selbst. Er hatte in seiner entwurzelten, staatenlosen Existenz gelernt, sich bei allen einzuschmeicheln, die mächtig oder reich waren. Er stand zu Diensten, wenn er damit auch sich selbst dienen konnte. Er war kein großer Ölmann, aber Freunde in der Spionagewelt zu haben öffnete ihm Türen, wenn er im Ausland Geschäfte machte.

So war es nicht überraschend, als de Mohrenschildt an jenem Sommernachmittag vor der Tür der Oswalds in Begleitung eines Mannes namens Oberst Lawrence Orlov auftauchte, ein CIA-Informant, der ein Freund und häufiger Handball-Mitspieler von J. Walton Moore war, dem Mann des Geheimdienstes in Dallas. De Mohrenschildt selbst pflegte auch mit Moore freundschaftlichen Umgang, seit der CIA-Agent für »Inlandskontakte« nach seinen Auslandsreisen seine Berichte entgegennahm. Der Baron fand seinen CIA-Führungsagenten einen »sehr netten Kerl ... wir kamen gut miteinander aus«. Moore, der Sohn von Missionaren, war in China geboren und aufgewachsen wie de Mohrenschildts Frau Jeanne. »Daher lud ich ihn und seine Frau nach Hause ein, und er verstand sich prächtig mit Jeanne«, erinnerte sich der Baron später. »Ich habe mich mit Mr. Moore gelegentlich zum Lunch getroffen. Ein kosmopolitischer Kerl, sehr ansprechend.«[18]

Nachdem die Oswalds aus Russland in die USA übergesiedelt und in Texas eingetroffen waren, war Moore an der Reihe, de Mohrenschildt zum Mittagessen einzuladen. Der CIA-Mann bat seinen in Russland geborenen Freund anscheinend, das junge Paar im Auge zu behalten – eine Aufgabe, die de Mohrenschildt bis zum nächsten Frühjahr, als er mit seiner Frau geschäftlich nach Haiti abreiste, gewissenhaft erfüllte.

Lee war von de Mohrenschildt wie gebannt. Der große, weltläufige Mann war die Vaterfigur, die er nie hatte. Sie erzählten sich gegenseitig politische Witze von beiden Seiten des Eisernen Vorhangs. Der Baron fragte ihn über sein Leben in Minsk aus, als schöpfe er einen Informanten ab. Aber Lee störte das nicht – er strahlte im Glanz der Aufmerksamkeit des älteren Mannes. »Oswald tat alles, was de Mohrenschildt ihm auftrug«, bemerkte der Schwiegersohn des Barons, Gary Taylor, der mit de Mohrenschildts Tochter Alexandra in Dallas lebte.

Marina stimmte später zu, dass de Mohrenschildt und ihr Ehemann »ziemlich gute Freunde« waren und dass der Baron »ein guter Menschenfreund war, der sich für andere interessierte«. Aber in einer Vernehmung durch FBI-Agenten nach dem Kennedy-Attentat fügte Marina eine verstörende Bemerkung über die Beziehung der beiden Männer hinzu. Oswald »hatte etwas Angst vor de Mohrenschildt, der eine große Statur hatte und mit lauter Stimme sprach«, berichtete sie. Ihr Ehemann wusste eindeutig, wer von den beiden die Macht hatte.

Am Ende übte kein Zeuge der Warren-Kommission einen größeren Verrat an Oswald als George de Mohrenschildt. Seine Zeugenaussage vor der Kommission – die längste der Anhörungen – trug mehr zur Verurteilung Oswalds in den Augen der Presse und der Öffentlichkeit bei als jede andere. Er stellte die Beziehung zwischen Oswald und der mutmaßlichen Mordwaffe her, als er von dem Tag erzählte, als eine aufgeregte Marina ihm und seiner Frau das Gewehr gezeigt hatte, das Lee in einem Schrank versteckt hielt. Und vor allem gab de Mohrenschildt der Warren-Kommission das Motiv für die Ermordung Kennedys, das dem Gremium schmerzlich gefehlt hatte. Oswald, spekulierte der Baron mit vernichtender Wirkung, »war krankhaft eifersüchtig auf einen außerordentlich erfolgreichen Mann, der jung und attraktiv war, eine schöne Frau und alles Geld der Welt hatte und auf der ganzen Welt berühmt war. Und der arme Oswald war das genaue Gegenteil. Er hatte nichts. Er hatte eine gehässige Frau, kein Geld und war in allem, was er tat, ein miserabler Versager.« Kennedy zu ermorden, so sein Fazit in einem der denkwürdigeren Sätze, die die offizielle Untersuchung produzierte, habe Oswald »in seinem eigenen Geist zu einem Helden« gemacht.

De Mohrenschildt besaß Anstand genug, angesichts dieser judashaften Vorstellung ein schlechtes Gewissen zu haben, und offerierte der Kommission – gleichsam zur Wiedergutmachung – noch eine weitere, völlig widersprüchliche Aussage über Oswald: »Aber was ich unterstreichen wollte, was mich immer erstaunte, war, dass [Oswald] mir gegenüber immer ein Bewunderer von Präsident Kennedy war«, sagte er dem Gremium. Bei einer Unterhaltung über Kennedy habe Oswald diesen, räumte de Mohrenschildt ein, als »einen exzellenten Präsidenten« beschrieben, »jung, voller Energie, voller guter Ideen«. Mit diesem Urteil Oswalds über den Präsidenten löste sich das Mordmotiv, das de Mohrenschildt der Kommission angeboten hatte, vollständig in Luft auf. Aber die Warren-Kommission überging die schreienden Widersprüche in de Mohrenschildts Aussage schlicht. Es waren die unbegründeten und unverantwortlichen Bemerkungen des Barons über den »durchgedrehten Irren« Oswald – einen Mann, der angeblich vom Ressentiment seines jämmerlichen Lebens zu dem Attentat getrieben worden war –, die bei der Kommission hängenblieben. De Mohrenschildt nahm den jungen Oswald, mit dem er viele Stunden über Politik diskutiert, dem er Ratschläge über die

Liebe und seine Ehe erteilt hatte – den Mann, der an jeder seiner Silben hing, den er fast als seinen eigenen Sohn betrachtet hatte –, und gab ihn der Schändlichkeit preis.

Am Morgen des 22. April 1964, als er im Gebäude der Veterans Administration in Washington erschien – wo die Warren-Kommission tagte –, legte George de Mohrenschildt nicht seine übliche geschmeidige Selbstsicherheit an den Tag. Die Monate nach dem Attentat waren für den Baron und seine Frau extrem schwierig gewesen. In Haiti weilend, war er nach dem Mord am Präsidenten wie ein Verdächtiger in dem Fall in die US-Botschaft in Port-au-Prince zitiert worden. Seine Geschäfte in Haiti nahmen Schaden, als sich das Gerücht verbreitete, dass der geheimnisvolle Russe Oswalds engster Vertrauter gewesen war. Es ist äußerst unwahrscheinlich, dass de Mohrenschildt im Voraus wusste, in welcher Weise Oswald am 22. November 1963 benutzt werden sollte. Diese Art von schmutzigem Geschäft gehörte nicht zum Portfolio des Barons. Aber er war klug genug, um rasch eins und eins zusammenzuzählen.

De Mohrenschildt war sich nicht sicher, wie er aus den Anhörungen der Warren-Kommission herauskommen würde. Wäre seine Karriere ruiniert? Amerika war nicht Sowjetrussland, aber der Baron hatte auf seinen weltweiten Reisen erfahren, dass Macht zu allem fähig war, ganz gleich, wo sie ausgeübt wurde.

Als er an jenem Morgen den Anhörungssaal betrat, war de Mohrenschildt die Nervosität anzusehen. Seine Augen fixierten sofort Allen Dulles. An jenem Tag »mischte [Dulles] sich nicht in die Anhörungen ein«, sondern überließ Jenner die Befragung, schrieb de Mohrenschildt später in seinen Erinnerungen. »[Er] war dort als eine ferne Drohung« – eine irritierende Bemerkung, die er nicht weiter erklärte.[19] Wirkte die bloße Präsenz von Dulles, der bedrohlich über die Sitzungen wachte, für de Mohrenschildt wie eine Erinnerung, dass er seine Worte mit Bedacht wählen musste?

Für den Baron war die ganze Erfahrung als Starzeuge der Warren-Kommission – eine Befragung, die sich über zwei Tage hinzog – eine zermürbende Übung in »Einschüchterung«. Zu Beginn seiner Aussage warnte ihn Jenner: »Wir wissen mehr über Ihr Leben als Sie selbst, beantworten Sie daher meine Fragen wahrheitsgemäß und aufrichtig.« Während er de Mohrenschildt in die Mangel nahm, wechselte Jenner in den folgenden beiden Tagen zwischen eisiger Angriffslust und einnehmender Schmeichelei. Bei ihrer Befragung im Anschluss brachte Jeanne de Mohrenschildt zur emotionalen Unterstützung ihre beiden Manchester Terrier Nero und Poppaea mit. Als die Befragung der de Mohrenschildts vorüber war, sagte der Baron zu seiner Frau: »Es war eine unangenehme Erfahrung, aber in Russland hätte man uns lebenslänglich nach Sibirien geschickt.«

Jenner stocherte in den peinlichsten Details von de Mohrenschilds Privatleben herum, aber er hielt sich resolut von seinen Geheimdienstverbindungen fern. Dem Baron wurde klar, wie gründlich die Kommission sein persönliches Leben durchleuchtet hatte, als Dulles all die privaten Briefe vorlegte, die er nach dem Kennedy-Attentat der Mutter der First Lady, Janet, geschrieben hatte. Nach der Trennung von Jackies ausschweifendem Vater, »Black Jack« Bouvier, hatte Janet den Washingtoner Aktienhändler Hugh Auchincloss geheiratet, dessen Familienvermögen aus der Partnerschaft seines Großvaters mit John D. Rockefeller bei Standard Oil stammte. De Mohrenschildt war gezwungen, aus seinen eigenen Briefen an Janet Auchincloss vorzulesen, die er aus der Zeit kannte, als ihre Tochter Jackie noch ein kleines, im Sand der Gold Coast von Long Island herumtollendes Mädchen war. Jenner brachte de Mohrenschildt in Verlegenheit mit der Frage, warum er in einem der Briefe, die er Jackie Kennedys Mutter geschickt hatte, Oswalds Schuld in Zweifel gezogen habe. »Ich hege noch immer einen anhaltenden Zweifel an Oswalds Schuld, ungeachtet aller Beweise.« Da sein Brief offenkundig seine Aussage über Oswald als den »durchgedrehten Irren« in Frage stellte, der den Präsidenten umgebracht hatte, geriet de Mohrenschildt in die Verlegenheit, seine widersprüchlichen Aussagen erklären zu müssen.

Nachdem die de Mohrenschildts ihre »Tortur« vor der Warren-Kommission hinter sich hatten, wurden sie von Janet Auchincloss und ihrem Ehemann in ihr Haus in der O-Street in Georgetown eingeladen. Entspannt bei ihrer alten Freundin in der komfortablen Pracht des Hauses, fühlten sich der Baron und seine Frau selbstbewusst genug, ihre wahren Gefühle über das Attentat zu äußern. Mittlerweile war dem Ehepaar aufgegangen, dass die Warren-Kommission nicht daran interessiert war, die wahre Geschichte des Präsidentenmords aufzuklären. Es hegte den Verdacht, dass der eigentliche Zweck der Untersuchung darin bestand, »das Geld der Steuerzahler zu verschwenden und [die] Aufmerksamkeit des amerikanischen Volks von den [wahren Schuldigen] an der Ermordung abzulenken«.[20]

Jeanne de Mohrenschildt überschattete die höfliche Atmosphäre des Beisammenseins, als sie Mrs. Auchincloss direkt herausforderte. »Warum strengen Sie – die Verwandten unseres geliebten Präsidenten, die Sie so reich sind – nicht eine echte Untersuchung an, um herauszufinden, wer die Ratte war, die ihn ermordet hat?«

Mrs. Auchincloss blickte Jeanne kühl an. »Aber die Ratte war Ihr Freund Lee Harvey Oswald.« Sie war nicht in Stimmung, sich von Freunden Oswalds belehren zu lassen. Im oberen Stock bewahrte Auchincloss noch immer das blutbespritzte rosafarbene Chanel-Kostüm auf, das ihre Tochter in Dallas getragen hatte.

Jackie Kennedys Mutter war ohne Zweifel mit Hilfe ihres Nachbarn und Familienfreundes Allen Dulles zu der Überzeugung gelangt, dass Oswald schuldig war. Ihr Ehemann Hugh – der bei der Marineabwehr gedient hatte, bevor er eine Karriere im Investmentbanking einschlug – entstammte derselben Welt wie Dulles. Tatsächlich hatten die Auchincloss' politisch mehr mit Dulles als dem ermordeten Präsidenten gemein. Als de Mohrenschildt Kennedys Schwiegermutter während des Wahlkampfs zufällig auf einer Flugreise traf, erfuhr er überrascht von ihr, dass sie eisern zu Nixon hielt und John F. Kennedy ihrer Meinung nach keine Chance hatte.

Es war eine bemerkenswerte Szene im Haus der Auchincloss' an jenem Frühlingsabend 1964. Frisch von ihrer feigen Aussage vor der Warren-Kommission zurück, drängten die de Mohrenschilds nun Kennedys Schwiegermutter, die ihn politisch nie unterstützt hatte, dazu, etwas moralischen Mut zu beweisen und ihren Reichtum einzusetzen, um das Verbrechen aufzuklären. Trotz der Zurückweisung seiner Frau insistierte George de Mohrenschildt: »Janet, Sie waren Jack Kennedys Schwiegermutter, und ich bin ein völlig Fremder. Aber ich würde mein Geld und viel Zeit aufwenden, um herauszufinden, wer die wahren Attentäter oder Verschwörer waren. Wollen Sie denn keine weitere Untersuchung? Sie haben doch unbegrenzte Mittel.«

Doch Frau Auchincloss blieb ungerührt. »Jack ist tot und nichts wird ihn wieder zurückbringen.« Als die Diskussion schließlich ihr emotionales Crescendo erreichte, fielen sich die beiden Frauen – Janet und Jeanne – in die Arme und begannen zu weinen.

Als wäre der Abend noch nicht verstörend genug gewesen, tauchte an einem Punkt Dulles selbst auf. Der Agentenführer kreiste de Mohrenschildt ein und fing an, ihn über Oswald auszufragen, als säßen sie noch in den Anhörungen. Hatte der beschuldigte Mörder irgendeinen Grund, Kennedy zu hassen? Der »scharfsinnige« Dulles, wie ihn der Baron nannte, wusste, dass dies der verworrene Teil von de Mohrenschildts Aussage war, der zwingend »in Ordnung gebracht« werden musste, wenn es der Kommission gelingen sollte, Oswald als einsamen Irren hinzustellen. Aber wieder frustrierte de Mohrenschildt Dulles, indem er ihm eine Antwort gab, die er nicht hören wollte. Nein, sagte er, Oswald habe Kennedy nicht gehasst – tatsächlich sei er »ein Bewunderer« des Präsidenten gewesen. An diesem Punkt war Dulles zweifellos klar, dass de Mohrenschildt – trotz seines entgegenkommenden Auftritts vor der Warren-Kommission – im Weiteren noch zu einem Problem werden konnte.

Später an jenem Abend, als sich die de Mohrenschildts verabschiedeten, nahm Janet Auchincloss den Baron beiseite. »Übrigens«, sagte sie mit nunmehr eisiger Stimme, »möchte meine Tochter Jacqueline Sie nie wieder sehen, weil sie dem Mörder ihres Ehemanns nahestanden.«

»Das ist ihr Privileg«, erwiderte der Baron höflich.

Es war der Beginn einer weiteren Art von Exil für den entwurzelten Kosmopoliten, der sich zunehmend aus der oberen Gesellschaft, von deren Kontakten und Verträgen er abhängig war, verbannt fühlte. Das alles erschien dem Baron schrecklich ungerecht, schließlich war seine einzige Sünde gewesen, seinem CIA-Freund Moore Glauben zu schenken, als dieser ihm gesagt hatte, Oswald sei nur ein »harmloser« Exzentriker, der ein wenig freundliche Aufsicht benötige. De Mohrenschildt bildete sich etwas auf seine Weltklugheit ein, doch am Ende erkannte er, dass er benutzt worden war – genau wie Oswald, der, nachdem er in Polizeigewahrsam genommen war, verzweifelt gerufen hatte, er sei »ein Sündenbock«. Auch de Mohrenschildt war manipuliert worden, eine Rolle zu spielen: Oswald zu belasten. Und wie Oswald hatte er es nicht bemerkt, bis es zu spät war.

In seinen letzten Lebensjahren war de Mohrenschildt bemüht, Buße für seine Sünden zu tun und dem Geist Lee Harvey Oswalds Gerechtigkeit widerfahren zu lassen. In seinen Erinnerungen *I Am a Patsy!* (»Ich bin ein Sündenbock«) – ein Herzenserguss, dessen rohe, russisch gefärbte Syntax de Mohrenschildt sich nicht die Mühe machte zu polieren – entschuldigte er sich für den »Schaden«, den er »dem Andenken Lees, meines Freundes« zugefügt habe. Er erklärte Oswalds Unschuld und nahm die verdammenden Worte, die er der Warren-Kommission erzählt hatte, zurück. In Wahrheit sei »Lee nicht eifersüchtig auf den Reichtum [der] Kennedys« gewesen, schrieb er, »und neidete ihnen auch nicht ihre gesellschaftliche Stellung, dessen war ich mir sicher. Für ihn waren Reichtum und Gesellschaft ein großer Witz, aber sie störten ihn nicht.«[21]

De Mohrenschildt hatte Oswald der Warren-Kommission als »halbgebildeten Hinterwäldler« geschildert – jemand »den man nicht ernst nehmen kann … über den man nur lacht«. Nun jedoch schrieb er über den »originellen Kopf« seines verstorbenen Freundes und sein »nonkonformistisches« Denken. Zusammen mit den Erinnerungen von Titovets ragt *I Am a Patsy!* als das überzeugendste Porträt heraus, das wir von Oswald haben. De Mohrenschildts Manuskript, das seine Frau dem Sonderausschuss des Repräsentantenhauses nach seinem Tod zu Verfügung stellte, bleibt unveröffentlicht, ist jedoch online verfügbar.

Oswald erscheint in den Erinnerungen des Barons als aufkeimender Radikaler der 1960er Jahre – ein Mann, der sensibel genug war, die Misere der schwarzen und indigenen Amerikaner in einer von Weißen beherrschten Gesellschaft zu erkennen, und klarsichtig genug, die fundamentalen Fehler der amerikanischen Demokratie zu begreifen. »Unter der Diktatur werden die Menschen versklavt, aber sie wissen es«, sagte er de Mohrenschildt in Erinnerung an seine Tage in der Sowjetunion.[22] »Hier belügen die Politiker die Menschen ständig, und die werden immun gegen diese Lügen, weil sie das Privileg haben zu wählen. Aber die Wahlen sind manipuliert und die Demokratie hier ist ein Meer von Lügen und raffinierter Gehirnwäsche.« Oswald war besorgt über die polizeistaatlichen Überwachungsmethoden des FBI. Und er glaubte, dass Amerika an einem Wendepunkt stand, noch »militaristischer« zu werden, da es beständig in die inneren Angelegenheiten anderer Länder eingriff. Eines Tages, sagte er voraus, werde es einen Staatsstreich geben.

Als de Mohrenschildt zur Zeit der Abfassung seines Manuskripts Mitte der 1970er Jahre auf Amerika blickte, begann er, Oswald als eine prophetische Gestalt zu sehen. Mittlerweile waren die Vereinigten Staaten ein vom Krieg, politischen Morden, Korruption der Regierung und Untergrabung der Verfassung herabgewürdigtes Land. »Meine Frau und ich verbringen schmerzliche Momente bei dem Gedanken an Lee, beschämt, dass wir nicht entschlossener zu seiner Verteidigung aufgestanden sind«, schrieb er. »Doch wer hätte uns damals zugehört und irgendetwas Wahres oder Günstiges [über] ihn veröffentlicht?«[23]

De Mohrenschildts Leben wurde gegen Ende, als er an seinen Erinnerungen schrieb und sich über seine verworrene Beziehung zu Oswald klar zu werden versuchte, immer fiebriger. Im September 1976 schickte er einen verzweifelten handschriftlichen Brief an den alten Freund seiner Familie, George Bush, damals amtierender CIA-Direktor in der Administration von Gerald Ford. De Mohrenschildt kannte Bush aus seinen Schultagen auf der Phillips Academy, als Bush der Zimmergenosse des Stiefsohns seines Bruders Dimitri war. Nun bat der Baron ihn um Hilfe und appellierte an den Familiensinn und die Klassenloyalität des CIA-Direktors. De Mohrenschildt behauptete, er und seine Frau seien zur Zielscheibe von Schikanen geworden. »Unser Telefon [wird] abgehört und wir werden überallhin verfolgt. … Wir werden durch die Situation in den Wahnsinn getrieben.« De Mohrenschildt war der Meinung, die Überwachung habe begonnen, nachdem er ein zweites Kind durch Mukoviszidose verloren hatte – seine Tochter Nadya –, ein traumatisches Ereignis, nach dem er anfing, »sich wie ein verdammter Narr« zu benehmen und in seine schmerzliche Vergangenheit einzutauchen. Er fing an, »über Lee H. Oswald zu schreiben, törichter- und erfolgloserweise«, berichtete der Baron Bush, »und [ich] muss eine Menge Leute verärgert haben, die ich nicht kenne. Aber einen alten Mann wie mich und meine hochgradig nervöse und kranke Frau zu bestrafen ist wirklich zu viel.«[24]

Der Baron endete mit einer verzweifelten Bitte um der alten Zeiten willen: »Könnten Sie etwas unternehmen, um das Netz um uns herum zu entfernen? Das wird meine letzte Bitte um Hilfe sein und ich werde niemanden mehr ärgern.«

Bush schickte eine teilnahmsvolle Erwiderung, in der er versicherte, dass de Mohrenschildt keine Zielscheibe der Bundesbehörden sei. Stattdessen lastete er die Schwierigkeiten des Barons dem neu auflebenden Medieninteresse am Kennedy-Attentat und übermäßig neugierigen Journalisten an.

Im folgenden März hatte sich der sechsundfünfzigjährige de Mohrenschildt von seiner Frau getrennt, kämpfte mit Depressionen und lebte bei Freunden der Familie in einem hölzernen Bungalow zwischen luxuriösen Häusern südlich von Palm Beach. Seine Zeugenaussage war wieder gefragt – dieses Mal vom Sonderausschuss des Repräsentantenhauses zur Untersuchung von Attentaten, dessen Ermittler ein dringlicheres Interesse an der Wahrheit zeigten als die Warren-Kommission. Am Morgen des 29. März 1977 fuhr der Ausschussermittler Gaeton Fonzi vor dem mit dunklen Schindeln bedeckten Strandhaus vor. Als er erfuhr, dass de Mohrenschildt nicht zu Hause war, hinterließ er seine Karte bei der Tochter des Barons, Alexandra.[25] Früh am Abend, als er in sein Motelzimmer in Miami zurückkehrte, erhielt Fonzi einen Anruf von William O'Reilly, der damals als Reporter für Dallas TV arbeitete. O'Reilly hatte verblüffende Neuigkeiten. George de Mohrenschildt war tot zu Hause aufgefunden worden, sein Kopf zerfetzt von einem Schrotschuss Kaliber 20. Fonzis Karte war in der Tasche des Toten gefunden worden. (In seinem 2012 erschienenen Buch *Killing Kennedy* übertrieb O'Reilly seine persönliche Beteiligung an dem Drama und behauptete, er habe auf de Mohrenschildts Türschwelle gestanden, als der Schuss fiel. Wie späteren Medienberichten zu entnehmen war, befand sich O'Reilly tatsächlich zu dieser Zeit in Dallas.)

Laut dem Gerichtsmediziner von Palm Beach County war de Mohrenschildts Tod ein Selbstmord, aber sein gewaltsames Ende heizte eine Zeitlang die öffentliche Spekulation an, denn er ereignete sich inmitten einer Flut weiterer plötzlicher Todesfälle, die sich während der neuen Nachforschungen des Kongresses zum Kennedy-Fall ereigneten. Zeugen erlagen Herzanfällen und Selbstmorden oder wurden in dramatischerer Weise umgebracht – wie im Fall des Vermittlers zwischen Mafia und CIA, Johnny Roselli, der erdrosselt und zerhackt in ein Ölfass gesteckt und in die Biscayne Bay geworfen wurde. Einige Ermittler hatten den Eindruck, dass die steigende Sterblichkeitsrate mit der schleichenden Furcht in Washington in Verbindung stand, dass endlich Gerechtigkeit geschehen könnte.

Wurde de Mohrenschildt ermordet, bevor er mit dem Sonderausschuss sprechen konnte? Oder nahm er sich selbst das Leben als Sühne für das, was er getan hatte? In jedem Fall war er ein weiteres Opfer der Vergangenheit.

Wenn um Lee Harvey Oswald eine »Legende« gesponnen wurde, so gab es niemand, der mehr tat, um Oswalds Geschichte während seiner Tage in Dallas voranzubringen, als eine junge Hausfrau namens Ruth Paine. Es war Ruth Paine, die Marina und ihre kleinen Kinder aufnahm, als die Ehe der Oswalds zu zerfallen begann. Sie war es, die aus nächster Nähe die privaten Details von Lees Leben beobachtete. Oswald hinterließ Anhaltspunkte für sie – wie einen Brief an die sowjetische Botschaft in Washington, den er auf ihrem Schreibtisch liegen ließ –, die in ihr den Verdacht nährten, er sei eine Art Spion. Tat er diese Dinge mit Absicht?, fragte sie sich später. War das Teil des Profils, das er zurücklassen sollte?

Ruth war ein neugieriger Typ – man könnte sogar sagen, allzu neugierig, die Art von Frau, die das Gefühl hatte, sie könne die Welt in Ordnung bringen und es sei ihre Pflicht, es zu tun. Nachdem ihr Ehemann Michael eine Stelle als Ingenieur bei Bell Helicopter in Fort Worth angenommen hatte, fand sich Ruth in Texas im Stich gelassen – eine einsame, geisteswissenschaftlich gebildete Quäkerin aus dem Norden, die in einer Cowboy-Kultur feststeckte. Ihre Isolation wuchs nur noch, als sie und Michael begannen, auseinanderzudriften und er im September 1962 aus dem Haus der Familie in eine eigene Wohnung zog.

Als ein Freund sie daher im folgenden Februar zu einer Party in sein Haus einlud, sagte Ruth bereitwillig zu. Unter den anderen Gästen befand sich, wie sie erfuhr, ein junges Paar, das erst vor kurzem aus Russland eingetroffen war. Ruth hatte einige Jahre zuvor angefangen, Russisch zu lernen, und hier bot sich eine Gelegenheit, ihre Fähigkeiten mit Leuten aufzupolieren, die diese Sprache fließend beherrschten.

Es waren die de Mohrenschildts, die die Oswalds zu dem Fest mitbrachten und sie Ruth vorstellten. Später wurde von Verschwörungsforschern viel in diese Begegnung hineingeheimnisst, als habe es sich um eine »Übergabe« gehandelt, da die de Mohrenschildts drauf und dran waren, Dallas zu verlassen und nach Haiti abzureisen.

Aber wenn Ruth Paine die Rolle de Mohrenschildts als Oswalds Aufsicht übernahm, so tat sie es nicht als wissende Agentin. Paine sagte der Warren-Kommission später, dass sie Baron de Mohrenschildt nie zuvor getroffen und ihn seit jenem schicksalhaften Abend auch nie wieder gesehen habe.

Ruths Motive, sich in das chaotische Leben der Oswalds zu verstricken, hatten nichts mit den Strategemen des Kalten Kriegs zu tun – ihre Gründe waren weit menschlicher als das. Sie fand Lee zwar etwas ermüdend und von sich selbst eingenommen, aber sie war sofort von Marina angezogen. »Trotz meines fehlerhaften Russischs fand ich es leicht, mit Marina zu sprechen und sehr angenehm«, erinnerte sie sich später.[26] Ruth ließ sich Marinas Adresse geben, schrieb ihr bald darauf und fragte, ob sie sie irgendwann besuchen kommen könne. Es war der Beginn einer Freundschaft, die das Leben der beiden Frauen für immer verändern würde.

Jahrzehnte später arbeitete Paine zusammen mit dem Autor Thomas Mallon an einem Bestseller, der beweisen sollte, dass es nichts Konspiratorisches an den Ereignissen in Dallas gab, alles sei vielmehr nur eine Verkettung schrecklich unglücklicher Umstände gewesen.[27] Eine großzügige junge Mutter nimmt die Familie des künftigen Mörders von Präsident Kennedy auf, und ihr Leben sollte nie wieder dasselbe sein. Ende der Geschichte. Nur dass es so nicht war. Ruths Geschichte ist weit interessanter.

Paine ist eine Frau von sturer Überzeugung, selbst im beschaulichen Ruhestand in einem angenehmen, von Quäkern betriebenen Altersheim in Nordkalifornien. Sie weist weiterhin alle Belege einer Verschwörung in Dallas als »Unsinn« von der Hand und besteht – im Gegensatz zu de Mohrenschildts Bekehrung im Alter – noch immer auf der Schuld Oswalds als einzigem Täter. Sie trägt noch immer die gleiche Bobfrisur wie als Hausfrau in Dallas, nun allerdings mit schlohweißem Haar. Und trotz ihres fortgeschrittenen Alters hält sie sich aufrecht, mit der wilden Entschlossenheit einer Frau, die sich weigert, sich der Zeit oder neuen Informationen über ihre geschichtenumwobene Vergangenheit zu beugen.

Bei einem kürzlichen Besuch in ihrem Altersheim etwa fünfzig Jahre nach dem Attentat gab es nur einen flüchtigen Augenblick, in dem Ruth zugab, dass Oswald nur ein Bauer in einem historischen Drama von weit größeren Ausmaßen war als er selbst. Als ihr Besucher nahelegte, dass verträumte Abenteurer wie Oswald leichte Beute von Leuten mit zynischen Absichten werden können, nickte sie sofort. »Meine Eltern hatten ein Wort dafür: ›linke Tagträumer‹.«[28]

Es ist ein Ausdruck, der sich auch auf Ruth Paine anwenden lässt. Im April 1963 war sie dreißig, Mutter zweier kleiner Kinder – wie Marina – und von ihrem Ehemann entfremdet. Sie lud die russische Frau und ihre beiden kleinen Mädchen ein, in ihr bescheidenes, schindelgedecktes Haus in Irving außerhalb von Dallas zu ziehen. Paine war erfüllt von der Großzügigkeit ihres Glaubens, als sie Marina aufnahm. Schließlich liebte sie Marina, wie sie später sagte, »als wäre sie eine Schwester«.[29] (Einigen schien es, dass Ruth für ihren exotischen Hausgast, der eine Art verführerische Verzweiflung anhaftete, auch eine romantische Schwäche hatte.) Doch trotz Ruths besten Absichten half sie mit, das Leben der Oswalds zu zerstören. Am Ende sollte sich Marina wünschen, dass sie ihrer Retterin nie begegnet wäre.

Ruth Paine hatte die Idee, sie habe eine geheimdienstliche Rolle in der Oswald-Geschichte gespielt, immer bespöttelt. Ein Besucher fragte sie rundheraus, ob sie irgendeinen Kontakt zur CIA habe. »Nicht dass ich wüsste«, lachte sie. Das stimmt, aber das ist auch alles. Ruth und ihr Ehemann Michael waren nicht der Typus, der für Geheimoperationen eingesetzt wird – dafür waren sie zu blauäugig und idealistisch. Sehr wohl aber waren sie die Art von Menschen, die die Aufmerksamkeit von Geheimdiensten auf sich zogen. Tatsächlich wusste Allen Dulles selbst alles über den ungewöhnlichen Familienhintergrund der Paines.

Ruth Paines Eltern, William und Carol Hyde – die sich in den 1920er Jahren als Studenten an der Universität Stanford kennengelernt hatten – waren engagierte Fußsoldaten im Kreuzzug von Norman Thomas' Socialist Party. Ruth erinnerte sich, dass sie auf dem Konvent der Sozialistischen Partei in Washington, D. C., im Jahr 1940 Ansteckplaketten mit Werbung für den Präsidentschaftswahlkampf von Thomas Paine verteilte, als sie erst acht war. Ihre Eltern waren auch aktive Mitglieder der Kooperativenbewegung, und William arbeitete als leitender Angestellter bei Nationwide Insurance, einer Firma, die ihren Ursprung in einer Kooperative hatte. Die Mitarbeit der Hydes in der Sozialistischen Partei und Kooperativenbewegung brachte sie in beinharte Konflikte mit der Kommunistischen Partei, die die Angewohnheit hatte, gut laufende, verheißungsvolle linke Unternehmungen möglichst unter ihre Kontrolle zu bringen.

Die CIA, die ein starkes Interesse an der antikommunistischen Linken hatte, interessierte sich schließlich für Ruths Vater. Laut einem CIA-Dokument wurde Hyde 1957 »für eine verdeckte Nutzung« in Vietnam in Erwägung gezogen, doch aus unerklärten Gründen entschloss sich der Geheimdienst, sich seiner nicht zu bedienen.[30] Hyde arbeitete allerdings ein Jahr in Peru, wo er für die Agency for International Development (AID), eine Organisation, deren Arbeit häufig mit der CIA verflochten war, Genossenschaftsbanken gründete. Behördendokumente weisen darauf hin, dass Ruths Schwester Sylvia später zur CIA ging und Sylvias Ehemann John Hoke bei AID beschäftigt war.[31]

Kurz, die junge Hausfrau aus Dallas, die die Oswald-Familie in ihre Obhut nahm, war nicht einfach eine wohltätige Quäkerin, sondern eine Frau mit einer politisch komplexen Familiengeschichte. Sie wuchs in einem stark antikommunistischen Flügel der amerikanischen Linken auf, der sich mit der Welt der Spionage überschnitt. Ruth Paine war selbst keine Agentin, aber überall um sie herum schwebte ein Gestirn aus dunklen Sternen, selbst wenn sie sich dazu entschloss, ihm keine Aufmerksamkeit zu schenken.

Doch es war der familiäre Hintergrund von Ruths Ehemann Michael, der sich am direktesten mit Allen Dulles' Welt überschnitt. Mary Bancroft,

Dulles' Geliebte, gehörte zu den ältesten Freunden von Michael Paines Mutter – die ebenfalls Ruth hieß. Michaels Eltern George Lyman Paine jr. und Ruth Forbes Paine waren die Art von seltsamen Käuzen, die Mary mochte – die skurrilen Sprösslinge prominenter neuenglischer Familien, die einen so ruhelosen Geist hatten wie sie selbst. Lyman war Architekt und ein Gentleman-Trotzkist, dessen politische Aktivitäten ihm einen Platz auf der Beobachtungsliste des FBI eintrugen. Ruth Forbes Paine stammte aus einer blaublütigen Bostoner Familie, die ihr Vermögen im chinesischen Tee- und Opiumgeschäft gemacht hatte und Ralph Waldo Emerson zu ihren Vorfahren zählte. Sie widmete sich dem Weltfrieden und der Erforschung des menschlichen Bewusstseins. In den 1920er Jahren besuchte Mary regelmäßig den Salon, den Lyman und Ruth in ihrer geräumigen Atelierwohnung in der Upper East Side abhielten – Versammlungen, die ein schillerndes Völkchen anzogen, darunter Künstler, begüterte Revolutionäre, Wahrheitssucher und andere Liebhaber des Esoterischen.

Ruth Forbes Paine war von so altem Yankee-Reichtum, dass ihre Familie eine eigene Insel besaß, Naushon Island vor Cape Cod. Nach ihrer Scheidung von Lyman nahm Ruth ihre Söhne Michael und Cameron im Sommer mit auf die Insel. Die Forbes-Familie lud häufig Freunde in die Hütten auf ihrer privaten Paradiesinsel ein. Unter jenen, die Ruth Forbes Paine auf Naushon Island beherbergte, waren auch Mary Bancroft und Allen Dulles.[32]

Als die Warren-Kommission ihre Arbeit aufnahm, schrieb Mary Dulles einen mitteilsamen Brief über die Forbes- und Paine-Familien und ihre entsetzte Reaktion auf die Ereignisse in Dallas, als wäre sie wieder in der Schweiz zu Kriegszeiten und schriebe Spionageberichte. Bancroft erinnerte Dulles daran, dass sie Michael Paines Mutter seit vierzig Jahren »sehr gut« kenne und einige Sommer auf Naushon Island verbracht hatte. Sie zählte die vielen liebenswürdigen Merkwürdigkeiten der Familie und ihr grandioses Besitzstandsdenken auf. »Ich war immer von ihren ordentlichen Bostoner Häusern fasziniert – und von der Forbes-Familie auf Naushon, wo ich viel Zeit verbracht habe«, schrieb Mary im März 1964 in einem Brief an Dulles. »In diesen Häusern konnte jeder absolut alles sagen – alles wurde akzeptiert und erwogen. Man traf Arbeiterführer, Pazifisten, Neger – alles außer Katholiken! Lyman Paine, Ruths erster Ehemann und Michael Paines Vater, hatte einen ähnlichen Hintergrund – authentische, echte Bostoner, die Art von Leuten, die bis heute glauben, dass die Vereinigten Staaten ihre Erfindung und an uns Übrige nur verpachtet sind.«[33]

In einem anderen Brief an Dulles brachte Mary die privilegierte und politisch exzentrische Welt der Paines mit einem vernichtenden Vergleich auf den Punkt – einem, der Dulles sicherlich bereits eingefallen war. »Ich möchte nur darauf hinweisen, dass dies dieselbe Art von ›Hintergrund‹ ist, auf den man auch bei Noel Field und Alger Hiss stößt – dieses quäkerhafte Familiending der ersten Amerikaner.« Dulles kannte diesen Typus gut – er hatte von solchen Leuten in der Vergangenheit immer wieder guten Gebrauch gemacht. Sie waren die seligen Wohltäter, die sich später wunderten, wie sie in das Mahlwerk der Geschichte hatten hineinstolpern können.[34]

Es war ein weiterer verblüffender »Zufall« in der endlos rätselhaften Oswald-Geschichte. Die Hausfrau, die die Oswalds unter ihre Fittiche nahm, hatte in eine Familie eingeheiratet, deren Marotten und Schwächen Dulles und seiner Geliebten wohlbekannt waren. Ruth Paine war sich der Verbindung ihrer Schwiegermutter zu Bancroft und Dulles bewusst. Ihre Schwiegermutter hatte ihr erzählt, dass sie das Paar eingeladen hatte, sich auf der Insel der Familie zu erholen. Aber mit typischer Sturheit weigerte sich Ruth, eine besondere Bedeutung in Dulles' Verbindung zu ihrer Familie zu erkennen.

Dulles selbst räumte ein, wie verrückt diese merkwürdigen Tatsachen waren, tat sie aber in seiner charakteristischen Art einfach mit einem Lachen ab. Für die Verschwörungstheoretiker wäre es ja ein Festtag, kicherte er, wenn sie wüssten, dass er drei Wochen vor dem Attentat Dallas besucht hatte und eine persönliche Verbindung zu der Frau hatte, die als Marina Oswalds »Vermieterin« identifiziert wurde.[35]

Aber Ruth Paine war mehr als das. Sie war auch die Frau, die – in den Monaten vor Kennedys Besuch in Dallas – Lee über den Job im Texas School Book Depository informierte, das Lagerhaus, von dem aus man das letzte Stück auf der Route überblickte, die Präsident Kennedys Wagenkolonne nehmen würde. Ruth hatte von einem Nachbarn von der freien Stelle erfahren. Das Gebäude gehörte einer weiteren faszinierenden Person im Oswald-Drama, dem rechtsgerichteten Millionär David Harold Byrd.

D. H. Byrd erhielt trotz der Rolle des Gebäudes bei dem Verbrechen nach dem Kennedy-Attentat nur spärliche Aufmerksamkeit. Die Warren-Kommission befragte ihn nie, und Reporter recherchierten seinen Hintergrund nicht – selbst nachdem der Millionär den seltsamen Schritt unternommen hatte, das achtteilige Fenster, aus dem Oswald mutmaßlich seine Schüsse auf Kennedys Limousine abgab, herausnehmen und in sein Haus in Dallas hängen zu lassen.[36] Byrd behauptete, er fürchte, dass Souvenirjäger Oswalds sogenannten Scharfschützenausguck aus dem Lagerhaus stehlen könnten, doch er stellte das berüchtigte Fenster in seinem eigenen Haus wie eine Trophäe aus.

Byrds Name war mit der turbulenten Politik der Kennedy-Ära verflochten. Er war ein alter Freund von Lyndon Johnson und ein Cousin von Senator Harry Byrd aus Virginia, einem weißen Suprematisten und Anführer der aufstrebenden konservativen Bewegung. Er gehörte außerdem zur Suite-8F-Gruppe, eine Vereinigung rechtsgerichteter texanischer Tycoons, die ihren Namen von dem Zimmer im Lamar Hotel in Houston ableitete, wo sie ihre Versammlungen abhielt.[37] Der Gruppe gehörten George und Herman Brown von Brown & Root an – ein durch Staatsaufträge groß gewordener riesiger Baukonzern – sowie andere Industrielle aus dem Rüstungs- und Ölgeschäft, die den Aufstieg von Lyndon Johnson finanziert hatten.

Der Eigentümer des Texas Book Depository war eng mit einer Reihe von Kennedy-Gegnern verbunden, darunter General Curtis LeMay, dem Chef der US-Luftwaffe, dessen unablässiges Drängen auf einen nuklearen Endkampf mit der Sowjetunion den Präsidenten an seiner geistigen Gesundheit zweifeln ließ. LeMay stellte Byrd im Mai 1963 ein glühendes Anerkennungsschreiben für seine Rolle bei der Gründung der Civil Air Patrol aus, der militärischen Hilfstruppe, die auch den Teenager Oswald zu ihren Kadetten zählte.[38]

Benutzten Byrd und seine Bundesgenossen aus dem Feld der nationalen Sicherheit Ruth Paine, um Oswald in das Texas Book Depository zu manövrieren, indem sie ihr die Nachricht von der freien Stelle über ihren Nachbarn zukommen ließen? Stets auf der Suche nach Wegen, dem notleidenden Paar in ihrer Obhut zu helfen, gab Ruth den Tipp rasch an Oswald weiter. Die ernste Quäkerin könnte eine zentrale Rolle dabei gespielt haben, unwissentlich sein Schicksal zu besiegeln. Doch so oder so schien Oswald dazu verdammt, in dem Gebäude zu landen und seine Verabredung mit der Schande einzuhalten. Im Oktober 1963, als Oswald seine Arbeit in dem Gebäude aufnahm, bearbeiteten zu viele unsichtbare Kräfte den jungen Mann – der in jenem Monat vierundzwanzig wurde –, als dass er sein Leben sein eigen hätte nennen können.

In den Monaten, die zu Kennedys Ermordung führten, wurde Oswald mit dem Kalkül eines Schachmeisters hierhin und dorthin geschoben. Im April kehrte er mit Marina und den Mädchen in seine Heimatstadt New Orleans zurück, wo er auf sich aufmerksam machte, indem er sich in die leicht entzündliche Welt der kubanischen Politik stürzte. Er nahm Fühlung zum Fair Play for Cuba Committee auf, der führenden Castro-freundlichen Gruppe in den Vereinigten Staaten, die von FBI und CIA so lange unter Druck gesetzt wurde, bis ihre beiden Gründer nachgaben und den Behörden ihre Dienste als Informanten anboten.[39] Zur selben Zeit, in der er mit dem Fair Play for Cuba Committee anbandelte, nahm Oswald auch Kontakt zum Directorio Revolucionario Estudiantil (DER) auf – eine

Gruppe junger, militanter Castro-feindlicher Exilkubaner, die der Frontmann der CIA vor Ort, David Phillips, beaufsichtigte. Oswald begann, auf beiden Seiten mitzuspielen: Er verteilte Flugblätter für Fair Play auf den Straßen, während er gleichzeitig in demselben Gebäude heraus arbeitete, wo Guy Banister, ein ehemaliger FBI-Agent, der in Anti-Castro-Operationen verwickelt war, sein Büro unterhielt.

Oswalds doppeltes Spiel musste zu einem Knall führen, und das geschah im August, als er beim Verteilen von Pro-Castro-Flugblättern von DER-Aktivisten wütend zur Rede gestellt wurde. Ein Polizeileutnant, der das Handgemenge später untersuchte, berichtete, dass Oswald die ganze Sache inszeniert zu haben schien, »um einen Zwischenfall zu provozieren – aber als der Zwischenfall geschah, blieb er absolut friedlich und freundlich«.[40] Der Tumult in New Orleans erinnerte an Oswalds Auftritt in der US-Botschaft in Moskau, wo er seine Fahnenflucht verkündet hatte.

Anfang September wurde Oswald wieder in Dallas gesehen, wohin er später in jenem Monat wieder mit seiner Familie zurückzog. Diese Sichtung ist äußerst aufschlussreich, da er in Gesellschaft von keinem Geringeren als David Atlee Phillips gesehen wurde – einer der eklatanten Hinweise, dass der ehemalige Marineinfanterist im Fokus einer Geheimdienstoperation stand. Es war Antonio Veciana, ein prominenter Anführer der Exilkubaner, dessen gewalttätige Gruppe Alpha 66 es fast geschafft hätte, Castro mit einem Bazooka-Angriff zu töten, der Oswald und Phillips zusammen sah, als sie sich in der Lobby eines Bürogebäudes in der Innenstadt von Dallas unterhielten. Veciana, der zu seinem eigenen Treffen mit Phillips, seinem CIA-Aufseher, in das Gebäude kam, erkannte später den schmächtigen, blassen Mann, den er an jenem Nachmittag mit Phillips zusammen sah, als Oswalds Gesicht auf den Titelseiten und Fernsehbildschirmen prangte. Phillips habe ihn gut ausgebildet, sagte Veciana später. »Er hat mich gelehrt, mir Gesichter einzuprägen, wie man Merkmale in Erinnerung behält. Ich bin sicher, es war Oswald.«[41]

Veciana erzählte seine Geschichte dem Ermittler des Sonderausschusses zur Untersuchung von Attentaten Gaeton Fonzi Ende der 1970er Jahre und wiederholte sie später vor Journalisten. Doch selbst als der betagte ehemalige Guerillachef im September 2014 auf die Bühne einer Konferenz von Kennedy-Forschern stieg, um seine bemerkenswerte Geschichte abermals zu erzählen, unternahm die tonangebende Presse nichts, um ihn ins Rampenlicht zu rücken. »Ich wurde von der CIA ausgebildet ebenso wie Oswald«, sagte Veciana, der Leiter der Buchhaltung einer Bank in Havanna gewesen war, als er sich der Bewegung gegen Castro anschloss. »Oswald und Fidel Castro waren die idealen Sündenböcke für die Ermordung des Präsidenten. … Es war wirklich ein Staatsstreich.«[42]

Ende September nahm Oswald einen Bus nach Mexiko-Stadt, und wieder zog er ein Spektakel ab, als er sich in der kubanischen und sowjetischen Botschaft vergeblich um ein Einreisevisum für Kuba bemühte. Während seines Besuchs in der mexikanischen Hauptstadt tätigte jemand, der sich für Oswald ausgab, Anrufe bei der kubanischen und sowjetischen Botschaft, die von CIA-Abhöranlagen abgefangen wurden. Der Geheimdienst behauptete später, die Bänder seien routinemäßig vernichtet worden. Aber J. Edgar Hoover selbst hörte sie unmittelbar nach dem Anschlag, und der FBI-Chef informierte Lyndon Johnson, den neuen Präsidenten, dass die Stimme auf den Bändern nicht diejenige Oswalds sei. Beide Männer waren sich der Bedeutung dieser Audiofälschung durch die CIA bewusst – sie zeigte, dass Kennedys angeblicher Killer irgendwie ins Spionagegeschäft verwickelt war. Er war nicht einfach ein verwirrter Einzelgänger.

In den letzten Wochen seines Lebens war Oswald Gegenstand einer besonders intensiven CIA-Überwachung. Ein Großteil dieser Ausforschung ging von den Büros James Angletons und David Phillips' aus. Nachdem er freigegebene Dokumente aus dieser Zeit durchgesehen hatte, kam John Newman – Professor für Geschichte an der Universität von Maryland und ehemaliger Nachrichtendienstoffizier beim US-Militär – zu dem Schluss, dass der Geheimdienst »ein ausgeprägtes operationales Interesse an Oswald« an den Tag legte.[43] Newmans geübte Entzifferung der geheimdienstlichen Planung hinter Oswalds Aktivitäten – die er zuerst in seinem Buch von 1995, *Oswald and the CIA*, ausbreitete – war ein historischer Durchbruch zum Verständnis des rätselhaften Lebens des mutmaßlichen Mörders.

Oswald wurde anscheinend von der CIA ebenso wie vom FBI genau überwacht, weil er kurz zuvor zu den Sowjets übergelaufen und nach eigenem Bekunden ein Revolutionär war. Doch als Präsident Kennedy seinen Besuch in Dallas vorbereitete, geschah etwas Merkwürdiges innerhalb dieses Überwachungslabyrinths. Am 9. Oktober wurde Oswald plötzlich von der »Flashlist« des FBI – dem Index verdächtiger Individuen der Behörde, die unter genaue Beobachtung gestellt werden – entfernt. FBI-Beamte unternahmen diesen erstaunlichen Schritt trotz des verdächtigen Verhaltens von Oswald in Mexiko-Stadt. Am Tag nachdem das FBI Oswald von seiner Liste strich, stufte auch die CIA ihn als Sicherheitsrisiko herunter. Am 10. Oktober unterzeichneten vier hohe Mitarbeiter der Spionageabwehr, die Angleton und Helms unterstanden, ein seltsames Telex an den CIA-Stationschef in Mexiko-Stadt, in dem sie ihm versicherten, es gebe keinen Anlass, sich um Oswald Sorgen zu machen, da sein Aufenthalt in der Sowjetunion eine »ernüchternde Wirkung« auf ihn gehabt habe.[44]

Diese Signale über Oswald, die in der Geheimdienstgemeinde zirkulierten, hatten eine verhängnisvolle Wirkung. Indem man ihn als Sicherheitsrisiko herunterspielte, wurde Oswald zu einem unbewachten Bauern, den man dorthin verschieben konnte, wo er nützlich war.

Als sie vor der Warren-Kommission erschienen, wirkten Ruth und Michael Paine verwirrt und zögerten, Oswald als schuldig zu bezeichnen. Beide stimmten überein, dass er zwar ein Mann von eigenwilligen Überzeugungen war, ihnen aber nicht als gefährlich erschien, und sie sagten wie de Mohrenschildt aus, dass Oswald Kennedy eher mochte. »Ich habe ihn mir nie als gewalttätigen Mann vorgestellt«, sagte Ruth aus. »Er hat nie etwas gegen Kennedy gesagt. … Es gab nichts, was mir an ihm aufgefallen wäre, das auf einen Mann mit dieser Art von Groll oder Feindseligkeit hinwies.«[45]

Michael – ein schlanker Mann mit sensiblen Augen und einem weichen, schlaffen Auftreten – schien besonders ratlos, sich einen Reim auf Oswald zu machen. Als Dulles ihn fragte, ob er überzeugt sei, dass Oswald der Mörder sei, holte Michael weit aus und kam mit seiner nur halbwegs kohärenten Aussage zu der wenig schlüssigen Konklusion: »Ich habe nie festgestellt … und es machte keinen richtigen Sinn, aber zum überwiegenden Teil akzeptiere ich die allgemeine Ansicht, dass er es getan hat.«[46]

In Wahrheit lernte Michael Oswald nie sehr gut kennen. Sie sprachen nur bei etwa vier Gelegenheiten länger miteinander, sagte er der Warren-Kommission. Sie begegneten sich an einigen Wochenenden, wenn sie ihre Ehefrauen und Kinder im Haus der Paines in Irving besuchten. Eines Abends nahm Michael Oswald mit zu einem Treffen des Ortsverbands der American Civil Liberties Union, der die Paines angehörten. Hinterher sagte Lee zu Michael, dass er sich nie einer Bürgerrechtsgruppe anschließen könne, weil sie nicht militant genug sei.

Keiner der Paines mochte Oswald. Für Ruth war er ein undurchsichtiger, selbstzentrierter und übellauniger Mann, der grausam zu Marina sein konnte. Er war einfach Teil der Gleichung, die sie hinnehmen musste, um Marina in ihrem Leben zu behalten. »Es wäre schön gewesen, wenn er nie zu uns herausgekommen wäre, ja, es wäre glücklicher gewesen, wenn er nicht an den Wochenenden gekommen wäre«, sagte sie aus.

Michael und Lee schienen mehr gemein zu haben – zwei Männer, die überwiegend ohne Vater aufgewachsen waren und nun damit zu kämpfen hatten, ihre eigenen Familien zusammenzuhalten. Beide hatten etwas Verlorenes an sich, etwas Suchendes, das sie offen für neue Erfahrungen machte. Aber sie verstanden sich nie wirklich gut. Lee war zu »dogmatisch« für Michael, zu festgefügt in seinen marxistischen Ansichten. Er erinnerte ihn an seinen entfernten trotzkistischen Vater, der zu eingesponnen in seine eisern verfochtenen politischen Theorien war, um in Kontakt zu Menschen zu kommen.

Abgesehen von ein paar Verdachtsmomenten, nebensächlichen Details, war dies der Hauptbeitrag der Paines zur Feststellung von Oswalds Schuld. Angeleitet vor allem durch die Anwälte der Warren-Kommission, Albert Jenner und Wesley Liebeler – sowie von Dulles –, zeichnete das Paar ein Porträt von Oswald als eines grimmigen Subversiven.

Die Paines kamen nach dem Attentat wieder zusammen, ließen sich jedoch später scheiden. Im Alter leben sie nun im selben Quäker-Altersheim nördlich von San Francisco, vereint durch die Bande der Zeit. Vor einiger Zeit gab Michael in der nahen Kommune, wo ihr Sohn im mittleren Alter, Christopher, mit etwa zwei Dutzend anderen lebt – eine Ansammlung baufälliger Hütten in einem grünen Tal nahe dem Russian River, die Ruth als »moderne Hippie-Ranch« bezeichnet –, ein Interview. Auf der unebenen Couch in einem der Kotten wirkte der pensionierte Ingenieur jungenhaft charmant mit einer Neigung zu drolligen Ideen – ein »Unschuldiger«, wie ihn Ruth beschreibt.

Als er im Koreakrieg in der Armee diente, sagte Michael an einem Punkt in dem Gespräch, »kam mir der Gedanke, auf die andere Seite zu gehen und den Chinesen zu sagen: ›Wir müssen nicht auf diese Weise kämpfen.‹ Aber ich dachte, dass ich ja in die Luft gejagt würde, wenn ich das täte. Sicher wäre es außerdem kaum wahrscheinlich, jemanden zu finden, mit dem ich reden konnte, und sie würden mich in ein Konzentrationslager stecken. Ich ziehe die Demokratie vor, aber ich dachte, der Kommunismus sei für China das Richtige – sie mussten alle in dieselbe Richtung marschieren.«[47] Mit dieser Art von eigenwilligem Denken hätte Michael Paine leicht jemandem wie Dulles ins Auge fallen können.

Die Paines schienen mit der Zeit von Oswalds Schuld stärker überzeugt zu sein, aber heute ist sich Michael nicht mehr so felsenfest sicher wie Ruth. Als er über jene alten, katastrophalen Tage sprach, schien er verwirrt wie jemand, der versucht, eine Kollision zu erklären, die ihm vor langer Zeit passiert ist. Er schwankte noch immer hin und her wie vor der Warren-Kommission. »Oswald wollte etwas stürzen, die Feinde, die Kapitalisten, die Unterdrücker … er wollte Action, und man musste hart, brutal sein.« Aber dann wiederum … *mochte* er Kennedy. »Oh, das hat er! Er hat gesagt: ›JFK ist mein Lieblingspräsident.‹«

Michael Paine weiß noch immer nicht, was er glauben soll. Aber vielleicht hat er, wie der Rest des Landes, eine Art Trost in seiner Verwirrung gefunden.

Als der 22. November 1963 anbrach – der Tag, an dem Kennedy sterben würde –, war Allen Dulles nicht in Washington, wie es typisch war für ihn vor einer großen Operation. Im September und Oktober hatte Dulles den geschäftigen Terminkalender eines Mannes, der noch immer im Zentrum der Geheimdienstarbeit steht, und traf sich mit entscheidenden Leuten aus der Abteilung für verdeckte Operationen der CIA wie Desmond Fitzgerald, der – zusammen mit David Phillips – die gewaltsamen Komplotte gegen Kuba beaufsichtigte; er traf sich mit Angleton und seinem Stellvertreter Cord Meyer und mit einem wichtigen Mitarbeiter von Helms, Thomas Karemessines. Alle diese Männer wurden von Ermittlern später auf die eine oder andere Weise mit der Ermordung Kennedys in Verbindung gebracht.

Aber als Freitag, der 22. November, näher rückte, verbrachte Dulles viel Zeit fern von seiner Heimatbasis in Georgetown. Die Tour mit seinem neuen Buch *Im Geheimdienst* lieferte dem Agentenführer eine gute Entschuldigung zum Reisen. In den Tagen vor dem Attentat hatte er Auftritte in Buchläden und Medien in Boston und New York. Am frühen Morgen des 22. November nahm er einen Flug der Piedmont Airlines zurück nach Washington und landete um 8:30 Uhr auf dem National Airport. Er ließ sich zu einem Hotel in Williamsburg, Virginia, fahren, wo er vor einer morgendlichen Tagung der Brookings Institution sprach. Nachdem er die Nachricht aus Dallas um etwa 13:30 mittags gehört hatte, nahm Dulles mit John Warner, einem CIA-Anwalt, einen Wagen zurück nach Washington.

Aber laut Dulles' Terminkalender verbrachte er den Abend nicht zu Hause in Washington. Er fuhr zurück aufs Land nach Nordvirginia, wo er das gesamte Wochenende in einer streng geheimen CIA-Einrichtung verbrachte, die offiziell als Camp Peary bekannt war, aber innerhalb des Geheimdienstes »die Farm« genannt wurde.

Zur Zeit des Kennedy-Attentats hatte Dulles keine formale Position in der Administration inne. Soweit die Öffentlichkeit wusste, war er eine Gestalt der legendären Vergangenheit, ein ergrauender Gentleman, der seine Beamtenpension mit schillernden, angejahrten Agentengeschichten und mit Reden für den Kalten Krieg aufbesserte. Aber die Farm war kein Club für CIA-Pensionäre. Es war ein klandestines Zentrum, das Dulles selbst eingeweiht hatte, nachdem er CIA-Chef geworden war, und einer Vielzahl von streng gehüteten Funktionen diente.

Bevor die CIA Camp Peary übernahm – ein ausgedehntes Gelände in dem dicht bewaldeten Tideland nahe Williamsburg –, wurde es als Basis des Baubataillons der Marine genutzt und später als Militärgefängnis für deutsche Seeleute. Dulles verwandelte es in ein Spionageausbildungscamp für Rekruten, die ins Ausland gingen. Laut den ehemaligen CIA-Agenten Philip Agee und Victor Marchetti waren unter den gut ausgebildeten Profis, die das Lager verließen, auch versierte Auftragsmörder. Die

Einrichtung diente außerdem als »black site«, wie es später bezeichnet wurde, das heißt als Geheimgefängnis – ein sicherer Ort, wo feindliche Gefangene und als Überläufer Verdächtigte extremen Verhörmethoden unterzogen wurden.

Als CIA-Direktor hatte Dulles sich selbst ein komfortables Heim auf der Farm gebaut. Jahre später wurden darin bei Geheimdienstkonferenzen Berater wie Chalmers Johnson untergebracht – ein Asienexperte, der später zu einem vehementen Kritiker des amerikanischen Imperiums wurde. Johnson erinnerte sich an die gut bestückte Bibliothek des Agentenführers, die – noch 1967 – CIA-Berichte, Geheimdienstschätzungen und geheime Zeitschriften enthielt.

»Die Farm war praktisch ein alternatives CIA-Hauptquartier, von dem aus Dulles Operationen leiten konnte«, sagte der ehemalige Kongressermittler Dan Hardway.[48]

Das ist der CIA-Kommandoposten, wo der »pensionierte« Dulles sich von Freitag, dem 22. November, bis Sonntag, den 24. November, positionierte, ein hoch ereignisreiches Wochenende, an dem Oswald verhaftet und von der Polizei in Dallas befragt wurde, Kennedys Leiche zurück nach Washington geflogen und einer Autopsie unterzogen wurde, die voller Unregelmäßigkeiten war, und Oswald im Keller des Polizeihauptquartiers in Dallas von einem zwielichtigen Nachtclubbesitzer erschossen wurde.

Ein Jahr nach dem Mord wurde Dulles von einem alten CIA-Kollegen, Tom Braden, für ein Oral-History-Projekt der John F. Kennedy Library in Boston interviewt. Braden fragte Dulles, was er von Kennedy »als Mann« gehalten habe. Dulles setzte seine Trauer- und Sympathiemiene auf, wie er es im Nu konnte. »Oh, ich hielt große Stücke auf ihn. … Ich werde nie vergessen, als ich zuerst die Nachricht von der Dallas-Tragödie erfuhr. Ich dachte, hier ist ein Mann, der nicht die Chance hatte, wirklich seine ganzen Fähigkeiten zu zeigen, dass er gerade erst einen Punkt erreichte, wo sein Verständnis der Komplexitäten der Präsidentschaft nun ausreichend war, um voranzukommen.«

Als er in der Warren-Kommission saß, erzählte Dulles, habe er die Gelegenheit gehabt, das Attentat bis in die kleinsten Einzelheiten zu untersuchen. Er sprach von den Ereignissen des Tages, als inspiziere er das Innenleben einer schönen Uhr. Er schien ehrfürchtig das komplizierte Ineinandergreifen der Sychronizitäten zu bestaunen, die sich ereignen mussten, damit Kennedy an jenem Tag starb. In seiner Beschreibung klang es wie eine einmalige Operation.

»Wenn die Angestellten des Book Depository ihr Mittagessen an einem anderen Ort eingenommen hätten«, sagte Dulles, »wenn jemand an einem Ort gewesen wäre, an dem er sich leicht an Stelle eines anderen zu einem bestimmten Zeitpunkt hätte aufhalten können – es wimmelt einfach überall von ›Wenns‹. Und wenn eines der ›Wenns‹ verändert worden wäre, hätte es verhindert werden können. ... Es war so quälend, die Aufzeichnungen [der Ereignisse] durchzugehen, wie wir es getan haben, als wir versuchten, jedes mit dem Attentat verknüpfte Faktum herauszufinden, und dann zu sagen, wenn nur eine der Schachfiguren, die ins Spiel gebracht wurden, zu irgendeiner Zeit anders bewegt worden wäre, hätte das Ganze anders verlaufen können.«[49]

20 Zum Wohl des Landes

Für den 2. Oktober 1963 notierte Dulles in seinen Terminkalender eine interessante Verabredung. »Dillon« schrieb er – womit er C. Douglas Dillon meinte, den Finanzminister und ehemaligen Wall-Street-Finanzier. Hinter Dillons Namen kritzelte er »Bank Reps.«.[1] Es gab keine weitere Erklärung für die Verabredung. Aber die Nähe des Treffens zum Attentat auf Kennedy wirft zwingende Fragen auf, insbesondere da Dillon als Finanzminister für den Schutz Kennedys durch den Secret Service verantwortlich war. Und die Bankenindustrie steckte in einem langen Kampf mit dem Präsidenten um die Wirtschaftspolitik.

Wenn es um Geheimmissionen ging, war Allen Dulles ein mutiger und entschlossener Akteur. Doch er handelte nur, wenn er das Gefühl hatte, dass in seinem einflussreichen Netzwerk ein Konsens erreicht worden war. Eine der Hauptarenen, wo dieser Konsens Form annahm, war der Council on Foreign Relations. Die Dulles-Brüder und ihr Wall-Street-Kreis hatten diese private Bastion zur Formung der öffentlichen Politik seit den 1920er Jahren beherrscht. Mit den Jahren boten die Studiengruppen und Publikationen des Council ein Forum, in dem die führenden Mitglieder der Organisation – darunter Wall-Street-Banker und -Anwälte, prominente Politiker, Medienmanager und akademische Würdenträger – die Richtung der US-Politik festklopften, einschließlich der Entscheidung, Atombomben auf Japan abzuwerfen und die Sowjetunion während des Kalten Kriegs mit einer Strategie der »Eindämmung« in Schach zu halten. Der von der CIA eingefädelte Putsch, der die demokratische Regierung Guatemalas stürzte, wurde von Dulles in Angriff genommen, nachdem eine Studiengruppe des Council on Foreign Relations auf harte Maßnahmen gegen die linke Regierung von Árbenz gedrängt hatte. Wenn der Council das Gehirn der Machtelite war, so war die CIA ihre Faust im schwarzen Handschuh.

So wie die globale Reichweite der amerikanischen Industrie und Finanzinstitute in der Nachkriegszeit wuchs, so tat es auch der nationale Sicherheitskomplex der USA. Amerikas riesiges System militärischer und verdeckter Macht zielte nicht nur auf Eindämmung der sowjetischen Bedrohung, sondern auf Schutz der Interessen von US-Konzernen im Ausland. Hinter dem rapiden internationalen Wachstum von multinationalen Giganten wie Chase Manhattan, Coca-Cola, Standard Oil und General Motors lag ein globales Netzwerk von US-Militärstützpunkten, Spionagestationen und Allianzen mit despotischen Regimen. Die Hand in Hand gehenden Erfordernisse des Kalten Kriegs und des amerikanischen Imperiums gaben dem nationalen Sicherheits-Establishment beispiellose Handlungsfreiheit. Die CIA erhielt nicht nur die Macht, sich dem tödlichen Spiel »Spion gegen Spion« gegen den KGB zu widmen, die zum Stoff für Legenden des Kalten Kriegs wurden, sondern auch die Macht, demokratische Regierungen zu untergraben, die als ungenügend proamerikanisch betrachtet wurden, und ihre gewählten Führer zu ermorden.

Den dunklen Notwendigkeiten der Expansion der amerikanischen Macht gewidmet, begann dieser Sicherheitskomplex ein verborgenes Eigenleben zu führen, ungehindert von den gegenseitigen Kontrollen und der Machtbalance der Institutionen in einer Demokratie. Manchmal hielten CIA-Vertreter das Weiße Haus und den Kongress auf dem Laufenden; häufig taten sie es nicht. Als John Chancellor von NBC News Dulles fragte, ob die CIA ihre eigene Politik betreibe, beharrte er darauf, dass er während seiner Amtszeit regelmäßig Kongressausschüsse über das Budget und die Operationen des Geheimdienstes unterrichtet habe. Aber, fügte er hinzu, der Kongress zog es im Allgemeinen vor, in seliger Unwissenheit über die unappetitlichen Dinge zu bleiben, die im Namen der Regierung getan wurden. »Wenn ich vor sie getreten bin«, sagte Dulles, »wurde ich immer wieder von Mitgliedern des Kongresses unterbrochen, die gesagt haben: ›Wir wollen darüber nichts hören, wir könnten im Schlaf darüber sprechen. Erzählen Sie uns das nicht!‹«[2]

Diese Haltung, den Kopf in den Sand zu stecken, verlieh Männern wie Dulles eine enorme Macht, drastische Maßnahmen zu ergreifen, wann immer es ihnen gefiel. Aber Dulles war innerhalb des amerikanischen Machtsystems kein außer Rand und Band geratener Freibeuter. Obwohl seine Handlungen oft die eiskalte Psyche eines Mörders verrieten, blieb er in vieler Hinsicht ein nüchterner Unternehmensanwalt. Wenn er zu extremen Mitteln griff – oder zu »exekutiven Maßnahmen«, wie der Euphemismus der CIA für politischen Mord lautete –, tat er dies mit der Zuversicht, dass er den Willen seines Kreises ausführte – nicht den Willen *des* Volkes, sondern *seiner* Leute.

Doug Dillon war die Art von einflussreichem Washingtoner Machtspieler, auf die Allen Dulles hörte. Über die Jahre kamen sich die Dulles-Brüder und Dillon sehr nahe. Es war in Dillons komfortablem Feriensitz in Miami, wo Foster seine letzten Tage verbrachte. Und Allen war eingeladen, sich in dem prunkvollen Château mit Blick auf die legendären Weinberge zu erholen, das die Dillon-Familie in Südfrankreich besaß. Die Woche, die er einmal in Dillons Château Haut-Brion verbrachte, »um die Bekanntschaft mit meinen Lieblingsweinen aus der Bordeaux-Region aufzufrischen«, gehöre zu den »herrlichsten« Erinnerungen seines Lebens, schrieb Dulles später Dillons Frau Phyllis.

Wenn es dazu kam, »exekutive Maßnahmen« zu ergreifen, mochte Dulles der Vorsitzende des Vorstands sein, aber er verantwortete sich vor einer Gruppe von Männern, die viel reicher und in vieler Hinsicht mächtiger waren als er – Männer wie Doug Dillon. Dulles kontrollierte die Geheimmaschinerie der Gewalt des Landes während des Kalten Kriegs, aber die Macht des Spionagechefs beruhte auf der Tatsache, dass ihn seine reichen Schirmherren – selbst nach seinem Ausscheiden aus der CIA – weiterhin damit ausstatteten. Im Ruhestand wurden Dulles weiterhin prestigeträchtige Positionen angetragen, im Kuratorium der Princeton-Universität, beim Council on Foreign Relations und verschiedenen Beratungsgremien und Expertenkommissionen im Bereich der nationalen Sicherheit.

Dulles wurde eingeladen, Führungsrollen in diesen Organisationen zu übernehmen, weil die Männer, die sie finanzierten, wussten, dass er ihre aggressiven Ansichten über die Aufrechterhaltung von Amerikas Reichtum und Prestige in der Welt teilte. Die Männer, die gleichsam in Dulles' Direktorium saßen – die Leute, mit denen er große Entscheidungen besprach, Korrespondenzen führte und sonnige Erholungsurlaube teilte –, besetzten das amerikanische Machtzentrum. Die Bedrohung des Reichtums und des Status dieser Männer weckte ihre mörderischen Impulse. Das war der Zeitpunkt, wenn sie sich an Dulles wandten, den kavalierhaften Vollstrecker mit den eisblauen Augen.

Niemand nahm eine zentralere Position im Machtzirkel der Dulles-Brüder ein als die Rockefeller-Brüder. Nelson und David waren die am stärksten in der Öffentlichkeit wirkenden der fünf Enkel von John D. Rockefeller – dem Gründer des Erdölgiganten Standard Oil, ein beispielloses Imperium des Reichtums, zu dem weltweit operierende Banken, Bergbaugesellschaften, ausgedehnte Ranches und schließlich Supermärkte gehörten. Der händeschüttelnde, unverwüstliche Nelson wurde in der Mitte des Jahrhunderts zum lächelnden Gesicht der republikanischen Zentrumspolitik, er arbeitete als Berater von Präsident Eisenhower an der Strategie des Kalten Kriegs mit und wurde später ein populärer Gouverneur des Bundesstaates New York und ein ständig einzukalkulierender Faktor bei den republikanischen Präsidentschaftsbewerbern. Sein weniger geselliger und analytischer veranlagter Bruder David stieg zum Vorstand der Familienbank auf, der Chase Manhattan, und wurde zu einem führenden Sprecher der internationalen Finanzwelt. Weniger bekannt ist, dass die beiden Brüder militante Fürsprecher der imperialen Interessen der USA waren, besonders in Lateinamerika, wo die Rockefeller-Familie ausgedehnte Besitzungen und Beteiligungen hielt. Und beide hatten einen Hintergrund im US-Geheimdienst.

Während des Zweiten Weltkriegs folgte Nelson nicht den anderen Söhnen der oberen Gesellschaft der Ostküste in den OSS. Stattdessen betrieb der ältere Rockefeller-Bruder, der ein angespanntes Verhältnis zum Topspion Wild Bill Donovan hatte, sein eigenes Nachtrichtendienstnetz in Lateinamerika als Frontmann Roosevelts an der Südgrenze.[3] Nelson nahm seine Spionagedienste unter Präsident Eisenhower wieder auf, der ihn zum Vorsitzenden einer Sonderberatergruppe machte, die die CIA beaufsichtigte. In der Presse wurde Rockefeller als Eisenhowers »General des Kalten Kriegs« bezeichnet – ein Titel, der wahrscheinlich mehr über die Wirkung aussagte, die der Name Rockefeller auf die Medien ausübte, als über Nelsons wirkliche Macht in der Regierung.

Unterdessen diente David Rockefeller während des Zweiten Weltkriegs bei einer Spezialeinheit des Armeegeheimdienstes in Algerien, wo er nicht die Nazis, sondern die aufstrebende antikoloniale Bewegung ausspionieren sollte. Nach seiner Versetzung nach Paris erhielt er den Auftrag, kommunistische Elemente auszuforschen, die eine Schlüsselrolle in der französischen Resistance gespielt hatten und im Nachkriegsfrankreich als starke politische Kraft in Erscheinung traten. Rockefeller baute außerdem einen Spionagering innerhalb der provisorischen Regierung von General de Gaulle auf und entwickelte bald eine Abneigung gegen die »Arroganz, Inflexibilität und Zielstrebigkeit« des französischen Kriegshelden.[4]

Die Gebrüder Dulles erkannten in den Rockefeller-Brüdern, die eine Generation jünger waren als sie, Nachwuchsspieler, die sie in den inneren Zirkel des Establishments des Kalten Kriegs zu ziehen versuchten. Mit den Jahren wurden die beiden Brüderpaare enge Partner im Thronspiel des Landes und förderten wechselseitig ihre Ambitionen. Die Dulles-Brüder führten David Rockefeller in den Council of Foreign Relations ein, wo er bald zu einer treibenden Kraft wurde, und Foster wurde Vorsitzender der von der Familie kontrollierten Rockefeller-Stiftung. Die Rockefellers spendeten für die von den Dulles-Brüdern bevorzugten republikanischen Kandidaten, darunter Foster selbst, als er 1950 erfolglos für den Senat von New York kandidierte. Im Januar 1953, als Allen nervös darauf wartete, ob der frisch ins Amt eingeführte Präsident Eisenhower ihn zum CIA-Direktor ernennen würde, lud David ihn in Manhattan zum Lunch ein und versicherte ihm, dass er, falls sich die Dinge in Washington nicht so entwickelten wie gewünscht, nach New York zurückkehren und die Ford-Stiftung übernehmen könne – die Dulles bereits genutzt hatte, um heimlich CIA-Aktivitäten zu finanzieren. Nachdem Allen die Kontrolle über die Spionagebehörde gewonnen hatte, wandte er sich wieder an die Rockefellers, um bei der Finanzierung von CIA-Projekten wie der MKULTRA-Forschung zur Gedankenkontrolle zu helfen.

Die Rockefeller-Brüder dienten als Privatbankiers von Dulles' Geheimdienstimperium. David, der die Spenden des Stiftungsrats der Chase Manhattan Bank Foundation beaufsichtigte, war eine besonders wichtige Quelle für die schwarze Finanzierung von CIA-Projekten. Tom Braden, einer von Dulles' besten Propagandisten, erinnerte sich später an Davids Großzügigkeit. »Ich habe David oft unterrichtet, halboffiziell und mit Allens Genehmigung«, sagte Braden. »[David] hatte dieselben Ansichten wie wir und war sehr einverstanden mit allem, was wir gemacht haben. Er hatte dasselbe Gefühl wie ich, dass wir den Kalten Krieg nur gewinnen würden, wenn wir es auf unsere Weise machten. Manchmal hat mir David Geld gegeben, um Aufgaben zu erledigen, die nicht von unserem Budget gedeckt waren. Ich habe viel Geld von ihm für Zwecke in Frankreich bekommen. Ich erinnere mich, dass er mir einmal 50 000 Dollar für jemanden gegeben hat, der sich für eine [antikommunistische] Kampagne für ein vereintes Europa bei europäischen Jugendgruppen einsetzte. Dieser Kerl kam mit seinem Projekt zu mir, und ich habe es David erzählt, der mir dann einfach einen Scheck über 50 000 Dollar überreicht hat.«[5]

Als der ehrgeizige Nelson als Berater Eisenhowers für den Kalten Krieg den Bogen überspannte und auf das Territorium der Dulles-Brüder übergriff, war Foster erbost und schaffte es, ihn aus der Administration entfernen zu lassen. Doch Allen gelang es, mit Nelson und auch David auf freundlichem Fuß zu bleiben. Als er das Weiße Haus Eisenhowers 1955 verließ, schickte Nelson dem CIA-Chef einen überschwänglichen Brief: »Es fällt mir schwer, auszudrücken, wie viel mir die Verbindung zu Ihnen im Lauf des letzten Jahres bedeutet hat«, schrieb Nelson an Allen. »Ich habe Sie ungemein bewundert für Ihre Stärke und ihren Mut, Ihr Verständnis und Ihre scharfsinnigen Einsichten in die vielen Probleme, vor denen wir stehen. Sie geben sich Ihrer Arbeit leise und selbstlos hin, aber die Qualitäten Ihres menschlichen Verständnisses strahlten auf alle von uns ab. Nur wenige werden je erfahren, wie groß Ihr Beitrag zur Sicherheit unseres Landes war.«[6]

Selbst Dulles mit seinem robusten Selbstbewusstsein war über Rockefellers verschwenderisches Lob verblüfft. »Lieber Nelson«, schrieb er zurück. »Wenn ich sage, dass ich Ihre liebenswürdigen Bemerkungen zu schätzen weiß, wäre das eine Untertreibung – überwältigt wäre etwas akkurater.«[7]

Die Dulles- und Rockefeller-Brüder setzten ihr wechselseitiges Liebeswerben über die Jahre fort, wobei beide Seiten den Wert der Beziehung klar erkannten. Nach den Wahlen 1959 in New York lud Nelson Allen ein, auf der Gouverneurskonferenz von 1959 zu sprechen, die in jenem Jahr in Puerto Rico abgehalten wurde. Während seines Aufenthalts wohnte Dulles im exklusiven Dorado Beach Club, einer palmenbeschatteten Luxusherberge, die Nelsons Bruder Laurance auf bestem Küstenland im Eigentum der Rockefeller-Familie hatte erbauen lassen. Wieder zurück, schrieb der CIA-Direktor an Laurance mit der Bitte, seine Beziehungen spielen zu lassen, damit ein Freund und seine Frau Clubmitglieder werden konnten, »da beide Golf und Schwimmen lieben«.[8] Unterdessen belieferte Dulles die Rockefellers mit CIA-Informationen über globale Brandherde wie Iran, Kuba und Venezuela, wo die Familie Erdölbeteiligungen besaß.

Obwohl John F. Kennedy als junger Kongressabgeordneter und Senator häufig die Sprache des Kalten Kriegs im Mund führte, die in der amerikanischen Politik die Lingua franca war, wurde er im Allerheiligsten der Macht nie ganz angenommen. Mitglieder der amerikanischen Elite beargwöhnten von Anfang an Kennedys Präsidentschaftsbewerbung. Ihre Skepsis begann schon beim alten Joseph Kennedy, dem Vater des Kandidaten, der als glühender Verfechter des New Deal in Erinnerung geblieben war – trotz seiner gereizten Beziehung zu Präsident Roosevelt –, sowie als unkonventioneller Banker (manche würden sagen, als Verräter), der zugestimmt hatte, als Roosevelts Wall-Street-Wachhund zu dienen. Noch inspirierte die provokative Kritik des jungen Senators am westlichen Imperialismus das Vertrauen der Unternehmerkreise, wo aggressive Expansion im Ausland als die kommende große Herausforderung des amerikanischen Kapitals betrachtet wurde. John McCloy, der Diplomat und Bankier, der als »Vorsitzender des Establishments« bekannt war, konnte sich 1960 nicht überwinden, Kennedy zu unterstützen, obwohl die beiden Männer ihre irische Abstammung gemein hatten. Kennedys Reserviertheit gegenüber dem mit dem Council on Foreign Relations verbundenen Kreis nahm McCloy, den damaligen Vorsitzenden der Organisation, gegen ihn ein. McCloy konnte sich zwar nicht für Nixon erwärmen, er tat Kennedy aber als Leichtgewicht ab, das in den Auffassungen des amerikanischen Establishments nicht richtig indoktriniert war.[9]

Wenn das Establishment mit Argwohn auf die Kennedy-Familie blickte, so war das Misstrauen beiderseitig. Trotz seiner privilegierten Erziehung hatte John F. Kennedy die bitteren Gefühle seines Vaters als irisch-katholischer Außenseiter aufgesogen. Nach seinem knappen Sieg bei der Präsidentschaftswahl äußerte er gegenüber Theodore Sorensen den Verdacht, dass die Wall-Street-Banker versucht hatten, ihn zu sabotieren, indem sie im Vorfeld das Gerücht streuten, seine Wahl würde eine Finanzpanik auslösen.

In der Öffentlichkeit war Präsident Kennedy bemüht, die Feindseligkeit der Wall Street gegen ihn mit seinem trockenen Humor zu entschärfen. Auf einer Pressekonferenz im Juni 1962 wurde Kennedy zu einer Nachrichtenmeldung befragt, wonach das Big Business die damalige Baisse am Aktienmarkt benutzte, um »Sie zu zwingen, sich mit der Wirtschaft zu einigen. … [Ihre] Haltung ist jetzt, dass man Sie dort hat, wo man Sie haben will.« Nach einer wohlbemessenen Pause erwiderte Kennedy: »Ich kann nicht glauben, dass ich dort bin, wo die Wirtschaft – die Großkonzerne – mich haben wollen«, sagte er unter dem schallenden Gelächter des Presseauditoriums.[10] Aber wie gewöhnlich gab es einen Kern von Wahrheit – einen Stachel – in Kennedys Humor. Als das Gelächter abebbte, brachte er klar seine Botschaft zum Ausdruck, dass er jegliche Sabotage der Wirtschaft durch die Konzerne als inakzeptabel betrachten würde.

Die wachsende Kluft zwischen Kennedy und der Unternehmerklasse wurde durch das zunehmend angespannte Verhältnis zwischen Kennedy und den Rockefeller-Brüdern versinnbildlicht. Kennedys Innen- und Außenpolitik stellte an vielen Fronten eine direkte Bedrohung der Rockefeller-Dynastie dar, und angesichts der zentralen Rolle, die das Netzwerk der Rockefeller-Interessen in der amerikanischen Finanzwelt und Industrie spielte, wurde jegliche Bedrohung dieser Art von den Vertretern der Wirtschaft als Angriff auf den amerikanischen Kapitalismus selbst angesehen.

Kennedys Steuerreform, um den Superreichen höhere Steuern aufzubürden, war eine Hauptquelle der Reibungen. Als der Präsident – der sich in der anbrechenden Ära globaler Märkte über die Kapitalflucht sorgte – versuchte, gegen Steueroasen im Ausland vorzugehen, verurteilten international tätige Bankiers wie David Rockefeller diese Absicht als unfair. Wall-Street-Finanziers erkannten in Kennedys Schritt einen Angriff auf ihre Fähigkeit, Vermögen nach Belieben in jeden Winkel der Erde zu transferieren.

Walter Wriston – der aufstrebende junge Chef der First National City Bank und David Rockefellers Hauptkonkurrent in der globalen Finanzarena – brachte die Frustration der Wall Street über Kennedy offen zum Ausdruck. »Wer ist dieser Emporkömmling von Präsident, dass er in den freien Kapitalfluss eingreift?«, fragte er rhetorisch. »Man darf das Kapital nicht verdammen.«[11]

Während viele Wall-Street-Manager privat bitter über Kennedy klagten, nahm es David Rockefeller auf sich, die Wirtschaftspolitik des Präsidenten öffentlich zu kritisieren. Henry Luce half, David Rockefeller als Gegenspieler Kennedys aufzubauen, indem er den beiden Männern in *Life*, dem Bildermagazin der amerikanischen Massen, ein Forum gab. In der Einleitung pries das Magazin den jungen Banker als »einen eloquenten und logischen Sprecher gehobener Wirtschaftskreise«.[12] In dem »offenen Brief eines Geschäftsmanns« an Kennedy, der folgte, griff Rockefeller die Steuerpolitik des Präsidenten an, die der Investorenklasse zu große Lasten aufbürde, und verlangte »eine deutliche Verminderung der Ertragsteuern der Unternehmen«. Der Bankier warf dem Präsidenten auch seine Sozialausgaben vor und drängte ihn, die Ausgaben zu kürzen und »eine energische Anstrengung für einen ausgeglichenen Haushalt zu unternehmen«.

Die Rockefellers waren vielleicht noch alarmierter über Kennedys Außenpolitik – insbesondere in Lateinamerika, wo die Familie nicht nur Erdölbeteiligungen und Immobilien besaß; die Region war auch das Hauptexpansionsziel der Chase Manhattan Bank im Ausland. Es erschien wie ein Affront gegen den Herrschaftsbereich der Rockefellers im Süden, als Kennedy im März 1961 die Allianz für den Fortschritt bekanntgab, ein massives Hilfsprogramm für Lateinamerika, um das Wirtschaftswachstum anzukurbeln, Reichtum umzuverteilen und demokratische Regierungen in der Region zu fördern. Die Führungsrolle der Allianz hatte Richard Goodwin inne, einer der jüngsten und glühendsten Verfechter von Kennedys New-Frontier-Programm. Und Mitarbeiter des Weißen Hauses machten kein Geheimnis daraus, dass das Programm nicht nur der Anziehungskraft von Castros Revolution begegnen sollte, sondern auch die Konzerne, die lange die verarmte Hemisphäre ausgebeutet hatten, in die Schranken weisen sollte.

Goodwin begann, eine Reihe von Maßnahmen zu veröffentlichen, die nach den Standards der wirtschaftsfreundlichen Eisenhower-Ära entschieden radikal waren, darunter die Lieferung von Ausrüstungsgütern an verstaatlichte Minen in Bolivien und das Angebot der US-Regierung, staatliche Erdölfirmen zu finanzieren – »selbst wenn Standard Oil und David Rockefeller dagegen sind«, wie Kennedys Jungtürke hinzufügte.[13] Die Gegenreaktion der Konzerne – zusammen mit dem unvermeidlichen Propagandafeuerwerk der Republikanischen Partei und der Medien – ließ nicht lange auf sich warten. »Weder die Unternehmer der USA noch Lateinamerikas nahmen die Auffassung, die der höchste Lateinamerikaberater des Präsidenten, Richard Goodwin, durchblicken ließ, freundlich auf, dass Privatunternehmen in Lateinamerika einen schlechten Ruf genössen, weil sie mit dem US-Imperialismus verbunden seien«, murrte ein auf Investitionen südlich der US-Grenzen spezialisierter Finanzrundbrief.[14]

Unter dem wachsenden Druck gab Kennedy schließlich klein bei und versetzte Goodwin von der Allianz für den Fortschritt zum Friedenscorps. Aber der Präsident widersetzte sich weiterhin Bestrebungen unter Führung von David Rockefeller, die Allianz zu privatisieren. Kennedy fand Amerikas Ruf in Lateinamerika als imperialer Tyrann beschämend.[15] Er habe es satt, dass die US-Regierung »als Repräsentantin der Privatwirtschaft« gesehen werde, sagte er Goodwin. Er habe die Nase voll davon, dass Washington »aufgeblasene Diktatoren« und korrupte Regime in Ländern wie Chile unterstütze, wo »amerikanische Kupferproduzenten etwa 80 Prozent der Devisen kontrollieren. Das würden wir hier nicht dulden, und es gibt keinen Grund, warum wir es dort dulden sollten. … Da unten spielt sich eine Revolution ab, und ich möchte auf der richtigen Seite von ihr stehen.«

Die Lateinamerikapolitik blieb ein Streitpunkt zwischen Kennedy und den Rockefeller-Brüdern für den Rest seiner Präsidentschaft. Selbst nach John F. Kennedys Tod fuhr sein Bruder fort, dafür zu kämpfen. Auf Lateinamerikatour geriet Robert Kennedy – mittlerweile Senator für New York – in eine hitzige Diskussion über den Einfluss der Rockefellers in Lateinamerika, als er eines Abends in das Haus eines peruanischen Künstlers eingeladen wurde, ein von Goodwin arrangierter Besuch. Als Bobby beherzt vorschlug, Peru solle doch »seine Nationalstaatlichkeit bekräftigen« und die Ölindustrie verstaatlichen, waren die Anwesenden verblüfft. »Also, David Rockefeller war gerade bei uns«, erwiderte ein Gast. »Und er hat uns gesagt, dass es keine Hilfe geben würde, wenn irgendjemand gegen International Petroleum vorgeht [eine Tochterfirma von Standard Oil].«

»Ach, kommen Sie, David Rockefeller ist nicht die Regierung«, feuerte Bobby zurück, immer noch in der Rolle des Kampfhahns der Familie. »Wir Kennedys verspeisen Rockefellers zum Frühstück.«[16]

Die Kennedys waren tatsächlich erfolgreicher im Kampfgetümmel der Politik als die Rockefellers. Aber das war, wie John F. Kennedy begriffen hatte, nicht die ganze Geschichte, wenn es darum ging, das Maß der Macht einer Familie zu beurteilen. Er war sich völlig darüber im Klaren, dass die Rockefellers im Pantheon der amerikanischen Macht einen einzigartigen Platz einnahmen, der nicht so sehr im demokratischen System wurzelte als in dem, was Forscher später die »Schattenregierung« nannten – jenes unterirdische Netzwerk finanzieller, geheimdienstlicher und militärischer Interessen, das die nationale Politik lenkte, ganz gleich, wer im Weißen Haus saß. Die Kennedys waren von Barbesitzern und Wahlkampfeinpeitschern an die Spitze der amerikanischen Politik aufgestiegen. Aber sie wurden noch immer von der imperialen Macht der Rockefellers in den Schatten gestellt.

Kennedy hatte immer mit großer Neugier auf die viel reichere Familie geblickt und gemeinsame Freunde – wie den Präsidentenberater Adolf Berle – über sie ausgefragt. Er und David hatten in Harvard zwar demselben Jahrgang angehört, sich jedoch, wie David hervorhob, »in ganz verschiedenen Kreisen bewegt«.[17] Während Kennedy seine eigene Karriere verfolgte, richtete er immer ein besorgtes Auge auf Nelson Rockefeller, der offen seinen Wunsch erklärt hatte, einmal ins Weiße Haus einzuziehen. Einmal sagte er, es sei eine Ambition, die er seit Kindheitstagen hege. »Schließlich, wenn man bedenkt, was ich alles hatte, was gab es da sonst noch Erstrebenswertes?«[18]

Nelson ließ seine heitere Fassade nur fallen, wenn er den Reichtum seiner Familie bedroht sah. Er war seit langem beunruhigt, »unser Eigentum« an nationalistische Bewegungen im Ausland zu verlieren.[19] Als Castro seinen Ängsten ein bärtiges Gesicht gab und die Raffinerie und weiteres Eigentum der Rockefellers auf Kuba enteignete, war Nelson außer sich. Seine Frustration über Kennedy wuchs noch mehr, als dieser sich bietende Gelegenheiten, in Kuba einzumarschieren, ausließ. Er kam zu der Überzeugung, dass Kennedy eine Abmachung mit den Russen getroffen hatte, Castro in Ruhe zu lassen.

Es war Nelsons wachsender Eindruck von Kennedy als »Beschwichtiger« der Sowjets, der ihn zu dem Entschluss trieb, im Präsidentschaftswahlkampf 1964 als Herausforderer anzutreten. In seiner letzten politischen Rede vor dem Kennedy-Attentat geißelte Rockefeller die »Unentschlossenheit, Wankelmütigkeit und Schwäche« des Präsidenten in der Außenpolitik.[20] Das dynamische Bild der Kennedy-Regierung sei ein Public-Relations-Mythos, insistierte Rockefeller. In Wahrheit habe Kennedys kraftlose Führung die Feinde Amerikas ermutigt, seine Verbündeten demoralisiert und die Welt gefährlicher gemacht.

Diese Sicht Kennedys spiegelte sich in weiten Teilen der Wirtschaftspresse, die Kennedy als Oberkommandierenden ohne Rückgrat porträtierte, der das Land in Gefahr brachte, sowie als inkompetenten Wirtschaftslenker, dem das *Wall Street Journal* eine ausgesprochene Feindseligkeit gegenüber »der Philosophie der Freiheit« attestierte.[21] Wie die Luce-Presse wurde auch das *Wall Street Journal* immer giftiger in seinen Beschreibungen des Präsidenten und bezeichnete ihn als Feind der Konzerne und hoffnungslosen linken Romantiker, »der in einer Traumwelt lebt« und im Bann einer »tiefen, schädlichen Illusion« stehe. Kurz, Kennedy wurde in den Kreisen der Elite als verirrter Präsident gesehen – ein unqualifizierter Mann, der, wie weithin angedeutet wurde, es nur dank der hinterlistigen Geschäfte seines mit der Mafia verbundenen Vaters so gerade eben ins Amt geschafft hatte.

Noch fanatischer war die Feindseligkeit gegenüber Kennedy in nationalen Sicherheitskreisen, wo Männer wie Angleton und LeMay den Präsidenten als einen verkommenen Mann betrachteten, der sehr wahrscheinlich ein Verräter war. Bei einem atomaren Überraschungsangriff der Sowjets auf Amerika, brütete Angleton, säßen die Kennedys sicher »in ihrem Luxusbunker und würden sich wahrscheinlich den dritten

Weltkrieg im Fernsehen ansehen, [während] der Rest von uns in der Hölle schmort«.[22]

Angleton schien von Kennedys Sexleben besessen. Angeblich hörte er Kennedys Treffen mit Mary Meyer im Weißen Haus ab, der Exfrau seines Stellvertreters Cord Meyer – eine blonde, schöne Malerin, in die Angleton selbst verliebt war. Vor Freunden und Familie äußerte er die Meinung, dass Kennedys Herrschaft durch sexuelle Dekadenz gekennzeichnet sei sowie durch Kriminalität – ein besonders ironische Wendung, da sich später herausstellte, dass Angleton selbst seit seiner Zeit in Rom Verbindungen zur Mafia unterhielt.

In den letzten Monaten von Kennedys Präsidentschaft bildete sich in Amerikas Schattenregierung ein klarer Konsens heraus: Kennedy war eine Bedrohung der nationalen Sicherheit, er musste zum Wohl des Landes entfernt werden. Und Dulles war der einzige Mann mit der Statur, den Verbindungen und dem entschlossenen Willen, etwas derart Ungeheuerliches zu bewerkstelligen. Er hatte bereits einen Apparat für Attentate im Ausland aufgebaut und bereitete sich nun darauf vor, ihn nach Dallas zu schicken. Seine Bundesgenossen im Establishment hatten nicht mehr zu tun, als in die andere Richtung zu schauen – wie sie es immer taten, wenn Dulles zu »Exekutivmaßnahmen« schritt.

Im Fall von Doug Dillon – der Kennedys Secret Service beaufsichtigte – bedeutete dies schlicht, dass er aus der Stadt abreiste. Ende Oktober informierte Dillon den Präsidenten, dass er im November einen »aufgeschobenen Sommerurlaub« nehmen und seinen Posten in Washington bis zum 18. des Monats verlassen und zum Hobe Sound reisen wolle. Danach, teilte der Finanzminister seinem Präsidenten mit, plane er mit anderen Kabinettsmitgliedern einen offiziellen Besuch in Tokio, der ihn vom 21. bis 27. November in Anspruch nehmen werde.[23] Wenn er sich später verantworten müsste, hätte Dillon eine Erklärung parat. Das tragische Geschehen in Dallas ereignete sich nicht unter seiner Aufsicht; er saß zu dieser Zeit im Flugzeug über dem Pazifik.

Es gibt keine Beweise, dass maßgebliche Konzernchefs wie David Rockefeller Teil des Komplotts gegen Präsident Kennedy waren oder im Voraus von dem Verbrechen wussten. Aber es gibt reichlich Belege für die überwältigende Feindseligkeit gegenüber Kennedy in diesen Wirtschaftskreisen – ein wachsender Antagonismus, der Dulles und andere Feinde des Präsidenten im nationalen Sicherheitsapparat zweifellos ermutigte. Und wenn die Ermordung Präsident Kennedys tatsächlich ein »Verbrechen des Establishments« war, wie Donald Gibson, Soziologieprofessor der Universität von Pittsburgh, glaubt, gibt es noch mehr Grund, die offizielle Untersuchung als eine Vertuschung durch das Establishment zu sehen.

Oswald war noch am Leben, und das war ein Problem. Er sollte beim Verlassen des Texas School Book Depository getötet werden. So lautete die Schlussfolgerung des ehemaligen Anwalts in Kennedys Justizministerium und späteren Justiziars des Sonderausschusses zur Untersuchung von Attentaten G. Robert Blakey über den Mann, den die Behörden eiligst als einsamen Täter hinstellten.[24] Aber Oswald entkam, und nachdem ihn die Polizei von Dallas lebend in einem Kino fasste, wurde er für die Leute, die ihm das Verbrechen anlasten wollten, zu einem großen Problem.

Zunächst einmal verhielt sich Oswald nicht wie die meisten Attentäter. Die Mörder von Staatsführern brüsteten sich gewöhnlich mit ihrer historischen Tat (*Sic semper tyrannis!*). Im Gegensatz dazu stritt Oswald im Polizeigewahrsam wiederholt seine Schuld ab und rief, als er im Hauptquartier der Polizei von Dallas von einem Raum in einen anderen geführt wurde, den wartenden Reportern emphatisch zu: »Ich weiß nicht, worum es bei alldem geht. ... Ich bin nur ein Sündenbock!« Zudem erschien der beschuldigte Attentäter laut den Kriminalbeamten, die ihn verhörten, seltsam ruhig und gesammelt. »Er war wirklich ruhig«, erinnerte sich ein Kriminalbeamter. »Er war ganz besonders ruhig. Er war kein bisschen aufgeregt oder nervös oder etwas in der Art.«[25] Tatsächlich hatten Jesse Curry, der Polizeichef von Dallas, und Bezirksstaatsanwalt William Alexander angesichts Oswalds Gefasstheit den Eindruck, dass er möglicherweise dafür ausgebildet war, mit einer stressreichen Befragung umzugehen. »Ich war erstaunt, dass ein so junger Mensch eine solche Selbstkontrolle besaß wie er«, erzählte Alexander später dem irischen Enthüllungsjournalisten Anthony Summers. »Es war beinahe so, als hätte er geprobt oder wäre darauf programmiert, mit einer solchen Situation umzugehen.«[26]

Oswald gab ferner zu erkennen, dass er Teil einer Geheimdienstoperation war. Am Samstag, den 23. November kurz vor Mitternacht Ostküstenzeit, unternahm er den Versuch, einen aufschlussreichen Anruf zu tätigen. Die Telefonvermittlerin der Polizei, die von zwei nicht identifizierten Beamten genau beobachtet wurde, teilte Oswald mit, dass niemand antworte, obwohl sie den Anruf gar nicht durchstellte. Erst Jahre später verfolgten unabhängige Ermittler die Telefonnummer, die Oswald anrufen wollte, zu einem ehemaligen US-Nachrichtendienstoffizier in Raleigh in North Carolina zurück. CIA-Veteran Victor Marchetti, der sich in seinem Buch *CIA* mit dem Anruf befasste, nahm an, dass Oswald wahrscheinlich den in der Ausbildung gelernten Instruktionen folgte: »[Er] rief wahrscheinlich seinen Mittelsmann an, damit dieser ihn in Kontakt zu seinem Führungsagenten bringt.«[27]

Der Raleigh-Anruf besiegelte, glaubt Marchetti, wahrscheinlich Oswalds Schicksal. Indem er sich weigerte, die Rolle des »Sündenbocks« zu spielen und stattdessen seinem Geheimdienstprotokoll folgte, machte Oswald klar, dass er Probleme bereiten würde. Der Historiker Grover Proctor, der diese Episode gegen Ende von Oswalds Leben eingehend untersuchte, fragte Marchetti, was die CIA-Prozedur in so einem Fall wäre. »Ich würde ihn töten«, erwiderte Marchetti. »War das sein Todesurteil?«, fuhr Proctor fort. »Darauf können Sie wetten«, sagte Marchetti. »Dieses Mal lief [Oswald] ins Verderben, ob er es wusste oder nicht. ... Er war erledigt. An diesem Punkt bedeutete das Exekutivmaßnahme.«

Am Nachmittag des 22. November 1963 war Oswald nicht nur am Leben, er war auch sehr wahrscheinlich unschuldig. Das war ein weiteres großes Problem für die Organisatoren des Attentats. Selbst Beobachter, die mit dem Fall genauestens vertraut sind und weiterhin an Oswalds Schuld glauben – wie Robert Blakey, der, nachdem er beim Sonderausschuss zur Untersuchung von Attentaten mitgearbeitet hatte, Rechtsprofessor an der Notre Dame University wurde –, geben zu, dass sich aus den Beweisen ein »glaubwürdiges« Argument für Oswalds Unschuld hätte ableiten lassen. (Der Kongressbericht von 1979 stellte fest, dass Kennedy das Opfer einer Verschwörung war, an der Oswald und andere unbekannte Parteien beteiligt waren.) Andere Rechtsexperten wie der Anwalt und Kennedy-Forscher William Simpich gingen noch weiter. Ihnen zufolge war die Anklage gegen Oswald mit derart schreienden Widersprüchen gespickt, dass sie vor Gericht rasch in sich zusammengebrochen wäre.

Wie Simpich ausführte, boten allein die ballistischen Beweise ein heilloses Durcheinander.[28] Die Kugeln und Hülsen vom Tatort passten nicht zur Tatwaffe und wurden von den Beamten schlecht markiert. Die sogenannte magische Kugel, die mit einem tödlichen Treffer Kennedys Schädel durchschlug, bevor sie auf ihrem unwahrscheinlichen Weg weiterflog, tauchte später in genauso magischer Weise in nahezu makellosem Zustand auf einer Bahre im Parkland Memorial Hospital auf, wohin der tödlich getroffene Präsident eilends gebracht worden war. Dann war da die mutmaßliche Tatwaffe – ein ausgemustertes italienisches Militärgewehr aus dem Zweiten Weltkrieg für 19,95 Dollar mit fehlerhaftem Visier. Ein solch unbeholfenes Werkzeug zu benutzen, um das Verbrechen des Jahrhunderts mit Schnellfeuerpräzision zu begehen – besonders in den Händen eines Schützen, dem es schon schwerfiel, ein Kaninchen mit Schrot zu treffen –, war schlicht unvorstellbar. Da war ferner die Tatsache, dass FBI-Techniker, die das Mannlicher-Carcano-Gewehr untersuchten, keinen Fingerabdruck von Oswald auf der Waffe entdecken konnten, und der Polizei von Dallas gelang es nicht, irgendeine Spur von Schießpulver an der Wange des Verhafteten festzustellen, ein Hinweis, dass er an jenem Tag kein Gewehr abgefeuert hatte.

Außerdem beharrte Buell Wesley Frazier, der junge Beschäftigte des Texas School Book Depository, der Oswald an jenem Morgen zur Arbeit mitnahm, darauf, dass das Paket, das der mutmaßliche Attentäter an jenem Morgen mit ins Gebäude nahm, nicht groß genug war, um ein Gewehr zu enthalten. Der neunzehnjährige Frazier weigerte sich, seine Geschichte zu ändern, obwohl er verhaftet und von der Polizei von Dallas einem zermürbenden Verhör unterzogen wurde, einschließlich der Drohung, als Mitverschwörer angeklagt zu werden. »Ich wurde viele, viele Stunden verhört – die Verhörbeamten wechselten sich ab«, erinnerte sich Frazer Jahre später. »Wie die mich an dem Tag behandelt haben, ist für mich schwer begreiflich. Ich war nur ein Junge vom Land; ich war nie mit dem Gesetz in Konflikt gekommen. Ich habe mein Bestes getan, um ihre Fragen zu beantworten.« Er kam für sich selbst nie zu einem Urteil, ob Oswald schuldig war oder nicht. Doch eine Sache wisse er mit Bestimmtheit, sagte er einem Zeitungsreporter fünfzig Jahre später: Das braune Papierpaket, das Oswald am Morgen des 22. November 1963 auf den Sitz seines Wagens legte, enthielt kein Gewehr. »Es gab keine Möglichkeit, wie es in dieses Paket hätte hineinpassen können.«[29]

Und dann gab es da noch den unbequemen Film, den der Kleiderhersteller Abraham Zapruder drehte, als Kennedys Limousine am Dealey Plaza an ihm vorbeifuhr. Der Film fing die Augenblicke, in denen Kennedy von Gewehrkugeln getroffen wurde, in grausigen Details ein und belegte – zusammen mit den Aussagen Dutzender Zeugen – eindeutig, dass auf die Wagenkolonne des Präsidenten Schüsse von vorne und von hinten abgegeben wurden. Die bis zu einundzwanzig Polizisten, die auf dem Platz postiert waren – Männer, die im Umgang mit Feuerwaffen geschult waren –, sagten aus, dass ihre erste Reaktion beim Knall der Schüsse darin bestand, das Areal vor Kennedys fahrender Limousine abzusuchen, jene von Bäumen bestandene Erhebung, die als »Grashügel« berühmt wurde.[30] Selbst wenn Oswald tatsächlich auf den Präsidenten schoss, bedeutete dies, dass es mindestens einen weiteren Schützen gegeben haben musste und Kennedy das Opfer einer Verschwörung war. Die eigene, mit modernsten Methoden durchgeführte Fotoanalyse der CIA kam nach der Begutachtung des Zapruder-Films zu diesem Schluss. (Die Techniker des FBI stimmten dem später zu.) Aber der Bericht der CIA wurde rasch unterdrückt.

Die Chirurgen, die sich im Parkland Hotel vergeblich um den tödlich verwundeten Präsidenten bemühten, sahen klare Belege, dass Kennedy sowohl von vorne wie von hinten getroffen worden war. Aber die Ärzte gerieten unter enormen Druck, zu schweigen, und es dauerte beinahe drei Jahrzehnte, bis zwei von ihnen den Mut aufbrachten und mit der Wahrheit an die Öffentlichkeit gingen.

Zum Glück für die Verschwörer kam der zutiefst brüchige Fall gegen Lee Harvey Oswald nie vor Gericht. Das Problem Oswald wurde am Sonntagmorgen, dem 24. September, abrupt aus der Welt geschafft, als dem mutmaßlichen Attentäter im Keller der Polizeistation von Dallas bei seiner Überstellung ins Bezirksgefängnis in den Magen geschossen wurde. Er starb zwei Stunden später in der Notaufnahme, in der Präsident Kennedy für tot erklärt worden war.

Oswalds schockierende Ermordung – live in die amerikanischen Wohnzimmer übertragen – schaffte das Dilemma für Dulles, der die Ereignisse in Dallas an jenem Wochenende auf der Farm, der sicheren CIA-Einrichtung in Virginia, überwachte, aus der Welt. Bald allerdings wurde offenkundig, dass der Mord an Oswald ein weiteres Problem schuf: Über die Nation und darüber hinaus schwappte eine Welle des öffentlichen Misstrauens. Jack Ruby, Oswalds Mörder – ein untersetzter, Fedora tragender Nachtklubbetreiber –, sah aus wie ein Todesschütze direkt aus einem zweitklassigen Gangsterfilm. Ruby klang sogar wie ein Hollywood-Gangster, als er Oswald niederstreckte und bellte: »Du hast meinen Präsidenten umgebracht, du Ratte!« Für viele Leute, die dieses entsetzliche Spektakel im Fernsehen mit ansahen, wirkte die Tat wie ein Bandenmord, der Oswald zum Schweigen bringen sollte, bevor er reden konnte.

Tatsächlich kam Justizminister Robert Kennedy genau zu diesem Schluss, als er Rubys Hintergrund durchleuchtete. Bobby, der sich seinen politischen Ruf als Senatsermittler gegen das organisierte Verbrechen erworben hatte, durchforstete die Liste von Rubys Anrufen in den Tagen vor den Mordtaten in Dallas. »Die Liste [der Namen] war fast ein Duplikat der Leute, die ich vor den Mafia-Ausschuss zitiert hatte«, bemerkte Kennedy später.[31] Der Verdacht des Justizministers richtete sich sofort nicht nur gegen die Mafia, sondern auch gegen die CIA – die Behörde, die, wie Bobby wusste, die Mafia für einige ihrer schmutzigsten Taten benutzt hatte.

Robert Kennedy war nicht der Einzige in Washington, der hinter der Ermordung seines Bruders sofort eine Verschwörung witterte. In der Hauptstadt der Nation machten nervöse Gerüchte über das Attentat die Runde. In einem Telefonat mit einem Vertrauten der Kennedy-Familie, William Walton, fauchte Agnes Meyer, die freimütige Mutter der *Washington-Post*-Herausgeberin Katharine Graham: »Was ist das hier – eine verdammte Bananenrepublik?«[32] Eisenhower, der seinen Ruhestand auf seiner Farm in Gettysburg verbrachte, reagierte ebenso. Das Blutvergießen in Dallas erinnere ihn an seinen Einsatz auf Haiti als junger Armeemajor. Als er den Nationalpalast in Port-au-Prince besuchte, war er schockiert, als ihm klar wurde, dass zwei Drittel der ehemaligen Staatschefs, deren Marmorbüsten dort ausgestellt waren, im Amt ermordet worden waren.[33]

Unterdessen kochte in Independence, Missouri, ein weiterer Präsident im Ruhestand, Harry Truman, vor Wut über die CIA. Am 22. Dezember 1963, als das Land noch von den Schüssen in Dallas taumelte, veröffentlichte Truman einen hoch provokativen Meinungskommentar in der *Washington Post*, in dem er den Vorwurf erhob, die CIA sei seit ihrer Gründung in alarmierender Weise außer Kontrolle geraten. Seine ursprüngliche Absicht, schrieb Truman, sei es gewesen, einen Nachrichtendienst zu schaffen, der schlicht die verschiedenen sensiblen Informationen, die ins Weiße Haus flossen, koordinierte. »Ich hätte bei Gründung der CIA nie gedacht, dass sie für Geheimoperationen in Friedenszeiten benutzt werden würde«, so Truman. Doch seit einiger Zeit sei er »beunruhigt über die Art, wie die CIA von ihrem ursprünglichen Auftrag zweckentfremdet worden ist. Sie ist zu einem operationalen, zuweilen Politik treibenden Arm der Regierung geworden.« Die CIA sei »so entrückt von ihrer beabsichtigten Rolle, dass sie zum Symbol für finstere und geheimnisvolle ausländische Intrigen geworden ist«. Doch die immer mächtigere Behörde bedrohe nicht nur ausländische Regierungen, warnte Truman – sie bedrohte nun die Demokratie zu Hause. »Etwas an der Vorgehensweise der CIA wirft einen Schatten auf unsere historische Position [als eine] freie und offene Gesellschaft«, schloss er unheilvoll, »und ich habe das Gefühl, dass wir es korrigieren müssen.«[34]

Der von Truman gewählte Zeitpunkt für die Veröffentlichung der Kolumne in der führenden Tageszeitung der Hauptstadt war vielsagend. Nur einen Monat nach dem Attentat löste sie in politischen Kreisen eine Schockwelle aus. Es gab verstörende Untertöne in der unverblümten Warnung des Mittelwestlers vor der CIA. Legte Truman nahe, dass eine »finstere und geheimnisvolle Intrige« hinter dem Mord an Kennedy steckte? Konnte es das sein, was er meinte, als er die Befürchtung äußerte, dass die Behörde eine wachsende Gefahr für die eigene Demokratie der USA darstellte?

Im Ausland schossen die Spekulation über den Kennedy-Mord – und die verdächtige Erschießung des mutmaßlichen Attentäters – noch mehr ins Kraut. Die ausländische Presse war erfüllt von Kommentaren, die mächtige Kräfte hinter der Ermordung vermuteten und als mögliche Schuldige Militaristen des Kalten Kriegs, Konzerne und texanische Ölleute nannten.[35] Einige dieser Berichte stammten, nicht überraschend, aus Zeitungen des Sowjetblocks, die eifrig bemüht waren, die Gerüchte zu zerstreuen, dass Oswald Teil einer kommunistischen Verschwörung war – Gerüchte, die sich häufig zu CIA-Propagandastellen zurückverfolgen ließen. Aber viele der Mutmaßungen über Dallas wurden in westeuropäischen Publikationen geäußert. In Hamburg schrieb ein Kommentator der Tageszeitung

Die Welt, dass der offizielle Umgang mit den Morden an Kennedy und Oswald »einen Wald von Fragezeichen« zurücklasse. In London sprach die *Daily Mail* von »Getuschel«, dass Oswald der Sündenbock war, der aus dem Weg geräumt wurde, und der *Daily Telgraph* verspottete die Bekanntmachung von Polizeichef Curry, dass Oswalds Tod den Schlusspunkt unter den Kennedy-Fall setze, als »monumentale Absurdität«. In Italien, wo den Veteranen des Zweiten Weltkriegs die Mängel des Mannlicher-Carcano-Gewehrs wohlbekannt waren, bemerkte die Zeitung *Corriere Lombardo*, es sei ein Ding der Unmöglichkeit, dass Oswald mit dem behäbigen Nachlademechanismus des Gewehrs drei Schüsse in sechs Sekunden habe abfeuern können.

Der Verdacht einer Verschwörung war besonders stark in Frankreich, wo Präsident de Gaulle selbst zur Zielscheibe von CIA-Machenschaften geworden war und bei einem Trommelfeuer auf seine Limousine nur knapp mit dem Leben davongekommen war. Nach seiner Rückkehr von der Beerdigung Kennedys am 24. November gab de Gaulle seinem Informationsminister Alain Peyrefitte seine bemerkenswert freimütige Einschätzung des Attentats. »Was mit Kennedy geschehen ist, das ist dasselbe, was mir beinahe passiert wäre«, vertraute ihm der französische Präsident an. »Seine Geschichte ist die gleiche wie meine. … Es sieht aus wie eine Wildwestgeschichte, dabei ist es nur eine Geschichte der OAS [Organisation der geheimen Armee]. Die Sicherheitskräfte steckten mit den Extremisten unter einer Decke.«[36]

Zur schieren Selbsterhaltung waren de Gaulle und seine Getreuen genötigt gewesen, die Unterwelt zu durchleuchten, wo sich Geheimdienstkräfte, politische Eiferer und Gangster mischten. Mehr als jeder andere westeuropäische Staatschef war sich der französische Präsident bewusst, wie die Sicherheitskräfte – im Namen des Kampfs gegen den Kommunismus – zur Erreichung ihrer Ziele mit den extremsten und bösartigsten Elementen gemeinsame Sache machten. De Gaulle war überzeugt, dass Kennedy den gleichen Kräften zum Opfer gefallen war, die wiederholt versucht hatten, ihn zu töten.

»Glauben Sie, Oswald war ein Pappkamerad?«, fragte Peyrefitte de Gaulle.

»Alles deutet für mich darauf hin«, erwiderte er. »Sie haben diesen Kommunisten geschnappt, der keiner war und gleichzeitig doch einer. Er hatte eine unterdurchschnittliche Intelligenz und war ein exaltierter Fanatiker – genau der Mann, den sie gebraucht haben, der perfekte Schuldige. Sie wollten ihn auf der Stelle töten, bevor er vom Justizsystem gefasst werden konnte. Leider ist es nicht so geschehen, wie sie es wahrscheinlich geplant hatten. … Aber ein Prozess, das ist Ihnen klar, ist einfach fürchterlich, die Leute hätten den Mund aufgemacht. Es wäre so viel ans Licht gekommen! Es wäre alles herausgekommen. Da haben die Sicherheitskräfte nach einem [Aufräumer] gesucht, den sie völlig in der Hand hatten und der ihr Angebot nicht ablehnen würde, und dieser Kerl hat sich selbst geopfert, um einen falschen Attentäter zu töten – angeblich in Verteidigung des Andenkens Kennedys!

Unsinn! Die Sicherheitskräfte auf der ganzen Welt gleichen sich bei dieser Art von schmutziger Arbeit. Sobald sie es schaffen, den falschen Attentäter auszulöschen, erklären sie der Justiz, dass sie sich nicht mehr darum zu kümmern braucht, dass jetzt, wo der schuldige Attentäter tot ist, keine weiteren öffentlichen Schritte erforderlich sind. Es ist besser, einen Unschuldigen zu ermorden, als einen Bürgerkrieg auszulösen. Besser eine Ungerechtigkeit als Chaos.

Amerika drohen Unruhen. Aber Sie werden schon sehen, sie werden alle gemeinsam das Gesetz des Schweigens befolgen. Sie werden die Reihen schließen. Sie werden alles tun, um jeden Skandal zu ersticken. Sie werden den Mantel des Schweigens über diese schändliche Tat ausbreiten. Um nicht vor den Augen der ganzen Welt das Gesicht zu verlieren. Um nicht den Ausbruch von Unruhen in den Vereinigten Staaten zu riskieren. Um die Union zu bewahren und einen neuen Bürgerkrieg zu vermeiden. Um sich selbst keine Fragen zu stellen. Sie wollen es nicht wissen. Sie wollen es nicht herausfinden. Sie werden es sich nicht erlauben, es herauszufinden.«

Diese bemerkenswerten Beobachtungen zu Dallas hielt Peyrefitte in seinen Erinnerungen *C'était de Gaulle* fest (»Es war de Gaulle«), die drei Jahre nach dem Tod des Autors 2002 in Frankreich erschienen. Bruchstücke der Unterhaltung tauchten in der amerikanischen Presse auf, aber das Buch wurde in Amerika nicht übersetzt und publiziert, und über de Gaulles Bemerkungen zum Kennedy-Attentat wurde außerhalb von Frankreich nie umfassend berichtet.

Ein halbes Jahrhundert später bleibt dieser außerordentliche Kommentar des französischen Staatsmanns – ein politischer Koloss des 20. Jahrhunderts – eine der beunruhigendsten und einsichtsvollsten Perspektiven auf dieses traumatische amerikanische Ereignis. *Sie wollen es nicht herausfinden. Sie werden es sich nicht erlauben, es herauszufinden.*

Allen Dulles kannte die Gefahr der Worte – der falschen Art von Worten. Als CIA-Direktor hatte er riesige Summen aufgewendet, um der sowjetischen Propagandamaschine entgegenzutreten und den weltweiten Diskurs zu beherrschen, auch den Diskurs in Politik und Medien in seinem eigenen Land. Binnen Minuten nach dem Kennedy-Attentat war die CIA bestrebt, die Nachrichtenberichterstattung und die Kommentare über Dallas zu steuern, streute – falsche – Geschichten, die Oswald als sowjetischen Agenten oder Castro als Auftraggeber von Kennedys Ermordung bezeichneten. Tatsächlich waren sowohl Chruschtschow – der im Kreml in Tränen ausbrach, als er die Nachricht hörte – als auch Castro tief erschüttert über Kennedys Tod.[37] Beide waren durch Kennedys Friedensinitiativen im letzten Jahr seiner Präsidentschaft sehr ermutigt worden und befürchteten, dass nach seiner Ermordung wieder die Falken in Washington die Oberhand gewönnen. »Das sind schlechte Neuigkeiten«, murmelte Castro einem französischen Journalisten zu, der einen Olivenzweig von Kennedy überbrachte, als der kubanische Staatschef von den Schüssen in Dallas erfuhr. »Das ändert alles.« [38]

Castro sagte sofort voraus, dass der amerikanische Geheimdienst ihm den Mord in die Schuhe schieben würde. Und siehe da, als der kubanische Führer und der französische Journalist das Radio einschalteten, brachte ein Sprecher Oswald mit dem Fair Play for Cuba Committee in Verbindung.

Trotz der unermüdlichen Anstrengungen der CIA begann die Berichterstattung über das Kennedy-Attentat in der Presse jedoch außer Kontrolle zu geraten. Dulles wusste, dass sofortige Schritte unternommen werden mussten, um das Gerede einzudämmen. Eine seiner ersten Sorgen galt der Washingtoner Echokammer selbst. Er erkannte rasch die Gefahr, die von Trumans explosivem Kommentar in der *Washington Post* ausging, der rasch aufgegriffen wurde und ähnliche Leitartikel von Charlotte in North Carolina bis Sacramento in Kalifornien inspirierte. Der in vielen Zeitungen gedruckte Kolumnist Richard Starnes, ein rotes Tuch für den Geheimdienst, nutzte Trumans Gastkolumne, um eine Breitseite gegen die CIA abzufeuern, die er »einen schattenhaften Organismus von ungewissem Zweck und erschreckender Macht« nannte.[39] Unterdessen schlug Senator Eugene McCarthy, ein weiterer Kritiker der CIA, in dieselbe Kerbe mit einem Essay für die *Sunday Evening Post* – ein populäres Magazin der Mittelschicht, für das der bodenständige Norman Rockwell die Titelbilder zeichnete – mit der unmissverständlichen Überschrift »Die CIA gerät außer Rand und Band«.[40]

Es war unmöglich vorauszusehen, wie weit der Sturm in den Medien noch gehen und was er alles aufwirbeln würde. Das Trommelfeuer der Kritik, das sich plötzlich gegen die Geheimoperationen der CIA richtete, schien, wenn auch nur unbewusst, mit den aufbrandenden Ängsten der Öffentlichkeit über die ungelösten Rätsel von Dallas zusammenzuhängen. Wenn Harry Truman – der Mann, der die CIA ins Leben gerufen hatte – sich sorgte, dass daraus ein Frankenstein geworden war, mochte es nur noch eine Frage der Zeit sein, bis prominente europäische Persönlichkeiten und sogar vereinzelte Stimmen in Amerika sich zu fragen begannen, ob der Geheimdienst hinter Kennedys Ermordung stand.

Es war Dulles selbst, der auf den Plan trat, um das von Truman entfachte Feuer zu löschen. Bald nach Erscheinen seiner heftigen Kritik begann Dulles eine Kampagne, um den pensionierten Präsidenten zu bewegen, von seiner Meinungskolumne abzurücken. Dabei bemühte sich der Agentenführer zunächst um die Mithilfe des Washingtoner Anwalts Clark Clifford, ein einflussreicher politischer Berater, der für Truman gearbeitet hatte und den Vorsitz von Präsident Johnsons Geheimdienstbeirat führte. Die CIA sei ja »eigentlich HSTs [Harry S. Trumans] Baby oder zumindest sein Adoptivkind«, strich Dulles in einem Brief an Clifford heraus. Vielleicht könne der Anwalt den argwöhnischen alten Herrn etwas zur Vernunft bringen und ihn dazu bewegen, seine harsche Kritik an der Behörde zurückzunehmen.[41]

Dulles wandte sich auch direkt an Truman in einem scharf formulierten Brief, in dem er dem ehemaligen Präsidenten mitteilte, er sei »zutiefst beunruhigt« von seinem Artikel. In dem achtseitigen Brief, den er am 7. Januar 1964 abschickte, versuchte Dulles, Truman selbst in die Verantwortung zu ziehen. Dulles nannte Truman den »Vater unseres modernen Geheimdienstsystems« und erinnerte ihn daran: »*Sie* waren es, [der] durch Beschluss des Nationalen Sicherheitsrats die Organisation eines neuen Büros in der CIA zur Durchführung verdeckter Operationen gebilligt hat.« Daher, folgerte Dulles, liefe Trumans unüberlegte Tirade in der *Washington Post* auf »eine Zurückweisung einer Politik« hinaus, die der ehemalige Präsident selbst »zu initiieren den großen Mut und die große Weisheit gehabt« habe.[42]

In gewissem Maße hatte Dulles recht. Wie der Ex-Spionagechef hervorhob, hatte die Truman-Doktrin tatsächlich eine aggressive Strategie autorisiert, ein kommunistisches Vordringen nach Westeuropa zu unterbinden, einschließlich der CIA-Intervention bei den italienischen Wahlen von 1948. Aber Truman hatte auch recht mit seinem Vorwurf, dass Dulles unter Eisenhower die CIA viel tiefer in finstere Machenschaften geführt hatte, als er je gedacht hätte.

Truman blieb von Dulles' Brief ungerührt und stand weiter zu seinem Artikel. Da er die Gefahr erkannte, die Truman darstellte, setzte Dulles seinen Kreuzzug noch bis ins folgende Jahr fort, seinen Kommentar in der *Washington Post* zu diskreditieren. Voller Zuversicht in seine Überredungskunst reiste er im April persönlich nach Independence, Missouri, und vereinbarte in der Präsidentenbibliothek ein Gespräch unter vier Augen mit Truman. Nach einigen Minuten Smalltalk über die alten Tage startete Dulles seinen Angriff auf Truman mit seiner üblichen Mischung aus Süßholzraspeln und Überredungskunst. Aber Truman – immerhin schon fast achtzig – ließ sich nicht beschwatzen, Dulles' Bemühungen blieben fruchtlos.

Doch mit einer Niederlage wollte sich Dulles nicht zufriedengeben. Da er nun einmal die Realität nicht ändern konnte, änderte er, wie jeder gute

Geheimdienstler, einfach die Vergangenheit. Nach seiner Rückkehr in Washington schrieb Dulles am 21. April 1964 einen Brief über sein halbstündiges Gespräch mit Truman an den Chefjustiziar der CIA Lawrence Houston. Bei ihrer Unterhaltung in der Truman Library, behauptete Dulles in seinem Brief, habe der betagte Ex-Präsident »sehr erstaunt« gewirkt über seinen eigenen Angriff auf die CIA, als er ihm eine Kopie des Artikels aus der *Washington Post* vorlegte. Als er ihn durchsah, habe Truman reagiert, als lese er ihn zum ersten Mal, behauptete Dulles. »Er sagte, dass [der Artikel] ganz falsch sei. Er fügte dann hinzu, er habe das Gefühl, dass er einen sehr unglücklichen Eindruck mache.«[43]

Der Truman, der in Dulles' Brief geschildert wird, schien unter Senilität zu leiden und konnte sich entweder nicht daran erinnern, was er da geschrieben hatte, oder war von einem Mitarbeiter benutzt worden, der den Kommentar vielleicht im Namen des ehemaligen Präsidenten verfasst hatte. Tatsächlich versuchten CIA-Mitarbeiter später, einem Truman-Assistenten die Schuld an dem Kommentar in die Schuhe zu schieben. Truman sei »offenkundig höchst beunruhigt über den Artikel in der *Washington Post*« gewesen, schloss Dulles seinen Brief, »... und sagte mehrmals, dass er schauen würde, ob er da etwas machen könne«.

Der Brief von Dulles an Houston – eindeutig für die Akten des Geheimdienstes bestimmt, um ihn hervorzuholen, wann immer es dienlich schien – war ein himmelschreiender Akt der Desinformation. Truman, der noch acht Jahre weiterlebte, war im April 1964 noch bei voller geistiger Gesundheit. Und er hätte gar nicht über den Inhalt seines eigenen Artikels schockiert sein können, da er gegenüber Freunden und Journalisten seit etlicher Zeit dieselben – und sogar noch vehementere – Ansichten über die CIA geäußert hatte.

Nach der Schweinebucht vertraute Truman dem Schriftsteller Merle Miller an, dass er die Gründung der CIA bedaure. »Ich glaube, das war ein Fehler«, sagte er. »Wenn ich gewusst hätte, was passieren würde, hätte ich das nie gemacht. ... [Eisenhower] gab überhaupt nicht darauf Acht, und so geriet die CIA außer Kontrolle. ... Sie [die Leute von der CIA] sind zu einer eigenen Regierung geworden, und natürlich ganz geheim. Sie schulden niemandem Rechenschaft. In einer demokratischen Gesellschaft ist das eine ganz gefährliche Sache.«[44] Nachdem Trumans Kolumne in der *Washington Post* erschienen war, beglückwünschte sein erster CIA-Direktor, Admiral Sidney Souers – der wie sein ehemaliger Chef die Aufgaben des Geheimdienstes in engen Grenzen halten wollte – den Ex-Präsidenten zu seinem Artikel. »Ich bin sehr froh, dass mein Artikel über die Central Intelligence Agency Ihnen vertraut vorkommt, denn Sie wissen ja, warum die Organisation gegründet wurde«, schrieb Truman an Souers zurück.[45]

In einem Brief, den Truman im Juni 1964 – zwei Monate nach dem Treffen mit Dulles – an den Redaktionsleiter des Magazins *Look* schrieb, brachte der ehemalige Präsident abermals seine Bedenken über die Richtung zum Ausdruck, die der amerikanische Auslandsgeheimdienst nach seinem Ausscheiden aus dem Amt eingeschlagen hatte. »Die CIA wurde von mir zu dem alleinigen Zweck gegründet, alle verfügbaren Informationen für den Präsidenten zu beschaffen«, schrieb Truman. »Sie war nicht als international operierende Behörde intendiert, die sich merkwürdigen Aktivitäten widmet.«[46]

Dulles' unermüdliche Bestrebungen, Truman zu manipulieren – und, als er damit scheiterte, dessen Aussagen in den Akten zu verdrehen –, ist nur ein weiteres Beispiel der »merkwürdigen Aktivitäten« des Spionagemeisters. Aber Dulles' größter Erfolg bei der Verdrehung der Realität sollte erst noch kommen. Mit dem Warren-Bericht sollte Dulles die Geschichte buchstäblich neu schreiben. Die Untersuchung des Todes von John F. Kennedy war ein weiteres erstaunliches Zauberkunststück des ehemaligen CIA-Direktors. Der Mann, der im Zeugenstand hätte sitzen müssen, kontrollierte am Ende schließlich die Untersuchung.

Wie gelang es Allen Dulles – einem Mann, den Präsident Kennedy unter bitteren Umständen gefeuert hatte –, zum Aufseher über die Untersuchung seiner Ermordung zu werden? Diese entscheidende historische Frage war viele Jahre lang Gegenstand fehlgeleiteter Spekulationen. Die Geschichte begann scheinbar bei Lyndon B. Johnson, einem Mann, der nicht für seine Wahrheitsliebe bekannt war, und wurde über die Zeit von verschiedenen Historikern ein ums andere Mal wiederholt, selbst von Johnsons Biografen Robert Caro, den man für skeptischer halten sollte angesichts der erschöpfenden Details, mit denen er in seinem vielbändigen Werk Johnsons gewohnheitsmäßige Täuschungen dokumentierte.

In seinen Erinnerungen von 1971 schrieb Johnson, er habe »zwei Männer für die Kommission [ernannt], um deren Teilnahme mich Bob Kennedy sofort gebeten hatte – Allen Dulles und John McCloy«.[47] Da Robert Kennedy 1971 lange tot war, dachte Johnson offenkundig, dass er damit davonkommen würde. Aber die Idee, dass Johnson ausgerechnet mit dem Mann, den er als Rivalen und seinen Quälgeist betrachtete, die Köpfe zusammenstecken würde, um die politisch heikle Zusammensetzung der Kommission zu besprechen, ist lachhaft.

Die Untersuchung der Warren-Kommission barg das Potenzial, die neue Präsidentschaft Johnsons – und den amerikanischen Staat selbst – bis ins Mark zu erschüttern. Bei seiner Wahl der Kommissionsmitglieder, schrieb Johnson später, habe er Personen gesucht, »die über jeden Verdacht erhaben waren, unter exekutivem Druck zu stehen«.[48] Was Johnson wirklich wollte, waren Leute, denen er vertrauen konnte, den Fall abzuschließen und die öffentlichen Verdächtigungen zum Schweigen zu bringen. Die Warren-Kommission wurde nicht eingesetzt, um die Wahrheit herauszufinden, sondern um dafür zu sorgen, dass sich der »Staub legte«, der in Dallas aufgewirbelt worden war, wie McCloy erklärte – »Staub nicht nur in den Vereinigten Staaten, sondern auf der ganzen Welt«.[49]

Ebenso widersinnig ist die Vorstellung, dass Robert Kennedy als Kommissionsmitglieder Dulles und McCloy nominiert hätte – zwei Männer, die sich mit dem Präsidenten während ihres Dienstes entzweit hatten –, um den Mord an seinem Bruder aufzuklären. Wie Dulles, dessen ehemalige Behörde Bobby sofort in Verdacht hatte, eine Rolle bei dem Attentat gespielt zu haben, war McCloy ein Falke des Kalten Kriegs. Als Kennedys Verhandlungsführer bei den Abrüstungsgesprächen war McCloy Ende 1962 aus Frustration über die Unnachgiebigkeit der Sowjets zurückgetreten, wie er sagte. Dabei war er selbst das Hindernis. Einige Monate nachdem Kennedy Averell Harriman eingesetzt hatte – ein Mann, dem die Russen vertrauten –, erzielten die beiden Supermächte eine historische Einigung, die Atomwaffenversuche zu begrenzen.

McCloy, der Vorstandschef der Chase Manhattan Bank gewesen war, bevor David Rockefeller selbst die Führung der Bank übernahm, war eng mit den Rockefeller-Interessen verbunden. Nach seinem Ausscheiden aus der Kennedy-Administration ging er zu einer Wall-Street-Kanzlei, zu deren Klienten die Kennedy feindlich gesinnten Ölmänner Clint Murchinson und Sid Richardson zählten, mit denen er seit seinen Tagen bei der Chase Manhattan Bank geschäftlich verbunden war.

Es war das Establishment der nationalen Sicherheit, nicht Bobby Kennedy, das dem neuen Präsidenten dazu riet, Dulles und McCloy in die Warren-Kommission zu berufen. Und Johnson – mit Gespür für die Wünsche der Männer, die ihn ins Oval Office gebracht hatten – folgte weise ihrem Ratschlag.

Das Dulles-Lager machte keinen Hehl aus der Tatsache, dass der Alte aggressiv Einfluss genommen hatte, um in die Kommission berufen zu werden. Richard Helms erzählte dem Historiker Michael Kurtz später, er habe Johnson »persönlich überredet«, Dulles zu ernennen.[50] Laut Kurtz wollten Dulles und Helms »sicherstellen, dass bei der Untersuchung keine Geheimnisse der Behörde ans Licht kämen. … Und wenn Dulles in der Kommission säße, würde das natürlich gewährleisten, dass die Behörde sicher war. Johnson war derselben Meinung – er wollte nicht, dass die Untersuchung irgendetwas Merkwürdiges zutage förderte.«[51]

Der Dulles nahestehende William Corson, ehemaliger Offizier der Marineinfanterie und Agent der Marineaufklärung, bestätigte, dass der Ex-Spionagechef seine Beziehungen spielen ließ, um in die Warren-Kommission zu kommen. Er »setzte sich mit Nachdruck dafür ein, den Posten zu bekommen«, erinnerte sich Corson, der den jungen Allen Dulles jr. im Koreakrieg befehligt hatte. Nachdem Dulles seinen Platz in der Kommission eingenommen hatte, rekrutierte er Corson, um den Hintergrund von Jack Ruby zu durchleuchten. Nach Monaten, in denen Corson verschiedene Spuren verfolgt hatte, kam er zu dem Schluss, auf eine sinnlose Jagd geschickt worden zu sein. »Es ist durchaus möglich, dass ich auf eine Mission geschickt wurde, die nirgendwohin führte. … Allen Dulles hatte eine Menge zu verstecken.«[52]

Unter denjenigen, die Johnson drängten, Dulles einen Sitz in der Warren-Kommission zu geben, waren Alliierte aus dem Establishment wie Außenminister Dean Rusk, ehemals Präsident der Rockefeller-Stiftung.[53] Dieselben Stimmen erhoben sich für McCloy. Tatsächlich war die Kommission von Anfang an ein Geschöpf des Establishments. Sie wurde dem anfänglich widerstrebenden Johnson von den einflussreichsten Stimmen der Washingtoner Machtstruktur verkauft, darunter von dem einflussreichen Journalisten Joseph Alsop – dem stets verlässlichen Sprachrohr der CIA – und von den Pressezaren der *Washington Post* und der *New York Times*. Johnson wollte die Untersuchung den texanischen Behörden überlassen, wo er mehr Kontrolle zu haben meinte, statt sie in die Hände von »einem Haufen Profiteure aus dem Norden« zu legen. Doch in einem Telefonanruf mit dem Weißen Haus am Morgen des 25. November überzeugte Alsop den Präsidenten geschickt von der Idee einer präsidentiellen Kommission aus national bekannten Persönlichkeiten, die »über jeden Verdacht erhaben« waren.

Als Johnson an seiner Idee einer texanischen Untersuchung festhielt, belehrte ihn Alsop wie einen Einfaltspinsel vom Land. »Meine Anwälte sagen mir aber, Joe, dass sich das Weiße Haus – der Präsident – nicht in lokale Mordfälle einmischen soll«, wandte Johnson beinahe flehentlich ein. »Dem stimme ich zu«, fiel ihm Alsop nahtlos ins Wort, »aber in diesem Fall handelt es sich zufällig um die Ermordung des Präsidenten.«[54]

Dulles nahm Johnsons Bitte, in die Kommission einzutreten, sofort an, als ihn der Präsident am Morgen des 29. November anrief. Er versicherte dem Präsidenten, in jeder Weise behilflich sein zu wollen, fühlte sich aber doch verpflichtet, zumindest die Frage nach der Schicklichkeit der Ernennung eines ehemaligen CIA-Direktors anzusprechen, der bekanntermaßen eine schwierige Beziehung zu dem verstorbenen Präsidenten hatte: »Und Sie haben die Arbeit auf meinem früheren Posten bedacht?«, fragte Dulles unbeholfen.

»Natürlich habe ich das«, erwiderte Johnson, »und ich möchte, dass Sie es machen. Punkt. … Sie tun immer, was für das Land am besten ist. Ich habe das schon vor langer Zeit herausgefunden.«

Am Ende kam alles genauso, wie es das Washingtoner Establishment haben wollte – und wie de Gaulle vorhergesagt hatte. Die Kommission zur Untersuchung des Mordes an John F. Kennedy setzte sich aus fügsamen Senatoren und Kongressabgeordneten zusammen, die der CIA, dem FBI und Johnson nahestanden – und sie wurde von den beiden listigsten Männern im Sitzungssaal beherrscht, Dulles und McCloy. Nach Monaten fruchtloser Ermittlungsarbeit kam das Gremium zu seiner unvermeidlichen Schlussfolgerung: Lee Harvey Oswald hatte bei der Ermordung des Präsidenten allein gehandelt. Fall geschlossen.

Als der ghanaische Präsident Kwame Nkrumah – einer der neuen afrikanischen Staatsführer, die Kennedy als entscheidenden Verbündeten betrachtet hatten – von US-Botschafter William Mahoney eine Ausgabe des Warren-Berichts überreicht bekam, öffnete er sie, wies auf den Namen Allen Dulles auf der Liste der Kommissionsmitglieder und gab sie Mahoney zurück.

»Schönfärberei«, sagte Nkrumah schlicht.[55] Das Wort brachte die gesamte Farce auf den Punkt.

Die Warren-Kommission wurde nach dem Vorsitzenden des Obersten Gerichtshofs Earl Warren benannt, dem distinguierten Juristen, den Präsident Johnson zur Übernahme des Vorsitzes der Kennedy-Untersuchung überredet hatte. Doch wie der Rechtsanwalt Mark Lane – einer der ersten Kritiker der Einzeltätertheorie – später bemerkte, wäre sie besser »Dulles-Kommission« genannt worden angesichts der dominanten Rolle des Spionagemeisters bei der Untersuchung. Tatsächlich war Dulles die erste Wahl des Präsidenten für den Vorsitz der Kommission gewesen, aber Johnson beschloss, dass er Warren an der Spitze brauchte, um der Kritik der Linken an der offiziellen Untersuchung zuvorzukommen. Der Oberste Richter war zwar ein ehemaliger republikanischer Gouverneur von Kalifornien und von Eisenhower ernannt worden, er genoss jedoch unter Linken einen erstklassigen Ruf als Verteidiger der Bürgerrechte.

»Ich glaube nicht, dass Allen Dulles je eine Sitzung verpasst hat«, erinnerte sich Warren Jahre später.[56] Hinter den Kulissen war Dulles sogar noch aktiver als der Kommissionsvorsitzende. Warren war gezwungen, die Aufgaben der Kommission mit seinen laufenden Verpflichtungen am Obersten Gerichtshof unter einen Hut zu bringen. Dulles hingegen war das einzige Mitglied des Gremiums, das keinen regulären Posten innehatte. Er hatte alle Zeit, sich der Kommissionsarbeit zu widmen, und begann prompt, seinen eigenen informellen Stab zusammenzustellen, wobei er auf die Dienste ehemaliger CIA-Kollegen und sein weitgespanntes Netzwerk von Kontakten in Politik und Medien zurückgriff.

Die anderen beiden wichtigen Spieler der Enquete waren Dulles' langjähriger Freund McCloy, wie er ein Schwergewicht des Kalten Kriegs, und der künftige Präsident Gerald Ford, damals ein ehrgeiziger Kongressabgeordneter aus Michigan mit engen Verbindungen zum FBI. Während der Rest der Kommission – Kongressabgeordneter Hale Boggs aus Louisiana und die Senatoren Richard Russell aus Georgia und John Sherman Cooper aus Kentucky – zwischen dem Kapitol und den National Archives, wo das juristische Team der Kommission sein Lager aufgeschlagen hatte, hin- und herpendelten, übernahm das Triumvirat Dulles-McCloy-Ford die Kontrolle der Untersuchung.

Die drei Männer demonstrierten ihre Dominanz gleich in der ersten Kommissionssitzung am 5. Dezember 1963, als sie mit vereinten Kräften Warrens persönlichen Favoriten für den Posten des Chefjustiziars, Warren Olney, ein langjähriger politischer Gefolgsmann des Obersten Richters, abblockten. Als zweiter stellvertretender Justizminister unter Eisenhower hatte Olney wegen seiner kompromisslosen Verfolgung von Bürgerrechtsverletzungen den Zorn von FBI-Chef Hoover auf sich gezogen und war in den Verdacht geraten, der Bundespolizei »feindselig« gegenüberzustehen. Statt Earl Warrens Mann installierte das Trio seinen eigenen Veteran aus Eisenhowers Justizministerium – einen getreuen Anhänger der Republikanischen Partei namens J. Lee Rankin. 1958 hatte Dulles Rankin »herzlich« für die Mitgliedschaft in der Century Association empfohlen, ein exklusiver Gesellschaftsklub in Midtown Manhattan.[57] Als Chefjustiziar der Warren-Kommission arbeitete Rankin eng mit dem Dulles-Trio zusammen, um die Parameter der Ermittlungsarbeit vorzugeben, wobei er den Fokus eng auf Oswald begrenzte und beharrlich alle Gebiete mied, die den leisesten Anflug von Verschwörung befürchten ließen.

Dulles war bemüht, früh den Rahmen für die Ermittlung abzustecken, indem er an die anderen Kommissionsmitglieder Exemplare eines Buches des Washingtoner Journalisten Robert J. Donovan mit dem Titel *The Assassins* verteilte, eine Geschichte der amerikanischen Präsidentenattentäter. Darin argumentierte der Autor, dass solche dramatischen Gewaltakte das Werk einsamer Fanatiker waren, keine »organisierten Versuche, die politische Macht von einer Gruppe zu einer anderen zu verschieben«. Dulles wurde freilich rasch darauf aufmerksam gemacht, dass John Wilkes Booth, der Mörder von Präsident Lincoln, Teil eines umfassenderen Komplotts der Konföderierten war, die Bundesregierung zu enthaupten, ein höchst berühmtes Gegenbeispiel für Donovans Theorie. Doch Dulles drängte die Kommission unverdrossen weiter, sich eng auf Oswald zu konzentrieren.

Dulles war ein Wirbelwind der Geschäftigkeit, besonders außerhalb des Sitzungssaals, wo er geschickt manövrierte, um die Ermittlung auf dem aus seiner Sicht rechten Pfad zu halten. Er überschüttete Rankin mit Memos, gab Ermittlungstipps und bot Anleitung bei der Kommissionsstrategie an. Kein Detail war Dulles zu klein, um den Justiziar nicht darauf hinzuweisen. »Ein Großteil der Beschreibung der Wagenkolonne und der Schüsse wird unklar bleiben, wenn wir nicht eine Straßenkarte haben und, wenn möglich, ein Foto aus dem Fenster im sechsten Stock«, schrieb Dulles an Rankin in einem Memo vom Juli 1964. »Ist das möglich?«[58] Dulles war besonders eifrig in der Erkundung von Spuren, die Oswald als möglichen Sowjetspion überführten – eine bald diskreditierte Idee, die Angleton dennoch zeit seines Lebens aufrechterhielt.

Trotz der Bemühungen von Dulles, die Kommission von jeglichen Hinweisen auf eine inländische Verschwörung fernzuhalten, tauchten von Zeit zu Zeit unangenehme Fragen in diese Richtung auf. Bei einer geschlossenen Sitzung am 16. Dezember 1963 schnitt Warren ein besonders heikles Thema an – das rätselhafte Scheitern der Sicherheitsbehörden des Landes, jemanden mit Oswalds Hintergrund genau im Auge zu behalten. Wie hatte der Überläufer zum Beispiel einfach in die Einwanderungsbehörde in New Orleans marschieren können – wie er es im Sommer zuvor getan hatte –, um dort einen Pass für eine Rückkehr nach Russland zu erhalten? »Das kommt mir seltsam vor«, bemerkte Warren.

Tatsächlich seien Pässe recht leicht zu erhalten, erklärte Dulles. Als die Diskussion auf die verwirrende Leichtigkeit kam, mit der Oswald die Erlaubnis erhalten hatte, mit seiner russischen Frau in die Vereinigten Staaten zurückzukehren, warf Dulles ein, dass er diese Aspekte der Ermittlungen gerne »sobald als möglich in die Hände der CIA« gelegt sehen würde, »um die russischen Teile zu erklären«.

Senator Russell, seit langem an den Umgang mit den Geheimdiensten gewöhnt, reagierte skeptisch. »Ich glaube, Sie haben mehr Vertrauen in sie [die CIA] als ich. Ich nehme an, Sie werden alles frisieren, was sie uns geben.«

Russell kam dem fundamentalen Problem im Herzen der unmöglichen Mission der Warren-Kommission bedenklich nahe. Wie konnte die Kommission eine glaubwürdige Untersuchung leiten, wenn sie nur begrenzte eigene Ermittlungsfähigkeiten besaß und für die Beweisaufnahme weitgehend auf das FBI und andere Sicherheitsbehörden angewiesen war – Behörden, die eindeutig durch ihr Versagen belastet waren, den Präsidenten zu schützen?

Tatsächlich war die Warren-Kommission von den Sicherheitsdiensten so gründlich infiltriert und gesteuert, dass sie unmöglich einen unabhängigen Kurs einschlagen konnte. Im Zentrum dieser Subversion stand Dulles. Während der zehnmonatigen Ermittlungen der Kommission agierte er als Doppelagent und steckte regelmäßig mit seinen ehemaligen CIA-Kollegen die Köpfe zusammen, um die internen Abläufe des Gremiums zu erörtern.

Trotz der chronischen Spannungen zwischen CIA und FBI erwies sich Hoover bei der Kennedy-Untersuchung als nützlicher Partner des Spionagedienstes. Der FBI-Chef wusste, dass seine Organisation ihre eigenen Geheimnisse in Bezug auf das Attentat zu verbergen hatte, darunter ihre Kontakte zu Oswald. Außerdem hatte die Bundespolizei Oswald auf Anregung der CIA erst wenige Wochen zuvor von ihrer Beobachtungsliste genommen. Der erzürnte Hoover teilte später Bestrafungen für Fehler dieser Art aus und disziplinierte still und leise siebzehn seiner Agenten. Aber der FBI-Direktor wollte öffentlichen Tadel verzweifelt vermeiden und unterstützte die Geschichte der Kommission vom einsamen Schützen voll und ganz. Angleton, der gute informelle Beziehungen zum FBI unterhielt, stellte sicher, dass die beiden Behörden während der Warren-Enquete auf derselben Seite standen, indem er sich regelmäßig mit Kontaktleuten aus der Bundespolizei wie William Sullivan und Sam Papich traf.

Angleton und sein Team standen Dulles außerdem ständig mit Rat und Tat zur Seite. An einem Samstagnachmittag im März 1964 traf sich Ray Rocca – Angletons rechte Hand seit ihren Tagen in Rom – mit Dulles in seinem Haus, um ein besonders brenzliges Problem zu erörtern, mit dem die Kommission zu kämpfen hatte. Wie sollte sie die hartnäckigen Gerüchte zerstreuen, dass die CIA Oswalds Taten irgendwie »Vorschub geleistet« hatte?[59] Die Geschichte war im vorangegangenen Monat in der Presse aufgetaucht, als Marguerite Oswald erklärte, dass ihr Sohn Agent der CIA gewesen sei und als Schuldiger des Kennedy-Attentats »präpariert wurde«.[60] Rankin hatte zuvorkommend angeregt, Dulles mit der Aufgabe der Entlastung der CIA zu betrauen, indem er die relevanten Geheimdienstdokumente sichtete, die der Kommission zu Verfügung gestellt worden waren. Doch selbst Dulles fand, dass dies zu sehr nach einem abgekarteten Spiel aussah. Stattdessen schlug er nach seiner Rücksprache mit Rocca vor, schlicht selbst vor der Kommission eine Aussage zu machen, in der er schwor – wie Rocca in seinem Bericht an Richard Helms schrieb –, »dass er, soweit er sich erinnern könne, vor dem Tag des Attentats von Oswald nie gehörte habe«.

Doch Senator Cooper fand die Mutmaßungen, dass Oswald eine Art Agent staatlicher Behörden war, zu ernst, um sie einfach mit einer schriftlichen Aussage zu zerstreuen. Auf einer geschlossenen Sitzung der Warren-Kommission im April schlug er vor, dass die Chefs von CIA und FBI unter Eid gestellt und vor dem Gremium befragt werden sollten. Das sei eine höchst verfängliche Angelegenheit, gab Dulles zu bedenken. »Ich könnte ein kleines Problem damit haben – ich war ja bis November 1961 [CIA-]Direktor.« Es gab jedoch eine einfache Lösung: Man rief seinen

Nachfolger John McCone in den Zeugenstand. Das ging für Dulles in Ordnung, denn McCone blieb – wie er wusste – ein Außenseiter in der Behörde, der trotz seines Titels nicht mit ihren tiefsten Geheimnissen vertraut war.

Als McCone vor der Warren-Kommission erschien, brachte er Helms mit, seinen Chef für klandestine Operationen.[61] McCone war klar, dass Helms der Mann war, der wusste, wo die Leichen vergraben lagen, und wandte sich bei seiner Aussage mehr als einmal an seinen zweiten Mann. Bequemerweise unwissend über die CIA-Verstrickung mit Oswald, konnte McCone emphatisch jede Verbindung der CIA mit dem mutmaßlichen Attentäter bestreiten. »Die Behörde hat ihn nie kontaktiert, befragt, mit ihm gesprochen oder von ihm Berichte oder Informationen erhalten oder verlangt«, versicherte McCone der Kommission.

Vertrackter wurde es, als Helms dieselbe Frage gestellt wurde. Er kannte die ausgedehnte Dokumentation, die Angletons Abteilung über Oswald zusammengestellt hatte. Er war sich bewusst, wie der Geheimdienst den Überläufer während seiner Unternehmungen in Dallas, New Orleans und Mexiko-Stadt überwacht hatte. David Phillips – ein Mann, dessen Karriere von Helms gefördert worden war – war bei einem Treffen mit Oswald in Dallas gesehen worden. Aber als Helms vereidigt wurde, log er schlicht. Es gebe keine Belege von Geheimdienstkontakten zu Oswald, sagte er aus. Hatte die CIA der Kommission alle Informationen über Oswald gegeben, fragte Rankin. »Das haben wir: alle«, antwortete Helms, obwohl er wusste, dass die Akten, die er übergeben hatte, vollständig gesäubert waren.

Helms war »der Mann, der die Geheimnisse bewahrte«, wie Thomas Powers seine Biografie über ihn betitelte.[62] Einer der Anwälte im Stab der Kommission, Howard Willens, nannte ihn respektvoll »einen der eloquentesten und selbstbewusstesten Beamten, die mir je begegnet sind«.[63] Helms war die Art von Mann, der Lügen mit vollkommener Leichtigkeit auftischte. Das brachte ihm schließlich eine Verurteilung in einem Strafprozess ein, die er wie eine Auszeichnung entgegennahm. Wer die Nation verteidigt, belehrte Helms die Senatoren, die ihn gegen Ende seiner Karriere drangsalierten, dem muss ein gewisser Spielraum zugestanden werden.

Es war David Slawson, ein zweiunddreißigjähriger Anwalt, der von seiner Kanzlei in Denver für die Mitarbeit in der Kommission beurlaubt worden war, dem die undankbare Aufgabe zufiel, als Mitglied des Teams, das möglichen Verschwörungen nachgehen sollte, gegen die CIA zu ermitteln. Rankin hatte Slawson aufgetragen, niemanden auszuschließen – »nicht einmal die CIA«. Falls er Belege für eine Beteiligung des Geheimdienstes fände, witzelte der junge Anwalt nervös, würde man ihn wohl mit einem verfrühten Herzinfarkt tot auffinden. Doch Rocca, ein altgedienter Abwehragent, der als Babysitter zur Kommission abgeordnet worden war, stellte sicher, dass es so weit gar nicht erst kam. »Ich mochte [Rocca] bald und vertraute ihm«, sagte der junge Anwalt, der geblendet war von seiner ersten Begegnung mit der Welt der Spionage, die er bislang nur aus dem Kino kannte. »Er war sehr intelligent und in jeder Weise bemüht, aufrichtig und hilfreich zu sein.«[64] Ebenso leichtgläubig war Slawson in seiner Einschätzung von Dulles, den er für alt und schwach hielt – ein alternder Schulmeister, die Nummer, die Dulles den Leuten gern vorspielte.

Jahre später, als der Church-Ausschuss die dunklere Seite der CIA aufzurollen begann, keimte in Slawson der Verdacht, dass Rocca am Ende doch nicht so »aufrichtig« zu ihm gewesen war. In einem freimütigen Interview mit der *New York Times* im Februar 1975 äußerte Slawson die Vermutung, dass die CIA der Warren-Kommission wichtige Informationen vorenthalten hatte, und unterstützte die immer breitere Forderung nach einer Wiedereröffnung der Kennedy-Untersuchung. Slawson war der erste Anwalt der Warren-Kommission, der öffentlich die Frage aufwarf, ob das Gremium von CIA und FBI in die Irre geführt worden war (später gesellte sich auch Rankin hinzu) – eine Meldung, die in Washington für Furore sorgte. Einige Tage nach Erscheinen des Artikels bekam Slawson – der damals an der Universität von Südkalifornien als Juradozent arbeitete – einen beunruhigenden Anruf von James Angleton. Nach einigen anfänglichen Nettigkeiten kam der Spion auf den Punkt. Er wollte Slawson wissen lassen, dass er mit dem Präsidenten der Universität befreundet sei, und sichergehen, dass Slawson »ein Freund [der CIA] bleibe«.[65]

Weit davon entfernt, gebrechlich durch die Warren-Kommission zu schlurfen, schien die Untersuchung dem siebzigjährigen Dulles neues Leben einzuhauchen. Tatsächlich gab die ganze Auflösung der Kennedy-Präsidentschaft seiner Karriere eine neue Bedeutung. Während Earl Warren, der während der Untersuchung dreiundsiebzig wurde, von der Erfahrung erschöpft und demoralisiert wirkte, gab sie Dulles einen Energieschub. Als ein Freund Dulles im April 1964 zum einundsiebzigsten Geburtstag gratulierte, erwiderte er: »Es hat viele, zu viele davon gegeben. Zumindest kann ich sagen, dass ich mich nicht älter fühle trotz der verronnenen Zeit. Und aufgrund der Arbeit in der Kommission des Präsidenten stelle ich fest, dass ich beschäftigter bin denn je.«[66]

Dulles ging mit einer seltsam frohgemuten Haltung an die ernste Arbeit, den Tod eines Präsidenten zu untersuchen. Als der Zeitpunkt kam, Kennedys blutgetränkte Kleidung zu untersuchen, entsetzte Dulles seine Kollegen mit einem geschmacklosen Wortspiel. »Donnerwetter!«, rief er aus, als er die Krawatte Kennedys inspizierte, die von den Ärzten im Parkland Hospital abgeschnitten worden war (*clipped*), »der Präsident trug eine Clipkrawatte.« Als im Gegensatz dazu Warren gezwungen war, sich die Autopsiefotos Kennedys anschauen, bemerkte dieser später: »[Sie] waren so entsetzlich, dass ich nächtelang nicht schlafen konnte.«[67]

Seine neue Aufgabe in der Kommission verschaffte Dulles die Gelegenheit, sich mit alten Freunden wie Mary Bancroft und dem Schauspieler Douglas Fairbanks jr. zu treffen – die Tipps und Klatsch über den Fall mitteilten – sowie mit der britischen Schriftstellerin Rebecca West. Im März bat Dulles die Romanautorin inständig, ihre fruchtbare Fantasie doch zu nutzen, um sich mögliche Motive für Oswald auszudenken. Die Kommission war in dieser Frage so ratlos, dass Warren sogar vorschlug, diesen Teil des Berichts leer zu lassen. »Ich wünschte, Sie würden sich irgendwann einmal hinsetzen und mir eine Zeile schreiben, warum Sie glauben, dass Lee Oswald die heimtückische Tat begangen hat«, schrieb Dulles im März an West, als erörterte er einen Plot für einen Kriminalroman. »Alles, was ich Ihnen sagen kann, ist, dass er nicht ein Jota persönlicher Rachegefühle gegen den Menschen Kennedy hegte.«[68]

Unterdessen berichtete Mary ihrem alten Liebhaber Dulles aufgebracht von einer Nachrichtenmeldung über Mark Lane, wonach dieser offenbar vor einer Konferenz von Anwälten in Budapest gesagte hatte, »dass die Mörder – Plural –von JFK noch auf freiem Fuß seien … selbst ich bin erstaunt, wie Lane die Frechheit besitzt, nach Budapest zu gehen und in dieser Weise das Maul aufzureißen. Ich halte ihn für geisteskrank – aber trotzdem hoffe ich, dass das FBI ein Auge auf ihn hat.«[69]

Tatsächlich waren Dulles und McCloy besorgt über die öffentliche Meinung zum Kennedy-Attentat in Europa und drängten die Kommission, Lane genau zu beobachten, ebenso wie Thomas G. Buchanan, einen in Paris lebenden amerikanischen Journalisten, der das erste Verschwörungsbuch über den Kennedy-Fall geschrieben hatte, *Das Rätsel von Dallas* – von dem die CIA-Station in London, dem Publikationsort, Dulles per Luftpost ein Vorabexemplar schickte. In einer geschlossenen Sitzung im April schlug Dulles sogar vor, Buchanan vor die Kommission zu laden.

Earl Warren war besessen vom Bild seiner Enquete in der Presse und zermarterte sich das Hirn über undichte Stellen, zum Beispiel woher der Journalist Anthony Lewis von *New York Times* im Mai – als das Gremium die erste Hälfte seiner Arbeit hinter sich hatte – die Information hatte, dass die Untersuchungskommission entschlossen sei, »Theorien unzweideutig zurückzuweisen, dass die Ermordung das Werk irgendeiner Art von Verschwörung war«.[70] Warren war sehr bestürzt über den verfrühten Bericht, der nahelegte, dass die Kommission ihr Urteil bereits getroffen hatte, bevor sie alle Beweise in Augenschein genommen hatte. Das Leck sollte zweifellos Autoren wie Lane und Buchanan den Wind aus den Segeln nehmen.

Während die Kommission hektisch nach der Quelle solcher Lecks suchte, saß die Antwort in ihrer Mitte. Die beiden aktivsten Durchstecher waren Ford und Dulles. Es war Ford, der das FBI ständig auf dem Laufenden hielt und es Hoover ermöglichte, die Presse mit FBI-freundlichen Geschichten aus der Enquete zu füttern. Dulles seinerseits nutzte das eigene Mediennetzwerk der CIA, um die Berichterstattung über die Warren-Kommission zu beeinflussen.

Die *New York Times* war Dulles' bevorzugter Adressat. Im Februar brachte die Zeitung eine weitere durchgestochene Story – ebenfalls von Lewis verfasst –, die eindeutig zu Dulles zurückführte. Lewis berichtete darin, dass der mutmaßliche Attentäter Lee Harvey Oswald laut dessen Bruder Robert ein sowjetischer Agent sei. Als die Kommission sich auf die Jagd nach dem Leck machte, regte ein Anwalt des Kommissionsstabs an, dass der Reporter der Zeitung womöglich eine Unterhaltung belauscht haben könnte, die Dulles mit Robert Oswald in einem Washingtoner Restaurant geführt hatte – ein hochgradig unwahrscheinliches Szenario, dass Dulles nichtsdestoweniger das Feigenblatt einer Legende verschaffte.[71]

Der gesamten Untersuchung der Warren-Kommission haftete eine selbstgefällige Gemütlichkeit an. Als Finanzminister Dillon schließlich Anfang September vor der Kommission erschien – weniger als drei Wochen bevor ihr Abschlussbericht dem Präsidenten vorgelegt werden sollte –, wurde er von Dulles herzlich mit »Doug« begrüßt. Dillon wurde von der Kommission mit Samthandschuhen angefasst, obwohl beunruhigende Fragen zum Verhalten des Secret Service in Dallas, wo Kennedys Schutz mysteriöserweise weggeschmolzen war, offengeblieben waren.[72]

Unter Federführung von Howard Willens hatte der Stab der Kommission vor Dillons Erscheinen monatelang versucht, die für das Attentat relevanten Dokumente und Einsatzpläne des Secret Service zu erhalten. Willens war der Meinung, dass »der Secret Service beim Schutz des Präsidenten anscheinend weder wachsam noch sorgfältig vorgegangen war«.[73] Das war eine gelinde Ausdrucksweise für eine kriminell nachlässige Leistung jenes Dienstes, der für die Sicherheit des Präsidenten zu sorgen hatte. Die Gebäude um die Dealey Plaza und an ihren Ecken wurden vor Eintreffen der Wagenkolonne vom Secret Service nicht durchsucht und nicht gesichert. Es gab keine Agenten an den Flanken der Limousine, und als aus dem Hinterhalt das Feuer eröffnet wurde, erfüllte nur ein Agent – Clint Hill – seine Pflicht, zum Wagen des Präsidenten zu rennen und auf den Rücksitz zu springen. Es war eine empörende Demonstration von mangelnder Professionalität und Inkompetenz, die in Robert Kennedy sofort den Verdacht nährte, dass die Präsidentengarde an der Verschwörung gegen seinen Bruder beteiligt war.

Doch Dillon blockte Willens' Bemühungen, die Unterlagen des Secret Service loszueisen, ab, und als der Stab der Kommission darauf beharrte, steckten der Finanzminister und sein alter Freund John McCloy die Köpfe zusammen und appellierten an den Präsidenten selbst. »Dillon war ein sehr gerissener Bursche«, staunte Willens später. »Ich kann noch immer nicht glauben, dass er Präsident Johnson damit befasst hat.«[74]

Statt von der Kommission gegrillt zu werden, warum er die Unterlagen zurückgehalten und seine Behörde beim Dallas-Einsatz versagt hatte, durfte Dillon ein Plädoyer für die Aufstockung seines Budgets halten. Wenn der Secret Service mehr Geld, Personal und Kompetenzen erhielte, fragte Senator Cooper hilfreich, wäre es dann möglich, dem Präsidenten in Zukunft einen besseren Schutz zu geben? »Ja, ich glaube, das könnten [wir]«, erwiderte Dillon strahlend.

Wenn bei Dillons sanfter Befragung irgendeine Schuld am Tod des Präsidenten zugemessen wurde, so dem Opfer selbst. Bald nach dem Attentat begannen Dillon und andere die falsche Geschichte in Umlauf zu bringen, Kennedy habe es vorgezogen, dass seine Secret-Service-Leibwächter im Konvoi hinter ihm fuhren statt an den Seiten der Limousine, und dass Kennedy auch darum gebeten habe, dass sich die Motorradeskorte der Polizei von Dallas zurückfallen ließ – damit die Menge einen ungehinderten Blick auf das glamouröse Paar werfen konnte. Diese raffinierte Desinformation hatte die hinterhältige Wirkung, den Secret Service zu entlasten und Kennedy eine Mitschuld an seinem Tod zu geben, da auf diese Weise ja nahegelegt wurde, dass ihn seine Eitelkeit ins Verderben geführt hatte. Und mit Dulles' Hilfe gelang es Dillon, diese fadenscheinige Geschichte in den Akten der Kommission zu platzieren.

Als die Warren-Kommission am 24. September 1964 Präsident Johnson im Weißen Haus ihren 912-seitigen Bericht und die sechsundzwanzig Anhangbände übergab, schien dieser Papierberg wie geschaffen, alle abweichenden Meinungen schon durch sein schieres Gewicht zu erdrücken. Doch der Großteil des Warren-Berichts bestand aus Füllmaterial. Nur etwa zehn Prozent davon befassten sich mit den Fakten des Falles. Auf Dulles' Betreiben hin bestand das meiste aus einer Biografie von Oswald, der es trotz ihrer erschöpfenden Detailfülle gelang, jeden Hinweis auf seine Kontakte zu US-Geheimdiensten zu vermeiden. Tatsächlich wurde der CIA von dem Bericht ein sauberes Gesundheitszeugnis ausgestellt, während er sich seine moderate Kritik anderen staatlichen Behörden vorbehielt.

Wie vorauszusehen, gaben die *New York Times* und die *Washington Post* den euphorischen Ton der Presseberichterstattung vor. Robert Donovan – derselbe Journalist, dessen Buch über Attentate sich für Dulles als so nützlich erwiesen hatte – pries den offiziellen Bericht in der *Post* als »ein Meisterwerk seiner Art«. Der Ressortchef der Inlandsberichterstattung von *Newsweek*, John Jay Iselin, schickte Dulles ein Gratisexemplar der Ausgabe mit dem Warren-Bericht auf dem Titel zusammen mit einer unterwürfigen Note. »Ohne Ausnahme war jeder unserer Redakteure, der mit unserer allzu hastigen Einverleibungsübung befasst war, tief beeindruckt von der Einsicht und Gründlichkeit der Ergebnisse der Kommission. Ich glaube, wir können alle stolz auf Ihre Mühen sein.« Iselin dankte Dulles für seine Anleitung zur Berichterstattung über das Werk, die er dem Magazin gegeben hatte. Die Anstrengung der Redaktion, den gewaltigen Bericht in knapper Frist zu verarbeiten, »wurde durch Ihre Freundlichkeit erleichtert, uns eine Vorstellung davon zu geben, wonach wir Ausschau halten sollten«.[75] Unterdessen legte Präsident Johnson – so wie er Dulles mit der Untersuchung betraut hatte – die Aufgabe der Umsetzung der Kommissionsempfehlungen in die Hände von Dillon.

Dieses Muster setzte sich in der folgenden Dekade fort, als Ford, der nun amtierende Präsident, Dillon in ein anderes Gremium berief, das sich mit einer möglichen Verbindung der CIA zum Kennedy-Attentat befassen sollte. Die 1975 eingesetzte Kommission stand unter dem Vorsitz eines lebenslangen Freundes von Dillon – kein Geringerer als Vizepräsident Nelson Rockefeller. Nach Erwägung der Angelegenheit überraschte die Rockefeller-Kommission – der auch ein weiterer alter Kennedy-Antagonist und Dulles-Verbündeter, General a.D. Lyman Lemnitzer angehörte – niemanden mit der Schlussfolgerung, dass die Anschuldigung einer CIA-Verschwörung im Kennedy-Fall eine »weit hergeholte Spekulation« sei.

Nach der Veröffentlichung des Warren-Berichts gab es noch immer etwas zweifelndes Gemurmel, auch aus der Kommission selbst. Senator Russell, der den starken Verdacht hegte, dass Oswald von anderen gedeckt worden war, schien eifrig bemüht, sich von dem Bericht zu distanzieren, kaum dass er erschienen war. Er floh heim nach Georgia und weigerte sich, die zeremoniellen Übergabeexemplare des Berichts und das offizielle Gruppenfoto der Kommission zu unterzeichnen.

Einige Zweifel hielten sich sogar hier und da in Dulles' eigenen gesellschaftlichen Kreisen. Der ehemalige CIA-Mann William Bundy, nun im Außenministerium tätig, gehörte zu jenen, die den Warren-Bericht nicht ganz überzeugend fanden. »Ich glaube, er nahm den Warren-Bericht hin, aber glaubte er daran? Das steht auf einem anderen Blatt«, erinnerte sich Bundys Tochter Carol nach seinem Tod. »Ich glaube, für ihn war er zum Wohl des Landes: Das haben wir zusammengestellt, und nun müssen wir nach vorne schauen.«[76]

Selbst Persönlichkeiten des Establishments, die nagende Zweifel an der offiziellen Geschichte hatten, gelangten zu der Überzeugung, dass die nationale Schande begraben werden musste. Doch der Albtraum von Dallas peinigte weiterhin den Schlaf der Nation. Sein verräterisches Herz klopfte weiter unter den Bodendielen, unter denen er beerdigt worden war. Und er ließ Dulles nicht in Ruhe.

21 »Ich kann nicht hinsehen und ich werde nicht hinsehen«

Im Dezember 1965, ein Jahr nachdem die Warren-Kommission ihren Bericht unter Dach und Fach gebracht hatte, willigte Allen Dulles ein, einige Tage auf dem Los-Angeles-Campus der Universität von Kalifornien als gut bezahlter Dozent zu verbringen. Alles, was er für »ein fürstliches Honorar«, wie es ein Kommentator nannte, zu tun hatte, bestand darin, ein paar Vorträge zu halten und in zwangloser Umgebung mit Studierenden zusammenzukommen.[1] Dulles – der sich auf eine entspannende Pause vom Winter in der kalifornischen Sonne freute – nahm Clover mit.

Mittlerweile war allerdings ein weitgespanntes Netzwerk von Kritikern des Warren-Berichts in Erscheinung getreten – Männer und Frauen aus allen Schichten, keiner von ihnen berühmt (bis auf Mark Lane, der durch die von der CIA lancierte schlechte Presse und sein persönliches Ungestüm berühmt-berüchtigt war). Unter diesen Kritikern der offiziellen Geschichte fanden sich ein Geflügelfarmer, ein Schilderverkäufer, ein Kleinstadtzeitungsredakteur, ein Philosophieprofessor, eine Kanzleisekretärin, ein Bürgerrechtsanwalt, ein Forscher bei den Vereinten Nationen und ein forensischer Pathologe. Sie verbrachten unzählige Stunden über den obskursten Details des Warren-Berichts, analysierten Fotos, die während der schicksalhaften Augenblicke auf der Dealey Plaza geschossen worden waren, und spürten Augenzeugen auf. Ihr Wahrheitseifer machte sie zur Zielscheibe erbarmungslosen Spotts in den Medien, doch sie leisteten eben jene Arbeit, die die amerikanische Presse schändlich versäumt hatte – und in vielen Fällen gingen sie mit sehr viel Können und großer Disziplin an ihr unbesungenes Werk.

Zu dieser Gruppe locker verbundener unabhängiger Forscher gehörte ein sechsundzwanzigjähriger Student der Ingenieurwissenschaften und Physik an der Universität von Kalifornien namens David Lifton. Lifton hatte der Kennedy-Untersuchung keine große Beachtung geschenkt – in der Annahme, wie die meisten Amerikaner, dass die distinguierte Warren-Kommission schon die Wahrheit herausfinden werde –, bis er im September 1964 zufällig einen Vortrag von Mark Lane hörte, etwa um die Zeit, als der Bericht veröffentlicht wurde. Lifton ging nur zum Spaß zu dem Vortrag. »Aus ähnlichen Gründen hätte ich auch einen exzentrischen

Vortragsredner mit dem Argument gehört, dass die Erde eine Scheibe ist«, erinnerte er sich später.[2] Doch als er an jenem Abend im Jan Hus Theater – eine riesige alte Kirche aus rotem Backstein in der New Yorker Upper East Side – Lanes anwaltlichen Vortrag hörte, fand Lifton ihn so beunruhigend, dass er sein Leben für immer änderte. Bald darauf warf er sich mit der Leidenschaft eines Ingenieurs für Details und Präzision in den Kennedy-Fall.

Zurück in Los Angeles, blätterte Lifton in einem Buchladen 76 Dollar auf den Tisch, um den gesamten sechsundzwanzigbändigen Warren-Bericht zu kaufen, und verbrachte ein ganzes Jahr damit, seinen Inhalt methodisch durchzuarbeiten. Er erweiterte sein Verständnis des Falles, indem er die beste Verschwörungsliteratur las, die nach und nach erschien, besonders in linken Publikationen wie *The Nation* und *Liberation* und in obskureren Quellen wie *The Minority of One*, eine intellektuelle Monatsschrift von einem brillanten Auschwitz-Überlebenden namens Menachem (M. S.) Arnoni, deren Beirat sich solcher Koryphäen wie Albert Schweitzer, Bertrand Russell und Linus Pauling rühmen konnte. Lifton verfeinerte seine Analyse des Attentats noch weiter, indem er mit Wesley Liebeler intellektuell die Klingen kreuzte – einer der wenigen Angehörigen des juristischen Stabs der Warren-Kommission, die zumindest die Möglichkeit in Erwägung zogen, dass der Bericht Mängel aufwies, und zufällig an der Universität von Kalifornien unterrichtete.

Als Allen Dulles an die Universität kam, war David Lifton zur Schlacht bereit. Er nahm Kontakt zu dem Studenten auf, der als Gastgeber des Vortragsredners fungierte, um über ihn Dulles um ein fünfzehnminütiges privates Gespräch zur Erörterung des Warren-Berichts zu bitten. Dulles lehnte es ab, sich mit Lifton allein zu treffen, stimmte aber zu, seine Fragen in der Öffentlichkeit bei einer Plauderrunde mit Studierenden an jenem Abend im Aufenthaltsraum eines Studentenwohnheims zu beantworten. Der studentische Gastgeber warnte Lifton, Dulles nicht zu »bedrängen«; ein anderer Kritiker des Warren-Berichts, erzählte er Lifton, habe am Vorabend versucht, Dulles auszustechen, doch der gewitzte alte Spion habe »Hackfleisch« aus ihm gemacht.[3]

An jenem Abend, als Lifton die Sierra Lounge der Hendrick Hall betrat, war er ein nervliches Wrack. »Ich hatte nie in meinem Leben so viel Angst davor, mit jemand zu sprechen«, schrieb er später Vincent Salandria, ein Rechtsanwalt in Philadelphia, der zu einem der führenden Kritiker des Warren-Reports wurde. Dulles betrat den Raum in Begleitung von Clover und dem Moderator des Abends. Er zündete seine Pfeife an, sein Markenzeichen, und lehnte sich in seinen Stuhl zurück. Immer noch wachsam mit seinen zweiundsiebzig Jahren, musterte Dulles die Gruppe von etwa vierzig Studierenden, die in Halbkreisen auf Stühlen vor ihm saßen, und entdeckte rasch den jungen Mann in der Mitte der ersten Reihe, der offenkundig gekommen war, um sich mit ihm zu duellieren. Lifton hatte ein Arsenal von Beweisen mitgebracht, darunter zwei Bände des Warren-Berichts, eine Aktenkiste mit Dokumenten und Fotobeweisen von der Dealey Plaza, darunter Kopien der Einzelbilder des Zapruder-Films vom Aufprall der Todesschüsse. Der Student der Ingenieurwissenschaft hatte Wert darauf gelegt, in seinem besten Anzug zu kommen, und seine ihn zur Unterstützung begleitenden Freunde waren ebenso gekleidet. »Es war offenkundig«, schrieb er Salandria, »dass wir nicht irgendwelche Beatniks waren.«

Nachdem Dulles die Frage eines Studenten nach dem CIA-Budget geistreich abgelenkt hatte, fand sich der ehemalige Agentenführer plötzlich von einem ernsten, Brille tragenden Studenten zur Rede gestellt, der direkt vor ihm saß. Lifton, der nicht wusste, wie lange er würde reden dürfen, kam sofort zum Kern der Sache und griff die Grundlage des Warren-Reports frontal an. »Herr Dulles«, begann er, »eine der wichtigsten Schlussfolgerungen der Warren-Kommission lautet in etwa: ›Es gab keine Beweise für eine Verschwörung ...‹«

»Heißt es da nicht: ›Wir haben keine Beweise für eine Verschwörung gefunden‹?«, unterbrach ihn Dulles. Es lag ein augenzwinkernder Charme in seiner Art, aber er hatte klargemacht, dass er bereit war, Lifton bei jedem Schritt Paroli zu bieten.

Unbeirrt preschte Lifton voran. Entgegen der Schlussfolgerung der Kommission, bekräftigte er, gebe es viele Beweise, die eine Verschwörung nahelegten, nicht zuletzt den Zapruder-Film, der bildlich demonstriere, dass Kennedys Kopf »von [dem tödlichen] Schuss heftig nach links hinten geschleudert« wurde. Lifton kannte die Gesetze der Physik, und die Schlussfolgerung war für ihn unvermeidlich. »Das muss bedeuten, dass jemand von vorne geschossen hat.«

Dulles wollte davon nichts hören, er informierte die Versammlung ruhig, dass er »den Film tausend Mal angesehen habe« und dass das, was Lifton sage, schlicht nicht stimme.

An diesem Punkt ging Lifton zum Ehrengast des Abends und zeigte ihm grausige Vergrößerungen aus dem Zapruder-Film. »Ich weiß, dass dies nicht die besten Reproduktionen sind«, sagte Lifton, aber die Bilder seien deutlich genug. Niemand hatte je Dulles in dieser Weise direkt zur Rede gestellt, und der Alte wurde erregt, als er auf die Fotos schaute, die Lifton ihm auf den Schoß gelegt hatte.

»Also was wollen Sie sagen ... was wollen Sie denn sagen?«, stotterte Dulles.

»Ich sage, es muss jemand von vorne auf Kennedy gefeuert haben«, erwiderte Lifton.

»Schauen Sie«, antwortete Dulles, wieder im Vortragsmodus. »es gibt keine einziges Jota von einem Beweis, der auf eine Verschwörung deutet. Niemand behauptet irgendetwas in der Art ....«

Aber nun war Lifton an der Reihe, Dulles zu belehren. Tatsächlich informierte ihn der angehende Ingenieur, dass von den 121 Augenzeugen auf der Dealey Plaza Dutzende berichtet hatten, Schüsse vom Grashügel gehört oder gesehen zu haben. »Die Leute haben sogar Rauch gesehen und gerochen.«

»Schauen Sie, was *reden* Sie denn da?«, fauchte der sichtlich wütende Dulles. »*Wer hat denn Rauch gesehen?*«

Lifton fing an, die Namen von Augenzeugen aufzuzählen, und zitierte die Recherchen von Harold Feldman, einem freien Autor wissenschaftlicher Zeitschriften.

»Wer soll denn dieser Harold Feldman sein?«, fragte Dulles zornig. Lifton informierte ihn, dass er häufig für *The Nation* schreibe.

Bei der Erwähnung des Namens brach Dulles in höhnisches Gelächter aus. »*The Nation!* Ha, ha, ha, ha, ha!« Wenn Dulles geglaubt hatte, dass die Studenten in sein Hohngelächter einstimmen würden, hatte er sich getäuscht, denn er lachte allein. »Ich werde es den Studenten ewig hoch anrechnen«, bemerkte Lifton später, »dass sie, selbst wenn sie die volle Bedeutung des Wortwechsels nicht verstanden, die Obszönität dieses Lachens gespürt haben – dass es ein Versuch der verhüllten intellektuellen Beschmutzung war, und *nicht einer der Studierenden* hat gelacht. Allen Dulles war ganz allein.«

Dulles versuchte, wieder die Oberhand zu gewinnen, indem er seinen Widersacher als jemanden hinstellte, der den anderen bloß die Redezeit stahl. »Schauen Sie«, wandte sich der distinguierte Gast an die Gruppe, »ich weiß nicht, ob Sie wirklich alle an dieser Sache interessiert sind. Falls nicht, können wir genauso gut ...« Doch die Studenten versicherten ihm emphatisch, dass sie *sehr* daran interessiert seien. »Nein, nein«, beharrten sie, »machen Sie weiter.«

So sah sich Dulles schulterzuckend in den Ring zurückgestoßen. Nachdem er mit seiner zur Schau gestellten Verachtung gescheitert war, schien er nun nicht zu wissen, wie er den Kampf weiterführen sollte. »Ich kann hier nichts Verflixtes erkennen«, murmelte der alte Spion verärgert und warf abermals einen Blick auf die grausigen Fotos auf seinem Schoß. »Sie können nicht sagen, dass der Kopf nach hinten geht. ... Ich kann nicht erkennen, dass er nach hinten geht ... er geht ja nicht nach hinten ... Sie können nicht sagen, dass ... Sie haben es nicht bewiesen.«

Doch nachdem die Fotos im Saal herumgereicht worden waren, hatte Lifton das letzte Wort. »Jeder Student kann es sich anschauen und es selbst sehen.«

Nach dem hitzigen Wortwechsel zwischen Lifton und Dulles begann sich die Atmosphäre zu entspannen. Dulles erhielt Gelegenheit, etwas von seiner Würde zurückzugewinnen, als ein anhimmelnder Student eine Frage stellte, die es ihm erlaubte, auf die Welt der Spionage im Kalten Krieg zu kommen. Dann wünschte Dulles allen eine gute Nacht und zog sich mit Clover in sein Quartier auf dem Campus zurück. Nachdem Dulles gegangen war, versammelten sich Dutzende von Studenten um Lifton und löcherten ihn mit Fragen über das Attentat. In den folgenden zwei Stunden präsentierte er ihnen die mitgebrachten Beweise. »Es war ein wahrhaft toller Abend«, berichtete er Salandria. »Ich hatte wirklich das Gefühl, gewonnen zu haben.«

Doch als er fünfzig Jahre später darüber sprach, vermittelte Lifton einen dunkleren Eindruck seiner Begegnung mit Dulles. Er hatte das Gefühl, an jenem Abend in der Gegenwart des »Bösen« gewesen zu sein, erinnerte er sich – mittlerweile über siebzigjährig, wie Dulles zu der Zeit ihres Duells an der Universität. »Es war die Art, wie er einen anschaute, seine Augen. Er versprühte einfach Tücke, das war sehr, sehr beängstigend.«[4]

David Lifton war der Einzige, der Allen Dulles je einen Vorgeschmack davon gab, wie es für ihn gewesen wäre, wenn er in den Zeugenstand gerufen worden wäre. Ohne Zweifel hätte Dulles in der gleichen Weise reagiert, wenn er ins Kreuzverhör genommen worden wäre. Zuerst hätte er mit Charme versucht, seinen Ankläger zu entwaffnen, dann mit Verachtung und schließlich mit einem Wutausbruch – vielleicht begleitet von vagen Drohungen, wie er es bei Lifton tat, als er dem Studenten riet, sich einer FBI-Befragung zu unterziehen, falls er irgendetwas Neues zu berichten habe.

Dulles' Auftritt an der Universität von Kalifornien bot einen Einblick, wie verwundbar der alte Geheimdienstler hinter seinem Gepolter war und wie schnell er zusammengebrochen wäre, wenn er einem strengen Verhör unterzogen worden wäre. Aber angesichts des Scheiterns des Kongresses und des Rechtssystems ebenso wie der Medien der USA blieb es einem unabhängigen Kreuzzügler wie Lifton überlassen, Dulles und seine Komplizen zur Rede zu stellen.

Dulles war den Rest seines Lebens gezwungen, sich mit den Vorwürfen solcher eigensinnigen Männer und Frauen herumzuschlagen. Er versuchte, ihre Bücher unglaubwürdig zu machen, ihre öffentlichen Auftritte zu sabotieren und – in einigen Fällen – ihren Ruf zu zerstören. Im Februar 1965 schrieb er Gerald Ford, er sei »froh zu bemerken«, dass Angriffe auf den Warren-Bericht zu einem »Winseln zusammengeschrumpft« seien.[5] Aber das war Wunschdenken. Das Winseln der Kritik stand kurz davor, sich in ein Brüllen zu verwandeln.

Irgendwann im Winter 1965/66, nach dem Zusammenprall in der Universität von Kalifornien, erlitt Dulles einen leichten Schlaganfall. Aber er erholte sich bald wieder, und Clover fragte sich verzweifelt, wie sie ihn je bewegen könnte kürzerzutreten. Im Februar 1966 bat sie Mary Bancroft in einem Brief um ihren Rat, wie sie Allen überzeugen sollte, »etwas auf sich Acht zu geben«. Er beharrte darauf, seinen geschäftigen gesellschaftlichen Terminkalender beizubehalten, klagte Clover, selbst wenn er sich nicht wohl fühlte. »Er fröstelt häufig, und wenn ich ihm elektrische Heizkissen, Wärmflaschen etc. gebe, sagt er, er sei in einer Minute wieder auf den Beinen. Heute Morgen hat er geklagt, sich nicht wohl zu fühlen, er hatte sich gestern zu viel aufgebürdet (zwei Essen am selben Abend, eines von 17:30 Uhr bis 19:30 Uhr, wo er eine Ansprache gehalten hat, das andere geselliger Art). Er hat gesagt, dass er zum Mittag nicht in den Club geht, aber natürlich ist er doch gegangen, und als Nächstes kam das Frösteln. Ich versuche, es bleiben zu lassen, wenn ich sehe, dass ich nichts Gutes bewirke, aber wenn ich daran denke, wie furchtbar es für ihn und alle anderen wäre, wenn der nächste Schlaganfall schlimmer wird, fange ich wieder damit an und denke darüber nach, wie ich ihm beibringen könnte, etwas mehr auf sich zu achten.«[6]

Die beiden Frauen wussten, dass Dulles nicht kürzertreten würde, bis ihn seine Gesundheit im Stich ließ. Er war »der Hai«, der endlos weiterschwamm. Es ruhiger angehen zu lassen hätte sein Ende bedeutet. Er speiste mit alten CIA-Freunden wie den Angletons und beherbergte Gäste aus Übersee wie Rebecca West und ihren Ehemann Henry Andrews, wenn sie Washington besuchten. Er flog nach New York, um sich im Council on Foreign Relations mit langjährigen Kollegen wie Willam Bundy und Hamilton Armstrong zu treffen. Und im November 1966 saß er Heinz Warneke Modell, einem deutschstämmigen Bildhauer, der am besten für seine Tierdarstellungen bekannt war und für die Eingangshalle des CIA-Hauptquartiers ein Basrelief von ihm schuf.

Im selben Jahr veröffentlichte Dulles in rosenfarbenem Einband seine Erinnerungen an seine Spionagetage während des Zweiten Weltkriegs, *Operation Sunrise*, und versuchte unter Mithilfe seines ehemaligen CIA-Kameraden Tracy Barnes, aus dem Buch einen Hollywoodfilm zu machen. Aber das Projekt produzierte nur viel heiße Luft und wurde in der Flitterstadt sofort wieder begraben, was bewies, dass selbst Spionagemeister im verworrenen Geflecht der Filmindustrie manchmal auf verlorenem Posten standen. Oder vielleicht war es zu viel von Hollywoods Fantasie verlangt, SS-General Wolff in einen Leinwandhelden zu verwandeln.

Viel von Dulles' Zeit in seinen goldenen Jahren wurde von der wachsenden Kontroverse um den Warren-Bericht in Anspruch genommen. Er wusste, dass sein Erbe von der Glaubwürdigkeit der Untersuchung abhing, übernahm bei ihrer Verteidigung die Führung und ermutigte auch andere Pfeiler der Kommission, sich in die Propagandaschlacht zu werfen. Bis 1966 waren Bestseller wie *Mark Lane klagt an*, Edward Jay Epsteins *Im Kreuzverhör* und Harold Weisbergs *Whitewash* erschienen, denen bald Josiah Thompsons *Six Seconds in Dallas* folgte, das in Auszügen in der zutiefst bürgerlichen *Saturday Evening Post* abgedruckt wurde. Diese Bücher rissen Löcher in den Warren-Bericht, und Dulles und seine Kommissionskollegen fanden sich bestürmt von skeptischen Reportern und Filmemachern. Thompsons Buch trug dem ehemaligen Philosophieprofessor am Haverford College, der zum Privatdetektiv umsattelte, sogar einen Beraterposten bei Luces *Life*-Magazin ein, das zuvor eine Schlüsselrolle bei der Vertuschung des Attentats gespielt hatte, als es den Zapruder-Film aufkaufte und im Tresor der Firma verschwinden ließ.

Dulles war besonders über Epsteins *Im Kreuzverhör* beunruhigt, eine methodische Sezierung der Schwächen des Berichts, die als Magisterarbeit des Autors an der Cornell-Universität begonnen wurde. Zu ihrem späteren Bedauern hatten einige der Stabsmitglieder der Kommission bei Epsteins Recherche kooperiert, was dem Buch mehr Glaubwürdigkeit verlieh als anderen Angriffen auf den Warren-Report. Im Juli 1966 lobte Richard Goodwin das Buch in der *Washington Post* und nutzte seine Rezension, um eine Wiedereröffnung der Enquete zu fordern – eine Bombe, denn zum ersten Mal erhob hier ein Mitglied von Kennedys innerem Zirkel diese Forderung. Alarmiert vom stetigen Abbröckeln der Unterstützung für den Warren-Bericht, konferierte Dulles besorgt mit Lee Rankin und Arlen Specter, dem künftigen Senator für Pennsylvania, der einer der ehrgeizigeren jungen Anwälte in der Kommission gewesen war, um die berüchtigte These von der »magischen Kugel« auszuhecken und damit die Geschichte vom einsamen Schützen zu stärken. Als die öffentliche Bewegung für eine neue Untersuchung wuchs, wurde Dulles klar, dass eine große Gegenoffensive erforderlich war. Wieder einmal trommelte er seine Verbündeten in den Medien zusammen, wie den Gründer von *U.S. News & World Report* David Lawrence, den Dulles gegenüber Rankin als »einen alten und engen Freund von mir« bezeichnete und der im Oktober eine tönende Verteidigung des Warren-Berichts von Arlen Specter veröffentlichte.[7]

Die Propaganda-Kampagne zugunsten des Warren-Reports wurde in erster Linie aus der CIA gesteuert, von Dulles-Parteigängern wie Angleton und Ray Rocca. Ein CIA-Dokument von 1967, das später unter dem Gesetz für Informationsfreiheit veröffentlicht wurde, erklärte, dass die zunehmende Kritik an dem Bericht »der US-Administration Anlass zu wachsender Sorge gibt, unsere Organisation eingeschlossen«. In Reaktion darauf war die Behörde bestrebt, freundlich gesinnte Journalisten mit Material zu versorgen, »um den Behauptungen der Verschwörungstheoretiker entgegenzutreten und sie unglaubwürdig zu machen«. Ein Weg, auf dem die Zuarbeiter der CIA in den Medien die Verschwörungstheoretiker angreifen könnten, bestehe darin, sie als naive Werkzeuge der Sowjets hinzustellen. »Kommunisten und andere Extremisten versuchen stets, Gewaltakte als Beweise einer politischen Verschwörung hinzustellen.«[8]

Als Teil der Kampagne, Kritiker des Warren-Reports zu denunzieren, sammelte Dulles Schmutz über Mark Lane, den er wegen seiner zunehmenden medialen Sichtbarkeit und seines Einflusses in Übersee, wohin er häufig als Redner eingeladen wurde, als besonders »schreckliches Ärgernis« empfand. Dulles erhielt einen Bericht aus einer nicht identifizierten Quelle, der aus einem Haufen anzüglicher Gerüchte über Lane bestand.[9] »Ich habe gehört, dass seine Frau Mitglied der Kommunistischen Partei war – sogar noch ist –, und mir ist außerdem zu Ohren gekommen, dass Lane nicht von seiner Frau geschieden ist, wie manche Leute behaupten.« Ein Bezirksstaatsanwalt in Queens »hat Bilder in seinem Besitz«, fuhr der Bericht fort, »die Lane bei ›obszönen Akten‹ mit Minderjährigen zeigen (Mädchen – nicht Jungen – Gruppen von Mädchen). Lane hat den denkbar widerwärtigsten Ruf.«[10]

Dulles' Informant fügte außerdem einige krude und rassistische Bemerkungen zur Geistesverfassung und Ethnie des Anwalts hinzu. »Er ist vermutlich Jude – aber es gibt auch Leute, die behaupten, dass er ein halber Neger ist oder zumindest Negerblut hat. Er hat einen sehr dunklen Teint, trägt Hornbrillen und ist immer in Eile. Meiner eigenen Meinung nach ist er geistesgestört.«

Laut Lane ging die CIA über die Verbreitung bloßer Gerüchte hinaus und unterwarf ihn einer unablässigen Überwachung und Drangsalierung. Als er in der Öffentlichkeit bekannter wurde, setzte der Geheimdienst Fernseh- und Radiosender unter Druck, Interviews mit ihm abzusetzen. Wenn er ins Ausland reiste, um über das Kennedy-Attentat zu sprechen, schickte die CIA Mitteilungen an die dortigen US-Botschaften, dass Lanes lokale Auftritte abgesagt worden seien.[11]

Dulles vermied hartnäckig direkte Konfrontationen mit seinem eloquenten Erzfeind. Im August 1966, als er vom Produzenten einer politischen Fernsehsendung in New York namens »The Open Mind« gebeten wurde, mit Lane zu debattieren, lehnte Dulles ab. Wenn ihn schon ein Student der Universität von Kalifornien auf einem beiläufigen Campusforum durcheinanderbringen konnte, dann würde er, wie der Alte wohl befürchtete, ernstlich ins Hintertreffen geraten, wenn er sich mit einem kämpferischen und angriffslustigen Juristen wie Lane in ein Fernsehduell wagte. Dulles lehnte auch eine Einladung zu einem Interview für eine britische Dokumentation ab, an der Lane beteiligt war. Der ehemalige Agentenführer sah es lieber, wenn weit wendigere Anwälte aus dem Stab der Warren-Kommission für ihn das Kämpfen übernahmen.

Mit der Zeit begannen selbst Freunde der Dulles-Familie ihre Zweifel am Warren-Report zu äußern. Besonders skeptisch wurden seine europäischen Bekannten, doch auch einige Vertraute daheim – darunter Mary Bancroft – fingen an, Dulles' Erklärungen des Attentats anzufechten. Nachdem sie Dulles während der ganzen Untersuchung der Warren-Kommission mit Tratsch über den »erzteuflischen« Lane versorgt hatte, begann Bancroft – eine Wetterfahne schwankender Meinungen in ihrem Kreis in der Upper East Side – in Erwägung zu ziehen, dass der forsche Kritiker am Ende vielleicht doch recht haben könnte. »Nachdem ich ihm zugehört habe, fange selbst ich an, mich zu wundern!«, schrieb Mary an Dulles im Juli 1964.[12] Bis 1966 hatte Dulles' langjährige Vertraute die Seiten vollständig gewechselt, sehr zu seinem Verdruss. Nachdem Mary einen Brief an Clover über die vielen Versäumnisse der Kommission geschickt hatte, schrieb Allen in jenem November zurück: »Ich schätze, wir werden uns darüber einigen müssen, anderer Meinung über den Warren-Bericht zu sein. … Ich respektiere Deine Ansichten und bezweifle, dass ich großen Einfluss auf sie nehmen kann, aber vielleicht unternehme ich einen Versuch, wenn wir das nächste Mal zusammenkommen.«[13] 1967 zeigten Meinungsumfragen, dass zwei Drittel der Amerikaner die Schlussfolgerung des Warren-Berichts, dass Lee Harvey Oswald ein einsamer Attentäter war, nicht akzeptierten. Im selben Jahr leitete der Bezirksstaatsanwalt von New Orleans, Jim Garrison, die erste Strafermittlung zum Kennedy-Attentat ein (die wohl zugleich auch die letzte bleiben dürfte). »Zu Beginn der Untersuchung«, schrieb Garrison später, »ahnte ich nur, dass die Geheimdienste irgendwie in das Attentat verstrickt gewesen waren, aber ich wusste nicht, welcher Dienst oder welche Dienste. Als die Zeit verging und sich mehr Spuren auftaten, wiesen die Beweise jedoch immer stärker in Richtung CIA.«[14]

Im Februar 1968 lud Garrison Dulles vor, um vor einer Grand Jury von New Orleans auszusagen – was für den Mann, der es gewohnt war, vor Versammlungen in der Brookings Institution, vor dem Alumni-Verein der Universität Princeton, vor dem Council on Foreign Relations, der Carnegie Endowment und anderen erhabenen Foren zu sprechen, ohne Zweifel wie eine Ohrfeige gewirkt haben muss. Wie Garrison und seinen Ermittlern aufgefallen war, hatte die »Warren-Kommission mit ihrem Sachverständigen für Geheimdienstfragen, dem Ex-CIA-Direktor Allen Dulles, … Spuren, die auf die CIA hinwiesen«, vertuscht.[15] Der Bezirksstaatsanwalt von New Orleans wollte Dulles unter Eid über die Verbindung der CIA zu Oswald und lokalen Figuren im Kennedy-Fall wie David Ferrie und Guy Banister befragen, deren Wege sich in faszinierender Weise mit dem des mutmaßlichen Attentäters gekreuzt hatten.

Die Garrison-Untersuchung ließ im CIA-Hauptquartier die Alarmglocken schrillen. Bald wurde jedoch klar, dass die Befugnisse eines Bezirksstaatsanwalts es nicht mit dem amerikanischen Geheimdienst-Establishment aufnehmen konnten. Einige Tage nachdem Garrison Dulles die Vorladung in die Hauptstadt der Nation geschickt hatte, erhielt er einen Brief vom Staatsanwalt in Washington, der Garrison knapp und bündig mitteilte, dass er es »ablehne«, Dulles die Vorladung zuzustellen. Unterdessen begann die CIA – mittlerweile unter Führung von Helms – einen massiven Gegenangriff auf den Distriktsstaatsanwalt. Vorladungen wie die an Dulles verschickte wurden schlicht ignoriert, Behördendokumente vernichtet, das Büro von Garrison wurde mit Spionen infiltriert, und Zuarbeiter des Geheimdienstes in den Medien arbeiteten daran, den Bezirksstaatsanwalt vor der Öffentlichkeit als Spinner hinzustellen. Selbst der Privatdetektiv, den Garrison anwarb, um sein Büro von Wanzen zu säubern, erwies sich als CIA-Agent. Nachdem Dulles von Garrison vorgeladen worden war, rief dieser Sicherheitsspezialist – Gordon Novel – den ehemaligen CIA-Chef an und lieferte dem Alten Insider-Informationen über die Strategie der Bezirksstaatsanwaltschaft.[16]

Am Ende hatten Garrisons mächtige Feinde es geschafft, den Spieß umzudrehen und den Strafverfolger aus New Orleans selbst zum Gegenstand einer Untersuchung wegen erdichteter Korruptionsanschuldigungen zu machen. »So ergeht es demjenigen«, bemerkte er Jahre später, »der sich der Billigung des Staatsstreichs durch die neue Regierung nicht anschließt.«[17]

Trotz der überwältigenden Ablehnung des Warren-Reports konnte Dulles auf die felsenfeste Unterstützung des Washingtoner Establishments und der Medienkonzerne zählen. Ein Briefwechsel zwischen CBS-Nachrichtendirektor William Small und Dulles im Juli 1967 brachte den Gleichschritt der Medien mit der offiziellen Geschichte auf den Punkt, ganz gleich, wie viele Löcher sie durch neue Forschungen bekommen hatte. »Ich hoffe, Sie hatten Gelegenheit, unsere vierteilige Serie über den Warren-Bericht zu schauen«, schrieb Small unter Hinweis auf die massive Apologie des Berichts durch den TV-Sender.[18] »Wir sind sehr stolz darauf, und ich hoffe, dass Sie darin eine angemessene Präsentation dessen erkannt haben, was Fernsehjournalismus zu leisten vermag.« Dulles beglückwünschte Small zu der Arbeit, wenn er auch anmerkte, dass er den dritten Teil verpasst hatte. Nachdem ihm Small zuvorkommend die Transkripte der gesamten Serie zugeschickt hatte, versicherte Dulles dem CBS-Nachrichtenchef: »Sollte ich irgendeine Kleinigkeit darin zu bekritteln haben, werde ich es Sie wissen lassen, sobald ich sie gelesen habe.« Der Spionagemeister war immer glücklich, seinen Medienfreunden Anleitungen zu erteilen, bis hinein in die kleinsten Details.

Selbst die prominenten Gefolgsleute, die Präsident Kennedy gedient hatten, waren abgeneigt, im Hinblick auf den Warren-Bericht aus dem Establishment auszuscheren. Dunkle Gerüchte kursierten unmittelbar nach dem Attentat in Dallas in den Reihen der Kennedy-Anhänger, aber mit Ausnahme von Richard Goodwin wagte es niemand, diese Verdächtigungen in der Öffentlichkeit auszusprechen.

Arthur Schlesinger driftete nach dem Mord an Kennedy ziellos umher. Der Gelehrte war an Kennedys Hof, wo sich seine intellektuellen und politischen Ambitionen überschnitten, prächtig gediehen. Die Arbeit im Weißen Haus Kennedys gab Schlesinger nicht nur eine Stimme in der Weltpolitik, sie bot dem entschieden unglamourösen Intellektuellen auch die Chance, mit allen möglichen Leuten zusammenzutreffen, von französischen Romanciers und dem französischen Kulturminister André Malraux bis hin zu Hollywood-Sirenen wie Angie Dickinson. Er klatschte mit der sinnlichen Schauspielerin beim Lunch über Frank Sinatra, der tief verletzt war, als er wegen seiner Mafiaverbindungen vom Kennedy-Zirkel fallengelassen worden war. Als die Nachricht aus Dallas bekanntgegeben wurde, schlürfte Schlesinger gerade Mittagscocktails mit der Verlegerkönigin Kay Graham und ihren *Newsweek*-Redakteuren, die mit ihm nach New York geflogen waren, um ihn über eine Neugestaltung des Magazins zu informieren.

Schlesinger wurde bald klar, dass er in der antiintellektuellen Administration Johnsons ein Außenseiter war. Über einen Monat nach dem Attentat vertraute er seinem Tagebuch traurig an, dass er noch immer nicht »eine einzige Mitteilung vom [neuen] Präsidenten erhalten« hatte, »keine Bitte, irgendetwas zu tun, oder eine Einladung zu einer Sitzung weder eine Instruktion noch eine Anregung noch Einladungen zu Fototerminen oder zum Schwimmen oder zu Cocktails wie andere Mitglieder des Kennedy-Stabs.«[19]

Die ganze Stimmung im Weißen Haus hatte sich plötzlich unter Schlesingers Füßen geändert. »LBJ [Lyndon B. Johnson] unterscheidet sich von JFK in einer Reihe von Dingen – insbesondere vielleicht durch seine mangelnde intellektuelle Neugier«, bemerkte Schlesinger. »Er hat eine senatorische Art, nur das zu wissen, was für den Moment wichtig ist, und es dann wieder zu vergessen, sobald der Augenblick vorüber ist. … LBJ fehlt die höchste Gabe von FDR [Franklin D. Roosevelt] und JFK, sehr viele Dinge gleichzeitig im Kopf zu behalten, sich an alle zu erinnern und immer Neues erfahren zu wollen.«[20] Am 27. Januar 1964, zwei Monate nach Beginn von Johnsons Präsidentschaft, reichte Schlesinger sein Rücktrittsgesuch ein. »Es wurde bereitwillig angenommen«, bemerkte er trocken.

Schlesingers früher Rücktritt aus Johnsons Administration – sieben Monate vor Bobby Kennedys eigenem Ausscheiden, um für den Senat zu kandidieren – festigte seine Vertrauensstellung innerhalb des engeren Kennedy-Zirkels. Der Historiker wurde zum Empfänger gemurmelter Vertraulichkeiten von Bobby, Jackie und Mitgliedern ihrer Entourage. Schlesinger kamen beunruhigende Berichte über die Ereignisse in Dallas zu Ohren. Robert Kennedy gestand ihm, er sei von Verdächtigungen zerfressen, was mit seinem Bruder in Dallas geschehen war. Selbst CIA-Direktor McCone glaubte, »dass es zwei Leute gab, die an den Schüssen beteiligt waren«, wie er Schlesinger anvertraute. Unterdessen gab Luftwaffengeneral Godfrey McHugh, der als Kennedys Militärberater mit in Dallas gewesen war, Schlesinger eine erschütternde Schilderung »dieses grauenvollen Nachmittags«, als sie sich auf einem Fest der französischen Botschaft im Juni zufällig begegneten. McHugh hatte Johnson kauernd im Badezimmer seiner Privaträume in der Air Force One angetroffen, bevor das Flugzeug in Dallas abhob. Der von Panik erfasste Johnson war »überzeugt, dass es eine Verschwörung war und dass er als Nächstes dran sein würde«.[21]

Schlesinger interessierte sich für die erste Welle von Verschwörungsartikeln über das Kennedy-Attentat, die in der Presse erschienen, und schickte Robert Kennedy einen vom 21. Dezember 1963 aus der *New Republic* mit dem Titel »Seeds of Doubt« (»Keimende Zweifel«). Niemand war sich der explosiven Spannungen stärker bewusst, die mit der Kennedy-Präsidentschaft aufgekommen waren, als Schlesinger. »Wir hatten die Vereinigten Stabschefs eindeutig nicht unter Kontrolle«, räumte der Historiker später im Leben ein.[22] Und, wie er durch seine fruchtlosen Versuche, die CIA zu reformieren, wusste, besaß das Weiße Haus unter Kennedy vielleicht noch weniger Kontrolle über den Spionagedienst. Doch trotz seiner intimen Kenntnis der Machtkämpfe in den Kennedy-Jahren – und seiner Fähigkeit, die schlampige Arbeit des Warren-Berichts zu durchschauen – unternahm der Historiker nichts, um die Wahrheit über Dallas zu ergründen. In den Jahren nach dem Attentat sicherte Schlesinger seinen Ruf als offizieller Historiker von Kennedys Camelot mit seinem epischen, mit dem Pulitzer-Preis prämierten Buch über die verkürzte Präsidentschaft, *Die tausend Tage Kennedys*. Der Bestseller von 1965 – der sorgsam die dunklen, unbeantworteten Fragen über den Mord an Kennedy ausklammerte – machte den Historiker zur glänzenden intellektuellen Berühmtheit und öffnete ihm neue Türen auf dem Cocktail-Parcours. Sein Name tauchte fett gedruckt in New Yorker Klatschkolumnen auf. So wurde er im Januar 1967 auf einer lärmenden Party von Norman Mailer gesichtet, deren Attraktion ein Trapez war, mit dem sich die wagemutigeren Gäste durch die Luft schwingen konnten. »Jede Party mit Arthur

Schlesinger jr. und mir kann kein Misserfolg sein«, zwitscherte Monique van Vooren, eine in Belgien geborene Schauspielerin, die einmal die Sexbombe des Augenblicks war.[23]

Schlesinger wurde häufig zu Talkshows eingeladen und war in jenem Jahr auch bei einem Fernsehsender in Los Angeles bei dem lokal bekannten Nachrichtenmoderator Stan Bohrman zu Gast. Nach der Sendung fragte Bohrman ihn, ob er sich hinter der Bühne mit Ray Marcus treffen möchte, einem angesehenen Kritiker des Warren-Berichts. Marcus, der zu dem Schluss gekommen war, der offizielle Bericht sei »das betrügerischste Dokument, das je einer freien Gesellschaft untergejubelt wurde«, war sehr daran gelegen, dass ehemalige Amtsträger der Kennedy-Administration wie Schlesinger seine Fotobeweise in Augenschein nahmen. Er war sich sicher, sie damit überzeugen zu können, dass der Präsident einer Verschwörung zum Opfer gefallen war. Aber als Schlesinger einen Blick auf seine Präsentation warf – zu der das berühmte Einzelbild 313 des Zapruder-Films mit dem Todesschuss gehörte –, erblasste er sichtlich. »Ich kann nicht hinsehen und werde nicht hinsehen«, sagte Schlesinger, wandte sich ab und ließ Marcus abrupt stehen.[24] Es war die perfekte Quintessenz der vorherrschenden Haltung unter den Kennedy-Leuten. Es war am besten, sich nicht bei dem Grauen von Dallas aufzuhalten.

Trotz des bösen Blutes zwischen Kennedy und der CIA gelang es Schlesinger, auch nach dem Attentat von Dallas umgängliche Beziehungen zu den Geheimdienstlern aufrechtzuerhalten. Wie während seiner ganzen Karriere führte Schlesinger seine freundliche, mitteilsame Korrespondenz mit Dulles weiter. Im Dezember 1964 bemitleidete Schlesinger den Spionagemeister sogar wegen Hugh Trevor-Ropers »schändlichem Artikel« in der *London Sunday Times*, in dem der bedeutende Oxford-Historiker den Warren-Bericht als »verdächtig« und »schlampig« bezeichnet hatte. Nachdem ihm Dulles für den Brief gedankt hatte, schrieb Schlesinger ihm im Januar abermals, um Dulles zu informieren, dass der britische Politikwissenschaftler (und verlässliche Experte des Kalten Kriegs) Denis Brogan an einer »detaillierten Zerlegung von Trevor-Roper« für das (von der CIA finanzierte) Magazin *Encounter* arbeite. »Vielleicht könnte ich, wenn Ihnen danach ist«, schloss Schlesinger herzlich, »an irgendeinem Nachmittag vorbeikommen und Sie besuchen.«[25] Schlesingers Liebeswerben um Dulles inmitten der Trevor-Roper-Kontroverse war merkwürdig unterwürfig, besonders wenn man die Tatsache bedenkt, dass Schlesinger selbst einige der Zweifel des britischen Historikers über den Warren-Bericht teilte.

Die freundschaftliche Beziehung zwischen Schlesinger und Dulles trübte sich im Sommer 1965 etwas ein, als das Magazin *Life* eine Darstellung des Schweinebuchtdebakels brachte, die aus *Die tausend Tage Kennedys* exzerpiert war. In seinem Buch legte Schlesinger der CIA das Desaster zur Last, das – wie er akkurat schrieb – Kennedy in die Sandfalle manövriert hatte. Dulles fand den *Life*-Artikel – zusammen mit einem ähnlichen im Magazin *Look*, der Ted Sorensens Erinnerungen entnommen war – »tief beunruhigend und hochgradig irreführend«. Die Breitseiten von Schlesinger und Sorensen gegen die Schweinebucht-Operation veranlassten Dulles, selbst zur Tat zu schreiten, doch nachdem er mit einer langen, endlos überarbeiteten – und unziemlich bitteren – Entgegnung für *Harper's* gerungen hatte, wählte er den leichtesten Weg. Präsident Kennedy habe das Ehrenhafte getan und die Verantwortung für das Fiasko übernommen, sagte er Journalisten, die um einen Kommentar baten, und dabei könne er es belassen. Bis November hatte Dulles wieder freundliche Beziehungen zu Schlesinger aufgenommen und schickte ihm eine Beileidskarte zum Tod seines Vaters.

Im Oktober 1966 eilte Schlesinger abermals zu Dulles' Verteidigung, als *Operation Sunrise* im *New York Times Review of Books* von dem revisionistischen Historiker Gar Alperovitz eine schlechte Kritik bekam. Darin vertrat Alperovitz die Auffassung, dass der Agentenführer den Kalten Krieg mit vom Zaun gebrochen hatte, indem er hinter Stalins Rücken mit den Nazi-Kommandeuren von Italien verhandelte. »Ich war so verärgert über die wüste Alperovitz-Kritik, dass ich [dem Magazin] einen Brief geschickt habe«, schrieb Schlesinger an Dulles. In seinem Leserbrief machte Schlesinger den Versuch, den Kalten Krieg »dem armen, alten Allen Dulles« zur Last zu legen, lächerlich. »Nichts, was die Vereinigten Staaten 1945 hätten tun können, hätte Stalins Misstrauen zerstreut – außer die Umwandlung der Vereinigten Staaten in einen stalinistischen Despotismus.«[26] Wenn es um den Kalten Krieg auf dem Feld der Kultur ging, waren Schlesinger und Dulles noch immer Waffenbrüder.

Erst Jahre später, lange nach Dulles' Tod, begann Schlesinger seine traute Beziehung zur CIA-Schar von Georgetown zu überdenken. Mittlerweile waren einige Skelette aus dem Keller der CIA klappernd zur Tür hinausgesprungen, als sie durch Kongressuntersuchungen auch nur einen Spalt weit aufgestoßen wurde. 1978, als er bei einem Bankett neben Jimmy Carters CIA-Direktor Admiral Stansfield Turner saß – der sich bemühte, den Keller wenigstens etwas aufzuräumen –, lauschte Schlesinger Turners CIA-Horrorgeschichten mit aufgerissenen Augen. Viele der erstaunlichen Geschichten des CIA-Direktors kreisten um James Angleton, der – obwohl drei Jahre zuvor abgesetzt – immer noch seinen Schatten über die Behörde warf. »Turner betrachtet Angleton offenkundig als Wahnsinnigen und kann ein System, unter dem er so viel Macht gewann, nicht begreifen«, schrieb Schlesinger später in sein Journal.[27]

Im September 1991 weilte Schlesinger im Haus von Pamela Harriman – der Witwe seines Freundes Averell Harriman – in Sun Valley. Dort ebenfalls zu Gast war Richard Helms, mit dem er seit ihren gemeinsamen Tagen beim OSS befreundet war. Schlesinger charakterisierte ihre Beziehung als »sehr behutsame Freundschaft, da wir beide wissen, dass es Dinge gibt, über die wir zutiefst unterschiedlicher Meinung sind, über die wir aber um der Freundschaft willen nicht sprechen«.[28] Dennoch hatte er über die Jahre regelmäßigen gesellschaftlichen Umgang mit Helms, schlürfte bei den Wisners Cocktails mit ihm, tauschte während der Kennedy-Jahre mit ihm beim Mittagessen Informationen aus und ging später, in den 1970er Jahren, zu Tennisspielen und Grillfesten im Garten von Richard und Cynthia Helms' komfortablem Heim in der Nähe des Washingtoner Battery Kemble Park. Eines Abends begleitete Schlesingers Sohn Andrew ihn zu einem Barbecue bei Familie Helms. »Ich erinnere mich, dass es mir irgendwie komisch vorkam [dort zu sein] … aber mein Vater dachte, er sei der ehrenhafteste der CIA-Leute«.[29]

Bis 1991 jedoch hatte Schlesinger begonnen, seine Einschätzung von Helms in Frage zu stellen. Er hatte kurz zuvor eine Reihe von Artikeln über die Gehirnwäscheexperimente der CIA an kanadischen Patienten gelesen, bei denen Helms eine zentrale Rolle gespielt hatte. »Es ist eine schreckliche Geschichte der Skrupellosigkeit und Arroganz der CIA, verschlimmert durch die mangelnde Bereitschaft, die Verantwortung dafür zu übernehmen, die so weit ging, dass belastende Dokumente vernichtet wurden«, schrieb Schlesinger in sein Journal. »Helms war eine zentrale Figur sowohl bei der Empfehlung der Experimente wie bei der Vernichtung der Beweise.«[30]

Nun entspannte sich Schlesinger in Idahos bergiger Pracht mit dem Mann, der wegen eines Verbrechens – Falschaussage vor dem Kongress – verurteilt worden war und ohne Zweifel weiterer Delikte hätte angeklagt werden müssen. Doch der Historiker hielt seine Zunge im Zaum. »Angesichts meines langen Waffenstillstands mit Dick Helms und meiner Zuneigung zu ihm schnitt ich die [medizinischen CIA-Experimente] natürlich nicht an. Aber ich habe mich doch über die Fähigkeit gewundert, die man hat, weiterhin Menschen zu mögen, die in böse Dinge verstrickt waren. Bill Casey [Reagans CIA-Direktor und ein weiterer alter OSS-Kamerad] ist ein weiteres Beispiel, wenn meine Freundschaft zu Helms auch beträchtlich enger ist; [Henry] Kissinger ist, schätze ich, ein weiteres. Ist das eine bedauerliche Schwäche? Oder empfehlenswerte Toleranz?«

Es spricht für Schlesingers Anstand, dass er zu einer solch schmerzlichen Gewissenserforschung fähig war. Und es ist ein Zeichen seiner Schwäche, dass er nie mit diesen »bösen« Männern brechen konnte.

In den 1990er Jahren fand sich Schlesinger wieder in den Sumpf des Kennedy-Attentats gezogen, nachdem 1991 Oliver Stones explosiver Film *JFK – Tatort Dallas* in die Kinos gekommen war, die fiktionale Nacherzählung von Staatsanwalt Garrisons unglücklicher Strafermittlung, in der die These vertreten wird, dass Kennedy reaktionären Kräften innerhalb seiner eigenen Administration zum Opfer fiel. Zu Halloween jenes Jahres klopfte Stone selbst an die Tür von Schlesingers New Yorker Apartment. Der Filmemacher hatte einen Aufschrei in den Medien ausgelöst (zum Teil angefacht von den verlässlichen CIA-Verbündeten in den Medien), und Stone – der nach Unterstützung aus dem Kennedy-Lager suchte – warb um Schlesingers Beistand. Der Historiker fand den Regisseur »einen charmanten, ernsten Mann, aber, wie ich vermute, von seiner Erfahrung [als Soldat] in Vietnam mit Paranoia gezeichnet und gefährlich anfällig für Verschwörungstheorien«.[31]

In Wahrheit hegte Schlesinger seit langem selbst nagende Zweifeln am Warren-Bericht. Seine zweite Frau Alexandra glaubte fest daran, dass Kennedy Opfer einer Verschwörung war, aber zu ihrer endlosen Frustration ging Schlesinger der harten Frage aus dem Weg, indem er sich in dieser Sache zum »Agnostiker« erklärte. Wie sein Sohn Andrew später bemerkte, besaß der Historiker schlicht nicht die »emotionalen Ressourcen«, den schmutzigen Fakten, die das Attentat umgaben, ins Auge zu blicken.

Gegen Ende seines Lebens, als Schlesinger von Parkinson geschwächt war und dahinwelkte, fragte ihn Andrew, ob es ein Buch gäbe, das er nie geschrieben hatte, aber hätte schreiben wollen. Sein Vater »erregte sich ein wenig«, erinnerte sich Andrew. »Er sagte, er wünschte sich, er hätte ein Buch über die CIA geschrieben. Er hatte das Gefühl, dass die CIA unsere Demokratie schrecklich korrumpiert. Er sagte [das] emotional. Er war bis zu seinem Tod der Meinung, dass die CIA die Demokratie untergrabe.«[32]

22 Endspiel

Angelina Cabrera, die Frau, die Senator Robert F. Kennedys New Yorker Büro leitete, hatte ihre liebe Not, ihm ein paar Minuten seiner Zeit abzuringen. Als frischgewählter Senator aus New York während der explosiven 1960er Jahre und Erbe des schweren Vermächtnisses seines Bruders war Bobby stets gefragt, immer unterwegs, immer inmitten der wachsenden Debatte über den Vietnamkrieg und den Kampf um soziale Gerechtigkeit. Cabrera respektierte die Zeit, die der Senator hinter seiner geschlossenen Bürotür für sich selbst brauchte. Und sie war sich des Schattens, der immer auf ihm zu liegen schien, sehr bewusst. »Er war die meiste Zeit traurig«, erinnerte sie sich Jahre später. »Er war die meiste Zeit über etwas besorgt – wahrscheinlich hatte es mit seinem Bruder zu tun. Ich hatte das Gefühl, dass er es nicht schaffen würde. Ich betete für ihn.«[1]

Die Trauer, die Bobby anhaftete, machte ihn in seinem New Yorker Büro nicht zu einer entrückten Erscheinung. Er hatte nach dem Tod seines Bruders eine sanftere Ausstrahlung und pflegte in seinem Stab ein Gefühl herzlicher Kameradschaftlichkeit. Seine Berater hatten das Gefühl, dass sie ihn herausfordern, mit ihm scherzen konnten, und er zahlte es ihnen mit seinem trockenen und leicht neckischen Humor mit gleicher Münze heim. »Der Senator mochte Angie Cabrera und [seinen New Yorker Stab] innig«, erinnerte sich sein Berater Peter Edelman. »Er war ihnen sehr zugetan; er genoss es einfach, unter ihnen zu sein. … Sie waren wie eine große, glückliche Familie.«[2]

Cabrera begleitete ihn auf politische Veranstaltungen in Spanish Harlem und Bedford-Stuyvesant, wo Robert Kennedys Engagement für Kommunalentwicklung und die Stärkung der Mitbestimmung ihm immer größere Popularität verschafften. Cabrera, ehemals die Chefsekretärin des Gouverneurs von Puerto Rico, deren Eltern von der Insel nach Brooklyn umgezogen waren, half Bobby, den Kontakt zu seinen lateinamerikanischen Wählern herzustellen. 1967 luden Robert und Ethel Kennedy sie ein, mit ihnen auf die Insel zu fliegen, wo er in der alten spanischen Kolonialstadt San Germán sprechen sollte. Kennedy war verblüfft von der Größe und dem Überschwang der Menschenmengen, die ihn in Puerto Rico begrüßten. Wo immer er hinkam, feierten die Menschen ihn als ihre größte und strahlendste Hoffnung. Er war der Wiedergänger seines Bruders.

Eines Tages in jenem Jahr, als er in seinem New Yorker Büro arbeitete, platzte Cabrera mit einer eiligen Angelegenheit in Bobbys Büro, als er gerade ein offenbar intensives Telefongespräch beendete. »Als ich hereinkam, glaubte er, dass ich seine Worte gehört hatte«, erzählte Cabrera später. »Tatsächlich habe ich nicht gehört, was er sagte, und keine Ahnung, mit wem er sprach. Aber er glaubte, dass ich es mitbekommen hatte, und er vertraute mir. Nachdem er aufgelegt hatte, wandte er sich zu mir und sagte: ›An der Sache ist noch mehr dran. Ich muss herausfinden, wer meinen Bruder umgebracht hat.‹«[3]

In den Stunden und Tagen unmittelbar nach der Ermordung seines Bruders hatte Bobby fieberhaft jede erdenkliche Spur verfolgt und war rasch zu dem Schluss gelangt, dass er das Opfer einer Verschwörung geworden war, als deren Brutstätte er die Anti-Castro-Operation der CIA ausmachte. Doch nach seiner anfänglichen Klarheit versank Bobby bald in einem Nebel der Verzweiflung, unfähig, einen klaren Schlachtplan zu fassen. Seine Niedergeschlagenheit rührte natürlich vom Verlust seines geliebten Bruders – der Polarstern, an dem er seinen Lebenskurs ausgerichtet hatte. Aber Bobby verzweifelte auch deshalb, weil es keinen klaren Kurs gab, auf den Tod seines Bruders zu reagieren. Sein Todfeind Lyndon Johnson führte die Regierung, und seine eigene Macht als Generalstaatsanwalt schwand so rasch dahin, dass J. Edgar Hoover – ein weiterer erbitterter Gegner von ihm – sich nicht einmal mehr die Mühe machte, seine Anrufe zu erwidern. Unterdessen kontrollierten Kennedy-Gegenspieler wie Hoover und Dulles die offizielle Morduntersuchung. Wenn Robert Kennedy versuchte, das System zu umgehen und seine Verdachtsmomente direkt vor das amerikanische Volk zu tragen, riskierte er eine explosive zivile Krise.

Tatsächlich beschwor der scharfsinnige Autor und politische Aktivist M. S. Arnoni in einem Artikel vom Dezember 1963, den er in *The Minority of One* veröffentlichte, eine Publikation, die das Senatsbüro Kennedys abonnierte, ein solches Szenario herauf: »Gegen so furchteinflößende Verschwörer vorzugehen könnte eine desaströse Kettenreaktion auslösen. Es könnte dazu führen, dass amerikanische Truppen auf andere amerikanische Truppen schießen. Es könnte zu einer direkten Machtübernahme einer Militärclique führen. Um solche Katastrophen abzuwenden, könnte es sehr wohl weise erscheinen, völlige Unwissenheit vorzuschützen in der Hoffnung, dass die Verschwörer zu einem späteren Zeitpunkt einer nach dem anderen diskret von der Macht entfernt werden können.«

So bewahrte Robert Kennedy zumeist ein gequältes Schweigen über das Thema des Attentats auf seinen Bruder. Im Privaten wies er den

Warren-Bericht als Public-Relations-Übung zurück. Aber er wusste, wenn er ihn öffentlich angriff, würde dies einen politischen Aufschrei auslösen, den er in keiner Weise ausnutzen konnte. Als der Bericht im September 1964 veröffentlicht wurde, führte Bobby Wahlkampf um das Senatorenamt in New York. Er versuchte, längere Kommentare dazu zu vermeiden, und sagte die Wahlkampfauftritte an jenem Morgen ab. Er war gezwungen, ein kurzes Statement herauszugeben, in dem er der Enquete seinen oberflächlichen Segen gab, aber hinzufügte: »Ich habe den Bericht weder gelesen, noch habe ich die Absicht dazu.« Es war ein unmöglicher Balanceakt, den Bobby den Rest seines Lebens mühsam durchzuhalten versuchte.[4]

Doch 1967, ermutigt durch die wachsende Kampagne für eine Wiederaufnahme der Untersuchung im Kennedy-Fall und Jim Garrisons Ermittlungen, begann sich Robert Kennedy wieder auf Dallas zu fokussieren. Vorher war er Freunden ausgewichen, die ihre Verdachtsmomente in dem Fall erörtern wollten, doch nun begann er, sich vorsichtig an die quälende Wunde heranzutasten. Nachdem er das Gesicht Garrisons auf einem Magazin-Titel am Flughafen entdeckt hatte, wandte sich der Senator an seinen Pressesprecher Frank Mankiewicz und bat ihn, die gesamte Attentatsliteratur zu lesen, die er auftreiben konnte – »damit Sie mir, wenn es so weit kommt, dass ich in dieser Sache etwas unternehmen kann, erzählen, was ich wissen muss«.[5] Unterdessen schickte Robert Kennedy seinen treuen Freund und langjährigen Ermittler, den ehemaligen FBI-Beamten Walter Sheridan, nach New Orleans, um sich ein Urteil über Garrisons Ermittlungsverfahren zu bilden. Der konservative Ex-Polizist fand den extravaganten Bezirksstaatsanwalt sofort unsympathisch und berichtete Bobby, Garrison sei ein Blender. Sheridans Urteil über Garrison – das sich in einer harschen NBC-Sondersendung spiegelte, dessen Produktion Sheridan unterstützte – durchkreuzte Garrisons Bemühungen, mit Robert Kennedy eine Ermittlungsallianz aufzubauen.

Das Garrison-Lager bat Kennedy inständig, sich zur Verschwörung zu äußern, und argumentierte, dass eine öffentliche Stellungnahme sogar sein eigenes Leben schützen könne, weil die Verschwörer auf diese Weise gewarnt wären. Doch Robert Kennedy zog es vor, solche entscheidenden Angelegenheiten im engsten Vertrautenkreis zu behandeln. Er würde den Fall nach seinen eigenen Bedingungen wieder aufrollen, vertraute Kennedy seinen engsten Beratern an – was nahelegte, dass dieser Tag erst anbrechen würde, wenn er die Exekutivgewalt des Weißen Hauses besaß.

»Ernst zu sein, das war eines der Dinge, die man in Kennedys Nähe lernte«, sagte ein Berater Robert Kennedys, Adam Walinsky. »Ernste Leute, die mit etwas wie diesem konfrontiert sind – da spekuliert man nicht laut herum. … Er hatte ein scharfsinniges Verständnis dafür, wie schwierig eine Untersuchung dieser Art ist, selbst wenn man die ganze Macht der Präsidentschaft hat.«[6]

Am 16. März 1968 gab Robert F. Kennedy seine Kandidatur für die Präsidentschaft der Vereinigten Staaten bekannt. Er sei motiviert, sagte er, durch seinen Wunsch, »das Blutvergießen in Vietnam und in unseren Städten zu beenden« und »die Kluft zu schließen, die heute in diesem Land zwischen Schwarz und Weiß, zwischen Arm und Reich, zwischen Jung und Alt besteht«. Kennedy ließ einen weiteren Grund für seine Bewerbung um das Weiße Haus unerwähnt: endlich den Fall zu schließen, der seine Familie und die Nation quälte.

Robert Kennedy begann seine Präsidentschaftskampagne in demselben mit Kronleuchtern behangenen Saal im Old Senate Office Building, in dem sein Bruder acht Jahre zuvor seine Kandidatur für das Weiße Haus erklärt hatte. Doch über Bobbys Bekanntmachung hing eine düstere Stimmung. Nicht nur war das Land – und Bobbys eigene Partei – durch Krieg und Rassenspaltung zerrissener als 1960, sondern es herrschte das deutliche Gefühl, dass sein eigenes Leben auf dem Spiel stehen könnte. Nachdem Richard Nixon mit einigen Beratern in einem Hotelzimmer Kennedys Bekanntmachung im Fernsehen verfolgt hatte, wurde das Gerät ausgeschaltet. Nixon starrte lange schweigend auf den leeren Bildschirm, schüttelte schließlich den Kopf und sagte: »Etwas Schlechtes wird dabei herauskommen.« Er zeigte auf den dunklen Bildschirm. »Gott weiß, wo das hinführen wird.«[7] Ein paar Tage nach Robert Kennedys Bekanntmachung führte Jackie Kennedy – die ihn gebeten hatte, nicht anzutreten – mit Schlesinger auf einer New Yorker Party eine düstere Unterhaltung. »Wissen Sie, was ich glaube, was mit Bobby passieren wird?«, fragte sie. »Das Gleiche wie mit Jack.«[8]

Robert Kennedy – Vater von zehn Kindern mit einem elften auf dem Weg – war sich des Risikos, das er einging, schrecklich bewusst. Doch ungeachtet der Euphorie um Senator Eugene McCarthy, dessen Nominierungswahlkampf wegen der großen jugendlichen Unterstützung als »Kinderkreuzzug« titulierte wurde, besaß kein Politiker in Amerika außer ihm die Fähigkeit, das Weiße Haus zu gewinnen und das Land zu heilen. Kennedy rang viele Tage – und lange, qualvolle Nächte – mit der Entscheidung. An einem Punkt suchte er den Rat von Walter Lippmann, einen der letzten Washingtoner Politikexperten alter Schule. »Nun, wenn Sie glauben, dass Johnsons Wiederwahl eine Katastrophe für das Land wäre – und da würde ich Ihnen voll und ganz zustimmen«, erwiderte er, »dann wäre, wenn es dazu käme, die Frage, mit der Sie leben müssten, ob Sie alles getan haben, um diese Katastrophe abzuwenden.«[9]

Kennedys bloßer Eintritt in das Rennen versetzte Johnson in solche Panik, dass er seine Bewerbung um die Wiederwahl aufgab. Aber da war immer noch Johnsons Ersatzmann – Vizepräsident Hubert Humphrey – mit dem er fertigwerden musste, ebenso wie das Gespenst Nixons, das sich aus der Asche erhob. Nach seinem späten Einstieg in den Vorwahlkampf warf sich Kennedy mit wilder Entschlossenheit ins Rennen, da er sich des Gegenwinds aus dem Establishment der Demokraten ebenso wie der Konkurrenz mit McCarthy um die Stimmen der Kriegsgegner bewusst war. Auf jeder Station seines Wahlkampfs ging Bobby praktisch ungeschützt in ekstatische Menschenmengen; sein Präsidentschaftsrennen war vielleicht das mutigste und draufgängerischste der amerikanischen Geschichte. »Jeden Tag zu leben ist wie russisches Roulette«, sagte er dem politischen Journalisten Jack Newfield. Bobby war so ergriffen von einer Zeile Ralph Waldo Emersons, dass er sie abschrieb und bei sich trug: »Tue immer das, wovor du dich fürchtest.«[10]

Robert Kennedys Mut gab jenen, die ihn umgaben, Rückhalt – den ehrgeizigen, idealistischen Menschen, die seinem Bruder gedient hatten und nun Robert Kennedy auf seinem gefährlichen Pfad folgten. Sein Heldentum inspirierte ihr eigenes, er war ein Kraftquell für Männer wie Schlesinger, der sich nicht überwinden konnte, mit dem Establishment zu brechen, ohne dass ein Kennedy den Weg wies, oder Kenny O'Donnell, der angefangen hatte, sich zu Tode zu trinken, statt der Welt zu sagen, was er an jenem Tag auf der Dealey Plaza mit eigenen Augen gesehen hatte, und sogar Robert McNamara, der sich zu einer Allianz mit Johnson und der Torheit seines Kriegs herabgelassen hatte. Sie scharten sich nun hinter diesem neuen Kennedy-Kreuzzug und wurden dadurch bessere Menschen. Sie schlossen sich dem Kampf um Amerikas Seele an, als wäre es ihre eigene.

Die Mörder von John F. Kennedy wussten, dass Robert Kennedy der einzige Mensch war, der sie zur Verantwortung ziehen konnte. Sie hatten nach Dallas versucht, ihn in der Nähe zu behalten, wobei Dulles die Kennedy-Familie mit Kondolenzschreiben überhäufte. »Ich habe viel an Sie gedacht. Jackie, Ethel und Sie haben meinen tiefen Respekt und meine Bewunderung«, schrieb er Kennedy im Januar 1964.[11] Er sorgte dafür, dass Bobby – ebenso wie seine Eltern und Geschwister – den kompletten, gebundenen Warren-Bericht erhielt. Er überschlug sich mit salbungsvollem Eifer, wenn er auf Anfragen Robert Kennedys antwortete, darunter seine Bitte, sich der John F. Kennedy Library für ihre Sammlung mündlich erzählter Geschichte für ein Interview zu Verfügung zu stellen. Darin zog Dulles sich selbst und das Andenken Kennedys noch mehr in den Schmutz, indem er ein falsches Lob auf den ermordeten Präsidenten anstimmte.

Doch als Robert Kennedy seine Bewerbung um die Präsidentschaft bekanntgab, wurde er zu einem unvorhersehbaren Faktor, zu einer unkontrollierbaren Bedrohung. Die Gefahr wuchs, als Kennedy seinem Ziel, die demokratische Nominierung zu gewinnen, näher kam. Die Vorwahl in Kalifornien am 4. Juni würde der Augenblick der Entscheidung sein. Wenn er den »goldenen Staat« gewann, erklärten die Experten, war er nicht mehr aufzuhalten.

»Oh nein, nicht schon wieder!« Das war das kollektive Aufstöhnen, das sich aus der Menge im Ambassador Hotel in Los Angeles am Abend von Robert Kennedys Sieg erhob, als er tödlich verwundet auf dem schmutzigen Fußboden der Vorratskammer der Hotelküche lag. Wie in Dallas machte der offizielle Bericht sofort als alleinigen Schuldigen der Schüsse einen verwirrten Einzelgänger aus, einen vierundzwanzigjährigen palästinensischen Immigranten namens Sirhan Sirhan. Der beschuldigte Attentäter war ohne Zweifel am Angriff auf Kennedy beteiligt, als sich der Senator und sein Gefolge den Weg durch die enge, schwach beleuchtete Vorratskammer der Hotelküche zu einem Presseraum bahnten. Doch zahlreiche Augenzeugen – darunter einer der Männer, die Sirhan niederrangen – beharrten darauf, dass der mutmaßliche Mörder den Schuss, der Kennedy tötete, nicht abgegeben haben konnte.[12] Sirhan stand über einen Meter vor Kennedy, als er aus seinem Revolver zu feuern begann. Der Todesschuss – der Robert Kennedy aus kurzer Entfernung hinter dem rechten Ohr traf und in sein Hirn eindrang – wurde jedoch von hinten abgegeben. Die Auswertung einer Tonbandaufnahme ergab ferner, dass in der Vorratskammer an jenem Abend dreizehn Schüsse abgeben wurden – fünf mehr als die Zahl der Kugeln, die Sirhans Waffe aufnehmen konnte. Dr. Thomas Noguchi, der Gerichtsmediziner, der die Autopsie durchführte, war der Auffassung, dass der Befund auf einen zweiten Schützen deutete. »Daher habe ich nie erklärt, dass es Sirhan Sirhan war, der Robert Kennedy ermordete«, schrieb Noguchi in seinen Erinnerungen von 1983.[13]

Dann war da Sirhan selbst. Wie Oswald bekannte er sich nicht zur Tat. Tatsächlich schien er in dem Augenblick, in dem er in Gewahrsam genommen wurde, völlig perplex von der Tragödie, in der er den Hauptakteur spielte. Der benommene Sirhan hatte keine Erinnerung an seinen Angriff auf Kennedy. Er wirkte auf viele Beobachter, darunter Hypnoseexperten, die ihn befragten, wie ein »ferngesteuerter Schläfer« – ein stark für Gedankenkontrolle empfänglicher Mensch.[14]

Ein Wachmann namens Thane Eugene Cesar, der Kennedy durch die Vorratskammer führte, geriet später unter Verdacht. Er wurde beobachtet, wie er in dem Chaos, das an jenem Abend im Gedränge des Durchgangs ausbrach, seine Waffe zog. Aber die Ermittler entlasteten Cesar rasch, und seine Pistole wurde nie untersucht. Über die Jahre wurde Cesars mögliche Rolle bei dem Attentat auf Robert Kennedy von Forschern und Rechtsanwälten, die mit dem Fall zu tun hatten, debattiert. Laut einigen – wie Sirhans gegenwärtigem Anwaltsteam – half Cesar, wenn er schon nicht der eigentliche Attentäter war, vielleicht dabei, Kennedy ins Schussfeld zu führen.

Andere, wie der investigative Journalist Dan Moldea – Autor eines Buches über das Attentat auf Robert Kennedy – beharren auf der Unschuld Cesars, der noch lebt. »[Eu]Gene Cesar ist ein unschuldiger Mann, der im Mordfall Robert Kennedy irrtümlich beschuldigt wurde. Jede gegenteilige Behauptung ist schlicht unwahr«, erfuhr der Autor 2015 in einer E-Mail Moldeas, der laut eigener Auskunft vom zurückgezogen lebenden Cesar als Sprecher bevollmächtigt wurde.

John Meier – ein ehemaliger Manager in Howard Hughes' Unternehmen in Las Vegas – offenbarte eine Verbindung zwischen Cesar und dem CIA-Auftragsnehmer Robert Maheu (der von Hughes in den 1960er Jahren mit der Leitung der Firma betraut worden war). Meier behauptete, dass Maheus Sicherheitschef John Hooper ihm vor dem Attentat auf Robert Kennedy den besagten Cesar in Las Vegas vorstellte. Außerdem sei er nach dem Mord von Maheu und Hooper gewarnt worden, niemals Cesars Namen in Verbindung mit Maheu zu erwähnen.[15]

Maheu bestreitet diese Anschuldigungen vehement. »Alles an [Meier] ist Lüge«, knurrte er in einem Interview in seinem Haus in Las Vegas vor seinem Tod 2008. »Er war ein vierzehnkarätiger Irrer.«[16] Auch Cesar selbst wies Meiers Anschuldigungen zurück, und der für ihn sprechende Moldea tat sie als einen »weiteren von Meier verbreiteten Unsinn« ab.[17]

Maheu wies darauf hin, dass Meier der Steuerhinterziehung auf Beträge beschuldigt wurde, die er mutmaßlich von Hughes' Bergbaugeschäften abgezweigt hatte, und wegen einer damit in Verbindung stehenden Fälschung verurteilt wurde. Doch Maheu selbst war der größte Gauner in Hughes' Unternehmen in Nevada, wie der exzentrische Milliardär selbst der Presse 1970 nach seiner Flucht aus Las Vegas mitteilte. Hughes bezeichnete Maheu als »einen miesen, betrügerischen Hund, [der] mich bestohlen hat«.[18] Als Manager von Hughes' Spielkasinos traf er geheime Absprachen mit Mafiosi und erlaubte der CIA, Politiker mit Hughes' Geld zu bestechen und Hughes' Unternehmensimperium als Tarnung für Spionageaktivitäten zu benutzen. Während Maheu als Hughes' Aufseher in Las Vegas 500 000 Dollar im Jahr erhielt, behandelte er die CIA noch immer wie seinen wichtigsten Klienten.

Maheu machte nie ein Hehl aus seinem Hass auf die Kennedys. Er beschuldigte John F. Kennedy in seiner Zeugenaussage vor dem Church-Ausschuss sogar des Mordes, weil er den Invasoren der Schweinebucht die Luftunterstützung verweigert hatte. »Was mich betrifft«, sagte er,

»sind diese Freiwilligen, die aus den Booten stiegen, an diesem Tag ermordet worden.«[19] Maheu leugnete jedoch, eine Rolle beim Kennedy-Attentat gespielt zu haben.

Wie nach dem Tod seines Bruders wurde die Untersuchung des Mordes an Robert Kennedy von dunklen Absichten vernebelt. Es gab Hinweise auf eine Beteiligung der CIA, auf Mafia-Korruption – und wieder eklatante Beispiele für die Nachlässigkeit der Behörden. Sirhan Sirhans Prozess war ein gestrafftes Verfahren, bei dem der Angeklagte häufig wie ein verwirrter Zuschauer wirkte. Genau wie bei den Ermittlungen im Fall John F. Kennedys stand das Ergebnis nie in Frage. Sirhan hat den Großteil seines Lebens im Gefängnis verbracht, seine periodischen Anträge auf Wiederaufnahme des Verfahrens wurden routinemäßig abgelehnt.

Allen Dulles, der im April 1968 fünfundsiebzig wurde, hatte das ganze Jahr über einen geschäftigen Terminkalender, trotz Clovers und Marys Sorge um seine Gesundheit. Dulles nahm weiterhin an Sitzungen der nachrichtendienstlichen Studiengruppe des Council on Foreign Relations und des Kuratoriums der Universität Princeton teil; es gab Mittagessen im Alibi Club, Botschaftsfeste und reguläre Zusammenkünfte mit alten CIA-Kameraden wie Angleton, James Hunt und Howard Roman. Und er wurde immer wieder in Radio- und Fernsehsendungen eingeladen.

Nicht einmal die von der Ermordung Martin Luther Kings ausgelösten Straßenunruhen in Washington in jenem April schienen Dulles zu beunruhigen. Nach Kings Ermordung trugen seine Anhänger die Kampagne ihres Anführers für soziale Gerechtigkeit (Poor People's Campaign) in die Hauptstadt der Nation, wo sie auf der National Mall ein Protestlager errichteten, das sie »Wiederauferstehungsstadt« (Resurrection City) tauften. Am 24. Juni brachen – nachdem über tausend Polizisten das Lager gestürmt und die Demonstranten auseinandergetrieben hatten – auf den Straßen der Hauptstadt Krawalle aus, was die Verantwortlichen veranlasste, die Nationalgarde zu rufen und eine Ausgangssperre zu verhängen. Aber Dulles ließ sein gesellschaftliches Leben durch die Störungen nicht beeinträchtigen. »Damit Du Dich nicht über die Nachricht von einer Ausgangssperre in Washington sorgst«, schrieb er am folgenden Tag an Clover, die gerade Allen jr. und Joan in der Schweiz besuchte, »kann ich Dir versichern, dass hier alles ruhig bleibt.« Dulles hatte seine alte Freundin Helen Magruder – die Witwe des stellvertretenden OSS-Direktors, Brigadegeneral John Magruder – zum Dinner in die Q-Street eingeladen. Nach dem Essen schrieb er: »Wir bekamen gleich ein Taxi und Helen ist sicher nach Hause zurückgekehrt.«[20]

Am Abend plante Dulles, mit James Hunt und seiner Frau zu einer Veranstaltung der CIA zu fahren. Einen geselligen Anlass bei einer

Freundin der Familie, Marion Glover, müsse er »leider auslassen, da ich nicht zu beiden Terminen gehen kann«, schrieb er Clover. Es war immer viel los bei Dulles in den Jahren seines Ruhestands.

Im selben Monat fand Dulles die Zeit, einen Kondolenzbrief an den Bruder eines weiteren ermordeten Kennedys zu schicken. »Lieber Ted«, schrieb er dem letzten Kennedy-Bruder. »Ich schließe mich der Vielzahl der Menschen an, Ihnen meine tiefe Trauer auszudrücken. Ich hatte die Chance, bei vielen Gelegenheiten mit Bobby zusammenzuarbeiten, und hegte großen Respekt für seinen dynamischen Ansatz zur Bewältigung unserer nationalen Probleme, für seine Tatkraft und die Offenheit, mit der er sie behandelte. Sein Tod ist ein großer Verlust für das Land, besonders für jene, die ihm, wie Sie selbst, so nahe standen. Ich übermittle Ihnen meine tiefe Anteilnahme.« Wieder wird einem angesichts von Dulles' makelloser Höflichkeit angst und bange.

Ted Kennedy antwortete herzlich auf Dulles' Brief, in einer Weise, die den alten Agentenführer beruhigt haben muss. »Joan und ich möchten Sie wissen lassen, wie dankbar wir für Ihr Schreiben sind«, antwortete der Senator auf seinem persönlichen Briefpapier. »In einer Zeit der Trauer ist nichts hilfreicher, als von einem Freund zu hören. ... Ich hoffe, wir werden einander bald sehen.«[21] Es war klar, dass vom jüngsten Kennedy-Bruder keine Schwierigkeiten zu erwarten waren.

Am 8. Juli nahm sich Dulles laut seinem Kalender Zeit, um Professor Dr. Stephen Chowe von der American University zu treffen, ein Experte für chinesische und russische Techniken der Gehirnwäsche. Dulles kannte Chowe, der früher für die CIA geforscht hatte, seit einiger Zeit. Der Fachmann für Gedankenkontrolle hatte Dulles im Juni kontaktiert und einen Termin vereinbart, um seine jüngste Arbeit über »politische Psychologie« zu erörtern. Dann, am 13. Juli 1968 – ein paar Tage nach seinem Termin mit Chowe – traf sich Dulles mit dem Pharmaziegenie der CIA, Dr. Sidney Gottlieb, der am MKULTRA-Programm des CIA zur Entwicklung von Methoden zur Gedankenkontrolle mitgearbeitet hatte. Diese Treffen in Dulles' Kalender sind besonders faszinierend, da sie nur wenige Wochen nach der Ermordung von Robert Kennedy und der Verhaftung von Sirhan Sirhan stattfanden – einem Mann, der in einem hypnotischen oder narkotisierten Zustand zu sein schien, als er in Gewahrsam genommen wurde, und der nach Auffassung einiger Experten auf dem Gebiet der mentalen Manipulation, dem Typus einer MKULTRA-Versuchsperson entsprach.

In jenem Sommer behielt Dulles die Untersuchung von Jim Garrison weiter genau im Auge. Im Juli rief Angletons Stellvertreter Ray Rocca bei Dulles an, um einen Artikel von Edward Jay Epstein im *New Yorker* über den Staatsanwalt von New Orleans zu erörtern. Im September rief der

CIA-Maulwurf Gordon Novel bei Dulles an, um ihm einen weiteren Insider-Bericht über die Garrison-Untersuchung zu geben.

Das wichtigste gesellschaftliche Ereignis für den Alten in jenem Herbst war das Washingtoner Bankett zu Ehren von Reinhard Gehlen, den westdeutschen Spionagechef, den Dulles aus der giftigen Asche des Dritten Reiches gerettet hatte. Am 12. September gaben Gehlens amerikanische Sponsoren ein Abendessen für Hitlers Leiter der Abteilung Fremde Heere Ost im Haus von Heinz Herre – Gehlens ehemaligem Stabsoffizier an der Ostfront, mittlerweile der oberste nachrichtendienstliche Verbindungsmann der Bundesrepublik Deutschland in Washington.

Im Herbst erwartete Dulles die lange verzögerte Präsidentschaftswahl von Richard Nixon, dem früheren Eleven der Dulles-Brüder. Er beteiligte sich an Nixons Wahlkampf, trat Spendenkomitees bei und spendete auch selbst Geld. Zu Halloween erhielt Dulles ein Telegramm von Nixon, der ihm für seine Unterstützung dankte und ihn zum Vizevorsitzenden des »Eisenhower-Teams« des Nixon-Agnew-Gespanns ernannte. Der Alte stellte sich vor, ins Zentrum des offiziellen Washington zurückzukehren, vielleicht auf einen prominenten Posten in der Nixon-Administration.

Aber Clover und andere ihm Nahestehende kannten die Wahrheit: Er baute immer stärker ab. Zuweilen war Dulles inmitten seines geschäftigen Terminplans plötzlich verloren. »Onkel Allen fuhr zum Lunch in den Metropolitan oder in den Alibi Club und vergaß, wie er wieder nach Hause kommen sollte«, erzählte seine Cousine, Eleanor Elliott. »Manchmal verirrte er sich einfach in der Nachbarschaft, und Leute, die ihn erkannten, brachten ihn dann zurück. Clover war in Sorge.«[22]

Im Dezember beendete Dulles – unter Mithilfe von Howard Roman, seinem langjährigen Mitarbeiter – die Herausgabe einer Sammlung von Spionagegeschichten, *Great Spy Stories from Fiction*, eine Auswahl von Meistern des Genres wie Eric Ambler, Graham Greene, Ian Fleming und John le Carré. Im Vorwort des Buches bot Dulles seine letzten Beobachtungen zur klandestinen Profession an, der er sein Leben gewidmet hatte. In der Vergangenheit, schrieb er, »stellte man sich den Spion im Allgemeinen als hinterlistige, gesellschaftlich inakzeptable Gestalt vor«. Doch der Zweite Weltkrieg und der Kalte Krieg hätten die Spione in schneidige Helden verwandelt. »Der Spion hat die Stärke und den Wagemut, an die Stelle des Helden von einst zu treten. Er ist der neue exemplarische Musketier.«[23] Nichts von dem Blut und der Trauer um ihn herum hatte bei Dulles eine Spur hinterlassen. Unverdrossen hatte er von sich selbst und seinem »Handwerk« weiterhin die höchste Meinung. Als das Ende seines Lebens nahte, gab es keine Selbstreflexion, nur weiteres Fabulieren für eine Öffentlichkeit, die nicht genug bekommen konnte von der coolen Romantik eines James Bond.

Bald nach Beendigung des Buches bekam Dulles eine schwere Grippe, die ihn ans Bett fesselte. Am Weihnachtsabend hatte sich die Infektion in eine Lungenentzündung verwandelt, und Dulles wurde ins Georgetown University Hospital eingeliefert. Im folgenden Monat kämpfte er um seine Genesung und raffte sich noch einmal auf, um Nixon zu seiner Amtseinführung zu gratulieren. Am 29. Januar 1969 starb Dulles an Komplikationen im Zusammenhang mit seiner Krankheit.

Auch nach seinem Tod pulsierte der geheime Organismus, den Dulles geschaffen hatte, weiter. Während Clover im Obergeschoss im Bett lag, fegte ein Team unter Führung von Angleton durch das Arbeitszimmer im Haus des Alten und durchwühlte seine Akten. CIA-Techniker installierten für die Flut von Kondolenzanrufen sichere Telefonleitungen. Für seinen Begräbnisgottesdienst in der Georgetown Presbyterian Church wurde eine exaltierte Grabrede verfasst. Der Priester, ein Mann der leisen Töne, der es gewohnt war, seine eigenen Predigten zu halten, sperrte sich gegen die bombastische Ansprache, die Charles Murphy, der langjährige Auftragsschreiber von Dulles, unter Beteiligung von Angleton und James Hunt verfasst hatte. Doch das Dulles-Team brachte den Geistlichen rasch zur Räson. »Das ist ein besonderer Anlass«, wurde er von einem offiziell klingenden Anrufer am Vorabend der Beerdigung informiert. »Die Ansprache wurde von der CIA geschrieben.«[24]

Am nächsten Tag erhob sich der Pfarrer in seiner Kirche – deren Bänke mit feierlich dreinblickenden CIA-Agenten und politischen Würdenträgern gefüllt waren – und hielt die Lobrede auf den Toten, wie man ihm aufgetragen hatte. »Als vortrefflichen Wächter, so sahen ihn viele von uns, eine berühmte und verlässliche Gestalt, die sich auf den Mauern des amerikanischen Bollwerks in klaren Konturen erhob und dafür sorgte, dass die Nation nicht im Schlaf überrascht oder in der Nacht überwältigt werden konnte. Es fiel Allen Dulles zu, eine neue Art von Schutz zu vervollkommnen«, las der Geistliche weiter, ohne die Ironie der Worte zu ahnen. »[F]ür uns wie für ihn setzt der Patriotismus der Verteidigung der Freiheit … keine Grenzen.«[25]

Dulles' Grabpredigt feierte die Ära der Gesetzlosigkeit, die er eingeleitet hatte. Unter Dulles war das amerikanische Geheimdienstsystem – im In- wie im Ausland – zu einer finsteren, invasiven Kraft geworden, die nach Belieben die Privatsphäre der Bürger verletzte, die entführte, folterte und mordete. Sein Erbe sollte von Männern und Frauen, die seine Ansichten über die schrankenlosen Befugnisse der »vortrefflichen Wächter« des nationalen Sicherheitssystems teilten, weit in die Zukunft getragen werden. Dulles hatte diese Wächter persönlich geformt und inspiriert, darunter Helms und Angleton – ebenso wie die mächtigen Spieler künftiger Administrationen wie etwa William Casey, Präsident Reagans trotzig kriminellen CIA-Direktor, und Donald Rumsfeld, Präsident George W. Bushs selbstherrlichen Eroberer des Wüstenssands. Und obwohl sie sich nie begegneten, lieferte Dulles auch das Vorbild für den exekutiven Absolutismus und die extremen Sicherheitsmaßnahmen, die der Bush-Regent Richard Cheney im Namen der nationalen Verteidigung einführte. Auch diese Leute glaubten fest daran, dass der Patriotismus ihrer Macht »keine Grenzen« setzt.

Heute setzen andere gesichtslose Sicherheitsbürokraten die Arbeit von Dulles fort – spielen Gott mit Drohnenschlägen aus der Luft, setzen eine orwellsche Überwachungstechnologie ein, von der Dulles nur träumen konnte –, Leute, die kaum noch wissen, wie viel sie dem Schöpfer des modernen amerikanischen Nachrichtendienstes schulden. Seit über einem halben Jahrhundert tot, verdunkelt Dulles' Schatten noch immer das Land.

Wer die Eingangshalle des CIA-Hauptquartiers betritt, den begrüßt das steinerne Abbild von Allen Welsh Dulles. »Sein Monument umgibt uns«, lautet die Inschrift unter dem Relief. Das Wort klingt wie ein Fluch über die Männer und Frauen, die in der Zitadelle der nationalen Sicherheit arbeiten, und über alle, denen sie dienen.

Epilog

Nach Dulles marschierte James Angelton in der Spionageabwehr der CIA noch mehrere Jahre weiter, bis seine finstere Paranoia die strahlende Effizienz der neuen Spionageära zu bedrohen begann und er 1975 gezwungenermaßen in den Ruhestand ging. Angleton blieb viele Jahre lang eine loyale Schildwache von Dulles' Erbe. Er hatte beim Begräbnis die Asche seines alten Chefs in einer hölzernen Urne getragen. Ihre Geschichten waren seit langem miteinander verwoben, von den Tagen der Nazi-Fluchthilfe in Rom bis hin zu den Attentaten der 1960er Jahre. Für Angleton war Dulles sein verehrter Monarch, er selbst war dessen geisterhafter Ritter.

Als Angletons Nachfolger seine legendären Tresorräume öffneten, ergossen sich daraus die schmutzigen Geheimnisse eines Lebens im Dienst von Allen Dulles. Zu dem Schatz von Geheimdokumenten und exotischen Souvenirs gehörten zwei Buschmännerbögen und einige Pfeile – die die CIA-Panzerknacker klugerweise sofort auf Gift überprüfen ließen, da sie Angletons Ruf kannten. Die Tresoröffner waren entsetzt, Akten über beide Kennedy-Attentate und entsetzliche Fotos von Robert Kennedys Autopsie zu finden, die umgehend verbrannt wurden. Auch dies waren Andenken der Jahre von Angletons treuem Dienst für Dulles.

Doch als er 1987 auf den Tod zuging, fühlte sich Angleton weniger an die Treuegelübde der Vergangenheit gebunden und begann mit erstaunlich ungeschminkter Klarheit über seine Karriere zu sprechen. Mittlerweile waren seine Lungen aufgrund des lebenslangen Kettenrauchens vom Krebs zerfressen, und seine eingesunkenen Wangen und tiefen Augenhöhlen verliehen ihm das Aussehen eines gefallenen Heiligen. Der Katholik Angleton hatte immer an die Heiligkeit seiner Mission glauben müssen. Und nun, als er dem Tag des Gerichts ins Auge sah, fühlte er sich veranlasst, vor Journalisten wie Joseph Trento, die ihn besuchen kamen, eine Art Beichte abzulegen. Was er dabei gestand, war dies: Er hatte am Ende doch nicht Gott gedient, als er Allen Dulles folgte; er hatte sich auf die Wege des Teufels begeben.

Dies waren einige letzte Worte von James Jesus Angleton. Er sprach sie, unterbrochen von furchtbaren, die Lungen zerreißenden Hustenanfällen – die ihn dennoch nicht am Weiterrauchen hinderten – und zwischen lindernden Schlucken Tee. »Im Grunde waren die Gründerväter des US-Geheimdienstes Lügner«, sagte Angleton dem Journalisten Trento mit emotionsloser Stimme. »Je besser man log und betrog, desto wahrscheinlicher wurde man befördert. ... Abgesehen von ihrer Doppelzüngigkeit war das Einzige, was sie gemein hatten, ihr Wunsch nach absoluter Macht. Ich habe Dinge getan, die ich im Rückblick auf mein Leben bedaure. Aber ich war ein Teil davon und habe es geliebt, dazuzugehören.«

Er nannte die Namen der hohen Eminenzen, die den Geheimdienst in seiner Zeit führten: Dulles, Helms, Wisner. Diese Männer waren »die Großmeister«, sagte er. »Wenn man in einem Raum mit ihnen war, so war man in einem Raum voller Leute, von denen man annehmen musste, dass sie verdientermaßen in der Hölle landen werden.«

Angleton nahm einen weiteren Schluck aus seiner dampfenden Tasse. »Ich schätze, ich werde sie dort in Kürze wiedersehen.« [1]

Abkürzungen

AS	Arthur M. Schlesinger jr.
AWD	Allen W. Dulles
AWD Calendars	Kalender von Allen W. Dulles, Seeley Mudd Library, Princeton University
AWD Interview, JFD OH	Interview mit Allen W. Dulles, John Foster Dulles Oral History Project, Seeley Mudd Library, Princeton University
AWD OH, JFK Library	Allen W. Dulles Oral History, John F. Kennedy Presidential Library and Museum, Boston
AWD OH, Mudd Library	Allen W. Dulles Oral History, John Foster Dulles Collection, Seeley Mudd Library, Princeton University
AWD Papers, Mudd Library	Allen W. Dulles Papers, Seely Mudd Library, Princeton University
ELD	Eleanor Lansing Dulles
ELD Interview, JFD OH	Interview mit Eleanor Lansing Dulles, John Foster Dulles Oral History Project, Seely Mudd Library, Princeton University
ELD Memoir	Eleanor Lansing Dulles, *Chances of a Lifetime. A Memoir,* Upper Saddle River, (NJ) 1980 (dt. in einer von der Autorin überarbeiteten und gekürzten Ausgabe: *»Hier ist Eleanor«. Meine Karriere als Wirtschaftsexpertin und Diplomatin*, Freiburg im Breisgau u. a. 1982
ELD OH	Eleanor Lansing Dulles Oral History, John Foster Dulles Collection, Seeley Mudd Library, Princeton University
Farleigh OH	William Farleigh Oral History, John F. Kennedy Presidential Library and Museum, Boston
JFD OH	John Foster Dulles Oral History Project, Seeley Mudd Library, Princeton University

JFK Library	John F. Kennedy Presidential Library and Museum, Boston
MB Journal	Mary Bancroft Journal, Schlesinger Library, Radcliffe Institute, Harvard University
MB Papers	Mary Bancroft Papers, Schlesinger Library, Radcliffe Institute, Harvard University
MCD Dream Journal	Martha Clover Dulles Dream Journal, Schlesinger Library, Radcliffe Institute, Harvard University
MCD Journal	Martha Clover Dulles Journal, Schlesinger Library, Radcliffe Institute, Harvard University
MCD Papers	Martha Clover Dulles Papers, Schlesinger Library, Radcliffe Institute, Harvard University
McKittrick-Interview	Interview mit Thomas McKittrick, 30. Juli 1964, John Foster Dulles Oral History Project, Seeley Mudd Library, Princeton University
Mudd Library	Seely Mudd Library, Princeton University
NARA	National Archives and Records Administration
NYPL	New York Public Library
OH	Oral History, von Zeitzeugen mündlich berichtete Geschichte
Pell OH	»The reminiscences of Herbert C. Pell«, Columbia University Oral History Collection
Pell Papers	Herbert Clariborne Pell Papers, Franklin D. Roosevelt Library
Schlesinger Library	Schlesinger Library, Radcliffe Institute, Harvard University

Anmerkungen

Prolog

1. Willie Morris, *New York Days*, Boston 1993, S. 36.
2. James Srodes, *Allen Dulles. Master of Spies*, Washington, DC, 1999, S. 532.
3. David Atlee Phillips, *Secret Wars Diary. My Adventures in Combat, Espionage, Operations and Covert Action*, Bethesda (MD) 1989, S. 125.
4. Vgl. Townsend Hoopes, *The Devil and John Foster Dulles*, Boston 1973, S. 143.
5. Nancy Lisagor, Frank Lipsius, *A Law Unto Itself. The Untold Story of the Law Firm Sullivan & Cromwell*, New York 1988, S. 115.
6. Tim Weiner, *CIA. Die ganze Geschichte*, Frankfurt am Main 2008, S. 233.
7. AWD Papers, Mudd Library.
8. Lucien S. Vandenbroucke, »The ›Confessions‹ of Allen Dulles. New Evidence on the Bay of Pigs«, *Diplomatic History* 8, Nr. 4 (Oktober 1984), S. 365–376, www.intelligencedeclassified.org.
9. Stephen Ambrose, *Ike's Spies. Eisenhower and the Espionage Establishment*, Jackson 1999, S. 318.
10. AWD Calendars 1962–63, Digital Files Series.
11. Vgl. freigegebenes CIA-Dokument, Mary Ferrell Foundation, www.maryferrell.org; G. Robert Blakey, Richard N. Billings, *Fatal Hour. The Assassination of President Kennedy by Organized Crime*, New York 1992, S. 194–199.
12. 21. Oktober 1963, Redeentwurf, »The Art of Persuasion: America's Role in the Ideological Struggle«, AWD Papers, Mudd Library.
13. ELD Memoir, S. 10.
14. I. F. Stone, *Der Prozess gegen Sokrates*, Wien/Darmstadt 1988, S. 172.

1 Der Doppelagent

1. Vgl. Allen Dulles, *Unternehmen Sunrise. Die geheime Geschichte des Kriegsendes in Italien*, Düsseldorf/Wien 1967, S. 23 ff.
2. Vgl. Srodes, *Allen Dulles*, S. 81.
3. Dulles, *Unternehmen Sunrise*, S. 26.
4. Peter Grose, *Gentleman Spy. The Life of Allen Dulles*, Boston 1994, S. 154.
5. Vgl. Dulles, *Unternehmen Sunrise*, S. 21.

6. Vgl. Douglas Waller, *Will Bill Donovan. The Spymaster Who Created the OSS and Modern American Espionage*, New York 2011, S. 146.
7. Vgl. Adam LeBor, *Turm zu Basel. BIZ – die Bank der Banken und ihre dunkle Geschichte, Zürich* 2014.
8. Vgl. Lisagor, Frank Lipsius, *A Law Unto Itself*, sowie Christopher Simpson, *The Splendid Blond Beast. Money, Law, and Genocide in the Twentieth Century*, Monroe (ME) 1995.
9. Vgl. Lisagor, Frank Lipsius, *A Law Unto Itself*, S. 134.
10. Vgl. Grose, *Gentleman Spy*, S. 134.
11. Vgl. Reinhard R. Dorries, *Hitler's Intelligence Chief. Walter Schellenberg*, New York 2009, S. 92.
12. Vgl. Grose, *Gentleman Spy*, S. 125.
13. Ebd., S. 133.
14. Ebd., S. 116.
15. Vgl. Harold Bartlett Whiteman jr., »Norman H. Davis and the Search for International Peace and Security«, unveröffentlichte Dissertation, Sterling Library, Yale University, 1958.
16. Lisagor, Lipsius, *A Law unto Itself*, S. 138.
17. Charles A. Lindbergh, *Kriegstagebuch 1938–1945*, Wien u. a. 1972.
18. Vgl. Srodes, *Allen Dulles*, S. 200 f.
19. Vgl. H. Montgomery Hyde, *Room 3603. The Incredible True Story of Secret Intelligence Operations During World War II*, New York 1962.
20. Vgl. John Loftus, *America's Nazi Secret*, Walterville (OR) 2010, S. 5, sowie Interview des Autors mit Loftus.
21. Hyde, *Room 3603*, S. X.
22. Peter Wright, *Spycatcher. Enthüllungen aus dem Secret Service*, Frankfurt am Main/Berlin 1988, S. 168.
23. William O. Douglas, *Go East Young Man. The Early Years*, New York 1974, S. 259.
24. Ebd., S. 146.
25. Vgl. Doris Kearns Goodwin, *No Ordinary Time. Franklin and Eleanor Roosevelt – The Home Front in World War II*, New York 1995, S. 526.
26. Ebd., S. 257.
27. Vgl. David Talbot, *Devil Dog. The Amazing True Story of the Man Who Saved America*, New York 2010.
28. Vgl. Cornelius Vanderbilt jr., *Man of the World. My Life on Five Continents*, New York 1959, S. 264.
29. Interview des Autors mit John Loftus.
30. Vgl. LeBor, *Turm zu Basel*, S. 89–103, sowie das erste Kapitel von Charles Higham, *Trading with the Enemy. An Exposé of the Nazi-American Money Plot, 1933–1949*, New York 1983.
31. Interview des Autors mit McKittrick.

32. LeBor, *Turm von Basel*, S. 157.
33. Interview des Autors mit McKittrick.
34. Vgl. Martin Lorenz-Meyer, *Safehaven. The Allied Pursuit of Nazi Assets*, Columbia 2007, S. 178; und Donald P. Steury, »The OSS and Project Safehaven. Tracking Nazi ›Gold‹«, CIA Online-Bibliothek: https://www.cia.gov/library/center-for-the-study-of-intelligence/csi-publications/csi-studies/studies/summer00/art04.html.
35. Neal H. Petersen (Hg.), *From Hitler's Doorstep. The Wartime Intelligence Reports of Allen Dulles, 1942–1945*, University Park 1996, S. 420.
36. Interview des Autors mit McKittrick.
37. Vgl. Lisagor, Lipsius, *A Law unto Itself*, S. 136f.; S. 146–152.
38. Loftus, *America's Nazi Secret*, S. 10.
39. Präsident Franklin D. Roosevelts Radioansprache, 12. Februar 1943, The Public Papers of FDR, Bd. 12, S. 71, http://www.ibiblio.org/pha/policy/1943/430212a.html.
40. Hal Vaughan, *Coco Chanel – der schwarze Engel. Ein Leben als Nazi-Agentin*, Hamburg 2011, S. 270.
41. Vgl. Martha Schad, *Hitlers jüdische Spionin*, München 2012.
42. Martin Allen, *Das Himmler-Komplott. Die geheimen Friedensverhandlungen des Reichsführers SS mit den Briten und die mysteriösen Umstände seines Todes 1945*, Stegen am Ammersee 2005, S. 131.
43. Grose, *Gentleman Spy*, S. 157.
44. Vgl. Eintrag »Royall Tyler«, *Dictionary of Art Historians*, www.dictionaryofarthistorians.org/tylerr.htm; und Eintrag »Royall Tyler«, *Dictionary of American Biography*, hg. v. Allen Johnson, Supplement 5, 1951–1955, New York 1977. Vgl. a. Grose, *Gentleman Spy* und Srodes, *Allen Dulles. Master of Spies*.
45. Vgl. Charles Higham, *American Swastika. The Shocking Story of Nazi Collaborators in Our Midst*, New York 1985, S. 190.
46. Srodes, *Allen Dulles*, S. 263.
47. »Das den Nürnberger Prozessen zugrunde liegende Londoner Statut hat … die ›Verbrechen gegen die Menschheit‹ als ›unmenschliche Handlungen‹ definiert, woraus dann in der deutschen Übersetzung die bekannten ›Verbrechen gegen die Menschlichkeit‹ geworden sind – als hätten es die Nazis lediglich an ›Menschlichkeit‹ fehlen lassen, als sie Millionen in die Gaskammern schickten, wahrhaftig *das* Understatement des Jahrhunderts« (Hannah Arendt, *Eichmann in Jerusalem. Ein Bericht von der Banalität des Bösen*, München 1987 (1964), S. 324; A. d. Ü.)
48. Vgl. Higham, *American Swastika*, S. 192.
49. »Rede des Reichsführers SS bei der SS-Gruppenführertagung in Posen am 4. Oktober«, *100(0) Schlüsseldokumente zur deutschen Geschichte im 20. Jahrhundert*, http://www.1000dokumente.de/index.html?c=dokument_de&dokument=0008_pos&object=pdf&st=OKTOBER%201943&l=de.

50. Himmler-Rede in Posen vom 6. Oktober 1943, zitiert nach Arendt, *Eichmann in Jerusalem*, S. 139.
51. »Rede des Reichsführers SS bei der SS-Gruppenführertagung in Posen am 4. Oktober«.
52. Vgl. Vaughan, *Coco Chanel*, S. 255 ff.
53. Vgl. Srodes, *Allen Dulles*, S. 266.
54. Vgl. Allen, *Das Himmler-Komplott*, S. 275.

2 Menschenrauch

1. Vgl. AWD Interview, JFD OH.
2. Vgl. ELD Interview, JFD OH.
3. ELD Interview, JFD OH.
4. Eleanor L. Dulles *»Hier ist Eleanor«. Meine Karriere als Wirtschaftsexpertin und Diplomatin*, Freiburg u.a. 1982, S. 17.
5. Vgl. ebd., S. 16, sowie und Leonard Mosley, *Dulles. A Biography of Eleanor, Allen and Foster Dulles and Their Family Network*, New York 1978), S. 27.
6. Vgl. ELD Memoir, S. 25.
7. ELD Interview, JFD OH; und ELD Memoir.
8. ELD interview, JFD OH.
9. Vgl. ELD Memoir, S. 104.
10. Vgl. ebd., S. 138.
11. ELD Interview, JFD OH.
12. Vgl. Mosley, *Dulles*, S. 122.
13. Für die unglückselige Reise der »St. Louis« vgl. Gordon Thomas, *Das Schiff der Verdammten. Die Irrfahrt der St. Louis*, Zug (Schweiz) 1976. Siehe auch die Webseite des United States Holocaust Memorial Museum, http://www.ushmm.org/wlc/en/article.php?ModuleId=10005267 sowie jene der Jewish Virtual Library, http://www.jewishvirtuallibrary.org/jsource/Holocaust/stlouis.html.
14. Vgl. Herbert Levy, *Henry Morgenthau, Jr. The Remarkable Life of FDR's Secretary of the Treasury*, New York 2010.
15. Vgl. Richard Breitman, Allan J. Lichtman, *FDR and the Jews*, Cambridge (MA) 2013, S. 42.
16. Levy, *Henry Morgenthau, Jr.*, S. 203.
17. Vgl. Richard Breitman, Barbara McDonald Stewart, Severin Hochberg (Hg.), *Refugees and Rescue. The Diaries and Papers of James G. McDonald, 1935–1945*, Bloomington 2009.
18. Das vollständige Memo findet sich auf der PBS-Webseite *American Experience* im Archiv seines »America and the Holocaust«-Programms unter http://www.pbs.org/wgbh/amex/holocaust/filmmore/reference/primary/barmemo.html.

19. Ebd., »Beckingridge Long (1881–1958)«, http://www.pbs.org/wgbh/amex/holocaust/peopleevents/pandeAMEX90.html.
20. Levy, *Henry Morgenthau, Jr.*, S. 357.
21. PBS, *American Experience*, »Beckingridge Long«.
22. Vgl. Robert Dunn, *World Alive. A Personal Story*, New York 1956, S. 421.
23. Vgl. hierzu und zum Folgenden Walter Laqueur, Richard Breitman, *Der Mann, der das Schweigen brach. Wie die Welt vom Holocaust erfuhr*, Frankfurt am Main 1987.
24. Robert Gerwarth, *Reinhard Heydrich. Biografie*, München 2011, S. 242.
25. Christopher Simpson, *The Splendid Blond Beast. Money, Law, and Genocide in the Twentieth Century*, Monroe (ME) 1995, S. 81.
26. Vgl. Breitman, *Der Mann, der das Schweigen brach*, S. 94 ff.
27. Ebd., S. 131.
28. Breitman, Lichtman, *FDR and the Jews*, S. 197.
29. Vgl. Lucas Delattre, *Fritz Kolbe. Der wichtigste Spion des Zweiten Weltkriegs*, München 2004, S. 144.
30. Ebd., S. 210, 245.
31. Neal H. Petersen (Hg.), *From Hitler's Doorstep. The Wartime Intelligence Reports of Allen Dulles, 1942–1945*, University Park 1996, S. 570.
32. Zu Vrbas und Wetzlers wunderbarer Flucht aus Auschwitz vgl. Rudolf Vrba, *Ich kann nicht vergeben. Meine Flucht aus Auschwitz*, München 2010 (1964), sowie die PBS-TV-Dokumentation aus der Serie *Secrets of the Dead*, »Escape from Auschwitz«, 29. April 2008, 54 Min., unter: http://www.pbs.org/wnet/secrets/escape-from-auschwitz/8/.
33. Deutsche Geschichte in Worten und Bildern, Band 7. Deutschland unter der Herrschaft des Nationalsozialismus 1933–1945, Bericht der Auschwitz-Flüchtlinge Alfred Wetzler und Rudolf Vrba (Ende April 1944), unter: http://germanhistorydocs.ghi-dc.org/pdf/deu/German45.pdf.
34. Walter Laqueur, *Was niemand wissen wollte. Die Unterdrückung der Nachricht über Hitlers Endlösung*, Frankfurt am Main 1982, S. 125.

3 Die Geister von Nürnberg

1. Rebecca West, *A Train of Powder. Six Reports on the Problem of Guilt and Punishment in Our Time*, Chicago 2000 (1955), S. 10.
2. Richard Overy, *Verhöre. Die NS-Elite in den Händen der Alliierten 1945*, München/Berlin 2002, S. 512.
3. Ebd. S. 512 f.
4. Vgl. Brigadier General Robert I. Stack, »The Capture of Goering«, Website der 36th Infantry Division Association, unter http://homepage.ntlworld.com/andrew.etherington/articles/level1/capture_of_rm_goering.htm.
5. Gerald M. Gilbert, *Nürnberger Tagebuch*, Frankfurt am Main 1962, S. 44.

6. Vgl. *Die Todesmühlen. Dokumentation über die Konzentrationslager*, unter: https://www.youtube.com/watch?v=OxJZBrtFD6Y.
7. Gilbert, *Nürnberger Tagebuch*, S. 50.
8. Michael Salter, *Nazi War Crimes, U.S. Intelligence and Selective Prosecution at Nuremberg. Controversies Regarding the Role of the Office of Strategic Services,* Abingdon (GB) 2007, S. 272.
9. Telford Taylor, *Die Nürnberger Prozesse. Hintergründe, Analysen und Erkenntnisse aus heutiger Sicht,* München 1996, S. 227.
10. Gilbert, *Nürnberger Tagebuch*, S. 54.
11. Vgl. Overy, *Verhöre*, S. 15 f.
12. Ebd., S. 18.
13. Simpson, *The Splendid Blond Beast*, S. 151 f.
14. Ebd., S. 134.
15. Brief von Pell an Präsident Roosevelt, 17. Februar 1936, Pell-Archiv.
16. Brief von Pell an Präsident Roosevelt, 18. September 1937, Pell-Archiv.
17. Vgl. Pell OH.
18. Zitiert nach Simpson, *The Splendid Blond Beast*, S. 140.
19. Vgl. Leonard Baker, *Brahmin in Revolt. A Biography of Herbert C. Pell*, Garden City (NY) 1972, S. 265.
20. Vgl. Pell OH, S. 588–593. Siehe auch Baker, *Brahmin in Revolt*, S. 302 f.
21. John Morton Blum, *From the Morgenthau Diaries. Years of War 1941–45*, Boston 1967, S. 416 ff.
22. Brief von Pell an David Drucker, 28. September 1945, Pell-Archiv.
23. Zitiert nach Salter, *Nazi War Crimes*, S. 348.
24. Ebd., S. 374.
25. Vgl. Taylor, *Die Nürnberger Prozesse,* S. 224 f.
26. Ebd., S. 226.
27. Allen W. Dulles, »That Was Then. Allen W. Dulles on the Occupation of Germany«, *Foreign Affairs* 82, Nr. 6 (November–Dezember 2003), S. 2–8.
28. Vgl. Salter, *Nazi War Crimes*, S. 7f.
29. Taylor, *Die Nürnberger Prozesse*, S. 618.
30. Ebd., S. 619.
31. Für die schlecht durchgeführten Hinrichtungen in Nürnberg vgl. »The Execution of Nazi War Criminals« von Kingsbury Smith, International News Service. Siehe auch »Night Without Dawn«, *Time,* 28. Oktober 1946; »Hangman's End«, *Time*, 7. August 1950; und Taylor, *Die Nürnberger Prozesse*, S. 703 ff.
32. Den Film kann man auf Veoh unter dem Titel *Die Mörder sind unter uns* in voller Länge online sehen unter: http://www.veoh.com/watch/v19779307BdHANa8h (A.d.Ü.)

4 Operation Sunrise

1. Jochen von Lang, *Der Adjutant. Karl Wolff, der Mann zwischen Hitler und Himmler*, München/Berlin 1985, S. 133.
2. Alec Randall, »Hitler's Only Friend. The Decline and Fall of Mussolini«, *The Tablet*, 27. Juni 1964.
3. Dulles, *Unternehmen Sunrise*, S. 223.
4. Verhör von Wolff durch alliierte Offiziere, 1945, von der CIA freigegeben gemäß Nazi War Crimes Disclosure Act; Namensakte: Karl Wolff, NARA.
5. Dulles, *Unternehmen Sunrise*, S. 224.
6. Ebd., S. 231.
7. »Tagebucheintrag von G. G. über die Rettung von General Wolff«, AWD Papers, Mudd Library.
8. Bradley Smith, Elena Agarossi, *Unternehmen »Sonnenaufgang«. Das Kriegsende in Italien*, Köln 1981, S. 257.
9. Vgl. Kerstin von Lingen, *SS und Secret Service. »Verschwörung des Schweigens«. Die Akte Karl Wolff*, Paderborn 2010, S. 226. Dies., »Conspiracy of Silence. How the ›Old Boys‹ of American Intelligence Shielded SS General Karl Wolff from Prosecution«, *Holocaust and Genocide Studies* 22, Nr. 1 (Frühjahr 2008), S. 74–109, S. 81.
10. Harry S. Truman, *Das Jahr der Entscheidungen*, Stuttgart 1955, S. 155.
11. *Time*, 21. Oktober 1966.
12. Lang, *Der Adjutant*, S. 115.
13. Ebd., S. 55.
14. Für Dulles' Verbindungen zu Superpower vgl. Richard Harris Smith, *OSS. The Secret History of America's First Central Intelligence Agency*, Guilford (CT) 2005, S. 107. Siehe auch »Italian Super-Power«, *Time*, 30. Januar 1928; und William J. Hausman, Peter Hertner, Mira Wilkins, *Global Electrification. Multinational Enterprise and International Finance in the History of Light and Power*, New York 2008.
15. Dulles, *Unternehmen Sunrise*, S. 305.
16. Lang, *Der Adjutant*, S. 7.
17. *Time*, 9. Oktober 1964.
18. Raul Hilberg, *Sonderzüge nach Auschwitz*, Mainz 1981, S. 181; Salter, *Nazi War Crimes*, S. 51.
19. Vgl. Michael Salter, Suzanne Ost, »War Crimes and Legal Immunities. The Complicities of Waffen-SS General Karl Wolff in Nazi Medical Experiments«, *Rutgers Journal of Law and Religion* 4, Nr. 1 (2004), S. 1–69, http://lawandreligion.com/sites/lawandreligion.com/files/SalterOst.pdf.
20. Eugen Dollmann, *Call Me Coward*, London 1956), S. 11–17 (engl. Übers. eines deutschen MS mit dem Titel »Der feige Held«, A. d. Ü.).
21. Für die Versprechungen von Dulles' Team vgl. Salter, *Nazi War Crimes*, 118 ff.

22. Dulles, *Operation Sunrise*, S. 124.
23. Vgl. Salter, *Nazi War Crimes*, S. 121.
24. Vgl. Lingen, *SS und Secret Service*, S. 139.
25. Ebd., S. 139 f.; dies., »Conspiracy of Silence«.
26. Lingen, *SS und Secret Service*, S. 147 f.
27. Vgl. Salter, *Nazi War Crimes*, S. 119.
28. Wolffs Brief an Präsident Truman und Major General Lemnitzer sowie Korrespondenz bezüglich Wolff zwischen Dulles und Lemnitzer: AWD Papers, Mudd Library.
29. Norbert George Barr Papers, 1942–1953, Columbia University Rare Books Library.
30. Gaevernitz' Brief an Dulles, 18. Juni 1949, AWD Papers, Mudd Library.
31. AWD Brief an Waibel, 12. Juni 1950, AWD Papers, Mudd Library.
32. Lang, *Der Adjutant*, S. 330.
33. Vgl. Christopher Simpson, *Der amerikanische Bumerang. NS-Kriegsverbrecher im Sold der USA*, Wien 1988, S. 281 f.
34. Wolff-Akte, NARA. Alle aufgrund des Nazi War Crimes Disclosure Act freigegebenen Akten dank James Lesar, auf den Freedom of Information Act spezialisierter Rechtsanwalt.

5 Rattenlinien

1. Dollmann, *Call Me Coward*, S. 46.
2. Vgl. hierzu und zum Folgenden ebd.
3. Tom Mangold, *Cold Warrior. James Jesus Angleton, the CIA's Master Spy Hunter*, New York 1991, S. 37.
4. Burton Hersh, *The Old Boys. The American Elite and the Origins of the CIA*, St. Petersburg (FL) 2002, S. 166.
5. Dollmann, *Call Me Coward*, S. 85.
6. Ebd., S. 30.
7. Eugen Dollmann, *Dolmetscher der Diktatoren*, Bayreuth 1963, S. 136 f.
8. Robert Katz, »The Talented Doktor Dollmann«, The Boot.it, http://www.theboot.it/dollmann's_talent.htm.
9. Ebd.
10. Dollmann, *Call me Coward*, S. 94 f.
11. Salter, *Nazi War Crimes*, S. 73.
12. Dollmann, *Call Me Coward*, S. 48.
13. Für weitere Informationen über die Gaswagen vgl. Ernst Klee, *Schöne Zeiten. Judenmord aus Sicht der Täter und Gaffer*, Frankfurt a. M. 1988; »Walter Rauff: Letters to the Gas Van Expert«, Holocaust Education and Archive Research Team, http://www.holocaustresearchproject.org/einsatz/rauff.html; und »The Development of the Gas-Van in the Murdering of the Jews«,

Jewish Virtual Library, www.jewishvirtuallibrary.org/jsource/Holocaust/vans.html.

14. Dollmann, *Call Me Coward*, S. 108.
15. Interview des Autors mit William Gowen.
16. Ebd.
17. Vgl. Personalakte: Rauff, NARA; »Wanted Nazi Walter Rauff Was West German Spy«, BBC News, 27. September 2011.
18. Vgl. hierzu und zum Folgenden Personalakte Dollmann, NARA.
19. Vgl. hierzu und zum Folgenden Personalakte Dollmann, NARA; Douglas Valentine, *The Strength of the Wolf. The Secret History of America's War on Drugs*, London 2004, S. 109, 227.
20. Robert Katz, »The Talented Doktor Dollmann«.

6 Nützliche Leute

1. Interview des Autors mit Joan Talley.
2. Grose, *Gentleman Spy*, S. 224.
3. MB Journal, 23. Feb 1978, MB Papers.
4. Ebd. und dies., *Autobiography of a Spy*, New York 1983, S. 133.
5. William McGuire, R. F. C. Hull (Hg.), *C. G. Jung Speaking. Interviews and Encounters*, Princeton (NJ) 1987, S. 258.
6. Heinrich H. Balmer, *Die Archetypentheorie von C. G. Jung. Eine Kritik*, Berlin u. a. 172, S. 145. (Übersetzung von mir leicht geändert; A. d. Ü.)
7. Deirdre Bair, *Jung. Eine Biografie*, München 2005, S. 698; Bancroft, *Autobiography of a Spy*, S. 140.
8. Bancroft, *Autobiography of a Spy*, S. 134.
9. Grose, *Gentleman Spy*, S. 75.
10. Ebd., S. 74.
11. »Parents Journal«, MCD Papers.
12. Ebd. und MCD Journal, 17. Februar 1947.
13. Interview des Autors mit Joan Talley.
14. MB Journal, 23. Februar 1978.
15. Clover Dulles Brief an Joan Talley, 18. Februar 1945, MCD Papers.
16. Grose, *Gentleman Spy*, S. 246.
17. Bancroft, *Autobiography of a Spy*, S. 241.
18. Ebd., S. 246.
19. »Freudian Analysis, Jungian Analysis«, 7. Mai 1947, MCD Papers.
20. MCD Dream Journal, 25. November 1945.
21. Bancroft, *Autobiography of a Spy*, S. 244.
22. Bair, *Jung*, S. 692.
23. MB Journal, 23. Februar 1978.
24. MB, Columbia University Oral History Project, Schlesinger Library.
25. Bancroft, *Autobiography of a Spy*, S. 132.

26. Ebd., S. 152.
27. Ebd., S. 191.
28. Bair, *Jung*, S. 701.
29. Bancroft, *Autobiography of a Spy*, S. 112.
30. MB Journal, 23. Februar 1978.
31. Bancroft, *Autobiography of a Spy*, S. 89.
32. MB Journal, 23. Februar 1978.
33. Interview des Autors mit Joan Talley.
34. Fritz Molden, *Exploding Star. A Young Austrian Against Hitler*, New York 1979), S. X (Vorwort der englischen Ausgabe des deutschen Originals *Fepolinski und Waschlapski auf dem berstenden Stern. Bericht einer unruhigen Jugend*, Wien u. a. 1976; A. d. Ü.).
35. Interview des Autors mit Joan Talley.
36. Brief an AWD, 3. Juli 1959, MCD Papers.
37. Vgl. Bancroft, *Autobiography of a Spy*, S. 95.

7 Kleine Mäuse

1. Erica Wallach, *Licht um Mitternacht. Fünf Jahre in der Welt der Verfemten*, München 1969, S. 20.
2. Erica Wallach im Interview mit Stephan Salesbury, »A Drama Born of Her Captivity«, *Philadelphia Inquirer*, 29. März 1987 (http://articles.philly.com/1987–03–29/entertainment/26221822_1_interrogator-prisons-ad optive-parents).
3. Wallach, *Licht um Mitternacht*, S. 17.
4. Hermann Field, Kate Field, *Departure Delayed. Stalins Geisel im Kalten Krieg*, Hamburg 1996, S. 135.
5. Grose, *Gentleman Spy*, S. 257.
6. Joseph Trento, *The Secret History of the CIA*, Roseville (CA) 2001, S. 44.
7. Grose, *Gentleman Spy*, S. 267.
8. Mosley, *Dulles*, S. 251.
9. *The Central Intelligence Agency. A Report to the National Security Council*, Allen Dulles, Vorsitzender, Januar 1949, unter: http://sttpml.org/wp-content/uploads/2014/04/CIA-Dulles-Jackson-Correa-RDP86B00269R 000500040001–1.pdf
10. Grose, *Gentleman Spy*, S. 285.
11. Simpson, *Der amerikanische Bumerang*, S. 159.
12. Mosley, *Dulles*, S. 49.
13. Vgl. Tony Sharp, *Stalin's American Spy. Noel Field, Allen Dulles and the East European Show Trials*, London 2013, S. 16.
14. Ebd., S. 20.
15. Ebd., S. 29.
16. Arthur Schlesinger Jr., *A Life in the Twentieth Century*, Boston, 2002, S. 335.

Siehe auch Schlesingers Besprechung von Flora Lewis, *Bauer im roten Spiel* in *The New York Review of Books*, 11. Februar 1965.

17. Flora Lewis, *Bauer im roten Spiel. Das Leben des Noel H. Field*, Berlin u. a. 1965.
18. Vgl. hierzu und zum Folgenden Field, Kate Field, *Departure Delayed*, S. 207–229, S. 209.
19. Ebd., S. 211.
20. Vgl. hierzu und zum Folgenden Stewart Steven, *Sprengsatz. Die Operation Splinter Factor der CIA*, Stuttgart 1975.
21. Mosley, *Dulles*, S. 277.
22. Steven, Sprengsatz, S. 102.
23. Schlesinger, *Life in the Twentieth Century*, S. 502.
24. *Philadelphia Inquirer*, 29. März 1987.
25. Wallach, *Licht um Mitternacht*, S. 526.
26. Erica Wallach im Interview mit James Srodes, 10. Februar 1993, freundlicherweise zu Verfügung gestellt von der George C. Marshall Foundation Library.

8 Zeit der Halunken

1. Grose, *Gentleman Spy*, S. 280.
2. Roger Morris, *Richard Milhous Nixon. The Rise of an American Politician*, New York 1990), S. 363.
3. Ebd.
4. Ebd., S. 179 f.
5. AWD Brief an Nixon, 20. Februar 1961, AWD Papers, Mudd Library.
6. John Loftus, Mark Aarons, *The Secret War Against the Jews. How Western Espionage Betrayed the Jewish People*, New York 1994), S. 221
7. Vgl. Charles Higham, *Trading with the Enemy. The Nazi-American Money Plot, 1933–1949*, New York 1983, S. 11.
8. Vgl. Jerry Voorhis, *Beyond Victory*, New York 1944.
9. Anthony Summers, *The Arrogance of Power. The Secret World of Richard Nixon*, London 2000, S. 46.
10. Ebd., S. 47.
11. Stephen E. Ambrose, *Nixon*, 3 Bde., Bd. 1: *The Education of a Politician, 1913–1962*, New York 1988, S. 138.
12. Ebd., 140.
13. Richard Nixon, *Six Crises*, New York 1990 (1962), S. 10.
14. Summers, *Arrogance of Power*, S. 67.
15. Ebd.
16. Nixon, *Six Crises*, S. 19.
17. Arthur Schlesinger Jr., *Journals: 1952–2000*, New York 2007, S. 153.
18. Ebd., S. 154.

19. Ambrose, *Nixon*, Bd. 1, S. 178.
20. Vgl. Summers, *Arrogance of Power*, S. 78.
21. Nixon, *Six Crises*, S. 21.
22. Summers, *Arrogance of Power*, S. 67.
23. John Dean, *Blind Ambition: The White House Years*, New York 1976, S. 57.
24. Nixon, *Six Crises*, S. 67.
25. Whittaker Chambers, *Witness*, Washington, D. C., 2001, S. 472.
26. Interview von Judah Graubart und Alice V. Graubart mit Hiss für ihr Buch *Decade of Destiny*, Chicago 1978, verfügbar unter »The Alger Hiss Story« unter http://algerhiss.com/.
27. James M. Boughton, »The Case Against Harry Dexter White: Still Not Proven«, IWF Working Paper WP/00/149, International Monetary Fund 2000, unter: https://www.imf.org/external/pubs/ft/wp/2000/wp00149.pdf.
28. R. Bruce Craig, *Treasonable Doubt. The Harry Dexter White Spy Case*, Lawrence 2004, S. 144f.
29. Loftus, Aarons, *Secret War Against the Jews*, S. 222.
30. Craig, *Treasonable Doubt*, S. 73.
31. Harry Dexter Whites Aussage vor dem House Un-American Activities Committee, 13. August 1948, mit freundlicher Genehmigung der Hoover Institution Library and Archives, Stanford University.
32. Vgl. Drew Pearson, »Washington Merry-Go-Round«, 29. September 1952; siehe auch Mark Feldstein, *Poisoning the Press. Richard Nixon, Jack Anderson, and the Rise of Washington's Scandal Culture*, New York 2010, S. 46f.
33. Vgl. Summers, *Arrogance of Power*, S. 133.
34. Ebd.
35. Vgl. freigegebenes CIA-Memo vom 14. März 1951, Personalakte: Malaxa, NARA.
36. Vgl. ebd.
37. United States Holocaust Memorial Museum, Holocaust Encyclopedia, »Romania«, http://www.ushmm.org/wlc/en/article.php?ModuleId=10005472.
38. Personalakte: Malaxa, NARA.
39. Winchell, »A Balkanazi on Broadway«, 21. Mai 1948.
40. Summers, *Arrogance of Power*, S. 132.
41. Ebd., S. 133.
42. Freigegebenes CIA-Memo, 16. Januar 1953, Personalakte: Malaxa, NARA.

9 Die Machtelite

1. Kathryn Mills (Hg.), *C. Wright Mills. Letters and Autobiographical Writings*, Berkeley 2000, S. 218.
2. C. Wright Mills, *Die amerikanische Elite. Gesellschaft und Macht in den Vereinigten Staaten*, Hamburg 1962, S. 336.
3. Ebd., S. 307, 313.

4. Ebd., S. 306.
5. Ebd., S. 323.
6. zitiert nach John H. Summers, »The Deciders«, *New York Times*, 14. Mai 2006.
7. Vgl. Summers, »The Deciders«.
8. Mills, *Die amerikanische Elite*, S. 409 f.
9. Lisagor, Lipsius, A Law Unto Itself, S. 127.
10. Richard Helms, *A Look over My Shoulder. A Life in the Central Intelligence Agency*, New York 2003, S. 63.
11. Zitiert nach Peter Dale Scott, *The Road to 9/11. Wealth, Empire and the Future of America*, Berkeley 2007, S. 1.
12. C. Wright Mills, *Die amerikanische Elite*, S. 303
13. *Die amerikanische Elite*, S. 208, 405; Übersetzung des zweiten Satzes von mir, da die Übertragung von Stern, Neunes und Engelmann es meiner Meinung nach nicht ganz trifft. (A. d. Ü.)
14. Im Original Dt. (A. d. Ü.)
15. C. Wright Mills, *The Power Elite*, New York 1956, FN S. 235. (In der deutschen Ausgabe nicht enthalten; A. d. Ü.)
16. Stephen E. Ambrose, *Eisenhower. Soldier and President*, New York 1991, S. 259.
17. Ebd., S. 247.
18. Hier und im Folgenden: John Foster Dulles, »A Policy of Boldness«, *Life*, 19. Mai 1952.
19. Vgl. Hoopes, *Devil and John Foster Dulles*, S. 129.
20. Ebd., S. 3.
21. Ebd., S. 138.
22. Grose, *Gentleman Spy*, S. 325.
23. Vgl. Howard Kohn, »The Hughes-Nixon-Lansky Connection. The Secret Alliances of the CIA from World War II to Watergate«, *Rolling Stone*, 20. Mai 1976.
24. Ludwell Lee Montague, *General Walter Bedell Smith as Director of Central Intelligence*, University Park (PA) 1992, S. 264.
25. Vgl. Hoopes, *Devil and John Foster Dulles*, S. 145.
26. Blanche Wiesen Cook, *The Declassified Eisenhower*, New York 1984, S. XV.
27. David Halberstam, *The Fifties*, New York 1994, S. 371.
28. Vgl. *The Washington Post*, 30. September 1953.
29. Vgl. Curt Gentry, *J. Edgar Hoover. The Man and the Secrets*, New York 1991, S. 436.
30. Vgl. Ted Morgan, *Reds. McCarthyism in Twentieth-Century America*, New York 2003, S. 321.
31. Ebd., S. 421.
32. ELD OH.

33. Ebd.
34. AWD OH, Mudd Library.
35. David Atlee Phillips, *Secret Wars Diary. My Adventures in Combat, Espionage Operations and Covert Action*, Bethesda (MD) 1988, S. 126.
36. Ebd.
37. Joseph B. Smith, *Portrait of a Cold Warrior*, New York 1976, S. 102.
38. Hoopes, *Devil and John Foster Dulles*, S. 153.
39. Ambrose, *Nixon*, Bd. 1, S. 312.
40. Hoopes, *Devil and John Foster Dulles*, S. 160.
41. AWD OH, Mudd Library.
42. Morgan, *Reds*, S. 429.
43. Ebd., S. 441.
44. Vgl. ebd., S. 443.
45. Mark Riebling, *Wedge. How the Secret War Between the FBI and CIA Has Endangered National Security*, New York 2002, S. 120.
46. Zitiert nach James DiEugenio, Lisa Pease (Hg.), *The Assassinations*, Port Townsend (WA) 2003, S. 141.
47. Vgl. Anthony Summers, *Official and Confidential. The Secret Life of J. Edgar Hoover*, New York 1993.
48. Gentry, *J. Edgar Hoover*, S. 418.
49. Ebd., S. 434.
50. Interview von Walter Pforzheimer mit William Nolte, »Walter Pforzheimer Reminisces. Interviewing an Intelligence Icon (U)«, Webseite der CIA, unter: https://www.cia.gov/library/center-for-the-study-of-intelligence/kent-csi/vol44no5/html/v44i5a05p.htm.
51. *New York Times*, 10. Juli 1953.
52. *Washington Post*, 8. August 1954.
53. *New York Herald Tribune*, 17. Juli 1953.
54. *Buffalo Evening News*, 15. Juli 1953.
55. Grose, *Gentleman Spy*, S. 346.
56. Cord Meyer, *Facing Reality. From World Federalism to the CIA*, Lanham (MD) 1980, S. 80.
57. Morgan, *Reds*, S. 475.
58. Ambrose, *Nixon*, Bd. 1, S. 316.
59. Morgan, *Reds*, S. 468.
60. Ebd.

10 Das Dulles-Imperium

1. Stephen Kinzer, *All the Shah's Men. An American Coup and the Roots of Middle East Terror*, Hoboken (NJ) 2008, S. 177.
2. Abbas Milani, *The Shah*, New York 2011, S. 189.
3. Scott Eyman, *John Wayne. The Life and Legend*, New York 2014, S. 483.

4. Weiner, *CIA. Die ganze Geschichte*, S. 134.
5. Ervand Abrahamian, *The Coup. 1953, the CIA, and the Roots of Modern U.S.-Iranian Relations*, New York 2013, S. 82.
6. Stephen Kinzer, *The Brothers. John Foster Dulles, Allen Dulles, and Their Secret World War*, New York 2013, S. 120.
7. Ebd., S. 123.
8. Grose, *Gentleman Spy*, S. 364.
9. The Mossadegh-Eisenhower Cables, http://www.mohammadmossadegh.com/biography/dwight-d-eisenhower/cables/.
10. Vgl. Weiner, *CIA. Die ganze Geschichte*, S. 127.
11. Ebd., S. 126.
12. Abrahamian, *The Coup*, S. 4.
13. Mosley, *Dulles*, S. 354.
14. Kermit Roosevelt, *Countercoup. The Struggle for the Control of Iran*, New York 1979.
15. Abrahamian, *The Coup*, S. 179.
16. Ebd., S. 190.
17. Evan Thomas, *The Very Best Men. Four Who Dared. The Early Years of the CIA*, New York 1996, S. 109.
18. Vgl. »Iran: The People Take Over«, *Time*, 31. August 1953.
19. Vgl. Peter Schweizer, Wynton C. Hall (Hg.), *Landmark Speeches of the American Conservative Movement*, College Station 2007, S. 55.
20. Vgl. Kinzer, *The Brothers*, S. 202.
21. *Time*, 31. August 1953.
22. Abrahamian, *The Coup*, 198f.
23. Miles Copeland, *The Game Player. Confessions of the CIA's Original Political Operative*, London 1989, S. 127.
24. »Will Iran Be Another Korea?« *Newsweek*, 31. August 1953.
25. William A. Dorman, Mansour Farhang, *The U.S. Press and Iran. Foreign Policy and the Journalism of Deference*, Berkeley 1987, S. 31–62.
26. *New York Times*, 7. Januar 1979.
27. Vgl. William Blum, *Killing Hope. U.S. Military and CIA Interventions Since World War II*, Monroe (ME) 2004, S. 71.
28. *New York Times*, 16. April 2000; mehr zu internen CIA-Berichten über den Iran unter: National Security Archive, http://www2.gwu.edu/~nsarchiv/NSAEBB/NSAEBB435/.
29. Phillips, *Secret Wars Diary*, S. 131.
30. Thomas, *Very Best Men*, S. 110.
31. Ervand Abrahamian, *Tortured Confessions. Prisons and Public Recantations in Modern Iran*, Berkeley 1999, S. 88–101.
32. Vgl. »Mossadegh Gets Quiet Iran Burial«, The Mossadegh Project, http://

www.mohammadmossadegh.com/news/ap-associated-press/march-6-1967/.

33. Evan Thomas, *Ike's Bluff. President Eisenhower's Secret Battle to Save the World*, New York 2012, S. 7.
34. Ebd., S. 160f.
35. Ebd., S. 71.
36. C. Wright Mills, *Die Konsequenz. Politik ohne Verantwortung*, München 1959, S. 156.
37. Thomas, *Ike's Bluff*, S. 158.
38. Mills, *Die Konsequenz*, S. 112.
39. Nikita Chruschtschow, *Chruschtschow erinnert sich. Die authentischen Memoiren*, Reinbek bei Hamburg 1992, S. 369.
40. Hoopes, *Devil and John Foster Dulles*, S. 302.
41. Richard Harris Smith, »Allen Dulles and the Politics of Assassination«, *The Washington Post*, 2. Dezember 1975.
42. Mills, *Die Konsequenz*, S. 95f.
43. Weiner, *CIA. Die ganze Geschichte*, S. 190.
44. »Report of the Special Study Group (Doolittle Committee) on the Covert Activities of the Central Intelligence Agency, 30 September 1954 (excerpts)«, in: William M. Leary (Hg.), *The Central Intelligence Agency, History and Documents*, University of Alabama 1984; S. 144.
45. Joseph J. Trento, *Prelude to Terror. The Rogue CIA and the Legacy of America's Private Intelligence Network*, New York 2005, 8f.
46. Srodes, *Allen Dulles*, 1999, S. 486.
47. Jim Newton, *Eisenhower. The White House Years*, New York 2011, S. 108.
48. Thomas, *Ike's Bluff*, S. 142.
49. Grose, *Gentleman Spy*, S. 446.
50. L. Fletcher Prouty, *The Secret Team. The CIA and Its Allies in Control of the United States and the World*, New York 2008, S. 368.
51. »Guatemala: Battle of the Backyard«, *Time*, 20. September 1954.
52. Ann Louise Bardach, »Scavenger Hunt«, *Slate*, 6. Oktober 2004.
53. Gespräch des Autors mit Erick Árbenz.
54. Vgl. Roberto Garcia Ferreira, »The CIA and Jacobo Árbenz. History of a Disinformation Campaign«, *Journal of Third World Studies* 25, Nr. 2 (Herbst 2008), S. 59–81.
55. Ebd.
56. Vgl. Bardach, »Scavenger Hunt«.
57. Vgl. Rich Cohen, *The Fish That Ate the Whale. The Life and Times of America's Banana King*, New York 2012, S. 206.
58. Gespräch des Autors mit Erick und Claudia Árbenz.
59. Vgl. hierzu und zum Folgenden Piero Gleijeses, *Shattered Hope. The Guate-*

malan Revolution and the United States, 1944–54, Princeton (NJ) 1991, S. 134–147.
60. Vgl. Stephen Schlesinger, *Bananen-Krieg. Das Exempel Guatemala*, München 1986, S. 105 – 111.
61. Vgl. Peter Chapman, *Bananas. How the United Fruit Company Shaped the World*, Edinburgh 2007, S. 84 f.
62. *The New York Times*, 16. Juni 1954.
63. Vgl. Phillips, *The Night Watch*, S. 49 ff.
64. *The New York Times*, 22. Juni 1954.
65. Vgl. Tim Weiner, »Role of C.I.A. In Guatemala Told in Files of Publisher«, *The New York Times*, 7. Juni 1997.
66. Vgl. hierzu und zum Folgenden Kate Doyle, Peter Kornbluh (Hg.), »CIA and Assassinations. The Guatemala 1954 Documents«, National Security Archive, http://www2.gwu.edu/~nsarchiv/NSAEBB/NSAEBB4/.
67. Vgl. hierzu und zum Folgenden Stephen M. Streeter, *Managing the Counterrevolution. The United States and Guatemala, 1954–1961,* Athens 2000, S. 37–57.
68. Vgl. Cindy Forster, *The Time of Freedom. Campesino Workers in Guatemala's October Revolution*, Pittsburgh, 2001, S. 219.
69. *New York Times*, 9. August 1981.

11 Seltsame Liebe

1. James H. Critchfield, *Auftrag Pullach*. Die Organisation Gehlen 1948–1956, Hamburg u. a. 2005, S. 97.
2. Vgl. Simpson, *Der amerikanische Bumerang*, S. 64.
3. Critchfield, *Auftrag Pullach*, S. 110.
4. Vgl. Mary Ellen Reese, *Organisation Gehlen. Der Kalte Krieg und der Aufbau des deutschen Geheimdienstes*, Berlin 1992, S. 31–39; und E. H. Cookridge, *Geheimdienst ohne Maske. Reinhard Gehlen – Diener vieler Herren*, Zürich 1974.
5. Vgl. Kevin C. Ruffner (Hg.), *Forging an Intelligence Partnership. CIA and the Origins of the BND, 1945–49. A Documentary History*, [Washington, D. C.] 1999, 2 Bde., Bd. 1.
6. Vgl. Simpson, *Der amerikanische Bumerang*, S. 67 ff.
7. Ruffner, *Forging an Intelligence Partnership*, Bd. 1, S. XXII.
8. Ebd., S. XIII.
9. Critchfield, *Auftrag Pullach*, S. 102.
10. Ebd., S. 6.
11. Ebd., S. 93.
12. Vgl. Memo von der Basis Pullach an CIA Special Operations, 30. Dezember 1950, Personalakte: Gehlen, NARA.
13. Critchfield, *Auftrag Pullach*, S. 123.

14. Adam Bernstein, »CIA Official James Critchfield Dies At 86«, *The Washington Post*, 24. April 2003.
15. Memo an die CIA East European Station von ungenanntem Mitarbeiter, 1954, NARA
16. George Lardner jr., »CIA Declassifies Ist Records On Dealings With Ex-Nazis«, *The Washington Post*, 18. März 2001.
17. Memo vom Chef der CIA Foreign Division M an den Stationschef in Karlsruhe, 30. Oktober 1950, NARA.
18. Memo für den stellvertretenden CIA-Planungsdirektor vom stellvertretenden Direktor für verdeckte Operationen 28. Juni 1951, NARA; Memo von Critchfield an ungenannten CIA-Mitarbeiter, undatiert, NARA.
19. Memo vom Chef der CIA-Osteuropaabteilung an CIA-Direktor Dulles, 8. August 1955, NARA.
20. Simpson, *Der amerikanische Bumerang*, S. 310.
21. Reinhard Gehlen, *The Service, New York 1972, S. 196.*
22. Brief von Gehlen an AWD, 12. November 1956, NARA.
23. Vgl. *Moscow New Times*, Mai 1972.
24. Gehlen, *The Service*, S. 196 f..
25. Notizen für »Brief aus dem Feld« von unbekanntem CIA-Agenten, 5. August 1955, NARA.
26. Memo von der CIA-Station München an Bonner Stationschef, 17. November 1956, NARA.
27. Thomas L. Hughes, Association for Diplomatic Studies and Training, Foreign Affairs Oral History Project, befragt von Charles Stuart Kennedy am 7. Juli 1999, http://www.adst.org/OH%20TOCs/Hughes,%20Thomas%20L.toc.pdf.
28. Gehlen, *The Service*, S. 17 f.
29. Simpson, *Der amerikanische Bumerang*, S. 310 f.
30. Memo eines ungenannten CIA-Mitarbeiters, 20. Februar 1952, NARA.
31. Otto John, *Zweimal kam ich heim. Vom Verschwörer zum Schützer der Verfassung*, Düsseldorf/Wien 1969, S. 254.
32. Memo von AWD, 6. Dezember 1954, NARA.
33. Hugh Trevor-Roper, »Why Otto John Defected Thrice«, *The Spectator*, 12. April 1997.
34. Memo von James Critchfield an AWD, 15. März 1956, NARA.
35. Jonathan Kwitny, »The CIA's Secret Armies in Europe«, *The Nation*, 6. April 1992. Toralf Staud, Johannes Radke, »Ohne Führer und Bekennerschreiben«, Bundeszentrale für politische Bildung, 13.10 2013, unter: http://www.bpb.de/politik/extremismus/rechtsextremismus/167686/ohne-fuehrer-und-bekennerschreiben. (A. d. Ü.)
36. Heinz Höhne, Hermann Zolling, *Pullach intern. General Gehlen und die Geschichte des Bundesnachrichtendienstes*, Hamburg 1971, S. 208–224.

37. Vgl. CIA-Depesche aus Bonn, 9. Juli 1953, NARA.
38. Vgl. Memo von ungenanntem CIA-Mitarbeiter, Dezember 1974, Personalakte: Globke, NARA.
39. Memo von CIA-Stationschef Bonn an Chef der Münchener Verbindungsbasis, 6. Juni 1963, Personalakte: Gehlen, NARA.
40. Memo von CIA-Station Bonn an CIA-Direktor John McCone, 12. Juli 1963, NARA.
41. Internes CIA-Memo, 22. November 1963, NARA.
42. Brief von AWD an Richard Helms, 11. September 1968, NARA.
43. *Copenhagen Politiken*, 7. Juli 1974.

12 Hirnkrieg

1. Vgl. Allen W. Dulles, »Brain Warfare. Russia's Secret Weapon«, *U.S. News & World Report*, 8. Mai 1953.
2. Zitiert nach Alfred McCoy, *A Question of Torture. CIA Interrogation, from the Cold War to the War on Terror*, New York 2006, S. 28.
3. Timothy Melley, »Brain Warfare, The Covert Sphere, Terrorism and the Legacy of the Cold War«, *Grey Room* 45 (Herbst 2011), S. 18–39.
4. Ebd.
5. Robert A. Fein, »Prologue. U.S. Experience and Research in Educing Information. A Brief History«, in: *Educing Information. Interrogation. Science and Art – Foundations for the Future*, Washington, D. C., 2006.
6. Memo von AWD an Frank Wisner, 12. Februar 1951, NARA.
7. Vgl. Arnold M. Silver, »Questions, Questions, Questions. Memories of Oberursel«, *Intelligence and National Security* 8, Nr. 2 (April 1993), S. 81–90.
8. Annie Jacobsen, *Operation Paperclip*, New York 2014, S. 317–321.
9. Alfred McCoy, *Torture and Impunity. The U.S. Doctrine of Coercive Interrogation*, Madison 2012, S. 75–80.
10. John Marks, *The Search for the Manchurian Candidate. The CIA and Mind Control*, New York 1991, S. 49.
11. Jacobsen, *Operation Paperclip*, S. 367.
12. Erklärung der Familie zur Ermordung von Frank Olson, 8. August 2002, http://www.frankolsonproject.org/Statements/FamilyStatement2002.html.
13. Ebd.
14. »Sidney Gottlieb, 80, Dies; Took LSD to C.I.A.«, *The New York Times*, 9. März 1999.
15. H. P. Albarelli jr., *A Terrible Mistake. The Murder of Frank Olson and the CIA's Secret Cold War Experiments*, Walterville (OR) 2009, S. 24.
16. *Los Angeles Times*, 9. November 1994.
17. Vgl. hierzu und zum Folgenden William R. Corson, Susan B. Trento, Joseph J. Trento, *Maulwürfe. Die geheimen Kriege des KGB gegen die USA*, München 1989, S. 22–27.

18. Trento, *The Secret History of the CIA*, S. 89.
19. Interview von Mark DePue mit Joan Talley, 28. November 2007, Abraham Lincoln Presidential Library and Museum, Oral-History-Programme.
20. Interview des Autors mit Joan Talley.
21. Ebd.
22. Vgl. AMD Briefe an AWD, Mudd Library.
23. Vgl. Briefe von AWD an AMD, 8. Januar 1952 und 13. September 1952, Mudd Library.
24. Srodes, *Allen Dulles*, S. 448.
25. *The New York Times*, 1. Februar 1953.
26. Ebd.
27. Vgl. Srodes, *Allen Dulles*, S. 449.
28. Vgl. Mosley, *Dulles*, S. 374.
29. Gespräch des Autors mit Joan Talley.
30. Mosley, *Dulles*, S. 374.
31. Donald J. Dalessio, Stephen Silberstein (Hg.), *Wolff's Headache and Other Pain*, New York 1993, S. 3.
32. Dalessio, Silberstein, *Wolff's Headache and Other Pain*, S. 4.
33. McCoy, *A Question of Torture*, S. 45 f.
34. Gespräch des Autors mit Joan Talley.
35. Brief on AMD an Vater, AWD Korrespondenz.
36. Vgl. Rebecca Lemov, »Brainwashing's Avatar. The Curious Career of Dr. Ewen Cameron«, *Grey Room* 45 (Herbst 2011), S. 61–87.
37. Naomi Klein, *Die Schockstrategie. Der Aufstieg des Katastrophen-Kapitalismus*, Frankfurt am Main 2007, S. 49. (Übers. der Zitate aus Klein gelegentlich von mir verändert, A. d. Ü.)
38. Ebd., S. 73.
39. Ebd., S. 58.
40. Vgl. ebd., S. 43.
41. Vgl. ebd., S. 71.
42. Vgl. *The Scotsman* (Edinburgh), 6. Januar 2006.
43. Zitiert nach Klein, *Die Schockstrategie*, S. 59.
44. Vgl. ebd., S. 63 ff. et passim.
45. Gespräch des Autors mit Joan Talley.
46. Brief Penfields an AWD, 22. Februar 1959, AWD Korrespondenz, Princeton.
47. Brief von Clover an Mary Bancroft, 1. November 1961, Clover Dulles Papers, Schlesinger Library.
48. Gespräch von DePue mit Joan Talley.
49. Clover Dulles Journals, Schlesinger Library.
50. Gespräch des Autors mit Joan Talley.
51. Brief an Mary Bancroft, Clover Dulles-Korrespondenz, Schlesinger Library.

52. Gordon Thomas, *Journey into Madness. The True Story of Secret CIA Mind Control and Medical Abuse*, New York 1990, S. 91 f.
53. Mosley, *Dulles*, S. 517.
54. Gespräch des Autors mit Joan Talley.

13 Gefährliche Ideen

1. Stuart A. McKeever, *The Galindez Case*, Bloomington (IN) 2013, S. 15.
2. Vgl. Lauren Derby, *The Dictator's Seduction. Politics and the Popular Imagination in the Era of Trujillo*, Durham (NC) 2009, S. 2f.
3. Mario Vargas Llosa, *Das Fest des Ziegenbocks*, Frankfurt am Main 2001, S. 126.
4. Derby, *Dictator's Seduction*, S. 2.
5. Stephen G. Rabe, »Eisenhower and the Overthrow of Rafael Trujillo«, *Journal of Conflict Studies* 6, Nr. 1 (Winter 1986), S. 34–44.
6. Ebd.
7. Vgl. McKeever, *Galindez Case*, 102 f.
8. Josu Legarreta, »Jesús de Galíndez. Martyr for Freedom«, *Current Events*, issue 72 (2006), S. 23.
9. McKeever, *Galindez Case*, S. 111.
10. Vgl. ebd., S. 114 ff.
11. Ebd., S. 116.
12. Vgl. Bernard Diederich, *Trujillo. The Death of the Goat*, Boston 1978, S. 8 f.
13. *Columbia Daily Spectator*, 3. Mai 1956.
14. McKeever, *Galindez Case*, 101 f.
15. Vgl. ebd., S. 92 f.
16. Vgl. Jim Hougan, *Spooks*, New York 1978, S. 312–325.
17. Gespräch des Autors mit Maheu.
18. Vgl. »Who Rules Columbia?«, originale Ausgabe vom Studentenstreik 1968, http://www.utwatch.org/archives/whorulescolumbia.html.
19. *Columbia Daily Spectator*, 3. Mai 1956.
20. Vg.l. McKeever, *Galindez Case*, S. 145 ff. und 159 f. Siehe auch Drew Pearson, »Washington Merry-Go-Round«, 9. Juni 1960.
21. Vgl. Hougan, *Spooks*; McKeever, *Galindez Case*; und Diederich, *Trujillo*.
22. Brief von Wainwright an Dulles, 6. März 1957; Dulles' Antwort, 15. März, www.foia.cia.gov.
23. *Life*, 25. Februar 1957.
24. McKeever, *Galindez Case*, S. 212.
25. Ebd., S. 214.
26. Nick Romeo, »Is Literature ›the Most Important Weapon of Propaganda‹?«, The Atlantic.com, 17. Juni 2014.
27. James Petras, »The CIA and the Cultural Cold War Revisited«, *Monthly Review* 51, Nr. 6 (1. November 1999), S. 47–56.

28. Vgl. Francis Stonor Saunders, *Wer die Zeche zahlt ... Die CIA und die Kultur im Kalten Krieg,* Berlin 2001; und Hugh Wilford, *The Mighty Wurlitzer. How the CIA Played America*, Cambridge (MA) 2008.
29. Ebd., S. 7.
30. Norman Birnbaum, »The Half-Forgotten Prophet. C. Wright Mills«, *The Nation*, 11. März 2009.
31. Vgl. Michael Howard Holzman, *James Jesus Angleton. The CIA and the Craft of Counterintelligence*, Amherst 2008, S. 131.
32. Trento, *The Secret History of the CIA*, S. 478.
33. Helms, *A Look over My Shoulder*, S. 278.
34. Mangold, *Cold Warrior*, S. 68f.
35. Ebd., S. 313.
36. Ebd.
37. Gespräch des Autors mit Joan Talley.
38. Brief von Clover Dulles an Joan Talley, 8. Mai 1961, MCD Papers.
39. Robin W. Winks, *Cloak and Gown. Scholars in the Secret War, 1939–1961*, New Haven (CT) 1996), S. 327.
40. Gepräch des Autors mit Siri Hari Angleton.
41. Gespräch des Autors mit vertraulicher Quelle.
42. Jon Lee Anderson, *Che. Die Biographie*, München 1997, S. 160.
43. *New York Times*, 25. April 1959.
44. Tad Szulc, *Fidel. A Critical Portrait*, New York 2002, S. 490.
45. Anthony R. Carrozza, *William D. Pawley. The Extraordinary Life of the Adventurer, Entrepreneur and Diplomat*, Washington, DC, 2012, S. 224.
46. *New York Times*, 26. September 1960.
47. *New York Times*, 21. September 1960
48. Rosemari Mealy, *Fidel and Malcolm X. Memories of a Meeting*, Baltimore 2013, S. 36.
49. Ebd., S. 37.
50. Ebd., S. 48.
51. Fidel Castro speech to the UN General Assembly, 26. September 1960, http://www.school-for-champions.com/speeches/castro_un_1960.htm#.U-alVYBdUa4.
52. D. D. Guttenplan, *American Radical. The Life and Times of I. F. Stone*, New York 2009), S. 351.
53. Bill Simpich, »Fair Play for Cuba and the Cuban Revolution«, *Counter-Punch*, 24. Juli 2009, www.counterpunch.org.
54. »A Personal Portrait of Fidel«, einleitender Essay von Gabriel García Márquez zu Fidel Castro, *My Early Years*, (hg.) von Deborah Shnookal und Pedro Álvarez Tabío, Melbourne 1998), S. 13
55. *New York Citizen-Call*, 24. September 1960.
56. Mealy, *Fidel and Malcolm X*, S. 57

57. Vertrauliches FBI-Memo, 17. November 1960, Akte # 105–8999, http://vault.fbi.gov/Malcolm%20X/Malcolm%20X%20Part%207%20of%2038.
58. Maheu, *Next to Hughes*, S. 138.
59. John F. Kennedy, *Der Weg zum Frieden*, Berlin u. a. 1961, S. 197.
60. Wahlkampfrede John F. Kennedys, Cincinnati, Ohio, 6. Oktober 1960, JFK Library.
61. Wahlkampfrede John F. Kennedys, Hotel Theresa, New York, 12. Oktober 1960, JFK Library.

14 Die Fackel wird weitergereicht

1. Grose, *Gentleman Spy*, S. 127.
2. *New York Times*, 16. September 1938.
3. *New York Times*, 20. September 1938.
4. Ted Widmer (Hg.), *Listening In. The Secret White House Recordings of John F. Kennedy*, New York 2012, S. 30.
5. Vgl. *Newsweek*, 23. April 1962.
6. Interview mit Dave Powers, Clay Blair Jr. Papers, American Heritage Center, University of Wyoming.
7. Ebd.
8. Widmer, *Listening In*, S. 39.
9. Thurston Clarke, *Ask Not. The Inauguration of John F. Kennedy*, New York 2004, S. 109.
10. Gespräch des Autors mit Edward M. Kennedy.
11. Vgl. Dulles OH, JFK Library.
12. Pierre Salinger, Sander Vanocur, *A Tribute to John F. Kennedy*, New York 1964, S. 156.
13. Schlesinger, *Die Tausend Tage Kennedys*, Darmstadt u. a. 1966, S. 101.
14. Vgl. Francesca Stanfill, »Jayne's World«, *Vanity Fair*, Januar 2003.
15. Brief von Wrightsman an Dulles, 31. Juli 1953, AWD Korrespondenz, Mudd Library.
16. Dulles OH, JFK Library.
17. Brief von Clover Dulles an Allen Dulles jr., 1. September 1955, MCD Korrespondenz, Schlesinger Library.
18. Vgl. Seymour Topping, *On the Front Lines of the Cold War*, Baton Rouge (LA) 2010, S. 152.
19. Rede von Senator John F. Kennedy vor dem Senat, 6. April 1954, JFK Library.
20. Rede von Senator John F. Kennedy vor dem Senat, 2. Juli 1957, JFK Library.
21. William B. Ewald OH, JFK Library.
22. AS Journals, 20. Juni 1973, NYPL Archives.
23. Schlesinger, *Die Tausend Tage Kennedys*, S. 31.
24. Richard D. Mahoney, *JFK. Ordeal in Africa*, New York 1983, S. 18.
25. Ebd., S. 20f.

26. Philip E. Muehlenbeck, *Betting on the Africans. John F. Kennedy's Courting of African Nationalist Leaders*, New York 2012, S. 6.
27. AWD OH, Mudd Library.
28. Ebd.
29. Grose, *Gentleman Spy*, S. 461.
30. L. Fletcher Prouty, *The Secret Team. The CIA and Its Allies in Control of the United States and the World*, New York 2008, S. 422.
31. Thomas, *Ike's Bluff*, S. 380.
32. Ebd.
33. Weiner, *CIA*, S. 232.
34. Ebd., S. 234.
35. Ebd.
36. Brief von Bancroft an JFK, 14. Juli 1959, MB Papers, Schlesinger Library.
37. Brief von AWD an JFK, 21. Juni 1959, JFK Library.
38. AWD OH, JFK Library.
39. Nixon, *Six Crises*, S. 353.
40. AWD OH, JFK Library (Hervorhebung von mir).
41. Vgl. Aktennotiz von AWD, 21. September1960, AWD Papers, Mudd Library.
42. Memo von AWD an General Andrew J. Goodpaster, 25. September 1960, Mudd Library.
43. Vgl. Schlesinger, *Die Tausend Tage Kennedys*, S. 125.
44. AS Journals, 31. August 1962, NYPL.
45. Schlesinger, *Die Tausend Tage Kennedys*, S. 141.
46. Thomas, *Ike's Bluff*, S. 405
47. Ebd.
48. Vgl. AWD papers, Mudd Library
49. Vgl. Phillips, *Secret Wars Diary*, S. 149
50. *Time*, 15. November 1963
51. Vgl. *New York Times*, 2. November 2012.
52. William Walton OH, JFK Library.
53. Adam Hochschild, *Schatten über dem Kongo. Die Geschichte eines der großen, fast vergessenen Menschheitsverbrechen*, Stuttgart 2000, S. 10.
54. Lumumbas Unabhängigkeitstagsrede, 30. Juni 1960, www.marxists.org/subject/africa/lumumba/1960/06/independence.htm.
55. *New York Times*, 1. Juli 1960.
56. *New York Times*, 3. Oktober 1960.
57. Adam Hochschild, *Half the Way Home. A Memoir of Father and Son*, Boston 2005, S. 155.
58. Wendy Burden, *Dead End Gene Pool. A Memoir*, New York 2010.
59. Ebd., S. 54.
60. Telex von Burden an Dulles, 27. November 1959, www.foia.cia.gov.

61. *New York Times*, 4. August 1960.
62. Muehlenbeck, *Betting on the Africans*, S. 22.
63. Ludo De Witte, *The Assassination of Lumumba*, London 2001, S. XIII.
64. *London Guardian*, 9. August 2000; vgl. auch Church Committee Report, *Assassination Planning and the Plots. Congo*, S. 55 f.
65. Church Committee Report, *Assassination Planning and the Plots: Congo*, 52 f.
66. Ebd., S. 62.
67. Ebd., S. 63.
68. Ebd., S. 43.
69. Lev Volodin (Hg.), *Patrice Lumumba. Champion de la liberté africaine*, Moskau 1961, S. 104–110.
70. Andrée Blouin, *My Country, Africa. Autobiography of the Black Pasionaria*, New York 1983, S. 272.
71. Madeleine G. Kalb, *The Congo Cables. The Cold War in Africa*, New York 1982, S. 162.
72. Blouin, *My Country, Africa*, S. 273.
73. *New York Times*, 24. Dezember 1960.
74. Gespräch des Autors mit William Gowen.
75. *New York Times*, 19. August 1960 und *New York Times*, 18. Mai 1960.
76. *New York Times*, 16. Oktober 1960.
77. *New York Times*, 11. Dezember 1960.
78. Stephen R. Weissman, »An Extraordinary Rendition«, *Intelligence and National Security* 15, Nr. 2 (April 2010), S. 198–222
79. Church Report, *Assassination Planning*, S. 50.
80. Vgl. Weissman, »What Really Happened in the Congo«, *Foreign Affairs* 93, Nr. 4 (Juli–August 2014), S. 14–24; siehe auch Kalb, *Congo Cables*, S. 189–196.
81. De Witte, *Assassination of Lumumba*, 105 f.
82. Mahoney, *JFK. Ordeal in Africa*, S. 71.
83. John Stockwell, *In Search of Enemies. A CIA Story*, New York 1978, S. 105.
84. Vgl. Laurence Devlin, *Chief of Station, Congo*, New York 2007, S. 133–150.
85. Jacques Lowes Webseite, jacqueslowe.com.
86. Jacques Lowe, *Meine Jahre mit den Kennedys. Einblicke eines Fotografen*, München 2013, S. 221 (Teile des Zitats nicht in dt. Übersetzung enthalten, Übers. von mir; A. d. Ü.)
87. »Congo: Death of Lumumba – And After«, *Time*, 24. Februar 1961.
88. *New York Times Magazine*, 29. Oktober 1961.
89. »The Last Letter of Patrice Lumumba«, http://ziomania.com/lumumba.
90. Weissman, »What Really Happened in the Congo«.

15 Verachtung

1. Hier und im Folgenden: Peter Wyden, *Bay of Pigs. The Untold Story*, New York 1979, S. 265.
2. AWD OH, JFK Library.
3. Jack B. Pfeiffer, *Official CIA History of the Bay of Pigs Operation*, Bd. 4, http://nsarchive.gwu.edu/NSAEBB/NSAEBB355/
4. Ebd., Bd. 3, S. 128.
5. Lyman B. Kirkpatrick, *Inspector General's Survey of the Cuban Operation*, Oktober 1961, S. 41 ff.
6. Ralph E. Weber (Hg.), *Spymasters. Ten CIA Officers in Their Own Words*, Wilmington (DE) 1999, S. 173.
7. Kirkpatrick, *Inspector General's Survey of the Cuban Operation*, S. 62.
8. Ebd., S. 143 f.
9. Ebd., S. 34.
10. Zitiert nach *Miami Herald*, 11. August 2005.
11. AS Journals, 2. Februar 1961, NYPL Archives.
12. Jim Rasenberger, *The Brilliant Disaster. JFK, Castro and America's Doomed Invasion of Cuba's Bay of Pigs*, New York 2011, S. 114.
13. Ebd., S. 140.
14. Ebd., S. 216.
15. Wyden, *Bay of Pigs*, S. 270.
16. Kenneth P. O'Donnell, David F. Powers, »*Johnny, We Hardly Knew Ye*«, Boston 1972, S. 274.
17. Paul B. Fay Jr., *The Pleasure of His Company*, New York 1977, S. 161.
18. Wyden, *Bay of Pigs*, S. 294.
19. AWD OH, JFK Library.
20. Theodore C. Sorensen, *Kennedy*, München 1965, S. 292 f.
21. Weber, *Spymasters*, S. 158.
22. Freigegebenes CIA-Memo an Dulles, 21. Februar 1961, www.Mary.Ferrell.org.
23. John Helgerson, »Getting to Know the President. Intelligence Briefings of Presidential Candidates, 1952–2004«, Center for the Study of Intelligence/CIA Monograph, Mai 2012.
24. AWD OH, JFK Library.
25. Vgl. freigegebenes CIA-Dokument, 18. April 1961, www.foia.cia.gov.
26. Brief von Charles D. Hilles jr. an AWD, 4. Mai 1961, AWD Papers, Mudd Library.
27. Brief von Watson Washburn an AWD, 6. Juni 1961, AWD Papers, Mudd Library.
28. Ralph W. McGehee, *Deadly Deceits. My 25 Years in the CIA*, Melbourne 1999, S. 54.

29. Brief von AWD an Paul Bremer, 28. April 1965, AWD Papers, Mudd Library.
30. Brief von Charles Murphy an AWD, 9. Juli 1960, AWD Papers, Mudd Library.
31. Schlesinger, *Journals*, S. 112.
32. »CIA: Maker of Policy, or Tool?« *New York Times*, 25. April 1966.
33. Schlesinger, *Journals*, S. 120.
34. AS Journals, 23. Mai 1961, NYPL Archives.
35. Schlesinger, *Journals*, S. 113.
36. Pfeiffer, *Official CIA History of the Bay of Pigs Operation*, Bd. 4, S. 8.
37. Ebd., S. 4.
38. Brief von AWD und Arleigh Burke an General Maxwell Taylor, 9. Juni 1961, www.Mary.Ferrell.org.
39. Pfeiffer, *Official CIA History of the Bay of Pigs Operation*, Bd. 4, S. 8.
40. Vgl. Dennis Hevesi, »Lyman B. Kirkpatrick Jr., 77, Longtime C.I.A. Official, Dies, *New York Times*, 6. März 1995.
41. Ebd.
42. Kirkpatrick OH, JFK Library.
43. Weber, *Spymasters*, S. 137.
44. *Miami Herald*, 28. Februar 1998.
45. Gespräch des Autors mit Lyman Kirkpatrick jr.
46. Joseph B. Smith, *Portrait of a Cold Warrior*, New York 1976, S. 327.
47. McGehee, *Deadly Deceits*, S. 54.
48. Harris Wofford, *Of Kennedys and Kings. Making Sense the Sixties*, Pittsburgh (PA) 1992, S. 350.
49. Arleigh Burke OH, U.S. Naval Institute.
50. Gespräch des Autors mit Arthur Schlesinger.
51. Jack Bell OH, JFK Library.
52. Ebd.
53. Vgl. hierzu und zum Folgenden Alistair Horne, *A Savage War of Peace. Algeria 1954–1962*, New York 2006, S. 454.
54. Ebd., S. 450.
55. Vgl. *London Observer*, 2. Mai 1961. Siehe auch Vincent Jauvert, *L'Amérique contre de Gaulle. Historie secrète (1961–1969)*, Paris 2000), S. 198f.
56. *New York Times*, 4. Mai 1961.
57. Jauvert, *L'Amérique contre de Gaulle*, 192f.
58. *Washington Post*, 30. April 1961.
59. *New York Times*, 2. Mai 1961.
60. *New York Times*, 1. Mai 1961.
61. Carl Bernstein, »The CIA and the Media«, *Rolling Stone*, 20. Oktober 1977.
62. *New York Times*, 29. April 1961.

63. Vgl. Robert Belot, Gilbert Karpman, *L'affaire suisse. La Résistance a-t-elle trahi de Gaulle?*, Paris 2009.
64. Charles de Gaulle, *The Complete War Memoirs*, New York 1998, S. 630.
65. Vgl. Frédéric Charpier, *La CIA en France. 60 ans d'ingérence dans les affaires françaises*, Paris 2008, S. 102–105.
66. Jonathan Kwitny, »The CIA's Secret Armies in Europe«, *The Nation*, 6. April 1992.
67. Charpier, *La CIA en France*, S. 219–228.
68. Vgl. Jauvert, *L'Amérique contre de Gaulle*, 190 f.
69. Ebd.
70. Ebd., S. 197 f.
71. *Le Monde*, 10. Mai 1961.
72. *New York Times*, 4. Mai 1961.
73. Hervé Alphand OH, JFK Library.
74. *Washington Post*, 25. April 1961.
75. Anne, Pierre Rouanet, *L'Inquietude outré-mort du General de Gaulle*, Paris 1985, S. 219.
76. Horne, *A Savage War of Peace*, S. 455
77. Ebd.
78. *New York Times*, 25. April 1961.
79. Horne, *A Savage War of Peace*, S. 456.
80. Charpier, *La CIA en France*, 224 f.
81. Philippe Thyraud de Vosjoli, *Lamia*, Boston 1970, S. 261.
82. Constantin Melnik, *Politiquement incorrect*, Paris 1999, S. 84.
83. Vgl. Charpier, *La CIA en France*, S. 226.
84. Vgl. de Vosjoli, *Lamia*, S. 266 ff.
85. Jauvert, *L'Amérique contre de Gaulle*, S. 202.
86. AS Journals, 23. März 1961, NYPL Archives.
87. Arthur M. Schlesinger, *Gespräche über ein Leben mit John F. Kennedy. Jacqueline Kennedy. Interviews mit Arthur M. Schlesinger jr.*, Hamburg 2011, S. 263.
88. E. Howard Hunt, *Give Us This Day*, New Rochelle (NY) 1973, S. 215.
89. Brief von Senator Prescott Bush an Clover Dulles, undatiert, AWD Papers, Mudd Library.
90. Anspielung auf den Titel von James Bamfords Buch *The Puzzle Palace, dt. NSA. Amerikas geheimster Nachrichtendienst*. (A. d. Ü.)
91. Phillips, *Secret Wars Diary*, S. 162.
92. John F. Kennedy, Rede bei der Verleihung des National Security Award an AWD, 28. November 1961, JFK Library.
93. CIA-Memo, 28. November 1961, AWD papers, Mudd Library.
94. Brief von J. Peter Grace an Dulles, AWD Papers, Mudd Library.
95. Phillips, *Secret Wars Diary*, S. 165.

96. Mosley, *Dulles*, S. 510.
97. Ebd.
98. Aussage von Angleton vor dem Church-Ausschuss, 6. Februar 1976.
99. Brief von AWD an Kollegen, dessen Name von der CIA vor der Freigabe gelöscht, 16. Januar 1962, Mudd Library.

16 Rom am Potomac

1. Schlesinger, *Journals*, S. 158.
2. Ebd., S. 122.
3. Drew Pearson, »Washington Merry-Go-Round«, 24. Juni 1962.
4. Schlesinger, *Journals*, S. 137.
5. AS Journals, 1. Juli 1962, NYPL Archives.
6. Schlesinger, *Journals*.
7. Michael Wreszin, »Arthur Schlesinger, Jr., Scholar Activist in Cold War America: 1946–1956«, *Salmagundi*, Nrn. 63–64 (Frühjahr–Sommer 1984), S. 255–285.
8. *New York Times*, 1. März 2007.
9. Arthur Schlesinger jr., »Origins of the Cold War«, *Foreign Affairs* 46 (Oktober 1967), S. 22–32, 34–35, 42–50, 52.
10. Schlesinger, *A Life in the Twentieth Century*, S. 350.
11. Gespräch des Autors mit Marian Schlesinger.
12. Korrespondenz zwischen AS und AWD, AS Papers, JFK Library.
13. AS Journals, 28. Juli 1961, NYPL.
14. Ebd., 1. August 1961.
15. Ebd., 8. April 1962.
16. Arthur Schlesinger jr., »The Historian as Participant«, *Daedalus*, Bd. 100, Nr. 2 (Frühjahr 1971), S. 339–358.
17. Schlesinger, *Die tausend Tage Kennedys*, S. 270.
18. O'Donnell, Powers, *»Johnny, We Hardly Knew Ye«*, S. 282.
19. Schlesinger, Journals, S. 166.
20. AS Journals, 9. Juli 1961, NYPL Archives.
21. Ebd., 15. Juli 1961.
22. Memo von AS an den Präsidenten, 21. April 1961, AS White House Files, JFK Library.
23. Vertrauliches Memo, Autor unbekannt, AS White House Files.
24. Memo von AS an den Präsidenten, 30. Juni 1961, AS White House Files.
25. AS Journals, 9. Juli 1961, NYPL Archives.
26. Ebd. 15. Juli 1961.
27. Ebd., 8. Oktober 1961.
28. Ebd., 17. Oktober 1961.
29. Ebd., 14. Mai 1962.
30. Ebd., 21. März 1963.

31. Henry Taylor, »New York World-Telegram«, 17. Januar 1964.
32. Brief von AWD an Henry Taylor, 21. Januar 1964, freigegeben von der CIA, www.foia.cia.gov.
33. AS Journals, 12. November 1961, NYPL Archives.
34. Schlesinger, *Journals*, S. 164.
35. *Kansas City Times*, 9. März 1959.
36. Schlesinger, *Die tausend Tage Kennedys*, S. 574.
37. O'Donnell, Powers, »*Johnny, We Hardly Knew Ye*«, S. 406.
38. Edwin O. Guthman, Jeffrey Shulman (Hg.), *Robert Kennedy in His Own Words*, New York 1988, S. 333.
39. Arthur Schlesinger jr., »Kennedy Meets the Steelmen«, *Detroit Free Press*, 31. Januar 1966, S. 44.
40. Schlesinger, *Die tausend Tage Kennedys*, S. 577.
41. Schlesinger, *Journals*, S. 157.
42. AS Journals, 17. Juni 1962, NYPL Archives.
43. Schlesinger, *Die tausend Tage Kennedys*, S. 579.
44. AS Journals, 1. Juli 1962, NYPL Archives.
45. Schlesinger, *Journals*, S. 137.
46. O'Donnell, Power, »*Johnny, We Hardly Knew Ye*«, S. 407.
47. Brief von Clover Dulles an Mary Bancroft, 3. Januar 1962, Schlesinger Library.
48. Henry Luce OH, JFK Library.
49. Ebd.
50. Brief von E. Howard Hunt an AWD, 28. August 1962, www.foia.cia.gov.
51. Brief von AWD an Richard Helms, 27. Juli 1962, www.foia.cia.gov.
52. Vgl. Brief von AWD an Sheffield Edwards, 31. Januar 1963, www.foia.cia.gov.
53. Korrespondenz zwischen Donald Rumsfeld und AWD im Februar und März 1963, Mudd Library.
54. Robert F. Kennedy, *Dreizehn Tage. Wie die Welt beinahe unterging*, 6. Aufl., Darmstadt 1988 (1969), S. 92.
55. Schlesinger, *Die tausend Tage Kennedys*, S. 615.
56. Chruschtschow, *Chruschtschow erinnert sich*, S. 467.
57. John F. Kennedy, Rede auf der Abschlussfeier der American University, Washington, DC, 10. Juni 1963, John F. Kennedy Presidential Library and Museum, http://www.jfklibrary.org/JFK/Historic-Speeches/Multilingual-American-University-Commencement-Address/Multilingual-American-University-Commencement-Address-in-German.aspx.
58. AS Journals, 21. Juli 1963, NYPL Archives.
59. Ebd., 5. September 1961.
60. Gespräch des Autors mit Daniel Ellsberg.
61. *Strategic Air Warfare. An Interview with Generals Curtis LeMay, Leon John-*

son, David Burchinal and Jack Catton, Washington, DC, Office of Air Force History, U.S. Air Force, 1988.

62. Carrozza, *William D. Pawley*, S. 255.
63. Widmer, *Listening In*, S. 77.
64. *Newsday*, 22. Juni 1963.
65. 21. Oktober 1963, Redeentwurf, »The Art of Persuasion: America's Role in the Ideological Struggle«, AWD Papers, Mudd Library.
66. Brief von Peter Dale Scott an den Autor.
67. Internal CIA document, www.maryferrell.org.
68. Zum biografischen Hintergrund Sierras siehe House Select Committee on Assassinations Report; siehe auch Robert Blakey, Richard N. Billings, *Fatal Hour. The Assassination of President Kennedy by Organized Crime*, New York 1992, S. 194–199.
69. Vgl. hierzu und zum Folgenden Lamar Waldron, *The Hidden History of the JFK Assassination*, Berkeley (CA) 2013, S. 301–309; und Abraham Bolden, *The Echo from Dealey Plaza*, New York 2009.
70. Gespräch des Autors mit Paul Sierra.

17 Das Abschiedsglas

1. Vgl. Fraleigh OH.
2. Ansprache des Präsidenten beim Abendessen mit Präsident Antonio Segni, 1. Juli 1963, JFK Library.
3. Vgl. *L'Unità*, 2. Juli 1963.
4. Memo von AS an Präsident Kennedy, 5. März 1962, AS Papers, JFK Library.
5. Spencer M. Di Scala, *Renewing Italian Socialism*, New York 1988, S. 131.
6. Arthur Schlesinger jr., »The Kennedy Administration and the Center Left«, Vortrag in der JFK Library, 18. März 1993.
7. Vgl. Leopoldo Nuti, »Missiles or Socialists. The Italian Policy of the Kennedy Administration«, in: *John F. Kennedy and Europe*, hg. von Douglas Brinkley und Richard T. Griffiths, Baton Rouge 1999, S. 133 f.
8. Vgl. Fraleigh OH.
9. Pietro Nenni, »Where the Italian Socialists Stand«, *Foreign Affairs* 40, Nr. 2 (January 1962), S. 213–223.
10. Fraleigh OH.
11. AS Journals, 5. Juli 1963, NYPL.
12. Gespräch des Autors mit Carlo Mastelloni, ehemaliger Staatsanwalt in Venedig und führender Experte in den Geheimnissen der Ersten Italienischen Republik.
13. Vgl. David C. Martin, *Wilderness of Mirrors*, Guilford (CT) 2003, S. 48.
14. Ebd., S. 11.
15. Brief von Reinhard Gehlen an C. G. Harvey, 4. Januar 1977, Bayard Stock-

ton Papers, University of California, Santa Barbara Library, Special Collections.

16. Bayard Stockton, *Flawed Patriot. The Rise and Fall of CIA Legend Bill Harvey*, Washington, DC, 2006, S. 92.
17. Vgl. *Indianapolis Star*, 3. Oktober 2000.
18. Vgl. Stockton, *Flawed Patriot*, S. 114.
19. Vgl. ebd., S. 123.
20. Aussage William Harveys vor dem Church-Ausschuss, 25. Juni und 11. Juli 1975.
21. Interview mit CG Harvey, jfkfacts.org., 6. November 2014.
22. Vgl. Church Committee Report, *Assassination Planning and the Plots.*
23. Vgl. Martin, *Wilderness of Mirrors*, S. 137.
24. Ebd., S. 136.
25. Arthur Schlesinger jr., *Robert Kennedy and His Times*, Boston/New York 1978, S. 533.
26. Vgl. Martin, *Wilderness of Mirrors*, S. 183.
27. Vgl. ebd., S. 186.
28. Ebd., S. 182.
29. Gespräch des Autors mit Susan Wyatt.
30. Stockton, *Flawed Patriot*, S. 237.
31. Vgl. Philip Willan, *Puppetmasters. The Political Use of Terrorism in Italy*, San Jose 2002 (1991), S. 38.
32. Gespräch des Autors mit Alan Wyatt.
33. Gespräch des Autors mit Susan Wyatt.
34. Vgl. Di Scala, *Renewing Italian Socialism*, S. 152 ff.; Daniele Ganser, *NATO-Geheimarmeen in Europa. Inszenierter Terror und verdeckte Kriegsführung*, S. 123 f; siehe auch »Twenty-Six Years Later, Details of Planned Rightist Coup Emerge«, Associated Press, 5. Januar 1991.
35. Vgl. Di Scala, *Renewing Italian Socialism*, S. 143.
36. Vgl. Stockton, *Flawed Patriot*, S. 208 f.
37. Gespräch des Autors mit Tom Wyatt.
38. Gespräch des Autors mit Susan Wyatt.
39. Gespräch des Autors mit Fabrizio Calvi. Susan Wyatt glaubt, dass Calvi ihren Vater falsch verstanden haben muss, da sie bezweifelt, dass dieser im November 1963 einen Flug nach Dallas genommen hatte. Sie glaubt, dass der Verdacht ihres Vaters gegen Harvey auf Bemerkungen gründete, die sein Chef nach der Ermordung Kennedys Wyatt gegenüber äußerte.
40. O'Donnell, Powers, »*Johnny, We Hardly Knew Ye*«, Boston 1972, S. 358.
41. Thomas Maier, *The Kennedys. America's Emerald Kings*, New York 2003, S. 432.

42. *President Kennedy in the Island of Dreams*, Dokumentarfilm, http://www.youtube.com/watch?v=cznNVmdXqmk.
43. Ebd.
44. Ebd.
45. Maier, *Kennedys: America's Emerald Kings*, S. 437.
46. Ryan Tubridy, *JFK in Ireland. Four Days That Changed a President*, London 2010, Frontispiz.
47. O'Donnell, Powers, »*Johnny, We Hardly Knew Ye*«, S. 368.
48. Rede Präsident Kennedys vor dem irischen Parlament, 28. Juni 1963, JFK Library.
49. AS Papers, JFK Library.
50. Maier, *Kennedys. America's Emerald Kings*, S. 431.
51. Ryan Tubridy, *JFK in Ireland.*

18 Das große Ereignis

1. AS Journals, 2. Oktober 1963, NYPL Archives.
2. Allen Dulles, *Im Geheimdienst*, Düsseldorf 1963, S. 133.
3. Ebd., S. 228.
4. Ebd., S. 154.
5. NBC News Special, *The Science of Spying*, Internet-Archiv, https://archive.org/details/gov.archives.arc.614513.
6. *Bridgeport* (CT) *Telegram*, 14. Januar 1975.
7. Brief von AWD an Cass Canfield, 15. Oktober 1961, www.foia.cia.gov.
8. Brief on Sherman Kent an AWD, 15. November 1962, AWD Papers, Mudd Library.
9. *New York Times*, 15. Oktober 1963.
10. Brief von Julius Ochs Adler an AWD, 26. Januar 1953, Mudd Library.
11. Fred Cook, *The Warfare State*, New York 1962, S. 29.
12. Robert Caro, *The Years of Lyndon Johnson*, 5 Bde., Bd. 4, *Passage of Power*, S. 269.
13. Sylvia Jukes Morris, *The Price of Fame. The Honorable Clare Boothe Luce*, New York 2014, S. 519.
14. AS Journals, 21. März 1963, NYPL Archives.
15. Ebd., 6. Januar 1963.
16. Caro, *The Passage of Power*, S. 205.
17. Caro, *The Passage of Power*, S. 249.
18. Evelyn Lincoln, *Kennedy and Johnson*, New York 1968), S. 204.
19. *Dallas Morning News*, 22. November 1963.
20. Caro, *Der Nachfolger*, S. 9f.
21. Caro, *The Passage of Power*, S. 170.
22. Saint John Hunt, *Bond of Secrecy*, Walterville (OR) 2012, S. 10.
23. H. R. Haldeman, *The Ends of Power*, New York 1978, S. 66.

24. *Miami Herald*, 5. Juni 2005.
25. Saint John Hunt, *Bond of Secrecy*; Gespräch des Autors mit Saint John Hunt.
26. Gespräch des Autors mit Wayne Smith.
27. Stichwort Morales,, www.spartacus-educational.com.
28. Gespräch des Autors mit der Tochter von Morales.
29. Saint John Hunt, *Bond of Secrecy*, S. 43.
30. E. Howard Hunt, *American Spy. My Secret History in the CIA, Watergate and Beyond*, Hoboken (NJ) 2007, S. 141.
31. Gaeton Fonzi, *The Last Investigation*, New York 2013, S. 389.
32. Saint John Hunt, *Bond of Secrecy*, S. 45.
33. Gespräch des Autors mit Dan Hardway.
34. *The Spotlight*, August 1978.
35. Gespräch des Autors mit Victor Marchetti.
36. Gespräch des Autors mit Sally Harvey.
37. Brief von CG Harvey an Bayard Stockton, Stockton Papers, University of California–Santa Barbara Special Collections.
38. Beurteilungsbogen William Harveys, Oktober 1962, www.foia.cia.gov.

19 Die Fingerabdrücke des Geheimdienstes

1. Vgl. Anthony Summers, »The Secret Life of Lee Harvey Oswald«, *Esquire* (britische Ausgabe), Dezember 1993.
2. Vgl. Dick Russell, *On the Trail of the JFK Assassins*, New York 2008, S. 252.
3. Vgl. ebd., S. 254.
4. FBI-Befragung von David Ferrie, 27. Nov 1963, www.maryferrell.org.
5. CIA-Memo mit dem Titel »»Truth Drugs««,unter: www.cia.gov.
6. Vgl. Martin Lee, Robert Ranftel, Jeff Cohen, »Did Lee Harvey Oswald Drop Acid?«, *Rolling Stone*, März 1983.
7. Gespräch des Autors mit JFK-Forscherin Mary LaFontaine.
8. Vgl. Anthony Summers, *Not in Your Lifetime*, New York 1998, S. 111.
9. Vgl. Daniel Schorr, »From the KGB's Oswald Files«, *Christian Science Monitor*, 24. August 2001.
10. Ebd.
11. Vgl. hierzu und zum Folgenden Ernst Titovets, *Oswald's Russian Episode*, Moskau 2010.
12. Priscilla Johnson Mc Millan zitiert nach Gary W. O'Brien, *Oswalds Politics*, o. O. 2010 (A. d. Ü.).
13. David Talbot, *Brothers. The Hidden History of the Kennedy Years*, New York 2007, S. 379.
14. *Newark Star-Ledger*, 17. November 2013.
15. Russell, *On the Trail of the JFK Assassins*, S. 205.
16. De Mohrenschildts Aussage vor der Warren-Kommission, 22. April 1964, www.maryferrell.org.

17. Russ Baker, *Family of Secrets*, New York 2009, S. 111.
18. George de Mohrenschildt, *I Am a Patsy!*, S. 208, aarclibrary.org.
19. Ebd., S. 215.
20. Ebd., S. 225.
21. Ebd., S. 89.
22. Ebd. S. 121.
23. Ebd., S. 270.
24. Brief von de Mohrenschildt an George W. Bush, 5. September 1976, www.maryferrell.org.
25. Vgl. Gaeton Fonzi, *The Last Investigation*, New York 2013, S. 189.
26. Artikel über Ruth Paine, Warren Commission Exhibit 460, www.maryferrell.org.
27. Vgl. Thomas Mallon, *Mrs. Paine's Garage*, Orlando 2002.
28. Gespräch des Autors mit Ruth Paine.
29. Warren Commission Exhibit 460.
30. CIA-Memo, 9. Mai 1967, www.maryferrell.org.
31. Vgl. Barbara LaMonica et al., »The Paines« sowie weitere Dokumente über Sylvia Hyde Hoke unter www.maryferrell.org.
32. Gespräch des Autors mit Ruth Paine.
33. Brief von Mary Bancroft an AWD, 17. März 1963, Mudd Library.
34. Brief von Mary Bancroft an AWD, 1. Dezember 1963, Mudd Library.
35. George Michael Evica, *A Certain Arrogance*, Bloomington (IN) 2006, S. 230.
36. Vgl. *Wall Street Journal*, 21. Februar 2009.
37. Vgl. »David Harold Byrd«, http://spartacus-educational.com/MDbyrdDH.htm.
38. Vgl. ebd.
39. Vgl. Bill Simpich, »Fair Play for Cuba and the Cuban Revolution«, *CounterPunch*, 24. Juli 2009, www.counterpunch.org.
40. Jefferson Morley, *Our Man in Mexico*, Lawrence 2008, S. 172.
41. Gespräch des Autors mit Antonio Veciana. Siehe auch Fonzi, *Last Investigation*, S. 141.
42. »Antonio Veciana Comes Clean«, 26. Oktober 2014, www.jfkcountercoup.blogspot.com.
43. John Newman, *Oswald and the CIA*, New York 2008, S. 392.
44. CIA-Memo vom DCI (Director of Central Intelligence, d. h. CIA-Direktor) an Station in Mexiko-Stadt, 10. Oktober 1963, www.maryferrell.org. Für eine Erörterung des Memos vgl. Jefferson Morley, »Did the CIA Track Oswald Before JFK Was Killed?« 4. Februar 2014, www.jfkfacts.org.
45. Aussage Ruth Paines vor der Warren Commission, 19. März 1964, www.maryferrell.org.

46. Aussage Michael Paines vor der Warren Commission, 18. März 1964, www.maryferrell.org.
47. Gespräch des Autors mit Michael Paine.
48. Gespräch des Autors mit Dan Hardway.
49. AWD OH, JFK Library.

20 Zum Wohl des Landes

1. AWD Calendars. Dulles setzte hinter Dillons Namen ein Fragezeichen, vielleicht um anzuzeigen, dass die Verabredung – oder die vereinbarte Zeit noch nicht endgültig feststand.
2. NBC News, *The Science of Spying*.
3. Vgl. Gerard Colby, *Thy Will Be Done. The Conquest of the Amazon – Nelson Rockefeller and Evangelism in the Age of Oil*, New York 1995; und Richard Norton Smith, *On His Own Terms. A Life of Nelson Rockefeller*, New York 2014.
4. David Rockefeller, *Memoirs*, New York 2002, S. 112–121.
5. Ebd., S. 145.
6. Brief von Nelson Rockefeller an AWD, 21. Dezember 1955, Mudd Library.
7. Antwortschreiben von AWD, 16. Januar 1956, Mudd Library.
8. Brief von AWD an Laurance Rockefeller, 5. August 1959, Mudd Library.
9. Vgl. Kai Bird, *The Chairman. John McCloy and the Making of the Establishment*, New York 1992, S. 496.
10. Pressekonferenz Kennedys am 24. Juni 1962, Video der JFK Library.
11. Nomi Prins, *All the Presidents' Bankers. The Hidden Alliances that Drive American Power*, New York 2014, S. 246.
12. »What To Do About the Economy«, *Life*, 6. Juli 1962.
13. Richard Goodwin, *Remembering America*, Boston 1998, S. 167.
14. Ebd., S. 204.
15. Vgl. Talbot, *Brothers*, S. 62 ff.
16. Goodwin, *Remembering America*, S. 439.
17. Rockefeller, *Memoirs*, S. 427.
18. *New York Times*, 4. November 1970.
19. Colby, *Thy Will Be Done*, S. 313.
20. *Dallas Morning News*, 14. und 17. November 1963.
21. Hier und im Folgenden: Donald Gibson, *Battling Wall Street*, New York 1994, S. 64–68.
22. Talbot, *Brothers*, S. 275.
23. Vgl. Memo von C. Douglas Dillon an Präsident Kennedy, 28. Oktober 1963, JFK Library.
24. Gespräch des Autors mit G. Robert Blakey.
25. William Weston, »The Interrogation of Oswald«, *JFK/Deep Politics Quarterly* 1, Nr. 2 (Januar 1996), S. 9–16.

26. Summers, *Not in Your Lifetime*, S. 128.
27. Randolph Benson, »JFK, Oswald and the Raleigh Connection«, *Indy Week* [Raleigh, NC], 14. November 2012.
28. Vgl. hierzu und zum Folgenden Bill Simpich, »How the Warren Commission Covered Up JFK's Murder«, Op-Ed News.com, 19. November 2014.
29. *Richmond Times-Dispatch*, 17. November 2013.
30. Vgl. JFK Facts.org, 24. September 2013.
31. Talbot, *Brothers*, S. 21.
32. Ebd., S. 19.
33. Vgl. ebd.
34. Harry S. Truman, »Limit CIA Role to Intelligence«, *The Washington Post*, 22. Dezember 1963.
35. »European Press Doubts Entire Truth Revealed«, United Press International, 27. November 1963.
36. Hier und im Folgenden: Alain Peyrefitte, *C'était de Gaulle*, Paris 1997, S. 42–45.
37. Vgl. William Taubman, *Khrushchev. The Man and His Era*, New York 2003, S. 604.
38. Jean Daniel, »When Castro Heard the News«, *New Republic*, 7. Dezember 1963.
39. *Washington Daily News*, 3. Januar 1964.
40. Vgl. Eugene McCarthy, *Saturday Evening Post*, 4. Januar 1964.
41. Vgl. Brief von AWD an Clark Clifford, 22. Januar 1964, Mudd Library.
42. Brief von AWD an Truman, 7. Januar 1964, Mudd Library.
43. Brief von AWD an Houston, 21. April 1964, Mudd Library.
44. Merle Miller, *Offen gesagt. Harry S. Truman erzählt sein Leben*, Stuttgart 1975, S. 341.
45. Hayden Peake, »Harry S. Truman on CIA Covert Operations«, *Studies in Intelligence* 25, Nr. 1 (Frühjahr 1981), S. 31–41.
46. Ray McGovern, »Are Presidents Afraid of the CIA?«, CommonDreams.org, 29. Dezember 2009.
47. Lyndon Johnson, *Meine Jahre im Weißen Haus*, München 1972, S. 37.
48. Ebd., S. 36.
49. Warren Commission, geschlossene Sitzung, 5. Dezember, 1963, www.maryferrell.org.
50. Michael Kurtz, *The JFK Assassination Debates*, Lawrence 2006, S. 173.
51. Gespräch des Autors mit Michael Kurtz.
52. Trento, *The Secret History of the CIA*, S. 269.
53. Vgl. Grose, *Gentleman Spy*, S. 541.
54. LBJ Audiotapes, www.maryferrell.org.
55. Richard D. Mahoney, *JFK. Ordeal in Africa*, New York 1983, S. 235.
56. Earl Warren OH, LBJ Library.

57. Brief von AWD an J. Lee Rankin, 8. März 1958, Mudd Library.
58. Memo von AWD an J. Lee Rankin, 27. Juli 1964, Mudd Library.
59. Memo von Raymond Rocca an Richard Helms, 23. März 1964, www.maryferrell.org.
60. *Washington Post*, 13. Februar 1964.
61. Vgl. hierzu und zum Folgenden die Aussage von John McCone und Richard Helms, Warren Commission, 14. Mai 1964, www.maryferrell.org.
62. Thomas Powers, *The Man Who Kept the Secrets*, New York 1979 (dt.: *CIA. Die Geschichte, die Methoden, die Komplotte. Ein Insider-Bericht*, Bergisch Gladbach 1984).
63. Howard Willens, *History Will Prove Us Right*, New York 2013, S. 112.
64. Philip Shenon, *A Cruel and Shocking Act*, New York 2013, S. 119.
65. Ebd., S. 537.
66. Brief von AWD an einen nicht identifizierten Freund, 26. Mai 1964, Mudd Library.
67. *U.S. News & World Report*, 17. August 1992.
68. Brief von AWD an Rebecca West, 24. März 1964, Mudd Library.
69. Brief von Mary Bancroft an AWD, 7. April 1964, Mudd Library.
70. *New York Times*, 1. Juni 1964.
71. Vgl. Leon Hubert jr., Burt Griffin, Memo an Howard Willens, 28. Februar 1964, Mudd Library.
72. Vgl. C. Douglas Dillon testimony, Warren Commission, 2. September 1964, www.maryferrell.org.
73. Willens, *History Will Prove Us Right*, S. 114.
74. Gespräch des Autors mit Howard Willens.
75. Brief von John Jay Iselin an AWD, 28. September 1964, Mudd Library.
76. Gespräch des Autors mit Carol Bundy.

21 »Ich kann nicht hinsehen und ich werde nicht hinsehen«

1. David Lifton, *Best Evidence*, New York 1988 (1980), S. 33.
2. Ebd., S. 4.
3. Liftons Notizen zum Streitgespräch mit Dulles, 7. Dezember 1965, mit freundlicher Genehmigung von Vincent Salandria.
4. Gespräch des Autors mit David Lifton.
5. Brief von AWD an Gerald Ford, 1. Februar 1965, Mudd Library.
6. Brief von Clover Dulles an Mary Bancroft, 11. Februar 1966, Schlesinger Library.
7. Brief von AWD an J. Lee Rankin, 9. September 1966, Mudd Library.
8. »More Material on the Assassination of President Kennedy«, *Propaganda Notes*, CIA-Bulletin, 15. Mai 1967.
9. Brief von AWD an Mary Bancroft, 22. Juli 1964, Mudd Library.

10. Brief von nicht identifizierter Quelle an AWD, 7. Januar 1964, Mudd Library.
11. Gespräch des Autors mit Mark Lane.
12. Brief von Mary Bancroft an AWD, 25. Juli 1964, Schlesinger Library.
13. Brief von AWD an Mary Bancroft, 9. November 1966, Mudd Library.
14. Jim Garrison, *Wer erschoss John F. Kennedy? Auf der Spur der Mörder von Dallas*, Bergisch Gladbach 1992, S. 214.
15. Ebd., S. 215.
16. AWD Calendars, 1968.
17. Garrison, *Wer erschoss John F. Kennedy?*, S. 343.
18. Brief von William Small an AWD, 5. Juli 1967, Mudd Library.
19. Schlesinger jr., *Journals*, S. 218.
20. Ebd., S. 224.
21. Ebd., S. 227.
22. Gespräch des Autors mit Arthur Schlesinger jr.
23. Earl-Wilson-Kolumne, *New York Post*, 1. Februar 1967.
24. Talbot, *Brothers*, S. 287.
25. Brief von AS an AWD, 29. Dezember 1964, NYPL Archives.
26. Andrew und Stephen Schlesinger (Hg.), *The Letters of Arthur Schlesinger*, S. 323.
27. AS Journals, 1978, NYPL Archives.
28. Ebd., 1991.
29. Gespräch des Autors mit Andrew Schlesinger.
30. AS Journals, 1991, NYPL Archives.
31. Ebd.
32. Gespräch des Autors mit Andrew Schlesinger.

22 Endspiel

1. Gespräch von Karen Croft mit Angelina Cabrera.
2. Peter Edelman OH, JFK Library.
3. Gespräch von Karen Croft mit Angelina Cabrera.
4. Vgl. hierzu Talbot, *Brothers*.
5. Ebd., S. 312.
6. Gespräch des Autors mit Adam Walinsky.
7. John Ehrlichman, *Witness to Power*, New York 1982, S. 24.
8. Schlesinger, *Robert Kennedy*, S. 857.
9. Schlesinger, *Journals*, S. 274.
10. Jack Newfield, *RFK. A Memoir*, New York 2009 (1969), S. 31.
11. Brief von AWD an Robert F. Kennedy, Mudd Library.
12. Vgl. Talbot, *Brothers*, S. 373.
13. Thomas Noguchi, *Coroner*, New York 1983, S. 108 (dt. *Coroner. Der Ge-*

richtsmediziner von Los Angeles und die toten Stars, Bergisch-Gladbach 1988).

14. Vgl. Shane O'Sullivan, *Who Killed Bobby?*, New York 2008; William Turner, *The Assassination of Robert F. Kennedy*, New York 1993; Robert Blair Kaiser, *RFK Must Die!*, New York 1970.
15. Gespräch des Autors mit John Meier.
16. Gespräch des Autors mit Robert Maheu.
17. E-Mail von Dan Moldea.
18. Michael Drosnin, *Howard Hughes. Der Mann, der Amerika kaufen wollte*, Hamburg 1985, S. 14.
19. Aussage Robert Maheus vor dem Church-Ausschuss, 23. September 1975.
20. Brief von AWD an Clover Dulles, 25. Juni 1968, Mudd Library.
21. Korrespondenz zwischen AWD und Edward Kennedy, Mudd Library.
22. Srodes, *Allen Dulles*, S. 560.
23. Allen Dulles, *Great Spy Stories from Fiction*, New York 1969, S. IX.
24. Phillips, *Secret Wars Diary*, S. 172.
25. Holzman, *James Jesus Angleton*, S. 262 f.

Epilog

1. Trento, *The Secret History of the CIA*, S. 478.